Dicionário
Maçônico

Rizzardo da Camino

Dicionário Maçônico

MADRAS®

© 2018, Madras Editora Ltda.

Editor:
Wagner Veneziani Costa

Produção e Capa:
Equipe Técnica Madras

Revisão:
Adriana Bairrada
Alberto Feliciano
Sandra Garcia Cortes

Dados Internacionais de Catalogação na Publicação (CIP)
(Câmara Brasileira do Livro, SP, Brasil)

Camino, Rizzardo da, 1918-2007.
Dicionário maçônico/Rizzardo da Camino. – 5. ed.
São Paulo: Madras, 2018.

ISBN 978-85-370-0598-9

1. Maçonarias – Dicionários I. Título.
10-05590 CDD-366.103

Índices para catálogo sistemático:
1. Dicionários: Maçonaria: Sociedades secretas
366.103

Proibida a reprodução total ou parcial desta obra, de qualquer forma ou por qualquer meio eletrônico, mecânico, inclusive por meio de processos xerográficos, sem a permissão expressa do editor (Lei nº 9.610, de 19.2.98).

Todos os direitos desta edição, em língua portuguesa, reservados pela

MADRAS EDITORA LTDA.
Rua Paulo Gonçalves, 88 – Santana
CEP: 02403-020 – São Paulo – SP
Caixa Postal: 12183 – CEP: 02013-970 – SP
Tel.: (11) 2281-5555 – Fax: (11) 2959-3090
www.madras.com.br

*Dedico o presente livro à minha fiel Companheira
de tantos anos de lutas e vitórias,
Odéci, a quem amo sobretudo
pelo seu carinho, pela sua
compreensão e pelo seu estímulo.*

APRESENTAÇÃO

A palavra DICIONÁRIO, de raiz latina, assim como a palavra "dizer", a interpretamos como o significado que expressa.

Temos em circulação no Brasil alguns dicionários que nos dão o significado das palavras mais usadas na literatura maçônica, e isso seria o suficiente.

A Maçonaria emprega palavras peculiares que em sua maioria derivam do hebraico, pois as Palavras de Passe e as Palavras Sagradas contidas nos Rituais, dos diversos Ritos, mantêm-se na forma hebraica aportuguesadas por alguns e vulgarizadas por outros.

O presente trabalho foi elaborado visando a esclarecer as dúvidas quanto à interpretação e ao sentido que os maçons dão aos vocábulos empregados nas suas cerimônias litúrgicas.

A Maçonaria possui um estilo próprio e uma linguagem peculiar, que servem como identificação; os que assistem a um diálogo entre maçons percebem imediatamente que o assunto escutado diz respeito a algo que não é comum.

Esta é uma obra simples e ao alcance de todos, mas especialmente dos maçons. Afora isso, os consulentes hão de observar que imprimimos na descrição do vocábulo uma certa dose de filosofia para manter coerência com tudo aquilo que já publicamos.

Consultar um Dicionário facilita o desempenho de quem deseja "conhecer".

Não foi tarefa fácil, pois demandou muito tempo e muita pesquisa, mas finalmente, atendendo ao pedido do amigo Francesco Molinaro, aqui está um aglomerado de ideias que há de ser útil a todos os maçons. Dedicamos o nosso esforço ao Eminente e Soberano Grande Comendador do Supremo Conselho, o amigo Venâncio Igrejas.

O Autor

AARÃO — Da tribo de Levi, irmão mais velho de Moisés. Maçonicamente, tem conotações relevantes; lembremos o Salmo 133, na passagem: *"É como o azeite precioso derramado na cabeça, que desce sobre a barba, a barba de Aarão que desce à orla do seu vestido"*.
As Sagradas Escrituras o referem 45 vezes. Sobre esse personagem poder-se-ia escrever uma longa biografia, pois faz parte da saga Israelita com muito vigor.
Era filho de Amram e de Josechebed, nascido no Egito; foi consagrado Grande Pontífice, tendo dado apoio a seu irmão Moisés na retirada do povo Hebreu da escravidão egípcia.
Em hebraico, o nome Aarão significa "Montanha". Teve vida longa, pois morreu aos 123 anos, na Montanha de Hora, na Arábia Pétrea.
Não teve acesso à Terra Prometida, porque durante a ausência de Moisés, quando do seu retiro no Sinai para receber as Tábuas da Lei, permitiu por complacência que o povo hebreu retirante adorasse um bezerro de ouro. Dentro da Arca da Aliança foi depositada a Vara de Aarão, transformando-se em elemento de santificação.
No Livro do Êxodo, 7:1, lemos: *"E o Senhor disse a Moisés: eis que te constituí deus de Faraó; e Aarão, teu irmão, será teu profeta"*. Portanto, temos em Aarão um profeta de Jeová. Moisés, sabemos, praticou atos considerados milagrosos, mas vemos que Aarão quando entregou a "sua vara", essa, em poucas horas, floresceu e frutificou, demonstrando assim um grande poder espiritual. Como profeta, procedia as ações "cósmicas", anunciando-as ao povo para que se aclamasse; povo sofrido por 40 anos de peregrinação no deserto, fruto de uma "purgação" devida ao comportamento de rebeldia e de frágil fé no Senhor.
A peregrinação penosa demonstraria, milênios depois, o destino daquele povo, que deveria peregrinar pelo mundo até conseguir o beneplácito final, reunindo-se permanentemente em um local definido.
Aarão teve a mesma iniciação nos mistérios, acompanhando Moisés em todas as circunstâncias; orador consumado, assombrou a corte do Faraó com prodígios extraordinários, como a vara mudada em serpente, a conversão das águas do Nilo em sangue e as pragas que assolaram o Egito.
Seu filho Eleazar, utilizando as vestes sacerdotais de Aarão, foi o condutor final do povo Hebreu à Terra Prometida, Canaã.

ABETA — Parte triangular e superior de um avental; usa-se de dois modos: erguida ou depositada sobre o quadrilátero do avental.
Quando erguida, destina-se a cobrir o "plexo solar", significando a neutralização daquela parte do corpo humano numa demonstração de que o maçom, nesse caso Aprendiz, ainda se encontra numa dependência total das influências exteriores.

O vocábulo tem origem latina e deriva de ABA, que é a parte pendente de um objeto, no caso, o Avental. O Avental, como veremos adiante, por si só, é quadrangular, e a Abeta dele faz parte. Sendo erguida, a Abeta representa a Pedra Cúbica. Por que a Abeta é erguida no primeiro grau do Rito Escocês Antigo e Aceito?

Abeta é diminutivo de Aba, portanto, de Avental; representa, isoladamente, o próprio Avental em sua forma primitiva egípcia.

Ergue-se a Abeta, primeiramente, para distinguir, em Loja, os Aprendizes dos demais membros do Quadro presentes; os Companheiros usam o Avental com a Abeta rebaixada; distinguem-se dos Mestres porque o Avental de Mestre é diferente.

O Aprendiz deve ter a preocupação de manter erguida a Abeta, pois essa tem a tendência de retornar ao seu lugar uma vez que é um apêndice preso por um dos seus lados.

A Abeta faz parte integrante do Avental, mas deve ser considerada de forma isolada e independente.

Os sistemas Vago e Simpático atuam em conjunto com o sistema nervoso; a Abeta os protege deixando o Aprendiz "neutralizado" quanto aos seus sentimentos emocionais e passionais.

Sendo o Aprendiz "receptivo" por excelência, a triangulação da Abeta absorverá tudo o que poderá prejudicar seu organismo, tanto no sentido material como no espiritual, dando-lhe assim a tranquilidade do aprendizado. Considerando que o Avental do Aprendiz é branco, sem qualquer ornamentação, a sua Abeta também será simples e despida de qualquer símbolo, pois a Abeta é um símbolo de pureza.

ABIFF — Trata-se de uma palavra composta das iniciais extraídas de outras quatro palavras: Aleph, Beth, Iod e Vav, todas hebraicas. O interesse maçônico diz respeito a Hiram Abiff. Significa "seu pai". É também um título de respeito. O Rei de Tiro, ao se referir ao seu artífice, chama-o de "meu pai Hiram". No Livro de Crônicas é chamado de "Pai de Salomão". "Seu Pai, Hiram Abiff". Maçonicamente, resulta em seu título de honra: Hiram, o pai da construção do Grande Templo.

ABÓBADA — Significa teto em curva e é apropriada para produzir eco e usada nos grandes recintos dos palácios e das catedrais. No Grande Templo de Salomão não existia, pois o teto era formado pela própria Natureza, de onde derivou a palavra "Abóbada Celeste"; o teto, para evitar os raios solares, era protegido por extensos cortinados; em Jerusalém chovia com muita raridade; à noite, para amenizar o calor e repor a evaporação, desce dos montes o orvalho. As cerimônias religiosas eram realizadas durante o dia até o entardecer, e para iluminar o recinto existiam os inúmeros candelabros.

As Abóbadas surgiram na Idade Média com os "Pedreiros Livres", os *freemasons*", que guardavam ciosamente o segredo da construção; as mais célebres encontramos na Catedral de Beauvais de São Pedro, em Roma, e Notre Dame, em Paris.

É um símbolo maçônico.

ABÓBADA CELESTE — É a Abóbada natural que cobre o Planeta, mas que abrange exclusivamente a atmosfera, medindo aproximadamente doze mil metros de altura, calculados a partir do nível do mar. Calculada dos altos montes, como o Himalaia, a atmosfera possui cerca de quatro mil metros de altura.

Portanto, não se trata de um "espaço infinito". Maçonicamente é o teto dos Templos, onde são artisticamente reproduzidos os astros principais; considerando que no Grande Templo de Salomão não havia um teto construído, a reprodução artística do "firmamento" significa a abstração da parte material.

Os Templos maçônicos atuais foram inspirados nas Abóbadas da Idade Média, como a da Santa Capela, de Paris, cuja Abóbada é estrelada a ouro. Para imitar o Grande Templo de Salomão, alguns Templos maçônicos, como o da cidade de Ilhéus, na Bahia, apresentam um dispositivo que, correndo sobre trilhos ocultos, "abre" a Abóbada descobrindo o firmamento, emprestando ao ambiente, com as luzes apagadas, uma sensação de infinitude, de aproximação da alma do Criador.

O Templo simboliza o Cosmos e, obviamente, o firmamento lhe faz parte relevante. A pobreza de nossos Templos maçônicos é suprida pela imaginação criativa, pois o "pensamento voa" e pode o maçom transportar-se para qualquer parte do Cosmos.

Os iniciados são colocados em cavernas justamente para afastar o homem profano da infinitude do firmamento.

Há Lojas maçônicas que se esmeram em reproduzir o firmamento da melhor forma possível; antes da abertura dos trabalhos, o Templo é mantido na penumbra, acendendo-se na Abóbada os astros até que a luz correspondente ao Sol seja intensificada para iluminar todo o Templo; exemplo dessa preocupação estética são os belos Templos da capital de Goiás.

Ingressados os membros da Loja e colocados "a coberto", os instantes ocupados com a iluminação gradativa da Abóbada Celeste são utilizados para meditação; portanto, temos dois momentos para isso: o do início e o do final, quando desfeitas as posturas, os Maçons em silêncio se retiram; o silêncio simboliza o descanso da Natureza.

Obviamente, na reprodução dos Astros, são selecionadas apenas algumas constelações, além do satélite natural, a Lua, e do grande luminar, o Sol. Assim, teremos o Astro Rei colocado à frente do Trono do Venerável Mestre; sobre o Altar do Primeiro Vigilante, a Estrela Flamígera.

Na parte central da Abóbada, as estrelas da Constelação de Órion; entre essas e o noroeste estão as Plêiades, as Híades e Aldebaran; entre Órion e o nordeste, vemos Régulus, da Constelação de Leão; ao norte, a Ursa Maior; a noroeste, Arturus; a leste, Spica da Constelação de Virgem; a oeste, Antares; ao sul, Formalhaut.

No oriente, Júpiter; no ocidente, Vênus; junto ao Sol, Mercúrio, e próximo a Órion, Saturno com os seus satélites. Quando em meditação, fechamos os olhos e "chamamos" junto a nós o Firmamento, para nele nos encontrarmos e passarmos a conviver com os Astros, com tudo o que povoa o Firmamento, até encontrarmos a razão de nossa existência, a Abóbada Celeste de nosso Universo interior.

ABÓBADA DE AÇO — A Espada faz parte dos objetos usados pelos Maçons, constituindo-se em símbolo que contém vários significados, como a Justiça, a Força e a Proteção.

Os Maçons que ocupam a Câmara do Meio, isto é, as duas primeiras fileiras de assentos, manejam as suas Espadas, erguendo-as sobre a cabeça do irmão que lhe está à frente, cruzando com sua espada, pelas pontas, formando assim um "túnel" sob o qual adentram no Templo as Dignidades.

Essa Abóbada, momentaneamente, substitui a Abóbada Celeste, simbolizando a proteção forte e rija que a Maçonaria dá às suas Autoridades, isolando-as com uma "cortina" de aço de todas as influências negativas que podem vir do Firmamento, como os raios cósmicos, as tempestades, o granizo, enfim, os acidentes atmosféricos, bem como as vibrações negativas. O costume de formar a Abóbada de Aço vem da Idade Cavalheiresca, quando os Cavaleiros armados com suas Espadas, nas cerimônias sociais como os casamentos, a formavam como sinal de respeito e honraria.

O maçom que adentra no Templo, sob a Abóbada de Aço, recebe vibrações tão intensas que se fortalece e obtém proteção por muito tempo. Há Lojas que durante a formação da Cadeia de União, antes de tudo, retiram as Espadas de suas bainhas, juntando-as pelas pontas ao centro do círculo, atraindo assim, por meio da força do aço, toda energia misteriosa como se fosse um ímã a recolher as influências cósmicas.

A Abóbada de Aço é formada, exclusivamente, para a entrada no Templo e não para a retirada.

ABÓBADA SAGRADA — Dentro de um Templo maçônico, todos os símbolos revestem-se de caráter sagrado, pois representam em todos os sentidos a Criação em seu duplo aspecto.

Não basta, quando estamos dentro do Templo, constatar que, erguendo os olhos, contemplamos o Firmamento; é preciso ver além, encontrar dentro de nós mesmos, o Templo Espiritual e, erguendo os olhos espirituais, usando a terceira visão, contemplar o Cosmos Celestial, onde se situa, além do topo da Escada de Jacó, a Corte Celestial, em torno do Grande Arquiteto do Universo. A essa Abóbada dá-se o nome de "Abóbada Sagrada".

ABRAÃO — Nome do patriarca hebreu, destinado a ser o pai de um grande povo; com ele foi iniciada a prática da "circuncisão", ordenada por Jeová. É o personagem da obediência à vontade divina sem qualquer questionamento.

Certa feita, Jeová ordenou-lhe que fosse até o monte, construísse um Altar e sobre ele sacrificasse seu próprio filho Isaac; no momento em que abaixava o cutelo para a degola, um Anjo detevelhe o braço e um carneiro surgiu para substituir quem seria sacrificado. É uma história comovente que se encontra nas Sagradas Escrituras, exemplo do poder da fé. Isaac, por sua vez, sabia das intenções de seu pai e entregou-se submisso ao sacrifício, numa atitude de obediência filial. Isaac seria mais tarde pai de Esaú e Jacó, este personagem que a Maçonaria tomou para ilustrar o Painel do Grau de Aprendiz, reproduzindo o "sonho de Jacó".

O monte escolhido por Abraão na Colina de Moriá seria, mais tarde, o lugar onde surgiria o Grande Templo de Salomão.

O evento vem descrito no Livro do Gênesis, 22, 1 - 14.

Em razão da obediência de Abraão e sua fé, o Senhor fez com ele uma aliança, nesses termos: "Multiplicarei a tua descendência como as estrelas do céu e como a areia na praia do mar; a tua descendência possuirá a cidade dos seus inimigos; nela serão benditas todas as nações da terra; porquanto obedeceste à minha voz".

ABRAÇO — Diz-se "tríplice abraço", o amplexo que o neófito recebe, após a iniciação; é um hábito tradicional que significa um juramento dos mais solenes, "corpo a corpo", transmitindo as vibrações da carne, simbolizando o reconhecimento permanente da fraternidade; é a disposição testemunhada pelos circunstantes de que, para sempre, os Maçons se respeitarão, amando-se com todas as forças e protegendo-se em todas as situações. No entanto, quando surge entre irmãos alguma dissensão, esquecendo que no passado houve aquele abraço, o maçom que tiver dado causa ao quebramento daquele juramento corporal será considerado perjuro e não merecerá o respeito dos irmãos do quadro da Loja.

O tríplice abraço consiste numa cerimônia que envolve um posicionamento místico culminado pelas "pancadas" dadas às costas em número igual e correspondente ao toque de reconhecimento.

Trata-se de uma "postura" dinâmica, sempre repetida, quando dois irmãos se encontram após longo período de ausência, como se fosse um meio de religação com reflexos espirituais.

ABREVIATURAS — Simplificações usadas pelos Maçons em seus escritos, inicialmente, para ocultar o sentido da palavra, mas já ineficaz nos dias atuais em decorrência da divulgação existente; hoje, as abreviaturas são usadas exclusivamente na correspondência interna e na confecção dos Rituais. Apresentaremos as principais em uso:
À∴ G∴ D∴ G∴ A∴ D∴ U∴ = À Glória do Grande Arquiteto do Universo
A∴ L∴ = *Anno Lucis*
A∴ M∴ = *Anno Mundi*
Ap∴ = Aprendiz
A∴ e Resp∴ Loj∴ = Augusta e Respeitável Loja
E∴ V∴ = Era Vulgar
G∴ L∴ = Grande Loja
G∴ M∴ = Grão-Mestre
Ir∴ = Irmão
L∴ = Loja — L duplo, LL∴ = Lojas (no plural)
MM∴ AA∴ LL∴ AA∴ = Maçons Antigos Livres e Aceitos
Res∴ = Respeitável
S∴ S∴ S∴ = Saúde, Saúde, Saúde (tríplice saudação simples)
S∴ F∴ U∴ = Saúde, Força e União (tríplice saudação honorífica)
Ven∴ = Venerável
Ven∴ M∴ = Venerável Mestre
V∴ L∴ = Verdadeira Luz

ACÁCIA — A Acácia é uma planta abundante em Jerusalém, e por crescer em qualquer parte do mundo, as suas características diferem de região a região; a Acácia oriental produz a denominada "goma arábica", que entre nós não vinga; no sul do Brasil temos múltiplas espécies de Acácia, entre elas a denominada "Acácia Negra", de cuja casca é extraído o "tanino", rivalizando com o da África e considerado um dos melhores do mundo para curtir o couro dos animais.

ACÁCIA

A Acácia é símbolo característico do 3.º Grau do Rito Escocês Antigo e Aceito.

Há cerca de trezentas variedades de Acácia, tornando-se assim difícil definir qual precisamente constitui a planta maçônica.

No Brasil floresce no mês de junho por ocasião das festividades do solstício de inverno; nas cerimônias de adoção de *Lowtons*, que são celebradas no dia 24 de junho, a flor de Acácia é empregada para a ornamentação do Templo.

A palavra Acácia deriva do grego *Akè*, que significa "ponte" de um instrumento de metal.

Existem variações do nome, a saber: Akakia, Kasia, Kassia, Akantha, Akakia; esta última palavra significa inocência e ingenuidade.

A Acácia é uma planta da família das leguminosas; apresenta-se como um arbusto com folhas leves e elegantes, nas regiões tropicais ou subtropicais; possui flores miúdas, ordinariamente amarelas, perfumadas, agrupadas e muito melíferas.

Os antigos egípcios tinham a Acácia como planta sagrada; era também adorada pelos árabes; Maomé destruiu o mito da Acácia, que os árabes denominavam de *Aluzzá*, e a aclamação *Huzzé* pode ter origem nesse vocábulo.

Para os antigos, a Acácia era um emblema solar como as folhas do Lótus e do Heliotrópio, porque as folhas acompanham a evolução do Sol e param quando ele desce no ocaso; a flor imita o disco radioso do Sol, com sua espécie de "plumagem".

Aluzzá, que Maomé baniu por considerá-la idolatria, era venerada pelas tribos de Ghaftanm, de Koreisch, de Kenânah e de Saken, a quem denominavam de "Pinheiro do Egito".

Portanto, não vamos encontrar a Acácia apenas evocada na literatura hebraica. Se Moisés recomendava que o Tabernáculo, a Arca da Aliança, a Mesa dos Pães da Propiciação e demais Adornos Sagrados fossem construídos com madeira de Acácia, isso não significa que o seu uso fosse originário daquela época, pois nos mistérios egípcios seu uso já era conhecido. Moisés que estivera no cativeiro certamente colheu dos egípcios o uso da Acácia sagrada.

Nas Escrituras, o nome da Acácia vem como *Shittah* e *Shittuin*, com a tradução Cetim.

Hiram Abiff esculpiu os Querubins e todos os demais ornamentos em Acácia que, posteriormente, cobriu com lâminas de ouro.

Considerando o tamanho dessas esculturas e o revestimento das paredes internas, tipo "lambris", a Acácia não se apresentava como um simples arbusto, mas como uma árvore de grande porte.

Todas as religiões místicas antigas possuíam uma árvore simbólica para venerar. Na Maçonaria antiga encontraremos o Lótus nas regiões do Egito, o Mirto na Grécia, o Carvalho na região dos druidas.

Nos antigos Rituais maçônicos não é mencionada a Acácia; ela surge concomitantemente ao aparecimento do Terceiro Grau.

Os Templários ao recolher as cinzas de Jacques de Molay, as cobriram com ramos de Acácia, evidentemente cônscios da existência do paralelismo com Hiram Abiff.

Na Ilha Vert Galant, próxima à Ponte Nova, no rio Sena, em Paris, onde Jacques de Molay fora sacrificado, existem, ainda hoje, algumas Acácias de grande porte.

ACÁCIA

Numa obra maçônica antiga diz-se que a Acácia é invocada nas cerimônias do 3.º Grau, em memória da Cruz do Salvador, porque esta foi feita nos bosques da Palestina onde abundava e que a própria coroa de espinhos foi formada por ramos de Acácia que são espinhentos (segundo *Recuell Préciaux de la Maçonnerie Adonhiramite*, 1787).

A adoção da Acácia no sentido místico e simbólico tem o significado do "indestrutível", do "imperecível", porque se trata de uma madeira imputrecível devido a sua composição resinosa.

Não estamos capacitados a informar se toda Acácia possui as mesmas qualidades da "Acácia Vera" e da "Mimosa Nilótica", que são originárias da Península Arábica.

Os primeiros Maçons organizados retiraram da história de Israel os principais conceitos e, assim, a Acácia, por simbolizar a "Imortalidade da Alma", foi aceita como símbolo sagrado.

Quando o mestre diz: "A Acácia me é conhecida", quer dizer que "esteve no Túmulo", portanto, que se encontra ressurrecto.

O significado místico da Imortalidade, que equivale à "indestrutibilidade" e que o Ser é "imperecível", é o ponto culminante da filosofia maçônica.

O mestre saiu do Túmulo, do círculo, como iniciado final que permaneceu soterrado no silêncio e na escuridão, qual crisálida que surge como inseto alado, lançando-se ao espaço em direção ao Sol e à Luz.

O Sol, este luminar misterioso, é anunciado pela "Mimosa", flor amarela de ouro, símbolo da magnitude e do poder.

Alerta o homem que, posto revestido de elementos materiais, logo perecíveis, possui um Elemento mais valioso, permanente e eterno, que jamais pode perecer.

É a lição mestre da Maçonaria: "A Vida ergue-se do Túmulo para jamais tornar a morrer".

Na cerimônia da Iniciação, a planta simboliza a presença da Natureza que difere do homem por pertencer a um outro reino.

A cerimônia não pode prescindir da presença de uma planta, por isso sempre houver plantas em todos os ritos da Antiguidade.

Nas cerimônias fúnebres orientais, quando os corpos são incinerados, as fogueiras são alimentadas com madeiras odoríferas consideradas sagradas. Por ironia, na Idade Média, os Mártires eram sacrificados em fogueiras.

Para o maçom, a Acácia, além de tudo, constitui-se em um chamamento nostálgico, pois de imediato traz à lembrança o sacrifício de Hiram Abiff.

Nas cerimônias de Pompa Fúnebre, o fato de todos depositarem um ramo de Acácia de pequenas dimensões sobre a esquife simboliza a crença de que a morte é provisória.

Hiram Abiff foi sepultado por três vezes; a primeira, sob os escombros dos materiais de construção; a segunda vez, na "cova" aberta na terra; a terceira, com honrarias dentro do Templo.

Porém, o sepultamento foi, simplesmente, o do corpo; pela primeira e segunda vez, o corpo foi removido; na última, permaneceu definitivamente, eis que a crença de Salomão era de que o Templo jamais seria destruído.

A história comprovou que nada é definitivo na Terra, porque o que é matéria perece.

Assim, ao se depositarem ramos de Acácia sobre a esquife, há a manifestação da crença de que alguma coisa é imperecível no homem, como o é, simbolicamente, a Acácia.

Portanto, a Acácia está ligada à crença da "Vida além Túmulo", que é um dos *Landmarks* maçônicos.

Uma parcela expressiva do Cristianismo crê piamente que ao final dos tempos os "escolhidos" ressuscitarão em "carne" e por este motivo repelem a cremação e a doação de órgãos para implantes.

A ressurreição da carne, que se trata de mito, faz parte do conhecimento esotérico maçônico; o cuidado e a veneração que o maçom dispensa ao corpo inerte de um Irmão falecido e as homenagens que lhe rende no 33.º dia de seu passamento constituem prática usual, porém nem de todo esclarecido e compreendido.

Durante as cerimônias são dadas três pancadas sobre os tronos, com som surdo e lúgubre; essas pancadas simbolizam as três fases *post mortem*, ou seja, como já referimos, as três sepulturas do Artífice do Templo.

Durante a cerimônia é formada a Cadeia de União, e ao ser transmitida a Palavra em sua forma convencional, o Mestre de Cerimônias ao recebê-la, anuncia que a corrente se encontra "rompida" e a "Palavra" perdida.

Todo cerimonial desenvolve-se numa evocação à lenda de Hiram Abiff e, evidentemente, com o mesmo significado esotérico.

Assim, a Acácia representa, sempre e primordialmente, um duplo símbolo: o da mortalidade e o da imortalidade, o do luto e o do júbilo, o sagrado e o profano.

Quando o mestre afirma que a "Acácia lhe é conhecida", equivale informar ter ele atingido o clímax do Simbolismo, o mestrado e a sua harmonização em Hiram Abiff.

ACANTO — Planta espinhosa de folhas largas denominada de "ervagigante"; é próprio das regiões temperadas e vinga no sul da Europa em terrenos úmidos e pedregosos; é uma planta medicinal e sobretudo ornamental. Foi usada pelos gregos como ornamento nas colunas Coríntias, elemento maçônico dos Templos. Sua origem no uso arquitetônico surgiu do arquiteto grego Calimaco que, para expressar sua dor pela morte de sua amada, colocou sobre o seu túmulo, esculpido em pedra, um vaso em cujos pés brotavam algumas folhas de Acanto; fechando o vaso, colocou uma telha simbolizando que a sua inspiração para a arquitetura havia cessado.

ACEITAÇÃO — Utilizada como tradução da palavra inglesa *accepted*; a "Companhia dos Pedreiros da Cidade de Londres", pelo ano de 1620, admitia em suas reuniões pessoas estranhas à sua Companhia, formando uma entidade à parte; seriam os "aceitos" no seio da então Maçonaria Operativa. Essa agremiação paralela era denominada "Aceitação" mais tarde, a mesma fusão ocorria entre os maçons operativos e os especulativos. Foi numa "Loja de Aceitação" que Elias Ashmole criou o Rito Escocês Antigo e Aceito. Em certo sentido, esses maçons aceitos eram considerados membros honorários.

A sua influência foi decisiva para a expansão da Maçonaria, pois dos trabalhos artesanais dos pedreiros, cuidando com zelo dos segredos da construção, à mercê da "intelectualidade" dos maçons especulativos, puderam ser ordenados, aperfeiçoados, culminando com o surgimento de escolas, academias e até universidades; tudo responsável pelo adormecimento da Maçonaria Operativa.

No entanto, essa operosidade está revivendo no campo social; hoje a Maçonaria está preocupando-se em "trabalhar" com afinco, com operosidade, para atender àqueles menos afortunados da sorte, dignificando assim o homem como um todo, mesmo aqueles apoucados de inteligência. Os maçons "aceitos", em inglês, passaram a ser denominados de *Free and Accepted Masons*, cuja tradução é "Maçons Livres e Aceitos". Deve-se esclarecer que não havia, inicialmente, uma Loja mista, ou seja, composta de *freemasons* e de *free and accepted Masons* e muito menos os Aceitos podiam participar das reuniões, nem mesmo como visitantes; os especulativos eram aceitos na Confraria, considerados maçons, iniciados e tinham todas as prerrogativas, mas sempre foram reservados os segredos da construção. Somente mais tarde, com o surgimento da Universidade, é que houve a total fusão.

ACEITAÇÃO DO MALHETE — É o ato no qual o visitante ilustre ou alto dignatário recebe o Malhete que lhe é oferecido pelo Venerável Mestre ou Presidente da Loja ou Corpo que visita. De conformidade com a tradição e os costumes, com os regulamentos ou estatutos, o visitante aceita o Malhete, porém o devolve ao titular; no entanto, tratando-se de uma autoridade maçônica superior, ela manterá em suas mãos o Malhete, mas autorizará o dirigente a prosseguir com a direção dos trabalhos; nesse caso, não haverá um segundo Malhete, mas apenas a responsabilidade da direção. Contudo, não há qualquer regra fixa a respeito.

ACLAMAÇÃO — do latim *acclamare*, que significa "proclamar", "aplaudir". Usa-se nas votações que são estabelecidas ou por escrutínio secreto ou por Aclamação.

A Aclamação tem um sentido mais esotérico, seja no início, no fim dos trabalhos ou no momento oportuno. Em voz alta, de forma uníssona, os presentes pronunciam determinadas palavras, sendo a mais usual *Huzzé*.

A Aclamação tem a finalidade de "criar" vibrações fortes destinadas a suprimir as vibrações negativas existentes. A experiência tem ensinado que, quando surgem discussões inapropriadas e os ânimos se exaltam, o dirigente chama os presentes e comanda a Aclamação, cessando, dessa forma, toda dissensão já no seu nascedouro.

A Aclamação ao final dos trabalhos destina-se a "fortalecer" os presentes para que, quando se retirarem do Templo, o façam revestidos das vibrações somadas procedentes de cada pessoa presente.

A Aclamação não só produz uma forte vibração como também faz com que de "dentro" dos presentes sejam expulsos todos os "elementos" nocivos, liberando o maçom das pressões e das ansiedades.

AÇO — Do latim *aciarium*. Ferro combinado com pequena quantidade de carbono, o que o torna muito "duro" através da têmpera.

O carbono é um corpo simples, sendo seu símbolo químico C. É insolúvel em todos os líquidos e volátil, sem

A COBERTO — ADÃO

passar ao estado líquido a altas temperaturas. O petróleo, a hulha (carvão), o antracito e uma série de elementos. O aço é de origem desconhecida, mas os árabes já o usavam para forjar as suas célebres espadas que possuíam um "fio" admirável a ponto de cortar um véu que caísse sobre a sua lâmina apenas com o seu próprio peso; na Antiguidade, na época romana, desconhecia-se o aço, tanto que o Novo Testamento ainda não o havia mencionado.

Na Maçonaria, não há propriamente lugar para seu uso; apenas é referido quando se forma uma "abóbada de aço", cruzando-se as espadas.

A COBERTO — Mais propriamente "estar a coberto" significa "estar protegido". Quando a porta do Templo é fechada significa que os trabalhos estão a coberto; no entanto, outro significado mais esotérico traduz o termo. No Rito Escocês Antigo e Aceito, o que está em maior uso entre nós, verificar se o Templo está a coberto cabe ao Primeiro Vigilante, sendo esse um dos seus dois deveres.

O Vigilante determina ao Guarda do Templo que faça a verificação e esse maneja a porta, cerra o ferrolho e anuncia a devida cobertura.

Porém, "estar a coberto" significa que o Grande Arquiteto do Universo, que é Deus, está presente, e só Ele será a real proteção.

Para verificar se na relidade há essa cobertura, o Primeiro Vigilante deve possuir a "sensibilidade" espiritual apropriada para "sentir" essa Presença.

Um documento, uma Joia, uma alfaia também podem "estar a coberto", com o significado de que estão em segurança.

Todo maçom, dentro do Templo, se encontra "a coberto", pois nenhuma presença estranha deve ser notada; isso não significa a prática de um sigilo absoluto, mas a proteção contra toda força negativa.

ACUSAÇÃO — Dentro de uma fraternidade em que estão presentes somente Iniciados, em que se prega o amor fraterno, onde se enaltecem as virtudes não há lugar para que um Irmão possa acusar outro.

Em caso de deslize de um maçom, as leis estabelecidas dentro das Constituições, Regulamentos e Estatutos proverão a solução do inconveniente; não há margem alguma para que um membro da Ordem maçônica seja castigado; inexiste o castigo porque todo o esforço da irmandade será dirigido para uma "recuperação" de um apoio coletivo, buscando as causas, anulando-as e redimindo o faltoso. Ninguém poderá ser Juiz do próprio Irmão. Esotericamente, nos casos em que um maçom se "desvia", surge a "autoeliminação"; para um Iniciado, a Iniciação é *in aeternu*, como se fosse um sacerdócio; se assim os Maçons não agirem, surgirá o risco do enfraquecimento da Ordem.

Infelizmente, o homem é rápido em acusar; o ser humano é intolerante por natureza; esquecendo-se da trave que possui em seus olhos, aponta o pequeno argueiro que está nos olhos do seu semelhante.

Infelizmente, a Maçonaria atual desconhece o significado do que seja a tolerância.

ADÃO — Simbolicamente é o primeiro homem "construído" pelo Criador, contrariando as próprias Escrituras que o distinguem dos homens da Terra; seria o primeiro homem a render culto à Divindade monoteísta, base do surgimento do povo hebreu.

Cientificamente, já não há segredos em torno do surgimento do homem na Terra, quiçá no Universo; no entanto, Adão é tomado como símbolo da criatura de Deus.

Trata-se de uma palavra hebraica: "Aleph, Daleth, Mem", que sugere o primeiro homem surgindo do pó da terra, vermelho, misturado com água. Maçonicamente, tem significado no Grau 28, o Conselho dos Cavaleiros do Sol.

Quando o homem aparece, nas cerimônias de sepultamento religiosas, é dito que "o pó retorna à terra", com as suas "cinzas" e elementos minerais, retorna à natureza; portanto, Adão significa a própria Natureza, na concepção humana.

Aceita-se que Deus tenha criado o Homem Espiritual, diferenciando-o do homem material já existente no Universo como elemento não criado. Nenhum maçom, após sua iniciação, sente-se como ser perecível, pois sabe que quando a "segunda morte" chegar (a primeira é a morte simbólica na Câmara das Reflexões), ele simplesmente "entrega" os seus despojos materiais à Natureza e segue para os páramos espirituais, onde participará conscientemente, visivelmente, emocionalmente da Verdadeira Vida.

Na Cabala, Adão é visto de forma diferente, sendo denominado de Kadmon, que significa "a ideia do Universo" como sendo a primeira manifestação divina, o Alfa de tudo.

O crânio será Kether; os lobos cerebrais, Hakemah e Binah; os braços, Gedulah e Geburah; o tronco, Tipheret; as coxas, Netsach e Hod; os genitais, Yesod.

Adão é o tetragrama humano absorvido no IOD.

Portanto, se o vocábulo Adão pouco significa maçonicamente, o seu conteúdo místico é relevante dentro do Rito.

ADAR — Corresponde ao sexto mês do ano civil hebraico e o décimo segundo do ano eclesiástico.

ADEPTO — Do latim *adeptus*, significa "sectário, partidário". Maçonicamente não é muito usado, pois induz a crer que quem "adere" à filosofia maçônica, propriamente, não é o participante consciente. Nos altos Graus, usa-se a expressão, mas no sentido de possuir o "adepto" os conhecimentos secretos.

O vocábulo tem origem na Alquimia; posteriormente, foi usado no Rosacrucianismo. Os "adeptos" eram conhecidos como os participantes, no século XVI, dos elevados segredos místicos, e eram em número muito reduzido; "Adepto" não significava ser membro de uma organização filosófica, mas era um termo dignatário, como é hoje, o de Cardeal na Igreja Católica.

Seria errado dizer "um adepto da Maçonaria", mas certo apontar-se "ele é um Adepto entre os que mais se distinguem na Ordem".

ÁDITO — Significa "entrada", mas não é usual; é sinônimo de Átrio; é de origem latina *"addere, aditus"*, ir para dentro, no sentido de sacralidade: adentrar no Templo.

ADJUNTO — Do latim *adjunctus*, significa "ajunção"; "junto de", nome dado ao substituto de um titular de cargo dentro de uma Loja usando-se preferencialmente para o Grão-Mestrado; ou seja, o seu eventual substituto, o que "lhe está junto".

ADMINISTRAÇÃO — Do latim *administratio*, "gerir", "dirigir", governar; é o conjunto de Maçons que são eleitos para gerir a Loja, no duplo sentido, litúrgica e administrativo-economicamente. Algumas Lojas elegem todos os cargos; outras elegem os principais, deixando para o Venerável Mestre ou Presidente a tarefa de escolher os cargos de sua estrita confiança. Entre as tarefas políticas, jurídicas, econômicas e litúrgicas estão as místicas, e essas só poderão ser exercidas por Maçons que conheçam com profundidade os aspectos espirituais e esotéricos da Maçonaria; supõe-se que essa tarefa sutil deva ser exercida pelo triângulo Venerável Mestre, Primeiro e Segundo Vigilantes.
Entre nós temos a Administração comum e a Alta Administração; ambas compõem-se dos mesmos cargos, com a distinção de que em cada Grande Loja ou em cada Grande Oriente há uma Administração central e em cada Loja ou Corpo, uma administração secundária.
Cada Constituição, Regulamento ou Estatuto disporá do número de cargos isolados ou em comissão.
Não existe uma uniformidade internacional.

ADMIRAÇÃO — Ato, gesto ou sinal feito no Terceiro Grau, o de Mestre, após a marcha característica do Grau, em alguns casos, ou durante essa marcha, em outros.

O gesto consiste em dobrar-se os joelhos, de forma leve, erguer os braços e exclamar; as palavras de exclamação são as contidas no Ritual apropriado.
O gesto demonstra espanto, horror e surpresa.
A origem da palavra é latina e também expressa "êxtase"; dentro da Lenda de Hiram Abiff há lugar tanto para o êxtase como para o espanto; tudo depende da oportunidade; quando feito pelo neófito, portanto, pela primeira vez, traduz espanto; depois, como parte da cerimônia, passa a ser êxtase, pois já não se espanta quem conhece o que lhe é apresentado.

ADMISSÃO — De origem latina, significa "aceitar", porém maçonicamente trata-se de aceitar o que merece ser aceito, ou seja, quem passou e foi aprovado pela Iniciação.
Admitir significa "colocar ao lado", ou seja, unir ao Quadro da Loja.
O processo de ingresso na Ordem maçônica sofreu profundas alterações com o passar dos séculos; inicialmente, para formar uma Loja, reuniam-se os artesões que possuíam conhecimentos específicos da construção para de forma "fechada" manterem-se unidos em torno dos seus interesses; com a morte, havia a necessidade de substituir o que morria e então era buscado com muito cuidado e muita seleção o substituto que, após ser submetido a severas provas para aquilatar a sua personalidade e fidelidade, era "Admitido à Confraria".
Posteriormente, as Lojas eram formadas já partindo-se de um núcleo preexistente, quando uma comissão saía em busca do número limitado para "fechar" o grupo; também, os escolhidos passavam a ser "admitidos".

Hoje, considerando que a Loja é essencialmente filosófica, com parte de esoterismo, outra de espiritualismo e mesmo um tanto sociológica, os Candidatos são indicados e assinam proposta; são superficialmente sindicados e se não apresentarem defeitos maiores, são simplesmente admitidos, por meio de uma Iniciação simbólica. Nos Estados Unidos da América, a Maçonaria distribui entre os possíveis Candidatos "cartilhas" orientadoras sobre os fins da Ordem maçônica.

Hoje, torna-se extremamente fácil ingressar na Ordem; contudo, o termo "Admissão" é conservado; um Candidato, após iniciado, será "Admitido" na Ordem maçônica.

ADMOESTAÇÃO — Do latim, possui o significado de "aconselhar e advertir".

Quando algum maçom tem uma atitude considerada pelo Guarda da Lei imprópria a uma conduta fraterna, ou quando algum Irmão solicita ao Venerável Mestre que alguém seja "Admoestado", o Irmão faltoso é convidado a colocar-se "entre Colunas", onde, de forma passiva e neutra, ouve os conselhos e advertências, mas sempre com o cuidado de que isso não represente um "julgamento", não venha a ferir o Irmão que está sendo admoestado.

Não se admite "castigo", "repreenda" ou "ameaças"; toda Admoestação deve conter os princípios que a Maçonaria ensina, em especial, as atitudes bondosas, compreensíveis, sempre tolerantes e reveladoras do culto ao amor fraterno.

Por falta de conhecimento, nem sempre os Irmãos "faltosos" são tratados como uma família trata a seus membros, indistintamente, com amor, sempre pronta a perdoar, relevar e querer bem.

ADOÇÃO — Isoladamente, o vocábulo diz respeito às Lojas Femininas, denominadas de Lojas de Adoção, como se verá no verbete apropriado.

A Maçonaria desenvolve no dia 24 de junho, dedicado a São João, a cerimônia de Adoção de *Lowtons*, ou seja, a adoção dos filhos de Maçons até atingirem a puberdade.

Erroneamente, essa cerimônia é designada como "batismo"; em absoluto, essa cerimônia significa que em caso de necessidade, com a morte do irmão e pai da criança, a Loja zelará por ela. Essa cerimônia, no entanto, está quase em desuso; dada a pobreza econômica das Lojas, jamais elas poderão "amparar" um adotado por ela e, assim, a cerimônia, quando feita, não passa de um mero simbolismo, para esclarecer os Maçons de que mesmo morto um seu Irmão o seu amor fraterno prossegue nos seus descendentes, porque esse amor é permanente, como o é a Iniciação.

É costume, além de proceder ao registro da cerimônia de Adoção, entregar ao adotado um diploma e uma medalha, em que estará inserido o "nome simbólico", o nome do padrinho, da Loja e da data.

A cerimônia de Adoção é "branca", ou seja, o ingresso dos parentes dos adotandos é permitido, e a porta do Templo permanece aberta; existe um Ritual específico para essa cerimônia. Certos autores referem a possibilidade de ser "adotado" algum antigo maçom necessitado.

Não existe, contudo, qualquer cerimonial a respeito; o dever de amparar o possível maçom necessitado será da Loja a que ele pertenceu ou da Grande Loja a que ele era filiado.

ADONAI — Traduz-se por Senhor, em hebraico, no sentido de divindade, para substituir o nome de Jeová, que é nome "impronunciável" pela sua sacralidade; abstraindo-se as vogais, inexistentes para os hebreus, vem formada a palavra JHVH, que é o tetragrama divino. Sabe-se que o Deus dos hebreus, como também o é dos cristãos, é nas Sagradas Escrituras nomeado em múltiplas formas, sendo a mais clássicas "Eu Sou", como Ele mesmo revelara a Moisés por ocasião da entrega da Lei, de onde se originaram as Doze Tábuas.

Maçonicamente, a palavra Adonai é muito usada tanto isoladamente como composta, por exemplo "Nec Adonai" pronunciada por Jacques de Molay quando já na fogueira.

Adonai é usada também em outra línguas e entre outros povos, como os fenícios, com o significado honorífico de "Senhor"; temos um exemplo com o nome de Adoniram, que significa "O Senhor Hiram".

ADONIRAM — Muitos autores conservam na grafia o "h" intermediário, pois seria o nome de um dos chefes da construção do Grande Templo de Salomão, Adon-Hiram, ou seja, o "senhor Hiram"; temos no relato bíblico Hiram, rei de Tiro, que, para não ser confundido com outros, passou a ser escrito como Hirão; temos Hiram Abiff, o artífice vindo do Líbano, e Adon-Hiram, o forjador de ferro, aquele que cuidava do corte da madeira para as construções de Salomão. Adoniram significa "consagrado ao Senhor"; era filho de Abda. Salomão possuía onze oficiais e doze intendentes que o auxiliavam na administração, isso, antes de serem iniciadas as construções. Como veremos adiante, deve-se separar essas construções que compreendiam o palácio das demais casas da administração de seu reinado, como a edificação do Grande Templo. Adoniram era um dos doze oficiais com o cargo de superintendente dos que trabalhavam forçados, ou seja, semiescravos, ou estrangeiros.

Para iniciar essas construções, Salomão formou uma leva de trabalhadores dentre os israelitas em número de trinta mil homens que eram enviados ao Líbano alternadamente, de dez mil por mês; um mês permaneciam no Líbano e dois meses em suas casas; Adoniram era quem dirigia esses trabalhadores.

Esses trinta mil executavam, exclusivamente, o corte da madeira, constituída de cedros, carvalhos, faias e outras espécies, inclusive "setim", ou seja, acácias.

Além desses trinta mil, havia mais setenta mil que transportavam a "carga", e mais oitenta mil que talhavam as pedras nas montanhas.

O oficial principal era Azarias e o encarregado de providenciar os materiais para as construções era exclusivamente Adoniram.

Algumas versões bíblicas o denominaram de Adonirão e outras de "senhor Hirão".

No rito Adoniramita, pouco usado no Brasil, Adoniram é tido como sendo o grande artífice e não Hiram Abiff.

Muitos autores "fundem" os dois personagens em um só. No entanto, deve-se observar que nenhum israelita teve permissão para tomar parte na edificação do Grande Templo. É mais provável que Adoniram não tenha participado na coleta do material, mas que, apenas, tenha sido um dos oficiais de Salomão, isso antes do ano 480 a.C., calculado o início do dia em que os Israelitas saíram do Egito.

Por outro lado, não seria admissível "mão de obra" escrava na edificação do Templo. "Mãos puras" deviam erguer a obra, informando a tradição que os operários usavam luvas e aventais brancos, de onde surgiu a tradição maçônica.

ADORAÇÃO — Adorar, verbo de origem latina que significa "render culto à divindade"; pode significar uma veneração e um amor extremado. Maçonicamente, significa a prática de atos próprios dos Rituais, mas sempre no sentido da adoração ao Grande Arquiteto do Universo, que é Deus; não há lugar, na Maçonaria, para qualquer ato de idolatria.

ADORMECER — "Estar adormecido" significa encontrar-se o maçom afastado de sua Loja; aplica-se, também, a própria Loja que suspende as suas reuniões por decisão da administração quando os seus membros se afastam. Adormecer tem o sentido de "ingressar em sono"; o adormecimento, contudo, não significa um afastamento definitivo, pois tanto o maçom como uma Loja podem "acordar" e reencetar as suas atividades.

Sendo a Iniciação um ato permanente e *ad aeternum*, mesmo que o maçom afastado venha a falecer, permanecerá "adormecido", porque ele terá a oportunidade de reencetar as suas atividades no Oriente Eterno.

ADORNOS — O símbolo em si também pode ser considerado um Adorno; porém, especificamente, considera-se Adorno o objeto que é usado sobre o corpo do maçom, como o Avental, a Faixa, o Colar, as Comendas e outras alfaias. Esses adornos diferem de Rito a Rito e de Grau a Grau. O seu uso não é obrigatório, afora o Avental; esse deve sempre ser usado quando o maçom adentra no Templo.

ADRO — Sinônimo de Átrio, sala que precede a entrada do Templo.

O Edifício maçônico compreende três partes: a Sala dos Passos Perdidos, o Átrio ou Adro e o Templo; correspondem aos três estados: a consciência, o subconsciente e o hiperconsciente. No Grande Templo de Salomão, todas as doze colunas e mais as duas principais, conhecidas como Boaz e Jaquim, encontravam-se no Adro; na atualidade, especialmente no Brasil, as duas Colunas principais, a do Sul e a do Norte, estão localizadas dentro do Templo; embora isso não reflita a arquitetura da época salomônica, tornou-se praxe. Os Templos atuais não têm nenhuma semelhança com o Grande Templo de Salomão.

No Adro, os Maçons devem prepararse para ingressar no Templo; deixaram na Sala dos Passos Perdidos todas as emoções e paixões trazidas de fora, do mundo profano; o Mestre de Cerimônias faz uma preleção rápida convidando a momentos de meditação; após, os que entram no Templo não são pessoas comuns; são irmãos de uma mesma fé que se unem como se fossem um só Corpo Místico.

Portanto, a permanência no Adro faz parte do Ritual Iniciático e da Liturgia.

ADVERTIR — ou Advertência, de origem latina: *advertire*, significa despertar a atenção para algo que foi descurado; quando o maçom, mesmo involuntariamente, age de modo a desarmonizar o ambiente, ferindo a suscetibilidade dos seus Irmãos, compete ao Venerável Mestre chamá-lo em particular, de forma discreta, e adverti-lo de que sua atitude perturbou alguém; em caso de reincidência. essa advertência, que deve ser sempre amistosa e paternalista, será feita na presença de todos, em Loja aberta, colocado o que deve ser advertido, "entre Colunas".

Deve ser evitada qualquer atitude constrangedora, mas a ação deve ser enérgica; advertir, significa alertar, chamar à realidade, e não criticar.

ÁGAPE — De origem grega, significado amor; termo usado nos tempos do cristianismo primitivo; reunião para refeições entre os que se amam. Nessas refeições, e o exemplo marcante foi a Santa Ceia, os Discípulos reuniram-se com o Mestre para comer o cordeiro pascal, com pão e vinho; o significado de hoje seria a comunhão litúrgica.

Ágape é o termo usado em Maçonaria para as reuniões de refeição; no Grau 18, o de Príncipe Rosa-Cruz, os trabalhos são conclusos com esse Ágape.

AGNI — De origem sânscrita, significado "fogo"; nome também de uma divindade védica.

O "fogo" na Maçonaria é um dos quatro principais elementos, tanto na Iniciação do Primeiro Grau como em outras cerimônias dos Graus subsequentes, tanto na Maçonaria Simbólica como na Maçonaria Filosófica.

O "fogo" não só queima, não só purifica, mas também ilumina e constrói, dando o calor necessário a toda Natureza através dos raios solares, filtrados pela atmosfera.

Um dos ornamentos de uma Loja maçônica é o Sol, com esse sentido; na cerimônia de Iniciação, o Candidato passa pela "prova do fogo" sem, contudo, se queimar, porque saiu da Câmara das Reflexões não mais um ser com as características de homem-matéria, mas sim de renascido como homem-espírito. A prova pelo "fogo" tem a finalidade de comprovar se a Iniciação foi exitosa.

No Grau 18 do Rito Escocês Antigo e Aceito, denominado de Grau Capitular, surge o "fogo" através da "Pramanta", termo que adiante será definido; esse "fogo" denomina-se "Agni".

AGNOLA — Palavra de origem grega, que significa a ignorância, ou falta de conhecimento. É aplicada com mais acerto à alma dos animais, portanto dos irracionais; o homem ignorante que não se deixa iluminar, equipara-se a um animal que age exclusivamente por instinto; uma das missões da Maçonaria é justamente anular a "Agnola" que impera no mundo.

AGNOSTICISMO — Define-se como toda tendência e, sobretudo, pretensão de conquistar a sabedoria absoluta, por meios, além do conhecimento, místicos e esotéricos.

Os agnósticos eram pensadores que elaboraram grandes sistemas teológicos e filosóficos durante os primeiros séculos da era cristã, reunindo as especulações neoplatônicas com os dogmas cristãos e as tradições judaico-orientais.

Distinguiam-se três espécies de agnoses: a mágico-vulgar, a mitológica e a especulativa.

A tendência genérica era descrever o Cosmos por meio de imagens mescladas com princípios filosóficos orientais, especialmente os bíblicos e a mítica grega.

Havia a suposição da existência de dois polos principais: o positivo e o negativo, o do bem e o do mal, entre os quais se movimenta a própria alma; a crença de se poder manipular o processo cósmico através de rios e pensamentos.

Na Agnose especulativa acentuava-se o caráter dualista de todas essas doutrinas; assim, o Universo do agnóstico não é estático, nem sequer dialético, muito menos dramático.

A luta entre o deus do mal e o deus da bondade, com a definitiva vitória deste último, formam a existência da Natureza e do homem.

O Agnosticismo pressupõe, antes de tudo, a impotência de Deus Criador para que seja plenamente bondoso, resultando disso o seu fracasso na criação, isso porque, à frente de Deus, preexistia uma força impeditiva para o poder pleno.

Agnóstico significa aquele que confessa ignorar a sabedoria; o que julga que a inteligência humana é importante para adentrar no absoluto; a dificuldade de absorver a ideia da relatividade universal de todo conhecimento.

Os grandes filósofos Locke (1632-1704), Berkeley (1685-1753), Hume (1711-1776) e sobretudo Kant (1724-1804), ampliando os conceitos do precursor Descartes (1596-1650), muito lutaram para afirmar o agnosticismo.

A Maçonaria passou incólume por todas essas fases e, posto o agnosticismo exercesse grande influência no século XVIII, os princípios maçônicos subsistiram porque sua fé foi sempre depositada no Supremo Ser, traduzido na linguagem maçônica de Grande Arquiteto do Universo, construído "Justo e Perfeito".

ÁGUA — É um dos quatro elementos primários da Natureza, sendo os demais, a Terra, o Ar e o Fogo.

É o elemento frio e úmido, em analogia com a noite e o inverno.

É um elemento líquido, incolor, inodoro e insípido, essencial à vida; sua composição química é H_2O, portanto dois elementos gasosos que na composição se liquefazem.

Para os hermetistas, compõe o princípio úmido da plasticidade, da materialidade, da passividade e da mutação.

A Água é um princípio feminino, representa o Astral, é o oposto do elemento Fogo, que é dinâmico e masculino.

Na Maçonaria, é usada para a primeira purificação da matéria; nas religiões, o batismo é feito pela Água, simbolizando a purificação, o perdão dos pecados e a "colocação" do Espírito na pessoa.

Há o batismo por aspersão, que é o procedido pela Igreja, através da água benta aspergida pelo sacerdote sobre a criança, até os oito dias de vida, e há o por imersão, como sucedeu com Jesus no rio Jordão e que consiste em submergir todo o corpo.

No Templo de Salomão havia o Mar de Bronze para as abluções; os que entravam no Templo necessitavam lavar-se para retirar o pó das viagens; era uma obrigação mais higiênica que litúrgica; os maometanos, antes de ingressar em suas Mesquitas, lavam pés, rosto e mãos, existindo para isso, no pátio externo, lavábulos apropriados.

Os Cristãos Católicos romanos benzem-se antes de entrar na nave das Catedrais ou Igrejas; consiste em molhar a ponta dos dedos da mão direita em um recipiente apropriado que contém "água benta", e fazer o sinal da Cruz, deixando pequenas gotas nas quatro partes do corpo, compreendidos a fronte, os ombros e o plexo solar.

A Água é o solvente universal, bom condutor de eletricidade, participa de todos alimento e faz parte do corpo humano numa porcentagem considerável.

Religiões antigas apagavam num recipiente com Água um tição aceso, misturando assim os dois elementos, tornando a Água sagrada para ser usada em fins litúrgicos.

Na Umbanda e religiões afins deixa-se em um canto do recinto um copo com água com a finalidade de "absorver" os fluidos negativos.

As abluções, em certa época, eram feitas obedecendo a certas regras, com a finalidade da cura de certas enfermidades, como a artrite, o reumatismo e a gota.

Na atualidade, temos a "Água pesada", enriquecida com urânio, para fins de criar a energia atômica.

A Água existe nos três estados: gasoso, líquido e sólido.

Água e Oxigênio são elementos essenciais à Vida e sem eles inexistiria a própria Natureza.

O primeiro homem simbólico foi formado de pó e água; nas cerimônias de sepultamento do corpo, é referido que o pó deve retornar à Terra que o forneceu, mas não se menciona a Água, porque se trata de elemento sagrado em constante mutação.

Na Índia existe um rio considerado sagrado, o Ganges; em Israel, os peregrinos cristãos têm no rio Jordão um rio sagrado porque nele Jesus foi batizado.

Na fonte de Siloé, em Jerusalém, onde Jesus lavou os olhos de um cego, devolvendo-lhe a visão, os peregrinos da atualidade colhem aquela Água e a levam para cura dos males da visão; em torno disso há um forte comércio porque essa Água é vendida em frascos.

Na Iniciação maçônica, após a purificação pela Água, ela é ingerida na forma da "boa e má bebida", que inicialmente é doce e seu resíduo amargo; isso destina-se à purificação "interior" do maçom.

ÁGUIA — É uma ave de rapina, pois caça seu alimento, atingindo animais de pequeno porte, como filhotes de gamos, carneiros, macacos e toda sorte de répteis; é essencialmente carnívora e vive nas escarpa das altas montanhas.

Tem porte grande, atingindo de asa a asa até três metros de envergadura; possui possantes garras, bico adunco e olhos muito aguçados, podendo enxergar a grandes distâncias na busca de seu alimento.

Pela sua valentia e por viver nas alturas, simboliza o espírito superior. São João Evangelista foi cognominado de Águia de Patmos; Alfred Bossuet, de Águia de Meaux; Rui Barbosa, de Águia de Haia.

A Águia é empregada na Haráldica, nos escudos, nas condecorações, sendo as mais célebres a Águia branca russa e a da Áustria. Napoleão a adotou em seus emblemas. Símbolo do Santo Império, a vemos no túmulo de Carlos Magno. Em haráldica, pode ser "bicada", "membrada", "lampassada de esmalte", "coroada", "voante", "bicéfala" etc.

Águia também é uma constelação do hemisfério setentrional.

A Águia bicéfala era o emblema de Frederico I da Prússia, que originou a Águia bicéfala do Grau 30 da Maçonaria Filosófica.

No Egito, na Pérsia e na Grécia a Águia foi dedicada ao Sol e os romanos usavam esse símbolo para o seu exército.

As Sagradas Escrituras fazem vinte e cinco referências sobre a Águia e, como curiosidade, transcrevemos um trecho de Provérbios 30,19: "Há quatro coisas que não entendo: o caminho da Águia no céu; o caminho da cobra na penha; o caminho do navio no meio do mar e o caminho do homem com uma donzela".

A Águia é o símbolo do maçom que olha na luz astral e nele enxerga a sombra do passado, do presente e do que está por vir tão facilmente como a Águia olha o Sol.

Maçonicamente, é o símbolo do poder pela força, pela decisão, pela superioridade e pela inteligência.

Simboliza o Solstício de inverno; representa o poder, a liberdade e a sabedoria.

A Águia bicéfala, ou seja, com duas cabeças e um só corpo, é símbolo do poder imperial dúplice, como era o dos romanos, com o império do Oriente, ou Bizâncio, e o do Ocidente, em Roma, representava a Águia presente nos dois impérios, um à direita e outro à esquerda.

Há emblemas cujas cabeças diferem na cor, sendo uma branca e outra negra, simbolizando o domínio sobre todas as raças.

A Águia bicéfala maçônica e a Joia do maçom pertence ao 33.º Grau, que a usa no colar; sobre as duas cabeças, uma coroa de ouro; as garras sustentam uma espada e dela pende uma faixa onde está a inscrição:
Deus Meumque Jus — Ordo ab chao.

AHIMAN-REZON — Significa "um auxílio a um Irmão" e provém do Livro das Constituições da Grande Loja dos Antigos Maçons Ingleses, resultante de uma dissidência ocorrida em 1745; é da autoria do maçom irlandês Laurence Dermott. A Grande Loja da Inglaterra seria a dos "modernos". O livro foi editado em 1756 com vários subtítulos: Ahiman-Rezon, ou um Auxílio a um Irmão; a Excelência do Segredo; os Princípios da Ordem; os Benefícios Obtidos da Observância desses princípios; Antigos e Novos Regulamentos.

AJOELHAR — Ato de postar-se de joelhos, com a finalidade de orar, adorar, reverenciar, humildade, submissão, súplica.

Esse ato manifesta-se de três modos: dobrar os joelhos sem colocá-los ao solo; dobrar colocando os joelhos ao solo; dobrar apenas um dos joelhos, conservando o outro semidobrado.

A origem filosófica do "dobrar os joelhos" decorre do sistema nervoso; uma provocação de pânico, de desânimo, de fragilidade influi imediatamente sobre as pernas, e os joelhos dobram-se ao natural.

Uma pessoa desesperada, que necessita suplicar uma solução de emergência, "atira-se" ao solo e jaz de joelhos. O Rei Salomão, quando orava, punha-se de joelhos; nas cerimônias maçônicas, usam-se os dois estilos por ocasião dos juramentos: o ajoelhar-se com ambos os joelhos e o de colocar ao solo apenas um dos joelhos.

Nas Sagradas Escrituras são feitas dez referências ao ajoelhamento; em algumas versões, é dito "inclinação" em vez de ajoelhar. A primeira referência encontramos no Livro do Gênesis 41,43 referindo o fato do Faraó determinar a José que se ajoelhasse para ser constituído principal do Egito. A última referência encontramos no Livro dos Atos dos Apóstolos 21,5: "Passados aqueles dias, tendo-nos retirado, prosseguimos viagem, acompanhados por todos, com suas mulheres e filhos, até fora da cidade; ajoelhados na praia oramos. E, despedindo-nos uns dos outros, então embarcamos; e eles voltaram para suas próprias casas".

Nas cerimônias em que o Neófito presta juramentos, diante do Altar, são colocadas no pavimento almofadas em forma triangular para não machucar os joelhos.

Num aspecto esotérico, sendo o joelho uma parte muito sensível do corpo, o fato de ajoelhar-se comprime a rótula, despertando a espiritualidade, provocada por essa postura. Os hindus e demais povos orientais permanecem longos períodos ajoelhados como forma de descanso.

AKASHA — Em sânscrito significa "firmamento"; é o Cosmos invisível e Akasha, o seu deus, fonte de vida e eternidade latente.

É o éter universal onde a Terra se move em sua trajetória constante, obtendo o vigor que a torna eterna.

Maçonicamente, é usado esse termo, raramente, com o significado da universalidade espiritual.

ANNO LUCIS — Termo usado maçonicamente como sendo o da Verdadeira Luz, que simboliza o princípio da criação, quando o Grande Arquiteto do Universo dominou as trevas, criando o Sol e demais Luminares. Obtém-se somando o ano atual a mais quatro mil anos. Não o confunda com o Ano Judaico, que em 1998 é o de 5759.[1]

ANO — Diz-se ano, em latim, *annum*, o tempo que a Terra gasta em uma translação completa ao redor do Sol; essa volta é feita em 365 dias, 5 horas, 48 minutos e 46,08 segundos; seu período é dividido em 12 meses.

Os povos russos e gregos adotam o Ano Juliano, com uma diferença do nosso calendário de 13 dias, principiando o ano no dia 14 de janeiro.

O ano comum cristão denomina-se Gregoriano, estabelecido pela Igreja.

ANO JUDAICO — O calendário judaico é formado por doze meses, que são lunares, de 29 ou 30 dias, dependendo da visibilidade da Lua Nova.

Antes do exílio na Babilônia eram usados apenas quatro meses, a saber: "Abib", "Ziv", "Etanium" e "Bul".

De retorno a Israel, foram compostos pelos demais meses, cujos nomes procederam da Babilônia, a saber:

NISAN (antigamente Abib): fevereiro — março

IVYAR (antigamente Ziv): março — abril

SIVAN: abril — maio

TAMUZ: maio — junho

AV: junho — julho

ELUL: julho — agosto

TISHRI (antigamente Etanim): agosto — setembro

---

1. N.R.: *Para se obter o* Anno Luccis *deve-se acrescentar 4.000 anos ao ano vulgar. Ex. A∴ L∴ 5999 = 1999*

MARHESHWAN (antigamente Bul): setembro — outubro
KISLEV: outubro — novembro
TEBETH: novembro — dezembro
SHEBAT: dezembro — janeiro
ADAR: janeiro — fevereiro
A Maçonaria adota o nome dos meses judaicos, mas conserva os dias do calendário gregoriano.
O ano civil judaico inicia no mês de Tishri e o ano religioso, no mês de Nisan.
O ano judaico tem 12 meses lunares e para ajustar a diferença entre o ano lunar e o ano solar foi introduzido um mês intercalar denominado VEADAR, entre Nisan e Adar; esses anos de 13 meses são chamados intercalares.
A cada 19 anos ocorre um ciclo lunar, quando as fases da Lua coincidem com as do ano solar.
Para se obter a era judaica, soma-se o ano da era cristã ao número 3.760, se for antes do mês de Tishri, ou ao número 3.761, se for depois de Tishri.
O Rito Escocês Antigo e Aceito segue o calendário judaico, iniciando-se no mês de março; a era maçônica coincide com a era judaica.
O Rito Moderno soma à era cristã o número 4.000, iniciando-se em março.
O Rito de York, da mesma forma, usa o *Anno Lucis* somando o número 4.000 a partir do mês de março.

ALÁ — Ou Alah; em árabe, AL — Ilah, nome dado a Deus pelos muçulmanos, significando A Divindade, O Ser digno de Culto.

ALCORÃO — Em árabe Gor'an, livro. Maomé atribui a existência do Alcorão como enviado pelo próprio Deus. É dividido em 114 capítulos ou "suratas" e subdividido em versículos. Inicialmente era "um livro não escrito" e que Maomé sabia de cor; após sua morte, Abu-Bekr determinou fosse redigido e, posteriormente, Omar determinou a sua revisão. Trata-se de um código de moral e dogmas. Os muçulmanos devem recitar diariamente um trecho do Alcorão; nas Mesquitas, os sacerdotes fazem sua leitura permanentemente, em voz alta, sucedendo-se um ao outro.
É considerado como sendo um dos Livros Sagrados que a Maçonaria adota quando, em uma Loja, predomina o número de Maçons maometanos.
É um livro de fácil leitura que evidencia a predestinação, usando os árabes a expressão "Estava escrito", mesmo antes de o Alcorão ter sido escrito. Alá o escrevera na mente de Maomé e deve manter-se escrito nos corações dos que seguem o Islamismo.

ALAVANCA — Diz-se "instrumento" ou "máquina" de uso imemorial, porém definido por Arquimedes com o estudo das leis que determinam a potência; dizia o célebre físico e sábio: "Deem-me uma Alavanca e um ponto de apoio no espaço que eu levantarei o mundo".
Fisicamente, a Alavanca apresenta-se como uma barra inflexível, de ferro ou material similar resistente, que se destina a levantar ou remover pesos necessitando, para tanto, de um ponto de apoio. Não é propriamente usada na construção de um edifício; sua utilidade está na remoção de pedras para prepará-las como alicerces.
A Alavanca vale pelo seu sistema, pois uma simples tesoura também é uma Alavanca. Ela é a mais simples de todas as máquinas; o próprio homem e os animais, nos seus movimentos para erguer, arrastar ou transportar corpos

pesados, o fazem através das alavancas formadas pelos músculos.

Em Maçonaria, a Alavanca é um instrumento usado nas "provas" iniciáticas e deve, sempre, estar junto à Régua, porque toda força deve ser prudentemente medida.

Alavanca no sentido filosófico significa a superação do obstáculo, a vitória sobre a resistência.

Costuma-se dizer que "o dinheiro é a Alavanca que move o Mundo", no sentido de que vence todo obstáculo; o amor é a Alavanca que afasta todo o mal.

Existem três espécies de Alavancas:
1) a interfixa é a que o ponto de apoio fica colocado entre a potência e a resistência;
2) a inter-resistente é a que a resistência fica entre o fulcro e a potência; e
3) a interpotente é a que a potência está entre o fulcro e a resistência.

Mentalizando-se a Alavanca resolvem-se todos os problemas que surgem na mente do homem; maçonicamente, no aspecto esotérico, durante as provas iniciáticas, o Neófito é conduzido a usar do poder da Alavanca.

A Alavanca é o símbolo da "força da vontade" que vence qualquer resistência e remove obstáculos visando a perfeição, pelo conhecimento.

ALEGORIA — "Exposição de um pensamento sob forma figurada"; palavra de origem latina, que por sua vez é derivado do grego; é a raiz da palavra "alegórico".

De muito uso na Maçonaria que apresenta sua filosofia por meio de símbolos e alegorias.

A Alegoria é uma expressão filosófica que por meio da imagem apresenta a mensagem sutil. O homem é a maior expressão alegórica da Natureza porque reflete todos os mistérios do Universo.

ALFA E ÔMEGA — Primeira e última letras do alfabeto grego, simbolizam o "princípio e o fim"; representam o próprio Deus que, como Justo e Perfeito, é o início e o final da criação. Em alguns Ritos são mencionadas essas duas letras inspiradas pelo conteúdo bíblico. Encontramos no Livro do Apocalipse referências a respeito: "Eu Sou o Alfa e o Ômega, o primeiro e o último, o princípio e o fim". "Eu Sou o Alfa e o Ômega, diz o Senhor Deus, aquele que é, que era e que há de vir, o Todo Poderoso". Essas duas letras são símbolos cujas figuras expressam um Universo; o desenho é conhecido por todos os povos e o seu uso é universal em todas as expressões filosóficas, religiosas e místicas.

ALFABETO — Conjunto de letras convencionais de uma língua, procedente das letras iniciais, "Alfa" e "Beta", ou seja, "A" e "B" do alfabeto grego.

Obviamente, a língua dos primitivos povos transmitia-se oralmente, e atribui-se aos fenícios a invenção do alfabeto figurado, tendo-se posteriormente, desenvolvido quase de forma científica na Grécia. Existem grandes diferenças nesses Alfabetos, mas todos eles refletem a criação; por exemplo, o "A" representaria a imagem masculina e o "B" a feminina. O Alfabeto oriental reflete a união de figuras para expressar uma determinada função; entre os Incas e outros povos que tinham existência isolada havia um Alfabeto construído com nós em cordéis coloridos.

Os hebreus formaram o seu Alfabeto para registrar os acontecimentos históricos.

Numa expressão esotérica, na Maçonaria insere-se no centro de um Triângulo de cristal uma letra hebraica representando o "I" denominado de "IOD" que significa "Jeová"; representa o sémem humano.
O "ponto", o "círculo" e o "traço" foram os princípios de toda escrita humana; a Maçonaria possui seu Alfabeto, formado por linhas em ângulos e pontos, usado para curtas mensagens, especialmente para transmitir a "Palavra Semestral".
As "cruzes", nas suas mais variadas formas, em certa época representavam uma expressão escrita. Ainda hoje, "assinar em cruz" significa resumir o nome, pela cruz e isso é próprio dos analfabetos; esse uso, vindo da Idade Média, foi substituído pela impressão digital.
Os egípcios, isso há mais de 5 mil anos, usavam um Alfabeto ideográfico com 22 expressões; representavam, assim, as ideias e não os sons.
Visitando-se o Museu Imperial do Cairo, inúmeros painéis nos mostram essa escrita, composta com figuras de animais, pessoas em várias posições e figuras geométricas.
Mais tarde, os fenícios, sírios e hebreus, chamados grupos Semíticos, construíram o primeiro Alfabeto de forma composta, com elementos hieroglíficos e sonoros, aproveitando do Alfabeto Egípcio uma dúzia de elementos.
Os gregos evoluíram seu Alfabeto criando os "pontos vogais" desconhecidos dos hebreus.
Do Alfabeto grego derivou o Alfabeto Etrusco, ao qual ficaram ligados os Alfabetos Úmbrios, Osco e Sabélico.
As Colônias Gregas instaladas ao Sul da Itália inspiraram o Alfabeto Latino, inicialmente denominado de Alfabeto Romano, que proliferou na Idade Média formando a maioria das Línguas Europeias.
O Alfabeto Hebreu primitivo uniu-se ao Fenício formando, após a libertação do cativeiro, o "Hebreu Quadrado" que perdura até hoje.
O Arameu, que se confunde com o Alfabeto Fenício, deu origem ao Alfabeto Indo-bactriano, que é o germe de toda escrita hindu, como o Sânscrito.
Ao lado do Alfabeto Hebreu quadrado surgiram dois alfabetos de grande semelhança entre si: o Alfabeto Palmireno e o Alfabeto Nabateu.
Ao Palmireno liga-se o Alfabeto Ciríaco de onde procedem os Alfabetos Mongólicos, Calmuco e Manchu.
Por fim, o Alfabeto Árabe procede da composição dos Alfabetos Siríaco e Nabateu.

ALFAIAS — Significa o nome dado aos objetos que formam o traje maçônico, o mobiliário e os instrumentos necessários para a liturgia de uma Loja maçônica.
É palavra vinda do árabe: *Alhaliâ*, que significa "enfeite, adorno"; nada tem de relação com o nome da primeira letra do alfabeto grego.

ALIANÇA — Palavra composta de origem latino-francesa que significa reunir, juntar, associar, derivada do verbo "aliar". É expressada na atualidade por um anel colocado no dedo anular, na ocasião de um casamento; em certos Graus maçônicos, o recipiendário de um Grau recebe o seu anel confeccionado em marfim, simbolizando uma união pura e mística.
Teologicamente, diz-se Aliança a união do homem com o seu Criador, e a História Sagrada nos revela que a primeira Aliança foi feito por Jeová com Abraão.

ALIANÇA

Aliança ou Pacto foi o "contrato" que Deus formulou com o homem que criou e valorizou acima de tudo; até mesmo sobre todo o conteúdo do Cosmos e de todos os Universos.

Sabemos que o homem tem domínio sobre tudo o que existe na Terra e, há poucas décadas, subiu até a Lua e viaja pelo Cosmos com pretensões inimagináveis.

Esse "salto" para fora da Terra não está previsto nas Sagradas Escrituras. Ao criar a Terra dissera Javé: "Façamos o homem à nossa semelhança para que domine sobre os peixes do mar e sobre as aves do céu e sobre o gado e sobre toda a Terra e sobre todo animal réptil que se arrasta sobre o solo" (Gênesis 1, 26,28).

A primeira Aliança foi o acerto de Deus para consigo mesmo, foi uma sua disposição unilateral, pois considerava o Homem como sua criação tendo sobre ele pleno domínio. Assim que dispôs: "Javé Deus tomou ao homem e o colocou no jardim do Éden para que o cultivasse e guardasse. E Javé Deus impôs ao homem um preceito, dizendo: 'De todas as árvores do jardim podes comer sem receio. Porém, da árvore do conhecimento do bem e do mal não comerás, porque no dia em que comeres, morrerás irremediavelmente'".

Esse pacto, Adão e Eva aceitaram tacitamente, pois ignoravam o que poderia significar "o conhecimento".

Essa Aliança durou pouco porque a inteligência nata começou a despertar, sendo mais acentuada em Eva, pela intuição. Aceitou a sugestão e, atraída pela beleza do fruto daquela árvore proibida, não só colheu como também comeu e deu a Adão para que o ingerisse.

Rompera-se o pacto.

Os primeiros seres humanos passaram a usar dos meios que tinham e procriaram até estabelecerem, após inúmeros séculos, uma comunidade que desenvolvia paralelamente com a inteligência os seus instintos, provocando grande preocupação a Javé. Temos o episódio do Dilúvio, o sacrifício da grande maioria do povo e a preservação dos que ingressaram na Arca.

Repovoada a Terra, tanto com animais selecionados como com pessoas, Javé propôs um segundo pacto: "Estabelecerei uma Aliança convosco e com vossa descendência de que não haverá mais um Dilúvio para destruir a Terra; como símbolo, porei um Arco entre as nuvens como sinal de minha Aliança". Novamente, passados séculos, o homem esqueceu a proteção de Deus que dispôs de forma a depurar seu povo, os maus, ordenando a Abraão que deixasse família e propriedades e se dirigisse à terra de Canaã apresentando-lhe uma nova Aliança: "Eis aqui meu pacto contigo: serás pai de uma multidão de povos... Eu estabeleço contigo e com tua descendência depois de ti por suas gerações meu pacto eterno de ser teu Deus e o de tua descendência, depois de ti; circuncidarás todo varão e isso será o sinal do pacto entre mim e vós". As Alianças estabelecidas representavam sempre um símbolo.

A circuncisão que é a retirada da pele que encobre o prepúcio do membro sexual masculino manteve a simbologia do Círculo; o primeiro foi o arco-íris, um semicírculo; depois, a pele em forma de anel.

Passaram-se os séculos, milhares deles, e vamos encontrar o povo de

ALIANÇA

Deus envolvido nas mais emocionantes sagas até que, assolados por uma interminável seca, buscaram nas terras egípcias o alimento e ali se estabeleceram e cresceram a ponto de preocupar os egípcios que ficaram em minoria.

Após duras provas, perseguições e escravidão Moisés os retirou do Egito, e na longa caminhada expiatória, andando em círculos no deserto, surge o episódio da Aliança do Sinai, quando Moisés recebeu as condições da nova Aliança representadas pelos Dez Mandamentos.

As Tábuas da Lei foram um novo símbolo visível que seria preservado e colocado dentro de uma Arca que passou a denominar-se "Arca da Aliança", misteriosamente desaparecida quando os babilônios arrazaram o Grande Templo de Salomão.

Quando essa Arca for encontrada, eis que permanece misteriosamente oculta, hão de surgir acontecimentos estranhos.

Longo período de desencantos e desobediências, referido pelo Profeta Jeremias, sucedeu-se: "Desde o dia em que vossos pais saíram do Egito até hoje lhes enviei meus servos, os profetas, dia após dia; porém, não me escutaram, não me prestaram ouvido e endureceram seu coração e obraram pior que seus pais".

O Profeta Jeremias anuncia uma nova Aliança: "E aí vêm dias, diz o Senhor, e firmarei nova Aliança com a casa de Israel e com a casa de Judá. Não conforme a Aliança que fiz com seus pais, no dia em que os tomei pela mão, para os tirar da terra do Egito; porquanto eles anularam a minha Aliança, não obstante eu os haver desposado, diz o Senhor. Porque esta é a Aliança que firmei com a casa de Israel, depois daqueles dias, diz o Senhor. Na mente lhes imprimirei as minhas leis, também no coração lhes inscreverei; eu serrei o seu Deus e eles serão o meu povo. Não ensinará jamais cada um ao seu próximo, nem cada um ao seu irmão dizendo: Conhece ao Senhor, porque todos me conhecerão, desde o menor até o maior deles, diz o Senhor. Pois perdoarei as suas iniquidades, e dos seus pecados jamais me lembrarei".

Contudo, o povo de Deus não se manteve fiel ao pacto e como castigo houve a "Diáspora", ou seja, a dispersão do povo hebreu.

O símbolo dessa Aliança foi o Templo de Salomão e os demais que lhe sucederam, ou seja, o de Zorobabel e o de Herodes.

Finalmente, surge uma "penúltima Aliança", denominada "A Aliança do Espírito", tendo por símbolo a pessoa de Jesus. O plano da Salvação através de quem Javé denominou seu Filho Predileto.

Seria alcançar o esperado retorno às primeiras condições, a um segundo Jardim do Éden numa concepção esotérico-espiritual, descrito como sendo a Jerusalém Celestial.

Até lá, os místicos estão na expectativa de uma última Aliança, porque durante dois mil anos a pregação de Jesus perde-se no egocentrismo da Humanidade que tem Deus como um mito e não como seu Criador.

Muito se tem especulado sobre essa Nova Jerusalém, e a Maçonaria em um dos seus mais altos Graus acentua a esperança dessa última mais gloriosa Aliança com Deus, a quem denomina de Grande Arquiteto do Universo, com a expansão para além do planeta Terra

ALMA

para que o homem possa ser não só Rei sobre a Terra, mas Rei no Universo.

ALMA — De origem latina, com o significado de um elemento que dá vida ao corpo; estaria situada no cérebro de onde partem as ordens que determinam as ações; reguladora das paixões e emoções, impulsionando o sistema nervoso.

O homem sempre teve grande preocupação quanto à existência da Alma e sobretudo a "sobreexistência".

As religiões antigas, clássicas, modernas ou extravagantes têm a Alma ligada com a morte e essa com a sobrevida.

O certo é que a Alma constitui um dos maiores mistérios existentes, é definida de conformidade com os preceitos religiosos, inspirados pela fé, pelo conhecimento, pela razão, enfim, pela filosofia.

Os Cristãos separam a Alma do Espírito, dando a este um aspecto divino; os Evangelhos descrevem a Alma como "vivente" e o Espírito como "vivificante". Alma seria a vida terrena e Espírito a vida espiritual, celestial, em harmonia com Deus.

A Maçonaria tem como dogma, dentro dos seus *Landmarks*, a crença em uma vida futura, portanto, uma "continuidade", e essa só seria viável através da Alma.

O homem conseguiu dominar a Natureza e viver no fundo dos mares, protegendo-se com aparelhos, como o escafrando e o submarino; está viabilizando a construção de "colônias submarinas" para cultivar o solo fértil submerso; conseguiu viver no espaço, nas espaçonaves, descendo na Lua e cogitando pôr seu pé em algum longínquo planeta dentro do Cosmos, ingressando, assim, onde jamais a imaginação poderia supor.

O homem, dessa maneira, "transporta" a sua Alma e o seu Espírito, eleva-se a alturas incomensuráveis.

Os orientais, nas suas concepções profundas, têm concebido a Alma como a presença divina não só nos homens, como também nos animais e em toda a Natureza.

A metafísica, a parapsicologia e todas as correntes modernas tentam esclarecer que a Alma não é apenas um elemento, mas possui divisões, classificações e espécies.

A inteligência seria a manifestação exterior da Alma; a dor e os sentimentos como a alegria, a felicidade a tristeza seriam facetas da Alma.

De um modo universal e pacífico, todos os pensadores atribuem à Alma a condição de eternidade; a Alma jamais morre, porém "emigra", retorna a outros corpos.

A Maçonaria preocupa-se em instruir os seus adeptos para encarar a morte com naturalidade, não como o término de uma obra, mas como "porta" para o ingresso em um mundo novo, desconhecido, real, sem os percalços do mundo terreno que conhecemos. Para que o maçom possa compreender essa "transição", que há de ocorrer para todos, independente da vontade humana, faz-se necessário, antes de mais nada, "saber" o que é a Alma, pois morte será um acontecimento por vir, enquanto a Alma está dentro de nós, próxima a nossa compreensão.

O dito popular de que o segredo é a alma do negócio reflete a sabedoria do simples, pois a Alma é o "fulcro" de todo interesse humano e tudo gira ao seu redor; portanto, trata-se de um princípio impulsionador da matéria.

A Alma é referida pelos poetas e os poetas são os filósofos puros da Humanidade.

Os videntes, aqueles que cultivam o conhecimento das coisas invisíveis, contatam com as Almas que deixaram os seus corpos, povoando páramos desconhecidos.

A Igreja Católica tem nas segundas-feiras o dia dedicado às Almas, acendendo-lhes velas e dirigindo-lhes preces.

Os Anjos, esses seres incriados, seriam simples Almas; a hierarquia celestial seria formada pelas Almas classificadas de conformidade com o seu destino e no papel que desempenham na Corte Celestial.

A Maçonaria busca nesses mistérios as explicações racionais, e dentro de sua Liturgia invoca a presença da Grande Fraternidade Branca que se localiza no Oriente Eterno.

A exclamação "Huzzé", as "Baterias", a "Cadeia de União", o "sinal de socorro do Terceiro Grau" nada mais são que "contatos" com as Almas, incorporadas ou não.

ALQUIMIA — A Alquimia é a expressão externa da filosofia hermética aplicada através da magia sobre os seres da Natureza, excluídos os animais, inclusive o homem; atua portanto sobre os minerais e vegetais. No entanto, descoberta a "Pedra Filosofal", com ela forma-se o "Elixir da Vida", com o propósito de dar-lhe longevidade.

Essa "Pedra Filosofal" seria uma composição química e teria a virtude de transformar metais comuns em ouro e prata.

Prosperou no século XVI com grande entusiasmo e ao mesmo tempo reserva; a grande parte dos filósofos da época, como Roger Bacon, Robert Flood e Elias Ashmole, buscava na Alquimia a resposta às suas dúvidas filosóficas.

Ashmole, o organizador do Rito Escocês Antigo e Aceito, não era propriamente um filósofo em destaque, porém a sua contribuição maçônica o faz um personagem respeitado.

Com o desenvolvimento da Química de forma semelhante á que sucedeu com a Arquitetura, a Alquimia estacionou de tal forma que no século XVIII passou a ser totalmente desacreditada.

A evolução da Arquitetura fez com que o "segredo da construção" viesse a ser divulgado, desaparecendo, assim, a parte filosófica dos Pedreiros Livres que repousava na Iniciação.

A par do aspecto químico, essencialmente materialista, os Alquimistas propugnavam uma química da Alma; com o passar dos tempos, essa tendência esotérica esfumaçou-se com o surgimento da "Parapsicologia".

Hoje, a Alquimia não passa de uma referência histórica de grande valia, pois a inteligência humana fez daquele grupo de abnegados idealistas os precursores da ciência.

Na França, a Maçonaria Especulativa, inspirada na trilogia Hermetismo, Alquimia e Cabala, evoluiu de tal forma que estabeleceu no Rito Escocês Antigo e Aceito "regras" e "princípios" que se estabilizaram até nossos dias, mantendo viva a filosofia dos Altos Graus.

A origem da Alquimia, tudo faz crer, foi nos mistérios egípcios. O vocábulo Alquimia deriva do árabe: *al-kîmi-yâ*, que significa "terra negra".

A Alquimia tem origem remota: já no século VI a.C. era praticada na China pelos sacerdotes; existem notícias de

ALTAR

sua prática na Índia e na Grécia; os Árabes, após conquistarem o Egito, a introduziram na Europa atingindo o seu clímax na Idade Média.

Os Rosa-cruzes tinham suas raízes na Alquimia; daí teria influenciado na Maçonaria, transformando a "materialidade" de suas concepções em conteúdo filosófico.

Pode-se afirmar que os Alquimistas foram os responsáveis pelas descobertas de uma série de ácidos, como o sulfúrico e o clorídrico, o nítrico, bem como do amoníaco, dos álcalis, do álcool, do éter e de uma infinidade de produtos até então desconhecidos. Na realidade, dentro da Maçonaria, a Alquimia substituiu na sua parte operativa a construção de alvenaria.

O estudo, a experiência, a dedicação na busca de novos rumos para a ciência preenchiam o espaço deixado pelos Construtores.

O interesse em "descobrir" fez da Maçonaria uma arte e uma aplicação da inteligência.

O sigilo que imperava tinha razão de ser, para afastar o poder da Inquisição e ao mesmo tempo para não vulgarizar as descobertas.

Torna-se interessante o estudo daquele movimento tão esotérico, porque a Maçonaria da atualidade, limita-se a "especular" o comportamento do homem na Sociedade moderna; nas sessões, nada se faz além de rememorar o trabalho tão precioso dos maçons antigos.

Seria necessário reviver a Alquimia para fazer do homem comum o "Homem de Ouro", no sentido da perfeição, o "Ouro Potável", essência simbólica tão necessária no mundo materialista da atualidade.

Se o maçom procurar uma obra na literatura passada que revele todos os aspectos da Alquimia, suas experiências, seus resultados, por certo não a encontrará. Os Alquimistas foram prudentes e retiveram seus segredos e mistérios. Não cabe mais, dentro da Arte Real, o culto à Ciência; contentemo-nos com o cultivo da Fraternidade, que foi o que de melhor herdamos dos filósofos alquimistas; o "Ouro Potável" nada mais é que um coração que extravasa "Amor".

ALTAR — Do latim *altare* ou *altus*, local elevado. De modo genérico, o Altar constitui um objeto sagrado destinado a posicionar a pessoa para que venere a Divindade ou contenha símbolos que demonstrem sua destinação. Na Antiguidade eram construídos em lugares elevados e de forma individual; mais tarde, foram colocados no interior de abrigos. Um Altar pode ser, tão somente, uma formação de pedras superpostas, ou de troncos, ou de simples terra, construída pelas próprias mãos para uma determinada finalidade.

O mais antigo de que se tem memória é o Altar construído por Abraão, no Monte Moriá, onde, em obediência a Jeová, deveria dar em sacrifício o seu próprio filho Isaac.

Hoje, temos Altares perfeitamente definidos, como o Altar à Pátria, o Altar à Natureza, o Altar a Deus, construídos ou em locais "campestres" ou no interior de Templos ou em locais apropriados.

Os Altares têm a característica de servirem para o "sacrifício", inicialmente, das primícias da Natureza, depois, de animais de pequeno porte, mais tarde, animais adultos, e, não

ALTAR

raras vezes, de seres humanos, como os sacrifícios a Baal.

Posteriormente os Altares destinavam-se a recolher um juramento, especialmente nas Iniciações.

A Igreja Católica possui em todos os locais onde celebra a Missa um Altar; a missa nada mais é que a repetição de um sacrifício, no caso, a lembrança do sacrifício de Jesus.

Na Maçonaria existem cinco Altares: o do Venerável Mestre, o dos dois Vigilantes, o dos Perfumes e o dos Juramentos; este último suporta o Livro Sagrado e as duas Joias: Esquadro e Compasso.

Como nada mais pode ser colocado na "Ara" (pedra sobreposta ao tampão da mesa), certos juramentos que devam ser prestados, exigindo a presença de uma vela acesa, são feitos no Altar da Venerança.

No Gênesis vem referido um Altar erigido por Noé em agradecimento a Jeová logo após ter deixado a arca; já referimos o Altar que Abraão construiu por determinação de Jeová; Jacó, mais tarde denominado Israel, após o seu sonho em que viu uma escada pela qual desciam e subiam anjos, fez do travesseiro que usara, que consistia de uma pedra, um Altar sobre o qual derramou óleo com a finalidade de consagrar aquele lugar onde mais tarde seria erguido um tabernáculo.

Quando da saída do Egito, os hebreus construíram Altares provisórios com pedras irregulares. Ao pé do monte Sinai construíram o Altar da Aliança. Moisés orientou a construção definitiva dos dois primeiros Altares, um no formato côncavo, destinado aos holocaustos, e o outro, o Altar dos Perfumes, sobre o qual queimavam incenso. Esses Altares eram feitos de madeira de acácia e eram portáteis, pois deslocavam-se junto com o Tabernáculo. O Altar dos Perfumes era diminuto, pois o colocavam dentro da Arca da Aliança; o seu destino não exigia medidas maiores, pois bastava conter algumas brasas; esse Altar era revestido com lâminas de ouro, obviamente, para suportar o calor das brasas.

Os Altares Cristãos, logo que o Cristianismo pôde expandir-se, afastadas as perseguições, não se destinavam aos sacrifícios da Missa, mas continham no seu interior ou um corpo ou parte de um corpo de algum mártir.

O Altar maçônico não tem forma nem medidas definidas ou convencionais; ora é construído no formato de um cubo ora de um triângulo e frequentemente de um quadrilátero; nada é colocado na parte interna.

Autores existem que indicam a finalidade desse Altar: o sacrifício das paixões para a obtenção das Virtudes. Não estamos de acordo com essa finalidade porque, sendo as paixões consideradas atitudes negativas, despojar-se delas não constitui sacrifício, mas sim libertação!

As virtudes existem inatas dentro do homem; a Maçonaria orienta para que essas virtudes aflorem, tornem-se conhecidas, sejam exercitadas, usadas, aplicadas.

Ninguém poderá "adquirir" uma virtude; elas devem ser despertadas, pois fazem parte da Alma; nascem com o homem e não morrem; contudo, crê-se que elas, depois da morte do corpo, passam a constituir mera recordação.

Nas Lojas maçônicas, sobre o Altar dos Perfumes, é queimado o incenso; hoje, por comodidade, queimam-se "tabletes" ou "bastonetes" adquiridos no comércio. Não há qualquer preocupação na "qualidade" do que se queima.

O incenso não poderia ser, simplesmente, uma mistura de resinas e óleos, mas obedecida a fórmula que encontramos no Livro do Êxodo que por sinal constitui um "entorpecente", com severas ordens de dele não fazer uso próprio e fora do Altar.

No Altar dos Juramentos e no Altar dos Perfumes não se acendem velas; essas, de conformidade com o Rito adotado, devem ser acesas em castiçais e em número determinado pela liturgia.

As velas não constituem modos de sacrifício; a sua luz destina-se a dissipar as trevas.

O povo Judaico continua na tarefa do acendimento das velas, principalmente no *Sab-bath*, ou sábado, privilégio para as mulheres.

Com o passar dos tempos, os Templos maçônicos perderam as características do Grande Templo de Salomão e simbolicamente retêm apenas resquícios com a finalidade de memorizar aqueles tempos de glórias e de sacrifícios.

Esotericamente, o Altar dos Juramentos está situado dentro de cada maçom, pois ele é o próprio Templo!

Liturgicamente, no Universo de Dentro é que se processam os Ritos e há o contato entre o Iniciado e o Supremo Iniciador.

Sob esse aspecto, torna-se indiferente calcular-se com precisão qual o local apropriado para colocar-se, dentro de uma Loja maçônica, o Altar; contudo, será na parte central, pois simboliza o coração e sabemos que o coração no ser humano não está, perfeitamente, no centro do plexo solar, mas um pouco à esquerda.

O importante é que saibamos que dentro de nós "deverá existir um Altar".

ALTOS CORPOS — Os "poderes" que administram a Maçonaria brasileira são denominados de Altos Corpos; são as administrações centrais, como Supremo Conselho, Grandes Lojas e os Grandes Orientes, e as suas "Oficinas" denominam-se, simplesmente, de Corpos.

ALTOS GRAUS — A Maçonaria divide-se em Simbólica e Filosófica; a Simbólica compreende os três primeiros Graus, ou seja, Aprendizes, Companheiros e Mestres; consoante o Rito adotado, existem outros Graus; tomando-se como exemplo o Rito Escocês Antigo e Aceito que constitui a maioria quase absoluta do Grau de Mestre, passa ao Grau de Mestre Secreto, ou seja, o Quarto Grau. Desse Grau até o Grau 33 surge a denominação de Altos Graus; assim, o próprio Grau quatro já é um Alto Grau. Essa denominação não significa, contudo, maior espiritualidade ou sabedoria, mas se trata de uma mera distinção; preferencialmente, esses Altos Graus são denominados de Graus Filosóficos. Sem razão alguma, há uma "rivalidade" entre o Simbolismo e os Altos Graus, pois são mais "atraentes" tanto nas vestes como nas comendas, faixas e liturgia, o que proporciona às reuniões maior frequência. Além disso, a "vaidade humana" faz com que todo mestre aspire receber Graus superiores para atingir o Grau trinta e três, que constitui o "Ápice da Pirâmide", ou seja, a coroação da obra maçônica.

ALTRUÍSMO — Termo aplicado por Augusto Comte, fundador do Positivismo, para expressar o sentimento da "dação", fundamento do amor fraterno; esse termo que tem a raiz latina *alter*, "outro", tem sido usado pelos maçons para expressar o culto à fraternidade; é o termo oposto ao "egoísmo"; expressa o "amor ao próximo" e é colocado entre as maiores virtudes.

AMARELO — Trata-se de uma cor primária que possui grande luminosidade; confunde-se com o ouro, ou a "cor dourada". Os Templos maçônicos usam essa cor em substituição à dourada, às vezes de difícil obtenção; paralelamente, é usada a cor bronze, que não passa de um amarelo escuro, quase marrom.
Teologicamente, o amarelo representa a Fé, porém o significado varia de conformidade com as suas nuances: assim, um amarelo pálido, semelhante ao enxofre, simboliza a traição; nos vitrais das Catedrais o apóstolo Judas é apresentado com vestes amarelo pálido.
Maçonicamente, o amarelo é a cor do trigo, que simboliza a fartura; no Livro do Apocalipse, o "cavalo amarelo" simboliza a peste, a enfermidade; temos na "febre amarela" um exemplo vivo do que simboliza essa cor; ela é própria do signo Gêmeos, pois é contraditória, ora favorável, ora azíaga.
A raiz do vocábulo é latino-hispânica, *amarus*, e significa amargor.

AMARANTO — Gênero de plantas herbáceas da família das amarantáceas; as suas folhas e flores permanecem por longo tempo viçosas; a flor é de um vermelho púrpura e foi considerada a flor da imortalidade; no Museu Imperial do Cairo veem-se ramalhetes secos com ramos e flores de Amaranto; embora passados cinco mil anos, o seu formato e cor são mantidos de forma impressionante, assemelhando-se às sempre-vivas.
São oferecidas flores de Amaranto para expressar o desejo de votos de perene felicidade.

AMBIÇÃO — O termo é frequentemente mal empregado; sua raiz provém do latim e significa "andar de um lado para outro", ou seja, estar em constante movimento. Ambição não significa o desejo de sobressair-se e de conquistar, mas de movimento. O homem equilibrado deve ser ambicioso porque as suas aspirações não prejudicarão a ninguém.

AMBROSIA — Trata-se de um "manjar" apropriado dos deuses, dado o seu requinte e sabor. Era o alimento necessário para firmar a imortalidade; "nove vezes mais doce que o mel", diziam os antigos; esse uso era privativo dos deuses do Olimpo, na Grécia. Maçonicamente tem referência com o líquido da "taça da boa e má bebida", usada na Iniciação à Maçonaria.

AMÉM — É a palavra que conclui uma prece, com o significado de afirmação; é sinônimo da expressão "assim seja". A procedência é do hebraico. Trata-se de uma autoafirmação usada também na Liturgia maçônica. O valor está no fato de ser pronunciada em voz alta porque o "som" que produz tem a faculdade de "fazer subir" a prece ao Alto.
É a expressão de aprovação; em certas seitas religiosas, os crentes pronunciam abusivamente o Amém para demonstrar a aprovação durante um sermão, um testemunho ou mesmo um cântico; temos o "tríplice Amém"

cantado, usado para o encerramento de uma cerimônia religiosa.

AMENDOEIRA — A flor da Amendoeira é referida no Grau Quatro, Mestre Secreto, por ocasião da descrição da Arca da Aliança, rememorando a Araão que fez florescer, numa noite, um ramo de amendoeira.

AMENTI — Sua origem é egípcia; era o lugar do julgamento dos mortos como vem descrito no *Livro dos Mortos*.
Maçonicamente, o julgamento de Osíris é lembrado em um dos Altos Graus do Rito Escocês Antigo e Aceito. O nome Amenti não é usado, apenas referido por ocasião da descrição do evento.

AMIZADE — De origem latina *amicitatem*, com o significado de afeição, ternura e estima. Sua raiz provém de "amor". Na Maçonaria, o tratamento entre os seus adeptos é o de "irmão", que supõe a existência de uma "amizade iniciática", ou seja, todos os que passaram pela Iniciação, forçosamente, recebem a faculdade de poder se amar uns aos outros.
Na prática, porém, não é assim, tanto que os Maçons mais íntimos entre si usam o tratamento duplo de "irmão e amigo". Pode-se ser maçom e ter no membro da mesma Loja um irmão, mas nem sempre esse irmão será "amigo" na concepção verdadeira do vocábulo.
O grande desafio da atualidade, dentro da Maçonaria, é a transformação desses "irmãos" em "amigos".
A Amizade é uma virtude e como tal, inata; ela existe dentro de cada ser humano, mas é preciso conhecer a "chave" que possa abrir a porta que encerra todas as virtudes. A filosofia maçônica esteia-se nessas duas condições: "fraternidade" e "amizade".
O próprio Cristianismo, precursor da Maçonaria, tem como fundamento o cultivo da fraternidade, mas real, pura, afetuosa, terna e amorosa, altruísta e dadivosa; caso contrário, o mundo continuará cultivando o egoísmo, raiz de todos os males.

AMOR — Termo latino. É um sentimento, uma disposição afetuosa, a entrega de si mesmo.
Distingue-se em vários aspectos, como o instintivo, o carnal (sexo), o despertar da compaixão, a paixão, a emoção, enfim, todo sentimento que envolve carinho, dedicação e até sacrifício.
O Amor à Pátria, à Família, à Natureza, aos Animais, ao belo, enfim, todo sentimento que necessita ser extravasado, doado a outrem.
Nas Lojas maçônicas, o Amor é o sentimento para com o Grande Arquiteto do Universo, abrangendo todos os sentimentos, e se dedicamos Amor à Natureza estaremos amando a Deus; o próprio Amor instintivo para a multiplicação da espécie é um ato de Amor a Deus.
Não se pode confundir Amor com luxúria, gozo dos sentimentos ou paixões; esses são sentimentos diferentes que jamais poderão ser expressões do Amor.
Em Maçonaria, o "Amor ao próximo" confunde-se com o "Amor a si mesmo", que são atitudes virtuosas, materiais, por um lado despertadas pela compaixão e por outro esotéricas pela preparação dentro do mundo invisível, no Universo de dentro, do Altar onde cultua-se a Deus.

Na atualidade, o abuso desse sentimento fez com que fosse deturpado, havendo necessidade urgente para que, dentro das Lojas maçônicas, o Amor possa encontrar seu real sentido. Tudo o que se faz com Amor é válido e merece aplausos.

AMPULHETA — É um "instrumento" que mede o tempo, mas uma "fração" de tempo; não se a pode confundir com o relógio. Surgiu logo após a descoberta do vidro e o uso do sopro dentro de um bloco de vidro derretido; constitui-se de dois pequenos vasos, redondos ou no formato de uma pera, unido um ao outro por um tubo que permite a passagem de fina areia; é construída de tal forma que a passagem da areia possa marcar com exatidão um ou mais minutos.
Na Maçonaria é usada na mesa da Câmara das Reflexões para lembrar que o tempo flui e que a areia não sobe jamais.
Certos candidatos à Iniciação, quando se veem enclausurados no lugar ermo em que foram colocados e contemplam a areia escoando-se, iluminada palidamente pela luz trêmula de uma vela, ficam absortos, como que hipnotizados diante da Ampulheta, apreendendo a lição de que o tempo é fugídio, que não retorna, que é fatal; esses momentos de meditação fazem do candidato um futuro maçom convicto de que deve usar o "seu tempo" de modo digno, útil, para não desperdiçá-lo, porque não o haverá jamais de recuperar.

AMULETO — Origina-se do latim *amuletu*, que significa talismã, ou seja, um objeto que afasta o mal e ao mesmo tempo é protetor, pois propicia saúde, riqueza e bem-estar.

Maçonicamente, o objeto é desconhecido, contudo os menos avisados, usam símbolos maçônicos como a conjunção do Esquadro e Compasso colocando-a em correntes que usam ao redor do pescoço; abusa-se dos símbolos maçônicos seja em anéis, enfeites de lapela, cintos, isqueiros, abotoaduras ou chaveiros. O símbolo maçônico só apresenta "efeito", dentro de uma Loja e quando em função, pois será nesse momento que adquire "vida". Todo uso exterior constitui não só vulgarização como também profanação.
O Amuleto em si nada significa, porém se o objeto é formado por material radioativo ou provindo de locais místicos passará a constituir "proteção", não pela crença ou fé mas pelo próprio imantamento.

ANAGRAMA — De origem grega, Ana, significa transposição; Grama, letra; é a transposição de letras de uma palavra a outra; pode ser, também, a transposição de frases. É usada na Maçonaria. Por exemplo: Grande Tetoarquir em vez de Grande Arquiteto.

ÂNCORA — Peça marítima usada nos barcos, e que se lança ao fundo dos rios ou mares para firmar a embarcação a fim de que não seja arrastada pela correnteza. Desconhece-se a origem, mas certamente foi invenção dos fenícios, os primeiros a usarem embarcações de grande porte. É um símbolo maçônico visto no Painel da Loja de Aprendizes inserida na Escada de Jacó, significando a Esperança.
A vemos nos Estandartes e nos logotipos expressando "segurança", "esperança" ou "firmeza".
Nas catacumbas de Roma e nas lápides dos Cristãos essa imagem é comum.

ANDERSON, JAMES — Personagem de grande memória, viveu no período entre 1680 e 1739, tendo sido o compilador dos primeiros escritos da Grande Loja da Inglaterra e autor das célebres Constituições de Anderson, publicadas nos anos de 1723 a 1738. Foi Ministro da Igreja Presbiteriana e sua contribuição para a Maçonaria foi relevante, a ponto de considerar-se o marco da Maçonaria Moderna.
As Constituições de Anderson vigem até a presente data; quando uma questão entre maçons ou entre Lojas não encontra apoio nos Regulamentos ou na Constituição em uso, recorre-se a esse documento histórico que é transcrito periodicamente e forma parte do conjunto da Legislação maçônica.

ANEL — Devido ao formato circular, o Anel simboliza a "aliança" protetora, imitando o "arco-íris"; sempre foi usado, ignorando-se como surgiu. Os hebreus o consideravam como representante do poder; Salomão o usava à guisa de selo; era um anel formado por uma metade em ferro e a outra em bronze. Na época dos romanos, seu uso passou a ser meramente ornamental; podiam ser usados nos dedos das mãos, como nos dos pés, e os escravos não podiam tê-los. Mais tarde, passou o uso às orelhas, como brincos; certas tribos usavam anéis no nariz, perfurando a parte de baixo. Na Maçonaria, seu uso surgiu na idade moderna com o Rito Escocês Antigo e Aceito; é o "Anel de marfim", do Grau Quatorze simbolizando a aliança que o Neófito faz com a parte esotérica. Na Igreja Católica, as freiras, ao serem ordenadas, recebem uma aliança simbolizando o "casamento espiritual com Jesus". No casamento, é usada uma aliança em ouro no dedo anular da mão esquerda e se denomina também de "fé".

ÂNGULO — Além do ponto e da linha reta, que são as expressões mais simples da Geometria, segue-se o Ângulo, que é a figura geométrica formada por duas linhas que se encontram em uma das extremidades. Maçonicamente, é usado o Ângulo reto, representado pelo Esquadro, simbolizando a retidão em caminhos diferentes, partindo-se de um mesmo ponto, e que jamais se encontrarão porque um segue o Universo Cósmico e o outro o Universo espiritual.
É o símbolo da Virtude. Os Aprendizes e os Companheiros o usam em sua marcha dentro do Templo. O Ângulo formado pelo Compasso apresenta outras características: a possibilidade de as linhas unirem-se, simbolizando a fusão da matéria com o espírito.

ANIMAL — Os Animais sempre simbolizaram as características dos povos e, ainda, na atualidade, os vemos como um Urso, na Rússia, uma Águia nos Estados Unidos da América, a Loba da Itália, o Leão da Inglaterra.
Há simbolismo em cada animal, de forma justa ou não; exemplificando, temos: Asno, o da ignorância; Cão, o da fidelidade; Cigarra, o da vaidade; Coruja, o da sabedoria; Galo, o da vigilância; Gralha, o da longevidade; Formiga, o da prudência; Leão, o do valor; Lobo, o da crueldade; Mula, o da teimosia; Pavão, o da vaidade; Pomba, o da paz; Porco, o da glutoneria; Raposa, o da esperteza; Tartaruga, o da paciência; Tigre, o da ferocidade;

Serpente, o da inteligência e assim por diante.
Na Maçonaria, existe um único símbolo animal, que é a Águia Bicéfala.

ANJOS — São "seres alados" cujo mistério, ainda, não nos foi revelado, mas pertencem à mitologia hebraica e são aceitos pela Igreja nas suas nove hierarquias, a saber: anjo, arcanjo, querubim, serafim, trono, majestade, dominação, e as duas últimas indefinidas, porém existentes, que não receberam denominação por serem mensageiros exclusivos do mais Alto Poder. O Anjo é o primeiro da hierarquia e é conhecido e considerado como "Mensageiro" de Deus. Cada ser humano tem o seu "exclusivo Anjo da Guarda".
Os Anjos são seres incriados; não fariam parte da criação, mas da própria essência divina. Eles "podem" ser comandados pelos homens para que os sirvam, como serviram a Jesus. Os árabes aceitam a sua existência, mas com o nome de "Duendes" que, apesar de invisíveis, podem "incorporar-se".
Na Maçonaria são aceitos como os personagens que transitavam pela Escada de Jacó, vista no Painel da Loja de Aprendizes.

ANKH — É a Cruz Ansata Egípcia; tem o formato da Cruz Latina, porém na haste central e na parte superior termina com um anel. Simboliza Vida Eterna. Simboliza o "Nó Mágico" que enfeixa todos os elementos vitais do ser humano. Representa a figura dos Sacerdotes egípcios, na posição ereta, com os braços estendidos horizontalmente, tendo no círculo a representação da cabeça. Os braços estendidos simbolizam o infinito à direita e à esquerda. Simboliza também a união dos sexos; a haste vertical, o masculino; a horizontal, o feminino; é ao mesmo tempo "pai e mãe".
Simboliza a "Chave do Nilo"; a abundância decorrente das cheias do Nilo. Não é usada em Maçonaria.

ANOIA — Significa, em grego, Ignorância, ou o "não conhecimento".

ANTICRISTO — Personagem do Apocalipse que representa a oposição ao Cristo, simbolizando o fator negativo; é o pensamento que tende a anular, dentro do homem, a presença crística; como dizia São Crisóstomo, toda Alma é Crística; portanto, o Anticristo tende a destruir a Alma para colocar no "interior" do homem, a escuridão.

ANTIGO DOS DIAS — Nas visões de Daniel, personagem bíblico que foi prisioneiro de um rei babilônico, intérprete dos sonhos de Nabucodonosor, Jeová era denominado como o "Antigo dos Dias".

ANTIGOS — Os "Antigos" e os "Modernos", duas divisões da Maçonaria Inglesa do século XVIII, foi um movimento "separatista" depois da fundação da primeira Grande Loja de Inglaterra ocorrida em 24 de junho de 1717.

ANTIGOS DEVERES — Os célebres *Old Charges* eram os primeiros escritos existentes e que serviam de normas e obrigações, isso antes do surgimento das Constituições de Anderson.
Era a Lei dos "talhadores de pedra", os "antigos construtores", que iniciavam a caminhada para a especulação. Ainda hoje, nas Constituições, esses

Old Charges fazem parte como suplementos indispensáveis pois é a história da Maçonaria Moderna; frequentemente, aparecem novos documentos encontrados nas velhas bibliotecas europeias.

Esses documentos manuscritos podem ser encontrados nas obras que tratam da história da Maçonaria.

ANTIGUIDADE — A Antiguidade maçônica é contada da data da Iniciação do maçom; não importa se houve afastamento por período breve ou longo. No entanto, para assuntos de Loja, conta-se da data de sua admissão, seja por transferência, por reingresso ou por apresentação de um *quite placet*.

Na Maçonaria Filosófica, a Antiguidade é contada também da data do ingresso no Grau Quatro.

Explica-se isso pelo fato de um Iniciado "ter nascido de novo", contando-se, portanto, a "nova vida maçônica".

Nos Graus Filosóficos, a Antiguidade não depende da data da Iniciação ao Aprendizado. Não se conta a Antiguidade em cargo. Nas reuniões dos "exveneráveis", denominados na língua inglesa de *pastmasters*, prevalece a idade civil, pois o mais "velho" será o presidente nato da reunião.

ANTIMAÇONARIA — Não significa uma instituição antimaçônica, mas sim os "atos" contra a Maçonaria, mesmo na época em que a Arte Real não era assim denominada.

Em 1425 o governo Inglês expediu ordem proibindo os Pedreiros de se reunirem em "Capítulos e Congregações".

A Igreja Católica foi a Instituição que mais acerbadamente lutou contra a Maçonaria, não pela sua filosofia, pois essa era mantida sigilosa, mas porque as reuniões eram privativas e secretas, às ocultas. Não só a Igreja foi considerada "Antimaçônica", mas todo e qualquer Governo despótico, mais tarde "ditatorial", preocupou-se em "pressionar" para "dissolver" os maçons.

As Encíclicas Papais, do século passado, ameaçavam os que desejavam ingressar na Ordem maçônica com a excomunhão; no entanto, pelo fato de os maçons agirem com muita discrição e prudência, essas ameaças não se concretizaram.

Hoje, qualquer Governo ditatorial proíbe não a Maçonaria em si, mas as reuniões "secretas".

No Brasil, o presidente Getúlio Vargas chegou a determinar o fechamento de todas as Lojas; seu pai, Manuel Vargas, maçom sincero, o convenceu de revogar a proibição; assim, a ordem durou poucos meses.

De certo modo compreende-se a atitude dos antimaçons, pois os libertários de todos os países "usaram" a Maçonaria para realizar com segurança as suas reuniões subversivas, de certo modo, servindo-se do sigilo e da prudência.

A história pátria nos informa isso tanto para a Independência como para a República. Começando por D. Pedro I, que foi iniciado, exclusivamente, para obter o apoio dos maçons; os "grandes vultos" da Independência, todos, inclusive cléricos, participaram das Lojas maçônicas com esses objetivos.

ANTIMAÇÔNICO — As atitudes antimaçônicas podem surgir através dos próprios maçons, bastando opor-se a tudo o que os seus juramentos definiram.

Basta um ato de intolerância e eis que surge o antimaçônico; por inacreditável que possa parecer, até um Grão-Mestre pode ser antimaçônico; uma sua decisão arbitrária é denominada de "antimaçônica".

ANÚNCIOS — Durante as sessões, sejam econômicas ou exclusivamente litúrgicas ou iniciáticas, nenhum assunto poderá seguir-se a outro sem um prévio anúncio.

Esse anúncio, o Venerável Mestre o faz diretamente ao Primeiro Vigilante que por sua vez o transmite ao Segundo Vigilante, tomando toda a Loja conhecimento do fato; no Oriente, os irmãos lá postados tomam conhecimento diretamente do Venerável Mestre; nas Colunas, o conhecimento é tomado pelos respectivos Vigilantes. Essa providência implica o "corte" imediato do assunto findo, que não poderá ser renovado. O Anúncio significa uma "pausa" para que os presentes possam ser receptivos e atentos.

Esotericamente é a "magia" da palavra oral; do som peculiar que produz as vibrações necessárias para que o "novo assunto" ocupe dentro da "mente" o seu lugar e elabore o espaço adequado. É a ordem do Venerável Mestre que deve ser acatada.

O Venerável Mestre, ao mesmo tempo que anuncia, bate com seu Malhete no seu trono; também os Vigilantes procedem de idêntica forma com os seus Malhetes.

O som de percussão anula as vibrações anteriores; mesmo que tenha havido uma discussão "forte" perturbando a harmonia durante o assunto precedente, o som que o Malhete produz a "anulará", "limpando" o ambiente para que a Egrégora nada sofra e possam todos apreciar o novo assunto com toda harmonia, calma e atenção.

APLAUSOS — O Aplauso é a aprovação entusiasta de um ato, de um discurso ou de uma decisão. Significa "aprovação". Muitos são os Aplausos que ocorrem em uma sessão maçônica: de aprovação, de júbilo, de entusiasmo, de apoio, de encorajamento. Contudo, em cada Grau, os Aplausos diferem um do outro; esses Aplausos, em certas oportunidades, denominam-se de Bateria.

Ao adentrar o Templo um visitante ilustre, o Venerável Mestre comanda os aplausos de uma Bateria incessante, que compreende o bater contínuo do Malhete sobre o seu Trono acompanhado das palmas incessantes dos presentes; cessando o batimento do Malhete, cessam os aplausos.

Além desses Aplausos significarem o que referimos, eles possuem uma "magia" esotérica; como o som emitido é "surdo", de percussão, com baixa frequência e harmonia, ele age como "limpador do ambiente", afastando pensamentos negativos e vibrações inconvenientes.

Exemplificando, podemos nos referir aos momentos de discussão áspera, provocada por incompreensões, paixões ou mesmo emoções inapropriadas que, para ser "estancada", não basta a autoridade do Venerável Mestre; esse, com um golpe de Malhete, ordenará o "de pé e à ordem", e quando estiverem em pé ordenará uma "Bateria"; o som que surge acalmará os ânimos, afastará a desarmonia e a sessão prosseguirá tranquila.

APOCALIPSE — Palavra formada pelo termo grego: *oká-lypsis*, com o

significado de "descobrir o que está oculto", ou seja "a revelação".
É o Livro bíblico da Revelação.
Esse Livro continua sendo indecifrável, apesar das constantes tentativas de interpretá-lo. É uma obra que esclarece o que seja o "esotérico"; a compreensão se torna acessível a todos, bastando que essa compreensão se situe no Universo de dentro, ou seja, na mente espiritual do homem.
Maçonicamente, pouco significa, embora em Graus Filosóficos muitos trechos do Apocalipse constem dos Rituais.
Quem escreveu o Apocalipse foi o discípulo São João Evangelista, entre os anos 95 a 98, na ilha de Patmos, Grécia; João tinha a idade de 70 anos.
O Apocalipse é o livro que encerra as Sagradas Escrituras; após ele, nada mais há que o possa superar.

APOLOGÉTICA — Do grego, *apologetikós*, donde provém "apô" e "logos", ou seja, "saber oculto"; surgiu como "arte" em defesa do Cristianismo e foi empregado pela primeira vez por Tertuliano. Dessa "arte" surgiu o termo *Apologia*, que seria um discurso ou mensagem escrita em defesa de uma tese, pessoa ou instituição. Platão escreveu a "Apologia de Sócrates", insinuando como Sócrates deveria ter apresentado a sua defesa contra as acusações pelos seus opositores.

APÓLOGO — Referência a respeito de um assunto, usando-se imagens literárias; quando essas imagens são animais, diz-se fábula.

APRENDIZ — O termo não tem origem maçônica, mas vulgar; significa aquele que "está aprendendo" e é o próprio a qualquer profissão ou função.
O Aprendiz de feiticeiro foi termo muito em voga na Idade Média com significado de "risco", pois nenhum Aprendiz conseguiria imitar o feiticeiro.
Hoje, na construção, o Aprendiz é denominado de "servente", pois enquanto "serve" estará aprendendo.
Maçonicamente, o termo seria mais bem adequado, mas tradicionalmente na Maçonaria Operativa intitulavam-se Aprendizes, aqueles que pretendiam ingressar nos mistérios da construção. Sempre houve os "serventes" e os "Aprendizes"; a diferença de hoje entre "servente" e "Aprendiz" é que o Aprendiz se situa na esfera mais filosófica; Aprendiz em arte.
Na Maçonaria, "Aprendiz" significa a passagem pelo Primeiro Grau de um Rito; há os que, bajulando-se, se intitulam de "eternos aprendizes" sem se darem conta de que o aprendizado constitui o primeiro passo e que ninguém que enceta uma caminhada deseja retroceder ao primeiro passo.

APROVAÇÃO — Aprovar significa "concodar", "aceitar", manifestar a concordância sobre um determinado assunto ou para que um candidato possa ser admitido na Ordem. A Aprovação equivale a uma "eleição", portanto pode ser tácita, simbólica, por escrutínio secreto ou por aclamação, ficando na dependência dos Regulamentos das Lojas ou dos Corpos, e mesmo das assembleias.

AQUÁRIO — Um dos signos do Zodíaco que compreende o período de 21 de janeiro a 21 de fevereiro. Representa o AR. Dentro dos Templos maçônicos modernos, onde erroneamente se situam as doze Colunas, que deveriam estar no Átrio, são representados, em cada uma, os signos, porém sem maior influência filosófica.

A Maçonaria tem como ciência a Astronomia e não a Astrologia, contudo, como o conhecimento é eclético, não despreza as construções psicológicas sobre os signos que determinam a visualização do futuro das pessoas.

AR — A Natureza é dividida em quatro partes denominadas "elementos" — Terra, Água, Fogo e Ar. Esses elementos são aplicados na Iniciação do Primeiro Grau do Simbolismo.

O Ar é um elemento "vital"; o "Prana", dentro da Cadeia de União, revela-se um elemento essencial, pois é "purificado", dentro do Templo, através do "incensamento" e dos fluidos emanados pela Egrégora.

Na Cadeia de União, o exercício inicial para que seja perfeitamente formada é a respiração "uníssona", ou seja, todos os "Elos" procuram aspirar o Ar e expirá-lo, compassadamente, ao mesmo tempo, porque assim haverá a limpeza ideal dos pulmões.

O Ar incensado despolui o ambiente, porque os maçons que adentram no Templo portam consigo toda espécie de elementos nocivos trazidos do mundo profano.

Sabemos que a respiração tem a finalidade de oxigenar o sangue, purificando-o; para a obtenção de um "purificador" isento de elementos nocivos é preciso a consciência de "antecipar" essa purificação, que será a tarefa do "Arquiteto do Templo", sob o comando do Venerável Mestre.

ARANI — Vocábulo do sânscrito, que significa "elemento feminino", usado na "Pramanta"; é o aparelho colocado sob a "rosa" da Cruz, no Grau 18, Príncipe Rosa-Cruz; um bastão de madeira, denominado "Pramanta", pela fricção, dentro de uma cavidade, a "Arani" produz o fogo. Os Vedas a usavam como meio de acender uma fogueira; todos os povos indígenas, inconscientemente, fabricam a sua Pramanta.

No Grau 18, coloca-se a Pramanta sobre a Cruz, porém sem usá-la como princípio pirogênico; é o símbolo do "fogo" que nasce no relacionamento entre o masculino e o feminino.

ARCA — A Arca significa "depósito", mas de segredos, como o fora a Arca da Aliança. Na Maçonaria, representa o recipiente em que são guardados os papéis importantes; uma espécie de depositário, obviamente substituído pelos modernos arquivos e colocado na secretaria e não mais dentro do Templo.

Contudo, no Grau 14, representa a própria "Arca da Aliança" e é símbolo da presença de Deus que, em forma mística, se situa entre as asas dos Querubins que encimam a Arca.

A Arca de Noé, símbolo da purificação do povo Hebreu, não é elemento maçônico; os judeus não dão aos filhos nomes dos que antecederam o evento do Dilúvio, mas de Noé em diante.

O nome simbólico dado aos que ingressam na Maçonaria também obedece a esse costume, porque antes de Noé, a partir de Adão, o homem pecaminara-se.

ARCA DA ALIANÇA — A primeira Aliança que Jeová fez com o homem foi após o Dilúvio, selada com o símbolo do arco-íris; Moisés, inspirado naquele episódio, mandou construir uma Arca de madeira de Acácia, por Besaleel e Goliab, para serem conservados os preciosos elementos que seriam as raízes de um povo libertado da escravidão do Egito.

A caixa foi constituída de madeira, revestida com lâminas de ouro medindo 1 metro e 75 centímetros por 80 centímetros de largura e igual medida de altura.

Dentro da Arca foram colocadas as Tábuas da Lei, um pote de Maná e a Vara de Aarão.

As Tábuas da Lei seriam de madeira de "setim", ou seja, Acácia, onde estavam gravados os Dez Mandamentos. A Lei comum e normativa, Moisés a recebeu oralmente e foi transmitida de idêntica forma até ser transcrita em rolos, chegando, talvez intacta, até os nossos dias.

O Maná, alimento que caíra dos céus, não tinha duração por mais de um dia, e além disso oxidava-se e putrefava-se; no entanto, por processo que não chegou a ser desvendado, esse Maná pôde ser conservado e colocado dentro de um pote hermeticamente fechado.

A Vara de Aarão, com seus brotos e flores, simbolizava o "milagre", a presença do Poder Divino que vencia as leis da Natureza em benefício do homem.

Essa Arca subsistiu até o desterro para a Babilônia; quando Zorobabel retornou e construiu o segundo Templo, embora trouxesse os utensílios de ouro que os babilônios haviam saqueado, as Sagradas Escrituras não mencionam a Arca.

Arqueólogos israelitas ainda têm esperança de encontrar a Arca sob os escombros do Grande Templo, em Jerusalém, fato que marcaria o final dos tempos e glorificação do povo Hebreu.

ARCANO — Do latim, significa "segredo"; vem da Arca, com o sentido de ocultar o "segredo esotérico"; um Arcano só pode ser revelado àquele capacitado a compreendê-lo. Foi muito usado pelos Alquimistas.

Hoje, diz-se Arcano um assunto profundo, espiritual e místico.

ARDAREL — Ou na corruptela de *Ardriel*, é o nome dado ao "Anjo do Fogo" ou "Esplendor de Deus", ou Glória ou "fogo de Deus", termos usados na Maçonaria Filosófica.

ARIEL — Significa "Leão de Deus"; é espírito do ar; anjo da guarda da inocência e da pureza; nome dado a Jerusalém. Shakespeare, em seu livro *Tempestade*, dá esse nome a um dos seus personagens.

ÁRIES — É o primeiro signo do Zodíaco, correspondente a 21 de março abrangendo o período até 21 de abril. Preside a vida. Primeiro signo do Fogo referente a Marte; significa expansão, movimento e simboliza a ambição. É o ardor iniciático.

ARITMÉTICA — Uma das sete ciências ou artes liberais; origina-se do grego *Arith-metiké*, significa número. Sua primeira expressão foi na soma de unidades; o homem aprendeu a contar através dos seus dez dedos das mãos, daí surgindo o "decimal". É a escalada no Grau Dois que o Aprendiz deve fazer para elevar-se a Companheiro.

Não é confundida com as demais ciências análogas, como a matemática,

a álgebra e demais conceituações no campo dos cálculos. É a origem da Cabala Hebraica.
Dela deriva Artmosofia, que é a "ciência dos números"; as quatro operações, base dos restantes cálculos, são fundamentais na filosofia maçônica. O Cosmos é visto através dos números, que o definem. A Numerologia é parte essencial da Maçonaria em todos os seus Graus e formas.

ARMAS — Maçonicamente, existem tão somente "armas brancas", ou seja, as que ferem através de suas lâminas; a Espada e o Punhal são usados nas cerimônias litúrgicas. Essas armas provêm dos tempos da Cavalaria. O maçom não pode adentrar no Templo portando armas; as Espadas fazem parte dos utensílios e são usadas para defesa, para honrarias e para representar os combates durante as provas iniciáticas. A Espada simboliza a "palavra" e foi usada nos Evangelhos por São Paulo.

ARMINHO — É um mamífero das regiões polares cuja pele alva é usada desde épocas imemoriais para ornamentar as vestes dos poderosos; usa-se em Maçonaria como emblema da pureza e do esplendor. A capa de arminho é elemento luxuoso que protege a parte espiritual, porque sobre a candura e a pureza não se poderá sobrepor nada mais que não seja igualmente leve, belo, puro e absolutamente neutro, eis que a brancura, sendo a polarização das cores, não evidencia nem destaca uma só delas, mas absorvendo-as simboliza a Sagrada Aliança.

ARQUÊ — Raiz da palavra grega *Arkhé*, que significa o "princípio". Cada ser da Natureza, inclusive homem, possui "um princípio"; por exemplo, os gens, que dão origem à estrutura final. É um prefixo que origina um sem-número de palavras; em Maçonaria origina a palavra mais usada, expressando a Deus: Arquiteto, ou seja, a "única cobertura", o "princípio único".

ARQUEOLOGIA — Ciência que estuda os objetos e fatos pré-históricos. É a ciência responsável pelos grandes descobrimentos, como a Torre de Babel, os túmulos egípcios, os documentos Qumram, as tabuletas da Suméria, o conteúdo das Pirâmides, as raízes dos Astecas e Incas nas Américas, enfim, tudo o que possa revelar um passado ligando o homem às suas atividades.
Na Europa Ocidental, Roma principalmente, as escavações puseram à luz a magnificência do Império Romano; em Nápoles, o que havia sido soterrado pela lava do Vesúvio; essas escavações prosseguem e diariamente são descobertos novos edifícios.
Os Etruscos, povo muito antigo, vêm sendo conhecidos através das suas construções. Em Jerusalém, as escavações prosseguem e têm sido descobertos fatos que jaziam ignorados.
A Arqueologia tem revelado não só documentos maçônicos mas também as construções de seus Templos em época imemorial. Essa ciência tem presenteado o mundo com tesouros ímpares e conhecimentos profundos em todos os campos.

ARQUÉTIPO — Palavra originada do grego, que significa forma primordial, isto é, um modelo vindo do princípio criado; o Arquétipo do homem é considerado "Adão Kad-mon". Jesus é o arquétipo do comportamento humano.

ARQUITETO — ARQUITETURA

Simboliza o princípio que se deve observar, porque perfeito; a Loja maçônica é o arquétipo do Templo de Salomão.

ARQUITETO — Princípio da construção; denomina-se a quem "arma" uma construção, elaborando os detalhes, desde a seleção do terreno até o embelezamento da obra.

Maçonicamente, é a Alma de tudo; dentro do grupo que dirige uma Loja, é a pessoa encarregada da ordem, do embelezamento e da limpeza para que as sessões possam desenvolver-se a contento.

Hiram Abiff foi o arquiteto do Grande Templo de Salomão; o vocábulo não significa "construtor", mas sim quem "idealiza" e torna "viável" a construção. O Arquiteto da Alma será quem a estrutura; o Arquiteto de uma Nação será quem a ordena, inspira, equilibra e lhe dá as bases; uma Constituição é a Arquitetura de um país.

ARQUITETURA — É o resultado do trabalho do arquiteto. Qualquer construção situa-se dentro da arte e ciência da Arquitetura, mesmo a construção mais primitiva como os "altares" de sacrifício, que aos nossos olhos não passariam de um amontoado de pedras; um simples muro, um abrigo, o tapume para fazer da caverna uma habitação, enfim, qualquer estrutura será obra de Arquitetura.

A construção do Universo, da Terra, as visões, os sonhos contêm projetos e definições arquitetônica.

Inicialmente, a imaginação do homem primitivo serviu de base para a evolução, mesmo que lenta, de tudo o que hoje presenciamos.

Na Maçonaria, a grande preocupação é a "construção do homem espiritual". Para tanto, são usados os instrumentos e os utensílios da construção de alvenaria. Maçonicamente, as construções que abrigam o homem ou as que honram e glorificam a Deus não possuem teto. Embora compreensível que em Jerusalém o Grande Templo não necessitava de teto porque a chuva é fato considerado raro, esotericamente, nenhuma construção deve ter teto porque nada poderá ser ocultado aos olhos de Deus. Nada é encoberto, sigiloso ou privativo.

A própria pessoa humana não o possui; os cabelos em uma cabeça não significam proteção ao corpo humano, mas um protetor ao crânio, para evitar danos batendo em algo duro ou recebendo pancada com instrumento contundente.

Arquitetura simboliza trabalho planejado; a Maçonaria busca aperfeiçoar o homem por meio de um trabalho constante e dignificante; o burilamento de toda obra, pacienciosamente, através da colaboração grupal. Os instrumentos e utensílios devem ser manejados adequadamente e isso está na dependência de um exercício constante, em busca de perfeição artística e prática.

Tudo na Maçonaria envolve a Arte Real, ou seja, a construção sublime, considerando que a obra jamais poderá ser considerada acabada. Na construção do homem sempre há algo mais para ser feito, refeito, burilado, aperfeiçoado, para que o resultado final seja a felicidade desse homem.

A construção operativa não pode, na Maçonaria, ser isolada, mas marcha paralelamente com a construção filosófica, e essa conduz à construção esotérica.

No decurso do tempo, mesmo antes da construção do Grande Templo de

Salomão, a Arquitetura foi evoluindo gradativamente; podemos exemplificar com as construções na Babilônia, com os seus célebres jardins suspensos, considerados uma das sete maravilhas do mundo; a Torre de Babel simbolizou a "confusão", porque ausente o princípio filosófico.

Reunindo-se as construções, desde a Muralha da China aos Templos da ilha de Elefantina, às Pirâmides do Egito, aos túmulos da Antiguidade o fausto da Babilônia, a praticidade da Suméria, enfim, tudo o que a Arqueologia nos apresenta como evolução arquitetônica, teremos os "estilos".

Na Idade Média surgiu o Estilo Gótico, aplicado nas Catedrais; Grécia e Roma nos legaram estilos permanentes, seguidos até hoje, com as alterações inspiradas pelas técnicas modernas e pelo uso de materiais fora dos padrões ortodoxos, como prédios exclusivamente em aço e vidro.

Contudo, a Cidade Santa, a Jerusalém Celestial, descrita no Apocalipse, ainda não teve seguidores; nenhum arquiteto seguiu aquela inspiração de uma cidade devidamente medida, apresentando materiais estranhos, como as avenidas em ouro transparente.

Podemos afirmar que em Arquitetura estamos apenas nos primeiros passos; chegaremos, porém, em breve ou não, à construção fantástica, que o homem possa morar numa cidade digna do "novo homem", que por sua vez deverá reconstruir-se para que nessa cidade possa adequar-se e prosseguir na sua rota e no seu glorioso destino.

Por enquanto temos estilos antigos, clássicos, neoclássicos, modernos, pós-moderno etc., quanto às construções de alvernaria ou materiais congêneres.

Em breve teremos "estilos" na construção do homem espiritual; isso depende do esforço de cada um. A Maçonaria moderna preocupa-se com essas construções estilizadas, mas, por enquanto, poucos são os Arquitetos que têm condições para tanto.

ARTE REAL — Este termo é empregado em Maçonaria abusiva e inadequadamente. Origina-se das Constituições de Anderson que, em 1793, o empregou pela primeira vez para expressar a "arte de edificar" com o emprego da Geometria e da Arquitetura.

Com o surgimento da Maçonaria Especulativa, a "construção" deixou de ser, exclusivamente, uma obra material, pois havia a necessidade de "reconstruir o homem espiritual", espelhado nos Evangelhos.

Diz-se hoje Arte Real o trabalho maçônico, sem distinção alguma, e isso cria muitas dificuldades em conceituar o trabalho da fraternidade.

ARTES LIBERAIS — O trabalho dos Guildas que na Alemanha e França detinham os segredos das construções das Catedrais e dos palácios, face a "liberdade" dada àqueles pedreiros "livres", protegidos de tal forma que ninguém poderia entrar em seus redutos; esses profissionais praticavam as "artes liberais". Com o passar do tempo, esse "liberalismo" ficou restrito para aqueles que executavam o trabalho independentemente de "patrões". Hoje, são consideradas Artes Liberais as profissões autônomas que se veem em todas atividades; podemos afirmar que o vocábulo "arte autônoma" substitui o "arte liberal".

Na Maçonaria, o profissionalismo não é levado em conta, pois são admitidos

ASAS — ASSEMBLEIA

na Ordem candidatos que apresentem condições de dignidade, de moralidade e de conhecimento, podendo exercer profissão liberal ou serem empregados; a espécie do trabalho ou dos recursos para a subsistência não é levada em conta; faz-se apenas uma restrição: o candidato deve ter recursos suficientes para que sua Família não sofra restrições econômicas com os gastos feitos para o ingresso na Ordem.

ASAS — Simboliza o movimento do tempo; *tempus fugit*, diz o brocardo latino. Simboliza, outrossim, a "fuga". Maçonicamente, temos na Arca da Aliança os dois Querubins, que são seres alados; suas asas simbolizam a pesquisa da Verdade e a proteção.
Na mitologia temos Mercúrio, que possui asas nos pés, simbolizando agilidade e um ser vencedor dos obstáculos.

ASHMOLE, ELIAS — Foi o arquiteto do Rito Escocês Antigo e Aceito; personagem que viveu no período entre 1617 e 1693. Alquimista, dedicava-se constantemente aos mais profundos estudos, desde a Astrologia à Religião, na qual teria sido elemento de grande influência pelo seu elevado espiritualismo.
Ingressou numa Loja Inglesa e a sua iniciação teve o primeiro registro da história, isso durante o reinado de Carlos I; ele mesmo escreveu em seu diário: "Fui feito maçom em 16 de outubro, às 16h30 do ano de 1646 em Warrington, no Lancashire". No diário, são mencionados todos os participantes da Iniciação. Parece que essa Loja era especulativa e Ashmole, partidário de Carlos I, de quem era "Cavaleiro".
Mais adiante, muitos anos após, escrevia em seu diário: "Recebi um convite para apresentar-me na reunião que uma Loja realizará amanhã (2 de março de 1682), no Mason's Hall, em Londres. Compareci consequentemente, por volta do meio-dia foram admitidos seis cavalheiros na Fraternidade dos Maçons. Era eu o mais antigo Companheiro dentre eles; faz 35 anos que fui admitido". Pouco se sabe a respeito da vida íntima de Ashmole, pois em seu diário as referências a respeito são poucas; contudo, sabe-se ter sido o Reformador da Maçonaria com a introdução do Rito Escocês Antigo e Aceito.

ASPIRANTE — Uma das denominações do candidato à Iniciação e sinônimo de recipiendário; Aspirante sugere uma "participação" consciente à Iniciação; o mito de a Maçonaria convidar, inesperadamente, a um candidato que já passou pelo rigoroso exame, sem que ele saiba de que Instituição se trata, não condiz com a filosofia da Ordem. O candidato deve "aspirar", com ansiedade, o ingresso em uma nova vida.

ASSASSINOS — Provém do árabe: *haxaxi* e significa "aquele que tira a vida"; o "homicida", ou aquele que "mata o homem". Na lenda de Hiram Abiff, surgem três "Assassinos", que feriram de morte o Mestre por meio de golpes dados com instrumentos de trabalho, a régua, o esquadro e o maço. Todos os golpes contribuíram para essa morte e todos foram produzidos com excessivo dolo.
Diz-se em Maçonaria "Assassino" àquele que "trai" os ideais maçônicos, pois "destrói" a vida espiritual.

ASSEMBLEIA — Do latim, *assimulare*, reunir; significa a reunião de pessoas para tomar decisões. Usa-se na atualidade esse termo para significar a reunião das Lojas, ou congressos locais, nacionais ou internacionais. As reuniões de cada Loja ou Corpo maçônico, posto a rigor seja uma Assembleia, são denominados de "sessões", para distinguir das reuniões mais importantes.

A definição específica, no entanto, é dada pelos Regulamentos e Constituições.

ASSIDUIDADE — Do latim *assiduitas*, significa "aquele que permanece ao lado". A Assiduidade constitui uma das virtudes do maçom; não diz respeito, apenas, ao comportamento social, ao compromisso assumido, mas à participação de uma Egrégora que beneficia a quem "se encontra ao seu lado"; diz respeito ao elo da Corrente; a necessidade para a formação do "grupo"; quem se ausentar sem motivo aparente ou justificado estará solapando aos demais a oportunidade de reforçar as vibrações e a soma dos fluidos destinados à proteção grupal. Consoante os Estatutos de uma Loja, a falta de assiduidade impede o ato de votar, o "aumento do salário", ser votado e, conforme o caso, pode causar a eliminação do Quadro; isso não significa a eliminação da Ordem, porque a um Iniciado jamais se eliminará; terá ele sempre a oportunidade do reingresso em sua Loja ou Loja equivalente.

ASSISTÊNCIA — A decantada "mútua assistência" entre maçons tem sido criticada porque lhe são dados limites. O maçom necessitado deve ser socorrido pelos seus irmãos desde que os motivos sejam justos e honestos. Não concordamos com essa limitação, pois onde encontramos irmãos senão em uma família? Os filhos de um casal, irmãos entre si, provêm dos mesmos gens e do mesmo sangue; se um deles cai em desgraça, os seus irmãos só o assitirão se os motivos dessa desgraça não tiverem sido desonestos ou injustos? Jamais! Um irmão tem o dever recíproco de dar assistência ao outro, sem qualquer preocupação dos motivos que o levaram a necessitar dessa assistência.

Uma vez assistido, retornando à normalidade, então a Fraternidade poderá analisar o comportamento de quem cometeu desvios para, evidentemente, reconduzi-lo ao bom senso, fazendo com que se arrependa e, sobretudo, ressarça as possíveis vítimas dos prejuízos que lhes causou. Caso contrário, como se poderia conceder o "amor fraternal"?

ASSOPRADOR — O célebre "foleiro" dos alquimistas, aquele que, munido de um fole, assoprava o fogo com a finalidade de fundir os metais, na busca alquímica da transmutação em ouro e prata, os metais preciosos da época. Posteriormente, passou-se a usar o fole, nas Lojas, para apagar as velas, uma vez que o sopro humano não pode ser usado para essa finalidade; a chama de uma vela, dentro de um Templo, é o símbolo de um dos elementos da Natureza criado por Deus; o sopro humano contém as impurezas retiradas do sangue e carga excessiva de gás carbônico; não se pode macular o que é puro; esses foles, porém, foram substituídos, com o tempo, pelos "apagadores", descritos nas Sagradas Escrituras e usados no Grande Templo de Salomão.

ASTRAL — O Astral é um plano Cósmico entre a Terra e o limiar do que é Celestial. Mundo invisível, onde se movimentariam as almas desencarnadas. A origem da palavra vem de "Astro", que são os corpos que gravitam no espaço; contudo, com o acesso ao homem a esses "corpos" no Cosmos, o Astral distancia-se do que passa a ser visível e corpóreo.

Os Cabalistas denominam de Luz Astral, ou "AUR", a "alma do mundo", de onde tudo foi originado.

Em linguagem hindu, o homem possui em si um veículo de matéria astral denominado "Kamarupa", que é o elemento intermediário entre o "corpo mental" e o corpo físico; o "corpo mental" possui centros de consciência denominados "chakras".

ASTREIA — Na mitologia grega, é a deusa da Justiça, filha de Temis, e é representada com os olhos vendados, tendo na mão direita uma espada e na esquerda uma balança, simbolizando que a Justiça é cega, no sentido de não distinguir quem é beneficiado com a última decisão, podendo ser humilde ou poderoso.

Astreia é o nome da revista, surgida em 1929 do Supremo Conselho do Grau 33 do Rito Escocês Antigo e Aceito, da Maçonaria para a República Federativa do Brasil.

ASTROLOGIA — É a ciência dos astros; desenvolveu-se entre os Caldeus e sua origem é ignorada, mas sempre existiram, pelo menos, os escritos, tanto em pergaminho como nas tábuas de barro ou esculpidas em pedra, como os "grafitos" nos revelam isso.

A Astrologia está ligada à religião desde os tempos primitivos, quando o homem via nas fases da Lua e nos eclipses solares prenúncios que, interpretados pelos magos e adivinhos, descreviam o futuro.

Hoje, a Astrologia, com o estudo do horóscopo, é campo privativo dos intelectuais; o movimento dos Astros dirige a vida humana e o horóscopo prediz o porvir.

Mapas astrológicos são apresentados por meio de sofisticados computadores com resultados aceitáveis.

Na Maçonaria, porém, apesar de na Abóbada Celeste dos Templos constarem Sol, Lua e Planetas, são apresentadas Constelações, destinadas a "influenciar" os maçons reunidos; trata-se mais de uma tradição artística que de um fato científico.

ATA — Além de ser um sufixo, isoladamente significa o "memorial de uma Loja maçônica", onde são registrados os fatos mais importantes ocorridos durante uma sessão econômica.

A rigor, não é produzida a Ata nas sessões de Iniciação. As Atas na linguagem maçônica são denominadas Balaústre. A Ata é confeccionada por um secretário, que a lerá na reunião subsequente, quando será submetida à discussão e aprovação, geralmente por um sinal convencional, como erguer o braço direito; isso pode ser o maçom estando em pé ou sentado; pode ser aprovada por palmas ou mesmo tacitamente.

ATADURAS — No Primeiro Grau e no Quarto Grau, os Iniciandos são "atados" com cordas ou fitas, envolvendo o corpo ou simplesmente o braço direito para simbolizar a escravidão; o desate das cordas simboliza a libertação.

ATAÚDE — É o invólucro que contém o defunto; o féretro, o caixão; simboliza o "ovo cósmico", de onde sai o maçom e ao final de um determinado período, nele deverá reingressar.

É o símbolo mortuário que contém os despojos do corpo humano, restrito à matéria. É o "esquife", de madeira, metal ou pedra.

É a "urna" funerária; os povos indígenas colocavam os seus mortos dentro de um vaso de barro cozido; os egípcios usavam o embalsamento e o ataúde somente para as pessoas postas em dignidade. O homem comum era apenas envolvido em panos.

Os povos da Índia cremam os corpos e não usam ataúde, pois os corpos são colocados sobre uma pira.

Os Tibetanos deixam os corpos despidos nos lugares elevados com a finalidade de dá-los às aves que deixam os ossos limpos, os quais, depois de secos, são triturados e espalhados no solo.

Nas cerimônias maçônicas, o ataúde é peça importante, pois, além de representar a morte, significa a evidência da verdade, o destino do homem, o sacrifício e a punição.

ATEÍSMO — A raiz é ateu, "A" significa falta; "Teu", Deus; "falta de Deus". Corrente dos que se denominam ateus. Há entre os homens a tendência de não aceitar o que não alcançam compreender sobre aquilo que não podem ver, sentir, apalpar, enfim, a impressão superficial do primeiro momento, longe de uma meditação, de um estudo e sobretudo de uma fé.

Assim, por incrível que possa parecer, em torno dessa descrença organizam-se grupos e correntes formados pelos ateístas.

ARTESATA — Título dado ao presidente do Capítulo Rosa-Cruz, Grau 18 do Rito Escocês Antigo e Aceito. A origem dessa palavra vem, pelos conhecedores, apresentada como vinda do hebraico; contudo, no seu aspecto mais simples e que reflete exatamente a que foi destinada, provém de "Artesão"; ligando-se, assim, à construção que, no Grau 18, destina-se à construção espiritual; Artesata seria o chefe espiritual dos artesões do Espírito.

AUDIÇÃO — É a percepção dos sons por meio do corpo humano; não exclusivamente pelo aparelho auditivo, mas por meio de todos os sentidos, especialmente do tato. Os sons produzem vibrações e essas são traduzidas no cérebro. A pele humana tem a faculdade de "sentir" essas vibrações; os cegos que perambulam com o seu bastão vibratório percebem a presença dos obstáculos.

AUM — Vocábulo hindu pelo qual se designa a Divindade. Seu valor está na sua vocalização, que produz um som prolongado como se fosse um gemido; não basta, contudo, essa vocalização, é preciso obter a harmonia exata, um tom de voz adequado, para que o crente possa entrar em contato com Deus; situa-se como um "mantra" que os ocidentais não chegam a lhe usufruir as benesses.

AUMENTO DE SALÁRIO — Provém dos trabalhadores do Grande Templo de Salomão; desde os Aprendizes até os Mestres e além desses os que eram elevados em dignidade recebiam o justo "Aumento de Salário"; hoje, diz-se Aumento de Salário a passagem de um Grau para outro, tanto no Simbolismo como nos Corpos Filosóficos.

AUSÊNCIA — O maçom jamais estará "Ausente" aos trabalhos, mesmo que se encontre longe do País de origem, pois ele está ligado permanentemente pela Iniciação e chamado à Cadeia de União.

Nos tempos da Maçonaria Operativa, o maçom não podia "Ausentar-se" sem solicitar permissão; a Ausência injustificada era punida severamente. A Egrégora formada dentro de uma Loja é constituída por todos os maçons Iniciados dessa Loja, sejam ausentes, presentes ou falecidos.

AUSPÍCIOS — Ao ser aberta uma Loja, após a invocação da presença do Grande Arquiteto do Universo, é afirmado que está aberta "sob os auspícios" do Órgão imediatamente superior em autoridade; assim, uma Loja está subordinada a uma Grande Loja; um Corpo Filosófico, ao Supremo Conselho do Rito. Auspício significa "autorização", "proteção" e "obediência".

AUTENTICIDADE — Termo derivado do grego e latim, significa "verdadeiro"; maçonicamente, é um termo que significa a "revelação do homem verdadeiro", quando ele se apresenta "limpo e puro"; diz-se "maçom autêntico" aquele que observa os ideais maçônicos e que passou pela Iniciação.

AUTOCRACIA — Forma de governo autoritário que enfeixa todos os poderes em uma só pessoa ou em um único grupo. A Maçonaria atual não admite essa espécie de governo, pois ela trabalha como democracia; contudo, a tendência dos Grão-Mestres é revestirem-se de autopoderes que têm causado sérios transtornos à Organização.

AUTORIDADE — A Autoridade é um princípio muito respeitado na Maçonaria dentro dos escalões de sua organização; a palavra de um Grão-Mestre, de um Venerável Mestre é respeitada por um princípio de obediência hierárquica; aquele que ingressa na Ordem maçônica presta sérios juramentos de obediência à Autoridade Hierárquica; dentro de uma Loja, os Oficiais maiores, ou seja, Vigilantes, Orador, Secretário, possuem autoridade em suas decisões. A liberdade que é cultivada com muito rigor não prescinde do princípio da Autoridade, pois somente assim haverá ordem e respeito.

A∴ U∴ T∴ O∴ S∴ A∴ G∴ — Abreviatura maçônica que significa *Ad Universi Terrarum Orbis Architecti Gloriam*, cuja tradução é "À Glória do Grande Arquiteto do Universo". A Maçonaria adota palavras latinas, gregas e hebraicas.

Toda correspondência é precedida com essa glorificação a Deus. Muitos maçons têm o hábito de, ao iniciar um pronunciamento ou discurso, o proceder com essa "invocação" que se destina a render culto ao Poder Superior.

AUTOCONVICÇÃO — Significa o convencimento brotado da mente daquilo que se afirma, segue e prega; similar à Autossugestão, é aplicada consciente e inconscientemente durante os atos litúrgicos; a formação da Cadeia de União, as Exclamações, a Bateria e o "Sinal de Socorro" são atos em que a autoconvicção e a autossugestão atuam com muita força. A autoconvicção é o primeiro passo para a "materialização" da Fé.

AVATAR — Termo do sânscrito que significa "descida", ou seja, a descida de um espírito para se reencarnar. A reencarnação é um fator da crença espírita; os Orientais a aceitam sem reserva, mas os Ocidentais, influenciados religiosamente pelo Catolicismo e pelo Protestantismo, não a aceitam. Maçonicamente, não há preocupação a respeito; cientificamente, a reencarnação é explicada pela formação de um novo ser, pelos "gens", que pode significar múltiplas reencarnações, ao mesmo tempo, em um único indivíduo.

AVENTAL — Peça obrigatória do vestuário maçônico. Nenhum maçom poderá adentrar o Templo sem se vestir de um Avental.

Essa peça é considerada "protetora" em todos os sentidos. Inicialmente usada por quem trabalhava na construção com a finalidade de proteger o órgão sexual; era um avental de couro espesso; os forjadores o usavam para se proteger das faíscas que saltavam do ferro em brasa ao ser moldado com o malho.

O Iniciado recebe durante a cerimônia de sua Iniciação, ao ser recebido na Loja, um Avental simbólico, representando a pureza e a inocência; inicialmente, esse Avental era confeccionado em pele de cordeiro, que simboliza a "fragilidade" e a "infância", pois o recém-Iniciado também é considerado um "recém-nascido".

No Rito Escocês Antigo e Aceito, cada Grau possui um Avental diferente, repleto de símbolos que caracterizam a posição do maçom dentro do Grau. Essa peça assume relevância, pois todos os seus aspectos são analisados, uma vez que cada um simboliza situações materiais e espirituais, sendo algumas esotéricas. Os compêndios maçônicos dedicam longas páginas ao assunto, que esclarecem, embora não de todo, a mística do Avental.

AZEITE — O Azeite sempre foi elemento sagrado, pois é obtido retirando-se a gordura de animais, vegetais ou minerais. Os hebreus o obtinham extraído das sementes, especialmente das oliveiras. Consagrado nos Templos, alimentava os candelabros. O Salmo 133, muito usado na Maçonaria, descreve a função do "óleo que desce das barbas de Aarão até a orla de seu vestido".

É usado na consagração dos Templos, na cerimônia de adoção de *Lowtons* e em certas ocasiões específicas.

Religiosamente, a unção significa a dedicação do ungido a Deus, e também a preparação para a morte; há a unção para preparar o cadáver com a finalidade de que a sua "passagem" para a Eternidade seja facilitada, pois o óleo é lubrificante.

AZUL — É uma das cores primárias do espectro solar, ou do arco-íris, juntamente com o amarelo, o verde, o vermelho, o roxo ou lilás. Simboliza a amizade, a fidelidade, a doçura, a sabedoria e a lealdade.

Chama-se a Maçonaria Simbólica de Maçonaria Azul, distinguindo-a da parte Filosófica que é denominada de Maçonaria Vermelha.

Usa-se em aventais e faixas, e a pedra que a simboliza é a safira.

Diz-se que o firmamento é azul; os astronautas, olhando para a Terra, a milhares de quilômetros de distância, a descrevem como sendo azul; poderíamos nos aventurar a dizer que o Infinito é azul. Portanto, essa é uma cor "leve" e espiritual, ao contrário da vermelha, que é filosófica e materializada. Os Templos do Simbolismo são internamente decorados em azul, porque se situam numa esfera espiritual.

BAAL — Era assim conhecida a divindade dos babilônios, caldeus, fenícios e outros povos da Mesopotâmia; BAAL podia significar o próprio Sol, o Senhor do espaço; os caldeus tinham a sua Trindade divina: Anu, Hea e Baal.

Na língua dos semitas, Baal significa "Senhor", no sentido de "amo"; os seus seguidores influenciaram tanto os Israelitas a ponto de frequentemente o adorarem em substituição a Javé; nas Sagradas Escrituras encontramos muitas referências a respeito; os Baalim seriam os vários deuses estrangeiros; seria o plural de Baal.

O deus Baal era representado como gigantesca figura sentada, tendo em seu colo, uma fornalha onde eram atirados os recém-nascidos, servindo de sacrifício.

BABEL — Nome derivado de Baal, que era usado com a pronúncia de Bel; significa "confusão" e também Templo de Baal. Antes do Dilúvio, os filhos de Noé, afastando-se de Javé, intentaram erguer uma torre que atingisse o Reino Celestial, onde encontrariam a Baal; essa célebre construção foi erguida no vale de Senaar, 140 anos antes da Era Cristã; os alicerces dessa construção ainda são visíveis, e os arqueólogos já apresentaram estudos interessantes a respeito; em qualquer enciclopédia encontram-se notícias maiores.

A Torre de Babel foi destruída por ordem de Javé, que usou da confusão que se originara pelas diversas línguas com que falavam os operários, arregimentados de todas as partes; essa destruição simboliza que toda construção deve ser bem planejada e feita em honra a Deus. Hoje, Torre de Babel significa a "confusão" filosófica de uma seita ou religião; na Maçonaria é aplicada à vaidade do homem despreparado, que inova sem cuidar dos fundamentos que devem ser sólidos.

BABILÔNIA — Era a capital do império mais poderoso da Antiguidade que se dedicava à construção, como os célebres jardins suspensos, obra que figura como uma das sete maravilhas do mundo. Célebre foi seu rei, Nabucodonosor que, por meio de seu exército, dominou toda a região persa, chegando a destruir o Grande Templo de Salomão, levando os Israelitas como escravos. Na Maçonaria, nos Altos Graus Filosóficos, é revivido esse esplendor e é representado pela Câmara do Conselho que Ciro, rei da Pérsia, mantinha na Babilônia.

BAFOMET — Ou Bafometo. Em todos os escritos que se referem aos Templários surge a presença de um ídolo que recebera o nome de "Baphomet" e que teria sido a corruptela de "Mahomet", aparecendo seguidamente com o nome de "Bahumet".

O aparecimento desse pretenso ídolo, no julgamento dos Templários, não autoriza aceitar sua real existência, não

BAFOMET

a existência do ídolo, mas da imagem, que seria entronizada nos Templos e adorada.
A notícia não passa de uma fantasia que foi criada para imputar aos Templários a prática da idolatria.
Depois de criada essa fantasia, aparece o ídolo nas "confissões" de inúmeros Templários, não só nos Tribunais Franceses como também na própria Inglaterra.
Portanto, a fantasia criou corpo, por meio das confissões.
Para uma perfeita compreensão, devemos analisar os fatos dividindo o assunto em partes, a saber:
A descrição do ídolo como sendo o "Bode de Sabbat": trata-se de representar o Absoluto como um animal grotesco que tem entre os chifres um facho representando a inteligência equilibrante do ternário; a cabeça reúne característica de um cão, de um touro e de um burro, representando a solidariedade só da matéria e a explanação, nos corpos, dos pecados corporais. As mãos têm características humanas; demonstram a santidade do trabalho e fazem o sinal do esoterismo; na parte superior do sinal, um lunar branco embaixo e outro, negro, representando as revelações do bem e do mal, da Justiça e da Misericórdia.
A porta inferior do corpo oculta-se sob vestes; trata-se de uma imagem de geração universal, representada pelo Caduceu.
O seu ventre é escamado e em cor verde, que é a cor mística dos Muçulmanos; o semicírculo superior é em cor azul; sobem penas até o peito e essas são de várias cores.
Seu peito é de mulher, ou seja, possui seios, que simbolizam a maternidade e o trabalho fecundo.

Na sua fronte e embaixo do facho encontra-se o signo do Microcosmos, ou seja, o Pentagrama, com a ponta para cima, o que simboliza a inteligência; o facho simboliza, com a sua chama, a imagem da revelação divina.
A figura assenta-se sobre um cubo, colocado em um estrado com o formato de uma esfera que, por sua vez, pousa sobre um escabelo triangular.
Aos Israelitas não era permitido dar às concepções divinas as figuras humana ou de animais; por esse motivo, as esculturas, como dos Querubins, eram um misto fantástico de ser humano e animal.
Esses conjuntos híbridos de animais fantásticos davam a entender que o signo não era um ídolo nem imagem de coisa alguma vivente, mas sim a representação de um pensamento.
Não se adora o Bafometo, mas a Deus, nessa imagem informe e sem semelhança alguma com os seres criados.
O Bafometo não é um deus, é o signo da Iniciação; é também a figura hieroglífica do Grande Tetragrama Divino.
É uma lembrança dos Querubins da Arca e do Santo dos Santos.
É o guardião da Chave do Templo.
O Bafometo é análogo ao deus negro do Rabi Schimeon, é o ídolo obscuro da face divina. Por isso, nas cerimônias iniciáticas, exigia-se do recipiendário que desse um beijo na face posterior do Bafometo, ou do "Diabo", para lhe dar um nome mais vulgar.
No simbolismo da cabeça de duas caras, a que está posterior a de Deus será a do Diabo e a anterior do Diabo será a figura hieroglífica de Deus.
Faz-se necessário saber o que vem a ser um "Querubim" na escala angelical: anjo, arcanjo, querubim, serafim, trono, potestade, dominações;

verificamos que vem colocado em terceiro lugar.
A História Sagrada faz 27 referências aos querubins, a iniciar no Livro do Gênesis 3,4:
"E, expulso o homem, colocou Querubins ao Oriente do Jardim do Éden, e o refulgir de uma Espada que se revolvia para guardar o caminho da Árvore da Vida".
Jeová ordenou que fossem construídos dois Querubins de ouro sobre a tampa da Arca, como vemos no livro do Êxodo:
"Farás, também, um propiciatório de ouro puro; de dois côvados e meio será o seu comprimento e a largura de um côvado e meio. Farás dois Querubins de ouro; de ouro batido os fará, nas duas extremidades do propiciatório..."
Portanto vemos que o próprio Deus ordenara a fabricação de Querubins o que, sem dúvida, não considerava imagens.
O profeta Ezequiel denomina os Querubins de "seres viventes" e assim os descreve:
"... Cada um dos seres viventes tinha quatro rostos; o rosto do primeiro era rosto de querubim; o do segundo, rosto de homem; o do terceiro, rosto de leão, e o do quarto, rosto de águia..."
"...Cada um tinha quatro rostos e quatro asas e a semelhança de mãos de homem, debaixo das asas..."
(Ezequiel, 9 a 22)
Portanto, o Bafometo poderia ser um "ser vivente" apesar de seu aspecto grotesco e sua composição homem-animal.
Se o Querubim tinha uma imagem tão aterrorizante, nada impedia ser ele um celestial com o poder descrito nas Sagradas Escrituras.
Portanto, pelo fato de ser o Bafometo descrito como um "ser" tão curioso, isso não significa caracterizá-lo como um demônio.
O fato de ser representado com busto de mulher não poderia causar estranheza, eis que seus peitos simbolizavam a fartura; vemos estátuas na Índia que, representam mulheres com seis ou mais mamas e nos jardins do Palácio do Cardeal de Este, em Tívoli, arrabalde de Roma, construídos na Renascença, encontra-se uma estátua semelhante com múltiplos seios.
Os chifres têm um significado mitológico e representam no homem "força e poder".
O Moisés de Michelângelo que se encontra na Igreja de São Pedro, *ad vincoli*, tem em sua testa esses cornos. Como vemos no Livro dos Mortos dos egípcios, Amón portava cornos; era denominado "O Senhor dos Cornos".
A *Vulgata Latina*, retornando a Moisés, descreve o semblante de grande líder como *facies cornuta*, pois seu rosto resplandecia e de sua testa surgiam raios semelhantes a cornos.
A Cornucópia simboliza abundância e felicidade, e esse objeto não passa de um corpo retorcido.
Por sua vez, os Vikings e os Gauleses usavam cornos de cada lado de seus curiosos capacetes.
O Bafometo poderia ter cornos o que simbolizaria a força e o poder.
Curiosamente, criou-se entre os maçons uma lenda cósmica de que, dentro dos Templos, há um "bode preto", e o maçom tem por alcunha "bode preto".
Há, portanto, leve ligação com a mitologia, embora fantasiosa, entre o Bafometo e a Maçonaria.
Como o "bode preto" não passa de uma pilhéria, alimentada pelos próprios maçons, é perfeitamente compreensível

BAFOMET

que o Bafometo não passe de uma pilhéria semelhante.

A verdade inconteste é que, se existisse essa imagem, ela teria sido descoberta porque os Templários não teriam tempo de destruí-la uma vez que os seus Templos eram incontáveis.

Não ficou um resquício sequer de qualquer Bafometo e muito menos nos grifos ou nos manuscritos, há qualquer prova da existência do ídolo que serviu para esteiar a condenação por idolatria.

O fato de inúmeros Templários em suas "confissões" terem admitido a existência do Bafometo não tem valor probante porque, nas condições em que foram obtidas, não possuem qualquer valor jurídico.

A presença da "idolatria" não constitui prova condenatória, pois Clemente V não condenou a Ordem, simplesmente a "dissolveu".

O "ídolo" que foi comprovado existir era a "riqueza" dos Templários! Essa riqueza foi o que alimentou a cobiça de Felipe IV.

Não se poderá confundir um "relicário" com um "ídolo"; os Templários veneravam os seus santos; a descoberta de algumas cabeças esculpidas contendo ossos afirma isso; os ossos sempre foram venerados pela Igreja e não constituem motivo de adoração.

A Igreja não via com bons olhos o relacionamento dos Templários com a Maçonaria.

Esse relacionamento era muito estreito, pois os Templários usaram a ciência e a cultura Islâmica para o seu crescente poderio; não está afastada a hipótese de no Oriente e no mundo Muçulmano medrar a Maçonaria que surgira, afinal de contas, do próprio Oriente, quer da Índia, quer do Egito.

Inconcebível seria afirmarmos que entre os Muçulmanos existissem idólatras; eles não reproduziam de forma alguma o que proviesse da Natureza; desse fato é que surgiram os "arabescos", forma de beleza ímpar pela simetria e colorido, mas que não se assemelhavam a ramos, flores ou folhas, nem a pessoas ou animais.

Os tapetes e mosaicos, desde épocas imemoriais, eram confeccionados pelos Muçulmanos, contendo sempre algum "defeito", porque a perfeição pertencia, exclusivamente, a Alá; em Portugal e na Espanha notamos isso em nossas Igrejas coloniais, pois os azulejos sempre têm traço imperfeito, seguindo a tradição islâmica.

Portanto, o Bafometo não poderia ser de inspiração Muçulmana.

Assim, a origem do nome "Baphomet" não poderia ser extraída do nome de "Mahomet", o fundador do Islamismo. Em nenhuma Mesquita se vê qualquer estátua, imagem ou ídolo. As Mesquitas, desde as mais modestas às mais luxuosas, apresentam nas janelas ferragens ricamente elaboradas; nas paredes, "inscrições" em árabe; no teto, lampadários ricos, e no piso, tapetes preciosos.

Nada mais, nem altares, nem bancos, nem cadeiras, porque o religioso se prosta ao solo, voltado para "Meca", e faz as suas preces.

Para assinalar o Oriente, apenas uma inscrição adequada envolta em um círculo ou em formato ovoide.

Nos Templos maçônicos inexistem imagens; a reprodução do Sol, da Lua e dos Astros não passa de símbolos da Natureza e de modo algum, no passado ou atualmente, foram objeto de adoração.

BAHAISMO — A Fé Baha'i surgiu na Pérsia em 1844 quando "Báb", um jovem nativo de Shiraz cognominado de o "Arauto", anunciou ter sido incumbido por Deus de revelar o advento de um Ser cuja missão seria inaugurar uma nova era na história humana, um novo período no qual se veria a consumação da fraternidade do homem e de uma nova ordem universal.

Em seis anos de pregação Báb conseguiu entusiasmar toda a Pérsia, sofrendo, paralelamente, cruel perseguição da religião dominante e do poder público. Ele foi encarcerado e executado, sendo fuzilado em 9 de julho de 1850.

O novo Ser anunciado por Báb nasceu em 12 de novembro de 1817 em Teerã, e seu nome era Mirzá Hussayn'Ali, cognominado "Bahá'u'Iláh" (A glória de Deus). Era filho de um ministro do Xá e por sua morte herdaria o cargo que recusou. Após iniciar sua pregação foi banido da Pérsia em 1852 para Bagdá e depois para Constantinopla e para Adrianópolis.

Em 1868, "Bahá'u'Iláh" e seus companheiros foram mandados para um exílio mais longínquo, para a Terra Santa-Akká, no pé do Monte Carmelo, cumprindo-se, assim, as profecias da Bíblia e do Alcorão.

O "Profeta" instalou-se na cidade de Bahji onde continuou a sua pregação. "Bahá'u'Iláh" morreu em maio de 1892, mas deixou toda sua "doutrina" exposta em mais de cem volumes.

A sua longa "doutrina" apresenta um plano maravilhoso de unidade e de amor fraterno e conclui com a profecia de que advirá uma "ordem mundial" nos seguintes termos: um mundo à sua política, sua religião, sua cultura, educado segundo um currículo comum, universal. Um mundo no qual a guerra será banida para sempre e as energias da humanidade serão aplicadas exclusivamente a empreendimentos construtivos.

Um mundo em que todos os homens se veem uns aos outros como irmãos, e as diferenças de cor, raça, credo e nacionalidade já deixarão de ser fatores de preconceitos, sendo, ao contrário, elementos de aprazível variedade numa vasta cultura cosmopolita.

Um mundo isento de barreiras alfandegárias, o que proporcionará um próspero intercâmbio internacional de mercadorias.

Um mundo em que as barreiras de língua serão superadas pelo uso de um idioma auxiliar universal.

Um mundo no qual o conflito longe e amargo entre capital e trabalho será substituído por uma cooperação efetiva, baseada na divisão dos lucros e na mutualidade dos interesses.

Um mundo de abundância em que a riqueza individual será limitada e a pobreza será abolida.

Um mundo no qual a ciência andará de mãos dadas com a religião, e o conhecimento será dedicado ao progresso humano. Um mundo, acima de tudo, que conhecerá a Deus e intentará seguir os caminhos da retidão e da paz.

A Fé Baha'i transpôs as fronteiras da Pérsia e penetrou fundo no Ocidente; nos Estados Unidos da América do Norte apresentou uma invulgar evolução penetrando, outrossim, na América Latina.

Os fiéis contam-se aos milhões e dentre as dezenas de obras impressas em todas as línguas a de maior importância, o "Livro da Lei" a ser colocado no Altar maçônico, é o "KITAB-I-IQAN", traduzido com o nome de "Livro da Certeza".

BALANÇA — BALANDRAU

Lendo-se as obras da Fé Baha'i, vislumbramos um ecletismo saudável, misto de todas as religiões, e adequado à Maçonaria pelo ideal do amor fraternal.

BALANÇA — Significa Libra em latim; signo do Zodíaco formado por oito estrelas. Originou-se pela igualdade de equinócio do outono, quando os dias e as noites apresentam a mesma duração. É o sétimo signo do Zodíaco abrangendo o período entre 23 de setembro e 22 de outubro; é o signo ativo de Vênus e o segundo signo do AR.
Indica intelectualidade e sensibilidade artística; os nascidos nesse signo são sensuais, simpáticos, afetuosos e amáveis devido ao equilíbrio constante em suas vidas.
Maçonicamente é o símbolo da retidão e da Justiça.

BALANDRAU — Trata-se de um traje apropriado aos sacerdotes e apresenta-se em variadas cores. Apresenta variações como "capa" ou "avental com mangas", colarinho fechado como usam os padres da Igreja e os marroquinhos; longo, indo até os joelhos ou até os pés. Maçonicamente, é negro e é usado exclusivamente no Terceiro Grau, o de Mestre, dentro da Câmara do Meio. Pode juntar-se ao Balandrau um capuz, usado pelos Expertos.
Raramente encontramos na literatura universal referência ao Balandrau, e tudo leva a crer tenha surgido no Brasil por inspiração da "opa" usada na Inquisição para ocultar os "julgadores" do Santo Ofício e os "carrascos" encarregados das execuções.
No Brasil surgiu com o movimento libertário da Independência, quando os maçons se reuniam sigilosamente, à noite; designado o local, que em cada noite era diferente, os maçons percorriam seu caminho envoltos em Balandraus, munidos de capuz, com a finalidade de, penetrando na escuridão, permanecerem "ocultos", nas sombras, para preservar a identidade. Assistimos hoje as Lojas de Aprendizes entregarem aos novos membros Balandraus, o que é errado; só nas sessões de mestre são permitidos, porém a ignorância persiste; há muita confusão no seu uso porque, durante as Iniciações, os Expertos, para encobrir a sua identidade perante os candidatos que se encontram na Câmara das Reflexões e na Sala dos Passos Perdidos, usam Balandraus com capuz que lhe esconde o rosto; só aos Expertos, portanto, é permitido o uso.
Por uma questão de clima, muitas Lojas adotam casacos leves, sem golas e com mangas curtas, todos confeccionados em cores suaves; crer que essa indumentária substitua o Balandrau é erro. Depende do que cada Loja convencionar, os maçons podem usar algo padronizado, mas sempre dentro do bom senso e equilíbrio; exigir que num clima tão quente quanto o nosso os maçons compareçam trajados em negro e com gravata seria um absurdo, a não ser que as Lojas possuam ar refrigerado e, que torne ameno o ambiente.
Uma questão controvertida diz respeito ao uso do Avental quando o maçom usar o Balandrau; usar o Avental "sobre" o Balandrau é errado; deve ser usado "sob" o Balandrau.
Existem Lojas que usam uma "capa" negra com a dupla finalidade, de comodidade e de nivelamento e mesmo por questão de estética, para evitar a entrada no Templo, que é um recinto sagrado, de irmãos trajando variações

multicoloridas.
Já assistimos a sessões fúnebres com a presença de irmãos trajando casaco vermelho, o que destoa do ambiente e fere o bom gosto.
Na Maçonaria, tudo é bom senso, equilíbrio e tradição.

BALAÚSTRE — Denomina-se assim a Ata da Sessão. A palavra origina-se do italiano e significa uma série de colunetas que sustentam uma travessa; pode designar um corrimão de escadaria ou uma divisão de ambiente. Na Maçonaria essa "balaustrada" divide a Câmara do Meio do Oriente.
A Ata recebe essa denominação porque ela é composta de vários assuntos, em torno de um mesmo tema, e se transforma no suporte de uma sessão.

BANDEIRA — A palavra seria derivada do espanhol ou do gótico e designa um "signo"; é o distintivo de uma nação, associação, clube ou congênere.
As Lojas maçônicas possuem a sua própria Bandeira composta na quase totalidade com símbolos apropriados. Dentro do Templo, a Bandeira da Nação é colocada à direita do Trono; em torno da obrigatoriedade ou não do uso da Bandeira Nacional dos Templos surgem muitas teses; há os que entendem que, sendo a Maçonaria universal, não teria cabimento manter a presença dentro de um Templo maçônico do Pavilhão Nacional. No Brasil, essa presença, contudo, é obrigatória; dentro dos Rituais especiais, há partes em que a Bandeira é homenageada, sendo introduzida no recinto por comissão de honra; canta-se, na oportunidade, o Hino Nacional e o Hino à Bandeira.

BANQUETE — A Maçonaria moderna (1723) elegia os seus dirigentes na ocasião das reuniões convocadas para o Banquete; sempre foi ao redor de uma mesa que as decisões importantes foram tomadas e, como exemplo, temos a Ceia do Senhor e a dos Cavaleiros da Távola Redonda.
O vocábulo Banquete está em desuso entre nós, maçons, pois foi substituído pela palavra "Ágape"; após as Iniciações, obrigatoriamente, deve haver a confraternização festiva, e essa abrange o comer e o beber com moderação.
A origem da palavra é simplória; como para tomar um lugar na mesa, com comodidade, é preciso sentar-se, isso era feito nos "bancos", de onde derivou a palavra Banquete.
Segundo um compêndio antigo da Maçonaria Italiana, os utensílios dos Banquetes têm um nome específico maçônico, a saber:
— a mesa denomina-se "plataforma"
— a toalha, "véu"
— a bandeja, "bandeira"
— o prato, "vasilhame"
— a xícara, "telha"
— a colher, "a colher de pedreiro", impropriamente chamada de "trolha"
— o garfo, "enxada"
— a faca, "espada"
— a garrafa, "barril"
— o copo, "canhão"
— as lâmpadas, "estrelas"
— as cadeiras, "tronos"
— o alimento, "material"
— o pão, "pedra bruta"
— o vinho, "pólvora", branca ou vermelha
— a água, "pólvora fraca"
— a cerveja, "pólvora amarela"
— os licores, "pólvora fulminante"
— o sal, "areia"
— a pimenta, "cimento"

— o comer diz-se "mastigar"
— beber, disparar o "canhão"
— cortar, "desbastar"

No entanto, cada país relaciona o vocabulário segundo a tradição, mas de um modo geral os nomes se assemelham.

BARRO — É a origem bíblica do corpo humano; maçonicamente, é a união dos quatro elementos, terra e água, cozidas ao fogo e esfriadas ao ar. Significa o "zelo maçônico" como o joão-de-barro, simboliza a arquitetura primitiva.

BASTARDO — Designa-se Bastardo o filho havido fora do casamento; em épocas antigas, o ingresso dos Bastardos na Maçonaria não era permitido. Desde o início do século XVIII essa condição discriminatória foi posta de lado; o candidato à Maçonaria vale pelo que é e não pelas suas origens.

BASTÕES — Os Bastões surgiram na Maçonaria Inglesa; dos tempos da Cavalaria e das pompas dos Reis é que o Bastão passou a significar "comando". Na Loja de Aprendizes, o Mestre de Cerimônias e os Diáconos os usam. Porém, a sua origem procede da "Férula" que, na mitologia grega, significa o bastão oco em que Prometeu escondeu o fogo furtado dos deuses quando passeava pelos Céus no carro do Sol.

Os bastões que os Diáconos usam, encimados por uma Pomba, que é o símbolo do mensageiro, ao se reunirem diante do Altar são cruzados como ato de proteção; esses bastões cruzados figuravam no emblema dos Duques de Norfolk, Grandes Mestres de Cerimônias, hereditários da Inglaterra. O Mestre de Cerimônias, por sua vez, cruza o seu bastão com os dois Diáconos, formando um "baldaquim", escudando o Orador que vai até o Altar para abrir o Livro Sagrado. Encimando o bastão do Mestre de Cerimônias, veem-se dois bastões cruzados para lembrar a tradição inglesa acima referida; o Duque de Norfolk exerceu o cargo de Grão-Mestre da Grande Loja da Inglaterra no período entre 1728 e 1730; portanto, a insígnia do Mestre de Cerimônias provém da Maçonaria moderna.

BATERIA — Em linguagem maçônica, Bateria significa "aplauso" e "ordenamento"; os aplausos são feitos com o bater das mãos, mas os que manejam os Malhetes, executam por golpes aplicados na mesa.

A Bateria podendo ser simples ou tríplice; pode ser feita em diversas ocasiões: em sinal de alegria; Bateria de Grau, sendo que em cada Grau há um número determinado de palmas; Bateria incessante, quando as palmas e os golpes de Malhetes são contínuos, em aplausos moderados, mas sem número fixo; em caso de luto, a bateria é feita por leves batidas com a palma da mão direita no antebraço.

A Bateria apresenta várias finalidades: feita pelo Venerável Mestre, significa a ordem para abertura ou encerramento dos trabalhos e o comando para todos ficarem em pé; a executada pelos Vigilantes destina-se a comandar as suas respectivas Colunas para impor a ordem e a disciplina.

Porém a Bateria com palmas destina-se a "purificar" o ambiente, porque com o seu "som surdo" afasta, pelas suas vibrações, os fluidos negativos.

Quando numa sessão surgem motivos de "perturbação", "atritos" ou mesmo se os ânimos se alteram, o Venerável Mestre, prudentemente, comanda uma Bateria, ordenando que todos fiquem em pé e à ordem; o ambiente retorna à normalidade, seja porque revela aos presentes a intenção do Venerável Mestre em fazer cessar a discussão, seja porque sendo a Bateria um ato de "magia", as "nuvens escuras" se dissipam.

A Bateria é sempre executada com todos em pé e à ordem. O último golpe de Malhete dado pelo Venerável Mestre e pelos Vigilantes significa a última vibração sonora e a ordem e permissão para que todos deixem, de forma silenciosa, o recinto sagrado do Templo.

BATISMO — Impropriamente denominada Batismo, a cerimônia de Adoção de *Lowtons*, que é a adoção, pelos irmãos que compõem a Loja, dos filhos dos próprios maçons antes que completem 14 anos de idade, os quais, em caso do passamento de seus pais, encontrando-se em dificuldades, são amparados maçonicamente pela Loja.

BEAUCEANT — Nome dado ao estandarte de guerra usado pelos Templários; esse estandarte apresentava-se em branco e negro, existindo, porém, também com a cor vermelha.

BELEZA — Sabedoria, Força e Beleza constituem a saudação feita na correspondência, usando-se abreviada apenas com a primeira letra de cada palavra e após cada uma delas o tri-ponto.

É o nome da Coluna do Sul e vem representada no sentido arquitetônico pela ordem Coríntia; uma das Colunas da entrada do Templo que tem nela inserida a letra "J". Essa Coluna é considerada "feminina" e tem como representação a estátua de Minerva. O feminino, aqui, diz respeito apenas ao dualismo, no sentido de oposição à Força que simboliza a Coluna do Norte.

BENEFICÊNCIA — A Maçonaria dedica alguma atividade operativa à Beneficência e para isso coleta recursos em todas as sessões sendo o Hospitaleiro encarregado de entregar o "Tronco".

A finalidade da Maçonaria não é fazer benefícios no sentido material, mas se é feito, traduz apenas o encobrimento do seu real sentido; a Beneficência é esotérica, pois o benefício que cada irmão maçom recebe é espiritual. Se fosse a sua finalidade prover os maçons necessitados, não haveria a "seleção" prudente na admissão dos candidatos; uma das preocupações da Maçonaria tem sido esta, a de receber adeptos que jamais possam causar dificuldades, e isso em qualquer sentido, especialmente no financeiro; não se admite que um maçom venha a necessitar de amparo financeiro de sua Loja.

Em caso de necessidade que surja de fatores alheios, obviamente, os irmãos não deixarão o necessitado desamparado.

Portanto, a coleta sistemática, feita em todas sessões, não se destina aos próprios maçons, mas ao Hospitaleiro, que de forma autônoma entrega o produto daquela coleta, que se crê "imantado" pelos fluidos das mãos que colocam o óbolo no recipiendário, a quem necessitar, aliviando o aspecto econômico, mas, sobretudo, que o "fluido mágico" traga esperança, votos de reequilíbrio e invocação a Deus para que proteja aquele necessitado.

A Beneficência pode ser feita "mensalmente", enviando através da Cadeia de União a "força" necessária para aliviar o aflito e o necessitado.

BENJAMIN — O último dos doze filhos de Jacó, já denominado Israel, que teria nascido no ano de 2096 a.C., filho de Raquel, que faleceu ao lhe dar a luz. O nome Benjamin é notado nos Altos Graus por ocasião da construção do Segundo Templo de Jerusalém por Zorobabel; do cativeiro da Babilônia, as duas únicas tribos que retornaram foram a de Benjamin e de Judá. Benjamin nasceu no Egito e teve grande participação quando do encontro com José, na corte do Faraó.

BHAGAVAD GITA — Livro sagrado hindu; existem dois nomes distintos, diferenciados pela transposição das letras "V" e "G", ou seja, BHAGAVAD GITA narra em forma simbólica a história evolutiva do ser humano e o BHAVAGAD GITA faz parte da volumosa epopeia indiana do Mahabharata, que abrange milhares de versos. O Bhagavad Gita possui, apenas, 770 versos, distribuídos em 18 capítulos que constituem os "grandes livros" espirituais do Oriente; são quatro volumes correspondentes aos quatro Evangelhos.

O poema relata um longo diálogo entre Arjuna e Krishna; Arjuna representa o homem profano (ego-físico-mental-emocional). Krishna (Cristo) é o próprio Deus em forma humana.

O jovem príncipe Arjuna vê usurpado o seu trono e resolve reconquistá-lo à força com armas. Mas, quando enfrenta o inimigo no campo de Ku-rukshetra, verifica, com surpresa e mesmo espanto, que os seus adversários são os próprios parentes. Depõe então as armas e afirma: "Que vale possuir um trono e não ter parentes?".

Aparece então Krishna e dá ordem ao Príncipe desanimado para lutar e reconquistar o trono, derrotando os usurpadores.

Arjuna luta e reconquista o trono e o domínio.

Arjuna é a alma humana; os usurpadores são as faculdades inferiores do homem: o corpo, a mente, as emoções, a sua "persona-ego", que antes do despertar da alma se apoderam dos domínios dela, arvorando-se em legítimos senhores e donos da vida humana. Surge, então, o Espírito Divino que habita o homem e faz a alma ver que ela é a legítima proprietária e soberana desse reino e deve submeter a seu domínio as potências usurpadoras: corpo, mente, emoções etc.

Bhagavad Gita é uma palavra sânscrita e significa: "Canto do Senhor"; O "Senhor" é o "Bem-aventurado"; o poema é heroico, filosófico e sobretudo místico, e data de 3000 a.C.

Na Lojas maçônicas Hindus, coloca-se sobre o Altar um dos volumes do Bhagavad Gita, pois este é considerado a "Bíblia" oriental.

BÍBLIA — Ou Sagradas Escrituras. O vocábulo tem origem grega e significa: "os livros"; dessa palavra derivam biblioteca e bibliografia. Não se confunda a Bíblia com o "Talmud" e o "Pentateuco" ou a "Tora" hebraicos, embora o Velho Testamento contenha resumos desses livros.

Para apresentar uma visão panorâmica da Bíblia, diremos inicialmente que é um Livro atual e de maior circulação

BÍBLIA

mundial e foi traduzido praticamente para todas as línguas e dialetos.

Anualmente, surgem dezenas de obras comentando esse Livro Sagrado, ora dando-lhe uma versão exclusivamente esotérica, ora completamente simbólica; religiosamente, especialmente para os Evangélicos, a Bíblia de per si entrega uma mensagem viva sem qualquer dependência de interpretação, sendo a Palavra de Deus sua Lei, não se prestando a "interpretação particular". Nos posicionamos, contudo, ecleticamente sem exageros, aceitando as palavras simples e buscando conhecer as mensagens ocultas e proféticas.

A Bíblia é o livro "mais famoso e antigo" em uso da Humanidade e a sua leitura é agradável, mesmo sendo mantida linguagem arcaica; existem traduções denominadas "populares", que apresentam os eventos históricos e as mensagens, em forma narrativa simples, sem a divisão em capítulos e versículos; porém, essa tradução perde um pouco da magia, assim como perdeu a Igreja ao introduzir no seu cerimonial a linguagem popular, abstraindo o latim.

A tentação de muitos, certamente desavisados, é tomar um versículo apenas de forma isolada e dele fazer um preceito exclusivo, quando a compreensão válida é do "todo", na forma conjunta.

Como em tudo, existem os fanáticos que "decoram" a Bíblia e dela fazem o seu linguajar, pretendendo, assim, demonstrar religiosidade, quando apenas estão manifestando possuir "boa memória".

Extraímos de um comentarista de grande prestígio, C. I. Scofield, um comentário muito válido:

"A Bíblia é um livro. Sete grandes sinais comprovam a sua unidade:

1) Desde o Gênesis, a Bíblia dá testemunho de um Deus único. Onde quer que ele fale ou aja, de maneira consistente consigo mesmo e dentro da revelação total do seu Ser.

2) A Bíblia forma uma história contínua, a história da Humanidade em relação a Deus.

3) A Bíblia arrisca-se a dar as predições mais inverossímeis quanto ao futuro, e quando os séculos se passam e chega a hora indicada, ela registra o seu cumprimento.

4) A Bíblia é um descortinamento progressivo da verdade. Nada é dito de uma vez por todas. A lei é: primeiro o limbo, depois a espiga e, então, o grão. Sem possibilidade de confusão, frequentemente com séculos se interpondo, um escritor da Bíblia pega uma revelação anterior, acrescenta-lhe algo, anota-a e, no devido tempo, outro homem movido pelo Espírito Santo, e outro e mais outro acrescentam novos detalhes até que o todo se complete.

5) Desde o começo até o fim, a Bíblia dá testemunho de uma redenção.

6) Desde o começo até o fim tem um único grande tema — a Pessoa e a obra de Cristo.

7) Finalmente, esses mentores, cerca de quarenta e quatro ao todo, escrevendo através de vinte séculos produziram uma harmonia perfeita de doutrina em progressiva revelação.

A Bíblia é o Livro dos Livros. Sessenta e seis livros formam um só livro. Considerando a unidade desse Livro, os livros separados podem ser considerados como capítulos. Mas esse é apenas um lado da verdade, pois cada um dos sessenta e seis livros é completo

BÍBLIA

em si mesmo e tem o seu próprio tema e análise. Torna-se, portanto, de importância suprema que os livros sejam estudados à luz de seus diferentes temas. O Gênesis, por exemplo, é o 'livro do começo', a semente do enredo de toda a Bíblia".

Os livros da Bíblia se encaixam em grupos. De um modo geral, encontramos cinco grande divisões nas Escrituras e elas podem ser convenientemente fixadas na memória por meio de cinco palavras-chaves, sendo que o Cristo é o tema geral.

Preparação: O Velho Testamento
Manifestação: Os Evangelhos
Propagação: Os Atos dos Apóstolos
Explicação: As Epístolas
Consumação: O Apocalipse

Em outras palavras, o Velho Testamento é a preparação para a vinda de Cristo; quanto ao Novo Testamento, nos Evangelhos, Ele se manifesta ao mundo; nos Atos, Ele foi pregado e o Seu Evangelho foi propagado ao mundo; nas Epístolas, o Seu Evangelho foi explicado; e no Apocalipse, todos os propósitos de Deus em Cristo e por meio d'Ele foram consumados.

E estes grupos de livros dividem-se, por sua vez, em outros grupos.

Isso é especialmente aplicável ao Velho Testamento, que tem quatro grupos bem definidos, assim classificados:

A LEI
— Gênesis
— Levítico
— Números
— Deuteronômio

HISTÓRIA
— Josué
— Juízes
— Rute
— I e II Samuel
— I e II Reis
— I e II Crônicas
— Esdra
— Neemias
— Ester

POESIA E SABEDORIA
— Jó
— Salmos
— Provérbios
— Eclesiastes
— Cantares de Salomão

PROFECIAS
— Isaías
— Jeremias
— Lamentações
— Ezequiel
— Daniel
— Oséas
— Joel
— Amós
— Obadias
— Jonas
— Miqueias
— Naum
— Habacuc
— Sofonias
— Ageu
— Zacarias
— Malaquias

É preciso novamente que se tome o cuidado de não ignorar, nesses agrupamentos generalizados, a mensagem dos diversos livros que os compõem. Assim, embora a redenção seja o tema geral do Pentateuco, pois conta a história da redenção de Israel do cativeiro, sendo levado para "uma terra grande e boa", cada um dos cinco livros tem a sua parte distinta do todo. Gênesis é o livro do começo e explica a origem de Israel.

Êxodo conta a história do livramento de Israel; Levítico fala do culto de Israel como um povo libertado; e Deuteronômio adverte e instrui esse povo à vista de sua iminente entrada e posse da herança.

Os livros poéticos registram as experiências espirituais do povo redimido nas variadas cenas e acontecimentos através da providência de Deus. Os profetas foram pregadores inspiradores e os livros proféticos consistem em sermões com pequenas passagens conectivas e explanatórias. Dois livros proféticos, Ezequiel e Daniel, têm caráter diferente e são principalmente apocalípticos.

A Bíblia conta a história humana. Começando logicamente com a criação da Terra e do homem, a história da raça humana nasceu com o primeiro casal e continua por todos os onze primeiros capítulos de Gênesis. No décimo segundo capítulo começa a história de Abraão e da nação da qual Abraão é o antepassado. É com essa nação, Israel, que a narrativa bíblica se preocupa, principalmente desde o capítulo onze de Gênesis até o capítulo dois de Atos.

Os gentios são mencionados, mas apenas em conexão com Israel. Mas ficou cada vez mais claro que Israel ocupa o cenário apenas porque lhe foi confiada a realização dos grandes propósitos de amplitude mundial.

A missão designada a Israel foi:
1) ser uma testemunha da unidade de Deus no meio da idolatria universal;
2) exemplificar diante das nações a bênção maior daqueles que servem ao único Deus;
3) receber e preservar a revelação divina;
4) produzir o Messias, o Salvador e Senhor da terra.

Os profetas predizem um futuro glorioso para Israel sob o reino de Cristo. A história bíblica de Israel, passado, presente e futuro, encaixa-se em sete períodos distintos:

1) desde a chamada de Abraão;
2) do êxodo até a morte de Josué;
3) da morte de Josué até o estabelecimento da monarquia hebraica com Saul;
4) período dos reis desde Saul até o cativeiro;
5) o período do cativeiro;
6) a restauração da comunidade desde o fim do cativeiro de Judá na Babilônia até a destruição de Jerusalém no ano 70 a.D.; e
7) a atual dispersão.

Os Evangelhos registram o aparecimento do prometido Messias, "Jesus Cristo", na história humana e dentro da nação hebraica, e contam a maravilhosa história de Sua manifestação a Israel, Sua rejeição por esse povo, Sua crucificação, Sua ressurreição e Sua ascensão.

Os Atos registram a descida do Espírito Santo e o começo de uma nova fase na história humana, a Igreja. Agora, a divisão da raça humana se torna tripla – os judeus, os gentios e a Igreja de Deus – exatamente como Israel se encontra no primeiro plano desde a chamada de Abraão até a ressurreição de Cristo, agora a Igreja preenche o cenário desde o segundo capítulo de Atos até o quarto capítulo do Apocalipse. Os capítulos restantes desse livro completam a história da humanidade e o triunfo final de Cristo.

O tema central da Bíblia é Cristo, esta manifestação de Jesus Cristo, a sua Pessoa como Deus manifesto em carne. Sua morte sacrificial e a Sua ressurreição é que constitui o Evangelho.

Toda Escritura anterior conduz a isso; toda a Escritura seguinte parte daí. O Evangelho encontra-se pregado nos Atos e explicado nas Escrituras. Cristo, o Filho de Deus, o Filho do Homem, o Filho de Abraão, o Filho de Davi, liga, assim, os muitos livros em um único livro.

A semente da mulher, Ele é o destruidor final de Satanás e de suas obras; a Semente de Abraão, Ele é o benfeitor do mundo, a Semente de Davi, Ele é o Rei de Israel, "o esperado de todas as nações". Exaltado à direita de Deus, Ele é a cabeça de toda a Igreja, que é o Seu corpo, enquanto para Israel e as nações a promessa de sua Volta forma uma expectativa apenas racional de que a humanidade ainda vai se completar. Enquanto isso, a Igreja aguarda ansiosamente o cumprimento de Sua promessa especial: "Voltarei e vos receberei para mim mesmo". É d'Ele que o Espírito Santo dá testemunho nessa Dispensação da Igreja. O último de todos os livros, o livro da consumação, é "A Revelação de Jesus Cristo".

BINÁRIO — Bi significa "duplo"; um depois do outro; simboliza o antagonismo momentâneo quando as forças se igualam. É a ação combinada de duas unidades; os dois Universos, o macro e o microcosmos.

Dentro do Templo, o Binário é simbolizado pelas duas Colunas, B e J. Maçonicamente, é um número aziago, porque revela a luta entre duas forças, a do bem e a do mal, sem que uma possa destruir a outra; se assim pudesse acontecer, passaria a subsistir dominador absoluto o Universo, o bem, Deus.

A mente material e a mente espiritual demonstram o Binário esotérico que, sempre presente, empalidece para os ignorantes; simboliza o conhecimento humano e o conhecimento espiritual; o cientista, sábio e materialista, usa apenas um lado do Binário; não encontra a lógica de seus descobrimentos porque vê tudo de forma unilateral.

O Binário apresenta-se "descolorido", pois seus elementos são o branco e o negro.

BOAZ — É o nome de um personagem bíblico, sem significado maçônico; contudo, é o nome dado à Coluna de ingresso ao Templo que, tecnicamente, deveria ser colocada no Átrio; trata-se da Coluna "B" e a tradução do hebraico significa: "na força". Também é a Palavra de "passe" que é soletrada na forma convencional, obedecendo a um ritual litúrgico, que constitui uma parte sigilosa; é palavra de passe porque o Venerável Mestre a transmite ao Primeiro Diácono ao mesmo tempo que lhe aperta a mão direita, também de forma convencional; o Primeiro Diácono, por sua vez, a conduz ao Primeiro Vigilante, que a entrega ao Segundo Diácono para que seja conduzida até o Segundo Vigilante.

Essa palavra tem uma segunda finalidade, a de unir através do som "sussurrado" a força que emana do mais alto Poder da Loja.

Essa força, essencialmente esotérica, tanto do Oriente como das duas Colunas, esparge-se por todos os presentes que adquirem, assim, a força necessária para reprimir as "oposições" que a mente de cada um dirige como resistência contra a "força maior" renovadora que provém dos atos litúrgicos iniciais provindos da abertura dos trabalhos.

A transmissão da Palavra Boaz é feita em seis momentos, lembrando as seis pontas da Estrela de Salomão; a transmissão completa abrange vinte e quatro momentos que representam o ciclo das horas que compõem um dia. Ainda, em torno da palavra Boaz temos o estudo numérico, ou seja, o valor das vogais e consoantes; a soma das vogais resulta no número 7; o das consoantes resulta a unidade; a soma desses números é 8, que apresenta o significado da riqueza e do poder que emanam da força.

BODE — Obviamente se trata de um caprino, sem qualquer significado maçônico; biblicamente, foi tomado por Jesus como um animal desprezível, pois profetizou que dentro do plano da salvação, sob o aspecto religioso, as "ovelhas seriam separadas dos bodes". Nenhum interesse há em saber a respeito do que a mitologia refira a respeito desse animal; tampouco há qualquer analogia a respeito da figura do "Bafomet" dos Templários.

Os maçons, e isto há mais de um século, por pilhéria, denominam outro maçom de "bode preto".

BOI — O animal originário é o touro; o Boi é o touro "beneficiado", ou seja, "castrado"; desde épocas imemoriais, a castração era usada para retirar a ferocidade dos animais, inclusive dos próprios homens, os denominados "eunucos".

A História Sagrada menciona o Boi sustentando o Mar de Bronze. O povo Hebreu não consome a carne do touro.

O Boi passou a ser considerado um animal "nobre", pois é um dos símbolos da Paz, da paciência, da tolerância e do silêncio.

Como o boi é um ruminante, esse aspecto assemelha-se a um ato de meditação paciente.

Maçonicamente, pouco significa, afora sua participação no Mar de Bronze.

BOI APIS — Erroneamente assim designado, pois na realidade os egípcios tinham um "touro jovem", como a figura divina de Apis. Filosoficamente, a matéria era representada pelos touros, não só os de aspecto e pelo negro ou branco, mas o de pelo vermelho; os gregos receberam as "virtudes" de Apis dos egípcios.

Esses touros eram rigorosamente selecionados; os de pelo negro deviam ser totalmente negros; os de pelo branco deviam ser imaculadamente brancos e os de cor vemelha, por sua vez, não podiam apresentar sequer um fio ou matizes diferentes.

Por esses motivos, tornava-se muito difícil obter touros que coincidissem com o desejo dos sacerdotes.

Já se conhecia o efeito da genética, pois a seleção não era feita por acaso ou dependendo de uma escolha aleatória.

Nas Sagradas Escrituras constatamos que, para que os terneiros nascessem com pelo "malhado", colocavam junto aos recipientes destinados a receber o alimento varas de casca escura, descascadas em partes, para que as vacas prenhas pudessem, pela sugestão, parir bezerros de pelo malhado.

Desconhece-se qual a "arte" dos antigos egípcios e gregos para a apuração de cores uniformes quanto aos pelos.

BOLAS — As Bolas são elementos esféricos que, numa Loja maçônica, são usadas para o escrutínio de admissão de candidatos ou de votação segundo possa orientar o Regimento Interno. Sua origem nos vem dos Cavaleiros da Távola Redonda, mas filosoficamente simbolizam as "esferas" que povoam o Universo, como decantou Platão.

Na Loja, além das esferas em número não rígido, pois fica na dependência do número de Obreiros, existem duas outras esferas simbolizando a Terra e o Cosmos que se encontram encimadas nas Colunas B e J.

As esferas do escrutínio são negras e brancas; as negras rejeitam o escrutinado; as brancas o aprovam; consoante o que estabelece o Regimento Interno, há ou não a necessidade de uma votação unânime, porém a tradição determina que surgindo uma só esfera negra, o escrutínio será repetido em outra oportunidade; duas esferas negras já reprovam o candidato.

O momento do escrutínio é o mais relevante no sentido administrativo, pois aquele obreiro que reprova terá motivos para tanto; devido a isso, o Venerável Mestre, antes de rejeitar o candidato, auscultará aquele que desaprovou, anunciando que o procure do modo mais discreto possível; se houve motivo justificado, ou seja, uma inimizade entre o obreiro e o candidato, e se essa inimizade não suportar uma reaproximação e um abraço fraterno, não se há de introduzir no grupo um elemento que produza mal-estar em quem já faz parte da grei.

A esfera significa um elemento sem "arestas", de superfície lisa e harmônica; a esfera branca é símbolo da pureza esotérica.

BOM — Do latim *Bonus,* que tem vários significados, como a parte positiva de um comportamento; a dádiva ou benesse; é uma virtude e a parte que mais se destaca do dualismo: "bem e mal".

A Bondade é inata no indivíduo comum e normal, pois dificilmente se a pode cultivar.

Depende, porém, de muitos fatores; diríamos que o principal é a saúde sob todos os aspectos, mental e físico. A liberdade é outro fator relevante; o próprio animal preso transforma-se em ser agressivo, irritado e mau.

Certa feita, um discípulo chamou Jesus de "Bom Mestre", o que suscitou de sua parte um comentário sábio: "Por que me chamas de bom? só há um Bom, que é o Senhor".

Portanto, podemos afirmar que a Bondade é um atributo divino.

O Bem nem sempre é demonstrável; ele pode existir sem que se o perceba; nem todo gesto bom reflete bondade; o déspota que distribui alimento aos famintos não está demonstrando qualquer ato de bondade, mas, na realidade, uma atitude despertada por um interesse às vezes escuso, como o de evitar que os famintos se revoltem.

A espontaneidade deve fazer parte da bondade; deve haver um impulso vindo da parte íntima do ser que sem qualquer interesse o faça bondoso. Se, após ouvir uma palestra sobre a bondade, alguém impressionado pratica atos generosos, de nenhum valor serão, porque provocados por fatores externos.

É evidente que a Iniciação pode transformar o ser humano e despertar dentro de si a virtude que jazia aprisionada. Um renascimento como é a Iniciação dará ao nascituro uma nova personalidade em que as virtudes positivas afloram.

Ser Bom seria o natural do homem, porque quem o criou desejou criar algo perfeito e definitivo, porém fatores estranhos alimentaram os aspectos negativos com maior cuidado, deixando o Bem em lugar secundário.

BOM PASTOR — A Maçonaria usa este nome para variadas funções; o Bom Pastor é o nome dado a Jesus e se origina de uma das suas mais expressivas parábolas, quando o Pastor de Ovelhas, após contar uma a uma e recolhidas no aprisco, nota que falta uma; aflito, põe em segurança as 99 ovelhas e parte para localizar a centésima, que obviamente se perdera, e o faz com pressa porque a noite se aproxima e, nos campos, os lobos podem devorá-la.

A preocupação do Pastor revela todo o seu amor para com o animal indefeso; há três momentos que devem ser destacados: quando a preocupação com o rebanho é deixá-lo em segurança; as ovelhas a ele confiadas devem permanecer protegidas; somente depois dessa providência é que o Pastor se afasta; o segundo momento é a busca paciênciosa e esperançosa; ele deve encontrar a ovelha perdida; não importa se o caminho a percorrer é perigoso e árduo, ele não se preocupa com isso, mas sim em achar o que está perdido e em perigo, pois sem a sua presença o campo se apresenta como um lugar propício para a morte. Aqui há um todo de desespero, mas ao mesmo tempo de confiança; se os lobos vorazes cercam a ovelha, ele os enfrentará, pois conduz consigo o cajado, arma pesada que unida à sua intrepidez o tornará invencível; o terceiro momento é o de júbilo, pois lá está a ovelha emaranhada nos espinhos, balindo e tremendo de medo, embora saiba que seu Pastor não a deixará desamparada. Embora não haja muita analogia com o símbolo messiânico, o nome de Bom Pastor é dado ao Grão-Mestre da Ordem.

Desses exemplos, o Rito Escocês Antigo e Aceito, no Grau 18, adota seu sinal ou postura de Bom Pastor, que tem origem não nos Evangelhos, mas no costume de os pastores gregos carregarem nos ombros, os cordeiros que juntam no campo e os recém-nascidos, que necessitam de cuidados especiais; colocado o pequeno animal no pescoço com as patas para frente, o pastor segura duas patas com uma mão e duas com a outra, cruzando os braços para ter maior firmeza.

Esse é o Sinal do Bom Pastor.

BORLAS — Existe uma arte que se denomina "passamanaria" que se ocupa com o estudo das Borlas.

A origem das Borlas é antiquíssima; reis, poderosos e sacerdotes usavam-nas em suas vestes.

As Borlas consistem na reunião de um conjunto de fios, presos por um nó em número variável e confeccionados em todos os materiais possíveis, inclusive em ouro e prata.

As Borlas servem para complementar um enfeite e geralmente como parte final de um cordão que vem atado ou preso a uma peça de vestuário; os clérigos usam-nas para enfeite em seus chapéus e se apresentam em todos os tamanhos.

Hoje são usadas nas vestes sacerdotais, nos uniformes militares e nos cortinados.

Na Maçonaria são usadas para complementar a Corda de 81 Nós, nos Estandartes, nos cordões destinados a atar os aventais na cintura dos maçons e no teto das Lojas.

O que desperta maior comentário são as Borlas da Corda dos 81 Nós, composta de "81 laços de amor"; essa corda é colocada entre a Abóbada Celeste e o cimo das quatro paredes que formam o quadrilátero da Loja.

A Corda é uma só e as suas pontas ficam colocadas ao lado da entrada da Porta do Templo, indo até o piso; são as "franjas" das Borlas que se arrastam no piso.

Entre outros "efeitos esotéricos", a Corda acumula a energia que emana de todos os Obreiros presentes e procede a "descarga" no solo que lhe serve de polo negativo.

Nos quatro cantos do "teto" pendem, de forma isolada, uma Borla lembrando as quatro virtudes cardeais: Temperança, Justiça, Coragem e Prudência; representam, outrossim, a multiplicidade das virtudes próprias de cada símbolo, os elementos terra, água, fogo e ar.

Encontramos, às vezes, Borlas desenhadas nos quatro cantos do Tapete de Mosaicos.

Por ser a Borla um símbolo, a sua análise levará a conhecimentos os mais profundos; nada há dentro de uma Loja que seja supérfluo.

BRAÇO — O maçom não tem postura estática dentro de uma Loja; os seus braços movimentam-se muito mais que as extremidades inferiores. Cada Grau comporta sinais diferentes; os principais, feitos com os braços, são o do "Bom Pastor" dentro da Cadeia de União, e o do "Socorro", posições esotéricas que conduzem a resultados altamente espirituais.

Os sinais podem ser definidos como "fatais" ou de "castigo" ou de "construção".

Os "fatais" ou "penais" revelam o "castigo" para os "assassinos" do Mestre Hiram, próprios dos três primeiros Graus do Simbolismo e por demais conhecidos; já os "construtivos" são como o do "Bom Pastor".

O sinal de "socorro" é um dos mais "misteriosos" que o maçom pode executar e sua relevância atinge aspectos tão esotéricos que são mantidos o mais sigilosamente possível, transmitida a sua complementação de forma oral.

BRAHAMA — Primeira pessoa da Trimúrti. Brahama significa a maior Divindade Hindu, o Jeová dos hebreus, o Deus dos Cristãos.

Maçonicamente, nada nos diz, a não ser por mencionado no livro Sagrado Hindu que é colocado nos Altares maçônicos da Índia ou dos povos que cultivam o Bramanismo.

BRANCO — Ou "Branca" erroneamente é considerada como cor, pois é a polarização das cores; é o raio solar que atingindo um prisma de cristal forma o espectro solar composto de sete cores, as que se veem no arco-íris. Nem o branco nem o negro são cores, especialmente o negro que é ausência completa da cor.

Religiosamente, o branco é usado nas vestes sacerdotais de todos os povos; na Maçonaria é usado nos Aventais dos Graus Simbólicos para indicar a pureza, a candura e a plenitude solar. Nas Lojas maçônicas, o "Tapete" sob o Altar é formado de quadrados em negro e branco, simbolizando a força do

Sol na luta permanente com as trevas. Com referência às raças humanas, diz-se "raça branca"; contudo a expressão não é correta, pois ninguém é branco, mas possui a cor da pele, colorações diversas segundo os seus pigmentos de melanina.

Os animais destinados aos sacrifícios eram selecionados, preferindo-se os que apresentavam pelo branco, refletindo a pureza.

O Branco simboliza a pureza, a inocência, a candura e a fé.

BRASÃO — A Heráldica é o estudo dos brasões, sejam oriundos dos títulos nobiliários que os súditos recebem dos Reis, sejam os destinados às cidades; há brasões, também, entre os Cardeais que compõem o Colégio da Igreja.

A Maçonaria não usa brasões; apenas nos Estandartes são colocados símbolos alusivos a cada Loja em particular, que surgem apenas pela fantasia dos que os confeccionam.

As Cidades e os Países os possuem com a designação de Escudos ou Armas.

BREVE — Originário das concessões reais, com o nome de "carta de mercê", o Breve passou a ser uma espécie de alvará emitido por uma autoridade governamental e usado pela Maçonaria como anuência à concessão para uma Iniciação, aumento de salário ou disposição administrativa; em linguagem aeronáutica, é o documento que capacita o piloto a voar, porém com acentuação oxítona usando-se acento circunflexo.

BRINDE — Talvez originário dos povos gregos ou romanos, era a saudação feita durante os festins, mais tarde banquetes, bebendo-se bebidas alcoólicas em homenagem ou a pessoas presentes ou ausentes, ou a Instituições, Governos, enfim, tudo o que poderia ser homenageado.

Na Maçonaria, nos seus "ágapes", os brindes são feitos após a sobremesa e obedecem a uma ritualística, dando-se nomes simbólicos aos pratos, copos, alimentos etc., como já vem consignado inicialmente.

O Brinde reflete os cinco sentidos. Primeiramente, leva-se o recipiente à altura dos olhos para se apreciar a cor da bebida; é a função da visão. Após, leva-se o recipiente até o nariz para se apreciar o "bouquet", ou seja, o odor da bebida; é o sentido do olfato. O fato de o recipiente ser segurado pela mão põe em função o sentido do tato. Depois, vem a vez do gosto, sentido do paladar quando se experimenta a bebida. Finalmente, falta despertar o quinto sentido, o da audição. Como fazer? Completa-se o Brinde batendo-se as taças uma contra a outra para que o cristal emita seu som característico deleitando os ouvidos. Somente após esse "cerimonial" é que o brinde se completa e capacita a todos ingerirem a suave bebida, que tradicionalmente deverá ser o vinho.

BUDISMO — Siddartha Gautama, o Buda dos orientais, fundou a religião Budista, que tem oito princípios fundamentais:
— Visão reta, sem ilusões;
— Fim reto, isento de subterfúgios, forte na moral;
— Palavra reta, cultivando a fraternidade;
— Conduta reta, semeando a paz;
— Profissão reta, forte na dignidade;
— Esforço reto, sustentado pela permanente vigilância;

BULA

— Atenção reta, de forma consciente;
— Meditação reta, conduzindo o ser para o mistério esotérico.

O Budismo possui seus dez mandamentos:
1 Não mata, respeita a vida.
2 Não rouba.
3 Sê casto, puro e sóbrio.
4 Dize sempre a Verdade.
5 Não critica nem falseia o testemunho.
6 Não blasfema.
7 Não desperdiça tua fala, sê sóbrio.
8 Não cobiça.
9 Sê puro.
10 Conhece a Verdade.

Nas lojas em que predominam os budistas, sobre o Altar será colocado, também, um Livro Sagrado Budista.

A Maçonaria hindu é forte; seus ritos evidenciam a filosofia budista, mas a tradição maçônica genérica é semelhante a dos povos ocidentais.

BULA — As Bulas são as recomendações que os Papas fazem, periodicamente, aos membros do Clero e à Igreja Universal Católica Romana. Consoante certas datas festivas, os Papas emitem uma Bula que para os católicos é documento inconteste que deve ser aceito como dogma, sem crítica ou comentários.

A Bula *In Eminenti* datada de 4 de maio de 1738 do papa Clemente XII, foi o primeiro "anátema" contra a Maçonaria. A essa Bula seguiram-se outras: *Apostolicae Provida* (1751) do papa Bento XIV; *Quo Graviora* (1825) de Leço XII; *Traditi* (1829) de Pio VIII; trata-se de uma Encíclica e não de uma Bula, mas com o mesmo efeito; *Mirari Vos* (1832) de Gregório XVI; *Qui Pluribus* (1846) de Pio IX; *Humanum Genus* (1884) Encíclica de Leão XIII.

Nota-se que a oposição Papal recrudesce no século XIX, de 1825 a 1884; após esse período a Igreja expediu várias Encíclicas de crítica leve à Maçonaria; hoje, a Igreja não se preocupa com a Instituição maçônica, apenas alguns "pruridos" isolados surgem, mas sem reflexo algum.

CABALA — Deriva do vocábulo hebraico *Kibbel*, com grafia latina, mas seu nome autêntico somente pode ser compreendido se escrito e pronunciado em hebraico.

Seu significado mais simplificado é "tradição", ou melhor, "o ensino da Palavra de Jeová através da tradição". Atribui-se a origem a Enoch e serve como complemento para a História Sagrada, tanto do Novo como do Velho Testamento.

A Cabala seria o princípio de toda expressão religiosa, porém a sua compreensão somente é possível para o "pensador hebreu"; por mais estudioso que seja o seu intérprete ou comentarista, não atingirá a parte esotérica. Já foi dito pelo Mestre dos Mestres, Jesus, que o Livro Sagrado não era de "particular interpretação", expressando assim que o Livro continha "véus" e mistérios.

Uma das "facetas" da Cabala é a natureza das letras e dos números, obviamente em hebraico.

Nós, os "não judeus", apresentamos a ciência denominada Numerologia, que dá um determinado valor a cada letra do nome para efetuar a sua análise que, em união com a ciência grafológica, interpreta a personalidade do analisado.

Lemos a todo momento "estudiosos" que aludem à Cabala a origem dos seus conhecimentos, pretendendo "adaptá-la" à grafia latina, sem se darem conta de que essa "adaptação" não passa de uma aventura sem base. A Cabala como livro apareceu no século XII, mas sempre existiu entre os hebreus, e na forma escrita, conservada com muito zelo pelos Sacerdotes e estudiosos, pois sem esse "guia", essa "chave", o Talmude, o Pentateuco e os demais livros sagrados não podiam ser compreendidos.

Dois livros teriam dado origem à Cabala: o Sefer Yetsirah, conhecido como o Livro da Criação, e o Zohar, ou Livro dos Esplendores.

A Maçonaria ousou lançar mão dos conhecimentos esotéricos dos hebreus e inserir em seus diversos Ritos a interpretação das letras do alfabeto e dos números, porém de forma tão superficial que nenhum efeito resultou dessa tentativa, que permanece presente ainda hoje. Sabemos que o valor de uma letra ou de um número hebraico não reside em sua forma, mas no som que a voz humana emite ao pronunciá-la, porque a vibração do som é que surtirá o efeito desejado.

Existem muitos compêndios pseudocientíficos que pretendem explicar "os mistérios da Cabala", inclusive muitos autores maçons têm caído nessa tentação; os resultados subsistem demonstrando a inutilidade desses livros que servem apenas como "notícia" e nunca como ação esotérica.

CADASTRO — Significa o conjunto de anotações de um filiado à Ordem maçônica; nele vem registrada toda vida maçônica, a partir da Iniciação;

as anotações anteriores não são registradas, pois só o "novo nascimento" é que constitui a "nova criatura", o maçom.

Cadastro também significa "documento" emanado pelo Poder Central para munir o maçom de um documento de identidade.

A Maçonaria, nos séculos passados, foi motivo de grandes perseguições a ponto de sofrer pena capital por esse motivo; inexistem arquivos sobre os antigos da análise de correspondência, muito escassa, ou de escritos que foram conservados ciosamente em secreto.

Por causa dessas perseguições, pouco se conhece sobre a vida dos grandes e antigos maçons.

CADÁVER — A Maçonaria, em torno da Morte, não por inclinação mórbida, mas para valorizar a "vida do Além", admite que a vida terrena é mera "passagem", um trânsito para a Vida Futura.

Nas cerimônias Iniciáticas, a Morte tem representação litúrgica e o féretro está presente, de modo simbólico, mas com toda reverência que a presença de um Cadáver representa.

Hiram Abiff, o "grande motivo" das reuniões maçônicas, a base da lenda iniciática, o exemplo de uma nova filosofia de vida, está sempre presente, simbolizado em um protótipo de Cadáver.

Nenhum elemento mortuário causa ao maçom qualquer espécie; essa filosofia é salutar, porque quando a Morte surgir, pois seu aparecimento é fatal, será recebida com naturalidade.

Na cerimônia inicial, surge um quadro em que o Neófito contempla um esquife e dentro, de forma visível, um "membro" da Ordem, "assassinado", tendo cravado em seu peito um punhal.

Ao redor, notam-se vasilhas contendo álcool e sal que, acesas, produzem uma luminosidade esverdeada, dando a impressão de que os circunstantes são "cadáveres" ambulantes.

Esses aspectos tétricos podem impressionar o Neófito, mas os membros da Loja, já habituados, os presenciam com naturalidade.

Temos muitos e muitos exemplos edificantes de como um maçom pode enfrentar a morte com galhardia, esperançoso de que está se iniciando a passagem pelo "túnel" na expectativa de encontrar, ao seu término, a Luz reveladora de todo mistério da Vida.

CADEIA — Elemento formado por elos; Cadeia, na Maçonaria, significa União, e dentro de sua Liturgia apresenta-se sob vários aspectos, vistos nos verbetes seguintes.

CADEIA QUEBRADA — Ou Cadeia Rompida, significa a morte de um dos seus elos. Cada Quadro de uma Loja possui a sua Cadeia, formada pelos seus próprios membros que são denominados elos. A cada elo que desaparece, pela morte, a Cadeia ressente-se da parcela perdida; as substituições são feitas por meio do ingresso no Quadro da Loja dos novos Iniciados. A transferência de um maçom de uma jurisdição para outra ou o desligamento do maçom, seja qual for o motivo, da Loja, não significa ter ele "quebrado" a Cadeia. A Loja ressente-se das ausências, mas a Iniciação, sendo uma liturgia *in eternum*, manterá sempre o maçom disperso ou perdido dentro de si mesma.

CADEIA DE UNIÃO — Traduz-se como o cerimonial que reúne de forma litúrgica todos os membros do Quadro

CADEIA DE UNIÃO

de uma Loja. Os aspectos a serem observados são múltiplos, envolvendo parte emocional, filosófica, esotérica e espiritual.

O uso da formação de uma Cadeia de União não é a Universal, pois existem países, como a Inglaterra, que não a adotam no sentido visível, palpável e litúrgico.

No Brasil é uso tradicional e em torno do tema os escritores nacionais têm noticiado apreciações valiosas.

O assunto é inesgotável.

Num dicionário, não se poderá escrever no respectivo verbete uma monografia, mas tecer com fios sólidos o pano que há de dar abrigo àqueles que anseiam aprofundar o conhecimento na Arte Real.

Há pouco mais de cinquenta anos, uma Cadeia de União era formada para nela introduzir no Círculo Fraterno o novo membro, recém-iniciado; o segundo objetivo era o de transmitir especificamente a Palavra Semestral. Em algumas Lojas, os Veneráveis Mestres aproveitavam o ato para invocar, sobre algum irmão necessitado, "forças" vitais para afastar dele uma enfermidade, ou para consolar o aflito e isso extensivo aos seus familiares.

Contudo, por meio de uma contínua observação, passou-se a constatar "certos efeitos" e evidenciar que a união de forças constituía um ato de alta magia e de profundo esoterismo. Fomos os primeiros a encetar o estudo, escrevendo uma monografia que vem sendo ampliada a cada sucessiva edição.

A formação de uma Cadeia de União obedece às normas, que são rígidas ou emanadas pelo Poder Central, mas constituem o início salutar de uma "nova tradição".

Visitamos em muitos Estados do Brasil a formação de Cadeias e notamos que "nossa pregação" não foi no deserto.

Já há uma conscientização a respeito dos efeitos esotéricos de uma Cadeia de União e que ela é o ponto central da reunião.

Mas, se uma Cadeia de União tem tanta "força e poder", por que ela não produz os mesmos efeitos quando formada fora de um Templo ou por não maçons? Nas Comunidades, nas Igrejas, nos presídios, enfim, nos grupos sociais, por que ela não corresponde aos reclamos e expectativas?

A resposta simples e oportuna é que a Maçonaria possui essa "força" dado o fato de que, quando a Cadeia de União é formada, a antecede a Egrégora, o Corpo Místico da Loja que surge pela soma das vibrações dos seus membros.

Quando em alguma Loja surge dúvida sobre os "mágicos" efeitos da Cadeia e os descrentes subestimam o seu valor, resta ao Venerável Mestre a estratégia de ingressar no campo experimental; nada melhor que a experiência para afastar a dúvida.

Contudo, ao fim de um longo período experimental, chegou-se à definição de que o seu efeito não é empírico, mas cientificamente comprovado, uma vez obedecidas as regras que a sustêm.

A formação de uma Cadeia obedece a regras iniciais básicas; não se trata de uma "camisa de força", mas de princípios litúrgicos, como são as posturas.

A postura na Cadeia de União é essencial: pés unidos pelos calcanhares de modo que as pontas toquem as dos pés dos elos que estão ao lado; braços cruzados na técnica do "Bom Pastor"

CADEIA DE UNIÃO

e, sobretudo, as mentes unidas por meio da Palavra Semestral.

Este é o princípio básico que deve ser observado; assim unidos os elos devem ser mantidos, do início até o final; erro grosseiro será o Mestre de Cerimônias interromper a "corrente" para afirmar ao Venerável Mestre que a Palavra "chegou certa", comunicação ao seu ouvido, sendo isso uma "intromissão indevida e estranha", pois o "sussurro" só pode ser acionado pelos elos que lhe estão ao lado.

Basta um leve aceno do Mestre de Cerimônias para anunciar que a Palavra foi transmitida de forma correta; caso negativo, outro aceno, e a Palavra será retransmitida com maior cuidado.

Essa sucessão de regras até a transmissão da Palavra são os atos iniciais. A transmissão da Palavra Semestral não é a finalidade da formação de uma Cadeia de União, mas apenas a preparação, como uma equipe médica prepara o paciente para a cirurgia.

Nas nossas "andanças" pelo Brasil maçônico, temos tido muitas oportunidades em dialogar com os Irmãos sobre a formação de uma Cadeia de União.

Alguns perguntam: Por que, em minha Loja, a Cadeia não surte os efeitos desejados?

Indubitavelmente, porque há um "defeito" na sua formação, nas suas preliminares; basta que o elo não una os seus calcanhares para que deixe de haver o contato para a passagem da energia.

Busquem os maçons aperfeiçoar a formação da Cadeia de União e constatarão que ela, realmente, é eficaz.

Transmitida a Palavra Semestral, de conformidade com a preparação previamente programada, o Venerável Mestre usará a "união" para os "pedidos"; esses podem partir exclusivamente do Venerável Mestre ou ser feitos individualmente, a partir da direita, por qualquer elo, em voz alta, para que a vibração das palavras atinjam a "superfície esotérica" dos demais elos.

Sem dúvida, o pedido mental terá os mesmos efeitos, que o "despertamento" da Fraternidade universal.

O que se deve pedir dentro de uma Cadeia de União?

Tudo, desde que dentro do que a filosofia maçônica admite, mesmo interesses particulares de cada elo, para si, seus familiares, amigos ou necessitados estranhos.

O misticismo da Cadeia de União é matéria muito extensa para um verbete de dicionário e deve ser buscado nos livros especializados.

No entanto, a última experiência feita por nós nos conduziu a um campo inexplorado, com resultados os mais surpreendentes.

Ao final de uma Cadeia de União, quando os elos, de forma lenta, relaxam o aperto das mãos, descruzam os braços, desunem os calcanhares, mas se mantêm na formação circular, a um comando do Venerável Mestre cada elo coloca-se na posição do "Pedido de Socorro", obviamente preparada a Cadeia apenas com a presença de mestres e, de modo uníssono, cada elo chama os "f.d.v.".

E eles vêm e atendem os anseios de cada um ou o problema da Loja. Precede essa nova formação o esclarecimento do Venerável Mestre a respeito do motivo daquele pedido.

No verbete correspondente, encontraremos esclarecimentos mais amplos sobre mais esse benefício que a Maçonaria propicia aos seus adeptos.

A formação da Cadeia de União deveria ser elemento litúrgico obrigatório, pois não demanda muito tempo; a Cadeia de União é o ápice da sessão, o coroamento da obra, porque ela recolhe os resultados benéficos, em todos os sentidos.

CADUCEU — Haste com duas serpentes nela enroscadas; as hastes na parte superior de cada lado possuem pequenas asas. Na mitologia grega, Apolo teria presenteado Mercúrio com uma pequena vara de louro (alguns referem ter sido de oliveira); certa feita, Mercúrio observou que duas serpentes lutavam entre si, atirou-lhes a vara e os répteis nela se enroscaram.

Mercúrio, por ser protetor do comércio, adotou aquele símbolo no que foi imitado pelos comerciantes como emblema.

A Maçonaria tomou o Caduceu como símbolo da ciência e do progresso.

Antes do Caduceu receber as asas em sua haste, originárias das asas que Mercúrio possuía em seus pés, o símbolo era confeccionado em metal, sendo a haste em ouro encimado por pequena esfera; as duas serpentes enroscadas, formando uma trança, enfrentavam-se cabeça com cabeça como se desejassem devorar-se; essas serpentes, que simbolizavam a inteligência, eram confeccionadas em bronze luminoso.

CAEMENTARIUS — (Pronuncia-se cementárius.) A origem latina derivou o nome do cimento, argamassa forte para unir as pedras; maçonicamente, é sinônimo de "talhamento de pedras". Existe em Porto Alegre, RS, uma Loja Simbólica com o nome de *Caementarius*, desde a década de 1980.

CAGLIOSTRO — Apelido do filósofo Giusepe Balsamo, alquimista e maçom iniciado em Londres em 12 de abril de 1777 na Loja Esperança. Seus biógrafos dividem-se em posicionamentos opostos, uns lhe dão atributos elogiosos, outros, ao contrário, o apresentam como um perigoso aventureiro.

Fundou o Rito Egípcio de Adoção; com percurso internacional, tornou-se um "iluminado", fazendo fortuna, mas sempre perseguido por todos, especialmente pela Inquisição, que o condenou à prisão perpétua; terminou louco, falecendo de um derrame cerebral com provecta idade. Maçonicamente, não encontramos muita referência, a não ser o registro histórico que reflete uma época de transição ritualística.

CAIM — Na história genealógica hebraica, teria sido irmão de Abel, ambos os primeiros filhos de Adão. Teria assassinado o próprio irmão, movido pelo ciúme, pois a sua oferenda a Jeová não fora recebida do mesmo modo como fora a de Abel.

Esse personagem bíblico reflete uma faceta da personalidade do homem essencialmente carnal; embora sinônimo de perversidade, continua o seu nome a ser dado aos filhos dos Israelitas. Analisando-se com maior profundidade e interesse a saga de Adão, pode-se compreender a sua atitude; leve referência há no Livro do Gênesis quanto à constituição das primeiras famílias, casando esses dois filhos de Adão com as "filhas da Terra", mulheres que não aparecem detalhadas na história primitiva; como o episódio não reflete maiores consequências, permanece ele como fato secundário.

CAJADO — Trata-se de um bastão forte construído em madeira de lei, com a extremidade superior curva; não se trata de uma "bengala", mas de uma "arma" que possui a mesma altura do corpo de quem a maneja. Mais tarde deu lugar ao "báculo" que os reis, bispos e papas usam.

Inicialmente, o Cajado era a arma dos pastores apropriada para afugentar os animais ferozes dos vales e desertos. Encontramos em Êxodo 12, 1 - 28 das Sagradas Escrituras, quanto à instituição da primeira Páscoa: "Assim, pois, o comereis (o cordeiro); os vossos lombos cingidos, os vossos sapatos nos pés e o vosso cajado na mão; e o comereis apressadamente; esta é a Páscoa do Senhor".

No Grau 18 do Rito Escocês Antigo e Aceito, os maçons se apresentam portando um Cajado; trata-se de uma reminiscência dessa primeira Páscoa Israelita; à mesa é ingerido o Pão Ázimo, também de costume Hebreu.

CALADO — Os catecismos maçônicos do século XVIII determinavam que o maçom deveria possuir três virtudes essenciais: "Fraternidade, Fidelidade e permanecer Calado"; hoje, dir-se-ia "discrição" ou "sigilo"; na época era oportuna a recomendação, pois qualquer palavra indiscreta poderia levar o maçom ao Santo Ofício, sujeito às penas da Inquisição.

CALENDÁRIO — Sistema de contagem do tempo em minutos, horas, dias, meses e anos. Todas as civilizações adotaram o seu Calendário sempre com base no nascer e no pôr do sol; os povos orientais, bem como os Incas, faziam o registro por meio de contas enfiadas como colares ou nós dados em fios; os registros dos anos eram gravados na pedra e mais tarde em tabuletas de cerâmica.

CALENDÁRIO CRISTÃO — Para construir o Calendário Cristão, os papas basearam-se no Calendário Juliano, estabelecido pelo Imperador Romano Júlio César no ano 45 a.C., que calculava que a revolução do Sol se completava em 365 dias e 6 horas; de 4 em 4 anos, aumentava-se um dia ao mês de fevereiro instituindo-se, assim, o Ano Bissexto.

O astrônomo Luís Lílio levou ao papa Gregório XIII a sua observação que dava ao Calendário Juliano um erro de 10 dias. Gregório XIII aceitou o estudo de Lílio e determinou que o dia 4 de outubro de 1582 se denominasse 15 de outubro; com a finalidade de evitar o atraso de 3 dias em 400 anos, foi estabelecido suprimir o dia suplementar destinado a tornar bissextos os anos, no que se referia aos anos 1700, 1800, 1900 e assim sucessivamente. Esse Calendário foi denominado de Gregoriano em homenagem ao papa Gregório XIII.

CALENDÁRIO ISRAELITA — O Ano Israelita não tem sua base na revolução do Sol, mas na da Lua; tem início para os assuntos civis em 1.º de Tisri, e para o ano religioso, em 1.º de Nisan.

O primeiro dia do ano eclesiástico inicia-se no equinócio da primavera; o ano civil tem começo no equinócio de outono, isso no hemisfério boreal. Os meses hebraicos iniciam-se com a Lua cheia e o ano civil próximo ao equinócio de setembro, com a Lua nova. O dia inicia-se às 18 horas, sendo dividido em 24 horas; cada hora é dividida em 1.080 parcelas e uma dessas em 76 "instantes".

O Calendário lunar possui um ciclo de 19 anos coincidindo com o ano solar; os meses são de 29 e 30 dias, de conformidade com o ciclo da Lua. O ano comum é variável, de 353, 354 ou 355 dias, sendo denominado em cada período defectivo, regular ou abundante.

O ano "embolísmico" possui 13 meses, podendo ter 383, 384 ou 385 dias. Dentro do ciclo de 19 anos, possui 7 anos "simbolísmicos" que constituem os números 3, 6, 8, 11, 14, 17 e 19.

Entre o ano solar de 365 dias, 6 horas, 15 minutos e 20 segundos, e o ano Lunar de 354 dias, 8 horas e 48 minutos, há uma diferença de 10 dias, 21 horas, 27 minutos e 20 segundos, o que faz com que seja, após o décimo segundo mês, intercalado um décimo terceiro denominado "Veadar"; esse seria o segundo "Adar" e essa sistemática ocorre a cada dois ou três anos.

CALENDÁRIO MAÇÔNICO — Não há, dentro dos diversos Ritos, cerca de 150, uma uniformidade, pois o Ano maçônico específico a cada Rito é iniciado a partir de algum evento histórico, quando não é o da data de sua formação.

A maioria, porém, vem inspirada na História Sagrada, que atribui a criação do homem há 4.000 anos a.C.; a esse número básico é acrescido o ano Cristão.

Cada Rito possui uma denominação para indicar o ano que adota, como: "A.V. L.", Ano da Verdadeira Luz; "E.V.", Era Vulgar; "A. L.", Ano Luz, ou em latim *Anno Lucis*.

CALENDÁRIO MAÇÔNICO BRASILEIRO — O Ano maçônico inicia-se no dia 21 de Niçan, ou Nisan, que corresponde ao mês de março, todos os meses subsequentes iniciam-se, sempre no dia 21, terminando no dia 20 do mês seguinte.

O Ano maçônico é usado para confeccionar o Balaústre da Loja (alta), para a documentação e para a correspondência.

Na prática, porém, usa-se o Calendário Gregoriano comum, apondo-se as letras "E.V.", significando Era Vulgar.

O Ano vem assim composto:

Março — Niçan (mês das espigas).
Abril — Icar (primavera, o mês da magia).[2]
Maio — Sivan.
Junho — Tamuz.
Julho — Ab.
Agosto — Alul.
Setembro — Etramon.
Outubro — Maskevan.
Novembro — Crisleu.
Dezembro — Thebet.
Janeiro — Sabet.
Fevereiro — Adar.

CÁLICE — O Cálice é um elemento comum a todas as religiões que possuem em sua liturgia atos iniciáticos. O Cálice, a Taça, o Graal e outras denominações apresentam-se como sinônimos e destinam-se a conter "uma bebida sagrada" ou "consagrada".

O Vaso recebe, normalmente, o "vinho tinto", seja por simbolizar o sangue, seja porque, sendo seu conteúdo alcoólico, leva à embriaguez.

Consoante as oportunidades, o "vinho" era feito com uvas, ou com ambrosias ou com sementes de romãs; algumas

---

2. N.R.: *no hemisfério norte*

bebidas conduziam à embriaguez, outras a alucinações, com efeitos rápidos ou prolongados, e como sucede com o suco de romãs fermentado, à excitação sexual, como se depreende lendo o Cântico dos Cânticos de Salomão.

Nas Maçonarias, existem várias cerimônias em que é ingerido vinho; na Iniciação maçônica, a bebida tem o poder de ser, inicialmente, doce, para transmutar-se em terrivelmente amarga (*vide* verbete Taça Sagrada).

CALÚNIA — Um dos graves defeitos do ser humano. Consiste em atribuir a alguém fato definido como crime, atingindo a honra; a Calúnia, na maioria das vezes, tem raízes na falsidade. Constitui, no Brasil, um crime previsto no Código Penal; em certas ocasiões, as ofensas caluniosas são punidas, mesmo que surja a excessão da verdade, pois o espírito do legislador foi o de preservar a Sociedade. Atribuir a alguém, em público, a pecha de ladrão, mesmo que o seja, está se atingindo a Sociedade; se alguém rouba, o caminho certo é chamá-lo às barras do Tribunal. Os Regulamentos maçônicos são rígidos a respeito do caluniador.

CÂMARA — São "compartimentos" contidos no Ritual, abrangendo vários Graus; assim teremos uma "Câmara de Reflexões", uma "Câmara do Meio", uma "Segunda Câmara", uma "Câmara Vermelha", uma "Câmara Verde", uma Câmara Negra", e assim por diante. O Templo ornamentado para o Grau de Aprendiz apresenta duas Câmaras: a do Oriente e a do Ocidente, considerada por alguns como Câmara do Meio.

CÂMARA DAS REFLEXÕES — Ou no singular "Câmara de Reflexão", constitui o lugar oculto, fora do conhecimento dos obreiros, cuidadosamente "disfarçada", com entrada "secreta", de diminuto tamanho, imitando, quanto possível, o "ventre da Terra", uma "gruta" ou "túmulo".

A primeira parte da Iniciação é desenvolvida nessa Câmara que por esse motivo assume grande relevância. Ninguém poderá ser regularmente iniciado se não passar um tempo determinado dentro dessa Câmara.

A grosso modo, podemos descrevê-la como um recinto cujas paredes e teto são pintados de negro; há uma mesa e um banco toscos; sobre a mesa, uma ampulheta, um tinteiro com a respectiva caneta, um crânio humano, um vaso com sal, uma luz de vela e papéis para serem preenchidos; nas paredes, tiras de papel com inscrições alusivas ao ato.

O Candidato é introduzido, devidamente vendado, no recinto; fechada a porta, no interior não chega qualquer rumor.

O Candidato lê algumas instruções dadas pelos cartazes e papéis sobre a mesa.

O silêncio "sepulcral" o conduz à meditação; odor de mofo, cercado de símbolos mortuários, lhe dá consciência de que há de chegar a sua vez, cedo ou tarde, eis que é um ser humano; como enfrentará o derradeiro momento de vida? como será a sua passagem para o mundo ignoto e misterioso de que sempre ouviu falar?

Convence-se de que retornou ao "ventre materno", ao "ovo cósmico" e, portanto, deverá "renascer" para novas oportunidades e novas compreensões, pois lhe foi dito que a Maçonaria é a porta adequada a uma nova filosofia de vida.

Sente na carne, nos seus sentidos, na profundeza de sua alma que deve acontecer algo de inusitado; entrega-se, totalmente, a essa aventura mística e embora saiba que ao seu redor tudo é símbolo, descobre que também ele é símbolo; está dentro de um sistema de símbolo, portanto a morte, quem sabe, também não será um símbolo, e a "passagem" não seja tão dolorosa como todos imaginam.

Aprende em alguns instantes a desprezar a matéria e a valorizar o que é espiritual.

Entre os papéis que encontra sobre a mesa há um questionário que deverá responder; são perguntas pertinentes à sua experiência de vida, e preenche as respostas com facilidade; há muita simplicidade nisso tudo; outro papel tem os dizeres: "Testamento". É solicitado a dispor de sua última vontade; então, dentro do simbolismo que aceita, há uma "realidade"? Para que testar os seus bens e dispor de seus últimos desejos se a "morte" que enfrenta é apenas simbólica"? Tudo o que ele viveu até o momento não passou de uma vida simbólica?

Fica confuso e ao mesmo tempo esperançoso porque vislumbra que está prestes a ingressar em uma Instituição que lhe há de responder a tantas perguntas que até aquele momento eram irrespondíveis.

Sabe, então, que quando sair daquele "túmulo", estará na condição de um "féretro" e que estará "renascendo", pois naquele túmulo deixa todas as suas ilusões.

Totalmente absorto, nem percebe que a porta se abre e um "encapuçado" o vem buscar; torna a lhe vendar os olhos, toma-o pela mão direita e o conduz para fora.

A estada na Câmara das Reflexões é o momento maior da Iniciação, pois, quando adentrar no Templo, o fará como um recém-nascido dependente de todos e de tudo.

A literatura especializada maçônica descreve com profundidade os efeitos esotéricos do estágio na Câmara das Reflexões, a quem conduzimos os interessados que desejam adquirir maior conhecimento.

CÂMARA DO MEIO — O nome "meio" dá uma ideia de situação geográfica, pois uma Loja obedece à Rosa dos Ventos: o Oriente é o lugar mais "alto", atingido por degraus, e nele está o Venerável Mestre ou o Presidente dos Trabalhos; descendo alguns degraus ingressa-se na Câmara do Meio que se compõe de três planos denominados Coluna do Sul, Coluna do Norte e Tapete de Mosaicos, sobre o qual se ergue o Altar ou Ara; após a Colunas "B" e "J", vem o Setentrião, à esquerda de quem ingressa no Templo; à direita vem o Nascente.

Contudo, dentro da Loja Simbólica encontramos uma Câmara do Meio apenas no Grau de Mestre, ou seja, no 3.º Grau.

Essa Câmara é única e possui características próprias; só têm assento o Venerável Mestre e os dois Vigilantes; os demais mestres ficam em pé, ao redor do Altar; toda ornamentação é em negro e notam-se variados símbolos mortuários; a escuridão é quase total, há apenas uma luminosidade para que se possa vislumbrar objetos e pessoas.

Os mestres vestem Balandrau e capuz; a rigor, ninguém se dá a conhecer.

Os trabalhos na Câmara do Meio do Grau de Mestre são iniciáticos e obedecem, rigorosamente, ao que dispõe a Lenda de Hiram Abiff. A sessão é denominada "exaltação", pois são exaltados os Companheiros que já venceram a etapa para essa passagem. Na Maçonaria Simbólica, existem apenas três Graus; atingir ao mestrado é atingir à plenitude maçônica simbólica.

CANDELABRO — O vocábulo tem origem latina: *candelabrum,* de "candela", que significa "vela", e *labrum*, que se refere aos lábios; sugere que a vela acesa é apagada pelo sopro dos lábios.

A Candeia, inicialmente, era feita com um pavio de tecido envolto em cera de abelha. A sua origem é desconhecida, mas a primeira notícia nos vem das Sagradas Escrituras.

Quando Jeová determinou a construção do Grande Templo mencionou os Candelabros, os "apagadores" e os "espevitadores", sugerindo, assim, a existência de uma vela.

Os apagadores nos informam que não era hábito apagar a chama com sopro, pois a luz, criação divina, não poderia, para extinguir-se, usar o sopro, pois Jeová deu vida a Adão usando seu sopro sobre o corpo de barro.

Inicialmente, as velas somente eram empregadas dentro do Tabernáculo e mais tarde nos Templos; para o uso comum eram empregadas as lamparinas ou as tochas.

Nas Lojas são colocados seis Candelabros, a saber; três de uma só vela, dispostos em torno do Altar, de forma triangular; um no altar do Venerável Mestre; um no altar do Primeiro Vigilante e outro no altar do Segundo Vigilante; esses Candelabros são compostos de três velas cada um.

Há em torno do acendimento das velas muito erro e confusões, pois no Grau de Aprendiz seria acesa apenas uma das três velas nos altares ou tronos; no Grau de Companheiro, seriam acesas duas das três velas; no Grau de Mestre, seriam acesas as três velas.

Contudo, na Câmara do Meio inexistem Candelabros; assim, as "contas" não satisfazem.

A tendência errada é substituírem-se as velas por lâmpadas elétricas.

O engenho dos maçons franceses criou uma lâmpada diminuta do tamanho de uma chama de vela comum cuja incandescência se torna trêmula, dando a nítida impressão de que, na realidade, é uma vela.

No comércio já se encontram dessas lâmpadas e as Lojas já as estão adotando; na aparência o problema estaria resolvido, mas quanto ao aspecto litúrgico e místico nada altera à inconveniência da luz elétrica.

Há um "todo" a ser observado, quanto à luz de uma vela, a principiar que a cera queimando se transforma em "incenso" cujo odor é agradável ao Grande Arquiteto do Universo. Vide verbete sobre vela.

CANDELABRO DE SETE BRAÇOS — Esse Candelabro não é usado no Grau Simbólico, mas nos Graus Filosóficos, iniciando pelo Grau Quarto (Mestre Secreto).

Sua confecção deveria obedecer à descrição que se encontra no Livro do Êxodo, 25 e 37 e se denomina de Menorah.

O seu acendimento obedece a uma rígida liturgia e cada luz representa "mistérios" cabalísticos.

O Candelabro, aparentemente imóvel, toma diversas posições ao ser acendido e durante o transcorrer da cerimônia; também, obedece a posicionamento e ritos especiais de conformidade com os meses em que é acendido.

O povo Hebreu lhe dá uso amplo, tanto nas Sinagogas, como nos eventos familiares.

CANDIDATO — A raiz da palavra é "cândido", ou seja, puro; assim, um Candidato, é de se supor, deve ser digno para acostar-se aos membros da Instituição maçônica como verdadeiro irmão, compartilhando com os ideais que são a base da filosofia milenar, sempre atual e oportuna.

Um dos princípios que é esquecido a respeito de um Candidato é que seu nome surge não de uma vontade humana, mas de uma "predestinação divina"; em suma, é o Grande Arquiteto do Universo quem entrega a um suposto "apresentador" aquele que mereceu ser Iniciado e adentrar no Templo.

Obviamente, há nesse intróito um grande peso esotérico. Quando o Candidato resulta, mais tarde, em "Pedra de tropeço" e parte indigna por seu comportamento divergir da Doutrina maçônica, o indivíduo, mesmo tendo sido iniciado, na realidade não passa de um "equívoco" cuja Iniciação foi uma burla e seu apresentador comportou-se levianamente indicando um Candidato sem que precedesse um longo período de meditação e sem que houvesse na sua decisão humana uma centelha divina.

O proponente deve ter a certeza de que o Candidato é uma pessoa livre e de bons costumes; essa exigência, cujo verbete próprio explica, é que dará "candura" ao Candidato, pois alguém reconhecido como de ação livre e de bons costumes é o elemento "cândido" que o vocábulo possui como raiz de sua origem.

O proponente deve ter uma preocupação inicial, a de analisar com profundidade a quem deseja propor; se elemento conhecido, parente ou amigo, será mais fácil saber se possui alguma inclinação ao misticismo, curiosidade a respeito do mundo espiritual, uma inclinação em prescrutar o mundo do além depois de sua morte.

Não deve esperar que a Loja proceda às sindicâncias para "conhecer" a intimidade de quem propõe. Cabe pois ao proponente verificar se o Candidato que apresenta é livre e de bons costumes e elevado espírito esotérico. Deve ter a certeza de que seu Candidato não quebre a harmonia da Loja e que possa mais tarde causar dissenções ou tornar-se um peso negativo para todos. A cada irmão que abandona a Loja ou que é desligado, seja por que motivo for, esses atos deveriam refletir no proponente; ser chamado à responsabilidade para que os novos propostos o sejam com melhor critério e seriedade.

O ingresso de um Candidato na Grei é fator de suma relevância, pois um elemento nocivo porá em risco toda a Loja.

Infelizmente, na prática, o que observamos é justamente o contrário, pois ingressam nas Lojas elementos que jamais poderiam ter sido propostos e com a impunidade dos proponentes!

Se existem (e como!) Lojas em crise, a responsabilidade exclusiva reside na leviandade com que são propostos os novos membros.

Curiosamente, o Candidato, após a sua aceitação, nada faz para merecer o privilégio de ingressar numa Instituição maçônica; durante o que lhe é sugerido, até que, de forma precipitada, preste juramentos, assume compromissos (que mais tarde descumpre). O valor de um Candidato está no seu comportamento: ser livre e de bons costumes; é, portanto, "o seu passado" que lhe dá "passe livre"!

Ademais, há uma curiosidade: ninguém se autocandidata para ingressar na Ordem maçônica; é indicado sem o seu conhecimento e só passará a ser convidado após a Loja tê-lo aceito.

Uma Iniciação, portanto, deve ser precedida de todos os cuidados acima mencionados.

Um Candidato ocupa para si uma Iniciação exclusiva, quando é posta em funcionamento toda uma Liturgia e Cerimônia. Errado, totalmente errado, iniciar-se mais de um Candidato de cada vez; as Lojas que iniciam, como nos Estados Unidos da América, 200 a 300 Candidatos de cada vez, cometem erro grosseiro. Uma Iniciação é ato de magia e elevado espírito esotérico.

A sindicância é apenas uma complementação para que fique o registro na secretaria da Loja.

A Loja, ao votar por meio do Escrutínio se o Candidato apresentado deve ou não ser aceito, parte de um princípio que deveria lhe dar plena segurança, que é o fato de o Candidato ter sido proposto por um seu irmão!

Candidato é o profano apresentado até o momento de ser escrutinado, quando passa a ser denominado Postulante. Será postulante até que seja retirado da Câmara das Reflexões; ao iniciar as provas, passa a ser denominado de Recipiendário, que equivale a Aspirante.

Após ser submetido às provas iniciáticas, no interior do Templo até ser "proclamado", recebe o nome de Neófito. Ao participar da Cadeia de União, e quando todos abandonam o recinto do Templo, o Neófito passa a ser denominado Aprendiz maçom.

CANTEIRO DE OBRAS — Lugar destinado, nas proximidades de uma construção, para depósito de materiais; na Maçonaria primitiva, quando exclusivamente Operativa, o Canteiro de Obras era sinônimo de Oficina. Ainda hoje, o Templo, quando abriga os irmãos para trabalhos administrativos, palestras e quaisquer outras atividades que não importem na aplicação de uma Liturgia, passa a ser denominado de Oficina.

CAOS — *Ordo ab Chaos* é uma divisa basilar da Maçonaria Vermelha ou Filosófica e significa "Ordem fora do Caos".

O vocábulo Caos é de origem grega e significa "desordem e confusão universal". Quando Deus se dispôs a construir o Mundo, tinha como elemento uma massa informe, úmida e confusa; daquele desordenamento, separou inicialmente as trevas da Luz, a água da Terra, dela exsurgiu o vegetal, para depois criar os animais e por fim o homem. Em todas as religiões e civilizações há a presença de "um caos", obviamente com variadas denominações "Svabanat" para o Budismo; "Akasa" pelos Puranas; "Tohuva-Bohu" descrito no Livro do Gênesis; "Neith", para os Etruscos.

Maçonicamente, diz respeito à intelectualidade; a ignorância seria o Caos Mental.

CAPACIDADE MAÇÔNICA — Pelos Regulamentos, o maçom que inicia a sua jornada somente poderá progredir se comprovar, perante os seus irmãos, possuir a capacidade de passar de Grau.
No início, quando a Maçonaria era Operativa, um Aprendiz necessitava de alguns anos para obter a promoção. Hoje em dia, não é mais observada a "Capacidade maçônica", pois basta ou uma frequência assídua aos trabalhos, (uma vez por semana) completando um ano, ou a "liberação antecipada" de parte do Grão-Mestre.
Cremos não haja necessidade de cumprir períodos fixos, pois exige-se um mínimo de cultura para que o Aprendiz Maçom possa assimilar o que as instruções contêm. Conforme a condição intelectual do Candidato, o "trabalho" torna-se simplesmente simbólico. Para ilustrar, temos o caso de D. Pedro I, que em um só dia foi iniciado, recebeu os demais Graus, inclusive na Maçonaria Filosófica, o Grau trinta e três, último do Rito, e foi eleito Grão-Mestre.
Vê-se que por motivos "políticos" a Maçonaria também foi conspurcada; ousamos afirmar que exemplos desses se sucederam e se sucedem.

CAPELÃO — Nos Ritos usados no Brasil, não há cargo designado de Capelão; vamos encontrá-lo na Europa em alguns Ritos; no Rito de York, que no Brasil possui raras Lojas, também existe o cargo de Capelão; é o oficial encarregado de proferir as preces e tem como insígnia um Livro aberto.

CAPITAÇÃO — De origem latina *capitatione*, que significa "cabeça"; é uma contribuição anual que o maçom deve pagar ao Poder Central, ou seja, "um imposto por cabeça".

CAPITÃO — Também de origem latina, *capitanus*, que significa "cabeça"; nos Graus Filosóficos existe o cargo de Capitão das Guardas, com atribuições específicas.

CAPITEL — É o nome dado à parte superior de uma Coluna; mesmo que a ordem arquitetônica divirja de uma Coluna para outra, a parte superior será denominada Capitel.

CAPÍTULO — Há poucos anos, existem no Brasil as "Lojas Capitulares", que reúnem os Obreiros para o estudo dos Graus 15 ao 18; por serem consideradas Lojas inadequadas foram banidas com a finalidade de se tornarem "Regulares" e, portanto, "Reconhecidas" pelas potências internacionais.
Na Maçonaria Filosófica, temos o Capítulo que abrange exclusivamente o Grau 18, e tem a denominação de "Capítulo Rosa-Cruz", sem ser confundido com a Ordem Rosa-Cruz do Esoterismo.

CAPRICÓRNIO — Nome do 10.º signo do Zodíaco. Na Maçonaria, os signos são usados exclusivamente como adorno das Colunas colocadas, erroneamente, dentro do Templo. A ciência estudada pela Maçonaria é a Astronomia, mas não é proibido aos irmãos em seus pronunciamentos referirem-se à Astrologia.

CARÁTER — Do grego *charaktér* com o significado de um sinal distintivo;

assim, numa escrita, existem os caracteres, ou seja, as letras gravadas.
Porém, o seu significado genérico é o de "Característica".
Cientificamente, usa-se como linguagem, por exemplo: "Caráter congênito ou adquirido"; "caráter empírico"; "caráter inelegível"; define também o comportamento exterior: "homem de caráter".
Caráter e caracteres são palavras distintas: caráter com acentuação paroxítona diz respeito a uma característica de comportamento; caracteres significam os tipos que compõem a palavra.
"Um homem de caráter" significa um homem de atitudes corretas.
Maçonicamente, a "escrita" é formada por caracteres criptográficos especiais e peculiares; é a composição de palavras formadas com traços, compondo quadriláteros completos ou não, enriquecidos com pontos; usam-se, na atualidade, exclusivamente para que os Grão-Mestres enviem às Lojas a Palavra Semestral que deverá ser decifrada pelo Venerável Mestre.

CARBONÁRIOS — Surgiu na Itália uma Ordem cujo nome foi inspirado dos "carvoeiros"; foi na época dos Guelfos, no século XVIII, e era destinada a expulsar os invasores estrangeiros; reuniam-se secretamente nas carvoarias e nas cabanas no interior onde era produzido o carvão; como os carvoeiros, dada sua profissão, se apresentavam enegrecidos pelo contato com o carvão (vegetal). Isso era motivo de eficiente disfarce. O movimento estendeu-se à França e outros países.
Houve época em que se pensava que os Carbonários faziam parte da Maçonaria, mas se tratava de notícia sem fundamento. Nada havia de comum com a Arte Real, essa extinta Ordem clandestina.
No entanto, pode ter existido grupos de maçons patriotas que, vendo na Ordem Carbonária meio eficiente para obter a independência de seu País, a usassem, mas sem qualquer liame com a Maçonaria.

CARBONIZAR — Sinônimo de queimar algum objeto até reduzi-lo a cinzas, é usado na Maçonaria para a "queima" de um candidato, ou seja, quando recebe no escrutínio bolas negra, diz-se que o candidato foi "Carbonizado". Como o carvão é negro, e portanto "sem qualquer cor", o negro é tido como elemento inexistente.

CARGOS — Dentro de uma Loja, no sentido administrativo, periodicamente é eleito ou nomeado entre seus membros um grupo para dirigir os destinos da Oficina, e cada membro isoladamente recebe uma função que se denomina Cargo.
O Venerável Mestre com o Primeiro e Segundo Vigilantes formam as luzes da Loja; o Orador e Secretário formam as Dignidades ou Oficiais; os demais Cargos, que variam em número chegando a 25, de conformidade com o número dos membros do quadro, são denominados administradores.
Dentro de uma Loja inexistem cargos menores ou maiores, de maior ou menor importância; todos são cargos honoríficos que devem ser desempenhados com interesse dentro de suas atribuições, obedecendo a funções fixas que independem de ser ordenadas, pois fazem parte da programação estabelecida com antecedência pelas Luzes.

Para que os membros da Loja possam executar com experiência as suas funções, é de todo conveniente que iniciem com as funções mais simples; o futuro Venerável Mestre deverá ser um irmão que tenha passado pela Secretaria, Oratória e Vigilâncias; somente então estará apto a conduzir os destinos da Loja.

As Lojas que obedecem a critérios maduros têm o cuidado de preparar os futuros Veneráveis Mestres que deverão ter, além da experiência administrativa, o pleno conhecimento da Constituição, dos Regulamentos e das Normas emanadas do Poder Central e serem aceitos pelo Quadro face as qualidades de liderança, afeto e sobretudo tolerância, compreensão e amor fraternal.

CARIDADE — Para que um maçom revele seu caráter Caritativo, faz-se necessário despertar-lhe o sentimento de altruísmo, dirigindo o seu interesse aos demais, ao próximo, aos necessitados, e isso em primeiro lugar.

A Caridade é uma das virtudes primeiras do Cristão, formando a trilogia Fé, Esperança e Caridade; muitos traduzem por Amor que, no caso, se apresenta como sinônimo.

Fazer Caridade não constitui, simplesmente, auxiliar a outrem, mas exercer uma virtude capital com toda plenitude.

A doutrina Espírita tem a Caridade como um trabalho espiritual, de orientar as pessoas mortas para que compreendam onde estão e em que estado se encontram, procurando esclarecê-las.

Além do exercício individual da Caridade, a Loja em conjunto, através do Hospitaleiro, faz de forma discreta a caridade, em duplo aspecto; dando os óbolos recolhidos em cada sessão aos necessitados; dando amparo moral a quem precisa, buscando a aproximação para amenizar o sofrimento.

Quando um Hospitaleiro visita um irmão enfermo, estará, em nome da Loja, exercendo a Caridade. O cargo de Hospitaleiro é de grande afetividade; apresenta uma característica curiosa, a de receber, em cada sessão, o produto da coleta e o usar sem ter a necessidade de prestar contas, aliás, não deve prestá-las.

Na sessão, depois de o Hospitaleiro recolher os óbolos, deposita na mesa do Tesoureiro a Bolsa de Beneficência; o conteúdo é contabilizado para efeito de estatística e é devolvido ao Hospitaleiro.

Quando uma Loja usa o Tronco da Beneficência para outras finalidades está claudicando, usurpando e furtando os meios destinados por princípios seculares aos necessitados.

No Painel da Loja, observa-se na Escada de Jacó, em posições equânimes, os símbolos da Fé (a Cruz), da Esperança (a Âncora) e da Caridade (um coração ou uma taça).

Alimentar os conhecimentos de um Aprendiz Maçom é exercer nele a Caridade maçônica.

CARISMA — Do grego *chárisma* com o significado de alguém possuidor de um "dom". É a qualidade que uma pessoa tem de atrair sobre si a atenção, o interesse e a curiosidade. Os líderes têm como ponto de partida esse dom e é por isso que conseguem liderar um determinado movimento.

A liderança não exige beleza física, simpatia, bondade, mas inteligência para aproveitar o dom recebido.

A Maçonaria em si, é uma escola de liderança, pois exercita em suas sessões a liberação das qualidades que por timidez são sufocadas; toda vez que encontramos no mundo "profano" um líder, podemos ter a certeza de que as suas raízes estão profundamente e com muita solidez fixadas em terreno fértil.

CARMESIM — É a cor dos altos prelados; tinta obtida de uma determinada concha que medra no Mediterrâneo e de uso milenar. Nos Altos Graus filosóficos, a Maçonaria nas suas alfaias emprega essa cor.

CARNEIRO — É confundido com o "Bode", o epíteto jocoso usado pelos maçons para resguardar a sua identidade.

CARTA — É todo documento emanado por uma Potência maçônica por meio de seu Grande Comendador ou de um Grão-Mestre. Para uma Loja ter autorização de funcionar deve receber uma Carta Constitutiva, que é um "diploma" selado, registrado, assinado e que deve ser exibido toda vez que a Loja é "aberta", ou mostrada quando um visitante o solicita para certificar-se de que a Loja é Regular.

O nome de Carta Constitutiva refere que foi emanada em obediência a um preceito Constitucional, obviamente a Constituição da Ordem maçônica. Carta Patente é a denominação de outra carta usada que difere da Carta Constitutiva porque, emanada por um Poder maçônico Internacional, é usada para estabelecer em algum país ou um novo Rito ou um trabalho maçônico inicial.

CARVÃO — O Carvão pode se apresentar como elemento natural, um mineral extraído do interior do solo, ou como vegetal, quando um tronco é queimado, coberto de terra, para que não produza chama.

Trata-se de um símbolo maçônico que simboliza a virtude da persistência, pois, uma vez aceso, inspira o fervor; em combustão, o carvão emana calor suficiente para derreter qualquer metal. Na Loja, seu uso prático é acender, sem chamas, para receber o incenso usado nos atos litúrgicos.

CASAMENTO — Essa cerimônia universal e de tradição milenar propriamente não existe na Liturgia maçônica.

O irmão que se casa sente o prazer de apresentar a sua esposa aos seus coirmãos, e isso é feito num cerimonial apropriado que se denomina "confirmação de Casamento", ou "reconhecimento matrimonial"; durante a cerimônia, que é suave, romântica e emotiva, os nubentes repetem sua intenção de se manterem fiéis um ao outro durante toda a vida.

Esse cerimonial não substitui a cerimônia civil ou a religiosa; não é oficialmente reconhecido e não passa, portanto, de um ato social, levado a efeito na intimidade de uma Loja.

CÁSSIA — Facilmente confundida com Acácia e Quassia; as Sagradas Escrituras mencionam essa palavra designando um arbusto sem significado.

CASUÍSTICA — Palavra empregada para definir uma atitude dirigida a solucionar um impasse; comumente o adjetivo é depreciativo, pois constitui uma solução "maquiavélica".

A Maçonaria não só a repele como também a abomina.

CASULA — Peça que faz parte da vestimenta sacerdotal; um manto simples, de forma arredondada, sem costuras, tendo apenas um orifício central que permite a passagem da cabeça; ela atinge o comprimento dos braços descansados sobre o corpo; o caimento do material de que é composto, ou em linho ou em lã branca, assume formas elegantes; simboliza a pureza e lembra a metamorfose dentro do Casulo, da crisálida em borboleta.

CATECISMO — Sistema de aprendizado por meio do diálogo. Na Maçonaria é usado no Grau 18, denominado dos Príncipes Rosa-Cruz; os Templários, em suas cerimônias, o usavam e colocavam no centro frontal uma cruz. Para as cerimônias da Missa, os Sacerdotes da Igreja o usam escrito e de modo simples e resumido; é um compêndio de origem remota muito usado pela Igreja, pois contém os princípios da Religião.
É também usado pelos Partidos Políticos como orientação dos seus adeptos.
É usado em cada Grau da Maçonaria, tanto na Simbólica como na Filosófica, feito em forma de perguntas e respostas.
O registro existente do primeiro Catecismo maçônico é encontrado no Edimburgh Register House M. S. datado de 1696.
Durante o desenvolvimento dos Rituais, nas sessões, a primeira parte obedece ao que preceitua o catecismo do respectivo Grau, quando o Venerável Mestre passa a fazer perguntas às Luzes e aos Oficiais.
O Catecismo maçônico não é parte sigilosa, porém é mantido com muita discrição e não é reproduzido na literatura profana.

CÁTEDRA — O Trono da Venerança contém três poltronas que, dentro da natural modéstia observada nos trabalhos, têm a denominação "cadeiras".
A Cadeira central é destinada ao assento do Venerável Mestre; a que lhe fica à direita é destinada à maior autoridade presente, pois é o lugar de honra; a da esquerda é destinada ao anterior Venerável Mestre, chamado, também, Venerável de Honra; ali tem assento para auxiliar com sua experiência o novo Venerável.
Quando um novo Venerável Mestre é "instalado", por meio de um cerimonial próprio, recebe o nome de "Mestre em Cátedra", que significa merecedor do posto a que foi guindado. Naquele momento, a cadeira passa a denominar-se Cátedra.

CATEDRAL — Essa denominação é dada à Igreja principal existente em um lugar; no entanto, assumem essa denominação quando a construção arquitetônica é pomposa.
É sabido e tem divulgação internacional que as principais Catedrais Europeias foram construídas pelos "Pedreiros Livres".
As construções maçônicas, por mais grandiosas que sejam, como a de Washington, EUA, não são denominadas Catedrais, mas Templos, como o foram os Templos dos hebreus.
As Catedrais devem obedecer a medidas rigorosas, pois não podem exceder em tamanho a Catedral de São Pedro, em Roma.

CATÓLICA — A origem da palavra é grega e significa universal. A Igreja

Cristã apresenta várias denominações, designando com exclusividade a Igreja de Roma como Igreja Católica Apostólica Romana; as igrejas evangélicas e protestantes são também denominadas Católicas, no sentido de sua universalidade, e apostólicas porque procedem dos Apóstolos de Jesus Cristo.

CAVALARIA — O termo procede da Idade Média e significa o conjunto de ordens laicas ou religiosas, mas sempre militares.

Os Graus maçônicos têm profunda e íntima relação com essa Cavalaria, pois os Cavaleiros primavam em comportar-se com dignidade, honra e lealdade para com os superiores.

A história, misto de lenda e realidade, dos Cavaleiros da Távola Redonda tem inspirado a filosofia maçônica sob o aspecto esotérico que os célebres Cavaleiros afirmavam.

O uso da Espada, da nomenclatura dos feitos heroicos são mantidos dentro da Ritualística maçônica.

CAVEIRA — Termo popular para um crânio dissecado; símbolo da morte material, é usado pela Maçonaria em suas cerimônias para demonstrar a igualdade de todos os seres humanos e a necessidade de cada um se despir da vaidade que a nada conduz, pois, surpreendido alguém pela Morte, nada poderá levar consigo, no aspecto material, nem sequer a sua mente. A sua consciência, os sentimentos de amor, e tudo isso conduz à aceitação que esses valores não são materiais, mas espirituais.

A Caveira, tendo sob si ossos cruzados (fêmur ou cúbito), é símbolo colocado na Câmara das Reflexões que conduz à meditação sensata de que a matéria é ilusória.

CAVERNA — A Caverna foi o primeiro abrigo que o homem encontrou para refugiar-se das intempéries e dos inimigos naturais, as feras. Essas habitações, ainda hoje, são encontradas nos povos primitivos, em certas tribos africanas e nos místicos hindus que escolhem as Cavernas naturais para meditar e dali enviarem os seus pensamentos filosóficos aos que veem neles os "Gurus", ou enviados divinos. As Cavernas foram muito usadas como sepulcros naturais pelas antigas civilizações.

Filosoficamente, diz-se que o homem permanece em sua própria caverna para significar que o seu pensamento não evolui.

O espírito da Caverna significa o espírito inferior que foge da luz, preferindo o isolamento e o ostracismo.

CEDROS — Geralmente, os Cedros são árvores de grande porte e sua madeira apropriada para a confecção de móveis e objetos de arte. Os célebres Cedros do Líbano são as únicas espécies conservadas no Líbano com muito zelo.

Por ocasião da construção do Grande Templo de Salomão, o Rei de Tiro, Hiram, forneceu os Cedros necessários para a edificação; os fenícios os usavam em suas embarcações.

Na Maçonaria são frequentemente recordados, especialmente em alguns Graus da Maçonaria Filosófica.

Os Cedros são sinônimos de altivez, força e majestade.

CEGOS — Os cegos não têm ingresso na Ordem maçônica, porém, têm havido exceções; em Londres existe uma Loja, denominada *Lux in Tenebris* composta exclusivamente de cegos.

A Maçonaria não aceita o portador de defeito físico, mas age assim apenas por tradição, pois que na Idade Média, dadas as duras perseguições e as armas serem de manejo pessoal, todos os membros da Ordem necessitavam habilidade para a defesa comum.

Hoje em dia, os defeitos físicos são superados e encontram-se seguidamente coxos (nos templos bíblicos o coxo era portador de maldição) ou pessoas sem membro algum participando das atividades maçônicas com muito êxito.

No Brasil, o interesse maçônico no que diz respeito aos cegos liga-se ao eminente maçom, Mário Behring, que, na condição de Diretor da Biblioteca Nacional, instituiu a leitura Braille.

CENÁCULO — Local destinado a ceia; subsiste, ainda hoje, o Cenáculo na cidade de Jerusalém, onde Jesus participou da última ceia antes de ser preso. O local é conservado, mas sem qualquer adorno que lhe possa dar a ideia de como eram as ceias naqueles tempos; contudo, o ambiente é emotivo e conduz a mente aos páramos dos primitivos tempos, recordando a saga do Cristianismo.

No Grau 18, Rosa-Cruz, parte do cerimonial repete a Santa Ceia, evocando o episódio passado no Cenáculo; essa ceia também se denomina Cenáculo; trata-se de um ato místico, muito espiritual, que traz paz interior aos Cavaleiros Rosa-Cruz que prometem solenemente encontrar-se "no próximo ano".

CENOTÁFIO — Vocábulo em desuso como é o "gasofilácio", que significa a "herma" colocada no centro da Câmara do Meio por ocasião da cerimônia do sacrifício de Hiram Abiff.

CENSURA — Sendo um dos fundamentais princípios da Maçonaria a Tolerância, só em casos extremos e por motivos relevantes, que não possam ser desculpados de imediato, é que a Loja aplica uma moção de Censura; a forma dessa punição depende do que a Loja estabelece no seu Regimento Interno; genericamente, porém, é solicitado ao maçom faltoso que "entre Colunas" esclareça o seu "caso"; a seguir, é convidado para "cobrir o Templo" (sair do Templo) e por escrutínio secreto a Loja decide, por maioria, censurar o faltoso; readmitido, lhe é comunicado, a Censura a que recebe com humildade. O Venerável Mestre, contudo, querendo, após feita a censura, pode "anistiar" o faltoso, determinando que o fato não conste em ata.

CENTRO DA LOJA — A Loja tem a forma de um quadrilátero, portanto, desenhadas duas diagonais, na inserção das linhas, surge um ponto que se denomina Centro Geométrico da Loja. Nesse Centro será colocado o Ara ou Altar.

As Catedrais são construídas obedecendo rigorosamente ao Ponto Central; porém, a sua situação geográfica não condiz com uma exatidão geométrica.

O Ponto Central que é conhecido é o traçado dentro da Grande Pirâmide de Kéops, pois é realmente o ponto que corresponde ao centro dos meridianos e atinge em linha vertical um Ponto esotérico no Cosmos.

Esse Ponto, contudo, deve ser considerado como "simbólico" pela impossibilidade prática de consegui-lo.

CERIMÔNIA — A Cerimônia exige certas normas a serem observadas, o que lhe empresta respeito, emoção e seriedade; um cerimonial não é exclusivamente religioso, pois há, também, no plano civil e militar.

Na Maçonaria, tudo é feito em obediência a Rituais que exigem atos sucessivos de Cerimônias.

O que se destaca em um feito cerimonioso é a perfeição com que é conduzido, face o hábito, a experiência e o zelo empregados para que resulte eficaz. Quando a Cerimônia sofre algum "senão", esse é denominado "gafe".

CERTIFICADO — Documento usado para registrar a posição do maçom dentro de sua Loja. Hoje em dia, usa-se uma "Caderneta", na qual são registrados todos os acontecimentos da vida maçônica; essa Caderneta acompanha o maçom mesmo quando se transfere para outro Oriente.

O Certificado é produzido pelo Secretário da Loja, contendo as assinaturas das Luzes.

CETRO — Do latim *sceptrum*, simboliza o poder real ou religioso; na Igreja, os Bispos, os Cardeais e o próprio Papa, em sessões cerimoniosas, usam o Cetro; os Reis ou Imperadores também o tinham como parte de seu traje, simbolizando o poder real.

A Maçonaria, como é uma Arte Real, o usa; no entanto, o Cetro nas mãos de um Venerável Mestre assume a forma de um "Malhete"; em certos Graus Superiores, os que presidem os trabalhos usam o Cetro.

CÉU — É sinônimo de firmamento; é uma expressão que pende mais para os Evangelhos. No Cristianismo reconhecem-se sete céus e os seus habitantes denominam-se "hierarquia celestial"; contudo, são mencionados nas Sagradas Escrituras nove céus. Aristóteles reservava o oitavo Céu para a habitação das Estrelas.

Nas Lojas maçônicas, o Céu é denominado "Abóbada Celeste"; há Lojas, como encontramos na cidade de Ilhéus, Bahia, que um dispositivo muito engenhoso "abre o teto", e o firmamento real, em noites estreladas, dá a impressão de um infinito próximo.

CHACRA — Em sânscrito significa "roda" e constitui os "centros vitais" do organismo; são sete "Chacras" onde se situam as principais glândulas. As posturas maçônicas, nos diversos Graus, tanto da Maçonaria Azul (Simbólica) como da Maçonaria Vermelha (Filosófica), obedecem à região de localização desses chacras.

Nos Rituais não são esclarecidos esses pontos vitais, mas na parte esotérica, o posicionamento dos "sinais" de cada Grau "coincide" com o ensinamento Hindu.

CHAMA — É a expressão da Luz dentro do quarto elemento da Natureza, o Fogo. A letra sagrada "G", o Grande Geômetra, representa a Chama do Fogo. Filosoficamente, a Chama significa o Conhecimento. É um símbolo de purificação, quando o Neófito passa pela prova do Fogo e é atingido por uma Chama.

A "Sarça Ardente" do deserto, onde Jeová se apresentava a Moisés, simboliza a presença divina.

CHAMADA RITUAL — É assim denominado o ato de bater à porta do Templo; cada Grau possui golpes distintos para identificação. Aqui chamamos a atenção de que apenas o Mestre de Cerimônias tem essa prerrogativa de bater à porta de um Templo. No caso de um retardatário, ele dará as batidas convencionais, mas a porta não lhe será aberta; é necessário que o Mestre de Cerimônias, devidamente autorizado, saia do Templo, para depois retornar às batidas, pois ninguém pode adentrar uma vez iniciados os trabalhos, para que a harmonia dos mesmos não venha a ser quebrada.

Mesmo o Guarda Externo não tem essa prerrogativa. Nas cerimônias de Iniciação, por conter o Ritual sucessivas entradas e saídas, os trabalhos não serão considerados interrompidos. Essa prática nos vem do Cristianismo, pois o Mestre dos Mestres dissera: "Batei e abrir-vos-á", porém, no sentido de que só Ele, o Cristo, poderá fazê-lo. Como disse mais tarde o apóstolo São Paulo: "Cristo é quem bate em mim", ou seja, é o Espírito Crístico em cada um que poderá bater às portas do Reino dos Céus. Essa prática é profundamente esotérica e a Maçonaria prima na observância desses preceitos. Nenhum visitante terá o direito de bater à porta, pois o Guarda Externo solicitará a presença do Mestre de Cerimônias que o "trolhará", ou seja, observará se na realidade se trata de um maçom. Quanto aos retardatários, não se admite que possam existir, porque a obrigação de cada maçom é observar o horário dos trabalhos. Quando se apresentarem Autoridades maçônicas, o Venerável Mestre, já comunicado pelo Guarda Externo da presença das ilustres visitas, interromperá os trabalhos, suspendendo-os, e designará comissões que, na companhia do Mestre de Cerimônias, irão receber os visitantes e os conduzirão para dentro do Templo, onde serão cerimoniosamente recebidos; para isso existe um "protocolo" a ser observado.

CHANCELER — Chanceler significa "oficializar"; o Chanceler apõe o "selo" da Loja na documentação que expede, "selo" que pode constituir-se em um timbre de metal aposto sobre uma placa de lacre aquecido ou um simples carimbo de borracha embebido em tinta apropriada. O trabalho do Chanceler na Loja é verificar a respeito da presença dos irmãos do quadro, dos visitantes, registrando-os num livro próprio; quanto aos visitantes, coletará os dados qualificativos, entregando, após, ao Orador, para que em sua saudação possa destacar as presenças ilustres. O Chanceler é um elemento complementar da Secretaria.

CHAPÉU — O Chapéu é parte de uma vestimenta e sua finalidade primeira é a de proteção. A história do Chapéu é curiosa, mas pouco tem a ver com a Maçonaria.

Os historiadores referem que o Chapéu formado de "copa e asas" foi introduzido como complemento de um traje por Carlos VI, rei francês.

Inicialmente, o Chapéu era apenas usado para proteger da chuva; posteriormente, no reinado de Francisco I, os chapéus passaram a constituir "ornamento".

A Igreja os adotou no ano 1245 com o nome de "Capello", significando "cobridor de cabelos".

De qualquer forma, o Chapéu deve ser considerado como uma "cobertura". Maçonicamente, um Venerável Mestre estará, particularmente, a coberto, quando usar o Chapéu.

Há quem confunda o uso do Chapéu com os efeitos esotéricos da Igreja quando é usado, sob o Chapéu, o "Solidéu", que é um Chapéu menor com o formato de uma pequena "tigela"; o

Solidéu é de uma inspiração judaica, pois cobre o "centro nervoso" da cabeça, por onde entrariam as vibrações psíquicas perturbadoras. Os padres, e até o Sumo Pontífice, que é o Papa, raspam esse centro, que deve ser protegido pelo Solidéu; contudo, um Venerável Mestre não usa o Solidéu e nem raspa a parte central da cabeça.

O uso do Chapéu na Maçonaria é símbolo de "cobertura", ou seja, para se evitar que pensamentos profanos possam se imiscuir na tarefa de dirigir uma Loja; tanto que o Venerável Mestre só coloca o Chapéu após o anúncio do Orador de que "tudo está Justo e Perfeito".

Há Autores que dizem que o Chapéu substitui a Coroa.

O Chapéu do Venerável Mestre é constituído da simples "carapuça", que é o Chapéu ainda em estado primitivo, quando as abas não foram devidamente niveladas, e caem no rosto.

A carapuça oculta o rosto e essa seria a finalidade precípua da "cobertura", para esconder a identidade de quem o usa.

Nas Universidades, os "doutores" usam o "Capello", e é com ele que simbolicamente conferem o grau de doutoramento aos novos profissionais. Isso simboliza a "cobertura científica", a proteção de sua arte por meio do conhecimento.

Não se há que confundir o Chapéu com o Capuz; esse é usado apenas em cerimônias excepcionais; na Antiguidade, os maçons, ao saírem de suas casas, colocavam sobre os seus ombros, uma capa (balandrau) e na cabeça um capuz, que continha os orifícios necessários para a visão; esse uso era para proteger, pois na calada da noite, com esse traje negro, muito difícil seria visualizar a pessoa e muito menos identificá-la. Os célebres "Encapuzados" da conspiração mineira libertária eram maçons.

CHAVE — Ao referir esse objeto supõe-se, obviamente, a existência de uma fechadura. O engenho é de antiga construção e uma lenda em torno da Arca da Aliança informa que essa era "fechada com uma chave". A História Sagrada, contudo, não faz alusão a respeito, sabendo-se apenas que era construída de madeira acácia, revestida com lâminas de ouro e que possuía, ao lado, argolas dentro das quais eram passadas hastes para poder ser carregada, o que supõe tratar-se de um baú, ou caixa, muito pesada.

A Chave é símbolo da inteligência, da prudência, da segurança e das coisas que devem permanecer ocultas.

Nos mistérios egípcios, de Ceres e Eleusis, a Chave simbolizava o misticismo dessas sacerdotisas.

Os romanos entregavam, por ocasião do casamento, à noiva, a Chave da casa, simbolizando a transferência da autoridade no lar.

Na Maçonaria, a Chave é um símbolo exclusivo dos Graus Filosóficos; por ocasião da Iniciação ao Grau de Mestre Secreto, é entregue ao iniciando uma Chave de marfim, que deve usá-la como adorno em uma corrente presa ao pescoço.

O conhecimento é considerado uma Chave que abre todas as portas dos mistérios, do desconhecido e do Universo.

O maçom recebe a Chave como símbolo de que deve manter em segredo

os ensinamentos recebidos e guardá-los em seu coração, que considera o "escaninho" esotérico e inviolável.
O marfim, material usado para confeccionar adornos, é considerado sagrado, porque extraído do maior animal terrestre, o elefante; sendo branco, sua alvura significa pureza; tratando-se de um material durável e precioso e ao mesmo tempo frágil e leve, foi escolhido porque reflete os cuidados com que deve "abrir" o "cofre" dos conhecimentos, sem "arranhar" ou destruir a delicada chave.

A Igreja tem na Chave um símbolo religioso que teria sido entregue a São Pedro por Jesus, o Cristo, com o significado de "abrir todas as portas dos Céus" e o caminho para a salvação.

Nas Lojas maçônicas Simbólicas, a Joia do Tesoureiro são duas Chaves entrelaçadas, uma para abrir o que está guardado no aspecto físico, outra para abrir os valores espirituais; essas Chaves pendem de um colar apropriado; é uma insígnia de uso obrigatório para completar os demais paramentos.

CHIFRES — O Chifre é símbolo de poder, domínio, autoridade e dos iluminados.

Quando Moisés, ao descer do monte Sinai, localizado em Jerusalém, Israel, trazendo as Tábuas da Lei em seus braços, mostrava um rosto iluminado, de sua cabeça saíam dois raios paralelos, semelhantes a Chifres.

O grande gênio Michelângelo Buonaroti esculpiu em mármore uma estátua representando Moisés sentado, tendo em seus joelhos as Tábuas da Lei. Trata-se de um conjunto de esculturas em mármore cor de carne que ocupa uma área de aproximadamente 16 metros quadrados; a estátua de Moisés, como elemento isolado, é soberba e apresenta um tamanho três a quatro vezes maior do que o de uma pessoa. O próprio Michelângelo, impressionado com sua obra, ao concluí-la, vendo-a tão perfeita, gritou-lhe: *Parla!* (Fala), e como a estátua mantinha-se silenciosa golpeou-a com força no joelho; essa marca é visível ainda hoje; a estátua encontra-se na Igreja denominada *San Pietro a víncoli*, ou seja, "São Pedro acorrentado"; em um dos Altares, dentro de um compartimento protegido por um vidro, vê-se uma tosca corrente que teria sido a colocada nos tornozelos do Santo quando aprisionado pelos romanos.

Embora não haja liame algum entre Moisés e São Pedro, aquela Igreja é ponto obrigatório de visitação turística pelo valor da estátua acima descrita. Para evitar que os turistas fotografem aquele conjunto espetacular de esculturas, acionando os *flashs*, cuja luz é prejudicial, há um dispositivo técnico que é acionado por aqueles que desejam uma fotografia; colocando-se uma moeda no local apropriado, acendem-se fortes luzes; na excessiva claridade, os mínimos detalhes daquela obra de arte surgem e aqueles que se encantam com tanta perfeição e beleza não medem os gastos com as sucessivas moedas que colocam na fenda.

Nos Altares dos Israelitas, destinados aos holocaustos ou sacrifícios das primícias e dos animais, em cada um dos quatro cantos eram colocados Chifres. Não há uma referência segura a respeito de que animal possuiria esses Chifres; sem contudo existir qualquer elemento a respeito. É de se supor, no entanto, que esses Chifres seriam de bois, fazendo parte do Templo, havia o "Mar de Bronze", sustentado em seus lombos por doze bois.

Outros sugerem que esses Chifres teriam sido de carneiros.

A utilidade dos Chifres naqueles Altares seria para firmar as oferendas evitando que caíssem ao chão; no aspecto esotérico, refletiria o poder de Jeová, presente nas cerimônias.

A descrição dos "monstros", vistos por Jeremias, tinha quatro chifres, representando o "dualismo" em vários aspectos.

Os Altares maçônicos, em algumas Lojas, mantêm essa tradição hebraica e possuem Chifres de carneiro nos quatro cantos sobre a mesa; no entanto, dentro da confusão existente, porque cada Loja sempre "inova" ou "interpreta" de acordo com os "conselhos" de algum afoito Mestre, os Altares apresentam-se em forma triangular, portanto os Chifres colocados são em número de três; a explicação não convence.

Mackey, o clássico intérprete dos símbolos maçônicos comete evidente equívoco quando informa que os criminosos, para fugirem do castigo, adentravam no Templo e se afirmavam em um dos Chifres do Altar do Templo de Salomão.

Isso não poderia acontecer, porque o Altar se situava no Santo dos Santos, lugar onde só o Sumo Sacerdote poderia entrar.

Ninguém impedirá que uma Loja adorne o seu Altar com Chifres, pois sendo uma tradição, deve ser respeitada; não vemos, contudo, justificativa para isso. Aprendemos e ensinamos que sobre o Altar deve ser colocada uma toalha de linho, imaculadamente alva; sobre ela, o Livro Sagrado; ao lado, um Compasso e um Esquadro. E é só.

CHOVE — Tempos atrás, quando um estranho se aproximava de um grupo de maçons que conversassem a respeito da Ordem, um dizia, interrompendo o discurso: "Chove"; era uma senha para informar que aquela pessoa não era um maçom.

Na Europa, durante o inverno, essa senha era mudada para "neva"; a senha "Chove" era usada nas outras estações. Ainda hoje tem uso, porém entre nós, um País tropical em que o bom tempo é coisa comum, dizer que "Chove" causa espécie, motivo porque a senha está em desuso. Na atualidade, diz-se: "Tem goteira".

A expressão "Chove" não tem significado esotérico.

CHRISTÓS — Trata-se de uma palavra grega que significa: "Ungido". Os Cristãos a adotaram após a morte de Jesus, que significa em hebraico o "Messias".

Os hebreus aguardam a vinda de um Messias; até hoje não aceitam a pessoa de Jesus como o esperado Messias, aquele que reinaria com Justiça e de forma permanente.

Jesus é denominado de Cristo por isso chamado Jesus Cristo; em algumas línguas, os dois vocábulos se unem, como no italiano: *Gesucriusto*; no entanto, o correto será dizer: "Jesus, o Cristo".

Em certos Ritos maçônicos não usados no Brasil, o maçom ao atingir o último Grau é considerado um "ungido" e é denominado de "Christós", sem que isso signifique ato de profanação no aspecto religioso Cristão.

CIÊNCIA — O que é "científico" pode ser comprovado, portanto Ciência significa um "conhecimento certo", sem conter qualquer especulação ou empirismo.
Exemplificando, a Maçonaria cultiva a Ciência da Astronomia e não a Astrologia que não é considerada Ciência.
Na Antiguidade a Ciência era designada pela palavra "Sofia", que deu origem à Filosofia, ou seja, amor à Sabedoria. O filósofo era um mestre que possuía o conhecimento total; justificava-se esse tratamento porque a Ciência era muito restrita e qualquer pessoa dotada de inteligência acima do comum poderia, com facilidade, absorver todo o conhecimento da época.
Hoje, dado o avanço científico em todos os terrenos, não se cogita mais de enfeixar o conhecimento em uma só cabeça.
Equivocadamente, diz-se Ciência Oculta tudo o que constituía conhecimento vindo dos mistérios egípcios.
Porém, o Hermetismo, a Magia, o Ocultismo, o Esoterismo, a Alquimia, a Quiromancia, a Cartomancia, a Frenologia, a Irislogia, enfim, todas essas correntes, não passam de uma "pseudociência".
Há poucos anos, a Teosofia, a Psicologia e a Parapsicologia não eram consideradas Ciências; no entanto, com o aperfeiçoamento dos conhecimentos, ingressaram no terreno experimental científico.
A Maçonaria, no Grau do Companheiro (2.º Grau), possui sete Ciências, limitando-se a elas, sem acrescentar, centenas de outras existentes, fruto da evolução da inteligência humana.

A Maçonaria não se preocupa em buscar um *aggiornamento* (atualização), mas em preservar uma tradição.
No sentido cultural, a Maçonaria não é uma Escola, Faculdade ou Universidade, e seu objetivo não é acompanhar a evolução científica do mundo, mas apenas buscar o aperfeiçoamento do maçom para que encontre, paralelamente ao conhecimento profano, o conhecimento espiritual.
Os atos de Magia que exsurgem das sessões maçônicas não são frutos de manipulação de elementos ou de exorcismos, mas frutos simples de um Poder Superior que se exterioriza, por si só, dentro dos Templos. São resultados naturais produzidos pela presença espiritual de um Grande Arquiteto do Universo, somados pelos fluidos e vibrações emanados dos próprios maçons, reunidos em "Egrégora" (*vide* verbete específico).
Diz-se que viver é a prática da mais esotérica ciência; na realidade, a Vida é a soma dos valores desconhecidos ao alcance dos próprios homens.

CIMENTO — Parte essencial da construção de alvenaria, já usado pelos romanos; trata-se do cozimento de um calcáreo apropriado e sua finalidade é a união de pedras ou tijolos; nas Termas de Caraca, em Roma e na cidade destruída de Pompeia, encontram-se grande quantidade de ladrilho e nota-se na junção das pedras a presença do cimento. Maçonicamente o nome é empregado para simbolizar a forte união entre os maçons.

CINCO — Número composto de um binário com um ternário. É a idade do Companheiro, no Grau 2; são os "cinco sentidos" do corpo humano; é a Estrela de Cinco Pontas, denominada Estrela de Davi.

CINZAS — O pó e as cinzas são elementos resultantes da "destruição" da matéria, simbolizando o "nada"; tudo retorna ao pó e às cinzas; na Liturgia maçônica são empregadas para atos fúnebres.

CINZEL — Símbolo do trabalho inteligente; instrumento manejado pelo Aprendiz, que o segura com a mão esquerda, nele batendo com o Malho com a mão direita para desbastar a Pedra Bruta e lhe retirar as arestas. É um instrumento de ferro endurecido ou aço, que apresenta várias formas: pontiaguda, redonda ou achatada numa extremidade e a cabeça na outra onde recebe os golpes do Malho. Não se confunda com o Buril que é um instrumento mais delicado utilizado para o "burilamento" da Pedra após o desbastamento.
Com o manejo do Cinzel, a obra é preparada para servir no alicerce da construção, sendo, portanto, um trabalho básico.
O Cinzel é uma ferramenta que exige a participação de outra, porque, por si só, nada poderá executar; assim é a Inteligência humana que isolada nada constrói, necessitando da parte operativa, de um esforço maior; é um exemplo de dualismo construtivo, positivo e eficaz.

CÍRCULO — É uma figura geométrica essencial que simboliza o Universo, que não tem princípio nem fim, como foi representado pelos gregos com a serpente "Uróboros", que mordendo a sua própria cauda, deu início à descoberta esotérica do traçado pelo Compasso. Um Círculo tem superfície, centro e todas as linhas, formando polígonos como os estrelados. Simboliza a Aliança entre o homem e a Divindade; sua aplicação na Maçonaria tem grande amplitude, fazendo parte de todos os Rituais e Ritos.

CIRO — Rei da Pérsia (559-529 a.C.) e conquistador da Babilônia que deu liberdade aos hebreus captivos, auxiliando e protegendo a príncipe Zorobabel para a construção do Grande Templo, em substituição ao Grande Templo de Salomão, destruído por Nabucodonosor. Na Maçonaria Filosófica, faz-se alusão ao fato histórico que é minuciosamente relatado nas Sagradas Escrituras.

CIVILIZAÇÃO — É o desenvolvimento cultural de um povo; desde o surgimento social regulador do convívio do ser humano, reunindo as famílias e os interesses, inicialmente para proteção contra os animais ferozes; posteriormente contra o próprio homem considerado inimigo.
Diz-se Civilização, sobre um período estável de uma nação que dá início a uma época de glória e esplendor. Muitas Civilizações houve que desapareceram; algumas deixaram provas e vestígios, como a dos Incas e Astecas; outras desapareceram como a lendária Atlântida, a Lemúria ou a Etrusca.
A Maçonaria tem contribuído com a sua filosofia em muitas dessas Civilizações, como a dos egípcios, gregos e romanos, e pode ser considerada como depositária dos princípios permanentes que subsistiram graças a conservação das tradições. A História da Civilização deve fazer parte de qualquer Biblioteca maçônica, pois é estudando o comportamento social dos povos que se descobrirá a razão de ser da Arte Real.

CIVISMO — É o respeito à Pátria, compreendida a Autoridade que a administra. Os maçons "juram" fidelidade à Pátria e aos Governos legitimamente instalados. A Maçonaria cultiva o civismo, com as datas históricas pátrias, a Bandeira, o Escudo e os vultos que se destacaram. Apesar de a Maçonaria ter o caráter de universalidade, Pátria sem fronteiras, o culto à Pátria onde tem sua sede lhe é sagrado; qualquer evento histórico maior terá sempre que inspirar ou um maçom ou a ação global da Instituição.

CLANDESTINO — É o trabalho maçônico que usa os Ritos oficiais, mas que não é regular, isto é, não é reconhecido nem aceito pelos demais movimentos maçônicos. Essa clandestinidade, todavia, pode ser superada, caso a Loja busque regularizar-se apresentando a documentação exigida pelas Potências Maçônicas Universais.

CLEMENTE XII (1652-1741) — Esse Papa relaciona-se com a Maçonaria por ter sido o primeiro Papa a lançar uma Bula contra a Ordem maçônica, denominada *In Eminenti Apostolatus Specula*; as Bulas Papais recebem o nome da primeira frase ou palavras que a iniciam. Trata-se de um documento sem valor literário ou filosófico, pois o fundamento apresentado é pueril e vem sendo criticado pelos próprios Católicos da atualidade.

CLEPSIDRA — Nome dado à Ampulheta e também se diz "relógio de areia". Propriamente, Clepsidra seria um relógio "de água", de origem árabe, que funciona pela passagem da água, gota a gota, de um vasilhame a outro.

CLERO — Nome dado aos religiosos profissionais, isto é, aos sacerdotes de qualquer hierarquia, inclusive o Papa. Houve épocas em que o Clero fazia parte da Maçonaria Operativa, dado o interesse nas construções dos mosteiros e igrejas. Inicialmente, o Clero, em sentido geral, participava das Iniciações e dos mistérios maçônicos, porém, paulatinamente, com algumas exceções manifestadas até hoje, a Igreja passou a combater "gratuitamente" a Ordem maçônica.

COBERTO — Não se confunda o termo "Coberto" com "A Coberto". Encontrar-se o maçom Coberto significa a ausência às reuniões e com os seus compromissos; Coberto seria sinônimo de Adormecido; trata-se do maçom que se "autoeliminou", por desinteresse, mas que a qualquer momento poderá retornar à atividade. Enquanto o termo "A Coberto" significa, em resumo, estar protegido.

A Cobertura dos direitos maçônicos compreende todas as fases antes de uma eliminação definitiva; os Regulamentos e Estatutos de uma Loja dispõem a respeito.

Num sentido esotérico, o Iniciado estará sempre sob a proteção da Loja e do Grande Arquiteto do Universo; ninguém poderá tornar uma Iniciação sem efeito, porque a Iniciação é *in eternum*.

O maçom ativo, adormecido, afastado, omisso, enfim, à parte do convívio dos seus coirmãos, sempre será um dos Elos da Cadeia de União, e por esse motivo ele estará sempre "Coberto" pela Magia emanada do Grupo.

COBRIDOR — Dois são os Cobridores de um Templo: o Interno e o Externo.

COBRIR O TEMPLO

As suas funções são de Guardas e mantêm-se municiados com a Espada, símbolo de alerta e proteção.

Os Cobridores, de forma geral, são designados ou eleitos entre os maçons mais antigos da Loja, porque devem conhecer todos os membros do Quadro, bem como todos os sinais e palavras de passe, Sagrada, senhas e as peculiaridades de cada Grau. Existem Lojas que permitem, ao iniciar-se a Ordem do Dia, o ingresso em Loja do Cobridor Externo, o que constitui, obviamente, erro, pois a missão do Cobridor Externo é de permanecer na Sala dos Passos Perdidos, vigilantes, e pronto a repelir a intromissão de estranhos.

O Cobridor Externo não deve permanecer no Átrio, pois esse recinto faz parte, pela sua "imantação", do próprio Templo, onde não é permitida a presença de estranhos; o estranho ou mesmo o visitante retardatário deve permanecer na Sala dos Passos Perdidos que precede o Átrio. Quando o Venerável Mestre reúne os Irmãos para a "procissão" de adentramento ao Templo, determina a preparação espiritual, procedida pelo Mestre de Cerimônias que faz uma invocação ao Grande Arquiteto do Universo; é no átrio que os Irmãos "deixam" todos os assuntos e vibrações profanas; o Átrio é um estágio de purificações, e por esse motivo não pode receber quem não tiver sido, antes, purificado.

Os Cobridores empunham uma Espada; o Cobridor Externo manterá a sua Espada cruzada sobre o peito e apoiada no ombro esquerdo. O Cobridor Interno empunhará a Espada, mas dirigida ao solo, em posição pacífica.

Diz-se também Cobridor, o manual que o Venerável recebe de seu predecessor, contendo a orientação "sigilosa" do Grau; esse manual não pode ser impresso, mas cada Venerável deverá copiá-lo e devolver o original ao que lhe procedeu, que o queimará.

Em caso de extravio, o Poder Central fornecerá as instruções perdidas.

Nenhum livro maçônico, mesmo dicionário, revelará essa orientação sigilosa.

COBRIR O TEMPLO — O termo significa a saída, por qualquer motivo, de um irmão do Templo; essa "retirada" obedece a uma cerimônia tradicional. Durante a apresentação de trabalhos visando o "aumento de salário" (promoção ao Grau seguinte), o maçom candidato, após seu pronunciamento, será convidado a Cobrir o Templo para que os seus pares deliberem sobre o trabalho produzido.

A saída do irmão obedece a atos de prudência; assim, o Cobridor Interno deverá certificar-se que no Átrio não haja ninguém; o retirante será sempre acompanhado pelo Mestre de Cerimônia até a Sala dos Passos Perdidos. Cobrir o Templo é ato inicial do Venerável Mestre que disso encarrega o Primeiro Vigilante. O ato apresenta duas fases: a primeira é objetiva, ficando o Cobridor Interno disso encarregado; ele dará batidas convencionais na porta e essas terão respostas, também convencionais, do Cobridor Externo, que estará atento até o momento de ouvir as batidas convencionais; a segunda é subjetiva, pois o Venerável exigirá certas medidas esotéricas, como a do Primeiro Vigilante "verificar" pessoalmente se todos os presentes são na realidade maçons.

Ser maçom é não só estar em Templo. Obviamente, todos os membros do Quadro são conhecidos e o ingresso de um profano seria de imediato notado. A observação do Primeiro Vigilante não é o de "identificar" o maçom, mas sim o de se certificar se as suas condições subjetivas são maçônicas; se ele no Átrio se despiu de qualquer sentimento de malquerença, de egoísmo, de divergência, enfim, se existe naquele membro, no fundo de seu olhar, um verdadeiro maçom.

Após a inspeção, retorna o Primeiro Vigilante ao seu lugar e informa ao Venerável Mestre que tudo está "Justo e Perfeito"; feita a invocação espiritual, o Venerável Mestre proclama que o Templo está a Coberto.

COLAÇÃO — O termo significa a cerimônia da "colagem de Grau", ou seja, assumir o recipiendário o prêmio recebido face o seu esforço e conhecimento. Colação não significa Iniciação; em cada Rito, existem grupos de Graus; a colação é a passagem de um Grau para o subsequente, mas dentro do próprio Grupo.

Há Grupos que exigem atos iniciáticos; outros, apenas os recebem simbolicamente.

COLAR — O Colar é adorno que faz parte do traje maçônico; de modo genérico constitui um fita em tecido nobre da qual pende um símbolo ou medalha; a fita pode ser substituída por cordões e esses podem ser de tecido ou metal.

Designa-se Colar, a Corda dos 81 Nós; a Cadeia de União; a relação do Quadro dos Obreiros; a coletânea de Rituais ou de livros; e o conjunto das obrigações previstas, bem como dos atos programados a serem desenvolvidos.

COLÉGIO — Palavra de origem latina que significa "coleção"; assim, um Colégio será a "coleção" de membros que façam parte de uma mesma categoria; por exemplo, Colégio dos Aprendizes; Colégio dos Oradores; Colégio dos Veneráveis Mestres.

Os romanos possuíam associações, confrarias, corporações que reuniam profissionais.

O imperador Numa Pompílio teria sido o fundador da Maçonaria Operativa. Os *Collegia fabrorum* (colégio dos ferreiros) teriam se traslado para a Inglaterra no ano 43 d.C., compondo várias atividades como os *tignarii* (carpinteiros), *Oerarii* (fabricantes de armas), *Tibicines* (flautistas).

Os membros desses Colégios tinham prerrogativas especiais e certa independência na organização, garantida a inviolabilidade, inspirando posteriormente as Corporações, as Guildas, enfim, as associações modernas.

COLMEIA — É assim denominada uma "colônia" de abelhas; dentro da Colmeia, quando em estado natural, protegida por uma grossa camada de casca, centenas de abelhas, com tarefas determinadas, protegem uma rainha que produz os ovos que são colocados dentro dos favos; cada favo tem o formato hexagonal.

É esse hexágono que tem afinidades com a Maçonaria. A abelha como inseto não é usada como símbolo maçônico; apenas o inseto em si simboliza a operosidade.

O mel é usado na cerimônia de adoção de *Lowtons* e faz parte da Taça Sagrada da boa e má bebida.

COLUNA — Trata-se de um adorno e ao mesmo tempo sustentáculo, um destaque arquitetônico de embelezamento e

COLUNA

esforço das construções. Sua origem é desconhecida, mas as reminiscências das construções que permanecem como prova de civilizações destruídas nos informam a existência desses artefatos.

A Maçonaria atraiu a si as Colunas inspirada na descrição do Grande Templo de Salomão, contida nas Sagradas Escrituras.

Desse Templo, como o de Zorobabel e Herodes, nada subsistiu. Encontramos, no Vaticano, dentro da Igreja de São Pedro, ao lado direito de sua entrada, na Capela do Espírito Santo, ornamentando um altar, duas Colunas com aproximadamente três metros de altura, tidas como vindas dos destroços do Grande Templo de Salomão.

Pela escassez de informações, não conseguimos dados precisos sobre se aqueles adornos são realmente autênticos.

Qualquer tratado de arquitetura nos dará todas as especificações a respeito de uma Coluna, as múltiplas espécies e procedência dos mais estranhos países.

A descrição existente nas Sagradas Escrituras a respeito de como seriam construídas as duas Colunas principais nos dá uma Coluna muito estranha que se destinaria a guardar ou valores ou ferramentas no seu interior oco, pois foram construídas em bronze.

Pelo tamanho, fornecido meticulosamente em côvados, não poderiam conter todas as ferramentas necessárias para construir a grandiosa obra; talvez fossem os instrumentos mais delicados e de manejo privativo do artífice Hiram Abiff.

Os valores destinados ao pagamento dos operários e mestres também não poderiam caber em tão diminuto espaço, considerando que os pagamentos eram feitos parte em ouro e parte em espécies.

Sabemos que dentro da "nave" do Templo não havia nenhuma Coluna, mas que essas estariam colocadas dentro do Átrio, em número de 14.

Ficou convencionado pela Maçonaria Moderna que as duas principais Colunas, denominadas de "J" e "B", seriam colocadas dentro do Templo, na entrada, e as 12 restantes, ao redor interno do Templo. Ainda não é pacífica a razão dessa decisão.

Contudo, nas antigas descrições, a partir de 1700, o posicionamento das duas Colunas, consideradas "gêmeas", não possuía regra fixa e, assim, ora iremos encontrá-las à entrada do Pórtico, ora ao lado do Trono do Venerável Mestre e até ao lado do Primeiro Vigilante.

Arqueologicamente, as Colunas Gêmeas do Templo de Salomão seriam o lembrete das duas Colunas que dirigiam Moisés para a saga retirante dos hebreus do Egito. Outra interpretação teria sido copiar os obeliscos existentes nos Templos egípcios.

Essas Colunas consideradas gêmeas, contudo, não o são, porque os globos que as completam, um representaria a Terra e o outro o Firmamento.

Quanto ao aspecto esotérico, seriam a representação do próprio Jeová, no seu dualismo "objetivo-subjetivo", "material-espiritual".

Se analisarmos cuidadosamente, detalhe por detalhe, encontraremos na grande quantidade de romãs e lírios a representação do "vinho afrodisíaco" fabricado com o suco fermentado das romãs (bebida ainda em voga em Israel) e a beleza e candura dos lírios representando a mulher, que embora vedada a sua entrada no Templo, sempre foi a parte essencial e o interesse vital para a multiplicação da espécie humana.

O aspecto "fálico" procedente dos bárbaros não poderia ser ignorado.

A essas Colunas gêmeas foram dados nomes: Boaz e Jaquim, obviamente na tradução latina. Jaquim significa "Ele firmará"; e Boaz, "n'Ele está a força". Ou seja, "Ele firmará a força"; esse dualismo tem significado muito esotérico, portanto, o estudo a respeito deverá ser sério e de muita profundidade.

Tudo leva a crer que essas Colunas gêmeas eram destinadas a "acompanhar" aquele que receberia de Jeová a consagração para ser Rei ou Sacerdote; a presença de uma dessas Colunas simbolizava a presença do próprio Senhor.

Portanto, os adornos, as medidas, os materiais, a rede aposta por último, seriam como uma espécie de "retrato falado" do próprio Senhor.

Como "conhecer" a Jeová? Olhando para as Colunas gêmeas!

A realidade é que para "interpretar" tudo o que o Senhor determinou que fosse feito para o Grande Templo é necessário penetrar fundo na parte esotérica dos mínimos ornamentos e elementos.

No dia em que um arquiteto, um desenhista, um estudioso do judaísmo, um filósofo, enfim, uma "equipe" muito bem selecionada se dedicar a desvendar o que permanece no campo do mistério, compreenderíamos a função da Maçonaria.

Representariam as Colunas modernas, os sexos, sendo a Coluna "J" o masculino e a Coluna "B" o feminino, tanto que é denominada de Coluna da Beleza, enquanto a "J" é denominada a da Força.

COMENDADOR — O Soberano Grande Comendador é o Presidente do Supremo Conselho do Rito Escocês Antigo e Aceito.

COMISSÃO — Sendo a Loja um agrupamento de membros, ao ser eleita a Diretoria são nomeadas Comissões Permanentes, como a de Solidariedade, de Finanças etc. Existem, também, as Comissões Temporárias destinadas a solucionar casos específicos e supervenientes, como, por exemplo, a Comissão de Construção de Novo Templo. As Comissões "raramente" são eficientes, assim é o dito popular de que se alguma coisa não se queira que se realize, basta nomear uma Comissão.

COMPANHEIRISMO — Na França surgiu o *Compagnonnage*, uma Instituição exclusivamente Operativa que se dedicava a trabalhos específicos de construção. Não se confunda o "Companheirismo", com os "Companheiros", Grau 2, do Rito Simbólico. Os *Compagnonnage* apresentam semelhança com o sistema maçônico; esse "movimento" surgido na época dos Templários subsiste, embora frágil, até nossos dias, na França.

COMPANHEIRO — Denomina-se assim o Aprendiz que galgou o Segundo Grau com a finalidade de "polir a Pedra desbastada". Polir significa autoilustrar-se ou adquirir conhecimento para o aperfeiçoamento material e moral a fim de se candidatar ao Mestrado. Sendo o Grau de Companheiro uma etapa na trilogia maçônica e possuindo um Ritual próprio, exige um longo estudo; a notícia deve ser buscada na literatura específica, abundante nas livrarias de todo o Brasil.

COMPASSO — É um dos principais instrumentos de trabalho exigidos na Ciência Arquitetônica. É considerado uma das Joias que se colocam sobre o Livro Sagrado existente no Altar.

O instrumento é simples, consistindo em duas hastes unidas em um ponto de suas extremidades, denominado "testa" ou "cabeça"; desconhece-se a sua origem, porém, antes de surgir, o homem que calculava, para obter o Círculo, fixava na Prancheta com um "espinho", um "cordel"; na extremidade, colocava um pedaço de carvão ou de giz, e com um movimento circular desenhava o Círculo, obtendo dessa figura geométrica a partida para outros cálculos, usando a Régua.

A combinação do Compasso com o Esquadro simboliza não só na Maçonaria, mas em qualquer Instituição análoga ou religiosa, iniciática ou mística, o equilíbrio e a vida correta, a medida de um homem justo e o símbolo do próprio Deus.

É o símbolo da Justiça, pois a retidão traçada pelo Esquadro divide a Circunferência em partes exatas, demonstrando que no Universo o traçado em círculos define a rotação dos Astros e o caminho através do Cosmos ao Infinito.

Conta-se que ao grande pintor e astrônomo Giotto, pretendendo habilitar-se a um cargo público, foi pedido que apresentasse um desenho. Ele pediu uma folha de papel em branco, após em seu centro um ponto, e com mão livre desenhou um círculo; medido, foi encontrado perfeito.

Desse evento, conclui-se que o homem, por natureza, é dotado de um "Compasso", podendo, sem qualquer instrumento, "imitar o Círculo natural da Vida".

O Compasso é a Joia do Mestre, como a Régua do Aprendiz e o Esquadro do Companheiro.

O traçado do Compasso obedece às regras da geometria, pois de conformidade com a sua abertura, calculada em graus, traçará Círculos maiores ou menores; contudo, até um Compasso tem os seus limites, pois o traçado fica na dependência do tamanho de suas hastes e abertura em graus.

COMPLACÊNCIA — Sinônimo de Tolerância, mas com a diferença de que a Tolerância é uma virtude, enquanto a Complacência é inspirada pelo egoísmo e pela omissão voluntária.

COMPORTAMENTO — O Comportamento é o reflexo da personalidade e obviamente pode ser, através do conhecimento (educação), alterado; a Moral é o elemento básico do Comportamento; a Sociedade espera que os seus membros aperfeiçoem o comportamento; normalmente o Comportamento tende a seguir pelo caminho do bem; em sentido inverso, o mau Comportamento passa a ser um desvio de conduta.

Com a Iniciação maçônica, a Instituição não pretende transformar o homem profano em ser perfeito, diferente dos demais, criando uma figura especial.

Obviamente, como acontece nas Religiões, o indivíduo que se dedica a amar o próximo exteriorizará um comportamento social cada vez melhor.

No entanto, o Comportamento maçônico difere do Comportamento profano. A diferença reside no fato de o maçom viver em Loja e conviver com outros maçons numa permuta constante de suas virtudes que afloram do seu interior espiritual.

Um maçom, que na sociedade deixa de se comportar de forma esperada, causando "distúrbios" em seu convívio social, na Loja, poderá apresentar-se com um Comportamento excepcional e perfeito. Dentro da Loja, o individualismo cede para a União, formando a Egrégora (*vide* verbete a respeito).

A alteração de um Comportamento apresenta múltiplas causas, de origem fisiológica, espiritual e mesmo esotérica. Somente a Psicologia define essas alterações; aliada à Parapsicologia, compreenderemos por que dessas alterações.

As pessoas, por exemplo, carentes de proteínas, apresentam um comportamento diferenciado daquelas que possuem uma alimentação racional. Estudos feitos em criminologia apontam a carência de proteínas como fator principal dos que furtam.

É evidente e todos esperam que um maçom, fora da Loja mantenha um padrão de moral que reflita a sua posição mental-espiritual, adquirida pela Iniciação. Contudo, se um maçom não foi adequadamente iniciado, será um maçom deficiente; costuma-se dizer, um profano de Avental.

COMPÓSITA — É assim designada uma ordem de arquitetura para as Colunas; trata-se de uma composição extraída de duas outras ordens: a Jônica e a Coríntia; a Coluna Compósita, como o nome indica, composição, apresenta em seu Capitel as Volutas da ordem Jônica, e as folhas de Acanto que a ornam são retiradas da ordem Coríntia.

É a Coluna dos Companheiros originária da arquitetura romana.

COMUNICAÇÃO — É o ato de administrar-se certos Graus Intermediários prescindindo da Iniciação; isso sucede nos Graus Filosóficos, porque nos três Graus Simbólicos, as cerimônias de Iniciação, elevação e exaltação são obrigatoriamente conferida, por meio de cerimônias adequadas.

CONCENTRAÇÃO — É a fixação de todas as forças mentais dirigidas a determinado ponto.

Na Maçonaria, inexistem atos de concentração, mas sim de Meditação; a diferença entre esses atos consiste em que a Meditação é conduzida de modo natural, sem esforço mental; na Cadeia de União, a meditação conduz a mente para seu "interior" de modo suave e imperceptível.

Para a hipnose, usa-se a concentração do paciente, o que vem comprovar a apontada diferença.

CONCLUSÕES — Oficialmente, de conformidade com o Estatuto da Loja ou determinações estabelecidas nos Regulamentos, compete ao Orador, ao encerrar a sua atuação, apresentar as Conclusões sobre tudo o que ocorreu durante a sessão.

O Orador é o Guarda da Lei; vigilante quanto à obediência aos preceitos ritualísticos e às leis que regem a Ordem, seja a Constituição Geral, o Regulamento Geral ou o Estatuto do próprio Corpo. Toda vez que algum dispositivo for violado, o Guarda da Lei tem o direito de, em livre manifestação, esclarecer a

CONFEDERAÇÃO

Oficina que houve equívoco, para que o Venerável Mestre possa corrigi-los. Essa interferência, contudo, não se confundirá com as Conclusões. A última palavra na Loja cabe ao Venerável Mestre, mas a última manifestação compete ao Orador.

Cabe ao Orador a saudação aos visitantes e às Autoridades presentes, o que fará com elegância, obedecendo ao Protocolo, isto é, iniciando pelos irmãos que mais se destacam.

É de uso e costume da Loja o Orador cumprimentar os aniversariantes, dedicando certo tempo em analisar a atuação dos mesmos na Loja e no mundo profano.

Nas Conclusões, não cabe ao Orador apresentar seu "particular trabalho", ou seja, a sua "peça de arquitetura"; essa será apresentada dentro da Ordem do Dia que prevê o seu pronunciamento.

As Conclusões abrangem a crítica quanto aos trabalhos apresentados pelos Aprendizes e Companheiros.

Ao término da sessão, o Venerável Mestre solicitará ao Orador que apresente as suas conclusões finais.

O Orador fará, então, um resumo de tudo o que ocorreu, dando esclarecimentos e fazendo sugestões, sem contudo dar uma opinião pessoal, pois o seu pronunciamento é representativo; ele falará em nome da Loja e terá a oportunidade de "contornar" o que surgiu de inconveniente e de deixar a melhor impressão possível quando os assuntos da sessão tiverem sido amorfos.

O costume que se observa nas Lojas é a do Orador "fechar" a sua atuação com a seguinte frase: "Venerável Mestre, tudo está justo e perfeito"; essa Conclusão conduzirá o pensamento dos presentes a uma pausa até os próximos trabalhos.

Quando um assunto deixar dúvidas quanto a uma Conclusão definitiva, o Orador apresentará as duas versões com o intuito de, em próximas sessões, os irmãos renovarem as suas teses, os seus pontos críticos, sempre com a intenção de um aperfeiçoamento. Nada pode ficar em dúvida entre irmãos; com muita tolerância e amor fraterno, a habilidade do Orador evitará dissenções e malquerenças.

Na Maçonaria, dois assuntos não são permitidos, religião e política, porque se prestam a pronunciamentos apaixonados.

Assim, no calor dos debates, nada deverá ultrapassar o bom senso, o respeito e a disciplina; o irmão só pode usar a palavra depois que o Venerável Mestre permitir.

Em se tratando de trabalhos literários, com a apresentação de teses, a Loja nomeará comissões para que apresentem pareceres; o Orador, ao final dos trabalhos, não poderá emitir opinião sobre esses pareceres, mas apenas apresentar a Conclusão de que o desempenho dos participantes foi adequado ou não.

Um Estatuto ou Regimento Interno da Loja deve ser bem elaborado para que regularmente todas as facetas oportunas visando a harmonia entre os irmãos que em hipótese alguma poderá ser quebrada.

Após as Conclusões do Orador, o Venerável Mestre iniciará o cerimonial de encerramento.

CONFEDERAÇÃO — Reunião periódica ou esporádica de Potências maçônicas; existem Confederações de

Lojas, de Grandes Lojas, de Grandes Orientes, de Corpos Filosóficos e de Supremos Conselhos.

Uma Confederação de Lojas forma ou não uma Grande Loja; as Lojas podem trabalhar com autonomia mas sempre sob o registro de uma Grande Loja; pode existir uma Confederação de Lojas de determinados Ritos, como Confederação das Lojas do Rito de York, por exemplo; pode existir uma Confederação de Lojas Nacionais, ou pertencentes ao Continente, ou agrupamentos de Continentes.

Existe, contudo, uma característica generalizada; essas Confederações têm aspecto puramente técnico, para aprimoramento administrativo, para estudo ritualístico, para uniformidade litúrgica, mas sempre respeitando a autonomia de cada Loja em particular ou de cada Grande Loja.

Um Presidente de Confederação terá atuação ativa, exclusivamente, enquanto subsista a reunião; após, o cargo será honorífico.

Num País não pode haver, do mesmo Rito, dois Supremos Conselhos no que respeite à Maçonaria Filosófica, motivo porque não haverá uma Confederação dos Supremos Conselhos em um País, pois, se existirem vários Supremos Conselhos, somente um será regular. As Confederações serão, no caso, entre países e entre continentes.

As conclusões a que uma Confederação possa chegar atuarão como sugestões e nunca como regras e determinações.

Não se confunda uma decisão vinda de uma Confederação com um Tratado de Amizade, que estabelece regras gerais a serem observadas pelos participantes. A Maçonaria é um todo, porém respeitada a independência e autonomia de cada Potência em particular.

CONFRARIAS — A origem da palavra é latina: *cum* e *frater*, significando "em companhia do irmão", originando uma associação que tinha como objetivo a assistência social esteada em princípios religiosos. Surgiram em torno do século XII proliferando de tal forma que em 1604 o Papa Clemente VII proibiu a formação de novas Confrarias. Unidas as associações operativas, assim, por exemplo, numa Associação de Ferreiros, podiam existir várias Confrarias com objetivos diferentes.

A Confraria alcançou a Maçonaria especialmente na Inglaterra, como, por exemplo, a *Fraternity of Freemasons*. Essas Confrarias, pouco a pouco foram dissolvidas e no século XIX já não se ouvia falar nelas.

A Confraria seria a parte espiritual da Associação, responsável pela ordem e disciplina.

CONFÚCIO — Sábio, religioso e filósofo chinês; seu nome em chinês era K'ong-Fou-tseu nascido no Estado de Lu, na província de Shandorg, da qual seu pai era governador.

A sua Doutrina tem o sabor da filosofia oriental. Com a Maçonaria não existem ligações maiores, apenas no Grau 32 do Rito Escocês Antigo e Aceito representa o "Sábio", junto com um punhado de outros personagens ilustres do passado remoto. Confúcio viveu entre os anos 551 a 479 a.C. Deu origem à doutrina Confucionismo.

CONSAGRAÇÃO — O vocábulo significa tornar sagrado um Templo, isto é, habilitá-lo para receber os adeptos com a finalidade de honrar e cultuar uma divindade.

A Maçonaria "consagra" os seus Templos, usando um Ritual apropriado por meio de tocante cerimônia; o uso da Consagração é relativamente moderno, pois as Constituições de 1723 não fazem qualquer referência a respeito.

A Consagração, porém, não é ato exclusivo que respeita um Templo, pois todo "novo maçom", o recipiendário, logo após a sua Iniciação, é Consagrado pelo Venerável Mestre que coloca a folha de sua Espada sobre sua cabeça e pronuncia a fórmula consagratória batendo com o Malhete na Lâmina por três vezes.

Na época cavaleiresca, os cavaleiros eram consagrados, também, com a Espada, batendo a Lâmina nos ombros; difere a cerimônia maçônica, pois, na realidade, quem consagra não é a Espada, mas sim as "vibrações" que os golpes do Malhete produzem e que penetram na parte íntima do Neófito.

CONSCIÊNCIA — A Consciência é atribuição do ser humano. A Consagração torna "sagrado", ou seja, "santificado" o ato, o que equivale a "sancionar" o ingresso na Ordem de um novo membro.

A consciência normal que é "despertada" em certo período da vida e surge gradativamente. É o "despertar" da existência, quando a criança descobre que é um ser que existe. Os momentos de alegria, de tristeza, de desamparo ou transição servem para despertar o conhecimento de que o ser humano possui "Alma", ou seja, algo dentro de si que não é total e definitivamente conhecido.

O homem apresenta a grosso modo três momentos: a consciência, a subconsciência e a hiperconsciência. Esses momentos podem receber outras denominações; usam-se os mais conhecidos, pois o que importa não é uma definição técnica, mas a compreensão exata.

Diz-se Consciência, a Sala dos Passos Perdidos; Subconsciência, o Átrio, e hiperconsciência, o Templo. Assim, a consciência do maçom será a manifestação externa de seu ser; a subconsciência, o homem íntimo, o que afine com o coração, e a hiperconsciência é a sua parte divina, mística, esotérica, o seu Templo Interior.

Com essa simples divisão compreenderemos a diferença entre "Ego" e "Eu".

Alexis Carrel é autor de um livro magnífico, *O homem, esse Desconhecido*, que indicamos para melhor compreensão do tema.

O homem viaja pelo Cosmos exterior e vislumbra o Infinito, porém tem dificuldade para incursionar dentro de si mesmo, onde poderá encontrar tanto Infinito como jamais pensou que possa existir.

CONSELHO — É a denominação dada em alguns Graus Filosóficos aos seus trabalhos em Templo; por exemplo: "Conselho de Kadosch" (ou Kadosh). Trata-se simplesmente de distinguir a finalidade da reunião, quem a preside, mas sem determinações sobre trabalhos iniciais da "Construção"; são "Escalões Superiores" em que se reúnem os mais "sábios" e os mais "aventalhados".

CONSENTIMENTO UNÂNIME — Consentir significa aprovar, permitir, concordar; nos primórdios da

CONSISTÓRIO — CONSTELAÇÕES

Maçonaria Moderna, muito antes de 1723, o candidato proposto somente era aceito pelo consentimento unânime; nessa votação era empregada a fórmula secreta de votar, porque uma única oposição bastava para que o proposto nunca mais encontrasse oportunidades de ingressar na Instituição. Após 1723, essa Unanimidade passou a ser contornada com novas oportunidades ao candidato.

Hoje, prossegue a tradição, pois por ocasião do Escrutínio Secreto levado a efeito através das esferas negras e brancas, quando são colocadas duas ou mais esferas, a repetição do ato deve aguardar espaço de um ano; obviamente, existem exceções, dependendo do que a legislação de cada obediência determina.

Quando surge apenas uma esfera negra, há possibilidade ou de uma nova votação, ou de que, quem votou em negro, possa esclarecer de forma particular ao Venerável Mestre o porquê de seu voto negativo. O Venerável Mestre tem o poder de transformar esse voto em aprovação, pois frequentemente a negativa depende de interpretação equivocada do votante.

A finalidade do consenso unânime prende-se ao fato de que cada maçom tem o direito de vigiar sobre o ingresso de um seu "futuro" irmão que inclusive por coincidência, no mundo profano possa tratar-se de um desafeto. A harmonia da Loja não deve ser quebrada em hipótese alguma; nesses casos, o maçom que ficar em dúvida se aprova ou não o candidato votará com a esfera negra e depois, em particular, explicará ao Venerável Mestre a sua atitude; o Venerável Mestre deixará a votação "sob malhete", isto é, aguardará nova oportunidade até que o irmão em dúvida lhe dê "sem obstáculo".

O rigor na aprovação unânime tem sido o baluarte da Ordem, a ponto de afirmar-se: "A esfera negra é o baluarte da Maçonaria"; não será a "quantidade" que há de garantir a continuidade da Ordem, mas a "qualidade".

A formação do quadro de uma nova Loja constitui a tarefa mais delicada e difícil que se pode imaginar. Contudo, os Mestres, cônscios de sua responsabilidade, não descuram desse primordial aspecto.

CONSISTÓRIO — O Consistório é o nome dado à reunião dos prelados de maior Grau da Igreja; como o é na Maçonaria no que respeita aos mais altos Graus. No Rito Escocês Antigo e Aceito, denomina-se Consistório, a reunião dos maçons que possuem o 33.º Grau, que é o último desse Rito. Diz-se ser o "Ápice da Pirâmide", o "Coroamento da Obra", quando o maçom recebe não uma coroa de metal precioso cravejada de pedrarias raras, mas a "Coroa de Espinhos" que é a maior glorificação que se possa receber.

O Consistório toma as decisões finais no que diz respeito aos Graus Filosóficos, ou seja, do 4.º ao 33.º, eis que esses Graus denominam-se "Graus Subordinados" ao Supremo Conselho.

CONSTELAÇÕES — São agrupamentos de astros, destacando-se os de maior grandeza.

Através do telescópio, as figuras que esses astros formam tendem a desaparecer, pois o número de estrelas é infinito.

Astrologicamente, são apenas doze as Constelações, formando o Zodíaco; mas Astronomicamente, são em número infinito.

CONSTITUIÇÕES

Como exemplo tomemos a Constelação do Cruzeiro do Sul, que é facilmente visível.
Simbolicamente, são reproduzidas as principais Constelações no teto de uma Loja maçônica denominada Abóbada Celeste. Essas figuras são simbólicas e muito ligadas à Mitologia.
Não seria necessário reproduzi-las de modo tão pobre, no teto das Lojas, mas isso é necessário, porque a Loja é a reprodução do Universo que compreende a Terra e o que há acima dela.
Representam essas Constelações os "Chacras" da parte esotérica do homem. Nos compêndios especializados encontraremos esclarecimentos científicos e astronômicos; porém, na interpretação esotérica, devemos buscar o conhecimento dentro de nós mesmos; quando o homem fecha as suas pálpebras, "vê" essas Constelações e pode perfeitamente, pela "magia" de seu pensamento, atingi-las.

CONSTITUIÇÕES — São as Leis maiores de todo agrupamento organizado, essenciais para que haja ordem no caos.
Cada Potência maçônica isolada, seja uma Grande Loja ou um Grande Oriente, deve possuir a sua Constituição.
A Constituição em si não é tão importante como a sua instituição; para constituí-la é necessário convergir a vontade do povo maçônico, sendo assim a expressão máxima de como aquela Obediência possa subsistir legitimamente.
Uma Constituição é um instrumento genérico que contém as linhas mestras de uma Instituição, pois visa disciplinar quase permanentemente as regras de comportamento.
Quanto mais antiga uma Constituição, mais sábia resultará ela.

Cada Potência, pelas suas características de autonomia, possui a sua Constituição alterável em conformidade com o desejo de uma Assembleia Geral. No entanto, a Maçonaria presta veneração às suas primitivas Constituições, que obviamente, por uma questão de tradição, passaram a ser "inalteráveis", servindo de guia seguro para a manutenção dos princípios seculares da Ordem.
Em 1720, George Payne compilou os primeiros Regulamentos que precederam as Constituições de 1723, compilados por Anderson.
Essa Constituição, formada de vários Regulamentos, passou a constituir a Lei fundamental da Maçonaria Universal. O dr. James Anderson reuniu os preceitos que constituíam os "Deveres de um maçom", recolhendo-os de velhos manuscritos e do que oralmente chegara até sua época. A Constituição de Anderson abrange seis artigos:
O primeiro diz respeito a Deus e a religião; o segundo, ao governo civil; o terceiro, às Lojas; o quarto, aos Veneráveis Mestres, Vigilantes, Companheiros e Aprendizes; o quinto, ao desenvolvimento dos trabalhos em Loja; e o sexto, à organização dos programas desses trabalhos.
O primeiro artigo, modificado quinze anos depois, mas conservando a sua estrutura principal, transcreveremos por curiosidade:
"Um maçom é obrigado pela sua dependência junto à Ordem a obedecer a Lei Moral; e se bem entende, a Arte nunca será um ateu estúpido nem um irreligioso libertino. Porém, embora nos tempos antigos os maçons fossem obrigados em todos os países a seguir a religião daquele país, ou daquela nação, qualquer que ela fosse, presentemente

CONSTRUÇÃO DO TEMPLO DE SALOMÃO

julgou-se mais conveniente não os obrigar senão para com a religião na qual todos os homens estão de acordo, deixando a cada um as suas opiniões pessoais. Essa religião consiste em serem homens bons e sinceros, homens honrados e probos, quaisquer que possam ser as denominações ou crenças que possam dintingui-los; motivo pelo qual a Maçonaria há de se tornar o Centro de União e o meio de conciliar, por uma amizade sincera, pessoas que estariam perpetuamente separadas".

Durante o grão-mestrado do Duque de Montagu, religiosos e mestres universitários procuraram a Maçonaria e nela ingressaram dando-lhe, assim, uma característica mais intelectual. Anderson foi escolhido por esses "novos" para "refundir" as velhas Constituições Góticas; em dezembro de 1721, uma comissão de quatorze maçons, os mais eruditos, foi encarregada de examinar o trabalho de Anderson e apresentar um relatório, o que aconteceu no ano de 1722, e no mês de janeiro de 1723, surgiu o *Livro das Constituições*, impresso e posto à disposição dos maçons (posto à venda).

Esse Livro foi reeditado, sempre com alterações, em 1738, em 1756 e em 1767, revisto por John Entick; em 1776 apresentava um apêndice de autoria de William Pretos; em 1784, com outras alterações apresentadas por John Noorthouck; nos anos de 1815, de 1827 e de 1841, foi novamente reeditado, mas com raras alterações. A que sofreu maior alteração foi a edição de 1815 editada pela Grande Loja Unida da Inglaterra. Para exemplificar, transcreveremos o primeiro artigo, assim alterado:

"Um maçom é obrigado pela sua dependência a obedecer a Lei Moral; e se bem entender a Arte, nunca será um estúpido ateu nem um irreligioso libertino. De todos os homens, deve ele compreender melhor que Deus vê de maneira diferente do homem; pois o homem vê a aparência exterior enquanto Deus vê o coração... Qualquer que seja a religião de um homem ou a sua maneira de adorar, não será excluído da Ordem, contanto que creia no Glorioso Arquiteto do Céu e da Terra, e que pratique os deveres sagrados da Moral..."

Vislumbra-se, nessa alteração, o conflito que existia entre a Grande Loja Unida da Inglaterra e o Grande Oriente da França; a ampla tolerância a respeito da matéria religiosa passou a ser restrita; nota-se, porém, o início de uma atitude mais esotérica, desvendando o "mundo espiritual" do interior do homem, na expressão: "Deus vê o coração", ou seja, o comportamento espiritual do homem interior, do homem "divino".

As Grandes Constituições, foram publicadas em várias línguas, inclusive em latim.

Assim, não existe, hoje, uma real Constituição básica e inalterada. A tendência é conservar a Constituição denominada Anderson, por seu trabalho que demonstrou como a Maçonaria deveria proceder. Todas as atuais Constituições das Nações conservam os princípios básicos; mais tarde, esses princípios passaram a denominar-se *Landmarks*, que, para o Rito Escocês Antigo e Aceito, são em número de vinte e cinco.

CONSTRUÇÃO DO TEMPLO DE SALOMÃO — Esta expressão é usada de modo simbólico e diz respeito ao trajeto que o Aprendiz deve percorrer até conseguir colocar-se diante do Altar para contemplar Deus; é a construção interior do Grande Templo Espiritual. Diz-se, também, quando uma Loja resolve construir seu Templo material onde, como Oficina, desenvolverá o seu trabalho.

CONTEMPLAÇÃO — O vocábulo sugere a caminhada em direção de um Templo; trata-se de uma postura estática que precede o ingresso, por meio da meditação, ao Mundo Espiritual.

É o instante que o maçom, na formação da Cadeia de União, dispôs ao penetrar no mundo ignoto mas atraente da mente, buscando penetrar na mente do irmão que lhe está ao lado para uma fusão e, assim, desaparecer a individualidade para que os elos formem uma Cadeia.

Os hindus empregam para o início contemplativo o "mantra", que é o pronunciamento de determinada palavra cujo som conduz à meditação.

A meditação é o ato de interiorização; a Contemplação é o ato de exteriorização; o maçom "contempla" os símbolos, envolvendo-os com o seu olhar, para depois buscar "adentrar" nos mesmos com a finalidade de absorver uma mensagem.

CONVENTO — É a casa onde os religiosos residem para momentos de paz e recolhimento. A Maçonaria não possui Conventos, pois os maçons realizam-se dentro de Templos e o seu recolhimento é meditativo, podendo construir em qualquer momento um "lugar dentro de si próprios" para aprofundar-se na parte esotérica de sua Doutrina.

Há muitos anos, a reunião de Delegados de diversas Lojas era denominada de Convento, acepção em total desuso.

CORAÇÃO — Esse órgão sempre foi considerado o "centro vital" do organismo; "amar com o coração" é uma das expressões poética, as mais usadas nas Sagradas Escritura, recomenda-se que o homem ame com todas as forças de seu fígado.

Maçonicamente, o Coração é símbolo das emoções, e no Grau de Companheiro, a postura correspondente é feita colocando a mão direita em forma de garra sobre o coração, como se houvesse a necessidade de "arrancá-lo"; isso provém da Lenda de Hiram Abiff: o Rei Salomão ordenou, nas exéquias de seu grande artífice Hiram Abiff, que fosse seu coração conservado em uma urna.

Em certos Graus da Maçonaria Filosófica há alusões várias sobre o coração; no julgamento de Ísis, o coração do morto é pesado para ver se as suas boas ações preponderam sobre a má conduta.

A "Cordialidade", o "ser cordial", provém do vocábulo Coração, que tem origem latina. A Cordialidade é um atributo maçônico.

A Igreja venera o Coração de Jesus e de Maria e os representam "flamejantes", ou seja, em sua forma anatômica, envolto em pequenas chamas. Em determinado Grau Filosófico, é feita referência ao símbolo do "Coração Chamejante".

Nas Catacumbas de Roma, onde jazem ainda os Cristãos Primitivos sepultados, notam-se em muitas lápides o símbolo de um Coração, que representa o amor.

CORAGEM — Deriva da palavra francesa *corages* e significa a disposição anímica de enfrentar o perigo. O ato de coragem surge diante de um perigo e é um impulso que vem de súbito, sem prévia preparação. Durante a Iniciação maçônica são feitas frequentes menções a respeito da Coragem que deve manter o candidato para vencer os obstáculos. Trata-se, sem dúvida, de uma virtude. Na Maçonaria, a Coragem é posta à prova do Candidato que enfrenta um perigo invisível. É necessário, por outro lado, revestir-se de Coragem para resistir ao vício e à tentação. O perigo invisível é muito mais temido que o visível.

CORDA — Esse vocábulo, tem origem latina *chorda*, sendo a raiz latina *Cor* parte de inúmeras palavras. A Corda traduz "envolvimento"; o Coração envolve de forma sentimental e a Corda envolve de forma física.

O Cordão umbilical é o conduto vital da nova criatura; a Cadeia de União não passa de uma Corda humana, qual cordão umbilical a dar vida aos elos da Corrente.

A Corda que envolve o pescoço de um Neófito simboliza a Escravidão, que é preciso suprimir; a Corda pode ser símbolo de morte, de castigo, nas execuções sumárias dos que ofendem a Sociedade; a morte por enforcamento é a mais vil das mortes.

A Corda é um símbolo maçônico que se apresenta sob várias formas; se numa Corda são feitos sete nós, esses representam as Ciências ou as Artes liberais; em número de doze, representam as doze casas do Zodíaco; e em número de oitenta e um, representam a União Fraternal.

Todos os Templos maçônicos possuem entre o teto e a parede, como ornamento, uma Corda que circunda todo o Templo, e as suas extremidades são colocadas na porta de entrada, uma de cada lado; essa Corda possui oitenta e um nós, que é um número múltiplo de nove, número simbólico por excelência; as extremidades da Corda são terminadas com uma borla. Esses nós simbolizam os "laços do amor"; um nó é um laço que se firma num único ponto.

Essa Corda tem a finalidade de "absorver" as vibrações negativas que possam ser formadas dentro do Templo; absorvidas, são transformadas em energia positiva e devolvidas aos maçons que se encontram no recinto. Muitos autores confundem a Corda de Oitenta e Um Nós com a Orla Dentada, com o Pavimento de Mosaicos e até com a Cadeia de União; cada um desses símbolos têm "vida própria" com a atuação peculiar.

Os nós representam o irmão dentro da unidade da Loja, encerrando, assim, toda a energia para espargi-la no conduto geral aos demais irmãos num ato de fraternidade.

CORDEIRO — A raiz vem do latim, *cordarius*; o Cordeiro é o carneiro ou a ovelha recém-nascido, cujo período vai do nascimento até que, espontaneamente, ingere a primeira folha, em sua iniciação na busca autônoma do próprio alimento, abandonando o leite materno; é o símbolo da candura, da pureza, do amor, da paz, da bondade e da Salvação.

No Cristianismo é o símbolo de Jesus, o Cristo que tira o pecado do mundo. Em Astronomia, quando o Sol entra em Áries (Cordeiro), dá início ao Equinócio da Primavera, simbolizando a Ressurreição, quando o reino vegetal desabrocha.

CORDEL — CORES

O povo Hebreu comemora a sua Páscoa simbolizando a passagem do Anjo exterminador, prenúncio de sua libertação da escravidão no Egito; as comemorações incluem uma ceia onde é servido um cordeiro.

No Cristianismo, o símbolo passa a representar a libertação da escravidão do "pecado", e Jesus instituiu a Santa Ceia dando início a essa cerimônia com os seus Discípulos; na Santa Ceia, onde Jesus repartiu o pão e o vinho, foi servido um cordeiro.

Hoje, essa Ceia dispensou o cordeiro. Na Maçonaria, o Cordeiro passou a ser símbolo da pureza, tanto que é dado ao Aprendiz um Avental feito de pele de cordeiro. Em alguns Graus da Maçonaria Filosófica é feita alusão ao Cordeiro, em especial no Grau 18, denominado Rosa-Cruz, quando na ceia são ingeridos pão, vinho e o cordeiro assado; esse costume tem sido, no entanto, simplificado com a supressão do cordeiro; compreende-se a medida face a dificuldade na obtenção desse pequeno animal.

No Livro do Apocalipse é feita menção ao Cordeiro, simbolizando Jesus, o Cristo, e representado por um Livro do qual pendem sete selos, que são os véus que encobrem, ainda, os mistérios que hão de ser desvendados ao final do Ciclo de nossa era.

CORDEL — Pequena corda; é um instrumento de trabalho que faz parte do prumo; o Cordel fixo em uma extremidade e envolvendo na outra um giz, carvão ou grafite, forma o Círculo.

Na Cerimônia de investidura dos Oficiais de uma Loja, também denominada Instalação, é entregue ao Venerável Mestre, entre outros objetos simbólicos, um Cordel; o significado é o da retidão de seus passos e do manejo hábil para o traçado e para a construção, lembrando a fase Operativa da Maçonaria.

CORES — A Natureza é composta de elementos coloridos, e os elementos apresentam-se com as cores refletidas no Arco-Íris que não passa da reflexão produzidas, pelo raio solar, sobre gotas d'água.

O espectro solar, pequeno triângulo de cristal de rocha, tem o dom de receber o raio solar e decompô-lo formando três cores primárias que originam mais três secundárias; as cores primárias são o azul, o vermelho e o amarelo; as derivadas, o verde, o roxo ou violeta e o alaranjado.

Surgem duas "falsas cores": o branco e o negro; essas não são consideradas cores, bem como as nuances que formam, como o cinza.

O branco é a polarização de todas as cores, o raio solar; o negro é a ausência de cor.

Na Maçonaria, as cores assumem relevo, pois para cada Grau é destinada uma cor específica nos trajes, nas fitas, nos cordões e nos aventais, bem como na ornamentação do Templo.

A Maçonaria apresenta quatro classificações: a Azul, que corresponde às Lojas Simbólicas; a Vermelha, que abrange os capítulos Rosa-Cruz; a negra, que corresponde aos Conselhos de Kadosch; e a Branca, que diz respeito aos Supremos Conselhos.

No Livro do Apocalipse, a Cidade que desce dos Céus é construída com pedras preciosas, cada uma em cor definida.

Cientificamente temos a "terapia" da cor; exemplificando, temos os raios ultravioletas e as lâmpadas infravermelhas. A influência das cores é muito grande, pois o azul oferece um ambiente de serenidade, enquanto o vermelho excita; o amarelo e o verde exercem influência sobre o sistema nervoso; e o lilás, ou violeta, é cor que conduz à meditação.

Em algumas Lojas, ao ser aberto o Livro Sagrado, na iluminação predomina a cor mística, ou seja, a roxa; em certas fases, as lâmpadas são vermelhas, e ao final, no encerramento, é o azul que dá serenidade, paz e bem-estar.

A cor nos diversos atos litúrgicos tem importância relevante, especialmente na formação da Cadeia de União.

CORÍNTIA — É uma ordem arquitetônica de grande efeito, especialmente nas suas Colunas; procede da Grécia, propriamente de Corinto. A Maçonaria tomou três ordens: a Dórica, a Jônica e a Coríntia, também conhecida como Compósita.

Erradamente, as Colunas de entrada, denominadas "J" e "B", são construídas segundo a ordem Coríntia; no entanto, essas Colunas deveriam reproduzir as descritas para o Templo de Salomão, que não obedecem nem às ordens gregas nem às romanas, mas são uma composição simbólica da filosofia hebraica.

Ainda permanece um mistério como eram as doze Colunas que ficavam no átrio e não no interior do Templo de Salomão; não há sobre essas doze Colunas qualquer descrição.

Na Catedral de São Pedro, em Roma, ao redor do Altar, surgem gigantescas quatro Colunas denominadas Colunas de Salomão, cuja haste é ondulante e o seu todo trabalhado com muita arte, fugindo ao estilo da época. São Colunas de bronze.

CORNOS — Alguns quadrúpedes ao atingir a idade adulta apresentam na testa, em sua parte central, protuberâncias ósseas, ora de pequeno porte ora até ramificadas, como os alces, os cervos e alguns caprinos; o Chifre difere do marfim, pois este é uma parte dental desenvolvida. Os rinocerontes apresentam na ponta de seu nariz um chifre, formado por fios entrelaçados muito duros que se confundem com um corno.

O Corno é símbolo de poder e masculinidade; os visigodos e os gauleses usavam-nos a cada lado de seu capacete.

Moisés, ao descer do Monte Oreb trazendo nas mãos as Táboas de Lei, emitia de sua testa fachos de luz que eram tidos como cornos.

Na Maçonaria são usados para ornamentar os Altares, rememorando a figura majestosa de Moisés, significando que no Altar está toda a força e o poder.

CORNUCÓPIA — É um objeto em forma de corno retorcido, com uma base ampla representando uma espécie de cesto do qual saem flores e frutos, simbolizando a fartura; é o símbolo da agricultura e do comércio.

A sua origem é mitológica; esse corno teria sido arrancado da cabeça de Aquelous que se transformara em touro para lutar contra Hércules; foi por este vencido, e seus cornos, arrancados.

COROA — É um adorno cujo nome provém da raiz latina *corona*; o adorno, usado pela realeza, significa poder; inicialmente era formada com ramos de certas espécies de plantas que possuíam atributos mágicos, como louro, oliveira, mirto e hera; faziam-na com flores para os adolescentes e para as mulheres.

Posteriormente, os ramos foram substituídos por adornos leves de ouro; reis e imperadores passaram a usá-la; os Lombardos usavam-na de ferro.

O poder e a majestade, no caso de Jesus, o Cristo, foram substituídos pela da humilhação, formando a Coroa de Espinhos.

A Maçonaria, em certas cerimônias, usa uma Coroa, especialmente nos Graus Superiores da Maçonaria Filosófica.

A Coroa simboliza, também, a proteção; quem a usa estará protegido pelo Poder Superior. Com o surgimento da Universidade, quando estudante alcança a etapa final recebe o Capelo, substituto da Coroa; os Magistrados o usam para simbolizar que estão sob a proteção da Lei.

Os atletas vitoriosos nas suas competições recebem, ainda hoje, a Coroa da Vitória, formada com ramos de louro.

CORPORAÇÕES — Chama-se Corporação um grupo formado de profissionais que exercem a mesma atividade.

As Corporações surgiram na Europa, no século XII, com a finalidade de proteger os profissionais, especialmente aqueles dedicados à construção, abrangendo os artesanais, como os forjadores de metais.

A proteção visava, de forma ampla, proteger os "segredos" de uma profissão. Sua origem vem do momento em que o Rei Salomão dispersou os cento e cinquenta mil operários estrangeiros, os quais retornaram aos seus países onde passaram a exercer como profissão tudo o que haviam absorvido das construções em Israel.

Os segredos eram mantidos de forma muito sigilosa, porque os continuadores, de pai para filho, recebiam os segredos como condição de garantir a subsistência. Para essa manutenção, foram criados Ritos e cerimônias tão sigilosos que apresentavam aspectos religiosos.

A Maçonaria Operativa estimulava a formação dos grupos profissionais, e as Corporações desenvolveram-se de tal modo que criaram verdadeiros estados dentro de um país, recebendo a proteção dos poderosos que desejavam construir seus palácios e castelos; a Igreja, inicialmente, aceitou as Corporações, porque delas usufruíam a construção das Igrejas e dos conventos; contudo, paulatinamente, passou a perseguir as Corporações.

O rei Luís da França mandou publicar o "Livro dos Ofícios", encarregando disso Etienne Boileau, que no ano de 1268 veio à luz com a classificação de 101 artes e ofícios.

As Corporações deram origem às Guildas e às Confrarias, onde a predominância da Maçonaria era notória. A história das Corporações está estreitamente ligada com a história da Maçonaria.

Lamentavelmente, no Brasil não temos livro algum, mesmo de origem estrangeira, que especificamente trate dessas Corporações; as pequenas e escassas notícias são insuficientes para uma apreciação ampla daquela grandiosa fase.

CORUJA — Ave de hábitos noturnos que foi tomada como símbolo de Sabedoria e Prudência; os gregos a consagraram a Minerva; os egípcios representavam a deusa Neith como uma Coruja; na escrita encontrada nos túmulos, aparece a Coruja como emblema real.

Nos emblemas maçônicos e nos seus estandartes, a Coruja é reproduzida simbolizando a Prudência e a Sapiência. Os professores têm nessa ave o seu símbolo.

CORVO — Ave de variados aspectos; na Europa não passa de um pássaro de porte médio, semelhante ao tordo, cuco e de penugem negra; nas Américas, o Corvo tem porte maior, como um galináceo. Muitos confundem o Corvo com o Urubu. Contudo, o Corvo na mitologia Grega e Romana era tido como ave que predizia o futuro, mas de mau agouro.

Na Maçonaria, o Corvo simboliza o poder destruidor dos assassinos de Hiram Abiff.

COSMOGONIA — É a ciência que define a formação do mundo terrestre, quer por meio das leis que o regem, quer dos que a habitam, inclusive do que é formada como os minerais, os vegetais, os animais, a água e o ar.

A Cosmogonia, apesar de a raiz de seu vocábulo ser "Cosmos", é considerada como o estudo dentro do Cosmos, apenas, do Globo Terrestre.

COSMOS — De origem grega, significa "harmonia universal"; é a denominação do "desconhecido"; o que abarca o Infinito, onde o homem pode penetrar apenas em Espírito e Verdade.

COTIZAÇÃO — Trata-se de uma corruptela do vocábulo "cota", que significa parcela. O maçom paga à sua Loja uma Cota para o sustento das despesas; esse pagamento denomina-se "Cotização".

CÔVADO — Medida usada pelos hebreus e referida na História Sagrada; babilônios, egípcios, gregos e romanos também adotavam essa medida. Provinha da distância entre o cotovelo e o dedo médio da mão de um adulto, correspondendo aproximadamente, a 0,504 metros. Obviamente era uma medida variável, pois nem todos possuem a mesma distância em seu braço. Toda construção do Templo de Salomão foi calculada em Côvados.

CRÂNIO — Parte óssea da cabeça tanto do homem como dos animais; é um símbolo usado pela Maçonaria para demonstrar que após a morte todos são iguais; vem colocado na Câmara das Reflexões e no Trono em alguns Graus da Maçonaria Filosófica.

CREDENCIAL — É um documento expedido pela Autoridade maçônica autorizando alguma representação; diz-se "credenciado" quem possui uma documentação oficial e reconhecida.

CREDO — Certas religiões, especialmente a Cristã, possuem um Credo, que é um "recitativo" de fé comprobatório da crença em princípios que são enumerados e que são ditos de memória, em certas cerimônias. Frequentemente, autores ou dirigentes maçons publicam um "Credo maçônico", baseado nos *Landmarks* ou no texto das Constituições. Contudo, inexiste de forma tradicional ou oficial.

CRENÇA — A crença reflete uma convicção em alguma coisa esotérica, mística ou religiosa. Sendo uma ação empírica, ela é produto de fé; maçonicamente, constitui um dogma.

A Maçonaria exige do candidato e posteriormente de seu adepto que tenha Crença em Deus, como base fundamental de sua convicção maçônica filosófica.

CRIME — O crime é a prática de um ato que contraria não só a Lei, como também o aspecto religioso; a religião classifica o crime como pecado, tendo-os como sinônimos.

A Maçonaria elimina de seus Quadros o seu membro que tenha praticado um Crime previsto no Código Penal do País, condicionando que tenha sido julgado por sentença irrecorrível.

Porém, a Maçonaria possui os seus princípios que são aceitos pelos seus Adeptos; esses princípios são regulamentados, existindo a prática do "Crime maçônico", que sujeita esse agente a um julgamento pelo Poder Judiciário da Instituição, e como castigo, caso confirmada a sua transgressão, a eliminação do Quadro da Loja.

CRISTIANISMO — Apesar de os Evangelhos, de os Atos dos Apóstolos, de as diversas Cartas Apostólicas e de o Apocalipse não mencionarem o vocábulo "Religião" (*religare*, ou seja, tornar a ligar), o Cristianismo é considerado uma Religião.

Cristianismo significa o culto a Cristo; a Doutrina Cristã é por demais difundida no Brasil, de modo que descrevê-la num dicionário seria inadequado.

A Maçonaria, no mundo Ocidental, pode ser considerada filosoficamente cristã; em todos os Graus existem referências, títulos e toques reveladores do Cristianismo; no Grau 18, denominado Príncipe Rosa-Cruz, esse Príncipe seria Jesus, o Cristo, e a cerimônia é uma celebração da Santa Ceia do Senhor.

CRISTO — É a denominação de um "estado de alma" que se encontra na parte espiritual do ser humano. Jesus atingiu esse "grau" na Cruz, e por isso foi denominado de Jesus, o Cristo. É erro dizer-se "Jesus Cristo", ou como dizem os espanhóis *Jesucristo* ou os italianos *Gesúcristo*. Cada cristão pode ter em si o Cristo, e como dizia Santo Ambrósio: "a Alma do homem é Crística".

CRUDELI, TOMÁS — Tomás Crudeli, nascido em Florença, foi poeta, ilustre maçom e vítima da Inquisição; confinado em suas terras, adquiriu tuberculose e morreu em 27 de janeiro de 1745.

Foi o primeiro maçom em cair na desgraça após a Bula *In Eminenti*, tendo sofrido longo período em cárcere imundo antes de ser confinado tardiamente na campanha. Sua história assemelha-se a tantos milhares vitimados pela Inquisição. Pouco se sabe a respeito de sua vida maçônica.

CRUZ — Em todos os povos, a Cruz é símbolo de veneração, mesmo abstraindo-se o significado de sacrifício por ter sido usada para crucificar Jesus.

A Cruz é formada por dois ângulos retos, encontrando-se os seus vértices. Ela é representada em várias formas, com um braço simples formado por meia linha horizontal sobre uma linha vertical.

Os gregos a apresentam na forma de uma sua letra, a "tau", e tem o formato de um "T" maiúsculo; temos a Cruz latina; a Cruz suástica; a Cruz decussata ou de Santo André, no formato de um "X"; a Máltega ou Cruz radiada;

a Cruz Patriarcal, formada por duas barras transversais; a Perronée, Cruz que assenta sobre degraus.

Existem as Cruzes compostas, como o "Pirou", formado por um "X" superposto à letra "P", e a Rosa-Cruz, uma Cruz em cuja inserção central apresenta uma rosa.

Na Maçonaria são usadas como símbolos a Cruz latina e a Cruz Patriarcal, essa como símbolo do Grau 33 do Rito Escocês Antigo e Aceito.

CRUZADAS — Foram as expedições empreendidas nos séculos XI, XII e XIII, pela Europa Ocidental Cristã, para retirar dos lugares santos, na Palestina, o poder dos muçulmanos denominados infiéis.

Repelidos os Sarracenos, os países ocidentais por precaução tomaram a iniciativa de preservar as conquistas, insuflando reis e papas que, por fanatismo, aventura, cobiça e política, passaram a organizar sucessivas Cruzadas.

Sob o lema "Deus o quer", centenas de milhares de homens integraram durante trezentos anos os exércitos, ora bem preparados, ora totalmente desorganizados, dirigindo-se à Palestina. Como símbolo aplicavam em sua vestes uma cruz de pano vermelho, daí a origem do nome. Os muçulmanos resistiram, embora franqueassem os lugares santos à visitação.

Sob o ponto de vista militar, poucos resultados foram obtidos; sob o ponto de vista político, reis e papas, conseguiam manter-se no poder.

Com vitórias esparsas e muitas derrotas, os lugares santos foram preservados, embora o domínio sobre a região fosse quase ininterruptamente mantido pelos árabes palestinos até o ano de 1918 no término da Primeira Guerra Mundial, quando foram os muçulmanos desalojados definitivamente.

Os lugares santos passaram, também, depois de muitas lutas e controvérsias ao domínio dos Israelitas onde permanecem como nação independente até hoje.

O contato entre as duas civilizações trouxe, resultados positivos, pois a cultura árabe continha elementos valiosos que enriqueceram a cultura ocidental. Nesse período, os Templários solidificaram as suas posições e a Maçonaria floresceu, com a aquisição de novos Ritos e conhecimentos.

Veremos adiante a descrição Cruzada.

PRIMEIRA GRANDE CRUZADA — No ano de 1096, quatro grandes grupos de homens armados, de todas as classes sociais, partiram da França com ponto marcado em Constantinopla.

Organizados em exércitos, no mesmo ano, rumaram para Jerusalém. Os Cruzados mais ricos usavam, marcada em suas vestes, uma Cruz; não constituía propriamente um uniforme; cada qual colocava a Cruz, ou bordada, ou pintada, ou sobreposta, na altura do peito; esse distintivo marcava a origem da reunião pela fé e em homenagem a Cristo; os chefes pertenciam à nobreza francesa.

A vanguarda dos Cruzados, sob o comando de Godofredo de Bulhão (Godefroy de Bouillon), tomou de assalto Jerusalém.

Desde o início, porém, grande número de Cruzados desertaram, premidos pela necessidade, pois, sem recursos, não haviam trazido reserva de alimentos, tanto para suas montarias como para si próprios e tampouco ouro para a aquisição do que necessitavam.

CRUZADAS

O Duque Godofredo, vitorioso, foi guindado à posição de rei, com o título de Rei de Jerusalém; porém, o recusou, bem como à coroa, alegando que não desejava carregar uma coroa de ouro na terra onde o Rei dos Reis carregara uma de espinhos. Preferiu o título de Barão do Santo Sepulcro, embora a nobreza vitoriosa fosse tratada como verdadeira corte, e Godofredo, como monarca.

Jerusalém permaneceu em poder dos cristãos, sempre enfrentando escaramuças com os "infiéis", durante um período de quarenta e seis anos. O Santo Sepulcro e os demais locais santos puderam ser visitados com tranquilidade pelos peregrinos.

SEGUNDA CRUZADA — Nesses quarenta e seis anos, passado o tempo de euforia, colhido o ouro dos Islamitas, seguros do poder, os nobres mais antigos envelhecendo, muito cedo se implantou a discórdia e a luta por postos e honrarias.

Essa desarmonia, que provocava pequenas lutas fraticidas, obviamente deu início a um enfraquecimento de poder.

Os turcos, em 1147, foram fortalecendo as suas posições e surpreendentemente recuperaram a importante cidade de Edessa.

Assustados pelo êxito dos turcos, Luiz VII da França e o Imperador Conrado III da Alemanha empreenderam a Segunda Cruzada.

Foram dois anos de desesperada luta que redundou em fracasso.

Durante trinta e seis anos, os Cruzados foram sendo dizimados e, para não perecer totalmente, retiraram-se; no ano de 1187, o Grande Sultão Saladino, chefiando todos os exércitos turcos, retomava Jerusalém dos cristãos. O fracasso, passado o período doloroso, suscitou fé maior a ponto de se pensar numa Terceira Cruzada.

TERCEIRA CRUZADA — Após dois anos de preparativos intensos, já se formavam exércitos para a retomada de Jerusalém.

Os mais poderosos reis, Frederico BarbaRoxa, imperador da Alemanha; Felipe Augusto, rei da França; e Ricardo Coração de Leão, rei da Inglaterra, uniram-se para a vitória.

Foi pela primeira vez que os Ingleses, oficialmente, aderiram às "Santas Cruzadas"; a coligação se mostrava poderosa.

No entanto, reuniram-se reis que haviam sido, sempre, rivais entre si.

O Sultão Saladino, tomando conhecimento dos preparativos de uma nova Cruzada, preparou a fortificação de Jerusalém, buscando aliança entre os povos árabes.

Iniciada a luta, após quatro anos de renhidas batalhas, os exércitos enfraqueceram diante das disputas dos reis, pois cada qual pretendia a chefia dos exércitos.

Frederico BarbaRoxa, morreu afogado ao atravessar uma torrente; Felipe Augusto, por se desentender com Ricardo Coração de Leão, abandonou os exércitos, retornando à França.

Ricardo Coração de Leão, reconhecendo a vitória de Saladino, retirou-se em direção à sua pátria, quando caiu prisioneiro do Duque Leopoldo da Áustria, seu ferrenho inimigo, que o manteve prisioneiro por longos anos.

Com o fracasso, os cristãos da Europa não mais reagiram. Desiludidos, choraram o sonho que os havia alimentado durante tantos anos.

Nenhum líder religioso ou leigo surgiu, deixando a "aventura" de interessar a própria Igreja.

CRUZADAS

QUARTA CRUZADA — Decorridos nove anos da derrota, agora com o exclusivo interesse de conquista, sob a desculpa religiosa, após o fracasso de algumas expedições isoladas, Balduíno de Flandes, em 1202, reuniu um poderoso exército e rumou para conquistar Constantinopla.

Saladino, preocupado em fortificar Jerusalém, descurou da segurança de Constantinopla que foi presa fácil para os Cruzados.

Balduíno, diante da impossibilidade de conquistar Jerusalém, instalou-se em Constantinopla, visando apoderar-se do Império do Oriente. Assim fez, tornando-se monarca em 1204 mudando o nome do Império para o de Império Latino; reinou durante longos anos, vivendo no fausto; o Império durou por um lapso de tempo de cinquenta anos; os Turcos, reunindo um poderoso exército, reconquistaram Constantinopla, mudando o nome do Império para o de Império Romano. Decorrido treze anos, nova Cruzada preparava-se.

QUINTA CRUZADA — André II, rei da Hungria, e João de Brienne, em 1217, organizaram um forte exército e rumaram contra Jerusalém; Brienne, vaidosamente, aspirava ser rei de Jerusalém. Jerusalém estava muito bem fortalecida e a Cruzada fracassou de imediato, com graves perdas humanas para os Cruzados; com essa derrota, o interesse de conquista esmoreceu; passaram-se vinte anos sem que alguém tomasse qualquer iniciativa. A peregrinação aos lugares santos não mais ocorreu.

SEXTA CRUZADA — Frederico II, Imperador germânico mais consciente da fortificação de Jerusalém, após longas pesquisas, formou um exército sem a intenção de conquista pela luta. Era o ano de 1228; Frederico II, diplomaticamente, conseguiu contato com os sucessores de Saladino obtendo um tratado que lhe entregava a Cidade Santa apenas para que fosse visitada pelos peregrinos com segurança; o Santo Sepulcro e toda a Palestina continuaram proibidos de visitação.

Sob o aspecto religioso foi uma grande vitória, pois pacificamente e com poucas baixas, essas devido a enfermidades, os Cristãos puderam cumprir suas indulgências e fortalecer a fé em contato com tantos lugares que rememoravam a vida de Jesus Cristo.

SÉTIMA CRUZADA — No ano de 1248, o rei Luís II da França, mais tarde canonizado com o nome de São Luís, dadas as suas qualidades excepcionais de justiça e bondade, promoveu a sétima Cruzada com o exclusivo intuito de libertar os lugares santos.

Seu pequeno exército, despreparado, não logrou êxito, e o monarca caiu prisioneiro dos Turcos, libertado mais tarde mediante vultoso resgate.

Seis anos durara a luta da Sétima Cruzada.

OITAVA CRUZADA — Dezesseis anos após, Luís II, já envelhecido, tentou organizar o que seria a última tentativa de conquistar Jerusalém.

Meses após, em Túnis, o Rei foi vitimado por uma epidemia.

Os atos de heroísmo, os rasgos de bondade, tolerância e sobretudo a fé demonstrada, fizeram com que, graças às suas virtudes cristãs, Luís II fosse invocado como santo.

Os interesses dos poderosos para novas Cruzadas decorreram, também, pelas lutas internas na Europa, sobretudo na Espanha e Portugal para expulsar os muçulmanos.

Durante o período conhecido como o da Idade Média, nenhum outro movimento surgiu que despertasse o desejo de libertar o Santo Sepulcro; entre os clérigos surgiram crises violentas, heresias e dissensões; entre os reis, a Guerra dos Cem Anos, envolvendo a França e a Inglaterra.

Em 1453, Maomé II apoderou-se de Constantinopla, dando o golpe de misericórdia ao agonizante Império Romano do Oriente.

Esse acontecimento marca o final da Idade Média.

Sem dúvida alguma, a Maçonaria participou ativamente de todas as Cruzadas; em Ricardo Coração de Leão a Maçonaria Inglesa tinha um forte aliado e protetor; Frederico II, rei da Prússia, chegara ao Grão-Mestrado.

A História da Maçonaria na Idade Média esboçava-se mantendo a tradição com muito zelo, o que permitiu à Instituição subsistir até os dias atuais.

CUBO — O Cubo é um polígono formado por seis quadrados perfeitos e simboliza a verdade, a estabilidade e a firmeza. É símbolo da imensidão do Cosmos, partindo da base da Terra até o zênite dos céus.

Os Altares maçônicos representam o Cubo; em certas Lojas, os Altares são formados por Cubos duplos, como reminiscência do culto mitológico.

CULTO — Adoração, homenagem, veneração à divindade; o culto significa "cultivar", ou seja, o cuidado para com os que iniciam uma plantação, um estudo, uma tarefa.

O Culto tem sido usado mais para expressar uma religiosidade, sendo a tendência do ser humano para com o "mistério", para com o "incognoscível".

A Maçonaria presta Culto ao Grande Arquiteto do Universo, bem como à Ciência e à Filosofia, sem esquecer o Culto à Pátria, às Virtudes, à Beleza, enfim, ao que merece respeito e veneração.

CULTURA — Deriva de Culto, mas no sentido de enriquecimento da mente, por meio do estudo e das práticas escolares e universitárias.

O homem culto sobressai dos demais e conquista o respeito dos seus semelhantes. O oposto da Cultura é a ignorância, que avilta o homem. A Maçonaria, no intuito de aperfeiçoar os seus adeptos, tem na Cultura a base de sua organização.

DAATH — Significa "Ciência Suprema" ou "Divina Sabedoria" dos Cabalistas; é representada por um dos "Sephirot"; são os aspectos positivos e negativos da Cabala.

DABAR — É a designação do "Logos", significando a Palavra.

DAIMON — Designa a Tríade Superior que forma o Ego.

DAM — Sangue, em hebraico.

DARIO — Vários reis da Pérsia tiveram o nome de Dario; ligado ao povo Hebreu, foi Dario I quem conquistou a Babilônia e libertou o povo Hebreu, auxiliando-o a construir o Templo de Zorobabel.
Em alguns Graus Filosóficos maçônicos, a história lendária de Dario é rememorada e ligada à construção do segundo Grande Templo.

D'AUMONT E JORGE HARRIS — Jorge Harris era francês e maçom proeminente que trabalhou em favor da Ordem maçônica tendo sido Grão-Mestre provincial dos Templários (1312).
Após a execução de Jacques de Molay, fugiu com os comendadores e cinco Cavaleiros, e para não serem reconhecidos, disfarçaram-se em operários pedreiros, mudando de nome, assumindo o de Mabeignac, de onde se originou a palavra sagrada Macbenac.
Alcançando em sua fuga a ilha escocesa Mull, onde encontraram o Grande Comendador Hamptoncourt, Jorge Harris estava acompanhado de muitos irmãos. Ali instalaram a Ordem dos Templários, originando-se a Maçonaria da Estrita Observância.
Pedro D'Aumont foi o 2.º Grão-Mestre dos franco-maçons Templários da Ordem dos Cavaleiros caritativos da Cidade Santa de Jerusalém, na Palestina, também denominados Cavaleiros de Cristo ou do Templo de Salomão.
Os Comendadores D'Aumont e Harris, unidas as forças, apesar dos riscos decorrentes da perseguição da Igreja, puderam na Escócia, longe da influência papal, reconstruir, também sob absoluto sigilo, os trabalhos dos Templários começando do nada, para mais tarde, reforçados pelo auxílio maçônico, influenciarem positivamente com sua filosofia os trabalhos, tendo no sacrifício de Jacques de Molay um grande incentivo para lutar contra o despotismo de reis ávidos pelas riquezas dos outros, em busca de poder cada vez maior, sob a égide do papado da época.
Os nomes D'Aumont e Harris permaneceram indelevelmente como exemplo de luta e vitória, em busca de um ideal.
Posteriormente, D'Aumont mudou-se para a Cidade de Aberdeen, sempre na Escócia.
A Estrita Observância esteve na mira dos Jesuítas, crentes de assim descobrirem os restantes bens dos Templários. Por fim fixou-se a Estrita Observância na Alemanha, sob

o comando do irmão Carlos Gathel, barão de Hund, organizando em 1770 definitivamente o Rito.

DAVI — Filho de Jessé, o Efrateu de Judá, era o mais jovem de oito irmãos; desde cedo serviu ao Rei Saul, apascentando as suas ovelhas, enquanto os irmãos serviam o Rei na guerra contra os filisteus. Em certa ocasião, os filisteus tinham um gigantesco guerreiro que dispersava os guerreiros israelitas; Davi com uma simples funda, abateu o gigante Golias e decepou sua cabeça.
O Rei Saul chamou Davi e o fez íntimo de sua corte; Jônatas, filho de Saul, ligou-se a Davi com profunda amizade; Merabe, filha de Saul, o amou e com ele se casou.
Por questões úteis, Saul questionou Davi a ponto de desejar a sua morte, porém Jônatas salvou o amigo da ira do pai.
Mais tarde, Saul morreu em batalha. Houve guerra civil até que Davi vitorioso, com a idade de trinta anos foi ungido por Samuel rei e o seu reino durou quarenta anos.
A história de Davi é o orgulho do povo hebreu; a encontramos descrita detalhadamente nos livros bíblicos I e II de Samuel.
Jeová desejou ver construído um grande Templo e detalhou a construção nos mínimos detalhes.
Contudo, por um grande pecado praticado por Davi, não o achou digno de iniciar a construção; esse pecado consistiu em ter mandado matar Urias, o heteu, por causa de sua mulher Bate-Seba, de quem se enamorara.
Essa mulher, passou a conviver com Davi, e gerou um filho, que não viveu.
Mais tarde, Bate-Seba concebeu um segundo filho, a quem foi dado o nome de Salomão.
Davi reinou do ano 1055 ao ano 1015 a.C.
O túmulo de Davi encontra-se devidamente preservado na cidade de Jerusalém, sendo lugar sagrado e de obrigatória visitação turística, e é considerado lugar de peregrinação dos judeus.

DEBATES — Do latim, *debattuere*, significa "combate verbal" ou discussão sobre um determinado tema.
Para que se programe um "Debate", é necessário regulamentá-lo para evitar que, no calor da verbosidade, um interlocutor não exagere e avance no espaço pertencente ao outro.
Na Maçonaria são comuns os "Debates", programados ou permitidos, quando na Loja surge a oportunidade de esclarecer um tema ou enriquecer um conhecimento. Os Regulamentos maçônicos são rígidos em disciplinar todo debate. Não se há que confundir o uso da palavra com o Debate; quando um maçom solicita a palavra pode ser contestado logo a seguir, obedecendo a ordem programada, por outro irmão; nesse caso, quem deu origem a essa contestação terá o direito de retomar a palavra, mas uma única vez. A palavra não pode "retornar" aos irmãos que perdem a oportunidade de manifestação. O Debate é a permissão de intervir num assunto programado sucessivas vezes até esgotar o tempo predestinado. Assim, o Venerável Mestre poderá programar um debate sobre determinado assunto e previamente destacar alguns irmãos para tomar em aparte na troca de opiniões.

DEBHIR — Encontra-se referência a essa palavra no 1.º Livro dos Reis, e pode traduzir-se em hebraico como "lugar muito santo", que passou em latim para *Sanctus Sanctorum*.
Numa Loja maçônica Simbólica, o Oriente denomina-se *Sanctus Sanctorum*, ou "Santo dos Santos".
No Grau 4 da Maçonaria Filosófica, as exéquias de Hiram Abiff realizam-se no *Sanctus Sanctorum*, ou *Bebhir*.

DECADÊNCIA — Diz-se estar uma Loja em Decadência quando os valores filosóficos e administrativos são destruídos; uma Loja passará a ter seus trabalhos decadentes até "adormecer", "abatendo Colunas", isto é, suspendendo definitivamente os trabalhos.

DECÁLOGO — Palavra de origem grega composta dos termos *deka*, que significa o número dez, e *lógos*, que significa "palavra", ou seja, "as dez palavras", designando os Dez Mandamentos como encontramos descritos no Livro do Êxodo recebidos de Jeová por Moisés, quando de seu retiro no monte Sinai.

DECANO — Significa "o mais antigo"; nas Lojas maçônicas diz-se Decano ao membro que apresentar a "idade maçônica" mais antiga; conta-se essa idade a partir da Iniciação; assim, uma pessoa pode ter idade em anos inferior a outra, mas ser Decano.
Em cada Loja os Decanos são privativos do seu Quadro; não há propriamente um maçom mais antigo dentro de uma Grande Loja; sendo as Lojas um "universo" particular a cada grupo, possuindo autonomia e personalidade distinta, os seus membros pertencem exclusivamente ao seu próprio Quadro. A Antiguidade na Iniciação não exige cultura excepcional ou hierarquia a ser respeitada. Mesmo que um outro maçom mais antigo em Iniciação vier transferido de outra Loja, não será considerado Decano da Loja, porque a Iniciação deverá ter sido realizada na Loja a que pertence.

DECORAÇÃO — É o embelezamento do "recinto da Loja" e deve obedecer não só à tradição, como também às regras ritualísticas e históricas.
A Decoração, contudo, não é específica aos adornos materiais, mas se usa dizer, quando as Colunas e o Oriente estão bem frequentados, que a Loja está Decorada pela presença dos irmãos; diz-se, também, que esta ou aquela Coluna se encontra Decorada quando presente algum visitante; ou em sessão branca, refere-se à presença da mulher e das crianças como elementos altamente decorativos.

DECRETO — O termo é de origem composta do prefixo "de", que indica "separação" e *cernere*, que significa "distinguir", portanto um Decreto será um ato destinado a "distinguir" um assunto ou determinar uma ordem. Maçonicamente, os Decretos são lavrados pela Autoridade Superior; no Simbolismo, pelo Grão-Mestre; na Maçonaria Filosófica, pelo Soberano Grande Comendador.

DEDICAÇÃO DOS GRAUS MAÇÔNICOS — No Rito Escocês Antigo e Aceito, o mais usado no Brasil, que é composto de 33 Graus, cada um deles é Dedicado e consagrado a algo específico; num resumo, apenas como notícia, temos:
1º — APRENDIZ
É consagrado ao "aprendizado" dentro de uma Nova Vida, iniciada logo após

DEDICAÇÃO DOS GRAUS MAÇÔNICOS

a Iniciação, quando, morrendo para a vida profana, ressurge para a vida maçônica.

2º — Companheiro
Após um determinado período de "silêncio" com a devida "nutrição" através do "alimento recebido", o maçom une-se aos seus irmãos, formando o "companheirismo", para dedicar-se ao estudo das artes e das ciências, burilando a pedra bruta, dando forma à construção do Edifício (a si próprio).

3º — Mestre
O tempo é dedicado a amparar com sabedoria, prudência e tolerância aos seus irmãos Aprendizes e Companheiros, transmitindo-lhes os ensinamentos finais.

4º — Mestre Secreto
É o comportamento discreto; a busca da Sabedoria; a vigilância para o bom desempenho dos maçons de Graus menores.

5º — Mestre Perfeito
Sobre a Pedra Cúbica, cultua a Verdade, aperfeiçoando o homem "interior"; constrói um coração puro e dedica amor ao próximo.

6º — Secretário Íntimo
Coloca um freio à curiosidade supérflua, buscando aprender mais e mais, porque tem consciência de que a sua responsabilidade na Ordem cresce.

7º — Preboste e Juiz
Por significar "Preboste" um magistrado militar, o zelo, a equidade e o dever passam a ser fatores de grande relevância.

8º — Intendente dos Edifícios
Pela responsabilidade na direção das tarefas que lhe foram confiadas, deve analisar tudo o que faz com muito cuidado.

9.º — Cavaleiro Eleito dos Nove
Por ser "Cavaleiro", é dedicado à luta contra os erros e os vícios.

10º — Ilustre Eleito dos Quinze
É dedicado ao banimento de todas as paixões e fraquezas.

11º — Sublime Cavaleiro Eleito
É dedicado à regeneração dos homens, à valorização das Ciências, das Artes e da Moral.

12º — Grande Mestre Arquiteto
É dedicado aos atos de coragem perseverante.

13º — Cavaleiro Real do Arco
É dedicado aos precursores da Maçonaria; os Pontífices de Misraim e de Jerusalém.

14º — Sublime maçom, Grande Eleito Perfeito
Sob a proteção do Delta Sagrado, o Grau é dedicado ao Grande Arquiteto do Universo como autor e criador supremo do homem e do Cosmos.

15º — Cavaleiro do Oriente ou da Espada
É consagrado a todos os patriotas e heróis que desejaram ter a pátria livre.

16º — Príncipe de Jerusalém
É dedicado à prazerosa alegria e ao júbilo dos que triunfam, em todos os sentidos.

17º — Cavaleiro do Oriente e do Ocidente
Consagra a Maçonaria em todos os recantos da terra.

18º — Cavaleiro Rosa-Cruz
É dedicado à vitória do bem sobre o mal, espargindo a luz Crística.

19º — Grande Pontífice ou Sublime Escocês
É dedicado ao desenvolvimento da verdadeira religião em caráter universal, como "religião" entre homem e Divindade.

20º — Soberano Príncipe da Maçonaria ou Mestre "AD VITAM"
É dedicado aos deveres sagrados de todos os dirigentes das Oficinas maçônicas.

21º — Noaquita ou Cavaleiro Prussiano
É dedicado à vigilância para superar os perigos da ambição, bem como o incentivo ao arrependimento.
22º — Cavaleiro do Real Machado ou Príncipe do Líbano
Consagra os feitos gloriosos da Cavalaria da Idade Média, com seus nobres sentimentos, fidelidade e honradez.
23º — Chefe do Tabernáculo
"Sempre *in vigilando*" é o lema desse Grau, para manter íntegros os valores da Ordem.
24º — Príncipe do Tabernáculo
Dedica-se à preservação da Doutrina maçônica.
25º — Cavaleiros da Serpente de Bronze
Incentiva a inteligência para a criatividade de planejamentos sábios.
26º — Escocês Trinitário ou Príncipe da Mercê
É dedicado ao impulso da inteligência que forma os gênios, recompensando-os.
27º — Grande Comendador do Templo
É dedicado à Virtude e ao talento que contribuem para a formação dos líderes.
28º — Cavaleiro do Sol ou Príncipe Adepto
É um Grau consagrado à Verdade simples que dá a felicidade ao homem.
29º — Grande Escocês de Santo André ou Patriarca das Cruzadas
Evoca os efeitos imortais da antiga Maçonaria Escocesa.
30º — Cavaleiro Kadosh
É dedicado à Filosofia ampla e universal.
31º — Grande Inspetor inquisidor comendador
É consagrado à essência da Justiça da Ordem.
32º — Príncipe do Real Segredo
Diz respeito ao alto comando militar da Ordem, para disciplina, correção, zelo e intrepidez.
33º — Grande Inspetor Geral da Ordem
É dedicado à Administração Superior da Ordem, incluindo a administração dos valores intelectuais, morais e espirituais.

DEFENSOR — Trata-se de um cargo temporário da Administração de uma Loja maçônica; o Defensor desempenha a sua função no momento em que um maçom é processado; pode ser constituído pelo acusado, bem como pode ser nomeado pelo Venerável Mestre; pode, dentro da eleição de uma Administração, ser nomeado mesmo que não haja função para ele. A defesa é um direito sagrado do maçom; em caso de qualquer condenação, sem ter havido defesa, o processo será anulado.

DEFINIÇÃO DA MAÇONARIA — A definição clássica e ritualística aceita por todos os maçons é a seguinte: "Maçonaria é uma instituição que tem por objetivo tornar feliz a Humanidade pelo amor, pelo aperfeiçoamento dos costumes, pela tolerância, pela igualdade e pelo respeito à autoridade e à religião".

DEFORMIDADE — Para que a Maçonaria aceite um candidato à Iniciação, esse deve ter perfeita saúde, não ter mutilação, defeito ou deformidade em seu corpo.
Essa exigência vem do passado quando o homem, para sua defesa, dependia de sua força e habilidade física.
Hoje, essa exigência, que constitui um *Landmark*, tem sido, caso a caso,

contornada; já são admitidos cegos e deficientes físicos, pois o importante será que o candidato não apresente "deformidade moral"; o homossexualismo tem sido um entrave ao ingresso na Ordem; em certos países, existem Lojas maçônicas formadas, exclusivamente, por homossexuais.

Há muita celeuma em torno disso, pois ora o desvio sexual é apresentado como um vício, ora como um resultado genético.

DEFUMADOR — Desconhece-se a sua origem; os hebreus tomaram a prática do uso de defumações dos egípcios; nas Sagradas Escrituras, quando Jeová ditou ao rei Davi como deveria ser construído o Grande Templo, forneceu uma receita para a fabricação do incenso, que o considerou de uso privativo do Sumo Sacerdote, deixando claro que seu uso era nocivo. O defumador no mundo moderno tem uso generalizado, mas sempre é considerado um alucinógeno de maior ou menor intensidade. Nas Igrejas, conduz ao êxtase e ao misticismo.

Defumador, em sua origem, é uma substância que produz "fumo"; o cigarro moderno e o tabaco fumado pelos indígenas não passam de um Defumador, cujo uso, cientificamente já comprovado, é nocivo.

DEGRAU — Degrau é um elemento para subir ou descer de um plano. Diz-se para os que galgam posições que subiram um ou mais degraus na Vida. Degrau é sinônimo de "geração", ou seja, de "grau", que significa uma posição superior ou inferior; tanto se pode subir em Graus como descer.

Maçonicamente, os Degraus são elementos que fazem parte da decoração de uma Loja; do Ocidente para o Oriente, existem quatro Degraus; dentro do Oriente, para subir ao Trono, mais três Degraus, formando uma "escada de sete Degraus", que possui o seu simbolismo esotérico.

Os quatro primeiros Degraus representam Força, Trabalho, Ciência e Virtude; os últimos três Pureza, Luz e Verdade.

Alguns Autores dão o significado aos sete Degraus como símbolos do comportamento do maçom, a saber: Lealdade, Coragem, Paciência, Tolerância, Prudência, Amor e Silêncio.

Erroneamente, é dito que cada Grau do Rito representa "mais um degrau da escada de Jacó".

Assistimos a velhos e cultos maçons afirmarem isso com convicção, sem se darem conta que os Degraus da Escada sonhada por Jacó eram em número infinito e por ela desciam e subiam Anjos, e não homens.

O simbolismo da Escada tem estreito vínculo com o simbolismo do Degrau. Essa Escada sonhada por Jacó, de onde teria descido e permanecido o Anjo que se empenhara em luta corporal com Jacó quando lhe anunciou que seu nome seria mudado para o de Israel, é a parte da Maçonaria Hebraica; o estudo específico sobre esse evento é muito útil para a compreensão de alguns mistérios que a Maçonaria possui para revelar aos seus adeptos.

DEÍSMO — Termo usado para apresentar o Criador do Universo, como força Cósmica, enquanto Teísmo significa um Deus Pai protetor daquilo que criou.

DELEGAÇÃO — Delegar é o ato da transmissão provisória de um cargo, cujo destinatário o terá de devolver. Um Grão-Mestre pode Delegar a qualquer maçom a sua representação para cerimônia a que não possa assistir.

DELTA LUMINOSO — Denomina-se o ornamento colocado atrás do Trono do Venerável Mestre, acima de sua cabeça, no formato de um Triângulo, tendo inserido em seu centro um "olho". Denomina-se de "Triângulo Luminoso", porque é iluminado ou por um foco de luz que sobre ele incide, ou por um dispositivo que contém no interior uma lâmpada, tornando a imagem luminosa. Representa a "presença física" do Grande Arquiteto do Universo, que "tudo vê" e prescruta, sugerindo que o valor do olhar provém de uma "terceira visão", que é espiritual.

DELTA SAGRADO — O Delta Sagrado é formado por um Triângulo Equilátero transparente (de cristal), tendo em seu centro gravada a letra hebraica *IOD*.

IOD pode ser traduzida como expressando "comando e duração".

Um bom dicionário hebraico nos dará esta definição: *IOD*, quando vogal, simboliza a divindade; é imagem da manifestação potencial da duração espiritual, da eternidade e do poder ordenador. Tornado-se consoante, designa duração material".

O *IOD* hebraico é a mesma letra "I" e também a letra-nome: AHeleH, que designa o "Eu Supremo e Absoluto". Significa, também, "Sou o que Sou", ou seja, a essência dos seres.

Escrito ou desenhado como sendo uma "vírgula", significa "o princípio das coisas".

É a décima letra do alfabeto hebraico e o número apresenta uma peculiaridade curiosa: formado dos algarismos 1 e 0, teremos a unidade e o nada; adquire o significado que o Universo foi produzido do nada.

Na geometria, *IOD* é representado pela circunferência e seu ponto central. O ponto representa Deus e a circunferência o Universo limitado pela superfície, limitado em Deus. Para nós, o Universo não possui limites, mas dentro de Deus ele tem os seus limites.

Deus é conhecido por vários nomes, mas ouçamos como Ele próprio falando a Moisés se denominou:

"Disse Moisés a Deus: eis que quando eu for aos filhos de Israel e lhes disser: O Deus de vossos pais enviou-me a vós e eles me perguntaram: Qual é o seu nome? Que lhes hei eu de responder?

Disse Deus a Moisés: Eu Sou o que Sou; e acrescentou: Assim dirás aos filhos de Israel: EU SOU enviou-me a vós". (Êxodo 3-13 a 14).

"Eu Sou o que Sou", é a tradução da letra *IOD*, o nome do Senhor, de Deus, do Grande Arquiteto do Universo.

Não possuímos outra fonte de direito maçônico escrita. O Velho Testamento contém todo o conhecimento maçônico, bastando analisá-lo e entender, sobretudo, o seu contexto.

Para cada função há um nome divino; o hebraico expressa com perfeição todos os momentos divinos, e as suas primeiras dez letras são dedicadas a esses nomes.

Já vimos, embora superficialmente, o significado da primeira letra.

Nos deteremos, agora, rapidamente, nas nove restantes:

IaH — O princípio de todos os seres manifestados na Vida Absoluta. É a união do Espírito com a Alma Universal, ou

DEMISSÃO

seja, o Poder de Deus com sua criação. A harmonização completa entre a criatura e a sua obra. A Justiça com a perfeição, porque Deus somente poderá criar perfeições.
IEVE ou *IeHOaH*. É a expressão mais importante de Deus a tal ponto que os hebreus mais religiosos não a pronunciam, chegando a substituí-la pelo vocábulo "Adonai", de tanta significação maçônica.
É o Tetragramaton da Cabala. Dele é derivado Ieve e Jeová.
Ieve simboliza a parcela feminina e a masculina em unificação geradora.
Nos séculos passados, quando os escribas e copistas escreviam os trechos bíblicos, ao escreverem a palavra "Jeová" rompiam a pena e passavam a usar uma nova, porque o nome Jeová jamais poderia ser escrito com pena usada para outras palavras; era um resquício do respeito existente entre hebreus e o seu Deus.
AL ou *EL* designa Deus como sendo o Todo Poderoso, sua projeção no Universo material e espiritual, no espaço e no tempo, ou seja, sua onipotência, onisciência e onipresença.
ALOaH ou *ELOah* que demonstra uma das essências de Deus: a Vida absoluta e inteligente, ou seja, o Deus do que foi criado e, especialmente, dos seres inteligentes. Até bem pouco tempo, os únicos seres inteligentes seriam os homens; hoje conhecemos e aceitamos inteligência em outros seres.
ALHIM ou *Elohim*, sexto nome divino que representa as Supremas Potências Vivas. É Deus criando *in aeterno*, ou seja, continuamente. Deus em seu aspecto mais misterioso que nunca retirando do nada a perfeição.
IEVE TseBAOTh, Deus dos exércitos, da Ordem cósmica, diremos nós do século XXI. Deus criador das leis que regem o Universo em todas as gamas, físicas e espirituais.
ALHIM TseBAOTh, com o significado de: "As Supremas Potências Vivas das Ordens Cósmicas".
Hoje podemos compreender um pouco mais essa denominação da Divindade, porque o que ontem era ignoto, hoje, com as viagens cósmicas, transforma-se em conceito quase vulgar.
SHADAL ou *SHADDAI*, que traduz o nome da Divina Providência com a significação divina, emanada de Deus. É o Poder Altíssimo da Vida, a Potência Divina.
ADONAI com a significado final de "Senhor", um Senhor Absoluto, real, a quem todos devem obedecer. "Senhor", "Rei do Universo" e "Pai Absoluto".
Com a colaboração do alfabeto hebraico, entenderemos um pouco mais o significado da letra *IOD* dentro do Triângulo transparente, o "equilátero de cristal", tendo em seu centro gravada a "pequena vírgula", expressando o maior Poder de todos os Universos, para os maçons, o Grande Arquiteto de nosso Universo.

DEMISSÃO — A Demissão tem dois aspectos: alguém é demitido de suas funções por uma autoridade superior ou alguém "se demite" das funções para as quais foi nomeado ou eleito.
Não se confunda com a "saída" do maçom do Quadro de sua Loja; nenhum maçom deixará de sê-lo, pois a Iniciação é permanente; poderá, sim, em caso de transferência para outro Oriente (lugar), solicitar a sua "baixa" do Quadro da Loja.
Ninguém demite um maçom; poderá a Autoridade Superior expulsá-lo da

Ordem, suspendê-lo, cassar os seus direitos, mas jamais demitir, porque ser maçom não é função nem encargo nem delegação.

O maçom poderá, em sua Loja, demitir-se do cargo que exerce; poderá ser demitido, por exemplo, por falta de frequência. Poderá ser desligado de sua Loja por falta de pagamento de suas contribuições sociais e de assiduidade.

Vemos o erro e isso com muita frequência a respeito da "demissão de um maçom", hoje ato publicado nos jornais maçônicos sem a mínima preocupação de sigilo.

O maçom Iniciado em uma Loja jamais ficará desligado da Cadeia de União dessa Loja; ao ser ela formada, estará sempre presente, não apenas fisicamente, mas espiritualmente, com a força de sua mente; podemos afirmar que essa presença pode ser notada mesmo depois que o maçom tiver sido "transferido" para o Oriente Eterno, ou seja, seu corpo tiver desencarnado.

DEMIURGO — Palavra grega que significa Arquiteto; os filósofos da Antiguidade designavam o Criador do ser humano com esse vocábulo; ou, mais precisamente, "Demiurgos".

DEMOCRACIA — Regime filosófico político firmado na trilogia: do povo, pelo povo, para o povo. O regime divide os poderes de uma nação: Executivo, Legislativo e Judiciário, interdependentes entre si. A Democracia é uma filosofia que cultua a liberdade.

A Maçonaria passou por várias situações políticas, mas é na Democracia que encontra a imensidão tranquila de sua existência. Existem Obediências maçônicas que não possuem os três poderes; por esse motivo não podem ser consideradas democráticas. A tendência atual, no entanto, é manter a Maçonaria um "despotismo ameno", em que um Grão-Mestre governa com sabedoria por demais exagerada, criando uma série de inconveniências em detrimento da própria Ordem.

DEMOLIR UMA LOJA — Considerada uma Loja como um modelo de construção, poderá ser "Demolida", ou seja, decretar a extinção definitiva dos seus trabalhos.

Contudo, essa "Demolição" ocorrerá após um julgamento de parte das Autoridades competentes, tudo regulamentado pelas Leis maçônicas. Uma Loja "Demolida", a rigor, não poderá ser "reconstruída"; contudo, sob o ponto de vista esotérico, uma Loja é constituída *in aeterno* e inexistem forças humanas suficientes para a sua "Demolição".

A Loja é o conjunto dos seus membros; adquire "personalidade jurídica e espiritual. Subsistindo um só "elo da Cadeia de União", a Loja subsistirá; somente com a morte de todos os seus membros poderá ela ser declarada extinta, pois vê-se na impossibilidade de, por meio da Iniciação, buscar novos elementos para o seu funcionamento.

Uma Loja poderá ser expulsa de uma Obediência ou desligada de uma Confederação, mas assim mesmo poderá subsistir por si só, eis que, obedecendo aos princípios fundamentais da Ordem, que são os *Landmarks*, jamais poderá deixar de existir.

Uma Loja para funcionar, ser reconhecida, obter adeptos formando um Quadro, passará pela Consagração. A Consagração é ato essencialmente, místico e esotérico, pois quem dá a uma Loja Vida é o Grande Arquiteto do Universo.

Esse, que é Deus, não pratica atos "destrutivos"; Deus jamais "demolirá" a si mesmo. O maçom crê que a sua Oficina seja um Templo e só Deus, o seu Grande Arquiteto do Universo, é que poderá suprimi-la, mas não o fará; já dissera, "demoli este Templo e o reconstruirei em três dias" (referindo-se a Jesus).

Demolir uma Loja, portanto, não significa suprimi-la.

DEPUTADO — É o membro de uma Oficina que já possui o Grau de Mestre para representá-la em eventos oficiais. De conformidade com o Estatuto Interno de uma Oficina, o Deputado "nato" será o próprio Venerável Mestre ou os Vigilantes; contudo, a função de Deputado poderá ser cargo de eleição, ou simples delegação do Venerável Mestre, ou indicação por meio de votação da própria Loja.

O Deputado de uma Grande Loja ou de um Grande Oriente equivale ao cargo de Adjunto ou Vice; é cargo de eleição ou indicação do próprio Grão-Mestre.

DERMOTT, LAURENCE — (1720-1791) Personagem excepcional irlandês e que se destacou na Maçonaria Inglesa pelo seu saber e entusiasmo. Na condição de Grande Secretário, no ano de 1756, compilou, com base nas Grandes Constituições de Anderson, o Livro das Constituições a que denominou *Ahiman Rezon*, que, inicialmente, constituiu o "Instrutor Secreto dos Maçons". No período do surgimento dos Maçons Antigos, foi um traço de equilíbrio; sua notável atuação o celebrizou a ponto de ser considerado até os presentes dias como inimitável.

DESAGULIERS, Reverendo JOÃO TEÓFILO (1683-1744) —Nascido na Inglaterra de pais franceses (o pai era pastor huguenote), seguindo a vocação do pai, formou-se em 1710 em física, destacando-se por invenções curiosas, sendo um dos precursores da descoberta do átomo; membro destacado da Royal Society e da Academia de Ciências de Paris.

Maçom inicialmente obscuro, foi iniciado na Loja "Cervejaria do Ganso e da Grelha", uma das quatro antigas Lojas Inglesas, sendo eleito em 1719 Grão-Mestre da Grande Loja de Londres.

Desaguliers presidiu a cerimônia de Iniciação de Frederico de Gales, um dos primeiros membros da realeza, pai de Jorge IV.

O trabalho dos destacados maçons ingleses, infelizmente, não chegam até nós; apesar da existência e obras a respeito, a Literatura maçônica estrangeira aporta no Brasil com muita timidez; além da falta de traduções, por resultarem a preços proibitivos, a impressão dessas obras não despertaram o interesse dos Editores e muito menos das Potências maçônicas, que não dispunham de recursos para suportar empreendimentos de tão grande vulto.

DESBASTAR A PEDRA BRUTA — Desbastar significa transformar uma pedra de "alicerce" informe, dando-lhe forma, adequando o seu aproveitamento na construção de uma obra de alvenaria.

Porém, num sentido esotérico, esse desbastamento diz respeito ao próprio Aprendiz; desfazer-se das "Arestas" para formar um elemento humano, despertando virtudes, banindo vícios e transformando algo "bruto" em utilidade para si próprio e para a sociedade.

O ato de "desbastar" com o uso do Maço e do Cinzel importa uma série de atos minuciosamente previstos nos Rituais.

Mesmo que da Pedra Bruta sejam retiradas as arestas, essas permanecem como elementos que deverão ser utilizados; nada se perde de uma Pedra Bruta.

O desbastamento equivale ao aprendizado; lentamente, o Aprendiz adquirirá formas definidas; paulatinamente, ele burilará essa pedra para, finalmente, dar-lhe polimento; refletirá, então, a sua nova personalidade.[3]

DESCALÇAR ou Ritual da Descalcês — Ingressar em um Templo com os pés calçados e a cabeça descoberta sempre foi considerado, mesmo nas épocas mais antigas, um ato de desrespeito.

Para a Cerimônia de Iniciação, o candidato deve passar por duas cerimônias: a do despojamento e a do descalçamento.

O Descalçamento constitui "retirar" um dos calçados do Candidato, precisamente o pé direito; ingressará na Câmara das Reflexões calçando nos pés alpargatas. No início, esse ingresso era feito sem qualquer proteção nos pés.

Hoje, tanto nas Mesquitas como nas Sinagogas, existem na entrada à disposição dos fiéis e visitantes uma série de chinelas para essa função; porém, há total liberdade para que o visitante ingresse totalmente descalço.

No Japão e em alguns outros países orientais, esse costume é preservado não só para ingressar nos Templos, como também nas próprias casas, incluindo casas públicas.

Calçar as mãos com "luvas" e os pés com "calçados" foi hábito que os povos preservaram.

A "proteção" tem razão de ser, se considerarmos que as mãos e os pés são as partes mais delicadas e vulneráveis do corpo pela sua sensibilidade e pelas funções que executam.

Será "indelicadeza" alguém calçando luvas dar sua mão em sinal de cumprimento; a luva deverá ser descalçada.

Na Maçonaria, o uso da luva e do calçado é regulamentado. A rigor, dever-se-ia ingressar no Templo descalço, porém calçando luvas.

O Descalçamento não é ato autônomo do Candidato; os seus calçados serão retirados ou pelos Expertos ou pelo Mestre de Cerimônias.

Em cerimônia, tirar o calçado é sinal de humildade e contrição.

Os muçulmanos, além de descalçarem os sapatos, lavam os pés; o ingresso em Templo deverá ser através dos passos; em certos momentos haverá a necessidade de ajoelhar-se.

As posturas maçônicas têm, cada uma, sua razão de ser; o estudo sobre as posturas levam a profundos conhecimentos esotéricos.

Em certas Lojas, descalçam apenas um pé, deixando o outro calçado, o que é errado; o contato dos pés com o solo é ato litúrgico do mais alto significado, pois é o "contato com a Natureza"; para dar maior ênfase a

---

[3]. N.R.: *o desbastar de Pedra Bruta refere-se diretamente ao trabalho iniciático que o Aprendiz deve realizar em sua Personalidade a fim de permitir a expressão de sua Individualidade adormecida.*

DESNUDEZ — DESPOJAMENTO DOS METAIS

esse ato, no interior da Câmara das Reflexões inexiste assoalho; o piso é constituído de terra batida ou de "chão batido".

O contato dos pés com a Terra atuará como "descarga" das forças negativas.

DESNUDEZ — O ato de desnudar equivaleria à retirada de toda roupa, no entanto não é esse o sentido do ato; quando o Candidato aguarda o momento de ser recebido maçom deve retirar do traje o paletó, a gravata, tirar o braço de uma manga para apresentar o peito nu, descalçar-se, vestir alpargatas, retirar todos os metais e adornos; esse cerimonial constitui o primeiro passo para comprovar se o candidato é humilde e se, passivamente, se deixa conduzir, sem temer o que possa lhe acontecer.

O "Desnudamento" transforma o candidato numa situação dúplice: nem nu nem vestido; ele encontra-se em uma fronteira; não está apto para apresentar-se em Templo, porque inadequadamente trajado; não pode deixar de ser recebido pelos futuros irmãos, porque está, apenas, semidespido.

Quando o candidato adentra na Câmara das Reflexões, de lá sairá uma nova criatura; descerá ao "ventre cósmico" e, obviamente, daquele "parto" não sairá com roupas; será um "recém-nascido".

As Iniciações, em certas épocas do passado e em outras instituições místicas, compreendiam o desnudamento completo.

A origem do Avental comprova isso, pois foi elaborado justamente para cobrir a parte genital.

DESPOJAMENTO DOS METAIS — Ao ser o candidato conduzido para o interior da Câmara das Reflexões, deve ser Despojado de todos os "metais".

Esse Despojamento diz respeito especialmente à Câmara das Reflexões. Ninguém pode nela adentrar portando objetos de metais.

Em primeiro lugar definamos "metal": não é, propriamente, o metal em si, como moedas, Joias e chaves, mas tudo o que possa representar "valores".

A Câmara das Reflexões é um recinto "misterioso" que pode receber, exclusivamente, as células, os embriões, os gens, enfim, os elementos constitutivos do ser humano; é o "útero cósmico", onde será colocado o "ovo" devidamente fecundado.

Supõe-se que a estada do candidato se prolongue o tempo necessário para que o óvulo se transforme em embrião e posteriormente em feto, que deva, ao término, nascer.

Nada deve acompanhar o Candidato; apenas os elementos que o constitui, elementos que lhe darão "nova vida".

O Experto que introduz o Candidato ingressa na Câmara envolto em um manto e capuz negro; simboliza apenas a "força" invisível, pois o invólucro negro, por não ser o negro uma cor, simboliza o neutro absoluto. Nenhum ser humano ingressa no mundo real trazendo consigo algum elemento que não faça parte de seu ser. Mas não basta o Despojamento dos elementos físicos; esses são meramente simbólicos; o Candidato deverá despojar-se das suas "mazelas", dos seus defeitos, dos pensamentos negativos, de tudo o que lhe possa perturbar numa nova vida. Ao "renascer" cosmicamente, conduz apenas a parte espiritual, isenta de preconceitos e dúvidas; uma personalidade vazia que será preenchida, paulatinamente, através dos ensinamentos que terá dentro da Loja.

DESTINO — O Destino sempre foi uma preocupação dos homens; na mitologia, era um deus, filho do Caos e da Noite, portanto um presságio lúgubre.

As religiões apresentam concepções curiosas a respeito da existência ou não do Destino; uma corrente, denominada "determinismo", dá ao Destino uma força fatal; "está escrito", dizem os árabes; outra corrente, denominada "livre arbítrio", "burla o Destino"; o homem seria completamente livre.

O célebre psicólogo húngaro, dr. Jund, esclarece da possibilidade de uma "terapêutica do Destino"; o divã do dr. Freud, precursor da psicologia moderna, conseguia "alterar o destino" dos seus consulentes.

Maçonicamente, não há preocupação quanto a definir o que possa ser o "Destino", porque esotericamente não há propriamente uma predestinação; sendo o maçom uma "nova criatura", deixa na Câmara das Reflexões o "homem antigo"; essa "perda" é total, incluindo o Destino. Se cremos num Grande Arquiteto do Universo, Ele pode perfeitamente, na sua Omnisciência, "construir" um Destino adequado em direção à Justiça e à Perfeição. O que for perfeito jamais se alterará e o fim do "tempo" para aquele novo maçom será global, vitorioso e feliz.

DETERMINISMO — A evolução da Ciência demonstra que o homem pode transformar o próprio Mundo; a natureza humana é voltada para a destruição; destroem-se as matas, surgem os desertos, e a Terra pode perecer; obviamente isso não terá sido obra de um Determinismo. A finalidade da Maçonaria é transformar o homem, para que, de destruidor, passe a ser construtor. Nenhum ser humano aceitaria ter sido destinado por alguma força Cósmica à infelicidade. O destino do homem, como criatura divina, é a felicidade; se não a alcança a culpa é sua.

O grande aliado do Determinismo é a ignorância; uma pessoa ignorante não desperta compaixão; o homem pode instruir-se especialmente quando a Informática o alcança onde quer que se encontre, não há desculpa em manter-se na ignorância. O pior inimigo do maçom é essa ignorância, que embota o cérebro e transforma as Lojas em meros locais sociais.

Deus seria injusto se criasse um homem destinado a sofrer e um outro destinado a ser feliz.

O maçom, que deve crer no Ser Supremo, certamente não aceitará ser filosoficamente determinista.

DEUS — É a força suprema, cósmica e universal, tendo n'Ele o princípio e o fim. Deus na Maçonaria tem um nome específico, como o tem para os hebreus ao designá-lo Jeová. Reconhecem e aceitam os maçons ser Deus o Grande Arquiteto do Universo.

DEUS MEUMQUE JUS — Brocardo latino que significa "Deus e o meu direito". Essa frase concentra a filosofia religiosa do Grau 33 do Rito Escocês Antigo e Aceito.

É o lema inserido em uma faixa cujo suporte é uma Espada desembainhada, segura pelas garras de uma águia de duas cabeças, sobre as quais vê-se a coroa patriarcal.

DEVER/DEVERES — O Dever é uma obrigação que é observada como princípio; existem múltiplos deveres a serem observados pelos homens, sendo os principais: para com Deus; para com a Família; para com o próximo; para com a Pátria; e para consigo mesmo.
Os deveres maçônicos não vêm "catalogados", mas brotam ao passo que surgem, em virtude do conhecimento. Nada é imposto na Maçonaria, mas o maçom tem consciência do que deve cumprir e observar.
Os Deveres marcham paralelamente com os Direitos; ninguém poderá exigir um direito enquanto não observar os deveres. O maçom, para obedecer aos preceitos dos Regulamentos, deve seguir as normas que lhe são estabelecidas. O impulso interno comanda os atos que o maçom deve praticar ou se abster de produzir. Obviamente que a cada Grau que o maçom alcança, novos deveres deverá observar; os atos de prestar auxílio ao próximo não constituem um dever, mas sim, o reflexo de uma personalidade bem formada.

DEZ — Os números, na realidade, são nove; o zero não existe como número; trata-se de um elemento absolutamente neutro que é utilizado para multiplicar os próprios números, mas que, produzidos os cálculos, ao final pode ser abstraído sem alterar o valor da operação. Por essa condição é que ele é considerado como parcela "divina". Por si só, o zero isolado nada significa, a não ser representando uma figura geométrica; ele somente atuará se aposto à direita de um número.
O todo no Universo é a Unidade, ou seja, o número um. Certamente, os compêndios de matemática lhe atribuem posições adequadas; no entanto, o nosso objetivo é situar o número Dez sob o aspecto maçônico.
O Dez é denominado "Denário" e seu nome provém da antiga moeda romana, que significava "Dez unidades" de moedas. Maçonicamente, o Dez simboliza a União, e a temos demonstrada na "garra" que se forma numa Cadeia de União, quando "dez dedos" se unem.

DIABO — É um misterioso "ser" que o fanatismo impõe uma crença como sendo "palpável" inimigo de Deus; no entanto, significa o caluniador e opositor, o semeador de discórdias; encontramos, com riqueza de detalhes, essa figura mítica com diversos nomes, a saber: Satanás, Belial, Demônio, Belzebu, Lúcifer, Leviatã, Príncipe do Abismo e das Trevas.
Diabo seria o gênio do mal, o desobediente, o tentador, o opositor, aquele que semeia dúvidas. Maçonicamente, não é considerado.

DIÁCONO — Origina-se do grego com o significado de "servidor"; faz parte da Administração de uma Loja maçônica; são dois os Diáconos, um "servindo" ao Venerável Mestre e outro ao Primeiro e ao Segundo Vigilantes. Eles são os "embaixadores", os "arautos", os que conduzem a Palavra Sagrada e a de Passe. Colocam-se à direita dos tronos do Venerável Mestre e do Primeiro Vigilante; empunham um bastão, a "férula" encimada por uma pomba, simbolizando a sua função de "mensageiros".

DÍADE — Significa o dualismo; o vocábulo é de origem grega e de escasso uso na literatura maçônica.

DIÁLOGOS MAÇÔNICOS — São três diálogos escritos pelo maçom alemão Gottold Efraim Lessing (1729-1781). Nesses diálogos, Lessing expõe com simplicidade, porém com grande sabedoria, o pensamento maçônico da Alemanha no século XVI. No livro intitulado "Vademécum", do Ir\ Ech — Ernani de saudosa memória, editado em Porto Alegre e reeditado sucessivamente, encontramos primorosa tradução desses diálogos.

DIGNITÁRIOS — São assim referidos os que ocupam altos cargos na Administração maçônica.

DILÚVIO — Biblicamente, Jeová determinou às forças cósmicas que derramassem água sobre a Terra por um período de quarenta dias e quarenta noites; Noé e seus familiares, junto com um casal de cada espécime animal numa arca, salvaram-se das águas. É a saga de Noé, um relato misto de lenda e história. Na Mesquita de Sofia, na Turquia, precisamente em Istambul, há uma grande porta de madeira; relatam os guias turísticos que foi construída com tábuas da Arca de Noé.
O Dilúvio é um símbolo que demonstra como o homem pode vencer as forças da Natureza, uma vez que tema ao Grande Arquiteto do Universo que o dirige e instrui no fabrico dos meios para alcançar a vitória.

DIMENSÃO — Extensão que é medida. Maçonicamente, diz-se que a Dimensão de uma Loja é composta de três seções: altura, comprimento e largura.
Diz-se também Dimensão aos estados de consciência ou às hierarquias celestiais.

DIN — Em hebraico significa "Lei".

DIPLOMA — Documento representado por um pergaminho ou folha de papel espesso, com adornos, que o maçom recebe quando "cola grau", ou seja, quando recebe o Grau de Mestre ou, posteriormente, outros Graus superiores. Procede do grego e significa "duplo", porque era apresentado dobrados em duas partes, as quais recebiam o "selo".

DIREITO — O vocábulo original latino denomina o Direito derivando-se como *Jus*, daí *Justitia*, ou seja, Justiça. Portanto, Direito é o recebimento de um ato justo, inerente ao comportamento humano. Por exemplo, quem cumpre com o dever de prestar um trabalho terá o Direito à retribuição desse esforço.
Na Carta elaborada pelas Nações Unidas, em 10 de dezembro de 1948, foram especificados os Direitos Humanos.
Essa Carta pode ser considerada de inspiração maçônica, uma vez que a maioria dos membros que a elaboraram eram maçons.

DIREITO CONSUETUDINÁRIO — Origina-se da tradição, dos usos e costumes, geralmente, não sendo uma norma escrita, mas uma experiência passada.
O Direito Consuetudinário maçônico resume-se nos 25 *Landmarks* que a Maçonaria Moderna observa rigorosamente.

DIREITO HUMANO — Denomina-se assim o movimento iniciado em

Paris, no início de 1882, no momento em que foi iniciada, na Loja *Les Libres Penseurs*, a *Mademoiselle* Maria Deraisme. Surgiu então a Maçonaria Mista e a Maçonaria Feminina. No Brasil, essas Lojas são consideradas irregulares, ou seja, não são reconhecidas pelas Lojas existentes.

DISPENSA — Ato emanado em casos excepcionais, por um Venerável Mestre ou por um Grão-Mestre, da obrigatoriedade de certos atos, como, por exemplo, da contagem de interstícios para passar de um Grau ao outro.

DIVREI TORÁ — Expressão judaica que significa: Palavras de Tora.

DOGMA — É a opinião aceita como verdadeira, sem uma explicação filosófica ou científica. A Maçonaria condena os Dogmas, porém ela própria os possui.

DOGMATISMO — É o termo empregado em oposição a ceticismo, usado também de modo pejorativo. Por exemplo a Maçonaria utiliza o vocábulo "Filosofismo" para designar os Corpos Filosóficos; mas esse termo, apesar de muito divulgado, é aplicado pejorativamente.

DOIS — Esse número possui muitas interpretações. Sob o ponto de vista numerológico, não passa do segundo algarismo da escala dos nove números. Por si só, nada representa, porém filosoficamente constitui o "dualismo" e, nesse sentido, é muito importante porque reflete a "complementação" de todas as coisas. Querem alguns considerá-lo como sendo o símbolo da imperfeição, o que é um absurdo pois nada é imperfeito na matemática. O "dualismo" é um conceito natural.

O homem apresenta dois aspectos, em tudo, como também a Natureza: o dia e a noite; o bem e o mal; a desgraça e a felicidade, enfim, esses opostos que todos conhecemos e vivenciamos. Já foi dito que um é o ativo e dois é o passivo; um é Deus, dois a Natureza; um é o homem, dois é a mulher; um é o ser, dois, seu reflexo; um é a energia, dois é a estagnação.

Maçonicamente, o Dualismo é parte filosófica do Grau do Companheiro, como veremos no verbete apropriado.

DOMÍNIO — Uma das finalidades da Maçonaria é ensinar o maçom a dominar as suas paixões e emoções. Na Loja, o "Sinal Gutural" é a postura que se transforma em exercício desse Domínio. O maçom, antes de tudo, aprende em seus primeiros anos de atividade a dominar a si próprio, para então habilitar-se a "dominar" todos os aspectos da Natureza e de seu semelhante.

DONATIVO — O dar-se a si mesmo constitui um ato virtuoso. Quando o maçom coloca no "Tronco de Beneficência" o seu donativo, não está colocando simplesmente um óbolo expresso em moeda, mas retirando de si próprio as energias necessárias para "imantar" esses valores que, entregues aos necessitados, produzirão efeitos extraordinários. Essa é a forma esotérica do donativo.

DÓRICA — É uma das ordens arquitetônicas, cuja origem não está bem definida, pois alguns acreditam que se originou na Grécia e outros no Egito. Nas Lojas maçônicas, a Coluna Dórica simboliza a força, sendo colocada ao lado do trono do Primeiro Vigilante. As outras duas colunas são: a Jônica e a Compósita ou Coríntia.

DOSSEL — É o "cortinado" colocado sobre o Trono do Venerável Mestre, simbolizando a "cobertura" espiritual. Na frente desse Dossel é suspenso o Triângulo Sagrado, formado de cristal, tendo inserido no seu centro a palavra "IOD", que significa Deus. O formato da palavra é semelhante a um espermatozoide, simbolizando o homem. O conjunto simboliza o Deus humano, ou seja, um Deus que pode ser compreendido pelo homem.

O Dossel é confeccionado em material nobre, como cetim ou seda pura, apresentando ao seu redor, franjas douradas.

DOUTRINA — Do latim *docere*, ensinar. A Maçonaria, no sentido de escola, é denominada Doutrina.

Doutrinar significa incutir ideias filosóficas nas pessoas, mas genericamente diz respeito a um ensinamento religioso. A Doutrina pode estar exclusivamente relacionada à moral, à filosofia, ou à fé, oculta, exteriorizada, esotérica, ideológica, enfim, a quantos nomes se lhe possam atribuir.

Cada Grau maçônico dentro do Rito Escocês Antigo e Aceito, bem como de outros Ritos, constitui uma "Doutrina em separado". Assim, podemos afirmar que a Maçonaria esparge múltiplas Doutrinas entre os seus adeptos.

As Doutrinas Secretas são muito atrativas. Os Antigos Mistérios foram preservados durante milênios; hoje não existe mais nenhuma Doutrina Secreta. As Universidades, as Bibliotecas e a Informática "revelam tudo", todo o saber humano.

Quando o homem não alcança a compreensão do que lhe é ensinado, isso não significa que possa existir alguma coisa absolutamente secreta. A própria Maçonaria, que se ufanava de manter secretos os seus ensinamentos, hoje nada mais tem para ocultar, seja quanto aos seus próprios adeptos, seja em relação aos profanos.

DOZE — Trata-se de um número obviamente composto. Em geometria, é o número que divide o círculo em dois diâmetro os quais se cortam em ângulos retos pelos quatro arcos como o mesmo raio que a circunferência.

É o Ternário que se corporifica no Cosmos. O número Doze possui as características curiosas do número Sete; assim, as "coincidências" consignadas nas Sagradas Escrituras passaram a constituir a parte filosófica desse número, como por exemplo: Doze filhos de Jacó; Doze discípulos de Jesus; Doze meses do ano; Doze signos do Zodíaco e assim por diante.

DRAGÃO — É um animal simbólico, um misto de vários animais, descrito como elemento ameaçador, terrível e aziago, representando o mal. Nas Sagradas Escrituras, especialmente no Livro do Apocalipse, temos a descrição desse "ser" que vomita fogo e destrói tudo ao redor com seu hálito pestilento.

Na Idade Média, surgia nos pântanos para destruir e exigir sacrifícios. A história de São Jorge é o melhor exemplo dessa representação.

A Iconografia da época, por meio de célebres pinturas, apresenta-o de muitas formas: ora como uma serpente com cabeça de cão e asas de morcego; ora com um corpo escamoso e cabeça de jacaré.

Não é citado na Maçonaria, pois sua lenda é considerada mais como expressão mitológica do que filosófica.

DUALIDADE — Caracteriza a função do número dois, significando, de um lado, a duplicidade, e de outro, o antagonismo. A vida é formada de dualismos que representam o equilíbrio. Viver seria muito monótono se não surgissem momentos alternativos. A lição bíblica de Jó é absorvida pela Maçonaria, pois sendo temente a Deus, sabia que os momentos de provação cessariam para dar lugar aos de felicidade; o episódio egípcio, de José, um dos doze filhos de Jacó, reflete bem a filosofia do dualismo, com o episódio das "sete vacas gordas e das sete magras", sonho que vaticinava um período de sete anos de fartura seguidos por sete anos de penúria, o que levou o Faraó a armazenar — talvez nas Pirâmides — o trigo da época de fartura para os anos de escassez.

Em tudo existe o dualismo que se apresenta como fatalidade e esperança. Quando o homem encontra a felicidade, deve ser prudente e grato enquanto durar.

DUODENÁRIO — O Doze é um número místico, pois é o composto da soma de seus algarismos com os quatro elementos da Natureza.

DUPLO — A duplicação é um resultado autônomo e propriamente não significa a união do Dois; a Natureza dá um exemplo clássico na duplicação das espécies, especialmente dos grãos, que semeados se reproduzem em dezenas de outros.

Todas as coisas apresentam um dúplice aspecto, mas nem sempre isso é compreendido pelo homem, especialmente no que se refere ao material e ao espiritual.

ÉBANO — Madeira de origem oriental cujo lenho, depois de seco, se apresenta acentuadamente; madeira dura e imputrescível e, usada para móveis estilizados de pequeno tamanho, esculturas e outros objetos de adorno.
Nos Altos Graus Filosóficos, fala-se de "um cofre de Ébano", no qual eram depositados os planos para a construção do Grande Templo de Salomão. Simbolicamente, diz-se que representa o coração humano.

ECLÉTICO — De procedência grega, *eklektikós*, que significa reunião, assembleia; daí o nome da Igreja Eclesiástica.
Filosoficamente, significa o equilíbrio entre doutrinas ou correntes. O ensino eclético abrange o universo do saber, sem tendência para um lado ou para outro.
A Maçonaria no seu equilíbrio filosófico é Eclética, pois aceita todas as teorias, para delas extrair um resumo racional.

EFOD — Parte do traje de um Sumo Sacerdote hebreu; peça colocada por cima das vestes, geralmente confeccionada em linho, sem costuras, tendo inscritas as Doze Tribos de Israel; os rabinos e os sacerdotes católicos usam-no até hoje. Simboliza uma "cobertura" purificadora; é a proteção e a presença divina sobre o homem, o revestimento sagrado para o ingresso em um Templo.
Algumas Lojas, especialmente aquelas cuja maior parte dos membros é israelita, adotam para os Veneráveis Mestres o Efod.

EGO — A diferença entre "Eu" e "Ego" é profunda, pois enquanto este significa a pessoa humana vivente, aquele é a parte divina dentro do homem. Eu é o nome de Deus, daí um maçom não poder dizer: "Eu sou maçom", porque pretenderia tomar o lugar de Deus. O Eu comanda o Espírito; o Ego, a consciência.
Da palavra Ego se origina "egoísmo", que é a forma negativa da personalidade humana.
Porém, em certas ocasiões, o homem necessita desse egoísmo, por exemplo, quando zela pelos seus interesses, seu bem-estar, sua saúde. Neste sentido o egoísmo é salutar. Na máxima bíblica: "Ama o próximo como a ti mesmo", entendemos que "antes de amar o próximo", o homem deve aprender a amar a si próprio, como exercício e como campo experimental, para, depois, poder com eficiência amar o próximo.

EGRÉGORA — Deriva do grego *egregorien*, com o significado de "vigiar". A Maçonaria aceita a presença da Egrégora em suas sessões litúrgicas. A Egrégora é uma "entidade" momentânea; subsiste enquanto o grupo está reunido. Para que surja a Egrégora é necessária a preparação ambiental, formada pelo "som", pelo "perfume do incenso" e pelas vibrações dos presentes devendo essas vibrações ser "puras", eliminando o maçom, antes de ingressar no Templo, no Átrio, todos os pensamentos inapropriados para o culto maçônico.

A ritualística e liturgia preparam o momento do surgimento da Egrégora; no exato instante em que o Oficiante termina a leitura em voz alta do trecho do Livro Sagrado, a Egrégora forma-se, brotando do Altar, como tênue fio espiritual, para adquirir corpo etéreo com as características humanas.

Os mais sensitivos percebem essa Entidade, que se mantém silenciosa mas atua de imediato em cada maçom presente, dando-lhe a assitência espiritual de que necessita, manipulando assim a Fraternidade.

Para cada Loja, forma-se uma Egrégora específica. Quando as Lojas se reunem em congressos e se apresentam ritualisticamente, observada a liturgia, essas Entidades específicas podem ser formadas, e então surgindo uma Egrégora para cada grupo.

Os céticos não aceitam essa Entidade; porém estudos aprofundados revelam a possibilidade do seu surgimento. A Egrégora não é motivo de adoração, pois surge a partir da força mental e das vibrações do conjunto; em resumo, poder-se-ia dizer que a Egrégora é a materialização da força do maçom, quando em sessão litúrgica.

ELEGIBILIDADE — Numa Loja maçônica, somente poderá exercer cargo administrativo o maçom que tiver sido exaltado ao Grau 3.

A eleição deve obedecer o que dispõe o Regulamento Geral e o Estatuto Interno. Inexiste uma uniformidade a respeito, mas o cargo de Venerável Mestre deve ser substituído a um maçom experiente, que tenha passado, antes, por uma Vigilância.

ELEIÇÃO — Inicialmente, nos primórdios da Maçonaria Moderna, os Grão-Mestres eram eleitos isoladamente e eles é que escolhiam os auxiliares. As Constituições de Anderson informam detalhadamente quanto ao processo daquelas eleições. Posteriormente, a Maçonaria integrou-se na técnica democrática de que todos são dignos de serem eleitos, sendo a eleição feita mediante escrutínio secreto e a maioria absoluta determinando o quadro administrativo da Loja.

ELEITOR — São duas, na atualidade, as exigências para que um maçom possa exercer o direito de voto: que tenha frequência às reuniões, em percentual previsto no Estatuto da Loja, e que se encontre em dia com as suas obrigações para com a tesouraria.

ELEMENTOS — Os Elementos primários aceitos pela Maçonaria são os vindos do Hermetismo, a saber: Terra, Água, Ar e Fogo. Esses quatro Elementos são usados na cerimônia de Iniciação, como meios de purificações. Assim surge a prova da Terra, quando o candidato é colocado na Câmara das Reflexões; a prova da Água, quando já em Templo, sendo "lavado" de suas impurezas; a prova do Ar, quando enfrenta as intempéries da Natureza e as vence; e, finalmente, a prova do Fogo, quando é por ele purificado.

Em torno desses quatro Elementos vitais é construída a Filosofia maçônica.

ELÊUSIS — Antiga cidade da Ática, situada na Grécia, onde se situava o célebre Templo de Elêusis, dedicado aos mistérios da deusa Eleusina.

Esses mistérios originaram-se nos Templos subterrâneos da cidade de Mênfis, no Egito.

ELEVAÇÃO DE GRAU — A Elevação de um Grau para outro faz parte da liturgia maçônica; na Maçonaria Simbólica, existem somente três Graus. O candidato alcança o Primeiro Grau por meio da Iniciação; do Primeiro Grau, que é denominado Aprendiz, para o Segundo, que é denominado Companheiro, a "promoção" denomina-se Elevação; do Segundo Grau para o Terceiro, que é o do Mestre, a "promoção" denomina-se Exaltação. Nos Graus Filosóficos, denominados principais, as promoções são feitas por meio das respectivas Iniciações; nos Graus intermediários, as promoções são feitas por Comunicação. quem atinge o último Grau, que no Rito Escocês Antigo e Aceito é o número 33, estará sendo "investido" naquele Grau.

ELIMINAÇÃO — A Eliminação é o ato de banimento permanente da Ordem, após um julgamento previsto pelos Códigos maçônicos.
Antes da Eliminação geral e definitiva, o maçom deverá ser excluído do Quadro de sua Loja; após, o Grão-Mestre homologará o ato e fará a comunicação ao "Mundo maçônico" daquela Eliminação.
Esotericamente, porém, nenhum maçom poderá ser eliminado, porque a Iniciação é ato *in aeternum*; sendo a Iniciação um "Novo Nascimento", é óbvio que ninguém poderá ter esse nascimento "eliminado"!
O maçom que incorre em falta, grave ou não, deve ser julgado, mas a sentença jamais chegará à Eliminação, que simboliza a "morte" maçônica, o que é um ato impossível.

Se a Maçonaria também é escola de aperfeiçoamento, se em Loja não há indivíduo "pecador", mas um irmão purificado, como eliminá-lo sem antes apurar os motivos de seu comportamento considerado negativo? como fica a viabilidade de "reabilitá-lo", por meio de sucessivos atos de tolerância?
O criminoso do mundo profano é condenado à prisão, onde permanece por um período suficiente para se regenerar. A condenação é a forma de se punir um mau comportamento social. O condenado não tem como se recuperar se as autoridades civis apenas o colocar em "meros depósitos".
O maçom como Iniciado passa a ser "parte" espiritual dos outros maçons. Como eliminar parte de si mesmo porque essa parte pecou?
O bom pastor, deixa as ovelhas em segurança, no aprisco, e sai, em noite tempestuosa, enfrentando riscos, em busca da centésima ovelha perdida. Ao encontrá-la carinhosamente, a leva ao aprisco, onde as outras noventa e nove, aflitas, rejubilam-se pelo retorno daquela que acreditavam morta.

ELIYAHUHA-NAVI — Nome do profeta Elias.

ELOHIM — É uma palavra plural hebraica que significa "Ser dos Seres", ou seja, Deus. É o plural de Eloah, que significa, também, Deus. Os intérpretes das Sagradas Escrituras fazem muita confusão em torno dessa palavra; no entanto, os autores hebreus dão-lhe o significado exato. Para evitar confusões, o Deus dos hebreus é Jeová.
Não é um termo usado na Maçonaria.

EMANAÇÃO — Nas filosofias antigas de diversos povos, significava que "tudo" emanava de alguma coisa. Usa-se, atualmente, para designar que todo ser vivente, dos três estados da Natureza, emanou do Supremo Ser.

EMBLEMA — Palavra de origem grega, composta de *émblema*, significando a "obra confeccionada em mosaico". O mosaico é um objeto, feito de pequenos pedaços de vidro, ou pedras coloridas. Na atualidade, os mosaicos mais vistosos e célebres são os que adornam o interior da Igreja de São Pedro, em Roma. O Emblema em si é um adorno, constituindo-se de medalhões ou qualquer outro objeto que tenha incrustações e que expresse um símbolo. Hoje os Emblemas representam as categorias heráldicas, para distinguir famílias, definindo cidades, sociedades, inclusive maçônicas.
Genericamente, o Emblema oculta símbolos, pois as figuras representadas são composições com vários elementos. A figura mais comum inserida em um medalhão (medalha ou distintivo) é o conjunto entrelaçado de um esquadro com um compasso.
A divulgação dos Emblemas maçônicos tem sido interpretada como profanação, pois vulgariza o que deveria ser preservado. Notam-se esses Emblemas em fivelas, isqueiros, anéis, distintivos de lapela, enfim, em vários objetos usados fora dos Templos. As esposas de maçons entendem ter o direito de usá-los também, e vemos broches e anéis, frequentemente os ostentando à vontade.

EMÉRITO — Vocábulo elogioso derivado do latim, que eram dados pelos romanos aos soldados que se destacassem nas guerras.
Em Maçonaria, é usado para destacar os membros mais antigos. O Supremo Conselho do Grau 33 sempre teve os seus membros efetivos, em número de 33. Condição dada ao maçom após 25 anos de membro efetivo.

ENCARNADO — Cor própria do Rito Escocês Antigo e Aceito, na Maçonaria Filosófica. Não se deve confundir com o "vermelho", que é uma cor mais escura. O Encarnado simboliza vida e poder, luta e trabalho. É a cor preferida pelos governos "fortes" e pelos partidos políticos com tendência socialista.

ENCERRAMENTO — Os trabalhos maçônicos iniciam-se e encerram-se de forma ritualística. Como para se iniciarem os trabalhos, deve exigir-se atos litúrgicos precisos, porque o ingresso em Templo é ato relevante, a retirada do Templo constitui o retorno do "homem místico" para a vida comum; daí o encerramento ser feito com muito respeito e os maçons retirarem-se em silêncio, mantendo alfaias e aventais.
Em alguns Altos Graus Filosóficos, os trabalhos não se encerram, mas apenas se suspendem, pois a "atividade" maçônica é permanente, constituindo-se o viver uma atitude maçônica, e o estar em Templo, um ato de devoção.

ENFERMIDADE — São raros os homens que não passam pela Enfermidade, e quando maçons, têm o apoio de toda Instituição. Um membro frágil deverá ser amparado tanto pelo carinho como pela assistência médica e, sobretudo, pela assistência espiritual, por meio do poder esotérico da Cadeia de União.
A Enfermidade supõe o dever da "visitação". O Hospitaleiro tem esse encargo e nos dias de reunião deve informar

a Loja sobre o estado de saúde daquele infortunado irmão.

Sendo a Loja formada por "elos", quando um deles é acometido por uma Enfermidade, toda Loja é atingida; daí, até por interesse comum, a Loja deve empenhar-se para a recuperação da saúde daquele irmão enfermo, para que quando ele retorne à Loja, seja motivo de grande júbilo.

ENIGMA — O célebre exemplo do que possa ser um Enigma é a Esfinge, situada no Cairo, nas proximidades das três principais pirâmides egípcias. Lá está a estátua, corpo de leão, cabeça de mulher, a desafiar os séculos, sem que lhe tivesse sido desvendado o mistério. Na Maçonaria temos muitos Enigmas de difícil interpretação, chegando alguns a depender da fé do maçom, pela dificuldade de encontrar um adequado esclarecimento. A "força" da Cadeia de União é um Enigma; a palavra "Huzzé"; as posturas em Loja; o grito de "socorro", são outros Enigmas que somente a experiência poderá desvendar.

A vidência, a visão espiritual, denominada de terceira visão espiritual, o toque, o aperto de mãos, as marchas são dezenas de Enigmas que desafiam diariamente o maçom.

Não se deve confundir Enigma com dogma.

ENOCH — Personagem misterioso e bíblico, filho de Jared e pai de Matusalém, viveu, segundo o relato do Gênesis, 365 anos. Sua morte é um mistério, porque foi "arrebatado" por Deus.

Enoch teria deixado um livro, que foi perdido. Existem apócrifos, mas sem uma prova de autenticidade. É considerado o criador da cabala e o precursor do cristianismo. Seu livro seria tão misterioso quanto o Apocalipse.

Maçonicamente, é um personagem referido em determinado Grau da Maçonaria Filosófica.

ENTABLAMENTO — Pedras que se sobressaem ao alto das paredes de uma obra, seja edifício ou qualquer outra construção arquitetônica, denominadas Entablamento. Assim também é denominada a cornija, a arquitrave e o friso, que ficam logo acima das colunas.

Em linguagem maçônica significa o "enriquecimento intelectual" que o maçom obtém, em cursos especializados sobre a Arte Real.

ENTERROS — Inexiste na Maçonaria qualquer cerimônia que diga respeito ao sepultamento em si. Os maçons acompanham os ofícios fúnebres realizados profanamente; carregam o féretro e cada um deposita um ramo ou uma flor de acácia na sepultura. Ao sepultamento, não comparecem os maçons com paramentos.

Dentro do Templo, no entanto, a Maçonaria tem um ritual especial que se denomina "Pompa Fúnebre". Ele pode ser desenvolvido com o corpo presente ou simbolicamente, decorridos trinta e três dias do passamento. É erguido dentro do Templo um esquife, como se nele se encontrasse o morto. A cerimônia é muito tocante e os maçons a realizam obrigatoriamente.

ENTRADA — O ingresso no Templo denomina-se Entrada, sendo permitida, exclusivamente, aos maçons, sejam membros do quadro ou de outras Lojas coirmãs.

As denominadas "sessões brancas" são uma inovação, transformando o

Templo em local de atividade social ou cultural.

Os rituais apropriados a essas cerimônias não são propriamente tradicionais, mas inovações que têm adeptos e opositores.

A Entrada em Templo obedece, sempre, a regras estabelecidas e imutáveis. Cada grau, cada rito possui entrada específica. Contudo, seja qual for a entrada, ela sempre constituirá um ato cerimonioso e de grande respeito.

EQUES — De origem latina, *equos* — cavalo —, significa cavaleiro e era de uso da antiga Maçonaria.

EQUIDADE — Significa igualdade e constitui, junto com a Justiça, a Sabedoria e a Força, a base da filosofia maçônica. O símbolo da Equidade é a balança que, para estar em perfeito equilíbrio, deve ter os seus pratos formando uma linha horizontal perfeita.

EQUINÓCIO — O Sol, ao descrever a elíptica, passa pelo Equador, igualando os dias com as noites. Dois são os Equinócios formados pela elíptica do Sol: o de Outono, que ocorre a 21 de março, e o de primavera que acontece a 23 de setembro. Não se deve confundir o Equinócio com o Solstício.

Na Maçonaria Filosófica, certos corpos reúnem-se obrigatoriamente nas datas equinociais.

ERA MAÇÔNICA — Trata-se da determinação simbólica do surgimento da Maçonaria. Como inexiste data conhecida, é adotado o calendário hebraico. A Maçonaria teria surgido com o primeiro homem, Adão. São, porém, especulações. A praxe, como costume, é a de se acrescentar na data atual mais 4.000 anos. Nada há de oficial, pois a Maçonaria não estabeleceu, pela impossibilidade de fazê-lo, o dia e ano em que surgiu.

Na correspondência maçônica, oficialmente é aposto "E.V.", significando "era vulgar", ou seja, era atual; quando colocado o ano judaico, apõe-se "E.M." ou "A.L.", que significa *anno luci*, ou seja, ano luz.

ERETZ-ISRAEL — Em hebraico significa: "Israel, a Terra Santa".

FREV SABT — Palavra hebraica significando: "a tarde de sexta-feira; véspera de um sabat".

ESCADA — Trata-se de um símbolo maçônico que significa ascensão. Uma Escada é formada por duas hastes verticais, dividida em hastes menores horizontais denominadas degraus. Subir uma Escada significa alcançar posições superiores. Cada grau de um rito formará uma Escada específica.

A Escada não é representada exclusivamente pelas hastes horizontais entremeadas pelas hastes verticais, pode ser uma escadaria, em qualquer construção, com a finalidade de ascender de um plano inferior para um plano superior.

Assim, dentro do Templo há uma Escada de três degraus que liga o Ocidente ao Oriente, e outra Escada com quatro degraus que liga o Oriente ao Trono.

Dentro de um ritual, para subir ou descer as Escadas internas do Templo, é necessário obedecer a regras preestabelecidas. Nem todos os maçons presentes têm acesso às Escadas internas do Templo.

Na Maçonaria Filosófica, no Grau dos Cavaleiros Kadosch, é empregada uma Escada móvel, dupla. Cada um dos sete degraus, quatorze ao todo, tem uma significação simbólica específica. A Escada é o símbolo da "hierarquia construtora", é a "marcha" da evolução em busca da Perfeição.

No Grau de Companheiro, no painel, nota-se uma escadaria em forma de caracol dividida por um patamar. Os cinco primeiros degraus simbolizam os cinco sentidos humanos; os sete degraus seguintes representam as sete ciências liberais.

A espiral simboliza o deslocamento obrigatório do corpo, que o Companheiro deve realizar sobre si mesmo para atingir o topo da escadaria. No sentido esotérico, é a "visão para dentro", em busca dos sentidos espirituais e das ciências esotéricas.

ESCADA DE JACÓ — Jacó, o personagem bíblico, certa noite, quando se encontrava em busca de uma terra onde pudesse viver em paz, fora do alcance de seu irmão Esaú, que lhe dedicava ódio, deitado ao chão e tendo como travesseiro uma pedra, teve um sonho ou visão. Viu que havia à sua frente uma majestosa escadaria, na qual desciam e subiam anjos.

Erradamente, quando um maçom passa de um grau para outro superior, é dito: "subiu mais um degrau na Escada de Jacó".

O fato de subir um degrau, não é o problema; o erro está no uso da expressão Escada de Jacó, pois nela quem descia e subia eram os anjos. Esses não puseram o pé na Terra. Após estar a escada vazia, desceu um anjo que tomou a forma humana, passou a noite em colóquio e luta corporal com Jacó, a quem não conseguiu vencer. Foi ele quem anunciou a Jacó que Jeová lhe daria outro nome, o de Israel. A Escada de Jacó, é um dos grandes símbolos que a Maçonaria preserva.

No painel da Loja, insere-se a Escada de Jacó, cujo topo penetra em uma nuvem, simbolizando que seu término adentra os Céus. Contudo, notam-se painéis com número determinado de degraus, variando de sete, quinze e até trinta e três. Não se poderia delimitar essa escada, nem o seu formato uma vez que singelamente é composto de formas lineares. Uma escada por onde desciam e subiam anjos obviamente devia ser majestosa e digna da Corte Celestial.

Curiosamente, o relato bíblico informa que quando Jacó a percebeu, constatou que os anjos "subiam". O episódio presta-se a muitas interpretações: estariam os anjos na Terra e quando "desceu-se" a escada passaram a subir? Os anjos têm necessidade, para ingressar em seu Reino, do auxílio de uma escada ou escadaria? Sendo seres alados, por que não voavam como os pássaros em vez de galgar degrau por degrau?

Especulações como essas sempre surgem e são motivo de estudos aprofundados.

Dado o misticismo que povoa esse episódio, a Maçonaria o mantém com muito zelo e carinho.

ESCATOLOGIA — Ciência que estuda o porvir, no conceito religioso, prevendo o fim da humanidade, para o reencontro com o Messias.

ESCOCÊS — A origem da palavra na Maçonaria não vem da Escócia, como muitos creem, mas sim da luta que se estabeleceu em torno do ano 1743, quando a Grande Loja Inglesa da França proibiu o ingresso dos Mestres Escoceses.

O Cavaleiro Miguel André Ramsay, natural da Escócia, mas radicado em Paris, teve grande influência na criação da Maçonaria Filosófica. Outros escoceses de origem contribuíram para transformar a Maçonaria da época, que já estava deturpando os princípios básicos. Esses grandes maçons, originários da Escócia, determinaram, talvez, o surgimento de um grau denominado "Ecossois"; portanto, a Maçonaria dita Escocesa, por coincidência, conservou esse nome, sem que tivesse razão maior para confundi-la com o país Escócia. Pode-se afirmar que o Rito Escocês Antigo e Aceito tem raízes francesas, sendo que a Grande Loja da Inglaterra adota o Rito de York e não o Rito Escocês.

ESCOCISMO — Esse termo é raramente empregado e significa a corrente que adota o Rito Escocês Antigo e Aceito. Alguns autores não empregam esse vocábulo, porque lhe atribuem função pejorativa, como o é o filosofismo.

ESCOLA — Do grego, *scholé* e do latim, *schola*. Diz-se que a Maçonaria também é uma Escola, pois "ensina", com disciplina e regras rígidas, o aprendiz como se fosse uma criança, dado o fato de que a Iniciação faz "nascer de novo" um homem para ser reeducado, conduzindo-o ao caminho da perfeição.

Muitas Lojas, ainda na atualidade, mantêm a ideia materialista que a Maçonaria tem o dever de proporcionar às crianças, filhos ou não de maçons, o estudo escolar. Há cerca de sete décadas existiam no Brasil aproximadamente 150 Escolas mantidas pelas Lojas maçônicas.

Como trabalho operativo e social, essa iniciativa merece aplausos, especialmente quando prédios imensos permanecem durante o dia sem função. No entanto, jamais seria nesse sentido a obrigatoriedade de se manter Escolas; quando uma Loja invade o mundo profano com qualquer empreendimento, por mais nobre que seja, mais útil à Sociedade, ela estará "desvirtuando" a sua função e, em breve, verá fracassado o esforço operativo e enfraquecidos os trabalhos maçônicos.

ESCOLÁSTICA — Os *doctores scholastici* eram mestres que se dedicavam ao ensino das artes liberais e, no terreno religioso, à teologia nos mosteiros. A Escolástica é a ciência do ensino, e, maçonicamente, embora o termo não seja de uso corrente, todo Mestre será um "douto" porque sua obrigação é a de ensinar os aprendizes e companheiros, o que se denomina de "Arte Real".

ESCOPRO — É um instrumento das épocas mais primitivas da civilização. Inicialmente em ferro, depois em aço e hoje em metal mais duro ainda, é usado para "desbastar a pedra". Maçonicamente, é mais conhecido como cinzel. É um instrumento de trabalho, indispensável para "burilar" a pedra que é empregada nos alicerces da construção. A Pedra Bruta é desbastada por meio do malho, que se apresenta em vários tamanhos, originando o malhete. As partes informes são retiradas até que a pedra apresente a forma de um cubo.

No Grau do Companheiro, essa Pedra Bruta, que já tomou forma definida pela retirada de suas arestas, será "burilada", ou seja, alisadas as partes de onde foram retiradas as arestas. O buril é o outro nome dado ao cinzel e ao Escopro. Esse instrumento apresenta-se de variadas formas: pontiagudo, arredondado, talhado. O operário possui um sem-número de Escopros para melhor executar o seu trabalho. O Escopro é o símbolo do trabalho que, junto com o maço, que o Companheiro usará para o aperfeiçoamento de sua obra.

ESCORPIÃO — É o oitavo signo do Zodíaco; é o signo da morte e da regeneração.

ESCRAVIDÃO — É um estado de consciência. As paixões e as emoções conduzem à Escravidão. Hoje em dia, não existem mais escravos no sentido de ser o homem "propriedade" de alguém; mas a cada dia que passa, mais se acentua a Escravidão ao vício. Na atualidade, o pior mal da humanidade são as drogas. As dependências físicas e psíquica prosperam com a continuidade do consumo de drogas a ponto de escravizarem a pessoa; para se vencer esse vício, faz-se mister um prolongado tratamento médico e uma decisão firme de se querer retornar à liberdade. O homem jamais será livre se se entregar ao vício, porque esse impulso em direção a uma pretensa liberdade o transforma em escravo. A Maçonaria quando exige que o candidato seja "livre e de bons costumes", indubitavelmente inclui, na relação dos fatores que causam o vício, as drogas.

A proibição, no século passado, de ser um escravo admitido ao ingresso na Ordem maçônica, relacionava-se ao fato de que se dentro de uma Loja maçônica se encontrassem o escravo e seu dono, aquele não seria livre, nem sequer para externar seu pensamento; tratava-se, pois, de um aspecto social. Hoje, já está sobejamente divulgado o quão nocivo é para o homem e para a sociedade o uso das drogas; o tóxico envolve não só a parte física e psíquica, mas também a moral e a espiritual.

O entorpecente, em maior ou menor intensidade, pode causar alucinações. Assim, ninguém poderá aceitar que um viciado "profetize", que dê "testemunho de alguma visão", que tenha um "sonho" capaz de ser interpretado. Outros fatores tornam o homem escravo: o egoísmo, a intolerância, a inveja, o ódio e o excessivo apego ao poder são alguns elementos que reduzem o homem a escravo desses impulsos nocivos.

A dificuldade que encontramos, para descobrir em um candidato o germe desses fatores resulta numa Iniciação falha, pois mais tarde teremos um maçom egoísta, intolerante, invejoso, que para conservar ou atingir postos hierarquicamente superiores pisará sobre os demais irmãos, parecendo um escravo que não pode permanecer no convívio com a sociedade grupal. Infelizmente, quantos tristes e frequentes exemplos temos desses nocivos aspectos.

ESCRITA — O pensamento humano fixa-se no papel, na pele, no pano, no papiro, na madeira ou na pedra, mediante de "sinais" já convencionados, desde os primórdios das civilizações. A Escrita pode ser mecânica, utilizando-se aparelhos e máquinas, ou manual. O homem, produz com arte maior ou menor, por meio de traços bem lançados em forma de alfabetos, o que a mente lhe ordena, ou copia de pensamentos alheios.

ESCRITURAS

A grafologia é a ciência que estuda as características desses traços que revelam a personalidade do seu autor. Se um enfermo escrever e assinar uma carta, pode um psicólogo ou um grafólogo descobrir qual a enfermidade que atacou aquela pessoa, tanto física como psíquica, administrando, dessa forma, um tratamento adequado.

A simples assinatura, revela tanto as dificuldades físicas como as psíquicas de quem assina. A grafia, nas suas curvas, nas suas laçadas, nos seus traços em todas as direções, nas imperfeições do traçado, devidamente analisada, como se estivesse sendo observada mediante de uma radiografia ou uma ecografia, uma pontuação desordenada, os acentos, enfim, qualquer elemento gráfico, é capaz de revelar a personalidade em todos os aspectos, até daqueles mais imperceptíveis.

Sendo a análise ou o exame da grafia uma ciência, é óbvio que, corrigindo as imperfeições de quem escreve ou assina, "alterando" os seus impulsos, estará ele entregando-se a um tratamento. Com persistência adquirirá saúde, transformando sua vida com êxito.

Acrescentando-se a esse estudo o da numerologia, para o "conserto", caso necessário, dos valores numéricos aziagos, quem assina estará sendo "paciente de uma terapia do seu destino".

O maçom, após ser Iniciado, recebe um nome simbólico; o Venerável Mestre saberá dar-lhe um nome "afortunado". Assim ao ser convidado o neófito a lançar a sua nova assinatura, usando o novo nome, na táboa da Loja, estará recebendo uma nova oportunidade de aperfeiçoamento, seguindo o seu "novo destino".

Tempos houveram em nosso País que, ainda nos primeiros anos escolares, havia uma disciplina denominada "Caligrafia que consistia em se preencher cadernos especiais, com linhas duplas, para que as letras fossem feitas com elegância.

Nos Estados Unidos da América o "scrip" é uniforme, fazendo com que todos apresentem grande semelhança tanto numa escrita cursiva como nas assinaturas.

O resultado prático de a pessoa ter uma "boa letra" revela-se um fator de educação. A pessoa poderá ser mais cuidadosa com o que faz, irradiando paz, serenidade e cultura.

No Rito Escocês Antigo e Aceito, o maçom que atingia o 33.º Grau deveria preencher uma "caderneta", resumindo a sua vida maçônica, fazendo-o de próprio punho e com tinta roxa.

Essa prática caiu em desuso, o que é lamentável, pois essas "cadernetas" eram analisadas por meio da escrita, providenciando-se os "recursos" em caso de necessidade.

ESCRITURAS — As Escrituras são Sagradas ou Profanas. As Sagradas são constituídas dos Livros Religiosos de todos os povos; porém os hebreus denominam os seus Livros Sagrados com esse título. Para os maçons, segundo o que dispõe o Poder Central, será colocado sobre o altar o Livro Sagrado.

Para os maçons que pendem para o "materialismo", como os do Rito Francês Moderno, o livro a ser colocado no Altar será o Livro da Lei. Seguem essa norma os que usam sofismas, pois, ao serem questionados a respeito de como se deverá interpretar o nome "Lei", respondem: "A Lei Sagrada". Num sentido geral, essa Lei

será a Constituição da própria Ordem maçônica, ou a do País onde funciona a Loja maçônica. A respeito disso, no Brasil, ainda não houve uma definição que sirva de norma geral. Constata-se, nos Rituais, que uns falam "Livro Sagrado" e outros, "Livros da Lei".
Para os Cristãos, as Sagradas Escrituras são a Bíblia, composta do Velho e Novo Testamentos.

ESCRUTÍNIO SECRETO — A votação, na época dos romanos, era feita por meio da casca da ostra, que na parte interna, é lisa e clara, de onde surge a madrepérola. O votante, assinalava, ou com um nome, ou com um traço convencional, o seu voto.
Quando o cidadão era banido e tolhido de seu direito de voto, dizia-se ter sido colocado no "ostracismo".
Em Maçonaria, o voto mediante escrutínio secreto tem origem recente, a partir de 1723. A votação era feita utilizando-se esferas negras e brancas, aquelas para rejeitar e estas para aprovar um candidato.
Essa tradição foi mantida até hoje, para a aceitação de um candidato, continua-se usando essas esferas; de um recipiente, o maçom retira duas bolas; uma branca e uma negra; o voto é recolhido através de uma urna em que a bola é colocada e um orifício de modo que fique oculta à vista dos circunstantes; em seguida, em um segundo recipiente é recolhida a bola que não foi usada; também de modo discreto; aberta a urna, contam-se as bolas ou esferas colhidas; basta uma esfera negra para rejeitar o candidato.
A votação para as administrações, porém, já não obedece ao mesmo processo. Ela é feita por meio de cédulas, mas brevemente será feita por urna eletrônica.

ESCUDO — Instrumento protetor, usado antigamente, para aparar golpes de espada ou lança. A polícia, na atualidade, usa Escudos para proteção contra "pedradas" e objetos arremessados por grupos em rebelião.
Escudo é também o nome da moeda utilizada em Portugal.
No sentido heráldico, Escudo é um emblema que tem o formato de um Escudo de defesa, mas que tem finalidade ornamental. Nele são gravados ou pintados símbolos identificadores da Loja, denominando-se "Escudo de Armas", conservando a tradição cavalheiresca.
Esses Escudos não eram de confecção e iniciativa da Loja maçônica, mas objetos de valor honorífico, dados como prêmio pela nobreza, ou no caso pelas Autoridades Hierarquicamente Superiores.
Tem-se notícia de que, no ano de 1472, o Rei d'Armas Clarencieux concedeu à Companhia dos Maçons um Escudo d'Armas com as seguintes características: campo prateado; três castelos com ameias; um chaveirão azul, saindo dos lados e carregado de um compasso em 45 graus, de prata. O conjunto vem coroado na parte superior de um dos castelos por um braço humano, nu, brandindo uma pá de pedreiro, também de prata.
Cada Loja maçônica tem o direito de ter a sua bandeira, o seu estandarte, o seu Escudo d'Armas, o seu "logotipo" e o seu distintivo.

ESCUDO DE DAVI — Também conhecido como Selo de Salomão, é formado pela superposição de dois triângulos, um inverso ao outro, formando um hexagrama. Não se deve confundir o Escudo de Davi, com a Estrela de Davi, pois o Escudo apresenta seis pontas e a Estrela, cinco pontas.

O Escudo de Davi tinha propriedades mágicas; por isso, nas lutas, o povo hebreu levava-o com triunfo crendo em sua mística proteção.

No túmulo de Davi, em Jerusalém, no pano que cobre o altar, vê-se esse Escudo estampado. Ele tem sido, em todos os tempos, para os israelitas, o símbolo do Poder Divino, tanto que em seu centro, em algumas Sinagogas, está inserida a palavra *Agla*, cujas letras significam: *Atah Gibor Lolam Adonais*, que se traduz por: "Tua Força Repousa no Deus Eterno".

A Maçonaria usa o Escudo de Davi, como um dos seus símbolos. Esotericamente, o hexagrama é representativo do duplo sexo do Deus Criador, Jeová, também é simbolicamente representado pelas duas colunas "J" e "B".

ESCURIDÃO — Constitui o símbolo do nada, da ausência, da ignorância e da ausência da luz.

A Escuridão é relativa, pois a absoluta só pode ser produzida mecanicamente, dentro de recipientes hermeticamente fechados, conduzindo à meditação.

Para a formação da Cadeia de União recomenda-se a penumbra que se aproxima à Escuridão, sendo representada simbolicamente pelo negro. Assim o "balandrau", que é a capa que o mestre usa, simboliza a total ausência do ser, destacando-se apenas o rosto. As mãos encontram-se ocultas sob as luvas; o rosto, na penumbra, pois fica encoberto parcialmente por um chapéu.

ESFERA — A Esfera — ou bola de escrutínio — simboliza a perfeição, dada a sua forma geométrica, reproduzindo o círculo na sua forma de polígono perfeito. Representa a sabedoria e a harmonia.

Para a Maçonaria representa a universalidade da Ordem. As Colunas "J" e "B" têm, cada uma, na sua parte superior, uma Esfera, simbolizando uma o Globo Terrestre e a outra o Cosmos.

Diz-se também que essas Esferas são a terrestre e a celeste; a primeira representando o mundo exterior; a segunda, o interior e espiritual.

A Esfera não possui "limites", pois seu destino é girar sobre si mesma, impulsionada pelo eixo invisível do seu centro.

Ela em si, isoladamente, representa o Grande Arquiteto do Universo. A Esfera terrestre simboliza as forças materiais e deveria ser branca.

Sendo a Esfera um símbolo, interpretá-lo representa o esforço individual de cada um.

ESFINGE — Monumento situado no Cairo, na colina de Gizé, próximo às Pirâmides. Ignoram-se a sua origem e o seu significado até hoje.

É formada do mesmo material das Pirâmides, isto é, de uma rocha arenosa na cor ocre. Trata-se de um "monstro fabuloso", com cabeça de um homem, recoberta por um manto usado pelo sexo masculino daquela época e o corpo, de animal. Aparece sentada, tendo as patas da frente estendidas, e as garras são de leão; o corpo de touro. Possui duas asas estilizadas e são de águia.

Por esses quatro aspectos é denominada de "tetramorfo", palavra de origem grega: *tetra*, quatro; *morphé*, formando, portanto: quatro formas. Esfinge provém, também, do grego: *sphigs* que significa: animal fabuloso. Ela não é um símbolo exclusivo do Egito, pois se encontram construções similares em todo o território grego.

No sentido popular, significa: mistério indecifrável. Contudo, outros animais ou monstros semelhantes, são citados nas Sagradas Escrituras, especialmente no livro do Apocalipse e na visão do profeta Ezequiel.
Na iconografia da Renascença, o Dragão, subjugado pelo "Santo mártir", São Jorge, apresentava essa simbiose, pois o corpo era formado de partes de outros animais, incluindo a serpente e o morcego.
A "monstruosidade", como reproduziam os Templários, no seu "Bafomet", não significa terror, tragédia ou maldade; por exemplo, a figura que o profeta Ezequiel descreveu era a de um Querubim, que na hierarquia celestial ocupa o primeiro posto.
Um dito popular espanhol exemplifica isto: *El oso quanto más feo más hermoso.*

ESMOLER — Algumas Lojas denominam o hospitaleiro de Esmoler, pois é esse oficial que arrecada os óbolos, para a prática da esmola da Loja, aos necessitados.
O padroeiro da Maçonaria é São João. Contudo, não há uma definição exata de que João se trataria, o Evangelista ou o Batista. Porém, alguns autores dizem que se trataria de São João, o Esmoler, uma figura que existiu na Idade Média.

ESOTÉRICO — Vocábulo de procedência grega (*esoterikós*) que significa "interior". Não devemos confundir com "exotérico", que significa o oposto, ou seja, o "exterior".
Ciência Esotérica é a parte misteriosa do que é oculto, do que deve permanecer escondido dos profanos.
A Maçonaria, na interpretação de sua liturgia, possui a parte Esotérica, ou seja, reservada aos Iniciados. Tem o vocábulo, neste caso, o sentido de espiritualidade.

ESOTERISMO — Diz respeito à doutrina da tradição oculta, fazendo escola, dentro de cada movimento espiritualista. Contudo, existe uma corrente filosófica que se denomina Esoterismo, e que congrega filiados, possuindo registro civil e sede internacional, disseminadas as suas Lojas por todo o mundo.
Essa Doutrina Secreta, tendo no século passado como grande expoente Helena P. Blavatsky, expandiu-se por toda parte. Sendo agnóstica, formou uma sociedade de estudos espiritualistas, que subsiste, em plena atividade, ainda hoje.
No Brasil um dos seus expoentes é a AMORC, com sede em Curitiba, Estado do Paraná.
Um grande número de maçons participa do esoterismo. A sua colaboração é notada, pois estão capacitados a dar interpretação esotérica aos símbolos maçônicos.
Encontraremos a origem do Esoterismo nos povos da Antiguidade, e mesmo nas Sagradas Escrituras existem vários textos que revelam o culto às ciências secretas. O próprio Cristianismo pode ser considerado uma ciência secreta.
O apóstolo Paulo, em suas cartas, dizia que o mistério se apresentava em enigma, mas chegaria o dia que o veríamos face a face.
Em resumo, toda parte secreta, oculta e misteriosa denomina-se esotérica.

ESPADA — A Espada é um instrumento usado pelo maçom em rituais. Embora com o aspecto de uma arma, o principal meio de defesa dos Cavaleiros quando ainda eram desconhecidas as armas de fogo, não

ESPADA

se poderia conceber o seu uso dentro de um Templo.

A origem da Espada, como instrumento maçônico, vem da construção do Segundo Templo, pelo príncipe Zorobabel, sob a proteção do Rei Ciro, da Pérsia.

O relato bíblico é deveras interessante, pois Zorobabel, junto com seu povo, recém-liberto da escravidão de Babilônia, erigiu, no mesmo local onde fora construído o grande Templo de Salomão, um outro não tão magnífico, mas tão precioso quanto o primeiro.

Há uma diferença na construção desses dois Templos hebraicos: para o primeiro, não fora permitido que judeu algum tomasse parte dos trabalhos; no segundo, foram empregados somente trabalhadores judeus.

Tratando-se de um lugar de possessão dos povos inimigos dos hebreus, Zorobabel encontrou a resistência armada deles. Embora sob a proteção do Rei da Pérsia, os trabalhadores executavam as suas tarefas com a mão direita, empunhando com a esquerda uma Espada, prontos a defenderem a obra sagrada dos assaltos inimigos.

Assim, a Espada passou a ser símbolo da presença Divina na construção do Templo, significando aqui Templo Humano, de aperfeiçoamento do homem maçom.

O apóstolo deu à Espada outra função que não a de luta: comparou-a à palavra, dizendo que a língua era uma Espada de dois gumes, pois podia ferir a outrem, como também os que a manejam.

A Justiça é representada por uma Espada, da qual pendem os pratos de uma balança. Ela é, pois, o símbolo de justiça, de igualdade, de honra.

A Espada simboliza a consciência, e quem a maneja deve estar alerta para não agredir.

No cerimonial do Grau Quatro, denominado Grau do Mestre Secreto, o maçom, ao desembainhar a Espada, leva-a aos lábios, beijando a sua lâmina, simbolizando que jamais poderá agredir ou ferir.

Adão, segundo a lenda bíblica do Éden, após ser banido em decorrência do "pecado original", junto com Eva, foi proibido de retornar ao Jardim para impedir a sua entrada, um anjo manejando uma Espada, foi colocado na sua entrada, como símbolo de advertência e de vigilância.

O homem sempre foi subjugado pela Espada; em todos os sentidos, daí ser esse instrumento um símbolo perene de vigilância.

Nas cerimônias maçônicas, a Espada usada não é igual à arma tradicional usada pelas Forças Armadas de um país. Ela tem o formato mais suave, sendo o seu punho, a cruzeta e a lâmina constituídos de forma simbólica. Não há, porém, normas específicas a respeito.

Houve época, no século passado, que as Lojas recém-instaladas recebiam da França o material necessário para o seu funcionamento, incluindo as duas colunas, que vinham confeccionadas em folha de Flandres, as Espadas, os candelabros, os malhetes, aventais, as Joias, enfim, todos os paramentos necessários. Com isso, houve uma "padronização" nos trabalhos. Ainda hoje, ao visitarmos pequenas Lojas do interior do território brasileiro, encontramos esses objetos, que são conservados como relíquias.

Dentro de uma Loja, atrás de cada cadeira e até das poltronas dos tronos das Luzes, está colocada uma Espada, cujo uso é restrito a apenas algumas cerimônias. Quem as usam são o Cobridor Externo e o Cobridor Interno, ou o Guarda do Templo. Ela é carregada com a mão direita, pois esses oficiais têm a função de "guardar a incolumidade" dos irmãos presentes. Porém, quando desembainhada, a ponta da lâmina é dirigida ao solo, simbolizando que a ação não deve ser agressiva.

A Espada Flamígera é um símbolo propriamente maçom. É ela de formato singelo, com lâmina ondulada e de um só gume, sem fio, sendo a ponta arredondada. Ela provém do raio solar, daí o nome de "flama", e é com ela que o Venerável Mestre consagra o Iniciado, batendo por três vezes, com seu malhete, na lâmina. Na antiga Cavalaria, nomeavam-se os cavaleiros batendo com a Espada em seus ombros.

O manejo da Espada Flamejante é exclusivo do Venerável Mestre, que a mantém sobre o seu trono.

Não se confunda Espada Flamejante com Estrela Flamígera, pois para a Estrela não se usa a denominação "flamejante" nem à Espada a denominação "flamígera".

A Espada, sendo instrumento é ao mesmo tempo símbolo; como instrumento a sua definição é clara e simples; conhecendo o seu histórico, de onde e como surgiu, que qualquer boa Enciclopédia fornece, estará ela definida.

Contudo, como símbolo, além das interpretações esotéricas, que exigem estudo minuciosos; a Espada, em suma, representa o próprio maçom; o verbo, a presença disciplinadora de Deus, a ampla proteção celestial.

ESPECULAÇÃO — Do latim *speculatio*, espelho. O espelho é um "laminado" que pode apresentar-se como um plano vítreo, metálico, plástico, líquido (água, óleo, mercúrio) ou mesmo pelo próprio ar rarefeito, que produz as miragens nos desertos, espelhando figuras que se encontram muito distantes.

A Especulação é, portanto, a visão espelhada do que se passa dentro da mente humana. Para que ela exista, devem ocorrer momentos de meditação, necessários para que a "imagem" se produza e possa ser "vista" ou conscientizada. Se a mente for sadia, a Especulação será útil; entretanto se for enferma, viciosa, alterada, não surtirá uma Especulação correta, apresenta-se como uma miragem dos desertos, falsa aos olhos cansados do viandante, causando transtornos.

Diz-se que a Maçonaria moderna é especulativa, justamente porque é necessário que a mente do maçom "reflita" o que existe em seu "mundo interior", mas apesar dessa definição, a Especulação não é sinônimo de Esotérico. Porém, um maçom poderá mediante a Especulação, extrair de si próprio resultados esotéricos.

ESPERANÇA — A Esperança não é uma virtude, como erradamente alguns autores informam, mas sim um "instinto", surgindo com o nascimento do homem. Na Iniciação, que é um renascer, a Esperança torna-se mais acentuada.

O trinômio cristão Fé, Esperança e Caridade, simbolizada a Esperança por uma âncora, e colorida pelo verde, foi tomado pela Maçonaria, e colocado sobre a simbólica Escada de Jacó, que orna o Painel da Loja do Aprendiz. Esses estados não são perenes. Dizia o Apóstolo Paulo, que a fé podia ser comparada a um "par de muletas" que auxiliam o coxo para que possa caminhar. Curada a enfermidade, as "muletas" são jogadas fora. A fé é uma disposição da Alma para alcançar uma graça, uma mercê, uma benesse; alcançada essa, já não será mais necessária, sendo posta de lado.

A Esperança é o anseio ou a expectativa para se alcançar um objetivo, como por exemplo o navegador que deposita a Esperança de alcançar o porto, mas lá chegando, deixa a fé (âncora) descansar no fundo do mar, já que não mais necessita dela.

A caridade, porém, traduzida como amor, permanece, porque é o princípio da doação do amor que é permanente no homem.

ESPIGA — Parte do vegetal que reproduz sementes, e que tem vários formatos, sendo o mais usual a que se assemelha à Espiga do Trigo.

A Espiga foi sempre, na Antiguidade, símbolo de fartura. O grão de trigo reflete o nascimento do homem, tendo sido muito usado nas Parábolas Cristãs.

Em Maçonaria, a Espiga de Trigo, como vocábulo hebraico, *Shibboleth*, passou a ser usada como Palavra de Passe do Grau de Companheiro.

Afora essa Palavra de Passe, o maçom pouco usa o símbolo da Espiga, pois prefere usar como multiplicidade de grãos o fruto romã.

ESPÍRITO — Como singela definição, Espírito é a presença no homem da Divindade. Para os cristãos, é o "Cristo em nós", que não deve ser confundido com a Alma. O apóstolo Paulo dizia: "Não sabeis, vós, que sois Deuses, e que o Espírito de Cristo habita em vós?". Portanto, Espírito é a partícula eterna e universal que todo ser humano possui, desde o nascimento.

Obviamente, cada religião, cada doutrina, cada corrente filosófica dá uma interpretação particular sobre o Espírito. Os teosofistas e os espiritualistas conceituam-no como a "presença" de Deus.

Platão, com o seu *nous*, designava como Espírito a entidade "desencarnada" que se manifestava de duas formas: diretamente, para os videntes e auditivos, e através dos médiuns.

Para a Maçonaria, o Espírito é a presença do Grande Arquiteto do Universo no maçom, ingressando nele durante a sua Iniciação, permanecendo nele eternamente, já que a morte é considerada uma simples transferência de orientes, o Oriente Terrestre, que é a Loja maçônica, e o Oriente Eterno, que está localizado onde existe a Harmonia Absoluta, o "Seio de Abraão" dos hebreus.

A Maçonaria ressalva, contudo, pelo seu ecletismo, a liberdade de conceituação; o religioso, qualquer que seja a sua doutrina, tem o direito de ser respeitado por suas convicções.

Para o maçom existe uma palavra "santa e proibida", que é o "Eu", porque representa o nome de Deus.

Nenhum maçom poderá afirmar: "Eu sou maçom", pois "Eu Sou" é o nome de Jeová, como Ele mesmo informou a Moisés.

Daí a Alma do maçom ser o "Ego" e o seu Espírito, o "Eu". Assim, o Espírito é o "homem de dentro" que habita o Templo interior, e a Alma é a vida material, ou exterior.

ESPÍRITOS ELEMENTAIS — No Hermetismo, é reconhecida a existência de quatro Espíritos Elementais que povoam os quatro elementos da Natureza: terra, ar, água e fogo, recebendo respectivamente os nomes de Gnomos, Sílfides, Ondinas e Salamandras.

Seriam Espíritos livres no Cosmos, a serviço de Espíritos mais elevados, mas o homem os poderia subjugar, para ser por eles servido, como teria acontecido com Jesus no Monte da Tentação, quando vieram anjos e o serviram.

Também eram conhecidos como os "duendes" mitológicos e das lendas.

ESPÍRITOS ELEMENTARES — Segundo a doutrina Espírita, são as almas desencarnadas, que pelo seu mau comportamento perderam o contato com os seus Espíritos, perambulando, por esse motivo, no Cosmos, prontos a "se encostarem" aos vivos, perturbando-os, em busca da religação com o Espírito perdido.

ESPIRITUALIDADE — Condição de quem pende filosoficamente para os conceitos relacionados com o Espírito. Diz-se quando um homem é espiritual, que ele concebe a vida de forma elevada, desprezando os bens materiais.

ESPIRITUALISMO — Tendência que o homem possui, inata, a meditar sobre outros valores que não sejam o interesse às coisas materiais e passageiras. Mesmo para os adeptos de um rígido materialismo, os momentos de Espiritualismo surgem com frequência. Um mero e fugaz momento de meditação conduz a um instante de Espiritualismo.

A Maçonaria aproveita estes "instantes", e faz de sua liturgia momentos de profundos atos de Espiritualismo.

ESPÚRIO — O maçom ou a Loja maçônica que se desprende do Grupo Iniciático, ou da Cadeia de União, para "livremente" criar outro Corpo, ingressa numa situação irregular. A isto denomina-se Espúrio, ou seja, falso, adúltero ou degenerado.

Somente a morte permite que um "elo da corrente" se desprenda. A decisão individualista de separação, como acontece quando surgem dissidências, praticamente constitui um "suicídio", pois o maçom fica perambulando na escuridão, não sendo sequer digno de ingressar no Oriente Eterno.

ESQUADRIA — Postura, que o maçom adota, inspirada no esquadro. Logo, "estar em Esquadria" significa manter-se em atitude correta.

ESQUADRO — Instrumento que compõe a tríade: Esquadro, Régua e Compasso, também denominada "Joias".

A origem do Esquadro é muito antiga, desconhecendo-se quem o criou, apesar de ele ser usado em construções desde épocas imemoriais.

O Esquadro é o símbolo do equilíbrio e da harmonia, além de ser sinônimo de "ângulo reto", por ser formado por duas hastes que se justapõem, criando um ângulo de noventa graus (a quarta parte da circunferência).

Para o maçom, o Esquadro simboliza a retidão limitada por duas linhas, uma horizontal que significa a trajetória a percorrer na Terra, ou seja, no mundo físico, a outra vertical, significando o caminho "para cima"; a ambas as hastes não têm fim, simbolizando a que percorre o globo terrestre o determinismo, o destino, a obrigação em percorrer um caminho conhecido, e a outra haste, o caminho que leva ao Cosmos, ao Universo, ao Infinito, a Deus.

O Esquadro é formado por "dois traços", desenhado através da Régua, instrumento manejado pelo Aprendiz. O conjunto dos três instrumentos, Régua, Esquadro e Compasso, constitui o símbolo da Maçonaria. No altar, essas

ESQUELETO — ESSÊNIOS

Joias são colocadas sobre o Livro Sagrado aberto. A régua de vinte e quatro polegadas é substituída pelo próprio Livro Sagrado.

ESQUELETO — É o conjunto de ossos, cartilagens e ligamentos que se interligam para formar o arcabouço do corpo dos animais vertebrados. Diz-se Esqueleto à armação da construção. Ele seria a base de um trabalho, de uma tese, enfim, a forma rudimentar de alguma coisa que, depois de revestida, apresenta-se como foi idealizada.

O Esqueleto humano é usado em Maçonaria, em partes e no todo, de acordo com o grau em que trabalha a Loja. Na cerimônia de Investidura ao Grau Trinta e Três, apresenta-se o Esqueleto na sua íntegra.

Por apresentar cálcio e outros sais minerais em sua constituição, ele representa o reino mineral. Por ser igual em todos os homens, simboliza a igualdade. Ninguém leva para a outra Vida, desta Vida, absolutamente nada; a carne apodrece e o Esqueleto perdura.

As tíbias cruzadas com um crânio ao fundo significam que encobrem um veneno, representando, assim, a morte. Os farmacêuticos colocam esse emblema nos frascos dos medicamentos considerados perigosos.

Na Câmara das Reflexões, sobre uma tosca mesa é colocado um crânio, e se espalham alguns ossos pelo chão, simbolizando a fragilidade do ser humano e o desprezo pelos seus "restos".

Para evitar esse "trauma" e "vexame", os hindus cremam o corpo daquele que morreu, destruindo-se até as cinzas. Outros povos, como os egípcios e os indígenas sul-americanos, conservavam o morto mumificando-o.

A "morte espiritual", contudo, não é representada pelo Esqueleto. Nas catacumbas de Roma, nas lápides, o registro do morto era feito por meio de símbolos como a Cruz, o Peixe ou a Palma.

A verdade, a realidade, a fatalidade, sempre choca; assim, o Esqueleto é conservado em lugares de respeito, porque a morte é sempre temida e o homem não se sente bem diante de sua representação.

A Igreja conserva como relíquia os ossos, ou parte deles, que tenham pertencido a mártires ou a santos.

Na Maçonaria, além do que se referiu acima, nenhum outro significado possui o Esqueleto. Toda corrente espiritualista e mística, em suas cerimônias, apresentam o Esqueleto ou apenas o crânio, com o significado de "mistério", de "ciência oculta". A Igreja Católica Apostólica Romana não recomenda a cremação dos corpos, porque ela acredita que, no dia do Juízo Final, os mortos ressuscitarão, retornando a matéria putrefata, aos Esqueletos para o retorno à situação anterior; assim o Esqueleto, no conceito religioso, desempenha um papel relevante.

ESSÊNIOS — Filon de Alexandria, na sua obra "Vida Contemplativa", menciona os Essênios como uma seita milenar do povo hebreu, devido à vida comtemplativa. Surgiram com os macabeus, e seus princípios eram semelhantes aos do cristianismo. Os historiadores Plínio e Flávio Josefo fazem referência aos Essênios, dizendo que eram em grande número.

Alguns autores afirmam que Jesus, na sua da fase desconhecida, dos doze aos trinta anos, foi um Essênio.

Em Qumram, nos montes próximos ao Mar Morto, foram descobertos os "Manuscritos", preservados dentro de potes de barro, que seriam os originais dos Livros Sagrados dos hebreus, comprovando a existência dos Essênios. Contudo, apesar de analisada essa documentação, nenhuma revelação foi feita que confirmasse ter sido Jesus um Essênio.

Não encontramos nenhuma ligação entre a Maçonaria e essa extinta seita.

ESTABILIDADE — O que é estável é imutável. O triângulo e o quadrado, dentro do conceito geométrico, são figuras que representam esta Estabilidade.

ESTALOS — A pressão feita com os dedos polegar e médio produz um Estalo. Os maçons usam o Estalo para o aplauso discreto, não existindo uma definição esotérica a respeito, mas apenas um hábito peculiar dos maçons latino-americanos. Também não tem uma explicação esotérica o sinal de reprovação dos maçons que, permanecendo sentados, arrastam os pés no piso da Loja, fazendo um rumor estranho.

São hábitos sem significado filosófico ou simbólico.

ESTANDARTE — Já consta no verbete relativo a ESCUDO a conceituação de Estandarte, que é um misto de bandeira e escudo.

ESTAR A COBERTO — O significado da expressão é estar alguém, ou alguma coisa, em segurança.

Porém, nas Lojas maçônicas, Estar a Coberto significa ter sobre a Loja e os maçons o "manto protetor" do Grande Arquiteto do Universo. Nenhum maçom estará "isoladamente" a coberto, em momento algum, pois essa "cobertura" é para o grupo dentro da Loja.

O Venerável Mestre, quando inicia os "trabalhos", pergunta ao Primeiro Vigilante se a Loja está a coberto.

De modo simbólico, o Primeiro Vigilante solicita ao Guarda do Templo para que verifique isso olhando a porta de entrada e certificando-se da segurança do recinto, se não há indiscretos nas proximidades, afirmando, se tudo estiver certo, que a Loja está a coberto.

Esse singelo ato dá a impressão de que "estar a coberto" significa apenas estar com a porta fechada. Contudo, existe um sentido oculto nesse ato, afinal, que poderes possuem o Primeiro Vigilante e o Cobridor Interno, ou Guarda Interno, para afirmarem que "se apresenta a presença do Grande Arquiteto do Universo"? O aspecto esotérico, por ser uma ação "invisível", passa desapercebido aos presentes. No entanto, se houvesse a consciência de que as palavras e os gestos do Primeiro Vigilante e do Guarda do Templo são esotéricos, ou seja, efetivamente litúrgicos, todos passariam a "sentir presença" e o calor da proteção divina.

Os atos de abertura, como os de encerramento, são partes importantes de um ritual. Não são meras palavras convencionais e atos mecânicos. Cada palavra possui a sua vibração peculiar; cada gesto desloca no ar suas vibrações. Uma sessão maçônica, obedecida rigorosamente a liturgia, conduz à harmonia com o Grande Arquiteto do Universo.

Sabemos que a interpretação do ritual é difícil, mas se observado com plena consciência, os resultados serão evidentes.

ESTATUTO — Erradamente se ouve dizer Estatutos no plural. Estatuto é o conjunto de normas que cada Loja maçônica se registrada em cartório; terá personalidade civil da Loja. As normas estabelecidas no Estatuto da Loja não podem contrariar nem a Constituição nem o Regulamento Geral da Grande Loja. O Estatuto é suscetível de alterações de acordo com a necessidade dos trabalhos. O Estatuto, devidamente aprovado pela Loja, deverá ser aprovado também pela Grande Loja, que não o modificará, caso não contrarie a Constituição e o Regulamento Geral.

ESTRADO — Numa Loja existem Estrados sobre os quais são colocados os Tronos do Venerável Mestre e dos Vigilantes. O Estrado situado no Oriente, onde se localiza o Trono do Venerável Mestre, possui três degraus. Os Estrados dos Vigilantes também possuem o mesmo número de degraus. Formalisticamente, os dois Vigilantes têm assento, um ao lado direito e o outro ao lado esquerdo do Venerável Mestre. O Oriente é composto dessa trilogia; porém os Vigilantes são deslocados um para o Norte e o outro para o Sul. Daí possuírem os seus Estrados o mesmo número de degraus daquele situado no Oriente.

ESTRELA — Em Maçonaria, usam-se polígonos estrelados, de cinco a doze pontas, conforme os graus de um rito. A Estrela é o símbolo da Luz. Para a recepção de visitantes ilustres, dentro da Loja, existem bastões encimados por tochas, velas de cera ou pequenas lâmpadas alimentadas a pilhas. A comissão encarregada de buscar o visitante e sua comitiva formada por vários membros do Quadro, empunha cada um, o "bastão estrelado". O cerimonial é destaque pelo inusitado. O visitante adentra no Templo, é mantido em discreta penumbra. Esses bastões representam as Estrelas.

As demais Estrelas são alegorias fixas, e entre elas está a Estrela Flamígera, de cinco pontas, na Abóbada Celeste sobre o trono do Segundo Vigilante sendo acesa durante o desenvolvimento do ritual do Grau de Companheiro. A Estrela dedicada ao neófito é denominada Estrela de Belém, simbolizando o nascimento dentro da Esfera Divina. Ela é apenas comentada, não sendo representada por nenhuma alegoria.

A Estrela Flamígera é um polígono de cinco pontas, sendo a sua superfície feita de material transparente, tendo no interior da "caixa" uma lâmpada. Essa Estrela emite raios, sugerindo pequenas chamas, daí o nome de Estrela Flamígera.

Também denomina-se Estrela de Davi e simboliza o poder gerador da natureza e a chama provocadora da Sabedoria, além de ser o símbolo máximo do Companheiro. Na parte central dessa alegoria, vem inserida a letra *IOD*, simbolizando que a luz "irradiante" provém de Deus.

O Companheiro coloca-se sobre essa Estrela, em cujas pontas repousa sua cabeça, seus braços e suas pernas abertos; são as pontas humanas. Neste momento, o Companheiro nada pode criar, a sua sexta ponta, a "viril", é omitida.

Cada uma das cinco pontas dessa Estrela representa os sentidos físicos. Quando a Estrela Flamígera for iluminada, os sentidos passarão a ser os do Universo de Dentro, ou seja, os espirituais. A Estrela Flamígera possui luz própria por ser um astro, mas essa luz, para o profano e para o aprendiz, é invisível.

A Estrela de seis pontas denominada Estrela de Salomão, apresenta-se formada pela junção invertida de dois triângulos. É o entrelaçamento da matéria com o espírito, do Cosmos com o Microcosmos. É o duplo triângulo que recebe os nomes de "Selo de Salomão" e "Escudo de Davi". É o símbolo do bem e do mal, sendo que o primeiro triângulo, que representa o positivo e o bem, tem a ponta para cima; e o segundo, que representa o negativo e o mal, tem a ponta para baixo.

Para o maçom de Grau de Companheiro, somente quando se chegar ao mestrado é que ele poderá refletir-se na Estrela de Salomão.

A Estrela de sete pontas é inserida dentro de um círculo, no painel do aprendiz, onde termina a Escada de Jacó. Trata-se de uma simbologia hebraica, pois nas Sagradas Escrituras a Estrela de Sete Pontas é citada várias vezes, desde os feitos de Moisés até mística do Apocalipse. No painel ela se apresenta fora do alcance de quem possa galgar os degraus da Escada de Jacó. Em graus da Maçonaria Filosófica, observam-se diversas Estrelas, com nove ou mais pontas, que são colocadas nas faixas, nos estandartes ou usadas como alegorias apropriadas.

ESTUDO — É o trabalho inicial do Companheiro, que exige perseverança, interesse, zelo e dedicação.

ÉTIENNE DOLET — Foi um destacado humanista francês, nascido em 1509, quando a Inquisição se encontrava em seu auge, perseguindo a todos aqueles que eram contrários aos seus interesses.

Dolet preparou-se para enfrentar a vida estudando em todas as cidades da França onde houvesse uma universidade, tornando-se um profundo conhecedor das línguas latina e grega, elaborando e publicando obras satíricas e almanaques. Naquela época, tanto escrever como editar livros constituía trabalho privilegiado, e somente pessoas com alto nível intelectual e econômico conseguiam expor o seu pensamento.

Em 1534, jovem ainda, começou a fazer ataques ao Parlamento de Toulouse, sendo, por esse motivo, obrigado a abandonar a cidade e refugiar-se em Lyon, onde permaneceu durante cinco anos.

Em 1542 foi preso por ter publicado o *"Cato Cristianus"* (Catão Cristão), obra considerada herética por conter conceitos ateus, mas graças a sua habilidade, foi julgado inocente. Contudo, em 1544, volta à prisão, porque, na sua indômita coragem de livre pensador, introduziu na França a obra *"Axiochos"*, diálogo atribuído a Platão, que contém uma negação à imortalidade da alma.

Sua pena brilhante incomodava os déspotas da Igreja que passaram às provocações, até que, julgado novamente, foi condenado à morte, por heresia, sendo enforcado e queimado na Praça Maubert, em Paris, no ano de 1546. Assim morria mais um jovem, com apenas 36 anos de idade, vítima da intolerância.

A Inquisição não perdoava aquele que expusesse um pensamento tido como contrário aos preceitos da Igreja. As suas obras foram confiscadas e queimadas junto com ele.

EUCLIDES — Sábio geômetra grego, cujos estudos constituem a base da Geometria moderna. É citado nos "Antigos Deveres" da Maçonaria Operativa.

EVANGELHO — Cada um dos quatro livros principais que narram, no Novo Testamento, a vida de Jesus, o Cristo, durante a sua peregrinação na terra. Os seus autores são: Mateus, Marcos, João e Lucas.
A Bíblia é o livro mais lido, conhecido e estudado da humanidade, motivo por que a Maçonaria não poderia prescindir do seu conteúdo.

EVOCAÇÃO — Evocar significa chamar. Evoca-se a presença de um ser invisível, espiritual, fluídico.
A Maçonaria evoca a presença dos "Filhos da Viúva", quando na postura do "sinal de socorro".

EVOLUÇÃO — É o destino e tendência de todo ser humano, estabelecido por um princípio universal na Criação. A Maçonaria, periodicamente, apresenta-se "evoluída", tanto que se distinguem as suas fases, sendo que, na atualidade, diz-se Maçonaria Moderna. Qualquer conceito sofre o processo evolutivo. No homem a Evolução acontece em etapas setenárias.

EXALTAÇÃO — Exaltar o Grau de Mestre, mediante cerimônia iniciática de Exaltação. Como o Grau de Mestre, na Maçonaria Simbólica, é o final da etapa, exaltar significa "glorificar" quem, com merecimento, conquistou o direito ao mestrado.
A cerimônia de Exaltação equipara-se a uma Iniciação, apesar de apenas, caracterizar o ingresso do profano na Ordem maçônica.
Apenas uma é a Iniciação, pois o "início" na jornada maçônica é dar o primeiro passo em direção à Luz; inexiste um segundo ou terceiro passo; usualmente as cerimônias da passagem de um Grau para outro são referidas como "Iniciações".

EXAME DOS VISITANTES — Todo visitante deve ser submetido ao "trolhamento", ou exame, por meio de um conjunto de perguntas tradicionais. Ele é feito, na Sala dos Passos Perdidos, pelo Guarda ou Cobridor Externo. Em todos os rituais, encontravam-se inseridas as perguntas que deveriam ser feitas aos Visitantes. Hoje, porém, o maçom apresenta credenciais, ou seja, sua carteira, com fotografia, emitida pelo Poder Central.

EXCLUSÃO — A Exclusão de um maçom, de sua Loja, obedece a um processo e julgamento, proporcionando àquele que será julgado a mais ampla defesa. A Exclusão significa o afastamento do Quadro da Loja e não a retirada da condição de maçom, ou seja, todo excluído poderá, posteriormente, retornar à sua Loja, seja por revisão do processo que o excluiu, seja por anistia do Grão-Mestre, seja pelo perdão ou, em último caso, por ordem judicial.

EXCOMUNHÃO — A Excomunhão é a pena da Igreja Católica Apostólica Romana que exclui o fiel do direito aos ofícios divinos e aos sacramentos. Não priva, porém, o excomungado de assistir aos cultos e às festividades.
Por uma questão política, os maçons foram excomungados pelo Papa Clemente XII, em 4 de maio de 1739, o qual emitiu a Bula *In Eminenti Apostolatus Specula*. Essa Excomunhão foi

seguida, posteriormente, por outras Bulas emitidas pelos papas Bento XIV, Pio VII, Gregório XVI, Pio IX, Leão XIII, Pio X e Pio XI, as quais continham motivos mais explícitos.
Ultimamente, alguns papas tentaram "amenizar" essas Bulas, dando interpretações mais suaves ao seu conteúdo, sem, contudo, decidirem de forma clara se a Igreja é contra a Maçonaria ou não.
Apesar dos esforços essas Excomunhões pouco efeito alcançaram.

EXEGESE — A interpretação de um texto por meio de conceitos minuciosos é denominada Exegese. As Constituições de Anderson, os rituais e os *Landmarks* são textos que exigem minucioso estudo interpretativo, motivo por que a "exegese maçônica" é constante. O vocábulo origina-se do grego e significa "interpretar".
A interpretação jamais é conclusiva, definitiva, porque ela está na dependência de um momento instável, pois a mente humana está sempre em constante mutação. Uma interpretação feita hoje poderá não ser a mesma de amanhã, sendo inconstante como o momento psíquico da mente que a faz e da mente que a aceita. A interpretação dos símbolos é mutável; a mente humana, no seu "diálogo" com o símbolo, dele extrai as conclusões da Loja, tendo o momento espiritual grande influência na sua interpretação.

EXÉQUIAS — Significam "funerais"; ao falecer um irmão do Quadro, a Loja, embora tenha participado dos funerais da família, religiosos ou meramente civis, obriga-se no trigésimo terceiro dias após o falecimento, em cerimônia tocante, organizar uma Pompa Fúnebre, obedecendo um ritual apropriado.
Essas Exéquias não constituem apenas a demonstração do sentimento e da dor da separação, mas sim um modo de reconhecer a passagem do irmão falecido para o Oriente Eterno, ou seja, para um plano espiritual superior; essa passagem não significa a perda de um elo da Corrente, mas a demonstração de que, após o período de 33 dias, o finado deverá ter percebido a sua nova situação maçônica. Este ritual não é para invocar o espírito do maçom que partiu, mas sim para manifestar a satisfação de retornar a vê-lo, em forma espiritual, participando da Cadeia de União.
Na Cadeia de União maçônica participa não só o corpo, mas sobretudo o espírito. A Cadeia de União é formada de "espírito e verdade" de forma permanente. É a valorização do Iniciado, a certeza de sua eternidade.

EXOTÉRICO — O vocábulo não significa o oposto de Esotérico; apenas, diz respeito ao estado físico, exterior e humano. Pode-se dizer que certo assunto Esotérico foi explanado de forma Esotérica, ou seja, que um assunto místico, da parte espiritual, pode ser explanada mediante palestra ou por escrito, para a parte externa do indivíduo.
Assim, um ritual que contém preceitos Esotéricos é desenvolvido de forma Esotérica.

EXPERTO — Experto é sinônimo de perito. Na Loja maçônica existem dois Expertos, já que eles são "peritos" nas suas funções, pois conhecem as particularidades e minúcias da Iniciação, conduzindo-a de modo perfeito dentro do rigorismo ritualístico. O cargo de

Experto exige conhecimento e constante frequência aos trabalhos. Numa cerimônia de Iniciação, não se poderá, em caso da ausência de um Experto, substituí-lo por outro irmão, oficial ou não, despreparado para esta função; a substituição é tolerada, como solução de emergência, quando feita por um maçom que tenha na administração anterior exercido o cargo. O Experto possui certas prerrogativas como, por exemplo, a de adentrar com o candidato na Câmara das Reflexões.

EXPOSIÇÃO — Expor aos profanos a Instituição maçônica constitui um ato reprovável, violador dos sigilos e segredos. Expor por meio de palestras e publicações, contudo, tem sido prática constante. Este próprio Dicionário, que se adquire em qualquer livraria profana, é um exemplo. Existem obras que revelam os mínimos detalhes da Ordem. No século passado e princípio deste, existiram livros que transcreveram os nomes e os endereços dos maçons. Ainda hoje encontramos "catálogos", editados por Lojas e Grande Lojas, relacionando os nomes de seus filiados.
Embora exista esta "profanação" aos juramentos, face à grande evolução da ciência e divulgação dos seus princípios filosóficos, já não há razão para que os "sigilos" e os "segredos" da Maçonaria sejam preservados; na realidade, esses segredos e sigilos só eram válidos quando a Maçonaria e os maçons eram perseguidos.
O que hoje é preservado por segurança, são as Palavras Semestrais, que são alteradas a cada seis meses; nenhum maçom que desconheça a última palavra Semestral, que deveria ter recebido na Cadeia de União, poderá ingressar num Templo.
Até isso, infelizmente, tem sido descurado. Com a desculpa de tê-la esquecido, poderá solicitá-la qualquer maçom de sua intimidade.
O essencial para a Maçonaria é conhecer o "segredo maçônico" que permanece quando o maçom sabe interpretar o símbolo e absorver a parte esotérica do que se poderia denominar "Doutrina maçônica".

EXPULSÃO — O maçom pode ser expulso de sua Loja de acordo com a ação praticada, violadora de seus deveres. A Expulsão é um ato privativo da Autoridade Superior, no caso, do Grão-Mestre, mediante Decreto. O ato é previsto na Constituição e no Regulamento Geral da Ordem. A expulsão causa grande transtorno na Loja, porque será a "separação" de um elo da Cadeia de União. Contudo, o maçom expulso poderá participar dessa Cadeia quando, na hora em que estiver sendo formada, a acompanhar mentalmente. A Iniciação dá-lhe o direito de permanecer *in aeternum* no convívio de seus irmãos. É a parte esotérica que nem todo maçom compreende, mas que é uma realidade.

ÊXTASE — Encontrar-se em Êxtase significa estar em estado de consciência totalmente isolado das ações do mundo exterior.
Os Santos, os Ascetas, os Hindus que se entregam à meditação e à concentração, os profundamente religiosos, podem chegar ao Êxtase e penetrar dentro de si mesmo, recebendo visões ou manifestações do mundo secreto e misterioso, em contato direto com a Alma e o Espírito.

Na Maçonaria, inexistem esses momentos místicos de Êxtase. A meditação recomendada não é profunda a ponto de a mente "fugir" para páramos desconhecidos.

EXTENSÃO — A Extensão de uma Loja refere-se às suas medidas. A Loja maçônica tem a altura do "centro da Terra" até os Céus, o que equivale a uma medida infinita. O seu comprimento será do Oriente ao Ocidente e a sua largura, do Norte ao Sul. Trata-se, portanto, de uma medida geográfica e astronômica, ou seja, simbólica. A Loja reflete o corpo humano, o homem que fisicamente é mente, que não tem dimensões, afinal a mente vai até onde alcança o desejo.

EX-VENERÁVEL MESTRE — Após exercer o período de Venerança, o Ex-Venerável recebe o título de Venerável de Honra e tem o direito de tomar assento na poltrona à esquerda do novo Venerável Mestre, no Trono. Além da honra que significa essa posição, a presença do Ex-Venerável é aconselhada para orientar o novo Administrador nas suas ações e decisões.

A Maçonaria Inglesa denomina o Ex-Venerável de *Past-master*, denominação muito em uso, também, no Brasil. Os Ex-Veneráveis formam um "corpo", que se reúne periodicamente com a finalidade de orientar a Loja, dada a sua experiência.

Esses Ex-Veneráveis denominam-se, também, "Mestres Instalados", pois participaram do cerimonial da Instalação, por meio de ritual próprio.

EZRAT-NASCHIM — Em hebraico é a designação do local onde devem estar as mulheres dentro da Sinagoga. Na Maçonaria, não existe esse local, pois a mulher não é admitida nos trabalhos de uma Loja de potência regular no Brasil.

FAIXA — Adorno decorativo formado por uma fita larga debruada por uma outra menor, de cor diferente, em forma de círculo, que é colocada no ombro direito, envolvendo a cabeça, atingindo a extremidade o lado esquerdo. As Faixas são usadas no Grau de Mestre e nos demais graus da Maçonaria Filosófica decorando o "peito" e protegendo o "plexo solar". Simbolizam a Eclíptica.

Sua origem, sendo colocada a tiracolo provém, da Faixa que sustentava a espada e, após a Revolução Francesa, a Maçonaria passou a usá-la, como símbolo da Igualdade.

Consoante o grau, a Faixa apresenta-se com cores diversas: no Mestrado ela é azul com debruado vermelho, e sobre ela são "bordados" símbolos; em alguns graus superiores, elas se apresentam como adorno muito rico, com bordados em fios de ouro e pedras preciosas.

FALSO IRMÃO — O termo é comum em algumas Lojas; obviamente é inadequado, porque não existe um Falso Irmão. Se o maçom se tornar perjuro ou profanar os rituais, poderá ser chamado de um "mau irmão", mas jamais de "Falso Irmão". A respeito, convém lembrar que cabe a denominação "profano de avental" ao maçom que, embora passando pela Iniciação, na realidade, não se tornou Iniciado por não ter compreendido o cerimonial.

FALTAS — O maçom pode cometer Faltas, seja na sua vida profana o seja em Loja, no relacionamento com os seus próprios irmãos; as Faltas podem ser leves e graves; se graves, os regulamentos e os códigos, Penal e de Ética, dispõem a respeito. Se leves, o maçom receberá advertências, feitas com todo amor fraterno. Para com um faltoso, a Maçonaria age com toda tolerância, pois essa constitui um dos princípios básicos da ética.

FAMÍLIA — A Família maçônica abrange os maçons e os seus familiares. Estar em Família corresponde a, dentro do Templo, com a Loja funcionando, tratar de assuntos dispensando o cerimonial. Por ocasião do recebimento de um visitante, a Loja pode passar a trabalhar em Família, ou seja, deixar de considerar a Ordem do Dia, para dispensar atenções ao visitante em Família, o que significa dispensar as honrarias que o visitante tem direito.

FANATISMO — A palavra tem origem latina, *fanum*, significando Templo; assim, o adepto de uma religião, doutrina, seita ou mesmo da Maçonaria que se exceder nas suas "obrigações", exagerando na sua condição de dedicação à causa, de forma cega, intransigentemente, será chamado de fanático. A Maçonaria condena todo Fanatismo, porque ele avilta o homem. O fanático é intolerante, exigente e cego, somente enxergando as falhas alheias, considerando-se perfeito.

Pouca diferença, no campo religioso, há entre o Fanatismo e a enfermidade mental, já que o fanático é um sério candidato ao hospício.

FATALIDADE — Diz-se Fatalidade para a consequência de um ato. Fatal é sinônimo de inevitável, de determinado, de fixado pelo fado.
A Fatalidade tem estreita ligação com o livre arbítrio; é a conclusão a que não se poderá fugir nem contornar.
A filosofia maçônica não aceita a Fatalidade, porque basta o ato da Iniciação para transformar o destino de um homem.

FÉ — Um dos elementos da trilogia cristã: Fé, Esperança e Caridade, que constam como símbolos colocados sobre a Escada de Jacó, no Painel da Loja.
A Fé expressa a crença em alguma doutrina, princípio ou ensinamento. Todos os atos litúrgicos maçônicos exigem do maçom, sinais sucessivos de Fé. A doutrina maçônica não é apriorística nem experimental; apesar disso, a Fé é o impulso que anima o maçom na caminhada em busca de sua autoperfeição.

FEITIÇARIA — Trata-se do exercício de "sortilégios" com a intenção de obtenção de resultados positivos. Como entre os indígenas, a feitiçaria ainda está em uso hoje no Brasil, com a "Pagelância", onde muitos entregam os seus problemas, de toda ordem, aos Feiticeiros. Na Idade Média, os "feiticeiros" proliferaram a ponto da Igreja anatematizá-los e condená-los à fogueira. Nos tempos bíblicos, já eram mencionadas essas práticas.
A Feitiçaria é comumente confundida com os atos místicos e com a magia.
A Feitiçaria nunca teve lugar nas práticas maçônicas.

A Feitiçaria compreende a fabricação de "poções" que, ingeridas, curam os males que não encontram alívio por meio da medicina convencional.
Jesus foi acusado da prática de feitiços, quando curava enfermos e ressuscitava mortos. Uma única vez, em Jerusalém, curou um cego, formando com sua saliva barro, untando os olhos sem luz e, após, mandou o paciente lavar-se no poço de Siloé.
Esse "poço" na verdade é um terminal de um canal cavado na rocha, desviando um pequeno riacho; os turistas e peregrinos que sofrem de qualquer moléstia nos olhos os lavam com essas águas.
Portanto, torna-se muito difícil distinguir certos atos daqueles praticados por "feiticeiros".

FELICIDADE — O homem tem um único objetivo; o de ser feliz. De acordo com a classe social a que pertence, a Felicidade pode apresentar gradações, mas é possível um homem ser mais ou menos feliz com o aperfeiçoamento, já que redunda em Felicidade. Para o maçom ela é o resultado do amor fraternal que forma a Família maçônica, com reflexos fortes na Família social.
Para o Cristão, a Felicidade é possuir Cristo no coração. Essa frase expressa comparativamente a filosofia maçônica, porque exige o conjunto de satisfações que resultam de uma vida virtuosa.
A Felicidade não é grupal, mas sim individual; a trilogia: saúde, alimento e diversões, para o homem comum, transforma-se em Felicidade suficiente. Para o maçom ainda é pouco, pois o conhecimento, o desenvolvimento mental e a compreensão filosófica são

complementos indispensáveis para se alcançar a Felicidade estando em harmonia com o Grande Arquiteto do Universo.

FÊNIX — Trata-se de uma ave, referida pela mitologia grega, semelhante a uma águia de grandes proporções, com plumagem colorida. Depois de certo período, ultrapassando um século, morre queimada pelos raios solares, transformando-se em cinzas. Dessas cinzas, misteriosamente, pela influência do próprio Sol, a ave renascia para completar um novo ciclo, e assim vencer os milênios.
A Fênix, maçonicamente, simboliza a Iniciação, que é sinônimo de renascimento; simboliza, outrossim, a Imortalidade.
Em certos graus da Maçonaria Filosófica, o ritual correspondente menciona a magia da Fênix.

FERRAMENTA — No aprendizado maçônico, é necessário o uso simbólico de ferramentas. A Maçonaria Simbólica, segundo a tradição de seu início operativo, é que ensina o manejo das ferramentas, inicialmente, para desbastar a Pedra Bruta, para depois, erguer uma edificação de alvenaria.
As Ferramentas de trabalho, ou Instrumentos de trabalho, são colocadas na Loja, à vista dos maçons, sendo elas: a Régua de Vinte e Quatro Polegadas, o Malho (ou Malhete), o Esquadro, o Nível, o Prumo, o Cinzel, ou Escopro, a Alavanca, o Lápis, o Cordel e a Trolha.

FESTIVIDADES — As Festas maçônicas obrigatórias são as que homenageam São João Batista, a 24 de junho, e São João Evangelista, a 27 de dezembro, sendo por ocasião dos Solstícios, respectivamente de verão e de inverno.
Cada Loja, porém, tem estabelecidas as Festividades em homenagem às datas patrióticas como, por exemplo, a da fundação da Loja.
A rigor, toda cerimônia de Iniciação constitui uma Festividade, pois encerrados os trabalhos, a Loja reúne os irmãos em banquete.
Na Maçonaria Filosófica, outras Festividades são programadas, como a data de aniversário da fundação do Supremo Conselho a que está filiada e as das cerimônias de Investidura das novas administrações.

FIDELIDADE — O vocábulo origina-se do latim *fides*, e significa o exercício da fé. A Fidelidade é o comportamento ético e afetivo do maçom para com a sua Instituição.

FIGURA — Ou imagem, é a expressão corpórea de um símbolo. Diz-se "em sentido figurativo", para exemplificar uma ideia. A Igreja Católica Romana, parte de Figuras para que seus adeptos aceitem a existência de um santo ou mesmo de anjos e demônios.
Essa prática milenar é curiosa, pois mostrou-se eficaz; contudo, os menos avisados passaram a cultuar a Figura em vez de sua representação. Dizem boquiabertos: "É aquela determinada imagem que produz milagres!". E então ela é transportada em procissões, viajando de um país a outro, transformando-se em "ídolo".
As Figuras sempre foram usadas em todas as civilizações, mesmo as primitivas, transformadas em objetos de idolatria, o que é uma prática condenável. A Maçonaria possui múltiplas Figuras que ornam o Templo, mas proíbe qualquer manifestação que

conduza à idolatria, a qual condena com toda veemência.

Psicologicamente, a Figura tem ligações estreitas com o poder da imaginação, servindo para despertá-la.

FILANTROPIA — A origem da palavra é grega: *philos* e *anthropos*, podendo ser traduzida por "amor ao homem", no sentido de amparo.

A religião possui um sinônimo para Filantropia: Caridade.

Inexistem Lojas maçônicas Filantrópicas, porque o objetivo da Maçonaria não é a prática da caridade, no sentido de auxílio aos necessitados; porém, trata-se de uma prática do maçom, que recebe os ensinamentos para dedicar tempo e haveres em benefício ao próximo.

Em todas as sessões maçônicas, são recolhidos os óbolos destinados aos necessitados.

FILHOS DA LUZ — Assim são conhecidos os maçons. A denominação não é pretenciosa, pois Luz simboliza a "iluminação da mente", por meio do constante exercício para o desenvolvimento destinado a compreender a vida em seu conjunto de valores acima dos meramente corriqueiros.

FILHOS DA VIÚVA — Um grande exemplo de homem maçom continua sendo Hiram Abiff, que foi educado por sua mãe, uma viúva da tribo de Naftali. Diz o relato bíblico (I Reis 7,14):

"Era este filho duma mulher viúva, da tribo de Naftali, e fora seu pai um homem de Tiro que trabalhava em cobre..."

Dessa referência é que surgiu a denominação para o maçom de: "Filho da Viúva"; essa denominação é moderna, pois data da morte do rei Carlos I da Inglaterra.

O místico "Sinal de Socorro", com o qual se invocam todos os "Filhos da Viúva" do Universo, surgiu daí.

É comum o maçom, referindo-se de um irmão para outro, na presença de estranhos, dizer: "Fulano, o Filho da Viúva".

FILIAÇÃO — A Filiação só é admitida para um maçom que, por motivos de força maior, procedendo de outro Oriente ou lugar, deixa a sua Loja-mãe e se filia a uma Loja do lugar onde passa a residir; ou "adormecendo" ao retornar à atividade, deseja filiar-se a outra Loja que não a sua de origem.

FILIADO LIVRE — A Filiação Livre constitui na Filiação Honorária, quando uma Loja homenagea maçons distintos que pertençam a outras Lojas, do mesmo Oriente ou não. Os Filiados Livres recebem honrarias, diplomas, passam a fazer parte do Quadro da Loja, apenas lhes sendo vedado o direito de voto e o dever de frequência.

FILOSOFIA — É o estudo da vida que busca ampliar a compreensão da realidade; pode ser ciência, fé, religião. Toda arte e toda ciência têm uma parte filosófica.

Quando o homem se dedica a decifrar os enigmas da vida, está filosofando.

Em Maçonaria, temos a parte filosófica, e a histórica, a judaica, a mítica; enfim, o ecletismo que convém ao equilíbrio da mente, para afastá-la do sectarismo do fanatismo e do proselitismo exagerados.

Em linguagem maçônica temos a Maçonaria Simbólica e a Filosófica; contudo, essa divisão não significa que não haja filosofia nos graus Simbólicos.

Pode-se afirmar que a Maçonaria é um todo filosófico, porque a mente, desde a Iniciação, passa a elaborar conceitos e obter conclusões.

A própria ciência da Filosofia admite divisões: Filosofia Hermética; Filosofia Oriental; Filosofia Ocidental; Filosofia Oculta.

Uma Filosofia pode ser transcendental como, também, simples; o filósofo pode ser sábio ou vulgar.

A base do princípio filosófico é: colocar a mente em funcionamento (*cogito ergo sum*; "penso, logo sou"), ou seja, dar vida ao pensamento do homem.

Pelo fato de a Maçonaria exercitar o pensamento, destinando-o à evolução natural, ela tem a Filosofia como sua Alma.

O Aprendiz maçom e o Companheiro situam-se dentro dos primeiros passos da Filosofia; é no Mestrado, contudo, que a Filosofia adquire corpo sólido.

Não está errado dizer que a Maçonaria é Filosófica.

A vida em si é o exercício da Filosofia.

FINTA — É a obrigação de todo membro de uma Loja contribuir para o êxito do trabalho; pode ser traduzida como anuidade, mensalidade ou quota.

FIO — A expressão "estar por um Fio", significa estar no limite, estar por um triz. O Fio que compõe o prumo formando a "testa", para deixar livre e perpendicular a "ponta", é indispensável para que o instrumento funcione. Estar a prumo significa estar em equilíbrio, ou seja, viver corretamente. O prumo é um instrumento de medida, mas funciona sempre de modo perpendicular e de cima para baixo; simboliza que a correção, o justo e a exatidão são fatores verticais, recebendo a influência da atração da Terra.

FISCAL — O cargo de orador da Loja dá o direito de observar o comportamento, em Loja, dos obreiros, e se a Legislação está sendo respeitada. De conformidade com a Constituição da Grande Loja, dos seus Regulamentos Gerais e do seu Estatuto, a ação do Orador é dirigida e orientada, por ser ele o Guarda e Fiscal da Lei.

FISIOGNOMONIA — É uma ciência totalmente em desuso. Lavater, no ano de 1800, publicou os "Ensaios Fisiognomônicos", em que analisava a personalidade por meio da fisionomia humana. Lombroso, no campo do direito, seguindo a inspiração de Lavater, classificou os criminosos de acordo com as suas características fisionômicas.

Ficou provado, após 1920, que o "tipo lombrosiano" era um erro, pois o defeito físico não correspondia à personalidade; um dito popular afirmava que "Deus marca o homem mau". Biblicamente, os coxos eram pessoas consideradas desprezíveis; os aleijados não eram admitidos à Maçonaria. Hoje, a maioria dos defeitos é corrigida com operações plásticas; alongando-se membros, encurtando-os, fazendo-se implantes, alisando-se a pele, enfim, alterando-se o aspecto físico com reflexos psicológicos na personalidade, de forma benéfica.

Vedar-se o ingresso na Ordem maçônica a um portador de defeito físico, como para o corcunda, o "caolho", o coxo, constitui uma discriminação injustificada.

A única justificativa aceita é de que se trata de observar um dos *Landmarks* da Ordem, princípios tradicionais imutáveis.

FITÃO — É a faixa que o maçom usa, em determinados graus, levada a tiracolo, inspirada na faixa que suportava a Espada, na época cavalheiresca.

FLECHAS — Maçonicamente são as ordens que devem ter cumprimento imediato.

Simbolizam as agressões que o maçom recebe, mas que devem ser aceitas com resignação e tolerância, com a convicção de que não atingem uma parte vital.

Dizia o filósofo Umberto Rohden: "O mal que me fazes não me faz mal; o bem que deixas de me fazer lhe faz mal".

FLOR-DE-LIS — Símbolo da França, que significa candura e esperança; é um símbolo feminino.

O Rei Salomão colocou nas Duas Colunas, "J" e "B", fileiras de romãs e lírios; a Flor-de-Lis reproduz um lírio, adotado pela Maçonaria em seus escudos, simbolizando a trilogia da Revolução Francesa: "Liberdade, Igualdade e Fraternidade".

FLORES — Durante as cerimônias maçônicas brancas, como a da confirmação do casamento, a da adoção de *Lowtons*, os tronos são ornamentados com flores. Nos Graus 18 e 33 da Maçonaria Filosófica são apresentadas Flores.

A Rosa Mística é colocada na Pramantra, simbolizando a presença de Jesus. Nas Colunas de Salomão, representando a mulher, são colocados lírios, cuja inspiração vem do Livro dos Cânticos.

FOGO — Um dos quatro elementos da Natureza. Simboliza o princípio ativo, vital, reprodutor, criador, purificador, produtor de luz e calor. O Fogo é quente e seco, e, de certa forma, destruidor. É o símbolo do poder e da proteção. Usam-se a Espada Flamejante e a Estrela Flamígera, símbolos envoltos em chamas.

A Sarça Ardente, onde Moisés "viu" Jeová, simboliza a presença de Deus na sua forma máxima.

A prova do Fogo é a principal a que o Iniciado se submete, para a purificação de seu ser.

A Pramanta gera, por meio da fricção, o Fogo, que passa a ser elemento vital e místico.

Nos templos religiosos e mesmo nos maçônicos existe a Chama Votiva, que permanece perenemente; trata-se de uma mecha de algodão que, embebida em óleo, dentro de um recipiente adequado, representa a presença Divina. Em um determinado grau da Maçonaria Filosófica, é apresentado um símbolo na forma de um Coração Inflamado, representando o ardor e o amor aos semelhantes.

FOICE — É símbolo da colheita. Trata-se de um instrumento de corte, em forma de meia-lua, colocado na extremidade de um bastão e usado para a colheita do trigo. Tem significado duplo, pois simboliza o "ceifar de uma vida", ou seja, a morte, é a própria colheita.

Em Maçonaria é símbolo do tempo e da morte, sendo colocado na Câmara das Reflexões.

Em épocas pretéritas colocava-se a Foice na mão de um esqueleto.

FOLEIRO — Vem de "Fole", instrumento usado para assoprar o fogo. Foleiro, portanto, significa "assoprador".

FONTE — Na Câmara das Reflexões, segundo a tradição, deve existir uma Fonte de onde jorre água límpida. Obviamente, essa Fonte será artificial, vindo o jorro d'água de uma torneira oculta entre pedras. A tradição provém da lenda de Hiram Abiff, quando narra o episódio de um assassino que foi encontrado dentro de uma caverna, onde vertia uma fonte; a sua morte violenta, manchou as mãos do executor que as lavou na fonte, purificando-se e justificando-se pelo seu ato. Portanto, essa Fonte tem a época da instituição da Lenda do Terceiro Grau.

FORÇA — Constitui uma das três bases da Ordem maçônica e diz respeito à Coluna do Norte, comandada pelo Primeiro Vigilante, tendo a ampará-la a Coluna "B".
A Força simboliza a potencialidade masculina contrapondo-se à beleza da Coluna "J", que possui características femininas.
A saudação maçônica "Saúde, Força e Beleza" constitui a trilogia usada na conclusão da Cadeia de União, quando os maçons, apertando-se as mãos, despedem-se uns dos outros.
Em certas Lojas são colocadas estátuas, correspondendo a de Hércules, o mitológico deus pagão que vencia os seus adversários pela Força dos seus músculos à Coluna da Força.

FORMATO DA LOJA — O Formato de uma Loja maçônica, ou seja, de um Templo maçônico é o de um quadrilátero, formado por dois quadrados. Esses quadrados representam o dualismo, sendo que um dos quadrados simboliza o Oriente e o outro, o Ocidente. A Cidade Celestial descrita no Livro do Apocalipse apresenta o Formato de um quadrado, porque nela não há o dualismo, mas apenas o aspecto positivo.

FORTALEZA — Trata-se de um atributo divino, uma virtude, uma demonstração de personalidade forte. O melhor exemplo que poderíamos apresentar é o da saga de Jó, que suportou todas as dificuldades, provações e misérias, sempre confiando na proteção Divina; logo, "espírito forte", designa quem suporta as vicissitudes da vida, sendo que essa Fortaleza de ânimo, espelha um caráter forte.
O maçom, ao frequentar assiduamente os trabalhos de sua Loja, almeja robustecer-se, pois desta forma terá meios para vencer os obstáculos que se lhe apresentarem.

FRANCO-MAÇOM — Origina-se do francês: *franc-maçon*, que significa "maçom livre". Franco-Maçonaria é a tradução correspondente ao nosso idioma, porém de pouco uso no Brasil. O franco-maçom teve o nome simplificado para "maçom".

FRANKLIN, BENJAMIN — Ilustre maçom nascido em 1706 e falecido em 1790; estadista e cientista da América do Norte cuja ligação com a história da Maçonaria prende-se ao fato de ter sido o primeiro americano a publicar, no ano de 1730, o primeiro impresso sobre notícias maçônicas, além das Constituições de Anderson, na América. Sua passagem pela Maçonaria, contudo, não é fato suficientemente comprovado.

FRATERNIDADE — Do latim *frater*, irmão. Fraternidade é uma associação fraterna, cujo objetivo é demonstrar que todos os homens podem conviver como se fossem irmãos na mesma carne.

Uma família numerosa, com muitos filhos, não constitui, necessariamente, uma Fraternidade, mas apenas uma família. A Fraternidade maçônica, contudo, abrange tãosomente os membros de uma Loja.

Maçonicamente, a Fraternidade apresenta-se de vários modos: a Fraternidade numa Loja; a Fraternidade numa Ordem; a Fraternidade Universal, também designada de Fraternidade Branca.

A Fraternidade Universal é constituída de maçons em vida e daqueles que já se encontram no Oriente Eterno, ou seja, dos que desencarnaram.

O candidato que passa pela Iniciação maçônica ingressa, após a sua aclamação em Loja, à Fraternidade maçônica de modo permanente.

A Fraternidade implica obrigações e direitos; a parte ética é muito importante. São admitidas pequenas "rusgas", como sucedem dentro de uma família, mas apenas quando não são graves. Já as obrigações mútuas de amparo são essenciais, ou seja, no mestrado, quando um maçom dá o "sinal de socorro", toda a Fraternidade maçônica, visível ou invisível, tem a obrigação de o socorrer; assim como todo aflito tem o "direito" de receber o auxílio invocado.

A Fraternidade é uma das bases mais pujantes da Ordem maçônica.

FREDERICO II — Frederico II foi uma das mais originais e complexas figuras de soberano que a história registra, pelo fascínio que exercia sobre os seus contemporâneos, amigos ou inimigos, que reconhecem a grandeza que emanava de sua poderosa personalidade.

Neto de Barba-Roxa, era rico de virtude e de vícios. Encontrava-se entre duas épocas, enfrentando as influências do poder dos Papas e dos seus vassalos, bem como dos povos que tentou conquistar.

Muito precoce, tanto fisicamente, a ponto de se casar com 14 anos de idade, como espiritualmente, mostrava-se profundo admirador da natureza, apaixonado pela caça, como crédulo das profecias dos astrólogos. Era um admirador da harmônica construção da lógica de Aristóteles, com facilidade para o aprendizado de línguas, dominando várias, para se fazer entender pelos povos.

Em política, era astuto e violento, raposa e leão, vencedor de obstáculos, dissimulador habilidoso para atingir os fins a que se propunha.

Antecipou-se a César Bórgia, combatendo pelo ideal da supremacia imperial sobre a Igreja Papal.

Três civilizações predominam no seu governo: a latino-germânica, a normanda e a árabe. Da primeira herdou o idealismo da política imperial; dos normandos, os princípios da centralização do governo e dos árabes o amor à cultura, os hábitos orientais de uma vida dissoluta e de prazer.

Surge com Frederico II o novo homem do renascimento em busca da individualidade, graças a sua curiosidade no campo científico e a suas ideias religiosas, reformando a própria Igreja, cuja tendência não o satisfazia. Assim, ora se dedicava a profunda meditação religiosa, perseguindo os hereges, ora lutava contra o poder do papado; contudo, as características de religiosidade medievais não são encontradas em Frederico II, o qual era despido de misticismo, preferindo a realidade da especulação científica.

O contato com diversos povos, especialmente nas Cruzadas de que participou deu-lhe essa amplitude de conceitos religiosos, colocando-o na posição de precursor.

Frederico foi vencido porque pretensões estavam além das suas forças, que não podiam enfrentar os problemas de um Império já decadente.

Se não tivesse dispersado as suas energias e tivesse se restringido em suas ações, teria formado no centro da Itália uma poderosa dinastia.

Porém, não pôde resistir às tendências herdadas dos seus antepassados, que consistiam em lutar contra a teocracia, as comunidades, os feudos, os papados e a política oriental. Frederico dispô-se contra todos ao mesmo tempõs, gastando, desta forma, as suas energias.

Foram trinta anos de lutas e devastações, deixando, ao morrer, apenas ruínas.

Seu governo, todavia, deixou o exemplo de uma organização estatal que foi o prelúdio do estado laico moderno, lembrança de um governo rico de obras de caráter altamente civil, esplendoroso no florescer das ciências, das letras e das artes, mas sobretudo na fama de seu gênio profundo e potente onde já se vislumbrava os traços essenciais do novo homem do Renascimento.

FREEMASON — Pedreiro livre é a tradução deste termo inglês que surgiu por ocasião da organização do trabalho na construção de alvenaria, dentro das Corporações, há dois séculos.

FUMIGAÇÕES — Ou incensamento, são práticas que existiram desde os primórdios da Maçonaria. De acordo com o material empregado, as Fumigações produziam reações psíquicas e físicas, muitas vezes alucinógenas. Os defumadores têm uso extenso em todo o mundo, tanto para as atividades religiosas, místicas, espiritualistas, como para incentivar a criatividade, os sonhos, as ilusões.

As drogas que alteram a psique, como o cânhamo, a cocaína, a morfina, o peiote, a papoula etc., que são aplicadas, fumadas e ingeridas pelos viciados, não são as únicas substâncias entorpecentes.

O incenso, junto com outras substâncias aromáticas, produz, sobre o sistema nervoso, alterações que podem estar relacionadas à euforia ou ao misticismo.

Um recinto onde são queimados defumadores é propício à meditação, ao êxtase, ao misticismo, dependendo da droga empregada.

Quando Jeová determinou a construção do Grande Templo, posteriormente denominado Grande Templo de Salomão, ditou todos os detalhes, não se esquecendo sequer do incenso, dando uma fórmula com medidas exatas e advertindo que a sua queima deveria ser procedida apenas pelo Sumo Sacerdote dentro do Templo pois se outros o fizessem seriam passíveis de sofrer grandes males. Era a comprovação de que aquelas substâncias, em conjunto, causariam alucinações.

Subsiste muita dúvida a respeito de certos fatos que ocorrem em consequência dessas Fumigações, como as visões de certos Santos, as audições misteriosas, a comunicação espírita, enfim, esses "fenômenos" que acontecem em ambientes impregnados por densas nuvens de Fumigações.

FUMO — Nome dado ao tabaco; substância reconhecida cientificamente como prejudicial à saúde, sendo uma droga que causa dependência física e psíquica. O Fumo, nas variadas manifestações, cigarro, cachimbo, rapé e para mascar, constitui uma prática que a Maçonaria reprova.
Quando o Venerável Mestre pergunta ao Primeiro Vigilante o que ele entende por vício, a simples resposta seria suficiente para que o maçom deixasse de fumar. Temos dentro das Lojas maçônicas esta "tolerância" sobre um dos vícios mais condenado pela ciência.

FUNCIONAMENTO DE UMA LOJA — Existem várias formas condenáveis de Funcionamento de uma Loja maçônica. Por exemplo, uma Loja que funcione em campo, ou seja, fora do Templo; uma Loja que funcione sem o licenciamento da Autoridade responsável, o que equivale a um funcionamento irregular; ou uma Loja que funcione com um número insuficiente de obreiros. Toda Loja maçônica deve funcionar, rigorosamente, dentro dos padrões estabelecidos pelos Regulamentos Gerais. É regra geral, sem exceção, que, para o seu funcionamento, deve ela ter a presença de um número mínimo de maçons, sendo esse mínimo de sete.
Para que uma Loja possa iniciar os seus trabalhos, ainda deve expor a sua Carta Constitutiva, e os seus membros devem pertencer ao Quadro da Loja, não bastando a presença de sete maçons; esses devem fazer parte do Quadro da Loja. Nenhum maçom visitante poderá substituir o sétimo maçom faltoso.
Além disso, deverá observar o ritual e apresentar sobre o altar o Livro Sagrado. A direção da Loja caberá ao seu Venerável Mestre, e caso ele não estar presente, deverá ser substituído pelo Primeiro Vigilante, que é o substituto legítimo e natural.
Obviamente, cada Loja terá o seu Estatuto para dirimir dúvidas e suprir falhas.
Cada Grande Loja, ou Grande Oriente, tem estabelecido o rito ou ritos que oficialmente admite; assim, nenhuma Loja poderá funcionar com um rito "estranho". Deve-se considerar que os ritos maçônicos se somam em mais de cento e cinquenta (*vide* verbete correspondente), o que pode tornar "irregular" a Loja, ou seja, fazer com que ela deixe de estar filiada à Grande Loja ou ao Grande Oriente.

FUNDADORES — Quando um grupo de maçons fundar, em uma localidade onde não exista trabalho maçônico, uma Loja, receberão a denominação de Membros Fundadores. Essa condição será mantida até a data da regularização da nova Loja; contudo, esses Membros Fundadores serão considerados como Membros Honoríficos da Loja.

FUNDOS DA LOJA — Os valores que a Loja arrecada, por intermédio da cobrança de anuidades ou mensalidades, Joias, taxas, livro de contribuições específicas, livro de ouro pró-construção de Templo, arrecadações diversas, constituem os Fundos da Loja. Esses valores ficam sob a guarda do Tesoureiro, que só poderá movimentá-los para satisfazer o pagamento dos

FUNDOS DA LOJA

compromissos normais, ou por determinação do Venerável Mestre.

Há porém um Fundo que não é registrado na Tesouraria, nem movimentado pelo Venerável Mestre; trata-se do Fundo de Beneficência, formado pela arrecadação dos óbolos que os maçons, em cada sessão, depositam na Bolsa de Beneficência.

O único responsável por esse Fundo será o Hospitaleiro, que disporá dos valores segundo o seu particular critério, sem que deva prestar contas de seus atos.

A rigor, cada "coleta" deveria ser de imediato aplicada em beneficência, sem esperar que os óbolos se acumulassem. Os valores arrecadados, em si, não são relevantes. O valor diz respeito à "imantação" das moedas depositadas pelos maçons, porque quando a "mão que deposita" é retirada da bolsa, deixa os fluidos benéficos, e quem recebe o produto daquela bolsa, receberá também as dádivas da Loja na sua forma integral. Não são só as poucas moedas que irão solucionar os graves problemas do destinatário, mas sim a ação mágica da Loja, que atua no mundo profano. Raramente um maçom terá problemas de ordem econômica. Por esse motivo, genericamente, a caridade é exercida para estranhos. Caso um maçom se encontre em dificuldade, o auxílio que receberá da Ordem será mais expressivo que um "óbolo", posto que a imantação opera verdadeiros milagres. Exemplos disso comprovam, a todo momento, esses resultados místicos.

G — A letra "G" do alfabeto latino apresenta-se como um símbolo que expressa grandiosidade maçônica.

Como a base da Maçonaria é a construção, e a arquitetura a ciência aplicada à obra, o "G" representa o Grande Geômetra, ou seja, Deus.

De forma isolada e lançada como maiúscula, substitui o *IOD* hebraico e serve de logotipo, de emblema, para evidenciar a presença de um maçom. Dentro do Templo ela situa-se em dois símbolos: no espaço livre entre o cruzamento do esquadro e compasso e na parte central da Estrela Flamígera. O símbolo "G" presta-se a múltiplas elocubrações, de certo modo abusivas, pois a criatividade da mente humana não tem limites. Assim, de acordo com a língua adotada em um país, toda palavra que se iniciar por "G" terá um "significado esotérico".

Contudo, o equilíbrio deve nortear o maçom. Se em inglês Deus é *God*, não haverá conflito algum entre a simbologia das letras "D" e "G", já que em hebraico haverá outra letra no início dessa palavra, e outras em grego, persa, hindu; enfim, a multiplicidade dos idiomas não poderá servir para criar confusões.

GAON — Em hebraico significa eminência, título dado aos Rabinos que se destacam no Judaísmo.

GABAON — Sem dúvida é uma palavra de origem hebraica; contudo, o seu significado permanece um tanto nebuloso, pois etimologicamente significa "um lugar elevado" e caracteriza um monte em Israel, Monte Moriá, sobre o qual foi construído o Grande Templo de Salomão.

Na Maçonaria Filosófica, em um dos seus altos Graus, emprega-se a palavra *Gabaon* como sendo o "terceiro céu", acessível exclusivamente por uma escada composta de sete degraus.

Alguns autores afirmam que o vocábulo é uma corruptela de outros: *Gibeon*, *Chimel*, *Gabanon*, *Gabaa*; esse último significa "alguma coisa em vertical", ereta, assim como uma colina. A coincidência significa constituir *Gabaon* um sinônimo de *Gabaa*.

GALO — É a ave que simboliza a Vigilância e o despertar para uma nova vida; o aviso canoro de um próximo renascimento. A Maçonaria coloca a figura de um Galo na Câmara das Reflexões.

Os cristãos têm o Galo como símbolo de advertência, para que um cristão não se deixe cair em tentação traindo o Mestre Jesus, lembrando que por ocasião da prisão de Jesus, antes que Pedro negasse ser um dos seus seguidores, um Galo cantou três vezes, constituindo a trilogia sonora do alerta; três são as oportunidades que o maçom tem para não se deixar vencer pelo medo, pois Pedro negou Jesus pelo temor de ser preso.

Em Jerusalém há um lugar de visitação denominado "Galicanto", onde teria acontecido o fato referido nas

Sagradas Escrituras. Com a finalidade de se "apagar" esse episódio bíblico, o Cristianismo fez do Galo, e seu canto, o símbolo da geração da Esperança da Ressurreição, o triunfo de um novo alvorecer com a morte da noite e o retorno do Astro Rei, vitorioso sobre as trevas.

GARANTE DE AMIZADE — Diz-se Garante de Amizade à função de um maçom Mestre, nomeado pelo Grão-Mestre ou pelo Grande Soberano Comendador, como representante da Potência, junto a uma Potência, co irmã, sendo uma espécie de embaixador.[4]

GARDEL — Constitui uma faixa tecida de linho, usada sobre as vestes pelo Chassidin durante as orações.

GATO — Termo jocoso que foi usado para designar um maçom. Nas cerimônias maçônicas, o traje deve ser sempre confeccionado em tecido negro, daí a denominação Gato Preto; ademais, nas "conspirações", ou para evitar serem descobertos, os maçons trajados de negro ingressavam nos prédios onde se realizavam as reuniões, de modo "furtivo", assim como faz o Gato à noite, pelo pisar suave de suas patas. Posteriormente ou concomitantemente, e também de modo jocoso, os maçons foram denominados "Bodes Pretos".

GEHINNOM — Em hebraico significa inferno.

GENIZA — Lugar destinado pelos hebreus ao "enterramento" de documentos, nos quais se constava o nome de Deus; esse nome, pela sua sacralidade, não podia ser escrito, nem pronunciado. Obviamente, o vocábulo era outro, Jeová, Elohim etc.

GENUFLEXÃO — É o ato de "dobrar os joelhos", em sinal de veneração e humildade, diante de uma divindade ou de poderosos. A Maçonaria pratica a Genuflexão quando um candidato presta juramento ou participa de uma prece.
Em cada grau os rituais prescrevem esse ato de reverência.
O profano candidato que apresentar defeito físico e não puder ajoelhar-se, seja com ambos os joelhos ou somente com o joelho direito, não é aceito.
O significado da Genuflexão não diz respeito apenas a um ato de reverência, mas constitui uma postura que conduz a todo o organismo efeitos esotéricos. Sabemos por intermédio da prática *Yoga* que toda postura é dirigida para determinado ponto do organismo, sendo que os seus efeitos benéficos aumentarão na mesma proporção do tempo em que se permanecer nesta postura.
O primeiro ato de Genuflexão que as Sagradas Escrituras citam foi o praticado por Salomão quando, por ocasião da inauguração ou consagração do Grande Templo, ele se ajoelhou perante Jeová em agradecimento à conclusão da obra que lhe fora confiada.

GEOMETRIA — Origina-se do grego *Gê*, significando "Terra", e *Métron*, "Medida"; portanto, "Medida da Terra".
A Geometria constitui uma das sete ciências ou artes liberais. O matemático da Antiguidade grega, Euclides, foi

---
4. N.R.: *Se diz também ser o documento ou diploma de reconhecimento entre duas Potências.*

quem estudou a fundo a Geometria, cujas definições permanecem atuais.

Não se admite em Maçonaria a ausência do estudo da Geometria, pois as figuras que resultam de seus problemas e cálculos constituem não só a arquitetura do Templo maçônico, como a imagem de seus símbolos. A Maçonaria denomina Deus como o Grande Arquiteto do Universo, o Grande Geômetra.

GER — Gentio convertido ao judaísmo.

GERAÇÃO — Gerar é reproduzir; as Gerações sucedem-se com a junção de um espermatozoide e um óvulo; é o surgimento do ser, partindo de um "não ser". A Geração determina um período na história, calculado numa média de 25 anos.

GERUT — Ato de conversão ao judaísmo.

GESTO — O Gesto constitui um sinal de comunicação; um olhar, um levantar de sobrancelha, um movimento com a mão, são meios de se manifestar uma intenção. A Maçonaria usa de Gestos ou sinais para transmitir os sigilos de identificação maçônicos. Não confundir Gesto com postura.

GHIBLIM ou GIBLIM — Termos usados para designar os operários giblitas, que constituíam o povo de Gebal, e que atuaram na construção do Grande Templo de Salomão; alguns autores os citam como sendo os "talhadores de pedras".

GIORDANO BRUNO — Filósofo italiano, nascido em 1550, que se dedicou à religião, seguindo, como todos os filósofos da época, o caminho do convento, por ser o único lugar, além das Universidades, onde poderia ilustrar-se, evoluir; a não ser nas Universidades, porém no período escolar, o filósofo não tinha outro campo para progredir.

Sua estada no convento não durou muito, pois não encontrou junto aos dominicanos a tão procurada "substância filosófica". Seu contato com os religiosos tornou-o incrédulo.

Por expor suas opiniões desmesuradamente, acabava sendo expulso de toda parte, Nápoles, Gênova, Nice, Veneza etc.

Em Genebra, no ano de 1580, professou o calvinismo com grande entusiasmo, pois encontrava esclarecidas as suas dúvidas. No entanto, não demorou em questionar com Calvino e Bèze.

Foi para Lyon, Toulouse e Paris, sendo que nesta última encontrou protetores poderosos, encantados com a sua habilidade de argumentação, obtendo a cátedra de filosofia na Universidade de Paris.

Combatia todo ensino oficial da época, o que lhe valeu uma retirada precipitada da França, indo para Londres.

Lá publicou duas das suas principais obras, redigidas em italiano: "Da Causa, do Princípio e da Unidade" e "Do Infinito, do Universo e dos Mundos".

Retornou a Paris, que já o esquecera, e de lá partiu para Wuttemberg para ensinar filosofia, depois para Praga e Helmstadt, não sendo olhado com bons olhos pelas autoridades eclesiásticas deste último lugar.

Em 1592, regressou à Itália, sendo preso pela Inquisição poucos dias após iniciar a sua pregação.

Julgado, negou-se a retratar as suas heresias, sendo condenado à fogueira como herege, apóstata, violador dos seus votos.

A Inquisição dava oportunidade aos réus para se salvarem, uma vez que abjurassem as suas heresias.

Temos o exemplo de Galileu que, mais atilado que os demais, reconheceu que o mundo não se movia em torno do Sol, desmentindo a sua teoria que na época contrariava as Sagradas Escrituras.

Esses heróis que a história consagrou, mártires do pensamento e da palavra, foram para a fogueira por seus ideais, sem temerem a morte. Na sua quase totalidade eram solteiros, desprendidos da família, verdadeiros pensadores errantes. Isso os ajudou a enfrentarem tudo em defesa de suas ideias.

A base da filosofia de Giordano Bruno é a "infinidade", mostrando a infinidade em tudo, concebendo Deus como a universal substância, a unidade infinita, conciliando as causas contrárias imanentes do mundo.

Como os demais mártires sacrificados pela Inquisição, Bruno também foi reabilitado; hoje, respeitado como livre pensador, seu nome é conhecido. Na Cidade de Porto Alegre, Rio Grande do Sul, no Bairro do Bom Fim, tendo sido dado a uma rua, onde há uma placa indicativa resumindo a sua história.

GILGUL-HA-NESHAMOT — Em hebraico significa a reencarnação das almas.

GLOBOS — Usam-se em Maçonaria os Globos Terrestre e Celeste. São as Esferas que flutuam no Universo, sendo a Terrestre o depositário da matéria e a Celeste a infinitude do pensamento. Encimam as colunas do Pórtico do Templo, simbolizando que a Maçonaria é Universal, não existindo barreiras para o conhecimento pleno no dois planos.

GNOSE — Em grego significa "conhecimento", dando lugar ao surgimento da corrente filosófica denominada Gnosticismo. Diz respeito à interpretação filosófica dos textos sagrados. Filon, entre os hebreus, foi o iniciador dessa corrente. Os gnósticos chegavam ao supremo conhecimento, inexistindo para eles qualquer mistério; tudo poderia ser revelado e descoberto; esclareciam o dualismo Bem e Mal de forma muito simplista. A Igreja combateu os gnósticos porque não aceitavam a Fé, nem um Deus em forma humana.

Houve época que o gnosticismo pretendeu infiltrar-se na Instituição maçônica, mas foi de imediato afastado. Hoje, diante do progresso da ciência e da evolução da filosofia, o gnosticismo é uma experiência do passado, totalmente superada.

GOTEIRA — Numa construção, o teto é parte essencial, pois é a proteção da obra; quando a chuva consegue contornar a parte de proteção, provoca infiltrações de água e Goteiras. Maçonicamente, é o nome dado ao "intruso", ao "estranho". Quando um grupo de maçons se reúne em qualquer lugar, o diálogo gira em torno da Arte Real, e ao se aproximar um profano, de imediato alguém anuncia: "tem Goteira".

GOY — A denominação de gentio dada pelos judeus.

GRAAL — Constituía um "prato muito côncavo", quase um vaso, destinado às refeições. O vocábulo derivaria do latim *gratus*, que significa grato, ou agradecido, porque o recipiente recolhia bons manjares, que eram gratos ao paladar.

O Santo Graal é a base de uma lenda surgida nos primeiros tempos do Cristianismo primitivo. Conhecem-se os Cavaleiros da Távola Redonda que reunidos bebiam do Santo Graal, um vaso lavrado em ouro e pedras preciosas e que teria sido a taça em que Jesus bebera, na sua última ceia, o vinho.

Richard Wagner, o célebre compositor alemão, imortalizou o Santo Graal na sua ópera Parsifal.

Algumas Lojas maçônicas adotam, em lugar da "taça sagrada da boa e da má bebida", uma similar ao Graal.

A não ser pela altivez dos cavaleiros que inspiraram alguns graus maçônicos, o Graal não é um símbolo característico da Maçonaria.

GRAMÁTICA — Provém do grego: *Grammatiké,* que significa letra destinada a exprimir a palavra. Constituía uma das sete ciências ou artes liberais. No Grau Dois, o do Companheiro, na Maçonaria Simbólica, a Gramática faz parte do estudo na condição de uma das sete ciências.

A Gramática está intimamente ligada à Retórica, para que as letras empregadas na construção da palavra e da frase possam ser proferidas e compreendidas pelos ouvintes.

GRANDE LOJA — A denominação Grande Loja surgiu na Alemanha, na Idade Média.

As "Lojas dos Talhadores" de Pedra foram disseminando-se por todo território da Alemanha, e cada uma recebia o nome da localidade onde era estabelecida. Esses "talhadores", ou *Steinmetzen*, logo constataram a necessidade de um Poder Central para a uniformidade destas confrarias, denominadas de *Hütten*. Surgiu então a primeira *Haupthütten*, ou seja, Loja Principal.

Dado o crescimento das Lojas provinciais, não foi suficiente a instalação de uma única Grande Loja, sendo criadas mais cinco, nos seguintes locais: Colônia, Estrasburgo, Viena, Zurique e Magdeburgo, localidades que hoje pertencem a diversos países.

Após a organização da Maçonaria Moderna, com as Grandes Constituições de Anderson, cada região só poderia manter uma Grande Loja. Na atualidade, com a divisão política dos países em Estados, para cada Estado somente é permitida a existência de uma Grande Loja.

GRANDE ORIENTE — Em torno desse vocábulo gerou-se muita confusão, pois inicialmente um Grande Oriente era o lugar das convenções das Grandes Lojas de um país.

Entre nós, maçons, Grande Oriente é o sinônimo de Grande Loja, pois trata-se de um corpo superior que congrega as Lojas da Obediência maçônica a que se encontram filiadas.

No Brasil existem as Grandes Lojas, uma para cada Estado, e vários Grandes Orientes.

Inicialmente, a Maçonaria Brasileira centralizava-se em um só Grande Oriente; mais tarde, esse dividiu-se em dois Corpos independentes entre si, fruto de uma dissidência; posteriormente, por mais outra dissidência, surgiu um segundo Supremo Conselho. O remanescente, legitimado por Carta Constitutiva procedente da Suíça, aglomerou as Lojas dispersas, criando oito Grandes Lojas e outorgando-lhes

Cartas Constitutivas; finalmente, cada Estado passou a criar a sua própria Grande Loja, independentes umas das outras.

Com os dois Grandes Orientes, o denominado "Beneditinos" e "Lavradio"; com sucessivas dissidências, alguns Estados formaram seus próprios Grandes Orientes independentes.

Hoje, temos dois expressivos Corpos da Maçonaria regular: as Grandes Lojas Simbólicas e o Grande Oriente do Brasil.

Não confundam esses Corpos com os Supremos Conselhos, pois esses têm sob sua autoridade os Corpos Filosóficos. Existem no Brasil vários Supremos Conselhos, no entanto apenas um é considerado regular, ou seja, reconhecido pelas Potências universais, que é o Supremo Conselho do Rito Escocês do Grau 33, da Maçonaria para a República Federativa do Brasil.

Na jurisdição nacional, cada Corpo Regular possui a sua Constituição, bem como regulamentos gerais e estatutos.

GRANDES INICIADOS — Trata-se de um grupo expressivo da Antiguidade, que se destacou pela sabedoria dos seus ensinamentos. A Maçonaria Filosófica, num dos seus últimos graus, presta homenagem a esses Grandes Iniciados.

GRANDES OFICIAIS — Os oficiais que exercem as suas funções numa Alta Administração maçônica, como nas Grandes Lojas ou nos Grandes Orientes, recebem o nome de Grandes Oficiais.

GRÃO-MESTRE — Esse título provém da eleição do primeiro Grão-Mestre da Grande Loja, o maçom Anthony Sayer, ocorrida no dia 24 de junho de 1717, na Inglaterra.

A função equivale à chefia suprema inexistindo, dentro da Maçonaria Simbólica, outra autoridade que lhe seja superior.

A escolha de um Grão-Mestre está na dependência do que determinam as Constituições maçônicas, as quais variam de país a país.

Portanto, se um Grão-Mestre possui "poderes absolutos", esses somente existirão se houver uma legislação que os determinem.

Qualquer maçom tem o direito de pleitear o cargo, e todos os membros da Instituição terão o direito ao voto, sejam aprendizes recém-iniciados, sejam Mestres antigos.

Os maçons sujeitam-se, por tradição, a respeitar e obedecer ao seu Grão-Mestre.

No Brasil, cada Grande Loja possui o seu Grão-Mestre exclusivo e soberano, mas para que haja a uniformidade dos trabalhos, considerando a vastidão de nosso território nacional, há um único Grão-Mestre com jurisdição em todos os Estados.

GRASSE TILLY — O conde Alexandre Grasse Tilly foi um maçom em evidência na Europa, nascido em Paris, Iniciado na *Loja Saint Jean du Contrat Social*.

No ano de 1789, viajou para a América do Norte para resolver negócios particulares. Sete anos depois, residindo em Charleston, na Carolina do Sul, influenciou na criação do primeiro Supremo Conselho do Rito Escocês Antigo e Aceito do Grau 33, criado no ano de 1801.

Retornando a Paris, criou pessoalmente o Supremo Conselho de França, em 1804, seguindo-se a criação dos Supremos Conselhos, em 1806 o da Itália e em 1811 o da Espanha.
Este entusiasta maçom foi o responsável pela proliferação dos Supremos Conselhos no mundo, motivo por que o seu nome é tão aclamado na Maçonaria Universal.

GRAUS — Administrativamente, a Maçonaria foi buscar na organização estabelecida pelo Rei Salomão a inspiração e a base para a sua instituição. Os primeiros maçons teriam sido os operários que construíram o Grande Templo de Salomão, não sendo nenhum deles judeu, como esclarece o texto bíblico.
Temos hoje, numa construção de alvenaria, três degraus a saber: serventes ou aprendizes, pedreiro e carpinteiros e finalmente os mestres de obra, os quais são os orientadores, supervisores e mestres.
A Maçonaria classificou estas três etapas como: aprendizes, companheiros e mestres.
Inicialmente, a Maçonaria era considerada Operativa, isto é, dedicada ao trabalho manual; posteriormente, passou para os conhecimentos de forma intelectual, sendo denominada Simbólica ou Especulativa; por último, a Maçonaria voltou-se exclusivamente ao intelecto, denominando-se Filosófica.
De acordo com a capacidade de cada operário, dentro de sua atividade, a Maçonaria Operativa tinha "gradações". Ultrapassada a fase simbólica dos três primeiros Graus, outros Graus foram estabelecendo-se de conformidade com cada rito, variando de sete a noventa e nove o número de Graus.

Sendo a Universidade produto das primeiras Corporações, para se chegar ao topo da instrução o "estudante" passa por vários estágios, sempre em progressão. Assim também é em Maçonaria, com os Graus iniciáticos e intermediários.
Desde a Iniciação, o maçom passa a ser completo. Com o constante progresso e armazenamento de conhecimentos, esse maçom sobe de Grau em Grau até atingir o ápice da pirâmide, quando se torna o mestre dos mestres.

GRAVAR — Sinônimo de "escrever". O secretário de uma Loja "gravará" a ata ou o balaústre.
Nos tempos em que a arte de escrever sobre papel, ainda era incipiente, as mensagens eram "gravadas" sobre madeira, tabletes de barro cozido ou metal.
A proibição tradicional de "revelar segredos maçônicos" abrangia o ato de "gravar". Na época dos templários, quando se encontravam os principais, presos "gravavam" nas paredes dos calabouços, de modo simbólico, as suas mensagens, as quais eram denominadas "grafitos".

GREGÓRIO VII — Seu sobrenome era Ildebrando, mas não se conhece o seu nome. Sabe-se, contudo, ter nascido em Rocavo de Soana, Itália, entre 1013 e 1024.
Graças a seu tio que era abade do monastério de Santa Maria no Aventino, em Roma, foi-lhe proporcionado o estudo das disciplinas sacras e profanas, sendo seus mestres, homens ilustres como Giovani Graziano, futuro papa Gregório VI. Seguindo a carreira monástica, Ildebrando foi nomeado capelão do Pontífice, e por fidelidade, quando

GREGÓRIO VII

Gregório VI foi exilado, acompanhou-o no exílio.

Morto Gregório VI, Ildebrando retornou a Roma junto com o Bispo de Toul, feito papa com o nome de Leão IX.

Na época, a Igreja enfrentava toda sorte de crise, inclusive a moral, e Leão IX encarregou Ildebrando de se internar no Mosteiro de São Paulo, para moralizá-lo.

Comprovando as suas qualidades, restabeleceu a ordem no monastério, o que lhe valeu uma promoção e a missão de ir à França presidir o concílio que julgaria o herege Berengário de Tours. Quando conseguiu reconduzi-lo à consciência e com ele retornar a Roma para que o papa o perdoasse, Leão IX morreu.

Permanecendo na França, passou a trabalhar para a reforma da Igreja, assistindo em Florença, em junho de 1055, ao concílio para a referida reforma, orientado pelo Rei Victor II. Nesse meio tempo, faleciam Victor II e o imperador Henrique III.

No trono germânico ascendeu Henrique IV, ainda menino, sendo regente a viúva imperatriz Anésia de Merânia. Sem consultor, a corte alemã fez instalar no trono de São Pedro o cardeal Frederico de Lorena, sob o nome de Estêvão X. Sempre contando com a simpatia papal, Ildebrando foi encarregado de convencer a Gerente a aceitar o papa eleito, o que conseguiu face a sua condição de experimentado diplomata. Porém, Estêvão X também morre, em 1058, recomeçando o grave problema da sucessão.

Por obra de uma facção de oposição, foi proclamado papa Benedito X, que não foi aceito pelo clero.

Retornando Ildebrando a Roma, o povo e o clero, proclamaram Nicolau II, papa. Mercê a habilidade de Ildebrando, Nicolau II foi aceito pela corte alemã e Benedito X, o antigo papa, foi expulso. O sucesso de Ildebrando fez com que o novo papa o acolhesse como conselheiro.

Com a sucessão de Nicolau II por Alexandre II, em 1064, Ildebrando permanece na discrição. Esse período foi conturbado, face à necessidade de se submeter as Igrejas à Santa Sé.

Morto Alexandre II, o povo elegeu a Ildebrando a papa, com o nome de Gregório VII, em 22 de abril de 1073, o qual apresentou no seu *Dictactus Papae*, o seu programa de governo.

A Igreja estava necessitando de normas e disciplinas para atender as heresias, as lutas com o Oriente, a insistência de hegemonia dos reis, especialmente alemães e a desobediência do clero.

Eis, em resumo, as máximas do programa:

"Somente o Pontífice Romano seja declarado universal.

Somente ele possa depor ou reabilitar os bispos.

Somente ele possa usar as insígnias imperiais.

A ele seja lícito depor os imperadores. Nenhum capítulo, nenhum livro se os tenha como canônicos sem a sua autoridade.

Ninguém o poderá julgar.

Ninguém ouse condenar um apelante à Santa Sé.

Que as causas de maior vulto de qualquer Igreja sejam avocadas pela Santa Sé.

A Igreja Romana nunca errou e jamais errará, e isso pela autoridade dos textos sagrados.

GREGÓRIO VII

A Igreja poderá liberar os súditos da felicidade para com os dominadores perversos."

A respeito dessas máximas firmou-se claramente a primazia do Papado sobre o Império; foram limitadas as prerrogativas dos metropolitanos e dos bispos; assegurada a infalibilidade e do pontífice, e o direito de ele escolher e dirigir as tratativas entre os súditos e os soberanos. Esses problemas eram graves para Gregório VII, pois se desejava uma autoridade justa e universal que afrontasse as forças do laicismo e do imperialismo.

O seu *Dictactus Papae* compunha-se de vinte e sete frases. Algumas das teses eram dirigidas contra o Patriarca de Constantinopla.

O Sínodo do ano 1075 promulgou o decreto que marcou o começo de sua ação. Não só foram ratificadas com renovado rigorismo as resoluções anteriores sobre a repressão do casamento dos sacerdotes, como desligados os leigos da obrigação de obedecer aos dignatários eclesiásticos e aos sacerdotes incursos em sanções. Foram mais além proibindo formalmente a investidura, negando ao rei o direito de fundar abadias e investir bispos, sob pena de excomunhão.

Esse novo princípio foi de alcance universal e foi aplicado em toda parte. Porém, afetou de modo particular ao rei alemão, ameaçando minar as bases do seu reinado, pois o poder do rei repousava, precisamente, na investidura que o papa reclamava para si em caráter exclusivo.

Exposto constantemente à hostilidade dos duques, pediu ajuda aos príncipes eclesiásticos, a quem alegou poder em troca de proteção.

Os bispos, com sua característica de condes eclesiásticos e vassalos do rei, constituíam a autoridade do Estado.

A atitude de Gregório VII significou para Henrique IV, que já enfrentava mil dificuldades, a renúncia à sua própria existência.

Henrique IV continuou com a prática da investidura na Alemanha e também nos bispados da Itália.

Gregório VII, porém, resistiu, dando um *ultimatum* ao rei, o qual acabou rompendo com o papa.

No dia 24 de janeiro de 1076, a Dieta de Worms declara que Gregório VII não é papa legítimo e os bispos não reconhecem mais a sua autoridade.

Os Bispos comandam a resistência e clamam: "Baixa do trono, monje falso e inimigo do Reino. Retira-te".

Gregório VII replica: "Proíbo a Henrique, o governo do Reino e relevo a todos os cristãos de seu juramento de fidelidade".

A situação é melindrosa, pois tanto o Rei como o Papa destituem-se reciprocamente.

Quem venceria?

O Papa retira-se a Canossa em seu castelo. Henrique IV chega a Itália.

Iniciam-se conversações e intermediações, e o Rei capitula. Apresenta-se ao portão do Castelo de Canossa cingindo o "cilício".[5]

O Papa não o recebe e Henrique retorna após duas frustradas tentativas. No terceiro dia, o Papa permite a entrada do penitente, isso a 27 de janeiro de 1077 e ambos se reconciliam.

---

5. *Cinto feito de material áspero, como, por exemplo, espinhos, próprio para as penitências antigas.*

Isto posto, aparentemente a Igreja fosse vitoriosa, por outro lado, o Rei livrava-se da incômoda excomunhão. Os príncipes alemães, contudo, passaram-se a opor a Henrique IV, o destituem e proclamam como novo rei a Rodolfo de Rheinfeldem.

O Papa é solicitado a decidir, mas tarda muito para emitir seu laudo arbitral e com isso Henrique se mantém no poder.

Novo conflito entre o Papa e Henrique IV, agora prestigiado pelos Bispos italianos e alemães, reunidos. Em 1080, é eleito papa o arcebispo Wiberto de Ravena, com o nome de Clemente III. Após ingentes lutas, o antipapa Clemente consegue ocupar o trono de Roma, e Henrique IV retoma a coroa imperial.

Tropas imperiais e normandas papais devastam na luta a cidade de Roma. Os romanos pendem para as forças imperiais e vão contra o papa Gregório que havia solicitado o auxílio das tropas do sanguinário Roberto Guiscard.

Gregório é derrotado, fugindo do castelo de Santo Ângelo, dirigindo-se, acompanhado pelas tropas de Guiscard, para Salerno, onde tenta, ainda, manter seu prestígio.

Maio de 1085, tendo sido uma das suas últimas frases: "Amei a justiça, odiei a iniquidade e por causa disso, morro no exílio".

Foi sepultado em Salerno, na Igreja de São Mateus, que ele mesmo havia consagrado.

Foi Gregório VII que deu os primeiros passos para as Cruzadas, que tentou a pacificação com o Império Turco e a recondução da Igreja do Oriente para o Cristianismo Romano.

Nessa luta entre Gregório VII e Henrique IV, a Maçonaria sofreu duras perseguições e os povos, sofrimentos sem conta.

GRUTA — Gruta é uma escavação na montanha não tão profunda como as cavernas. A Câmara das Reflexões é também denominada Gruta.

Na Antiguidade, os "filósofos" recolhiam-se para meditar em Grutas naturais.

No episódio do encontro dos assassinos de Hiram Abiff, eles haviam se refugiado em Grutas; portanto, Gruta é sinônimo de refúgio.

GUANTES — Sinônimo de luvas. A diferença, na linguagem maçônica, entre Guantes e luvas é que luvas são usadas normalmente e em branco, ao passo que Guantes é o adorno que os Veneráveis Mestres colocam no antebraço, partindo do pulso, sendo a parte final em forma aberta, semelhante a parte maior de um "funil"; são peças ricamente bordadas com símbolos maçônicos; os Grão-Mestres também usam Guantes, bordados em ouro, fazendo combinação harmoniosa com o Avental.

GUARDA DOS SELOS — Membro da administração que tem a seu cargo os selos e os timbres. É designado, também, com o nome de "Chanceler", sendo responsável pelo Livro de Presenças, no qual os maçons colocam o seu *ne varietur.*

GUILDAS — O termo Guilda deriva do alemão ou do anglo-saxão.

Afirmar-se a época exata do surgimento das Guildas seria aventurar-se no campo da especulação. Os *Collegia fabrorum*, dos romanos, que eram uma corporação de ferreiros, são anteriores ao ano 500 de nossa era. Na Alemanha, sob o domínio romano, surgiram as primeiras Corporações que abrangiam as mais diversas profissões. Cremos que as mais antigas diziam respeito aos talhadores de pedras para as construções, e seu início se deu na da época do término da construção do Grande Templo de Salomão com todo o seu complexo: a casa do rei e outras monumentais construções de alvenaria.

Tratando-se de Associações que visavam antes de tudo a "autoproteção", as Guildas evoluíram e multiplicaram-se a tal ponto que em todas as regiões da Europa iremos encontrá-las.

Com a Grande organização, as Guildas dividiam-se em corporações de Ofícios, de Religião e de Paz, sendo essas últimas destinadas à parte política.

Essas corporações foram as primeiras manifestações de organização protecionista, com regras rígidas e direitos reconhecidos, obtendo dos Governos proteções que lhes garantiram a evolução. De simples associações laborais, passaram a ditar normas comerciais criando monopólios e tornando-se poderosas tanto política como financeiramente.

A junção entre as Guildas e a Maçonaria foi um fato natural, pois na fase Operativa, a organização maçônica ditou, pela longa experiência, as normas administrativas e de certo modo "religiosas", face o cerimonial a que cada artífice deveria submeter-se para ingressar naquelas corporações, prestando juramentos para manter a tradição incólume.

Mesmo com o surgimento da Maçonaria Especulativa, as Guildas prosseguiram a sua evolução elitista.

Houve um período em que elas, especialmente as localizadas na Inglaterra, feneceram; porém, graças ao interesse da rainha Elizabeth I, tiveram um surto progressista.

Muitos autores entendem que as Guildas não passavam de entidades maçônicas. A Maçonaria, contudo, sempre foi uma Ordem independente e conservadora de seus princípios seculares. As civilizações passaram por fases extraordinárias; existiram movimentos sociais dos mais diversos, como o dos Templários; todos passaram e desapareceram, porém a Instituição maçônica subsiste, porque o seu interesse não é o do poder, o da riqueza, mas o de desenvolver no ser humano o seu aperfeiçoamento, em todos os sentidos.

GUTURAL — O termo vem do latim *guttur*, ou seja, "garganta". Essa parte do corpo humano apresenta aspectos importantes, pois "recebe" o que vem de fora, como o oxigênio, o alimento e a bebida, e "expele" de dentro, palavras ou cânticos.

No Grau de Aprendiz, a Maçonaria ensina uma postura, da qual uma parte é dirigida através da mão espalmada, à Garganta; desse gesto é que deriva o termo "Gutural'.

Cada grau possui parte da lenda de Hiram Abiff; no Primeiro Grau, um dos três assassinos de Hiram Abiff disse, por estar arrependido, que preferia ter sua garganta cortada que trair seu Mestre.

Esse sinal Gutural recorda essa passagem da lenda.

Ao mesmo tempo, surge o aspecto esotérico pregando que essa postura é para controlar as paixões e as emoções,

GUTURAL

obviamente, vindas de "dentro para fora".

O Apóstolo Paulo já dizia que o nocivo no homem é o que vem "de dentro"; há seitas, doutrinas e religiões que estabelecem regras alimentares, como, por exemplo, a proibição de ingestão de carne na sexta-feira santa, ou nunca ingerir carne suína. Os vegetarianos não se alimentam com produtos de origem animal e assim por diante.

São João Evangelista teve uma visão, em Patmos, de que dos céus descia um grande lençol contendo toda espécie de animais, ao que Jeová lhe disse: "mata e come".

Filosoficamente, nada é impuro no que diz respeito à alimentação, mas impura é a palavra agressiva, que pode produzir grandes males.

H

HADJI — Fazer o *Hadji*, em árabe, significa fazer a peregrinação a Meca, a cidade santuário, pelos seguidores de Maomé. Essa prática, observada ainda hoje, não só seria obrigatória como recompensadora, pois garantiria os favores de Maomé.
Houve época que os maçons, sugestionados por essa prática, se entregavam à peregrinação a Jerusalém para receberem "indulgências" da Igreja por seus pecados.

HAGIÓGRAFO — Vem do grego *hágios*, que significa "santo", e *graphein*, gravar ou escrever. Diz respeito à Escritura Santa dos hebreus. Assim, emprega-se em Maçonaria esse termo para significar a presença do Livro Sagrado sobre o altar.

HARMONIA — Significa, sobretudo, "equilíbrio". No dualismo maçônico, faz-se necessária, como prática do bom senso, a observância das atitudes e comportamentos harmônicos. O "ajustamento" das notas musicais resulta na Harmonia da música.
Na Administração maçônica, encontra-se o Mestre de Harmonia que tem o encargo de programar a música como fundo sonoro nos trabalhos litúrgicos; sem dúvida a música que rege "os sons" é um conduto harmonioso para a meditação e para o ingresso ao "interior" de cada ser humano.

HARODIM — Vocábulo hebraico significando "superintendente de obras". Vamos encontrar essa função num dos graus da Maçonaria Filosófica. O Livro Sagrado menciona, em I Reis 5, 16, a existência de 3.300 superintendentes que dirigiam as obras das construções do complexo do rei Salomão. Esse termo hebraico, contudo, é raramente usado.

HARPÓCRATES — Deus grego do silêncio e do sigilo oriundo da mitologia egípcia. É representado por um homem nu, sentado sobre um lótus, tendo o dedo indicador da mão direita colocado nos lábios.
Maçonicamente, é considerado no Grau Quatro da Maçonaria Filosófica, como "moto" principal.

HEBREUS — O patriarca Abraão e seus descendentes são os denominados, na seita judaica, hebreus. Após Jacó, que recebeu um "novo nome", o de Israel, os hebreus passaram a ser denominados Israelitas. Na atualidade, passaram a ser conhecidos por judeus; no entanto, Hebreu, Israelitas e Judeus, de forma genérica, são termos sinônimos.

HEIKAL — Apesar de na Conferência de Lausanne ter sido recomendado ao mundo maçônico que cada povo traduzisse em sua língua os termos hebraicos, genericamente a maioria das Lojas os conservam. Assim, *Heikal* é empregado para designar o "lugar santo", no caso, o "corpo da Loja", situado no Ocidente. É o lugar onde morreu Hiram Abiff, sendo que após a sua ressurreição o local foi denominado, representando *Debhir* o túmulo.

HÉLIOS — Origina-se do grego significando Sol. Os deuses mitológicos Apólo e Febo eram designados como deuses do Sol e da Luz, das artes, das ciências, da medicina e da farmacologia.

HEPTÁGONO — Polígono de sete lados que representa o Acampamento do Grau Filosófico denominado Príncipes de Real Segredo, ou seja, 31.

HÉRCULES — Semideus grego símbolo da força. Seus feitos são cantados em alguns graus da Maçonaria Filosófica. Figura no templo ao lado do trono do Primeiro Vigilante.

HEREDOM — Rito maçônico antigo, já em desuso, inspirador de graus mais recentes e aperfeiçoados. Teria sido criado pelos jacobistas para abrigar os fugitivos templários. O rito teria surgido por motivos políticos, para favorecer a Casa dos Stuart.

HERESIA — De origem grega, significa "escolha" no sentido de "livre escolha", ou independência de pensamento. Os heréticos foram os que se opuseram à infalibilidade dos papas, às indulgências e aos dogmas, impostos a ferro e fogo.

HERMENÊUTICA — Significa a "arte da interpretação" aplicada às ciências. Hermenêutica maçônica é a arte da interpretação dos princípios da Maçonaria.

HERMES — Hermes é o nome grego de Mercúrio deus do comércio e da eloquência; daí ser representado com correntes saindo de sua boca, significando que com sua eloquência acorrentava os seus ouvintes.
Os gregos o denominavam Hermes Trimegisto, pois, iniciado nos conhecimentos secretos do Egito, da Índia, da Pérsia e da Etiópia, a sua sabedoria era tão extraordinária que a própria Natureza o elegera como seu favorito.
Deus havia lhe infundido as ciências e as artes para que pudesse instruir o mundo inteiro.
Hermes, para os egípcios, era considerado como o grande iniciador das ciências e das artes. Inventou instrumentos e utensílios para dar conforto aos homens, além de os orientar para que expressassem por meio da escrita, os seus pensamentos; instituiu o cerimonial para o culto aos deuses; inventou a música, a aritmética, a medicina, a astronomia e a arte de trabalhar os metais; criou os tons de voz, tirando o som agudo do verão, o médio da primavera e o grave do inverno; instituiu os hieroglifos no Egito, ensinando a arte da interpretação aos gregos.
Hermes significa "intérprete".
Atribui-se ao deus-sábio a autoria de milhares de obras, tendo chegado até nós apenas poucos alguns fragmentos, sem contudo haver precisão de sua origem.
As ciências herméticas originam-se de seus ensinos, tão difíceis quão misteriosos.
Também há os que acreditam que o deus Hermes não pode ser confundido com Hermes Trimegisto; no entanto, há, para confundir, a lenda e a escassez de informações.

HERMES TRIMEGISTO — O "três vezes grande", sábio dos sábios, figura mitológica referida num dos altos graus da Maçonaria Filosófica. Era considerado o "pai de toda ciência", tanto pelos gregos como pelos egípcios. Os Livros Herméticos, atribuídos a ele, contêm os ensinamentos básicos, muito semelhantes ao Evangelho de São João. É considerado o patrono dos alquimistas, principalmente para os da Idade Média.

HERMÉTICO — Sinônimo de "fechado", de "lacrado", de "fechado sob sete véus". Para tudo o que é sigiloso, oculto, diz-se que é Hermético.

HERMETISMO — É simplesmente uma "doutrina" e não um movimento, ou instituição ou ordem. Face à semelhança do nome com Hermes Trimegisto, deduz-se que derivou daquele sábio do passado que tanto influenciou os gregos e os egípcios.
Hermetismo, hoje, é o conjunto das práticas secretas da magia que ainda perduram em certos países. A Astrologia, com as suas previsões e o estudo da influência dos astros no homem, não passa de uma espécie de Hermetismo!
Em um de seus versos, Hesíodo chama os juízes de "derente filosófica", pois é de difícil compreensão.
Maçonicamente, o Hermetismo é apenas uma referência à tradição primitiva dos alquimistas. Como não encontra prosélitos nem interessados, o Hermetismo é referido como fator histórico. Contudo, dentre os vários Ritos maçônicos, embora a maioria esteja em desuso, constata-se uma grande influência desses hermetistas.

HESÍODO — Foi o poeta mais antigo da Grécia continental, nascido na cidade de Ascra, na Boécia, região central da antiga Grécia, cuja capital foi Tebas no século VI a.C.
O seu passado é muito obscuro, pois apenas por algumas de suas obras, e também antigo poeta Homero, conhecem-se alguns escassos dados a seu respeito.

Plutarco e Pausânia citam Hesíodo; Aristóteles fala a respeito do seu túmulo.
Um dos seus melhores trabalhos intitula-se "As Obras", um compêndio que contém um poema composto de 828 versos de temas religiosos.
Apesar da descendência nobre, Hesíodo era pobre, e Ascra, sua cidade natal, era assim descrita: "Penosa no inverno, insuportável no verão, amena, jamais". Seu pai dedicou-se ao comércio naval, deixando, ao morrer, algumas terras para serem divididas entre Hesíodo e seu irmão Perse.
A herança ocasionou uma disputa acirrada entre os irmãos, solucionada em Juízo a favor de Perse. Em um de seus versos, Hesíodo chama os juízes de "devoradores de dádivas".
Desconhecem-se fatos de sua vida, como se foi casado ou não, porém menciona-se Stesicoro como seu filho. Hesíodo, ao que parece, foi morto pelos habitantes de Neupato. Aristóteles cita essa localidade e afirma que ele foi sepultado lá e mais tarde o seu corpo foi transportado para Ascra.
Filósofos como Semonides, Arquiloco, Alceu e Safo citam-no em suas obras.
Outro poema escrito por Hesíodo é a "Teogonia", composto de 1.022 versos, além de obras como "O Catálogo", "O Catálogo das Mulheres", "Ornitomantina", "Melampodia" e "Astronomia".
"Teogonia" é a história da origem do mundo até o império de Zeus, narrando a luta de Deus com Tifeu. Seus versos são hinos que contêm uma narrativa imaginária, como, por exemplo, a que as musas lhe ensinaram um cântico enquanto ele apascentava cordeiros nos vales de Elicona. As musas o consagraram poeta para que

cantasse "as coisas futuras e passadas" e celebrasse os feitos dos deuses.

Hesíodo, porém, prefere cantar a "verdade", não "mentiras semelhantes à verdade", pois essas as musas sabem cantar.

Pela primeira vez na história da literatura grega, canta a si mesmo, revela-se, dá a sua autobiografia.

A palavra "teogonia" significa "genealogia dos deuses", daí o nome escolhido por Hesíodo para cantar os deuses gregos.

Autores há que desejam encontrar certa rivalidade entre Hesíodo e Homero; outros afirmam que Hesíodo é posterior a Homero, contudo existem notícias do trabalho contemporâneo de ambos, além de descrever as características de cada um, tanto que Hesíodo é denominado "O poeta da Paz" e Homero, "O poeta da Guerra".

Hesíodo aproveita para, em seus versos, dar conselhos a Perse, esses não são, contudo apenas dirigidos ao irmão, mas a toda humanidade, sendo o nome do irmão mero pretexto.

Nosso ritual faz uma ligeira referência a Hesíodo, mencionando uma frase sua: "Se é uma desgraça ser justo, eu não quero mais viver entre os homens; penso, porém, que Júpiter, dominador do raio, não deixará as coisas acabarem assim".

Evidentemente, devemos nos conscientizar de que Hesíodo viveu em uma época que a presença dos deuses (manifestados e visíveis) era um fato preponderante. Toda filosofia girava em torno da existência dos deuses e seus feitos, fruto da imaginação, escondiam verdades. Eles eram "símbolos" mediante os quais os filósofos sábios, mascaravam a verdade do povo.

Um punhado de poetas, filósofos, astrônomos, dominavam o mundo antigo, daí os reis e sacerdotes dependerem deles, já que a palavra constituía uma arma invencível.

HETERODOXIA — Vocábulo de origem grega (*heterodoxos*) que significa "de opinião diferente". Trata-se de um processo que tem por base contradizer princípios filosóficos em uso. Como oposição à Heterodoxia temos a ortodoxia, que é a absoluta conformidade com um princípio ou doutrina. Diz-se em Maçonaria que determinado maçom segue um princípio ortodoxo quando não acompanha as inovações, fixando-se nos princípios básicos da instituição.

HEXÁGONO — Polígono de seis lados, símbolo da criação universal. É o denominado Selo de Salomão.

HEXAGRAMA — É formado por dois triângulos cruzados que formam, por sua vez, seis triângulos menores (hexágono) simbolizando o Macrocosmos. É um símbolo maçônico que representa o Universo, tendo ao centro Deus.

HIERARQUIA — Origina-se do grego *hierós*, significando admirável, poderoso, e *arkhe*, princípio. É o complexo dos poderes estabelecidos de forma ordenada e legítima que abrange qualquer instituição, seja militar, religiosa, filosófica ou civil.

As autoridades maçônicas existem numa escala progressiva e afora a autoridade administrativa, implica na autoridade ritualística: os maçons que ascendem aos Graus superiores são hierarquicamente superiores, obviamente, aos Graus inferiores.

Não se trata de uma superioridade intelectual ou individual, mas que compreende "superioridade" litúrgicas.

A Maçonaria subsiste graças à observância dos princípios tradicionais e do respeito à Hierarquia.

Devido ao fato de o maçom ser humano, portanto falho, há os que "abusam" da autoridade hierárquica. São casos que sempre ocorrem, mas que devem ser contornados com tolerância e amor fraterno para deixar de acontecer contudo, estes comportamentos inusitados têm dado margem ao surgimento de dissensões nocivas; grupos separam-se do Poder Central e formam novos "poderes", que podem até prosperar, apesar de serem "vazios e nocivos".

HIERÓGLIFOS — Do grego *hierós*, significando "sagrado" e *glipho*, "esculpir"; logo, "esculpir coisas sagradas". Era a escrita das civilizações primitivas, como a dos egípcios. Temos para exemplificar o episódio de Moisés que "esculpiu" nas Tábuas da Lei o ordenamento de Jeová, o qual serve até nossos dias, aos israelitas, como sua Lei básica. Os sumérios gravavam os feitos históricos em tábuas de barro. Temos a célebre Roseta de Flamarion, que foi quem decifrou aquele misterioso alfabeto fornecendo à ciência a chave para sua interpretação.

Na ocasião em que Jacques de Molay esteve encarcerado junto com os principais membros do movimento templarista, foram gravados, nas paredes dos calabouços, com estiletes, Hieroglifos que permanecem até agora indecifráveis, como o célebre "Triponto" adotado pelos maçons.

HIPNOSE — Deriva de *Hipnos* que em grego significa "sono". Trata-se de manipular, por meio de exercícios simples, com a mente, sugerindo o sono para que nesse estado não haja qualquer resistência às sugestões dadas.

Hoje, a Hipnose é reconhecida, sendo aplicada até mesmo nos consultórios dentários, para a extração de dentes sem dor, não sendo necessário o uso de anestésico.

A Psicologia trata do hipnotismo com toda seriedade.

Existem diversas técnicas para conduzir o paciente ao sono e atingir o seu subconsciente.

Sem qualquer intenção de crítica, as sessões mediúnicas parecem sessões hipnóticas, quando médicos do "além", devidamente incorporados, praticam cirurgias em pacientes sem anestesia e sem assepsia. Afora alguns mistificadores, a realidade por muitos testemunhada demonstra não se tratar de charlatanismo, mas sim fatos. As denominadas intervenções cirúrgicas em que o paciente não tem qualquer contato com médiuns também é uma realidade.

Em Maçonaria temos acentuadas intervenções de Hipnose, a começar pela Cadeia de União. A Hipnose "por toque", que acontece quando os participantes dão as mãos, formando uma "corrente", é fato comprovado. No caso a sugestão pode ser "comandada" pelo dirigente ou pode ser de modo autônomo, ou seja, por meio da "autossugestão". São os primeiros passos de um estudo que envolve fatores psicológicos que não podem ser nem negados.

HIRAM — Nome de origem hebraica. Os dois Hirans referidos nas Sagradas Escrituras eram do Líbano. Temos Hiram, ou Hirão, rei de Tiro, e Hiram Abiff, o artífice que esse rei enviara a Salomão para embelezar o Grande Templo.

Hiram, o arquiteto, era filho de uma mulher da tribo de Dan e de um homem tírio chamado Ur, que significava "forjador de ferro", consoante o relato bíblico em II Crônicas, 10; ou filho de uma viúva da tribo de Naftali de acordo com, I Reis 7,13.

O nome Hiram pode ser traduzido como "Vida Elevada". O relato bíblico tece louvores à habilidade profissional de Hiram; contudo, por ocasião da consagração do templo, não é mencionado.

Em torno desse personagem, criou-se a lenda de Hiram Abiff, que o dá como tendo sido assassinado por três maus companheiros.

Lenda é um relato fantasioso que parte de um fato verídico. Hiram o arquiteto existiu realmente, e era citado na história dos hebreus, contudo, o seu assassinato é que foi posto em dúvida. Não existem elementos seguros para se afirmar como e por que ocorreu esse assassinato. Alguns autores dizem que teria sido a lenda criada para dar sustento político à casa real dos Stuart. Todos os graus do Rito Escocês Antigo e Aceito contêm uma parcela da lenda, e um dos *Landmarks* determina que ela seja observada. Na realidade ela possui uma simbologia esotérica, e toda liturgia iniciática maçônica está nela embutida.

HISTÓRIA — Em sua origem grega significa "informação", ou seja, o relato informativo dos acontecimentos. Ninguém afirma com segurança quando a civilização teve início; as conjeturas firmam-se na arqueologia e nos raros escritos que foram surgindo no decorrer dos séculos, em forma de grafia sobre pedras, tábuas de barro, papiros, peles, metais e finalmente sobre papel.

Os Livros Sagrados são as fontes mais fidedignas; apesar de escrito de forma simplória, nem sempre seu significado é acessível ao profano.

Existem alguns célebres historiadores, dentre eles o romano Josefo, que viveram na época de Jesus Cristo.

Os monumentos, as tumbas, os templos, as estátuas, as Pirâmides, enfim, a grande bagagem vinda do passado são elementos auxiliares da História; frequentemente, são feitas novas descobertas arqueológicas que trazem luz a tão vasto mistério.

Qualquer segmento apresenta fatos que constituem História; assim, as religiões, as guerras, os inventos, cada setor apresenta particularidades e características isoladas, merecendo todas estudo.

A Maçonaria não poderia ficar de fora desse processo, apresentando documentos relativamente modernos que, interpretados, podem ser catalogados como provas, principalmente os documentos encontrados de sua presença histórica, nas Bibliotecas Europeias.

Na Biblioteca do Vaticano certamente existem preciosos documentos, apesar de guardados com muita reserva por causa da posição que a Igreja, desde a Idade Média, tinha contra a Instituição.

Os historiadores atuais, especialmente os ingleses e norte-americanos, como o afamado e conceituado Albert G. Mackey, nos apresentam desde o século XIX, coletâneas de documentos que foram analisados, que para a maioria dos maçons seriam inacessíveis.

A História da Maçonaria Brasileira, que reúne eventos relativamente recentes, de pouco mais de duzentos anos, não revela com segurança e detalhes os feitos dos maçons portugueses e brasileiros, já que a maioria dos fatos permanecem obscuros.

Os nossos escritores, as nossas Academias, têm feito louváveis esforços para resumir a História da Maçonaria Brasileira, porém, a cada novo livro que surge, temos "um pouco mais" de revelações e assim, dentro das nossas limitações, estamos preservando o material precioso que no segundo milênio aflorará com pujança.

HOMEM LIVRE — A definição simplista de homem liberto, aquele que não é escravo.

O conceito maçônico de Homem Livre é aquele que possui a complementação: "e de bons costumes", condição para que o candidato seja aceito à Iniciação. Esse conceito é o mesmo que o cristão: homem liberto de seus impulsos negativos; isso significa a ação do vício sob todos os amplexos, como a intolerância, a soberba, o egoísmo, a libertinagem, enfim; a agressão à conduta moral dentro da Família e da Sociedade.

Um dos grandes males que perduraram, mesmo após a "libertação dos escravos pelos povos", é a discriminação racial: o branco discrimina o negro e vice-versa.

O mundo caminha com passos muito lentos para a total libertação dos que foram escravos e dos seus descendentes.

Os Estados Unidos da América possuem uma Maçonaria à parte da Ordem maçônica, com as suas Lojas, os seus Grandes Orientes, os seus Supremos Conselhos, cujos membros são exclusivamente da raça negro-africana; essas duas Ordens maçônicas não têm qualquer contato entre si.

Já na América do Sul, felizmente, não há dentro das Lojas qualquer discriminação.

Homem Livre é uma expressão vazia de significado se considerarmos o comportamento social opressivo como a luta de classes, com a "escravidão" das drogas, do álcool e do rico sobre o pobre.

Para que haja na Iniciação esta "purificação", para que o novo homem que surge da cerimônia iniciática possa se apresentar Livre e de Bons Costumes, é preciso um trabalho constante dos mestres, trabalho consciente e sumamente técnico, persistente e, sobretudo, vigilante.

Um homem será realmente livre, quando o conceito de liberdade partir de sua mente, do coração, da alma, do homem interior.

A Maçonaria pretende "transformar" o homem comum num ser "novo", tanto para o convívio fraterno como para setores específicos da sociedade. Algumas árvores verdes de uma floresta semidestruída tornará essa floresta verde.

Os poucos Homens Livres atuam como os anticorpos no organismo que, mesmo sendo em pequeno número, possuem a capacidade de isolar o grande número de células nocivas. Para que o maçom se conscientize de que é um Homem Livre, deve atuar como tal.

HONRA — Honra e Honras são vocábulos semelhantes, porém de sentido diverso.

A Honra é o comportamento dignificante, o resguardo de atitudes que são notadas. Ela é o revestimento que torna o homem respeitado; basta seguir as regras ditadas pela Sociedade, pela religião, pelas instituições filosóficas para se obter pessoas sadias e exemplares. Uma atitude desonrosa enfraquece a personalidade e causa traumas ao próprio homem, cuja recuperação será lenta. A reação nem sempre será imediata e para se reconquistar o respeito da sociedade a jornada será difícil.

Honra no plural muda de significado; a Maçonaria tributa honrarias aos seus adeptos quando esses, por qualquer motivo, se destacarem no Quadro da Loja. Trata-se de uma homenagem.

A Honra é premiada com diplomas, medalhas e reconhecimento público; a Maçonaria premia os maçons de uma outra Loja fazendo-os Membros-honorários. Inexiste, porém, membro honorário que não tenha sido iniciado maçom, já que não é admissível proclamar como membro honorário um profano.

O ex-Venerável adquire o título de Venerável de Honra ao transmitir ao seu sucessor o cargo. Assim, a Loja terá um quadro especial, com o passar dos anos, de membros honorários que é denominado Colégio dos ex-Veneráveis ou em inglês *past-masters*.

HORA DE TRABALHO — Cada grau de um rito maçônico possui um horário de trabalho tanto para o seu início como para o seu término.

Trata-se de um período de tempo simbólica e esotericamente calculado. Para exemplificar, tomemos o horário da Loja de Aprendizes, que é marcado do meio-dia à meia-noite.

Esse horário é simbólico, pois nenhuma Loja inicia os trabalhos ao meio-dia. Quanto ao término, facilmente se chega à meia-noite, pois os trabalhos genericamente têm início às vinte horas.

Raríssimas as Lojas que observam um horário fixo, conscientemente marcado.

Certos Veneráveis Mestres impõem uma disciplina de "camisa de força", determinando que os trabalhos não ultrapassem das vinte e duas horas, devendo ser iniciados "precisamente" às vinte horas.

Em torno desse horário é aplicada uma disciplina rígida que absorve o critério de importância, deixando de lado o que realmente deveria ser observado. Por que os trabalhos devem ter início ao meio-dia? Porque a posição do Sol, nessa hora, é no centro do hemisfério, portanto num lugar "neutro" sem sombra alguma.

À meia-noite ocorre o mesmo fenômeno astronômico, de total neutralidade, pois o Sol, num outro hemisfério, toma posição identicamente neutra.

Sendo o "tempo" inicial e o final neutros, o maçom passa a ser o centro dessa neutralidade, adquirindo superioridade sobre o tempo, pois a sua presença passa a ser o próprio tempo.

O período de doze horas de trabalho não é simbólico, mas real; trabalho não significa a permanência do maçom dentro do templo físico, mas também aquele exercido dentro do "outro templo", o de dentro, o templo da mente, o templo espiritual.

O dualismo passa a ser manifesto: doze horas de trabalho e doze horas de descanso.

HORROR — Diz-se "sinal de Horror" a uma das posturas que o mestre utiliza em sua "marcha" ao vislumbrar, dentro de si, o féretro contendo o corpo de Hiram Abiff, morto pelos assassinos, conforme a lenda do Terceiro Grau.

A expressão de Horror é manifestada pelo gesto de contração da face; esse Horror surge pelo choque do inesperado, pois o exaltado não podia prever que seu mestre fosse assassinado.

Esse sinal é esotérico, com efeitos sobre certos "Chacras" e ao mesmo tempo é uma homenagem impulsiva que brota do mundo interior do maçom.

HOSPITALÁRIOS — Os Irmãos Hospitalários constituíam uma Ordem, surgida em Jerusalém por ocasião da Cruzada, que libertou a Terra Santa. Eram conhecidos como os Cavaleiros de São João.

A finalidade da Ordem, surgida em 1099, era a de hospedar os peregrinos, dando-lhes condições de subsistência, atendendo as enfermidades e garantindo-lhes o retorno às suas cidades.

De Jerusalém, os Hospitalários transferiram-se para São João d'Acre ou Akka, posteriormente para Chipre, na Grécia, e no ano de 1300 estabeleceram-se definitivamente na ilha de Rodes, em Malta. A Ordem aí perdurou até 1798, quando Napoleão Bonaparte os extinguiu. No entanto, os remanescentes, já com o nome de Cavaleiros de Malta, estabeleceram-se em Roma em 1834, subsistindo até hoje.

Entre os Cavaleiros Hospitalários e os Templários existiam ligações muito íntimas; alguns historiadores afirmam ter existido ligações estreitas entre a Maçonaria e os Templários.

HOSPITALEIRO — Nome dado a um dos oficiais de uma Loja maçônica, inspirado na Ordem dos Hospitalários, porque esse oficial é o encarregado não só da arrecadação dos óbolos como da atenção aos necessitados.

Por intermédio da Bolsa de Beneficência, os óbolos arrecadados são aplicados pelo Hospitaleiro de forma autônoma e independente, sem que lhe seja exigida qualquer prestação de contas das ações que pratica em nome da Loja.

HOSPITALIDADE — É um dever básico de todo maçom hospedar os maçons vindos de outras partes do mundo. Durante a existência das corporações e das guildas, esse dever era levado muito a sério; evidentemente, com a evolução social, essa obrigatoriedade já não encontrava razão de ser, porque os meios de transporte, os hotéis ou pousadas e o nível econômico, garantia ao forasteiro a segurança necessária. Contudo, é dever do maçom atender os casos que surgirem exigindo atenção e amparo.

Um Venerável Mestre ou um Grão-Mestre são os maçons solicitados para prover este atendimento hospitaleiro. Determinam eles uma comissão específica para o atendimento hospitaleiro.

HUMANIDADE — Provém da palavra "humano", ou seja, significa os habitantes da Terra. Esotericamente, existem duas Humanidades; os habitantes vivos da Terra e os habitantes desencarnados que permanecem em "órbita" na própria Terra, constituindo o Oriente Eterno, ou parte da Fraternidade Universal Branca.

Humanidade é, também, o sentimento de piedade, de caridade para com o próximo.

A Maçonaria é uma Instituição Humanitária no seu mais amplo sentido.

HUMANISMO — É o sistema tradicional ou ortodoxo de dedicação que objetiva a formação intelectual mediante o estudo do que é clássico, tradicional e permanente.

HUMANITARISMO — Na Capital de um Estado brasileiro, a Prefeitura instituiu um *slogan*, o de tornar a Cidade mais humana.

Humanitarismo é a doutrina de forma filosófica e político-social que visa a afastar as injustiças, abrindo maiores espaços para que o homem sinta-se feliz. É, em suma, uma manifestação da solidariedade dos povos, dos cidadãos e da fraternidade.

HUMILDADE — Trata-se de um comportamento social; uma pessoa pode tornar-se humilde quando religiosa, diante do Poder da Divindade que reconhece superior.

No meio social a Humildade significa a repulsa aos elogios falsos que visam a deturpação do comportamento, como a lisonja estudada, no sentido de ludibriar a boa-fé.

O maçom tem o dever de fortalecer a virtude da Humildade, porque só assim será tolerante e poderá, desarmado de todas as ciladas, amar a si próprio e, consequentemente, ao seu próximo.

HUZZÉ — Em torno desse vocábulo são apresentadas razões as mais absurdas. Como é ignorada a sua origem, Huzzé é apresentado como uma corruptela de *Huzza*, que seria a expressão de alegria e louvor usada pelos maçons ingleses traduzida por "Viva".

Biblicamente, Huzzé era o nome de uma personagem.

Deve-se pronunciar "Huzzé", dando ênfase ao som da letra "H", a qual exige um sopro mais forte, e "Zé", como afirmação.

Em Maçonaria, Huzzé é uma exclamação, e como tal, deve ser clamada com um sopro forte, quase gritado.

"ZZÉ" passa a ser uma sílaba forte, que exige, pelo som provocado pela letra "Z", também um sopro forte.

O valor do Huzzé está no "som"; a energia provocada eliminam as vibrações negativas.

Uma das terapias usadas para o tratamento dos loucos é fazê-los cantar em voz alta, a mais alta possível.

Os "gritos" dos doentes mentais fazem parte de um sistema para acalmar as tensões nervosas.

Na Loja maçônica, o Venerável Mestre "comanda", no início dos trabalhos, a exclamação Huzzé, que deve ser produzida em uníssono. Essa exclamação prepara o ambiente espiritual, afastando os resquícios de vibrações negativas trazidas para dentro do templo pelos irmãos. Ao término dos trabalhos, é exclamado outro Huzzé, com a finalidade de "aliviar" tensões surgidas durante eles, pois algum irmão pode ter entrado com elas, recalcitadas dentro de si.

Quando em uma Loja surgirem discussões "ásperas" e o Venerável Mestre tiver receio de que o ambiente possa ser "perturbado", suspenderá os trabalhos e "comandará" a exclamação "Huzzé", de forma tríplice. Reiniciados os trabalhos, o ambiente será outro, ameno e harmonioso.

Toda liturgia maçônica compreende os aspectos místicos, físicos e psíquicos. A postura do aprendiz, quando sentado, com as mãos colocadas sobre os joelhos unidos, fará com que o corpo não se canse.

A bateria, que constitui o bater das palmas das mãos, forma, por meio do som da escala inferior harmônica, uma vibração apropriada para a preparação da mente.

O Huzzé, que provoca a expulsão do ar impuro, substituído pelo "Prana" que se forma no templo, harmoniza o ambiente numa escala única, num nível salutar, capacitando o maçom para receber em seu ser interior os benefícios da Loja.

Quando o maçom é solicitado a exclamar o Huzzé, que o faça conscientemente para obter, assim, os resultados mágicos dessa manifestação física de seu organismo.

IDADE — O maçom, dentro da Ordem, possui uma idade específica que é a de sua permanência no Grau. Assim, terá tantos anos de Iniciação; de Aprendizado; de Companheirismo; de Mestre. Na Maçonaria Filosófica, terá a idade a partir da Iniciação no Grau 4.

Essa Idade não é a calculada nos anos "civis", mas a do simbolismo. Assim, o Aprendiz terá a Idade de três anos; o Companheiro, de cinco anos; e o Mestre, de nove anos. Portanto, são variadas as Idades sob o ponto de vista maçônico. De conformidade com o interesse, as Idades civis, simbólicas e de Graus são referidas. Fulano poderá ter tantos anos de Maçonaria, tantos anos de Grau e estar com tantos anos de Idade civil. Dentro do espírito de hierarquia, é observada a Idade civil no sentido de Antiguidade: em caso de eleição ou de escolha para um cargo, sempre o mais "velho" terá a preferência. Observa-se, também, a Idade civil para o ingresso na Ordem; se o candidato for um *Lowton*, poderá ser iniciado aos 18 ou 21 anos de idade.

IDADE MÉDIA — É o período referido na história que compreende desde o século V até o século XV. Foi nesse período que as Civilizações tiveram o seu maior progresso.

A Maçonaria moderna iniciou o seu trabalho administrativo no século XI e teve a sua mais brilhante época a partir do século XVI.

Historicamente, a Maçonaria refere-se com muita frequência à Idade Média, porque teve participação direta nos seus principais eventos.

IDEAL — Ideal é sinônimo de Objetivo. Todo homem tem um Objetivo para realizar: é o seu sonho, a sua esperança, a sua programação. Alguns conseguem satisfazer o seu Ideal; a maioria, não.

Dentro de cada atividade humana cabe um Ideal, e assim sucede com a Maçonaria. O Ideal maçônico, tantas vezes referido, objetiva a união dos homens de boa vontade que passaram pela Iniciação e cultiva o amor fraterno através de atitudes tolerantes, bondosas, justas e honradas.

IDEALISMO — Ideal é um objetivo programado. Idealismo é a ação para alcançar e realizar essa programação. Em todas as atividades humanas, o Idealismo é a execução das ações que conduzem à realização de um Ideal. As religiões, a Filosofia, o civismo e a Maçonaria planificam o seu programa através do Idealismo.

IDENTIFICAÇÃO — Não se confunda o termo com reconhecimento. A Identificação é feita através de documentos, ou com a carteira de identidade fornecida pela Grande Loja ou Grande Oriente, ou pelo passaporte. O trolhamento, que é o exame feito à entrada do Templo, é prática a ser feita mesmo após a apresentação da identidade.

IDOLATRIA — É a "adoração" a um ídolo. A ação é de difícil definição, pois a Igreja possui um número infinito de imagens representando os Santos. As pessoas de nível cultural mais acentuado compreendem que a imagem representa o esboço material de quem foi, no passado, uma personagem digna de respeito e veneração. Contudo, sempre existem os ignorantes, especialmente, na zona denominada terceiro mundo, onde uma grande parcela da população é ignorante e vê na imagem, um objeto de adoração, tornando-se, assim, idólatras.

Contudo, a Idolatria não se restringe a essas imagens. Uma pessoa que se entrega ao vício da embriaguês tem o álcool como fator de Idolatria, assim como, na época de Hitler havia, os que faziam dele objeto de adoração. Sempre a Humanidade teve períodos retrógrados de Idolatria.

Na Maçonaria, como não existem ídolos, não se cogita a existência de idólatras. Porém, o ser humano pode perfeitamente autoidolatrar-se e considerar-se "superior", menosprezando os demais; esse fenômeno, posto incomum, existe.

IEVE — Ou Javé, um dos nomes dados a Jeová, o deus dos Israelitas, e que é de uso comum em Maçonaria.

IGNORÂNCIA — O vocábulo, em si, significa ausência de conhecimento, isso genericamente. Uma pessoa pode ter cultura em certos assuntos e ignorância em outros. A Maçonaria combate a Ignorância filosófica, a que ignora o elo de união entre o Criador e a criatura.

Nos Quadros das Lojas maçônicas, grande número de filiados não possui o conhecimento geral da ciência, mas isso não afeta a sua permanência na Ordem. A Maçonaria combate com grande empenho o ignorante que insiste em permanecer em sua Ignorância, deixando de respeitar a opinião da maioria. São como aqueles soldados que, numa ordem unida, marcham com o passo errado e creem serem eles os certos, vendo nos demais o erro.

IGREJA — Origina-se do grego *Ekklesia*, que significa reunião dos escolhidos. O termo surgiu na era cristã. Há muita confusão em torno do termo, pois a construção de um edifício destinado a abrigar "esses escolhidos" jamais será uma Igreja. Templo, Sinagoga, Mesquita, Catedral, Abadia etc. são denominações decorrentes da corrente religiosa que ocupa essas edificações.

Igreja, em sua concepção mística, significa, para os cristãos, o "corpo de Cristo".

A Maçonaria não possui Igrejas, não é uma Igreja; exercita os seus rituais em Templos.

IGUALDADE — As Constituições dos países considerados democráticos contêm um artigo que reconhece serem todos iguais perante a Lei. Há, porém, distinções a fazer no terreno filosófico, pois a Maçonaria não considera todos os homens iguais entre si. Existem, para ela, os Iniciados e os profanos. Aqueles que "nascem de novo" após a permanência na Câmara das Reflexões não serão, obviamente, iguais aos demais, os seres humanos são iguais. Fisicamente, encontramos desigualdades na cor, nas feições, no desenvolvimento intelectual; os que possuem um físico sadio são diferentes dos enfermiços; os subnutridos não são iguais aos normalmente desenvolvidos.

Esses aspectos, contudo, não têm significado maior. A hierarquia maçônica não permite que todos os maçons sejam "iguais" entre si.
Apesar de inserida no lema da Revolução Francesa, o mundo ainda não conseguiu definir a Igualdade, como também a Liberdade.
Nossa Constituição afirma que todos são iguais perante a Lei. Contudo, um menos favorecido pela sorte não encontrava vaga nos colégios para seus filhos; um pobre enfermo bate às portas dos hospitais em vão; não há oportunidade para o trabalho; o que é benesse ou benefício não é dado aos pobres. Uma Igualdade injusta não é Igualdade.
O maçom deve cultivar a Igualdade como se fosse uma virtude! As diferenças sociais ferem e aviltam. A operosidade maçônica se detém, também, nesse campo.

IHVH — Ou, na escrita hebraica HVIH (ao contrário), compõe o tetragrama que forma as letras isoladas IOD, HE, VAV e HE, que significam o nome da divindade. A palavra não é pronunciada pelos Israelitas; a Maçonaria a usa para expressar o Grande Arquiteto do Universo.

ILUMINADO — Existiram os Ritos: os Iluminados de Avinhão, instituído no ano de 1770, e os Iluminados da Baviera, surgido em torno de 1789.
Diz-se Iluminado o neófito que adentra ao Templo, saindo da Câmara das Reflexões, pois seu corpo "transpira" em Luz.

ILUSTRE — Tratamento dado a certas dignidades de Graus filosóficos, usado em correspondências ou por ocasião das saudações em Loja.

IMANÊNCIA — Deus em relação ao Universo por Ele criado é Imanente, isto é, faz parte dele; porém, ao mesmo tempo, é transcendental, ou seja, está acima do que criou pelo imenso poder manifestado.

IMORALIDADE — Não se confunda com "amoralidade", que é a ausência de moral. A Imoralidade constitui o ato ofensivo e agressivo no relacionamento humano. Trata-se de aspectos éticos que podem variar segundo o grau de evolução de uma sociedade. O andar nu entre os indígenas não revela qualquer ato imoral, mas andar numa cidade, pelas ruas, totalmente despido, constitui um atentado à moral. A Maçonaria procura evitar que seus adeptos pratiquem atos de imoralidade, mas num sentido mais amplo: as palavras obscenas, os gestos obscenos, os atos sexuais carnais obviamente constituem imoralidade. Contudo, podem surgir conceitos filosóficos que se apresentam como, imorais, como por exemplo, a prática da eutanásia ou incesto. Os defensores dessas práticas estarão adentrando em um campo de Imoralidade.

IMORTALIDADE — Um aspecto genérico da criação é a sua mortalidade, pois, nos três reinos, a vida é passageira. O período de vida pode ser curto ou prolongado, jamais eterno.
As crenças religiosas aceitam a Imortalidade no seu tríplice aspecto: da matéria, do espírito e da alma.
Exemplificado pelo arrebatamento de Elias e de Jesus, de Buda e Maomé, muitos aceitam que a matéria pode "subir" a outros planos, ou ao Reino dos Céus, sem destruir-se.
São conceitos muito íntimos de quem possui fé suficiente para aceitar a

profecia Evangélica de que os justos, ao final dos tempos, serão arrebatados, deixando, assim, de passar pela morte, que constitui um "castigo".

A Maçonaria não combate a Imortalidade material, porém fixa a sua posição na Imortalidade da Alma e do Espírito.

O som que se compõe de um conjunto de vibrações não perece; perambula pelo Cosmos, povoando as mentes dos sensitivos.

Na Cadeia de União, ou no "campo" do "chamado de socorro", fazem-se presentes essas vibrações, que a ciência espírita denomina de habitantes do Astral.

Em síntese, a presença de uma pessoa já falecida, que vem do Oriente Eterno, como expressa a Maçonaria, em alguma "sessão mediúnica", nada mais é do que a presença da Imortalidade e age como se jamais morresse.

IMPERADORES DO ORIENTE E DO OCIDENTE — Foi um movimento filosófico encetado por um grupo de maçons pertencentes aos Altos Graus, do qual surgiu o Rito de Perfeição, que mais tarde transformou-se no Rito Escocês Antigo e Aceito.

Esse movimento teve início no ano de 1758. Três anos depois, o maçom Estêvão Morin fundou, nos Estados Unidos da América, o primeiro Supremo Conselho, que se desenvolveu de tal forma que o Rito abrangeu todos os países do mundo. O Brasil foi o terceiro país a possuir um Supremo Conselho.

INAUGURAÇÃO — Concluída a construção física de um Templo maçônico, este deverá ser inaugurado. Para tanto, deve observar-se um cerimonial específico contido no Ritual de Sagração do Templo — trata-se de um cerimonial altamente simbólico que transforma o recinto onde funciona o Templo em lugar sagrado, que não poderá ser profanado. Essa cerimônia é íntima para os maçons, não podendo ser convidados estranhos, mesmo sendo autoridades civis.

INCENSO — É um perfume usado em todas as cerimônias religiosas, espargido por meio do incensário e do turíbulo. A queima do Incenso é altamente iniciática, desempenhando relevante papel, seja pelo perfume surgido dos componentes aromáticos, seja pela tradição, que é muito remota e, na sua origem, desconhecida.

Nos antigos sacrifícios, o Senhor deleitava-se com o odor da queima das primícias e dos animais.

A primeira referência técnica que encontramos sobre o Incenso está contida nas Sagradas Escrituras, no Livro do Êxodo 30, 34 - 38, que transcrevemos: "Disse mais Jeová a Moisés: toma especiarias aromáticas com incenso puro; cada uma delas será de igual peso; e delas farás um Incenso, um perfume segundo a arte do perfumista, temperado, puro e santo. Uma parte dele reduzirás a pó e o porás diante do testemunho na tenda da revelação, onde virei a ti; será para vós, santíssimo. O incenso que fareis, segundo a composição deste não o fareis para vós mesmos; considerá-lo-eis sagrado a Jeová. O homem que fizer tal como este para o cheirar será exterminado do meio do seu povo".

Nota-se, sem muito esforço, que já naqueles tempos existia a "droga", o alucinógeno, determinantemente proibido o seu uso.

Os Reis Magos levaram ao menino Jesus, como presente, uma porção de Incenso.

O Incenso em si, vulgarmente conhecido, é uma resina extraída de uma planta que viceja no Oriente.

Hoje, temos os "defumadores" que contêm substâncias aromáticas e ao mesmo tempo alucinógenas.

Nas Lojas maçônicas, emprega-se o Incenso sem a preocupação de sua origem, ou seja, sua composição, o que, evidentemente, constitui uma falha, pois dever-se-ia obedecer à fórmula descrita nas Sagradas Escrituras.

INCONSCIENTE — No sentido da pessoa humana, é a parte desconhecida da função do organismo, seja física ou psíquica. Poderá, na visão do ignorante, ser Inconsciente tudo o que desconheça; no entanto do organismo; com a evolução da ciência, podemos "ver" e "compreender" como e porque o coração pulsa e assim, também o funcionamento de todos os órgãos. O "Homem, este ser desconhecido," já pode conhecer com amplitude tudo o que nele existe.

As ações inconscientes podem ser controladas e dominadas; praticamente inexiste o Inconsciente em seu aspecto científico.

Na parte espiritual, contudo, o Inconsciente manifesta-se, porque a grande maioria dos homens desconhece os fenômenos espirituais.

Na Maçonaria, surgem esses fenômenos durante o transcurso das sessões, uma vez que o dirigente saiba conduzir as práticas existentes, como a formação da Egrégora, e função da exclamação "Huzzé", da Bateria e da Cadeia de União.

Hoje, ninguém poderá alegar ter "falhado" inconscientemente ou cometido transgressões porque não pôde controlar impulsos inconscientes.

INDELEBILIDADE — É o que não se pode destruir. Aplica-se esse termo, embora com pouca frequência, para definir a condição permanente da Iniciação por que passa o maçom: "Uma vez maçom, sempre maçom". O maçom é iniciado *in eternum*. Mesmo que seja excluído do Quadro da Loja, o maçom, pela Iniciação, poderá ser readmitido. Nem sequer a morte o destruirá, pois proclama-se a existência de um Oriente Eterno. O maçom falecido pode ser "chamado" a participar dos trabalhos, em especial de uma Cadeia de União, mesmo que, a rigor, se o considere como elo partido.

Esse aspecto envolve a mística maçônica.

INDULGÊNCIA — A raiz do vocábulo é Indulto, ou seja, expressa o perdão. Diz-se um ato de indulgência significando tolerância. A base moral da Maçonaria é a Tolerância, de modo que um Venerável Mestre ou um Grão-Mestre tem a faculdade de indultar, de ser Indulgente para com os Irmãos.

INEFÁVEL — É o que não pode ser definido, expresso, comentado ou discutido. Aplica-se, no sentido filosófico, como sublimação. Por exemplo, o amor de Deus é Inefável, ou seja, não pode sequer ser descrito.

Na Maçonaria Filosófica, a primeira parte ritualística é composta por dez Graus, que se denominam Inefáveis.

A origem da palavra é latina: *in*, negar, e *fabulare*, falar.

INFERNO — Trata-se de um "plano" inferior da criação, pois a própria palavra, que tem origem latina, significa "abaixo" e expressa "tormento", "dor" e "castigo".

A mitologia das várias civilizações antigas dá-lhe idêntico significado, localizando-o geograficamente no interior da Terra ou na parte desconhecida do Cosmos.

As religiões usam o "Inferno" como ameaça para os que não obedecem às regras que estabelecem.

Os Evangelhos, em seu conjunto, dão muita ênfase à existência do Inferno, onde seriam lançados os pecadores.

O Inferno envolve a existência de um competidor de Deus, o Diabo, que tem variadas denominações, como Belzebu, Satanás, etc.

É duvidosa a existência do Inferno, porque Deus, na sua sabedoria, não criaria um local tão tenebroso, terrível, para castigar a criatura humana, cria "à semelhança" de Deus, portanto justa e perfeita.

A Maçonaria não se preocupa com a existência ou não de um Inferno. Contudo, admite a existência de um "Hades", simbolizado pela Câmara das Reflexões, onde o candidato passaria da condição de ser sedimentado em nova criatura, nascida novamente.

Seria um período de transição, quando haveria o "vazio", o "imponderável", o elemento necessário para a formação da nova criatura. Os "buracos negros" da astronomia seriam os "Infernos".

INFINITO — Expressa aquilo que não tem fim, ou seja, o eterno e permanente. Astronomicamente significa o Universo. Tudo aquilo que não se pode atingir, compreender, aceitar conterá uma infinitude.

Infinito é uma das denominações de Deus. O ser humano, na sua parte espiritual, é Infinito.

As Lojas maçônicas possuem a Abóbada Celeste, para simbolizar o Infinito.

Teoricamente, tudo tem um final, mas esse final constitui o "seio do Senhor", ou seja, a assimilação do Criador com a criatura.

Os conceitos filosóficos são difíceis. O Infinito foi muito pesquisado pelo filósofo Emanuel Kant, em suas "Antinomias da Razão Pura". Outros filósofos do Iluminismo também incursionaram nesse campo muito intrincado.

O Infinito é o que dá esperança ao homem de sua eternidade.

INGLATERRA — País que faz parte da Grã-Bretanha, situado ao norte do Continente Europeu, berço da Maçonaria Moderna, onde o Rei é sempre o seu dirigente. A Loja Inglesa é denominada de Loja Mãe. O Rito adotado é o de York, e embora outros Ritos tenham se desenvolvido, os termos maçônicos são expressos em linguagem inglesa, como *Freemason*, *Past-master*, *Lowtons*, etc.

A Maçonaria Inglesa atua com muito rigorismo, e ser iniciado em uma de suas Lojas é prática muito difícil, pois do candidato é exigido um comportamento ímpar. A própria visitação de estrangeiros é dificultada. Trata-se, na realidade, de uma Instituição "fechada".

INICIAÇÃO — Iniciação, embora possa ser definida como "princípio", é expressão peculiar para as cerimônias e ritos secretos, místicos e espirituais. Raramente, numa religião, é procedida a Iniciação; esta é constituída de atos litúrgicos que se denominam de batismo, comunhão, admissão. Percorrendo o caminho filosófico desde os primórdios da civilização, todos os aspectos religiosos eram cercados pelo mistério e somente os que adentravam nos emaranhados trajetos filosóficos recebiam a Iniciação, que significava a "aceitação" para fazer parte do grupo.

A Maçonaria como Instituição Secreta sempre adotou a Iniciação para a seleção dos seus filiados.

Pode-se afirmar que a Maçonaria surgiu do conjunto das filosofias místicas; talvez possa ser o extrato dos ritos secretos surgidos nos últimos milênios. Essas práticas foram burilando-se de conformidade com a evolução do pensamento filosófico, e ainda poderá haver muitas alterações em seus conceitos no futuro.

A análise detalhada desses movimentos não pode ser feita em um dicionário. Existe uma literatura especializada e toda Loja maçônica possui em sua biblioteca exemplares elucidativos a respeito.

A Iniciação maçônica é uma só, em seus cento e cinquenta Ritos conhecidos. As variações não lhe tiram a sua essência, que é a "morte" do candidato, para depois, obter a sua "ressurreição", como "nova criatura", espiritualmente fortalecida e esotericamente transformada.

A Iniciação maçônica importa no desenvolvimento de uma liturgia que abrange diversos aspectos.

A consulta ao Dicionário fornece o esclarecimento de cada passo dado nesse cerimonial. Se descrevêssemos a cerimônia da Iniciação no seu todo, desnecessário teria sido definir cada elemento que a compõe, pois nela sua multiplicidade tornar-se-ia a formação de um compêndio específico, de uma análise global, de um ensaio profundo. Temos, no Brasil, livros muitos bons que esclarecem detalhadamente o Ritual da Iniciação maçônica.

Contudo, diremos que a Iniciação é o primeiro passo que o candidato enceta em direção a uma meta, que é o encontro da felicidade; sim, porque o homem aspira, em última instância, ser feliz, que é o destino que o seu Criador lhe deu.

INICIADO — É a pessoa que passou por uma Iniciação. Um homem pode considerar-se Iniciado quando escolhe uma profissão, seja no campo da ciência, da arte, enfim, de sua habilidade profissional.

Em Maçonaria, Iniciado é aquele que "viveu" a Iniciação. Não basta "passar" pela Iniciação, mas ter consciência do que ela "despertou", do que se constituiu e de que, realmente, surgiu uma "nova criatura", destinada a uma "nova vida" ou "vivência" entre irmãos, ou seja, entre Iniciados.

INIMIGOS — Equivocadamente, o profano afirma que a Maçonaria possui Inimigos, sendo o maior deles o clero da Igreja Católica Romana. Nada mais incorreto, pois a Maçonaria não possui Inimigos, eis que é uma Instituição à parte dos interesses sociais, políticos e profanos.

A Maçonaria é uma das raras Instituições que venceu os séculos e trabalho em um pertinaz, contínuo e progressista.

No entanto, sob certos aspectos, há Inimigos, sendo esses os próprios maçons quando se digladiam na conquista de cargos, na busca de honrarias e no esquecimento dos princípios básicos que redundam no desamor aos próprios irmãos.

INOVAÇÕES — A Maçonaria Universal obedece a princípios tradicionais sólidos e imutáveis. Esses princípios forjam os Rituais, a filosofia e a liturgia. Não há qualquer possibilidade de introduzir Inovações no complexo maçônico. Obviamente, no que tange à administração, surgem alterações: consideradas profundas altera-se a grafia e são introduzidos no corpo dos Rituais novos vocábulos. Porém, a essência filosófica permanece intocável. Os denominados *Landmarks*, em número de 25 para o Rito Escocês Antigo e Aceito e em número maior ou menor em outros Ritos, são a espinha dorsal da Ordem. Em todos os países são obedecidos com rigor essas "marcas e limites", que, se sofrem alterações, são as decorrentes da adaptação à linguagem de cada país.

INQUIETUDE — Faz parte do comportamento psicológico dos seres humanos; o seu lado positivo é notado pelo interesse na procura da Verdade. A Maçonaria, incentivando o interesse pelo estudo, provoca uma permanente Inquietude em seus adeptos.

No momento em que cessar esse interesse "nervoso", surgirá o marasmo que leva ao desinteresse e à apatia, "inimigos" contundentes da evolução. O movimento é produzido por essa Inquietude e faz com que a Loja não adormeça e o maçom conquiste cada vez mais o conhecimento universal.

INQUISIÇÃO — Significa "devassa" ou penetração a fundo para obtenção de informação certa. A prática da Inquisição é muito antiga, desde os povos bárbaros ao Império de Roma. No entanto, foi a Igreja que a instituiu como Tribunal, com a finalidade de combater as heresias.

Foi um meio que a Igreja usou para fortalecer-se politicamente, pois usava a religião para suprimir os inimigos e os opositores do Clero.

Foi o Papa Gregório IX quem transformou a Inquisição em Tribunais regulares.

Não houve apenas um Tribunal; em cada país da Europa erigiam-se Tribunais, sendo nomeados os Inquisidores, que eram orientados por um Inquisidor Geral. O primeiro deles foi São Domingos, nomeado no ano de 1215. Há menos de 50 anos, na Espanha, ainda funcionava um Tribunal de Inquisição.

A preocupação dos Inquisidores era obter dos prisioneiros, tidos como hereges, a confissão.

Uma vez confessos, os prisioneiros eram julgados culpados e punidos. Para a obtenção da confissão, qualquer método era válido, posto impiedoso; a tortura, o ardil, a extensão das ameaças aos familiares eram meios usados sem qualquer escrúpulo.

O castigo comum era a morte na fogueira. Dezenas de maçons foram, assim, sacrificados. A memória mais cruel é sobre Jacques de Molay, o último Grão-Mestre dos Templários.

Aparentemente, a Inquisição foi banida. Tivemos, no Brasil, época de métodos semelhantes, quando políticos contrários ao regime estabelecido eram cruelmente torturados.

É uma página negra na história brasileira.

INRI — Por ocasião da crucificação de Jesus, no cimo da Cruz foi colocada uma tabuleta com a inscrição INRI, significando Jesus Nazareno, Rei dos Judeus.

A coroa colocada na testa de Jesus, embora confeccionada com espinhos, simbolizava a coroação real.

Os Hermetistas querem que essa inscrição signifique *Igne Natura Renovatur Integra* (O fogo renova a Natureza inteira). Esse significado diz respeito a um segundo ato de criação — Jeová teria criado o mundo; Jesus, na condição de Filho e enviado, teria renovado a criação.

Essa interpretação tem muita profundidade e leva a estudos amplos. Historicamente, porém, como afirma Josefo, o significado mais aceitável é o interpretado pela Igreja, que extraiu do Novo Testamento a realidade desse tetragrama.

INSÍGNIA — Diz-se que a Insígnia é a materialização de um estado de dinâmica. O profissional portará uma insígnia que definirá a sua atividade; é, portanto, um distintivo, um sinal, um emblema.

Maçonicamente, é a identificação do posto e cargo que o maçom ocupa dentro da Loja. Como exemplo, diremos que a Insígnia do Aprendiz é o seu Avental imaculado.

Os Aventais, as Faixas, as Medalhas, os Colares, as Joias e as Comendas são Insígnias; cada Grau possui as suas peculiares. Na Maçonaria Filosófica, que abrange dez vezes mais cargos e Graus que a Maçonaria Simbólica, as Insígnias são em maior número e mais variadas.

INSTALAÇÃO — Origina-se do latim *in* e *stallum* e significa colocar na cadeira. A Instalação pode ser em um cargo (instalar o Venerável Mestre em seu Trono) ou sacramentar a escolha de uma Administração.

A Instalação é uma prática maçônica antiga que perdura até os nossos dias. Existem Rituais de Instalação, nos quais o Grão-Mestre designa um "mestre instalador" que preside as cerimônias.

Nas Lojas, ano após ano, os Veneráveis Mestres eleitos que deixam o cargo após o período estatutário formam um Conselho.

Esse Conselho de Mestres Instalados, pela experiência de seus membros, dá orientação aos novos dirigentes e, em caso de "crise" administrativa, esses membros são chamados para ocupar todos os cargos da Administração. É a garantia de que a Loja não abaterá Colunas.

A Maçonaria Moderna compôs um Ritual específico de Instalação.

INSTRUÇÃO — Instruir significa "transmitir conhecimentos". Sendo a Maçonaria um campo propício e atuando como "escola", ela tem a preocupação de instruir os seus filiados na Arte Real, que é a ciência maçônica. Em toda reunião maçônica, são destinados momentos denominados de "quarto de hora de instrução". Não basta a observação quanto ao desenvolvimento do Ritual; não é preciso que o Mestre instrua os seus discípulos e esclareça a respeito da parte esotérica da Liturgia, da parte histórica da Instituição, da parte social e espiritual de todos os movimentos que ocorrem na noite da sessão.

INSTRUMENTOS DE TRABALHO — Sendo a Loja maçônica uma "Oficina", será necessário para as tarefas o manejo de instrumentos. A Maçonaria tem a "construção de alvenaria" como base do trabalho; os instrumentos empregados serão apropriados ao trabalho do desbastador das pedras, do pedreiro e dos demais profissionais para que o "Edifício" resulte perfeitamente concluído.

Temos, como exemplo, o Maço, o Cinzel, a Régua, o Esquadro, o Nível, o Compasso, a Colher, a Trolha, enfim, um grande número de descrição, pela ordem programada de um dicionário. Obviamente, esses Instrumentos têm função simbólica, posto existam em espécie dentro do Templo, em seus lugares específicos. Assim, o maçom "usa" os Instrumentos. Na realidade, ele bate com o maço na Pedra Bruta; ele procede às medidas, mas num plano duplo: o material, para sentir com o toque a rigidez do Instrumento, e o interior, e o Templo que abrigará os seus irmãos de Iniciação, para toda a Eternidade.[6]

INSTRUTOR — Dentro de uma Loja, não existe o cargo específico de Instrutor, pois todos os Mestres são Instrutores dos Companheiros e dos Aprendizes. A rigor, o Mestre que propôs à Iniciação o seu candidato, tem a obrigação moral, como "padrinho", de ser-lhe Instrutor.

O que faz o Instrutor, além de "ensinar"? Toma sobre si a responsabilidade de obter êxito em seu trabalho; acompanha o seu "discípulo" em todas as circunstâncias, também fora do Templo, na Família, no trabalho, enfim, "protege" o discípulo como se fosse um irmão mais novo, o caçula.

INTEGRIDADE — A filosofia maçônica é um complexo, uma Integridade de conceitos, de símbolos e de atitudes; não se poderá ser maçom somente na conduta moral, no conhecimento exclusivamente filosófico ou na parte esotérica. O campo a saber é abarcante, e a sua Integridade deve ser mantida e observada. O Prumo é o símbolo da Integridade.

INTEMPERANÇA — É nociva, pois excede o que é prudente. O simples exagero ao tomar água potável não faz bem. Tudo deve ter sua medida. Diz-se que o comportamento do maçom deve ser medido com a Régua de 24 Polegadas. O excesso de zelo para com a Ordem maçônica transforma o maçom em fanático, o que significa Intemperança. O equilíbrio, a coerência e a prudência são atitudes recomendáveis a todo maçom.

INTENÇÃO — Todos os atos que decorrem entre o ingresso na Câmara das Reflexões até a proclamação dentro do Templo devem ser realizados sem qualquer reserva mental. Os compromissos e os juramentos devem ser sinceros. Caso contrário, cedo ou tarde, isso aflorará no novo maçom, que se portará como impostor, com as consequências lógicas de um desligamento. Ninguém pode ser considerado Iniciado se quem é submetido às provas age intencionalmente com má-fé e com reserva mental. Essa reserva é um subterfúgio vicioso que em nenhuma oportunidade deve ter lugar.

INTERDITO — Quando uma Loja, um seu oficial ou um membro são processados, recebem a "Interdição", ou seja, a proibição de frequentar os trabalhos. Contudo, essa Interdição está na dependência do que ordenarem os Regulamentos e os Estatutos.

---

6. N.R.: *no simbolismo maçônico cada instrumento está relacionado a uma virtude a ser desenvolvida pelo maçom.*

INTERROGATÓRIO — É o ato de se obter resposta a perguntas feitas no sentido de se examinarem as condições de um conhecimento sobre fatos. Em Maçonaria, durante o cerimonial Iniciático, o Venerável Mestre "Interroga" o candidato para conhecer o seu pensamento e obter as suas impressões. Todos os maçons presentes à cerimônia têm o direito de Interrogar o candidato, pois sendo um futuro irmão, há a necessidade de se conhecer minuciosamente, a sua personalidade. O candidato é avisado de que deverá responder com lealdade e sem qualquer reserva mental.

INTERSTÍCIO — Trata-se do intervalo que deve ocorrer entre a elevação de um Grau maçônico para outro. Nos primórdios, um Aprendiz devia permanecer durante três anos recebendo instruções e participando como "ouvinte" das sessões; esse lapso de tempo, contudo, foi sendo reduzido. Hoje, não há muito rigorismo a respeito. Na história brasileira, vemos que o príncipe Dom Pedro foi Iniciado, passando, no mesmo cerimonial, de Aprendiz ao último Grau, 33. Não é recomendável essa prática; o estágio é necessário, eis que o amadurecimento filosófico é que propicia a capacidade na obtenção de "maior salário".

INTOLERÂNCIA — Do latim *tolerare*, que significa suportar ou aceitar um ato ou uma presença. Intolerar é deixar de suportar. Por sua vez, suportar sugere aceitar com sacrifício uma determinada situação. Quem tolera estará, ao mesmo tempo, abrindo mão de um direito, de uma resposta.
A Tolerância é um dos esteios da Maçonaria, uma de suas Colunas Mestras. O maçom que pratica qualquer ato que os demais "devam tolerar" indubitavelmente está incorrendo em transgressão; porém, um irmão sempre perdoa e suporta.
É muito difícil a prática da Tolerância que é uma virtude. No seio de uma Loja não deveria haver lugar para a Intolerância.
A Intolerância é irmã do radicalismo simples ou "pirrônico", sendo fonte de discórdia e desamor. Mesmo com sacrifício, o maçom tem a obrigação de tolerar as falhas de um irmão.

INTUIÇÃO — O vocábulo significa o adentramento num pensamento, a penetração na intimidade, o descortinar de um segredo, trazer à luz um conceito. Intuir é prevenir, adivinhar. Diz-se que a mulher é intuitiva nata, e o homem, dedutivo. Contudo, a Intuição pode ser cultivada, e o caminho a percorrer será o da meditação.
Cientificamente, a Intuição denomina-se "futurologia"; os futurólogos intuem o que está por vir.
A parapsicologia ensina a "captar" o oculto e prever o que está por acontecer. Os mais sensitivos "recebem" do Cosmos as vibrações que lhes capacitam descortinar o oculto.
A mente humana tem plena capacidade de contatar com as forças espirituais e descortinar os atos que estão sendo preparados. Existem pessoas que possuem uma inata Intuição e passam a vaticinar o que há de acontecer.
A Intuição pode ser despertada dentro do campo da Filosofia e da Psicologia. Os quiromantes, que leem nas mãos os traços existentes vaticinando o futuro, nada mais fazem que praticar a Intuição, que pode ser desenvolvida através de exercícios.

A Intuição pode ser praticada de forma isolada, individual ou em grupo.

Na Cadeia de União, os maçons podem obter resultados surpreendentes, na permuta das vibrações obtidas através do toque das mãos, e intuir cada um para si próprio, ou para todo o grupo, fatos que estão por acontecer.

INVEJA — Genericamente, diz-se que alguém é invejoso quando deseja para si igual posição ou benesse conquistada por outrem.

A Inveja não é, necessariamente, um vício ou um ato de maldade; ela pode surgir e desaparecer numa fração de segundos. É a reação inesperada que alguém pode ter ao presenciar que um conhecido, ou o próprio irmão, recebe um favor ou um destaque.

Essa atitude é maléfica ao próprio agente, que carreia para dentro de si uma porção de "veneno".

Dentro da Maçonaria, constatamos, infelizmente, a presença de invejosos, que sofrem quando alguém é eleito para cargo elevado, quando um autor lança uma nova obra ou quando um irmão recebe uma condecoração.

Sendo a Inveja uma reação negativa, deve ela ser eliminada prontamente. Os atos de desamor ferem a quem não ama. A Inveja vem sempre acompanhada por outro sentimento menor, como a cobiça; tudo o que é negativo a Maçonaria repele e evita.

INVESTIDURA — Ato de investir ou dar posse. Usa-se o termo na ocasião em que o maçom recebe o mais alto Grau Filosófico, o 33 — será ele "Investido" no Grau 33.

A origem do ato vem da Idade Média, quando o vassalo recebia do Rei uma porção de terra, através de um cerimonial próprio denominado Investidura.

Investidura pode ser sinônimo de Instalação; assim, um dignatário é Investido no seu cargo; uma administração também será Investida nas suas funções.

IOD — Sobre o Dossel do Venerável Mestre é colocado um Triângulo de cristal, puro, transparente e imaculado, e, em seu centro, colocada, através de pintura ou inserção, a letra hebraica *IOD*, que se assemelha a uma vírgula.

É o emblema material da máxima divindade, de Deus Criador.

É o símbolo do gênero humano: o homem resultando do espermatozoide, que tem formato idêntico.

A lenda da criação da mulher, através de uma costela retirada de Adão, nos induz a crer que o princípio da criação foi masculino, e a Maçonaria, atendo-se a essa crença, não admite a mulher em seus quadros.

O *IOD* está contido no alfabeto hebraico, sendo a sua décima letra, e forma a palavra IEVE, ou IHVH, contidos esses elementos na palavra Jeová (Jehovah).

A Maçonaria adota o nome de Jeová através da letra "G", que é o Grande Geômetra e que se vê dentro da Estrela Flamígera.

O estudo do hebraico, da Cabala, conduz à revelação total do significado de Jeová. Esse estudo, porém, não prescinde da condição de ser o estudioso, um hebreu, mas somente a mente judaica poderá absorver o exato sentido dos números hebraicos, pois o misticismo racial no seu esoterismo é parte que os "gentios" não conseguem vencer.

Um maçom de origem hebraica obviamente terá maior chance de absorver os conceitos de todas as palavras hebraicas que estão em uso na Maçonaria, enriquecendo o seu saber. Resta para os demais conseguir desses privilegiados o esclarecimento necessário para contornar sua dificuldade.

IOGA — A palavra Ioga vem do sânscrito, linguagem oriental e em uso especialmente na Índia. Dentro do complexo filosófico, assume foros de religião. IOGA significa "postura"; são as posições do corpo que influem na psique da pessoa. Os compêndios de Ioga referem a existência de centenas de posições, e cada yoguim descobre sempre outras na evolução natural do sistema.

As posturas maçônicas encontram origem na Ioga; em todos os Graus do Rito, do 1.º ao 33.º, surgem posturas específicas e obviamente essas têm uma razão de ser. Simbólicas no primeiro aspecto, são, porém, científicas se aprofundarmos o interesse na pesquisa. A postura do maçom sentado aparentemente evita o cansaço, mas, esotericamente, está a controlar todo o organismo e a mente.

Quem pratica Ioga (e é recomendável essa prática) compreende perfeitamente a função de uma postura.

Temos constantemente recomendado às Lojas que formam as suas bibliotecas que consigam compêndios de Ioga e que haja dedicação ao estudo, porque, assim, será enriquecido o conhecimento místico, que proporciona à parte física recuperações, ativando as células e desenvolvendo os "chacras" e a mente.

IRMÃO — É por demais sabido que os irmãos possuem, através de sua origem sanguínea, características comuns e afeto sólido, dentro e fora do âmbito familiar. Não há tratamento mais afetuoso.

Maçonicamente, já no Poema Regius do ano de 1390, o mais antigo documento maçônico conhecido, recomenda-se o tratamento de "caro irmão" entre os maçons.

Fisiologicamente, os irmãos provindos dos mesmos pais são denominados de "germanos", que, em latim, significa "do mesmo germe". Na Maçonaria não há esse aspecto, porém a fraternidade (*frater*, em latim, irmão) harmoniza os seres através da parte espiritual. Diz-se que os maçons são irmãos porque provêm da mesma Iniciação; morrem na Câmara das Reflexões para renascer produzidos, ou procriados, através do germe filosófico que transforma integralmente a criatura, refletindo no posterior comportamento.

A essência da fraternidade é o "amor". Os maçons dedicam muito amor uns aos outros; é essa prática que "funde o sangue" para que haja, no Grupo, "uma só criatura".

As Sagradas Escrituras condenam aquele que agride seu irmão com a simples palavra "raça", uma ofensa suave, mas que não deve ser proferida, porque um irmão é o amigo sagrado que está ao nosso lado.

ÍSIS — Personagem mitológico feminino egípcio, referido nos Altos Graus Filosóficos. É simbolizado pela Lua; esse satélite ornamenta a Loja.

ISLAMISMO — Pelos idos do século VI, a humanidade vivia no caos: judeus, cristãos, árabes, turcos, em nome de sua fé, matavam.

Nesse panorama, nasceu Maomed Mafona Mafamede, ou simplesmente Maomé.

ISLAMISMO

Nasceu na Arábia, na Cidade de Meca, de forma lendária, pois sua mãe, viúva quando grávida de quatro meses, passou a ter visões com profetas que revelavam o destino glorioso no nascituro.
Aminé, a mãe, no momento de dar à luz, viu-se assistida por quatro mulheres; essas eram espíritos materializados, a saber: Eva, mulher de Adão; Assia, mulher de Faraó; Balchias, mulher de Salomão, e a Virgem Maria, mãe de Jesus.
Disseram elas: "Não temas, serás mãe do último profeta".
A Virgem Maria recebeu o menino nos braços e com ele e as demais mulheres desapareceu.
As parentas que foram visitar Aminé ficaram espantadas pela ausência do menino e creram na história contada.
No dia seguinte, o Arcanjo Gabriel trouxe o menino, devidamente limpo, circuncidado e cuidado, e disse: "Teu filho viajou até o céu, onde recebeu instruções diretas de Deus para estabelecer a paz no mundo".
Durante a infância, houve acontecimentos extraordinários que comprovavam ser Maomé um ser dotado de espiritualidade paranormal e, por isso, os sábios do reino, invejosos, maquinaram a sua morte. Não puderam realizar o intento porque caiu fogo do alto, consumindo os malvados.
O adolescente apresentava inteligência precoce. Contam-se vários milagres por ele praticados, completando a lenda, até que, aos vinte e cinco de idade, se casou com uma viúva de quarenta anos, chamada Kadije.
Quando Maomé atingiu a idade de quarenta anos, o Arcanjo Gabriel manifestou-se a ele determinando que se apresentasse ao povo na condição de profeta.
Chamado por Deus, transportou-se em corpo e alma, de Meca para Jerusalém, onde recebeu as ordens divinas, retornando na mesma noite à Meca.
No início de sua pregação, os opositores o obrigaram a fugir, indo, no ano de 662, para Medina, onde foi bem recebido.
As suas pregações inspiradas foram sendo anotadas pelos seus discípulos, que formaram o Livro Sagrado, ou Alcorão.
O Islamismo significa a entrega a Deus com a finalidade de estabelecer a paz geral no mundo.
Prega o Alcorão: "Ó crentes, entrai a ter paz geral, não sigais as pegadas de Satanás que é vosso declarado inimigo" e "Todos os crentes, isto é, todos aqueles que têm escrituras, são irmãos, conciliais as discórdias entre vossos irmãos, Temei a Deus, para que ele se compadeça de vós. Deus não tolera os opressores".
Apresentava-se o Islamismo como uma religião tolerante e fraterna, pois não combatia, não agredia e não perseguia.
O Islamismo viveu durante muitos séculos em harmonia e paz com os cristãos.
O culto do Islamismo é praticado nas Mesquitas, que equivalem às Igrejas Cristãs, quanto à forma arquitetônica. Destacam-se pela grande beleza em estilo árabe, com várias cúpulas e torres, que são mirantes de onde um crente canta chamando os fiéis ao Templo na hora da oração.
O Islamismo não adota imagens; ao contrário, as abomina.
Não possui sacerdotes nem sacramentos, pois não reconhece intermediários entre os homens e Deus.

ISLAMISMO

Seus seguidores oram cinco vezes ao dia, preferentemente na Mesquita. Separam os sexos, não usam música nas cerimônias e elegem quem deve dirigir a função religiosa.

O dia semanal sagrado é a sexta-feira, e o culto mais importante é o do meio-dia. As preces são precedidas por abluções. Durante o ano realizam três festas: a primeira, no fim do mês de "Ramadam", que é o mês do jejum, que dura três dias; a segunda, realizada dois meses e dez dias após, para comemorar a não consumação do sacrifício do filho de Abraão, com a duração de quatro dias, quando são sacrificados carneiros para os banquetes; a terceira é a comemoração do nascimento do Profeta e dura dois dias.

O jejum apresenta característica curiosa, pois dura trinta dias. O jejum é absoluto e tem a duração do nascimento ao pôr do sol; porém, durante a noite a alimentação é permitida e farta.

Anualmente, há uma peregrinação obrigatória à Meca, a cidade santa. Todo maometano deve fazer essa peregrinação, pelo menos uma vez em sua vida.

Assim vem descrito o conceito da família no maometanismo: Antes de mais nada, é bom começar esclarecendo que os muçulmanos são praticantes da monogamia, só têm uma mulher, isto é, não têm várias mulheres, como falsamente se propala.

Têm o divórcio, porém, com muitas dificuldades dos cônjuges e desobediência da mulher.

No caso de divórcio, o marido continua com as mesmas obrigações para com os filhos e também é obrigado a manter a mulher até casar-se novamente. Em qualquer caso, a mulher divorciada recebe indenização grande, mesmo sendo a culpada e até quando pede o divórcio. O juiz sempre dá razão à mulher.

Há casos, entretanto, em que se permite o matrimônio, para amparo de moças órfãs e desprotegidas, de um homem com mais de uma mulher, mas só para evitar a prostituição dessas moças. O viver em comum, porém, é apenas com uma das mulheres. Esses casos dolorosos e excepcionais são, todavia, cada vez mais raros. A lei civil reconhece uma pessoa única. A regra da gente educada e religiosa é a monogamia absoluta.

O Alcorão, a respeito da família, prescreve:

"Se ficardes obrigados a proteger as pobres órfãs e desprotegidas, podereis casar com duas, três ou quatro mulheres. Mas se temeis não terdes confiança na vossa justiça e retidão para com elas, neste caso, não podeis ter mais de uma mulher".

"Impossível será praticardes a justiça de a todas tratar igualmente, ainda que isto muito desejeis."

Mas há outros preceitos curiosos no Alcorão:

"Os muçulmanos não podem comer os animais que morrerem de morte natural, os asfixiados ou vítimas de acidentes ou já em começo de destruição por outros animais, salvo se os purificardes por uma sangria; os que foram imolados aos ídolos, o sangue dos animais, a carne de porco, as bebidas alcoólicas".

"São proibidos todos os jogos de azar e a usura."

Maomé, ao regressar de uma peregrinação a Medina, morre no terceiro dia do ano 632, tendo seu apostolado durado vinte e dois anos.

ISRAEL

O Muçulmanismo desenvolveu-se rapidamente, estabelecendo-se na Ásia, Índia, Mesopotâmia, Síria, Palestina, África e Egito.

Os maometanos reuniram-se e elegeram a AbuBekir, substituto de Maomé, com o nome de Kalifa.

Durante mil anos, sem lutar contra as outras religiões, os muçulmanos fizeram grandes conquistas, pacificando grande número de nações, divulgando a civilização muçulmana, aperfeiçoando com bom gosto a arquitetura, desenvolvendo as matemáticas, a álgebra, a trigonometria, a geodésia, a astronomia e a geografia.

Fundaram riquíssimas bibliotecas, introduziram o relógio que bate horas, desenvolveram a acústica nas construções e o uso dos vegetais para medicamentos.

Pela visão dos astros, ensinaram as direções geográficas, precedendo o uso da bússola e mais uma centena de inventos úteis à humanidade.

O Alcorão tem sido, porém, explorado em favor de uma política, nem sempre ética, como nos dias do louco dirigente do Irã.

Há muita coincidência no fato de que o Islamismo se radicou, justamente, num povo que descendeu dos persas, com seus mistérios passados e com a estreita ligação entre Nabucodonosor, a destruição do Grande Templo de Salomão, enfim, das lendárias bases da própria Maçonaria.

O estudo do Alcorão, leva-nos a compreender com mais sutileza a filosofia maçônica.

ISRAEL — A lenda de Jacó, reproduzida na Escada de Jacó que orna a Loja do Aprendiz, é sempre referida nos trabalhos maçônicos. Quando Jacó, fugindo da ira de seu irmão Esaú, pernoitou em um lugar ermo nas proximidades de Bétel, teve um sonho (ou visão) em que viu uma gloriosa escada descendo dos Céus e, nela, Anjos subindo e descendo. Ao acordar, teve a consciência de que aquele lugar era verdadeiramente santo; ungiu com óleo a pedra que lhe servira de travesseiro, para, posteriormente, construir um Tabernáculo ao Senhor. Subitamente surgiu um Anjo, transformado em homem comum, que passou a discutir com Jacó até chegar às vias de fato; a luta corporal durou toda aquela noite, e o Anjo não conseguiu vencer Jacó. Cessada a luta, o Anjo anunciou a Jacó que o Senhor lhe destinara outro nome, Israel. Posteriormente, o próprio Senhor confirmou essa determinação, passando Jacó uma dinastia com os seus doze filhos, que formaram as doze tribos de Israel.

Trata-se de uma atraente saga descrita detalhadamente nas Sagradas Escrituras. Mais tarde, Israel passou a significar Terra Santa.

Na descrição dos Painéis maçônicos, retornaremos ao assunto.

JACÓ — Filho mais novo de Isac e Rebeca. Desde o ventre materno, Jacó e Esaú lutavam como "inimigos". Esaú nasceu primeiro e, assim, ficou sendo o primogênito. Vendeu sua primogenitura em troca de um prato de lentilhas. Era dado à caça, enquanto Jacó, à agricultura. As oferendas ao Senhor de Jacó eram aceitas com maior agrado, o que enfurecia Esaú.

Mais tarde, Esaú quis matar seu irmão, que foi obrigado a fugir, junto a morada de um tio, Labão. Enamorou-se de sua filha, Raquel, mas Labão lhe deu em casamento Lia; Jacó serviu ao tio mais sete anos para poder casar-se com Raquel.

Em certa oportunidade, Jacó viajava pelo deserto, nas proximidades de Betel, quando teve o sonho da Escada onde Anjos subiam e desciam; na mesma oportunidade, entreteve-se em luta corporal com um Anjo, que lhe anunciou que o Senhor lhe mudaria o nome para Israel.

O significado do sonho (ou visão) não vem definido. A Maçonaria usa em seu Painel a figura da Escada de Jacó para demonstrar que as dificuldades devem ser vencidas degrau a degrau até chegar ao topo para receber a premiação.

Jacó fundou a dinastia que seria a base do povo hebreu. Teve muitos filhos, sendo doze homens. Cada filho constitui uma tribo, e todos os Israelitas atuais descendem de uma dessas tribos.

Para vencer uma grande seca que por longos anos castigou a Palestina, Jacó emigrou com sua família para o Egito. Um dos seus filhos, José, casou-se com a Filha do Faraó, unindo, assim, as famílias e obtendo Jacó proteção.

Séculos depois, porque os Israelitas se haviam multiplicado, com o risco de suplantar em número o povo egípcio, os Israelitas foram escravizados. Com o surgimento de Moisés, o povo Hebreu fugiu do Egito em direção à Terra Prometida, Canaã, hoje Israel.

A história de Jacó e sua descendência é a história dos hebreus, referida com riqueza de detalhes nas Sagradas Escrituras.

A Maçonaria tomou vários episódios da saga Israelita para compor os seus Rituais.

JACOBINOS — Em Paris, frades dominicanos estabelecidos na rua Saint-Jacques (Santiago) fundaram um grupo político, passando a ser conhecidos como os Jacobinos. Com o crescimento do número de sócios, todos envolvidos nas lutas pós-revolução, os Jacobinos passaram a usar a violência para atingir os seus propósitos. Derrubaram a realeza.

Os Jacobinos foram os mais arrojados republicanos. A Maçonaria adere a esses movimentos e com isso completam o lema da revolução, dedicando-se à fraternidade.

O "reinado do terror", talvez, eis que não existe segurança na afirmativa, tenha contado com a participação de muitos maçons.

Na realidade, amainado o furor, a Maçonaria progrediu em toda a Europa.

JACOBITAS — Muitos confundem "Jacobitas" com "Jacobinos". Os Jacobitas surgiram na Inglaterra, partidários do rei Jaime II, expulso do trono pela revolução de 1688; foi substituído por Guilherme de Orange. Posteriormente, os Jacobitas passaram a seguir os Stuarts. A colaboração dos Jacobitas, apoiando o pretendente ao trono Carlos Eduardo, não teve êxito, e, em 1746, foram aniquilados.

Notícias lendárias surgiram de que a Maçonaria participava do movimento Jacobita.

JAKIN — É o nome de uma das Colunas do pórtico; é a Coluna dos Aprendizes em alguns ritos e de Companheiros em outros, a primeira Coluna de Salomão. Jakin é a palavra de passe do Primeiro ou Segundo Grau conforme o caso, seu nome derivaria do nome do terceiro filho de Simeão, filho de Jacó e pais dos Jaquinistas.

Os Jaquinistas (Jakinistas) eram homens justos. Formaram a vigésima primeira família das vinte e quatro famílias sacerdotais dos Judeus.

Maçonicamente o nome Jakin significa que "Deus estabelecerá a sua força".

JEAN CALAS — Nascido na França no ano de 1698, Jean Calas, vindo de uma família numerosa e de certos recursos, dedicou-se ao comércio e teve uma vida de prosperidade.

Entusiasmado com o protestantismo, ele e sua família passaram a proclamar a novidade e a lutar contra o despotismo da Igreja.

Surgia o enciclopedismo, e a própria Maçonaria participava da luta pela liberdade de consciência e pensamento.

O filho de Jean Calas, no entanto, cercado pela influência de amigos, decidira abjurar o protestantismo. Acidentalmente morto, Jean Calas foi apontado como o autor de sua morte, visando a impedi-lo de retornar ao catolicismo.

Preso, seviciado, foi julgado e condenado a morrer na fogueira, tendo sido queimado em Toulouse no ano de 1762.

O seu caso ficou evidenciado e permaneceu na história como tremendo erro judiciário e intolerância religiosa, porque Voltaire, no ano seguinte, isto é, em 1763, publicava seu livro *Traitè de la tolerance*, no qual fazia a defesa de Calas, que contribuiu para a sua posterior reabilitação.

Aliás, não se conhece, dos casos que chegaram até nós, passando pelos séculos, de que alguém justiçado pela Inquisição não encontrasse reabilitação.

JEOVÁ — Nome que os hebreus dão a Deus. Significa Senhor e é venerado com muita tradição e respeito. Adonai ou Eloin são outras derivações do nome de Deus. Jeová é mais um símbolo que propriamente um nome. Quando Moisés pediu a Jeová que declinasse o Nome pelo qual deveria ser chamado, respondeu: "Eu Sou". Esse é o verdadeiro nome de Deus. O maçom jamais declina ser maçom; prefere dizer que como tal o chamam os irmãos. Esotericamente, é vedado ao homem dizer, em qualquer oportunidade, "Eu Sou", porque esses vocábulos significam uma "presença divina".

A Maçonaria não usa o nome de Jeová.

JERÔNIMO SAVONAROLA — Savonarola nasceu na Itália, na Cidade de Ferrara, em 21 de setembro de 1452.

JERÔNIMO SAVONAROLA

Muito jovem, já revelava grande tendência e vocação para os temas religiosos. Poeta, apresentava versos muito bem elaborados, destacando-se dos demais jovens. Certa feita, ouvindo um sermão de um padre da Ordem dos Agostinhos, sentiu-se atraído pela religião, o que o levou a abandonar a família, internando-se no convento de São Domingos de Bolonha, no ano de 1472, com apenas vinte anos de idade.

Além de poeta era músico, e ainda hoje, são tocadas as suas canções, destacando-se "De Ruina Mundi", na qual se constata o seu desprezo pelo mundo.

Muito estudioso, já por vocação e educação, apresentou um pensamento vigoroso, dedicando-se com esforço ao trabalho.

Isolado, taciturno, contudo revelara temperamento artístico, encantando os ouvintes; ao ingressar no convento, abandonou o trabalho de poesia e música.

Dedicou-se à metafísica, encontrando em Aristóteles e São Tomás de Aquino os seus inspiradores. Sentiu-se compelido a alertar o povo, face à degradação da corte de Ferrara e do fausto do pontificado.

Dedicou profunda amizade a Sebastião Maggi, que foi o vigário geral de sua ordem. Essa amizade serviu-lhe mais de uma vez nas circunstâncias difíceis de sua vida.

Destacado aluno da Universidade de Bolonha, passou a lecionar filosofia no Estudo Geral de seu convento, alargando seu trabalho ao Estudo Geral de Florença.

Durante a quaresma, em São Giminiano, pregou ardorosos sermões, que chamaram a atenção de seus pares e superiores.

Na dieta Lombarda, reunida em um convento de Bréscia, pregou com entusiasmo sobre o fato de que a Igreja seria castigada, mas que o castigo proporcionaria uma renovação geral. A convite de Lourenço, o Magnífico, em 1489, foi para São Marcos, em Florença, que os Médicis consideravam patrimônio de sua família. Em Florença, Savonarola dedicou-se ao ensino para, logo em seguida, a pedido dos religiosos, começar a manifestar-se abertamente contra os Médicis e os costumes licenciosos do Renascimento.

Instado a moderar as suas pregações, para não enfurecer os Médicis, praticamente dominantes de Florença, não deu ouvidos ao conselho, anunciado que Lourenço, o Magnífico, não estava longe da morte.

Prestigiado, foi eleito prior de São Marcos. Porém, nessa condição, deixou de fazer, como era costume, uma visita de cortesia a Lourenço Médici, pois considerava essa visita, de certa forma, uma aprovação da conduta de Lourenço.

Lourenço, homem experiente e atilado, de início não quis combater a Savonarola, porém, encarregou o eloquente Mariano de Gensazano de rebater as suas pregações. Foi em vão o recurso usado, pois Savonarola já conseguira um grande número de admiradores.

O domínio dos Médicis, porém, estava decadente.

O papa Inocêncio VIII morreu e lhe sucedeu Alexandre VI, que via com bons olhos a ação de Savonarola, com quem passou a manter relações amistosas, o que favoreceu os planos do beneditino aprovando a separação do convento de São Marcos da ingerência

JERÔNIMO SAVONAROLA

dos lombardos, posto permanecesse sujeito ao Geral da Ordem Dominicana.

O Geral criou, então, a Congregação de São Marcos, à qual juntou os conventos de Fiésole, de São Giminiano e de Santa Catarina de Pisa, dando a Savonarola, sobre eles, a autoridade de provincial.

Em 1494, a Congregação celebrou o seu primeiro capítulo, tendo sido Savonarola eleito Vigário geral.

Savonarola, investido de autoridade, começou a pôr em prática as suas ideias e os seus planos de reforma. Impôs pobreza absoluta aos religiosos, e, como a mendicidade não era suficiente para sustentar os conventos, passou a dirigi-los em trabalho manual, com grande resultado.

Com tal finalidade, fundaram-se em São Marcos escolas de escultura, pintura, caligrafia etc.; o que ajudou no desenvolvimento dos estudos, das línguas clássicas e orientais. Enriqueceu a biblioteca com preciosos manuscritos.

Procurou reviver os ideais do fundador da Ordem, São Domingos.

Na quaresma do ano de 1493, passou a desenvolver as suas doutrinas religioso-políticas, pregando sobre o Salmo *Ecce quam bonus* (133), uma série de vinte e cinco sermões expondo a doutrina de São Tomaz de Aquino, combatendo os maus prelados, os abusos introduzidos na Igreja e a tirania dos Príncipes.

Na quaresma do ano seguinte, passou a comentar o livro de Gênesis, demonstrando o castigo que iria sofrer a Itália, profecia que se realizou pouco depois, com a invasão francesa.

Os Médicis foram expulsos de Florença e Savonarola foi um dos embaixadores da República junto à Corte de Carlos VIII e contribuiu com grande perícia para que o governo florentino tivesse tendência democrática. Fundou um montepio, realização inédita para a época.

A Liga declarou-se contrária à permanência dos franceses em solo italiano e favorável ao retorno dos Médicis, intrigando Savonarola com o Papa.

O Papa Alexandre citou Savonarola a comparecer em Roma. O breve do Papa está datado de 21 de julho de 1495, porém Savonarola responde somente dez dias depois, desculpando-se por não ter podido atender à citação.

A 8 de setembro, o Papa expede novo breve intimando Savonarola a comparecer em sua presença e, ao mesmo tempo, ordena-lhe que suspenda as suas pregações. Savonarola desobedeceu. No mês de outubro pregou três sermões na Catedral, cujo resultado foi a derrota de Pedro de Médicis. Isso irritou o Papa, que proibiu Savonarola de continuar com as pregações. Savonarola dessa vez obedeceu.

A pedido do Conselho dos Dez, o papa Alexandre autorizou Savonarola a pregar na Quaresma de 1497, oferecendo-lhe o barrete de cardeal.

Nas Quaresmas, em todas as Igrejas e Catedrais, delineava-se a política, pois os pregadores eram porta-vozes das autoridades quando não agiam em causa própria. Como não houvesse imprensa, assistir a uma pregação por ocasião da Quaresma significava pôrse em dia com as notícias e eventos.

Savonarola, após o período de abstinência ao púlpito, passou ao ataque e pregou contra os escândalos da sociedade romana. Como resultado foi-lhe tirada a Congregação de São Marcos. Por esse motivo travou-se uma luta

JERÔNIMO SAVONAROLA

entre a Cúria e o Dominicano; embora não haja um registro comprobatório, parece que nessa oportunidade o Papa excomungou Savonarola.

A influência papal estendeu-se aos demais domínios e os púlpitos eram negados a Savonarola. Porém, a Senhoria de Florença iniciou uma campanha junto ao Papa em favor do dominicano.

Savonarola arquitetava um Concílio onde pudesse defender as suas doutrinas.

A senhoria de Florença, da qual participavam Pedro de Médicis e alguns magistrados inimigos de Savonarola, tomando nova posição, obtivera do Papa nova proibição de pregação.

Savonarola passou a redigir cartas aos príncipes cristãos, convencendo-os a reunir o Concílio.

Esse movimento, contudo, era feito à revelia do Papa, sem o seu consentimento. No entanto, uma carta chegou às mãos de Luís Mouro, que a remeteu ao Papa.

Os seus inimigos tomaram a decisão de matá-lo.

Um franciscano desafiou Savonarola a entrar no fogo com ele, o que, contudo, não foi aceito por Savonarola, mas sim por outro dominicano seu amigo, Domingos de Pescia, o que deu origem a uma série de confusões que culminaram no convencimento do povo sobre a fraqueza dos franciscanos e dos dominicanos, desacreditados perante a opinião pública, pois a Senhoria de Florença proibiu que a experiência se realizasse.

O povo abandonou Savonarola e investiu contra ele, atacando São Marcos.

Savonarola e Domingos de Pescia foram presos e entregues à Senhoria de Veneza, que os julgou através de dezessete membros contrários aos dominicanos.

Seviciado, Savonarola perdeu os sentidos e, em sua semi-inconsciência, respondeu às perguntas que lhe faziam, sem perceber que estava se condenando.

Posto essa parcialidade, o processo comprovou a inocência dos dois dominicanos, mas face à interferência de Alexandre, que enviou às pressas dois emissários, Savonarola e Pescia foram condenados à morte, juntamente com mais um discípulo, de nome Silvestre Marufti.

No dia 23 de maio de 1498, foram enforcados e queimados.

Pouco tempo depois, a verdade começou a aparecer e Savonarola, paulatinamente, foi reabilitado. Seus escritos foram reimpressos e ele foi reconhecido por todos como mártir; atribuíram-lhe milagres, e o seu nome permanece registrado como o de mais um mártir dos interesses pouco claros do Papado e da venalidade dos Príncipes.

Deixou, apesar dos 46 anos de vida, uma grande bagagem literária, Palestina, musicou as suas "Canções" e "Laudi"; "Triunphus Crucis" e inúmeras outras ainda são consultadas hoje.

Savonarola não foi morto por acusação de heresia. Ao contrário, porque aspirava formar uma Igreja santa e pura, escoindo os vícios, excessos e leviandades próprios da época. As licensiosidades, os abusos e as venalidades faziam da sociedade florentina e romana péssimo exemplo, refletindo no clero e atingindo a Cúria toda. É considerado, pela grande injustiça cometida, um grande mártir, prestes a ser considerado candidato à santificação.

JERUSALÉM — Ou "Yara-salém", que significa "morada da paz".
"Yara-Salém" provém de "Salém", a cidade de Melqui-sedeq. Antes do reinado de Davi, chamava-se "Jebus"; Davi a conquistou dos Jebusitas.
Jerusalém, por ter abrigado o Grande Templo de Salomão, está intimamente ligada à Maçonaria Operativa.

JOANA D'ARC — No reino francês, depois da morte de Carlos IV, descendente da linha denominada "Dos Capetos", fundada por Hugo Capeto no ano 987, apresentaram-se à sucessão, disputando a coroa, Felipe de Valois, primo irmão do rei morto, e Eduardo III, rei da Inglaterra, neto, pelo lado materno, de Felipe, o Belo, pai de Carlos IV.
A corte francesa, evidentemente, preferiu um soberano francês, escolhendo então Felipe de Valois, que tomou o nome de Felipe VI.
Eduardo III, porém, não aceitou a preferência e passou a disputar o trono, iniciando a chamada Guerra dos Cem Anos, que se alongou de 1337 a 1453, terminando sob o reinado de Carlos VII.
A Guerra dos Cem Anos envolveu acontecimentos singulares com períodos de suspensões. De início os franceses foram derrotados, em Crécy, no ano de 1346, e depois em Poitiers, em 1356. Calais foi cercada e tomada em 1347.
Na batalha de Poitiers o filho de Eduardo III capturou o rei francês João II, denominado "O Bom". O filho de Eduardo III era conhecido pelo nome de "Cavaleiro Negro", dada a cor de sua armadura.
Para que o rei prisioneiro pudesse recuperar a liberdade foi forçado a assinar o tratado de paz de Brètigny, em 1360, recebendo os ingleses a metade ocidental da França, com exclusão da Normandia e da Bretanha.
A situação da França piorava, posto o condestável Bertrand Duguesclin, em 1380, reconquistasse grande parte do território perdido. Mortos o condestável e Carlos VI, os ingleses retinham na França apenas poucos portos.
Reagindo, porém, os ingleses, com a morte de Ricardo II e a subida da casa de Lancastre, Henrique V invadiu novamente a Normandia, ganhando a batalha de Azincourt em 1415, dizimando a maior parte da nobreza francesa. Paris foi tomada, e o rei foi compelido a aceitar o tratado de Troyer, o qual, contudo, só veio a ser assinado em 1420, reconhecendo como herdeiro do trono da França o rei inglês Henrique V.
Mortos os reis, a França ficou com dois soberanos: Henrique VI, em Paris, e Carlos VII, em Bourges.
Quando tudo parecia desastradamente perdido, com a ocupação dos ingleses de todo o norte da França, apareceu Joana D'Arc, uma humilde camponesa nascida em Domrémy, na Lorena, em 1412.
Aos treze anos de idade, Joana "ouviu a voz de Deus", que a conclamava a socorrer o rei da França.
Dirigindo-se a Roberto de Baudicourt, na cidade de Vaucouleurs, após muitas dificuldades, dada a derrota de Herengs, em 1429, já com dezessete anos, vestida à masculina, cabelos curtos, em companhia de João de Metz, Bertrand de Poulengny e João de Honnecourt, encontrou-se na localidade de Chinon, em 6 de março, com Carlos VII, que relutou inicialmente para aceitar o oferecimento de Joana, mas

JOANA D'ARC

depois cedeu e lhe confiou um pequeno exército para que tentasse libertar a Cidade de Orleans, fortemente sitiada pelos ingleses.

Com a fé que possuía, disposta a "remover montanhas", Joana e seu exército não só derrotaram os ingleses recuperando a Cidade de Orleans, como prosseguiram em sua vitoriosa marcha, derrotando o inimigo em Jarjeau, Tours, Loches, Beaugency e Potay. Após, prosseguindo em sua campanha, aumentando o seu exército, adorada por todos, no dia 10 de julho, ou seja, quatro meses depois de sua participação, entrava triunfalmente em Tryes, Chalons e Reims, onde, no dia 17, Carlos VII foi sagrado rei da França.

A 22 de julho caiu Soisson, e, de vitória em vitória, tomaram Chatear-Thierry, Crécy-en-Brie, Provins; a 26 de agosto entravam em Saint-Denis.

Porém no dia 23 de maio, já no ano de 1430, buscando defender Compiègne, Joana caiu prisioneira dos borguinhões, que, apesar de serem franceses, eram aliados dos ingleses.

Na prisão, Joana reiniciou a escuta da "voz de Deus", que a confortava. Do castelo de Clairox foi transferida para o de Beaulieu e mais tarde para o de Beaurevoir.

Vendida aos ingleses, Joana foi levada para Ruão, onde foi submetida a um processo que duraria seis meses.

A grande acusação que pesava sobre Joana era a de farsante, por alegar o seu contato com Deus, além da acusação por outros delitos, contidos em doze artigos.

A primeira causa foi denominada "relapsa" e teve início a 21 de fevereiro de 1431. Os interrogatórios foram dirigidos pelo Bispo Cauchon, auxiliado por João de la Fontaine e por João Lemaitre, O Inquisidor.

Era o tribunal religioso; era a Igreja que a julgava. No dia 23 de maio, na presença dos bispos de Thèrouanne e de Noyon, procedeu-se à leitura dos doze artigos acusatórios, e no dia 23 o tribunal a declarou "herética", relapsa e feiticeira, quase por unanimidade dos quarenta e dois assessores.

A defesa praticamente foi nula; Joana não conseguiu uma audiência com o Papa.

A sentença foi a morte na fogueira, cumprida no dia seguinte.

Sob a inspiração da mártir, em 1436 Carlos VII entrava em Paris; os ingleses foram expulsos do território francês e em 1453 terminava a Guerra dos Cem Anos.

Em 1454, a genitora e os irmãos de Joana pediram a revisão do processo. O Papa Calixto III designou o arcebispo de Reifs e os bispos de Paris e de Coutances para o processo.

No dia 7 de julho de 1456, o julgamento de 1431 foi "cassado" e em Ruão tiveram início cerimônias expiatórias, depois da sentença iníqua ser rasgada e queimada.

Joana foi beatificada a 18 de abril de 1909, com o nome de Joana D'Arc, tida como a mais pura glória da história da França. Em 16 de maio de 1920 foi canonizada pelo Papa Bento IV, 489 anos depois de ter sido injustamente sacrificada, por vingança face às derrotas infligidas aos ingleses.

Uma lei francesa, no dia 10 de julho de 1920, instituía a festa nacional de Santa Joana D'Arc, a sublime Donzela de Orleans, a Virgem de Lorena, morta aos vinte anos de idade.

JÓ — O Ritual faz ligeira referência à pessoa de Jó, citando apenas uma frase: "Por que os maus são os mais poderosos?".

O livro de Jó é composto de quarenta e dois capítulos e merece não apenas ser lido, como analisado profundamente.

Para dar compreensão sobre a personalidade de Jó, citaremos o preâmbulo do livro:

"Havia um homem na terra de Uz, cujo nome era Jó, homem íntegro e reto, temente a Deus, e que se desviava do mal.

Nasceram-lhe sete filhos e três filhas. Possuía sete mil ovelhas, três mil camelos, quinhentas juntas de bois e quinhentos jumentos; era, também, mui numeroso o pessoal a seu serviço, de maneira que este homem era o maior de todo o Oriente.

Seus filhos iam às casas uns dos outros e faziam banquetes, cada um por sua vez, e mandavam convidar as suas três irmãs a comerem e beberem com eles.

Decorrido o turno de dias de seus banquetes, chamava Jó a seus filhos e os santificava; levantava-se de madrugada e oferecia holocaustos segundo o número de todos eles, pois dizia: talvez tenham pecado os meus filhos, e blasfemado contra Deus em seu coração. Assim o fazia Jó continuamente.

Num dia em que os filhos de Deus vieram apresentar-se perante o Senhor, veio também Satanás entre eles.

Então perguntou o Senhor a Satanás: donde vens? Satanás respondeu ao Senhor, e disse: de rodear a Terra e passear por ela.

Perguntou, ainda, o Senhor a Satanás: observaste a meu servo Jó? porque ninguém há na Terra semelhante a ele, homem íntegro e reto, temente a Deus, e que se desvia do mal.

Então respondeu Satanás ao Senhor: Porventura Jó debalde teme a Deus? Acaso não o cercaste com sebe, a ele, a sua casa e a tudo quanto tem? a obra de suas mãos abençoaste, e os seus bens multiplicaram na terra.

Estende, porém, a tua mão, e toca-lhe em tudo quanto tem, e verás se não blasfema contra ti na tua face!

Disse o Senhor a Satanás: eis que tudo quanto ele tem está em teu poder; somente contra ele não estenda a tua mão. E Satanás saiu da presença do Senhor.

Sucedeu um dia, em que seus filhos e suas filhas comiam, e bebiam vinho na casa do irmão primogênito, que veio um mensageiro a Jó, e lhe disse: os bois lavraram, e as jumentas pasciam junto a eles, de repente deram sobre eles os Sabeus, e os levaram, e mataram os servos ao fio da espada; só eu escapei, para trazer-te a nova.

Falava este, ainda, quando veio outro, e disse: fogo de Deus caiu do céu, e queimou as ovelhas e os servos, e os consumiu; só eu escapei, para trazer-te a nova.

Falava este, ainda, quando veio outro, e disse: dividiram-se os Caldeus em três bandos, deram sobre os camelos, e os levaram, e mataram os servos ao fio da espada; só eu escapei, para trazer-te a nova.

Também este falava, ainda, quando veio outro, e disse: estando teus filhos e tuas filhas comendo, e bebendo vinho, em casa do irmão primogênito, eis que se levantou grande vento da banda do deserto, e deu nos quatro cantos da casa, a qual caiu sobre eles, e morreram; só eu escapei, para trazer-te a nova.

JÓ

Então Jó se levantou, rasgou o seu manto, raspou a cabeça e lançou-se em terra, e adorou e disse: nu saí do ventre de minha mãe e nu voltarei: o Senhor o deu e o Senhor o tomou; bendito seja o nome do Senhor!

Esse relato é o preâmbulo da terrível aventura que envolveu Jó. Sabemos, lendo todo o seu livro, que tudo perdeu, mas manteve a fé e a adoração ao Senhor!

Assim concluiu o livro, no 42.º capítulo:

"Mudou o Senhor a sorte de Jó, quando este orava pelos seus amigos, e deu-lhe o dobro de tudo o que estes possuíam. Então vieram a ele todos os seus irmãos, e todas as suas irmãs e todos quanto dantes o conheceram, e comeram com ele em sua casa, e se condoeram dele, e o consolaram de todo mal que o Senhor lhe havia enviado; cada um lhe deu dinheiro e um anel de ouro.

Assim abençoou o Senhor o último estado de Jó mais do que o primeiro; porque veio a ter quatorze mil ovelhas, seis mil camelos, mil juntas de bois e mil jumentas.

Também teve outros sete filhos e três filhas. Chamou o nome da primeira Jemina, o da outra Quezia e o da terceira, Quéren-Hapuque. Em toda aquela terra não se acharam mulheres tão formosas como as filhas de Jó; e seu pai lhe deu herança entre seus irmãos. Depois disto viveu Jó cento e quarenta anos; e viu seus filhos, e aos filhos de seus filhos, até a quarta geração. Então morreu Jó, velho e farto de dias.

O Ritual faz referência a Jó, embora citando-lhe apenas uma frase, para demonstrar que também o sofrimento pode ter seu prêmio.

Tantos homens torturados através dos séculos, histórias comoventes, edificantes, mas nenhuma com o vigor espiritual de Jó.

O relatório bíblico, evidentemente, está repleto de passagens simbólicas. Não se poderia aceitar o diálogo entre Satanás e o Senhor!

Aliás, as Sagradas Escrituras contêm vários episódios em que Satanás intervém como potência de oposição à Vontade soberana de Deus.

Está claro que Satanás representa a desconfiança e a falta de fé do homem para com Deus; não é um personagem real, mas um estado de espírito do homem.

Após o diálogo, o Senhor desafiou Satanás a provar que abalaria a fé de Jó. Este foi duramente provado; perdeu filhos, todos os bens, foi acometido de enfermidades, seus amigos o abandonaram, bem como sua família, foi duramente admoestado pelos sacerdotes, criticado, espezinhado e só não pereceu porque os planos do Senhor eram diversos.

O relato contém profundos mistérios, mas atualíssimos na aplicação aos fatos de nossa época.

Não se pode entender muito bem como, para provar a fé, o Senhor sacrificou os filhos de Jó e como ele, ao ter outros dez, pôde conformar-se e viver feliz.

O povo maçônico usa a leitura bíblica como hábito, eis que encontra em seu simbolismo, resposta para as suas aflições; não houve ninguém que tenha sido provado em sua fé, nos seus nervos, nos fatores emocionais e psicológicos como Jó.

Quando entristecidos face a alguma adversidade, mesmo que não possamos atinar sobre o porquê dessas

JOIAS

adversidades, e quando os amigos se afastam e retornam após passar a borasca, solícitos, a oferecer dádivas e elogios, iremos encontrar no livro de Jó a resposta certa aos nossos anseios e, assim, a necessária reação para enfrentar os problemas e solucioná-los.

A nossa religiosidade, frente às amarguras e durezas da vida, vai esmaecendo; pálida diante da necessidade, vamos buscar solução dentro do desespero, que não nos conduz a nada; revoltados, também nos revoltamos contra o Criador e blasfemamos ao nosso coração.

A fé na solução inesperada deve ser o alimento quotidiano do maçom.

Possamos, todos nós, encontrar no simbolismo bíblico o meio próprio para podermos, com galhardia, vencer os nossos dias sobre a Terra!

O Grau 31 nos dá lições admiráveis da fortaleza de Espírito, pondo-nos face a face com a crueldade humana.

Se somos, obviamente, humanos, o sejamos em novidade de comportamento para, como Jó, termos forças de elevar preces até em intenção aos nossos "amigos", que no momento de serem solicitados fogem de nós.

Quem nos socorre espontaneamente, além de nossos familiares?

O maçom deveria, segundo os preceitos e princípios da Ordem, comprovar a sua fé no Absoluto, no Senhor bíblico, e entender a sua boa vontade um para com o outro, unificando-se em Cadeia de União permanente e perene.

JOIAS — O significado do vocábulo, de origem latina, diz respeito a "aquilo que alegra", que produz alegria. Assim, o vocábulo não expressa apenas um ornamento feito com metal e pedra preciosa. A Joia maçônica tem duplo sentido; é um ornamento que indica a função de quem o usa dentro da administração. Comumente a Joia é colocada em uma fita que é pendurada no pescoço.

A Loja possui as suas Joias específicas, que são divididas em dois grupos, a saber: Joias móveis e Joias imóveis. As Joias imóveis ou fixas são a Pedra Bruta, a Pedra Polida e a Prancheta. São consideradas Joias porque "dão alegria" ao trabalhador, ao operário, ao maçom, eis que são empregadas para a construção do Grande Templo Espiritual.

As Joias móveis são: o Esquadro, o Nível e o Prumo; porque ornam como Joias específicas a pessoa que ocupa cargos: o Venerável, com o Esquadro; o Primeiro Vigilante, com o Nível, e o Segundo Vigilante, com o Prumo. São colocadas como colar; ornam, também, os Altares dessas três Dignidades.

Vinte são os cargos que compõem uma Administração, e cada Oficial usará a seguinte Joia:

Venerável Mestre — *Esquadro*
Primeiro Vigilante — *Nível*
Segundo Vigilante — *Prumo*
Orador — *Livro*
Secretário — *Penas cruzadas*
Tesoureiro — *Chaves cruzadas*
Chanceler — *Timbre*
Primeiro Diácono — *Malho ou Pomba ou ambos*
Segundo Diácono — *Trolha ou Pomba ou ambos*
Mestre de Cerimônias — *Régua ou dois Bastões cruzados*
Primeiro Experto — *Punhal*
Hospitaleiro — *Bolsa*
Porta Estandarte — *Estandarte*
Porta Espada — *Espada*

JOÃO HUSS

Mestre de Banquetes — *Cornucópia*
Arquiteto — *Maço e Cinzel*
Mestre de Harmonia — *Lira*
Bibliotecário — *Pena sobre um Livro*
Guarda do Templo — *Espadas cruzadas*
Cobridor Externo — *Alfange*
Os auxiliares, como o Segundo Experto, Segundo Secretário etc., usarão as mesmas Joia, porém em miniatura.

JOÃO HUSS — Nascido na Cidade de Husinec, na região da Boêmia, em 1369. Desde cedo dedicou-se aos estudos religiosos, apresentando-se como emérito teólogo e reformador tcheco. De grande valor filosófico, foi professor de Teologia e Filosofia. Aos trinta anos de idade já era deão da Faculdade de Filosofia, da qual, após quatro anos, passou a ser reitor.

Deu apoio às doutrinas de Wiclif contra a venda das indulgências, a confissão auricular e todas as práticas religiosas que já escandalizavam os mais esclarecidos.

Sua atuação causou alarme em Praga, e o arcebispo Stynko mandou queimar duzentos volumes das obras do contestador Wiclif, isso em 1410, proibindo a propaganda da sua doutrina em toda Boêmia.

Huss dirigiu longa carta ao Papa queixando-se das atitudes do arcebispo e apresentando as suas razões pela simpatia com Wiclif.

O Papa mandou chamá-lo a Bolonha, mas Huss, desconfiado, não atendeu ao chamado, o que lhe valeu a primeira excomunhão, que abrangeu a cidade onde Huss permanecesse.

A pedido do Rei Venceslau, Huss professou a fé ortodoxa em 1411.

Huss, aliando-se a Jerônimo, condenara, mais uma vez, publicamente as indulgências concedidas à Cruzada contra Ladislau de Nápoles.

Segunda excomunhão pelo Papa e interdição, agora, da capital — Praga. Retirou-se Huss para Husenic, sua cidade natal, onde permaneceu sob a proteção de um senhor feudal. Escreveu o livro *Sobre os Seis Erros e Sobre a Igreja*, onde atacou diversos dogmas da Igreja Católica.

O Papa o convocou para discutir suas ideias no Concílio de Constança, isso no ano de 1413, e, acreditando constituir o convite uma grande honraria e oportunidade de expor suas oposições às indulgências, Huss compareceu ao conclave, onde expôs a sua doutrina, entusiasmando o grande número de prelados e intelectuais. Evidentemente, foi convidado a retratar-se dos conceitos expendidos, considerados heréticos, em grandes acusações que duraram vários dias.

Porém Huss, que era um homem temperamental e de profunda convicção, repeliu o convite, o que lhe valeu, ali mesmo no recinto do Concílio, a condenação à morte, como herege. De nada valeram os esforços do Imperador Sigismundo para salvá-lo.

No dia 6 de julho de 1415, na Cidade de Constança, sede do Concílio, Huss foi levado à fogueira, a qual enfrentou com altivez e coragem. As cinzas foram lançadas ao Reno.

A condenação de Huss, que revoltara o próprio Imperador, provocou a união dos boêmios, que lançaram contra o Imperador toda a sua revolta, ocasionando a sangrenta Guerra dos Hussitas, que durou 14 anos (de 1420 a 1434).

João Huss é considerado não apenas um mero reformador religioso, mas, também, defensor da nacionalidade Tcheca.

Como parte de seu interesse nacionalista, procurou na escrita uma nova ortografia, retirando as formas germânicas, consolidando, assim, a nação.

Huss é relembrado como grande autoridade religiosa e de cultura extraordinária, ousando enfrentar todas as forças poderosas, inclusive, na época, a mais drástica, que era o clero, na luta contra o absolutismo religioso.

JÔNICA — Ordem de arquitetura representando uma Coluna de procedência assíria e mais tarde burilada pelos gregos. A origem dessa Coluna provém de Ion, que fora chefe de uma tribou assíria enviada para a Ásia para a construção de três Templos, dedicados a Diana, Apolo e Baco.

Trata-se de uma Coluna elegante e feminina. Tem de altura nove vezes o seu diâmetro; está assentada sobre um pedestal quadrado; possui vinte e quatro estrias separadas por filetes côncavos suaves; no capitel, duas volutas, uma de cada lado; representa a Sabedoria e é destinada ao Venerável Mestre.

JOPA — Na lenda de Hiram Abiff, é essa cidade mencionada por ter sido um porto. O Rei de Tiro, Hirão, mandava a madeira destinada à construção do Grande Templo para esse porto que mais tarde passou a ser chamado de Haifa, subsistindo até hoje.

JORDÃO — Rio da Judeia que alimenta o Mar Morto, no qual, em suas margens, foram dizimados os efraimitas, referidos no Grau de Companheiro, que é o Segundo Grau do Rito Escocês Antigo e Aceito. Foi também, em suas margens que Jesus foi batizado por São João Batista, que passou a ser considerado o patrono da Maçonaria.

JUBELA, JUBELO, JUBELUM — Os nomes dos três Companheiros que assassinaram Hiram Abiff. Deram origem aos sinais (posturas) dos três Primeiros Graus, simbolizando o corte da garganta, a extração do coração e a dilaceração do ventre, dentro da Lenda de Hiram Abiff, conhecida como Lenda do Terceiro Grau.

JUDÁ — Uma das tribos de Israel que, junto com a tribo de Benjamin, retornou do cativeiro da Babilônia para construir o Templo de Zorobabel, o segundo Templo. Na Maçonaria Filosófica, em certo Grau é feita uma referência ao episódio.

A construção do Grande Templo de Salomão não teve a participação da mão de obra Israelita, como castigo. Porém na construção dos sucessivos Templos (Zorobabel, Herodes e atual) a participação dos judeus foi real e exclusiva.

JULGAMENTO — Existem um Julgamento e um Juízo maçônico, quando um membro do Quadro é transgressor. Em decorrência, há uma apenação; essa apenação constituída de advertência, suspensão e eliminação, não é definitiva. A qualquer momento o apenado pode receber a graça do Grão-Mestre, que exerce o ato da mais ampla tolerância, que é a expressão amorosa fraternal.

Um Iniciado da Maçonaria jamais poderá ser banido definitivamente da Ordem, porque a Iniciação tem o propósito da "fusão": todos os Iniciados passam a formar um "único corpo espiritual", e esse não pode ser dividido.

O ato mais apreciado de um Grão-Mestre quando assume sua função é o da anistia. O retorno do membro eliminado causa júbilo em toda a Fraternidade Universal.

O anistiado, obviamente, terá o compromisso de não mais repetir os atos que deram causa a tão grande transtorno espiritual e administrativo. A base da Maçonaria é o culto ao amor fraterno e dentro desse espírito sublime encontra-se a força da Instituição.

JÚPITER — A mitologia latina o classificava como o Pai dos deuses. Faz parte, também, da mitologia grega. É referido nos altos Graus Filosóficos como sendo um freio simbólico para as más ações, para a intolerância e para o desamor.

JURAMENTO — Ação cerimoniosa de quem assume compromisso sério prometendo cumpri-lo; quem o descumpre será considerado um perjuro. Na Maçonaria, o Juramento é público, diante da assembleia e dentro do Templo, sendo prestado em voz alta.
O efeito esotérico diz respeito às vibrações que o som das palavras emite. Essas vibrações, que são matéria, são permanentes e situam-se no Cosmos. Não mais poderão essas palavras ser recolhidas, daí formarem um ato sagrado.
Quem jura não é o homem profano; é o Iniciado, aquele que ainda está sob a influência iniciática e que não "nasceu", mas está participando do trabalho como "parte", saindo do Óvulo Cósmico representado pela Câmara das Reflexões.
O Juramento compromete aquele que o presta e aqueles que o recebem. Receber um Juramento constitui um ato de igual sacralidade e é altamente esotérico; quem o recebe adentra em si próprio as vibrações que quem jura produz.

Em última análise, segundo a filosofia maçônica, todos os que presenciam um Juramento, dele passam a participar. Se o Iniciado é parte integrante da irmandade, um elo da Corrente, seu compromisso, sua promessa é participada por todo maçom, presente ou não no Templo.

Em todos os Graus do Rito, esse Juramento é renovado. Comumente, o Juramento é prestado sobre o Livro Sagrado e no Altar, sendo a postura "de joelhos".

A curiosidade maçônica reside no fato de o Iniciando jurar sobre o que desconhece.

Esotericamente, porém, ao jurar, o Neófito já sabe perfeitamente dos compromissos que assume. Esse conhecimento ele adquire dentro da Câmara das Reflexões, momento de profundo esoterismo e mistério. O subconsciente do Iniciado é instruído pelos Irmãos que "descem" do Oriente Eterno, jubiloso, porque mais um elo é acrescido à Fraternidade Universal. O maçom consciente, aquele que busca o conhecimento, encontrará fácil resposta a esses aspectos esotéricos. Se não o conseguir, solicite ao seu "Mestre" que será instruído à sociedade.

JURISDIÇÃO — A Jurisdição, genericamente, é territorial. Uma autoridade maçônica tem poder administrativo em área determinada. Pode a Jurisdição dizer respeito ao assunto; terá, assim, uma autoridade Jurisdição sobre Ritos ou sobre o que determinar um Estatuto.

JUSTO E PERFEITO

Provém do latim e indica o poder de julgar dentro de um direito, de uma alçada, de uma competência.

JUSTO E PERFEITO — Expressão muito usada para encerrar os trabalhos de uma Loja. O Orador, ou Guarda da Lei, ao concluir as suas considerações, dirá, com certa ênfase, que "os trabalhos decorreram Justos e Perfeitos".
O Grande Arquiteto do Universo, que é Deus, planificou e criou o Universo com absoluta perfeição. Diz-se que o ser humano foi criado "perfeito" pelo Justo. Deus não poderia criar nada que não se apresentasse perfeito. Os Persas, na arte milenar da fabricação de tapetes, com desenhos "arabescos", para nada imitar do que é Natureza, sempre deixam um "defeito" no seu tecido, alegando que somente Alá é quem poderia tecer com perfeição. Os mouros deixaram por onde passaram obras magníficas. A arte dos ladrilhos que Portugal mantém até hoje, seguindo essa filosofia, também apresenta pequenos e quase imperceptíveis defeitos. Reconhece-se um ladrilho (azulejo) quando procede da Espanha ou de Portugal como genuíno quando apresenta pequena falha.
Uma Loja maçônica deve ser Justa, Perfeita e Regular quando trabalha em obediência às Leis administrativas e aos Rituais.
Justiça pode ser definida com o brocardo latino *Justitia est constans et perpetua voluntas jus suum cuique tribuendi* (A Justiça é a vontade constante e perpétua de dar a cada um o que é seu).

KADOSCH — Palavra hebraica, escrita Kadosh por alguns, significa santo, sancionado, purificado, escolhido.
O Conselho de Kadosch pertence aos Graus da Maçonaria Filosófica e compreende 12 deles, a saber:
Grau 19 — *Grande Pontífice ou Sublime Escocês*
Grau 20 — *Soberano Príncipe da Maçonaria ou Mestre* advitam
Grau 21 — *Noaquita ou Cavaleiro Prussiano*
Grau 22 — *Cavaleiro do Real Machado*
Grau 23 — *Chefe do Tabernáculo*
Grau 24 — *Príncipe do Tabernáculo*
Grau 25 — *Cavaleiro da Serpente de Bronze*
Grau 26 — *Príncipe da Mercê ou Escocês Trinitário*
Grau 27 — *Grande Comendador do Templo*
Grau 28 — *Cavaleiro do Sol*
Grau 29 — *Grande Cavaleiro de Santo André ou Patriarca das Cruzadas*
Grau 30 — *Cavaleiro Kadosch ou Cavaleiro da Águia Branca e Negra*.
O Conselho de Kadosch é a parte filosófica por excelência da Maçonaria. Kadosch em linguagem bíblica significa, em última análise, "sancionado", ou seja, aquele que atingiu plenitude a ponto de ser "escolhido" e consagrado.

KILWINNING — Localidade pertencente à Escócia e berço da Ordem Real de Heredom, surgida por volta de 1300. Fundiu-se após a batalha de Bannockburn à Ordem de Santo André do Cardo, fundada pelo rei Roberto Bruce, também em Kilwinning. O rei Roberto I foi eleito Grão-Mestre — reuniu e uniu os maçons da época e o seu esforço perdurou até o século XIX. A parte histórica do que seria a primeira Loja maçônica da Inglaterra (Escócia), fundada em 1140, apresenta-se confusa e sua documentação existente fixa a data de 1642. Contudo, mesmo considerando-se a cidade de Kilwinning modesta, seu movimento maçônico é considerado precursor, tendo influído nos Templários ingleses.
Esse trabalho pode ser apreciado estudando-se a Maçonaria Escocesa e o Rito de York na literatura especializada (não no Brasil), nas bibliotecas europeias.

KASSIDEANOS — Sociedade judaica sob o nome de Cavaleiros do Templo de Jerusalém objetivando adornar os pórticos do Templo, zelando por sua conservação.

KAUFFMANN — Maçom alemão, autor de uma conhecida e divulgada História Filosófica da Maçonaria.

KAVI — Sexagésimo sexto Grau do Rito de Menfis; traduz-se por "Sublime".

KEITH JOHN — Grão-Mestre da Franco-Maçonaria da Inglaterra no ano de 1740.

KELLERMAN — Marechal e par da França, duque de Valmy, membro destacado do Supremo Conselho do Grau 33 e Grande Oficial do Grande Oriente de França no ano de 1814.

KEREMOS — Nome de um dos doze mestres propostos pelo Rei Salomão para vigiar as Doze Tribos de Israel.

KESSLER — Grande Prior da Maçonaria da Estrita Observância a quem foi confiado, no ano de 1770, o Capítulo de Aberden.

KI ou KAKI — Palavra escrita sobre o túmulo de Hiram Abiff e representada no Quadro da Loja dos Secretários íntimos.

KINGSTON — Lord Visconde de Kingston, Primeiro Grão-Mestre e fundador da Grande Loja da Irlanda no ano de 1726.

KORN — Conde de Korn; maçom prussiano em cuja casa foi iniciado o Rei Frederico II, da Prússia, no ano de 1738.

KRAUSE — Carlos Christian Frederico Krause, filósofo e historiador alemão, autor de várias obras importantes sobre Maçonaria.

KYRIE — Palavra de toque do Rito Kadosch Templário, significa Senhor.

KUNG—FU—TZE—KUNG — Nome completo de Confúcio, sábio tido em todo o Oriente como "santo filósofo".

L

LÁBARO — Sinônimo de bandeira e estandarte; era a denominação dos estandartes do exército Romano. Maçonicamente é a designação do Estandarte de uma Loja. O nome Lábaro lembra "labareda", que é o "fogo ardoroso" do entusiasmo. Os Estandartes romanos, muito bem elaborados, incitavam os soldados à luta, pois o exército seguia o Estandarte.

O inimigo preocupava-se em atingir o que portava o estandarte para enfraquecer a investida.

Na Maçonaria, o Estandarte representa a própria Loja em sua luta para vencer os "inimigos".

Usa-se a expressão na Bandeira Nacional: "Lábaro Sagrado".

LABOR MAÇÔNICO — Labor é sinônimo de trabalho. Toda tarefa maçônica, dentro do Templo, é denominada Labor. Esse trabalho consiste em despertar no maçom as Virtudes que existem no seu subconsciente. As Virtudes, como se verá adiante, no respectivo verbete, não são colocadas dentro do ser humano, mas eduzidas, pois nascem com a criatura.

Trabalho maçônico é o exercício constante para a obtenção de posturas certas, de prática litúrgica perfeita. Labor é a emissão de vibrações que alcancem o "próximo", que é o maçom ausente momentaneamente, no Templo, eis que todo Iniciado faz morada permanente no Templo. Obviamente o trabalho não é produzido com o "suor do rosto", isto é, como imperativo para a subsistência, como resultante de um "castigo". A "construção" do Templo Espiritual coletivo e individual demanda muito trabalho, mas esse é dignificante e prazeroso.

O trabalho não é penoso, e sim a glorificação do Criador. O que o homem produz sempre é um milagre, uma satisfação, uma bênção, um ato de santidade. O ócio é um vício, o oposto de Labor, pois a desocupação da mente dá margem a que as vibrações e os fluidos negativos tomem conta do lugar destinado à pureza e à santidade.

LAÇO MÍSTICO — A Cadeia dos Oitenta e Um Nós simboliza o Misticismo da Loja maçônica. Esses nós, na realidade, são laços "frouxos". Trata-se de um nó incompleto e simboliza a união Mística de todos os Maçons. Diz-se Laço Místico a intenção de um maçom amar a outro maçom, com envolvimento fraternalmente amigo. O "enlaçamento Místico" significa o culto ao amor fraterno.

LAÇO SIMBÓLICO — Laço significa o arranjo de uma fita ou de uma corda para simbolizar o amor fraterno. Dentro do Templo, como símbolo relevante, encontra-se a Corda dos Oitenta e Um Nós. Espaçadamente, na corda, são feitos "nós", mas de forma leve, sem que a laçada fique rígida. A mística desses "Laços de amor" reflete a situação e a função de um acumulador. A Corda dos Oitenta e Um Nós cataliza a energia que os maçons presentes emitem com a finalidade de distribuí-la equitativamente; cada um emite e recebe, como retorno, energia somada.

A Corda dos Oitenta e Um Nós é fixa na parte superior, no recinto do Templo, como a proteger com uma espécie de manto a todos. Ela se desloca através da Cadeia de União. Os elos dessa Cadeia são os irmãos que a formam e seus braços cruzados nada mais são que "laços de amor fraterno".

LÁGRIMAS — Para aliviar a tensão nervosa que uma emoção pode causar, o organismo humano, através do "saco lacrimal" situado na base das pálpebras, emite uma secreção límpida, de gosto salgado-doce. Essa liberação pode resultar da emoção alegre ou triste e da dor.

No Grau 4 da Maçonaria Filosófica, o primeiro dos Graus Inefáveis, em certo trecho do Ritual é dito, quando da visão do túmulo de Hiram Abiff: "Vi um túmulo e derramei lágrimas".

Em certos Graus, tanto o do Mestre como o da fase filosófica, as paredes do Templo são recobertas com panos negros salpicados de lágrimas, representadas por desenhos de uma lágrima em forma de pera.

O ato de verter lágrima diz-se "choro". Jesus, quando da crucifixão, chorou.

A lágrima, em si, é um produto do organismo humano, que surge em momento de elevado misticismo; o seu derramar é contagiante, pois toda a emoção toca a quem dela participa.

Apesar de a lágrima ser transparente, ela pode adquirir colorações místicas: "lágrimas de sangue", "lágrimas de luto", "lágrimas de saudades" etc.

LAMAÍSMO — Forma budista específica do Tibete. Seu fundador foi o monge budista Padma Sambhava, que, no ano 747, instalou-se nas montanhas do Tibete, região fria da China

LÂMPADA — A Lâmpada original apresentava-se como um recipiente, contendo óleo e um pavio que, aceso, produzia uma chama amarelada, emitindo tênue fio de fumaça de odor acre, iluminando palidamente um ambiente. Célebre a parábola das Virgens imprudentes que, não tendo providenciado em suprir suas Lâmpadas com azeite, foram apressadamente buscá-lo, mas, com sua saída, perderam o momento em que chegou o noivo; essas Virgens imprudentes ficaram do lado de fora e não puderam participar dos esponsais.

A Lâmpada sempre foi a expressão da fé, pois a luz produzida simboliza a luminosidade que é recebida de Deus. Nos Templos religiosos é colocada a Lâmpada Votiva, alimentada com azeite (de preferência de oliva) e que permanece constantemente acesa. Em alguns Templos maçônicos é usada essa "lamparina", mas não faz parte da ritualística.

A Lâmpada Votiva acesa significa a presença constante da divindade naquele recinto.

A do Templo maçônico, porém, só é "reacesa" quando se forma a Egrégora, que surge após a abertura do Livro Sagrado.

A Lâmpada foi o primeiro utensílio inventado para produzir a Luz, que mais tarde, foi substituído pelas velas feitas com cera de abelha.

Diz-se que as Sagradas Escrituras são a Lâmpada para os olhos.

No Livro Sagrado, a não ser nos Evangelhos, não é feita alusão às Lâmpadas de azeite, mas a Velas, tanto que a descrição sobre o uso de Menorá e de outros castiçais menciona os "apagadores" e os "espevitadores" dos pavios.

Com o advento da Lâmpada elétrica, inventada por Tomas Edison, nos Templos maçônicos o uso das Velas tem sido substituído pelo das Lâmpadas. Contudo, é condenável o uso de Lâmpadas no altar dos Juramentos.

Já existem diminutas lâmpadas que substituem a chama das velas, dando a nítida impressão de que existe uma chama bruxuleante.

Os gases que se desprendem da chama e os resíduos da cera queimada "agradam" Jeová, ou seja, faz parte do "incensamento" do Templo e isso, por ser tradição, permanece em uso nos Templos maçônicos.

LÂMPADA DE LICOPÓDIO — O Licopódio é uma resina extraída de um arbusto que atua como "breu", que provém da destilação da "hulha", que é o carvão mineral e que facilmente se torna inflamável quando reduzida a pó.

Para a "prova de fogo", na cerimônia de Iniciação, usa-se um aparelho constituído de uma vasilha cuja tampa é perfurada a ponto de permitir, quando sacudido, a saída do pó; no centro da tampa coloca-se um "toco" de vela aceso. A vasilha possui um "cabo oco" através do qual é dado um sopro; esse sopro faz com que o pó saia rapidamente da vasilha e, encontrando a chama da vela, exploda, produzindo uma chama de volume expressivo que aquece o rosto do Iniciando que, tendo os olhos vendados, não sabe de onde provém essa luz e esse calor. Emite um odor acre. O uso do Licopódio simboliza a "purificação pelo fogo".

Hoje, usa-se um simples *spray*, cujos gases produzem uma explosão intensa ao entrarem em contato com uma chama, de vela ou de isqueiro. A diferença entre o uso do Licopódio e do *spray* é que o Licopódio é uma substância mística, pois o arbusto que o produz simboliza a "Sarça Ardente do Sinal", vista por Moisés quando "presente" Jeová.

LANÇA — Utensílio similar à "Férula" ou Bastão, usado em certos Ritos, simbolizando a força e a proteção.

LANDMARKS — Certos autores "aportuguesaram" o termo, que é inglês e significa "limites", escrevendo "Landmarques". Constituem os princípios fundamentais e tradicionais da Maçonaria. Todas as Leis maçônicas têm suas raízes nos *Landmarks*.

O vocábulo surgiu em 1721, no artigo 39 dos Regulamentos Gerais de Payne, e desde lá vêm sendo conservados com a curiosidade de que cada Rito os possui em maior ou menor número. Os *Landmarks* mais observados são os referidos no Rito mais em uso, que é o Escocês Antigo e Aceito, o primeiro estabelecido no Brasil e mantido até os presentes dias.

LÁPIS — É um dos instrumentos de trabalho maçônico, usado pelos Mestres. É formado com uma mistura de pomblagina e outros materiais, inserida num canal de madeira. Empregava-se na construção e em toda a obra. Hoje está sendo substituído por artefatos mais modernos. Simboliza que os atos dos maçons são observados e anotados.

LARMINIUS, CAVALEIRO — Esse personagem é de existência duvidosa, pois acredita-se ter-se originado da imaginação fértil de um Jesuíta.

No entanto, diz o relato histórico que Jacques de Molay, prevendo seu trágico fim, conclamou a João Marcos Larminius, ou Lamernius, confiando-lhe todos os poderes para estabelecer e governar a Ordem depois de sua morte.

Por sua vez, Larminius nomeou para seu sucessor Francisco Tomás Teobaldo de Alexandria.

O jesuíta italiano que forjou essas personagens se chamaria P. Bonay, que era também um antiquário e hábil falsificador.

Como permaneceu em sigilo a direção da Ordem do Templo, face à perseguição por parte de Felipe, o Belo, e do papa Clemente V, a única segurança existente era a dos Cavaleiros D'Aumont e Harris que, na Escócia, deram prosseguimento ao trabalho.

LATITUDE E LONGITUDE — Como uma Loja maçônica representa, também, a Terra, quando construído o Templo que a abriga deve-se observar para que a posição e as medidas correspondam às linhas geográficas. Uma Loja é um quadrilátero, cuja Latitude vai do Oriente ao Poente, e a Latitude, do Norte ao Setentrião; sua profundidade e altura irão até o centro da Terra e até o Infinito.

Costuma-se, no intróito do Balaústre (ata), referir a posição exata física e astronômica do Templo. Em todas as praças públicas, quase sempre defronte aos Edifícios das Prefeituras, encontram-se esses dados.

LATOMUS — Expressão latina arcaica que significa o "cortador de pedra". Latomia significaria uma Loja, pois um dos sinônimos de Loja é "Pedreira", de onde se originam todas as "Pedras Brutas" que constituem o Quadro da Loja.

LAUREL — É a coroa de Louro, uma folha aromática que se mantém verde, extraída de árvores de grande porte usado também como condimento, especialmente em peixes.

Sempre foi usado na antiga Roma e na Grécia, para os "vencedores". Em grego, Louro traduz-se por Dafne, que foi a inspiração de Apolo.

Essas folhas possuem características medicinais que auxiliam os tratamentos estomacais.

No Grau 4 da Maçonaria Filosófica, os seus Iniciandos são coroados com coroa de Louro.

LEALDADE — Atributo maçônico virtuoso exigido pelo Grupo. A Tolerância decorre da Lealdade. A origem da palavra é latina, "legalis", cuja raiz é "lex", ou seja, lei. Será leal o observador dos preceitos maçônicos. Os juramentos maçônicos nada mais são que incentivos à Lealdade, tanto para com os coirmãos como para consigo mesmo, para com o Criador, para com a Pátria e com todos os semelhantes.

É um ponto básico da Maçonaria.

Por se tratar de uma palavra tão "preciosa", inúmeras Lojas maçônicas e Corpos filosóficos portam esse nome. A Lealdade arrasta muitas outras virtudes. Desperta-as e as fortalece, como a sinceridade, a fidelidade, o amor, o carinho, e a piedade, enfim, enfeixa um universo de bons propósitos e, o homem torna-se um ser útil à Humanidade, à Sociedade e à Família.

LEÃO — Sendo considerado o rei dos animais, o Leão, por sua ferocidade e

altivez, foi sempre usado como símbolo da força de vontade, o valor e o poder da Justiça.
Astrologicamente, é um dos signos do Zodíaco e representa o fogo.
Nas lendas maçônicas, no Grau 14 é referida a participação do Leão constituindo sua divisa *In Ore Leonis Verbum Inveni*, que pode ser traduzido como "Achei a Palavra na Boca do Leão".
Esse soberbo animal é o emblema do pensamento.

LEDO, JOAQUIM GONÇALVES (1781-1847) — Fundador do Grande Oriente do Brasil. Ledo foi um dos grandes libertários da Pátria e fundador do "Revérbero Constitucional Fluminense", que seria o "clarim das liberdades nacionais".
Foi Venerável Mestre da Loja do Comércio e Artes usando o nome simbólico de Diderot. Essa Loja, dividida em outras três, proporcionou a fundação do Grande Oriente do Brasil em 17 de junho de 1822, colocando por aclamação José Bonifácio como primeiro Grão-Mestre. Em 2 de agosto do mesmo ano, Bonifácio propôs a Iniciação de D. Pedro. Ledo faleceu em 19 de maio de 1847. Atribui-se a ele a queima do arquivo relativo ao movimento da Independência do Brasil. A vida de Ledo demonstra ter sido grande patriota e exemplar maçom.

LEI — As Leis surgem por uma necessidade de regulamentação do comportamento social, contendo as tradições, os costumes e a orientação filosófica e política do momento.
O poder de legislar cabe, numa democracia, ao Legislativo; ao Judiciário, dirimir suas dúvidas e aplicações; ao Executivo, o seu cumprimento e observância.

As Leis da Natureza não são estabelecidas, mas descobertas, porque elas existem sem a interferência dos homens, assim como as Leis do Espírito. Toda Lei deve ser clara, compreensível, moral e ética. As Leis maçônicas nada diferem das Leis civis e comuns, observando, apenas, a tradição histórica.
O que um Ritual contém não constitui Lei, mas Liturgia. Os *Landmarks* não são Leis, mas normas. As Constituições são a "Lei Maior" da Ordem; devem conter os princípios básicos observando os *Landmarks*. Uma Constituição pode ser periodicamente alterada para adaptar-se às necessidades que surgem com a transformação da Sociedade; os Regulamentos não são Leis, pois surgem através de um ato legítimo; são normas provindas das Constituições, assim como os Estatutos.
A Lei Divina constitui o aglomerado de preceitos contidos num Livro Sagrado que uma Loja adota. No Brasil o Livro Sagrado é a Bíblia ou Sagradas Escrituras. Em cada país o Livro Sagrado pode ser o Alcorão, os Vedas, enfim, o Livro dominante; nota-se um entrosamento religioso com as Leis maçônicas
Afora os *Landmarks*, a Maçonaria estabeleceu a observância das Grandes Constituições, elaboradas em 1723 sob a inspiração de Anderson, que codificou as antigas Obrigações (*Old Charges*) inglesas renovadas em 1717.

LEMA — Uma simples frase pode expressar toda uma filosofia; assim, maçonicamente, cada Grau possui o seu Lema peculiar. A Maçonaria Simbólica usa o Lema da Revolução

LENDA

Francesa, com leve alteração: "Liberdade, Igualdade e Fraternidade".
A Maçonaria Filosófica adota: *Deus Meumque Jus* (Deus e o meu direito).
Outros lemas ou divisas podem ser nomeados: *Ordo ab Chao*; *Lux ex Tenebris*; *In hoc Signo Vinces*; *Ne plus ultra*; *Spes mea in deo est*.
Esses lemas são enunciados em latim e por uma questão de tradição permanecem nessa língua.
De uma forma geral, os Lemas são escritos nos Estandartes ou nos logotipos do papel de cartas.
Os Cruzados escolhiam o Lema de cada campanha; eram frases que incitavam à luta e despertavam a fé.
O efeito esotérico de um Lema é o som vibratório de cada palavra quando emitido em um Templo.
Cada vibração penetra no ser como se fosse uma poção mágica curando as enfermidades.
Existem na Literatura maçônica autores que dedicam o seu esforço mental para esclarecer sobre o efeito da vibração produzida pela palavra. No judaísmo esse som é considerado divino.

LENDA — Definir o que seja Lenda é um tanto difícil, pois se trata de uma figura literária muito pouco usada nos dias atuais.
O Rito Escocês Antigo e Aceito, formado por 33 Graus, apresenta-se como um conjunto harmônico; no entanto, cada Grau possui a sua própria Lenda.
Por que a Maçonaria moderna procurou conciliar os conceitos filosóficos com Lenda?
Pesquisando os livros didáticos de português, de autores modernos, não encontramos um só que fizesse referência a essa figura literária.
Hoje, ninguém escreve Lendas, pois esse vocábulo foi substituído por "ficção".
A "ficção" parte, como a Lenda, de um fato verdadeiro, que vem ampliando, de forma genérica, por conhecimentos científicos. A imaginação ultrapassa até os planos existentes para o futuro de coisas realizáveis.
Por exemplo, no campo da astronáutica, dentro do conhecimento popular das viagens interplanetárias, com os recursos científicos já conhecidos, o homem passa a imaginar planetas habitados e descreve a guerra nas estrelas!
Jesus, ao apresentar a sua nova concepção filosófica para a vida, acenou com uma vida futura, que os céticos de hoje batizaram como ficção.
Diríamos, mais apropriadamente, como Lenda.
Jesus ensinava através de parábolas.
A parábola não passa de uma espécie de Lenda, pois é descrita como fato perfeitamente viável, posto que certas Lendas contêm muito mais de ficção que de verdade. A Lenda relata fatos alegóricos surgidos na própria Natureza, como é o rio Nilo para o Egito.
O Nilo existe; é palpável; o homem tira dele os seus benefícios imediatos.
O Reino dos Céus é descrito como um reino humano, mas apresentado com riqueza inimitável.
O Templo de Salomão, descrito no relato bíblico, ninguém o viu; não foi reproduzido em desenho ou pintura; não há outro registro, mas, imaginando-se a sua grandiosidade, passaria de uma Lenda muito bem fundamentada.
Para o materialista, o que não é visto e examinado não pode constituir uma verdade.

A Lenda é isso: uma descrição que não pode ser materializada e, para ser criada, se faz necessária uma boa dose de fé.

Toda a Maçonaria tem um só alicerce: a construção do Templo.

Definir Templo é o grande mistério maçônico, pois, se o ponto de partida é ficção ou Lenda, o próprio Homem, Templo Divino, passa a ser realidade. Portanto, a Lenda maçônica parte de um princípio verdadeiro, passa para o campo da ficção e retorna para a verdade.

A Igreja, ao relatar a vida de seus Santos, não dispensa a Lenda. Lenda áurea, poder-se-ia dizer, quando do início da Igreja Papal. Todos nós, usando a imaginação, podemos transformar um fato histórico verdadeiro em ficção, em Lenda, como fez a renomada escritora francesa Marguerite Yourcenar, de saudosa memória em seu livro *Memórias de Adriano*.

As Lendas do Rito Escocês Antigo e Aceito são de autores desconhecidos. Nós, nada criamos; apenas tentamos interpretar para descobrir o seu profundo significado e a razão de fazerem parte dos Rituais.

Jesus responde à pergunta sobre o que era a verdade com esta frase: "Eu sou a Verdade".

O trabalho do maçom na pesquisa das Lendas é justamente aprimorar-se para distinguir o fictício do real. Compreender a Lenda, para poder afirmar: "Eu sou a Verdade".

Não é só a Maçonaria que possui Lendas. Em todas as civilizações elas existem; em todas as religiões, especialmente as orientais, a Lenda desempenha papel relevante.

LEVANTAR COLUNAS — Quando uma Loja maçônica cessa as suas atividades administrativas e litúrgicas, diz-se que "abateu Colunas". Um maçom é sempre maçom, não só *ad vitam* (para a vida, ou enquanto viver), mas eternamente. Nada fará com que um maçom deixe de sê-lo; a autorenúncia conseguirá destruir o "novo nascimento" vindo da Iniciação. Porém, uma Loja pode deixar de existir; pode ser extinta e seus membros serem dispersados; pode extinguir-se para dar lugar a uma nova Loja; pode subdividir-se ou pode permanentemente desaparecer.

No entanto, basta um de seus antigos membros, reunido com outros seis irmãos, para Levantar as Colunas da extinta Loja, pedindo ao Grão-Mestre permissão para isso.

A extinta Loja "ressurgirá e retornará à normalidade".

O nome de uma Loja extinta pode ser usado para a formação de uma nova Loja. Nesse caso, aquela Loja não "Levantará Colunas". O nome de uma Loja não é propriedade de uma Grande Loja, a não ser que tenha havido registro no órgão oficial competente, reservando o nome por determinado período, que deverá ser sempre renovado, com o pagamento dos emolumentos correspondentes; será a "marca registrada" do nome.

Temos muitos exemplos de Lojas com o mesmo nome, especialmente entre as diversas obediências existentes no País.

Quando, porém, é usado o nome de uma Loja, ou corpo filosófico, já existente, a nova Loja tomará um número; por exemplo: Loja Liberdade, n.º III. Há nomes muito comuns, como

"Liberdade". Atualmente, existe uma Loja denominada "Liberdade n.º 100", pois já existem, ou existiram, 99 outras.
O Levantar Colunas de uma Loja extinta exige um ritual específico; as festividades constituem, sempre, júbilo entre os maçons.

LEVITAÇÃO — Erguimento. Um corpo físico pode, através de certos fluidos, tornar-se "leve" a ponto de erguer-se do solo. Os Yoguis hindus são mestres na levitação; trata-se de um fenômeno comum dentro da ciência espírita.
Na Maçonaria temos tido exemplos (não comuns) de irmãos que, dentro da formação da Cadeia de União, experimentaram esse fenômeno.

LEVITAS — Os que pertencem à tribo Israelita descendentes de Levi, um dos doze filhos de Jacó.
A atribuição dos Levitas, desde a fuga do Egito, era prover para o culto religioso.
Os Levitas eram os condutores da Arca da Aliança. Esses personagens têm estreita ligação maçônica, pois a saga dos hebreus forneceu os elementos para a construção de todas as Lendas maçônicas.

LIBAÇÃO — Ato de beber por prazer ou culto. Nas civilizações antigas — Pérsia, Egito, Grécia, Roma —, a Libação constituía uma cerimônia dedicada aos deuses, na qual eram ingeridas bebidas inebriantes, geralmente o vinho de uvas, romãs ou outros frutos apropriados à fermentação. Nessas cerimônias pagãs, eram erguidos sete brindes em honra aos sete planetas, considerados sagrados: Sol, Lua, Marte, Mercúrio, Júpiter, Vênus e Saturno. A Maçonaria, seguindo essa prática, nos seus ágapes (banquetes) ergue sete brindes, não aos planetas, mas às autoridades maçônicas presentes e ao Presidente da República.

LÍBANO — Cadeia de montanhas nascida na Síria e que se estende pela Palestina e Israel.
O Líbano constitui uma nação que outrora foi imensamente rica e poderosa. Diz a Lenda que lá se encontrava o Jardim do Éden.
A Maçonaria tem no Líbano a memória da construção do Grande Templo de Salomão, pois Hirão, rei de Tiro (Líbano), auxiliou o empreendimento, fornecendo os célebres Cedros do Líbano, além de outras espécies de madeiras, e riquezas, bem como o célebre arquiteto Hiram Abiff.

LIBERALISMO — Nome anteriormente dado à Democracia. Os movimentos "liberais" visavam o bem-estar da sociedade combatendo o despotismo. A Maçonaria sempre abraçou o Liberalismo. No Brasil, opôs-se à Monarquia até conquistar a República. A luta é contínua, porque a tendência dos governantes, fascinados pelo poder, é restringir a liberdade, suprimindo a igualdade e, com isso, a fraternidade.
A Maçonaria como "conjunto" e Instituição não se imiscui nas lutas políticas. Constrói porém, no seu filiado, um baluarte na defesa da Liberdade absoluta, sem desvios de conduta, mas por idealismo, sem a participação de benesses às vezes distorcidas que corroem as virtudes.

LIBERDADE — Nada há mais perigoso que esse conjunto de nove letras, porque, frequentemente, em nome da Liberdade, se cometem os mais hediondos crimes.

A Liberdade exige um conjunto de ações complementares. Uma falsa Liberdade oprime e desajusta, desequilibra e desilude.

Como exemplo temos as Constituições dos países que se proclamam livres e que inserem no texto que "todos são iguais", "com as mesmas oportunidades", o que não é exato.

Nem toda a população em idade escolar pode usufruir do ensino; nem todos os enfermos, de atenções médicas; nem todos os que desejam trabalhar obtêm empregos; o lazer, a diversão não são distribuídos equitativamente; a igualdade fica na dependência dos recursos financeiros; assim, um pobre que apenas consegue subsistir, porque ganha somente para a escassa alimentação, não pode fazer parte do "maravilhoso artigo constitucional de igualdade"!

O lema maçônico Liberdade, Igualdade e Fraternidade é um todo; a Maçonaria envida todos os seus esforços para que seu lema se torne realidade e seja um "manto" para toda a Humanidade.

Ainda, fora do aspecto social e político, o pensamento do ser humano deve ser Livre; a consciência e a espiritualidade não podem ter limites ou freios. O conceito amplo de Liberdade vem descrito em dois documentos internacionais que merecem respeito e aplauso: A Declaração dos Direitos Humanos proclamada pelas Nações Unidas e a Declaração do Concílio Vaticano II: *Dignitatis Humanae*. O primeiro é de inspiração maçônica; o segundo, de inspiração evangélica.

A Maçonaria preocupa-se com a Liberdade individual de seus filiados, com a Liberdade grupal (da própria Instituição) e com a Liberdade da Humanidade.

LIBRÉ — Palavra francesa usada para designar uma vestimenta específica usada nos primórdios do século pelos maçons; equivale a "traje". O maçom tem o costume de ingressar no Templo trajado de negro, camisa e gravata brancas, luvas brancas. No Grau de Mestre, chapéu negro, sem abas.

O motivo de ser o traje negro reside no fato de o negro, não sendo cor, cobrir o corpo, deixando a descoberto as partes em branco. Essas, o plexo solar e as mãos recebem as vibrações e energias. Não sendo o branco cor, é ele a polarização de todas as cores. De forma esotérica, existiria o maçom, "neutralizando" todo o corpo, menos as partes cobertas de branco e o rosto; este, no Grau de Mestre, ficaria "encoberto" pela sombra do chapéu, que pode ser substituído pelo capuz.

LICENÇA — Trata-se de um ato meramente administrativo, isentando o membro do Quadro do compromisso de frequência. A licença pode ser verbal, posto consignada no Balaústre, ou escrita num documento apropriado que o maçom levará consigo. Terminado o período de licenciamento, poderá ser renovado.

LIMINAL — Sinônimo de preliminar; o que é colocado à entrada; a consciência. Subliminar é o que está sob a consciência, ou seja, a subconsciência. Corresponde, no Templo, ao Átrio. A Sala dos Passos Perdidos representa a consciência; o Átrio, a subconsciência; o Templo, a hiperconsciência ou o Espírito.

LIMITE — Caminho entre dois espaços; ponto estanque. Do latim *limes, limitos*. Maçonicamente, é o espaço limitado legítimo para a ação operativa e especulativa; são os *Landmarks* da Ordem.

LINGUAGEM — Significa o conjunto de palavras que formam um idioma. Surge dos usos e costumes dos povos. Praticamente, cada povo possui a sua própria linguagem, mesmo que na aparência haja uma só língua para diversos povos. O português falado em Portugal, no Brasil e nas Colônias que foram dominadas por Portugal, possui características próprias em cada local, assim como o inglês falado na Inglaterra difere do falado nos Estados Unidos, no Canadá e onde houve o domínio inglês.

Tudo pode ser retirado do homem, menos a sua expressão oral, a sua linguagem.

A Maçonaria possui, dentro da linguagem que usam seus filiados no mundo, uma linguagem própria e característica, mais estilo que propriamente vernáculo.

Em todos os povos nos quais se desenvolve a Maçonaria existem as palavras empregadas no Templo, para exprimir de forma simbólica o pensamento maçônico.

O uso comum nos Templos envolve uma linguagem que caracteriza a construção de alvenaria, a partir dos projetos desenhados nas Pranchetas. O Neófito, como criança simbólica que é, aprende paulatinamente a expressar-se de forma convencionalmente maçônica. Se por acaso algum profano, ludibriando a vigilância, adentrar em um Templo para participar dos trabalhos, no momento em que lhe for solicitada a palavra, não poderá expressar-se de modo usual, o que fará com que seja descoberto. Tanto a postura como a linguagem revelam o maçom.

LÍRIOS — O Lírio tem o mesmo significado que o Lotus para os povos orientais, pois é uma flor "espiritualizante", reveladora de pureza e de candura, simbolizando o próprio homem em êxtase"; simboliza, outrossim, a mulher virgem, intocada e pura.

Os Lírios egípcios, de uma coloração vermelha, provavelmente foram os usados por Hiram Abiff para a ornamentação das duas Colunas do Átrio. Os Lírios representam os Iniciados e são dispostos em três etapas: os botões da fila superior simbolizam os Iniciados nos mistérios de Ísis; os da fila central e desabrochados simbolizam os Iniciados de Serapis, com o seu esplendor; a terceira fila, dos Lírios pendentes, simboliza os Iniciados nos mistérios de Osíris que desceram ao mundo para auxiliar e iluminar a Humanidade.

Simbolizam, outrossim, os três Graus de construtores do Templo: Aprendizes, Companheiros e Mestres.

Em união com as Romãs, simbolizam o culto místico da procriação. O perfume e a conduta dos Lírios, ou o seu rubor, o afrodisíaco vinho obtido das Romãs, como referido nos Cânticos dos Cânticos, revelam a exuberância (aceita naquela época) sexual de Salomão convivendo com novecentas concubinas.

Na atualidade, a Maçonaria pouca atenção dá aos Lírios. Ocupa-se mais do simbolismo da Romã, porém sob o enfoque da união de suas sementes, que simbolizam a união fraterna.

LIVRE-ARBÍTRIO — Ou livre juízo. O livre-arbítrio restringe-se ao pensamento. Obviamente o pensamento é totalmente livre, porque basta pensar e eis que podemos nos trasladar à Jerusalém Celestial.
Contudo, o Cristianismo não o admite, pois nada foge à Vontade de Deus. Com a criação do ser humano, a sua mente ficou estreitamente ligada (e não subjugada) à mente do Criador.
Portanto, Livre-arbítrio deve ser interpretado no seu justo posicionamento e enfoque.
A filosofia maçônica dá ao Livre-arbítrio uma amplitude imensa, pois não se preocupa com os aspectos religiosos.
Esotericamente, inexiste Livre-arbítrio, pois nada pode ser separado do Espírito.

LIVRE E DE BONS COSTUMES — É a condição exigida para que um profano possa ingressar na Maçonaria através da Iniciação. Não basta o candidato ser politicamente Livre; não basta que tenha um comportamento moral comum.
A Maçonaria proclama que a sua filosofia tem base na tradição, nos usos e nos costumes. Portanto, "costumes" não são um mero comportamento, uma conduta moral, mas sim um universo de práticas que conduzam o ser humano a uma vida espiritual.
O candidato deve comparecer à Iniciação com uma disposição quase inata de "amar o seu futuro irmão" como a si próprio.
Isso exige um comportamento para com seu próprio corpo, para com a sua própria alma e para com o seu Espírito.
Se o objetivo de um candidato for o de ingressar numa associação privativa, fechada e misteriosa, estará não só enganando a si próprio, como aos demais.
Ser "Livre e de Bons Costumes" constitui uma exigência de muito maior profundidade do que parece à primeira vista. Seria muito cômodo aceitar um candidato que politicamente é livre, pois não há mais escravidão no mundo, ou um que penalmente não se encontre preso cumprindo alguma pena. A Liberdade exigida é ampla, sem compromissos que inibam o cumprimento das obrigações maçônicas, sem restrições mentais e religiosas.

LIVRO — Um Livro é uma composição física de folhas de papel contendo um ou vários assuntos. Surgiu como prancheta de barro, depois como reunião de pergaminhos em rolo e, ainda, com folhas de papiro. A sua evolução foi extraordinária. Hoje o podemos ter refletido eletronicamente no vídeo de um computador ou televisor.
O grande propulsor do Livro foi Guttemberg, com a invenção dos tipos móveis.
Paralelamente ao desenvolvimento do Livro, surgiram as bibliotecas, que em todo o mundo possuem um acervo imenso de volumes.
Na Maçonaria temos várias espécies de Livros: Livro de Arquitetura, onde são registrados os Balaústres ou atas, formando o acervo da Loja para a sua história e memória; Livro das Constituições, dos Regulamentos, dos Estatutos e dos Rituais; Livro de Presença, que registra a presença dos maçons às reuniões; Livro de Eloquência, que reúne as "peças de arquitetura", ou seja, os trabalhos escritos apresentados em Loja; o Livro do Tesouro, que registra os valores arrecadados;

o Livro Sagrado, que é o Livro colocado no Altar (para o mundo ocidental, a Bíblia).

LIVRO DA LEI — Esse título dá origem a muitas confusões, pois muitos denominam o Livro Sagrado, como o Livro da Lei Sagrada.

Muitas Lojas, erroneamente, colocam sobre o Altar, ao lado do Livro Sagrado, a Constituição do País, para justificar a presença de um Livro da Lei.

O objetivo da colocação do Livro Sagrado sobre o Altar é abri-lo, segundo os preceitos litúrgicos, fazer a leitura de determinado trecho, de conformidade com o Grau em que a Loja trabalha, e dar, assim, início à presença da Luz que construirá a Egrégora.

Esse Livro Sagrado servirá também para receber do candidato os seus juramentos.

Na Maçonaria Simbólica, o Livro é aberto: no Grau de Aprendiz, no Salmo 133; no Grau de Companheiro, em Amós 7, 7-8; no Grau de Mestre, em Eclesiastes 12, 1-7.

Na Maçonaria Filosófica: para o Grau 4, Mestre Secreto: I Reis 8, 1- 6; para o Grau 5, Mestre Perfeito: I Reis 5, 1-6; para o Grau 6, Secretário Íntimo: I Reis 9, 10-14; para o Grau 7, Preboste e Juiz: Deuteronômio, 16, 18-20; para o Grau 8, Intendente dos Edifícios: II Crônicas 1, 1-4; para o Grau 9, Cavaleiro Eleito dos Nove: I Reis 8, 22 -26; para o Grau 10, Cavaleiro dos Quinze: I Crônicas 22, 7-10; para o Grau 11, Sublime Cavaleiro dos Doze: I Reis 6, 11-14; para o Grau 12, Grão-Mestre Arquiteto: I Reis 9, 1-5; para o Grau 13, Cavaleiro do Real Arco: Êxodo 6, 2-7; para o Grau 14, Perfeito e Sublime Maçom: Êxodo 33, 18-21; para o Grau 15, Cavaleiro do Oriente: Esdras 3, 8-10; para o Grau 16, Príncipe de Jerusalém: Esdras 6, 14-16; para o Grau 17, Cavaleiro do Oriente e do Ocidente: Apocalipse 5, 1-5; para o Grau 18, Cavaleiro Rosa-Cruz: Marcos 14, 12-17; para o Grau 19, Grande Pontífice: Apocalipse 21, 14-18; para o Grau 20, Soberano Príncipe da Maçonaria *Ad Vitam*: Esdra 4, 7-10; para o Grau 21, Noaquita ou Cavaleiro Prussiano: Gênesis 6, 7-12; para o Grau 22, Cavaleiro do Real Machado: Gênesis 3, 1-7; para o Grau 23, Chefe do Tabernáculo: Êxodo 40, 1-5; para o Grau 24, Príncipe do Tabernáculo: Êxodo 40, 18-21; para o Grau 25, Cavaleiro da Serpente de Bronze; Números 21, 6-9; para o Grau 26, Príncipe da Mercê: Gênesis 9, 12-15; para o Grau 27, Grande Comendador do Templo: Ageu 2, 1-5; para o Grau 28, Cavaleiro do Sol: Gênesis 1, 14-18; para o Grau 29, Grande Cavaleiro Escocês de Santo André: Apocalipse 2, 10-13; para o Grau 30, Cavaleiro Kadosch: Deuteronômio 10, 1-4; para o Grau 31, Grande Juiz Comendador: Deuteronômio 17, 8-11; para o Grau 32 não há leitura; para o Grau 33, Grande Inspetor Geral, Salmo 134, 1-3.

LIVRO DOS SETE SELOS — É como se denomina o Livro do Apocalipse. Para a Maçonaria é o símbolo do conhecimento, porque a cada Selo, ou Véu, destacado surge uma revelação. No Apocalipse vem descrita a Jerusalém Celeste, uma cidade simbólica construída com elementos preciosos; a descrição revela um projeto arquitetônico, reforçando a imagem de um Grande Arquiteto do Universo; primeiramente, orientou Noé para construir a arca que o salvaria do dilúvio; posteriormente, a orientação para a construção do Grande Templo de Salomão; e, finalmente, a projeção da Cidade Santa, onde serão recebidos os que se mantêm fiéis à sua Vontade.

LÓGICA — O termo tem origem grega. Trata-se de uma ciência milenar que desenvolve o raciocínio e dá a razão de ser de todas as coisas. Nada existe dentro dos Rituais que não tenha Lógica; é uma das sete ciências primárias estudadas no Segundo Grau. O grande filósofo Descartes dizia: "Eu existo; logo, sou"; esse raciocínio é a Lógica da vida.

A meditação leva a mente ao raciocínio, e este, à solução dos problemas. Lógica e Razão são elementos gêmeos; a coerência é um dos filamentos da Lógica.

Durante as sessões maçônicas, por ocasião das coletas dos óbolos e das proposições, esses momentos são destinados à meditação; o pensamento é conduzido pelo fundo musical, pela luz amenizada e pelo perfume do incenso; a mente "voa" e, automaticamente, o raciocínio produz a resposta às múltiplas questões que lhe são propostas. Mesmo que pareçam desordenadas, pela velocidade em que mudam os assuntos, no pensamento, o cérebro acumula as soluções.

Dentro de uma sessão litúrgica o maçom enriquece sobremodo; a sua presença ordenada e regular, pela participação integral, propicia as benesses que a Instituição, tão sabiamente, distribui entre os seus filiados.

LOGOS — Significa "Palavra e Razão". Provém do grego *Lógos*. No que respeita à Palavra, corresponde ao vocábulo Verbo; é a Palavra "falada", a sonorização do pensamento. Não basta que alguém se expresse através de simples Palavras; entre uma palavra e outra, surge um espaço ocupado pelo "indizível". Quem escuta, possuindo a necessária sensibilidade, compreende até o que não foi dito através de sons. Pode-se exemplificar com o dito popular "Ler entre linhas", ou seja, ler o que não está escrito, mas o que a Razão sugere.

O Discípulo João, em seu Evangelho, começa com estas palavras: "No princípio era o Verbo e o Verbo estava com Deus; e o Verbo era Deus". A Palavra é a expressão de Deus no ser humano; quando o homem se manifesta através da Palavra, está em plena harmonia, na presença de Deus.

A moral recomenda que a Palavra seja pura, sem ofensas, agressões ou blasfêmias, porque quem "fala" não é o ser humano, mas Deus.

Lógos é verbo e Razão. Razão aqui é a parte espiritual do ser. Já o filósofo pregava: "A inteligência cria os problemas; a Razão os soluciona".

Kant selecionava a Razão em diversas gamas; ele nos apresenta a Razão pura, ou seja, o impulso vital divino. Para os Cristãos, houve uma "transferência" desse *Lógos*, do Pai para o Filho.

LOGOSOFIA — É a ciência que estuda a parte divina do ser humano. A Maçonaria segue essa linha espiritual, pois sua missão e preocupação é fazer do ser humano "uma edificação", ou seja, um Templo, e revelar que a parte divina é muito mais real e relevante que a parte genética.

LOJA — Maçonicamente, Loja é o agrupamento de maçons em trabalho. Não existe, propriamente, uma construção, um edifício denominado Loja; a Loja surge dentro de um Templo.

A origem do vocábulo é confusa; viria do latim *Logia*; do germânico *Lahdia* ou *Laubja*, ou do sânscrito *Loka*.

Todos esses vocábulos sugerem um local de habitação. Mesmo que proceda de povos anteriores aos que construíram Tabernáculos e Templos hebreus, Loja seria o local onde os operários da construção se recolhiam para o descanso e, reunidos, discorriam sobre seus problemas sociais e espirituais, surgindo sempre o Mestre orientador. Em todas as línguas modernas, uma Loja maçônica é denominada em termos semelhantes: *Loggia*, *Lodge*, *Logian*, *Loge*, conservando uma mesma raiz.

A não ser no início da civilização, quando os homens buscavam as cavernas para refúgio, nela habitando, pouco a pouco, imitando os animais, passaram a realizar as próprias construções; os animais, pássaros, castores, ratazanas etc., mantêm a técnica primitiva sem qualquer alteração para as suas habitações. Porém, o ser humano evolui de tal modo que, em breve, atingirá a semelhança das construções da Jerusalém Celestial.

Entre nós, existem variadas denominações para uma Loja, de conformidade com as suas funções específicas.

Apesar de as descrever, não aceitamos outra Loja a não ser aquela em que, reunidos os maçons, desenvolvem um Ritual de forma litúrgica.

LOJA DE ADOÇÃO — Nome dado às Lojas mistas, permitindo o ingresso das mulheres, surgidas na França em 1772.

LOJA A DESCOBERTO — Quando os membros de uma Loja, por qualquer motivo, não puderem se reunir no Templo, o farão em qualquer local, mesmo a céu aberto; nesse caso, a reunião tratará exclusivamente de assuntos administrativos. Toda Loja, para funcionar, deve antes ter sido "consagrada", tornando-se local sagrado. Somente nesse local, que é o Templo, poderá ser aberto o Livro Sagrado.

LOJA ADORMECIDA — O maçom está "dormindo" quando desligado do Quadro de sua Loja. Também recebe essa denominação a Loja que suspende seus trabalhos por um período que ultrapasse o convencional inserido nos Estatutos.

LOJA CAPITULAR — É a Loja que abriga um Capítulo, ou seja, uma Loja que instrui os maçons do 1.º ao 18.º Grau; essas Lojas estão quase extintas no Brasil.

LOJA IRREGULAR — Uma Loja, para poder trabalhar em um Templo e pertencer a uma Obediência Regular, reconhecida universalmente, deve receber uma Carta Constitutiva emanada de um Poder Central, Grande Loja, Grande Oriente ou Supremo Conselho. Se uma Loja não preenche esses requisitos, estará trabalhando de forma irregular.

LOJA DE EMERGÊNCIA — Um Grão-Mestre tem o poder de, em caso de emergência, constituir uma Loja e chamar obreiros para os trabalhos regulares.

LOJA EXTINTA — É a Loja que abateu definitivamente suas Colunas, que recolheu os seus arquivos ao

Poder Central e que já não possui, nenhum membro sequer para o seu reerguimento.

LOJA EM FAMÍLIA — Toda Loja pode, durante o desenvolvimento dos seus trabalhos litúrgicos, suspender momentaneamente a atividade litúrgica, colocar os membros em recreação e tratar, exclusivamente, de algum assunto administrativo ou ocasional, para, depois, reencetar de modo normal os seus trabalhos litúrgicos. Contudo, em se tratando de uma sessão magna de Iniciação, não há lugar para qualquer interrupção.

Um Venerável Mestre também poderá convocar uma sessão para tratar de assuntos administrativos, e isso especificamente; fará apenas a abertura e o encerramento, de modo litúrgico.

LOJA MÃE — Diz-se assim quando ocorrem duas circunstâncias: será Loja Mãe aquela que devido ao grande número de filiados tem necessidade de formar um outro corpo; a novel Loja terá, na que lhe deu origem, a sua Loja Mãe.

Também é Loja Mãe aquela que iniciou o maçom. Quando esse pede o seu *quite placet* para ingressar em uma outra Loja, procederá de uma Loja Mãe. Se por acaso, por motivo de transferência de localidade ou de país, deixar sua Loja, que o recebeu da Loja Mãe, essa Loja não será considerada mais a sua Loja Mãe.

LOJA MILITAR — Surgiram na Inglaterra e abrigavam exclusivamente Oficiais do Exército e da Marinha. Os navios ingleses, na sua maioria, estabeleciam essas Lojas Militares; quando o navio permanecia por longo tempo em um porto, em que houvesse súditos ingleses, era fundada uma Loja maçônica inglesa, que recebia exclusivamente cidadãos ingleses.

Tudo indica que foram os ingleses com as suas Lojas Militares que introduziram no Brasil a Maçonaria.

A França e outros países, por sua vez, passaram a estabelecer suas Lojas Militares.

LOJA OCASIONAL — Exclusivamente para iniciar novos maçons, um Grão-Mestre tem o poder de estabelecer uma Loja. Concluída a cerimônia e geralmente iniciados sete maçons, esses, por sua vez, fundavam uma novel Loja, sendo a Loja Ocasional dissolvida. Essa prática foi sugerida por Anderson em suas Constituições.

LOJA OPERATIVA — Toda Loja que tem o encargo de assistência social, sustentando um asilo, um orfanato, um hospital, uma escola ou uma creche, estará exercendo um trabalho fora do Templo. No início a Maçonaria era exclusivamente Operativa, porque zelava pelos seus adeptos, criando escolas artesanais, orientando-os na arte de construir.

Com o advento da Maçonaria Especulativa, as obras sociais são realizadas em caráter privativo, pelos maçons, sem que a Loja tenha responsabilidade.

No Brasil, assistimos a muitas Lojas proverem recursos para sustentar obras sociais. Toda a programação e fiscalização do dinheiro arrecadado e empregado é feita pela Loja através de sua Tesouraria.

LOJA DE PERFEIÇÃO — A Maçonaria Filosófica trabalha nos Graus 4 ao 14 (Graus Inefáveis) e os trabalhos se realizam em Lojas de Perfeição, observados os Rituais que lhes correspondem.

Não se confunda com Loja Justa e Perfeita; esse atributo é comum a todas as Lojas.

LOJA PROVISÓRIA — Nenhuma Loja poderá ser provisória; o que é provisório é a autorização para o seu funcionamento. Assim, o Grão-Mestrado não expede a Carta Constitutiva definitiva antes de comprovar a capacidade com os Regulamentos no trabalho que iniciaram. De conformidade com os Regulamentos, a Carta Constitutiva definitiva será dada após um ano de atividade regular.

LOJA REGULAR — É a Loja que para funcionar deve contar com a presença de, no mínimo, sete irmãos, sendo três Mestres e quatro Aprendizes e Companheiros; deve possuir Carta Constitutiva fornecida por uma Obediência Regular.

LOJA DE SÃO JOÃO — Segundo a tradição, São João seria o patrono da Maçonaria. Não há definição a respeito de qual João a Maçonaria adotou. A primeira Loja é considerada Loja Mãe Universal e teria sido fundada em Jerusalém. A Confraria de São João era a que recebia e atendia os peregrinos na Terra Santa. No verbete "São João", é descrito com maiores detalhes esse "personagem" mítico.

LOJA SIMBÓLICA — A rigor, toda Loja maçônica é simbólica, porque nelas os Símbolos são estudados sob os mais variados aspectos. No Brasil existe uma divisão na Maçonaria, estabelecida pelo Tratado de Lausanne, no século passado.

Ficou estabelecido que as Lojas Simbólicas trabalhariam exclusivamente com um mesmo Ritual, mas nos Graus 1, 2 e 3. Os demais Graus do Rito Escocês Antigo e Aceito, do 4 ao 33, passaram a ser denominados Graus Filosóficos, e a Maçonaria, Maçonaria Filosófica.

A Maçonaria Simbólica é também conhecida como Maçonaria Azul; a Filosófica, como Maçonaria Vermelha e Maçonaria Negra.

O Templo que recebe as Lojas Simbólicas apresenta uma decoração específica e os Símbolos que contém também dizem respeito à arte da construção.

Os Templos que abrigam a Maçonaria Filosófica, por sua vez, possuem decoração muito diferente e apresentam Símbolos outros.

Face à "pobreza" da Instituição no Brasil, num aspecto geral, a Maçonaria Filosófica trabalha nos Templos Simbólicos. Há completa harmonia entre os dois escalões; em muitos Estados já estão sendo construídos Templos específicos. Dentro da própria Maçonaria Simbólica, todos os seus três Graus trabalham em Templos decorados para o Primeiro Grau. Vários Templos possuem salas apropriadas para o Grau 3, denominadas "Câmara do Meio". Desconhecemos, todavia, a existência de recintos apropriados para o Grau 2, o do Companheiro.

LOUREIRO — Planta que atinge a altura de 4 a 5 metros, conservando sempre verdes suas folhas; mesmo colhidas, permanecem verdes durante um longo período. Suas folhas exalam

um delicado aroma. É símbolo da imortalidade e da glória. Os antigos gregos e romanos confeccionavam coroas de louro para os seus heróis.
Na Maçonaria são usadas essas coroas para a cerimônia do Grau 4, Mestre Secreto.

LOWTON — Emprega-se essa palavra inglesa para designar o filho impúbere de um maçom, quando da cerimônia de sua adoção pela Loja a que pertence o pai. Uma tradução usada seria "lobinho". Existem variações, como *Lawton, Louveton, Luston*.
A Loja adota os seus *Lowtons* visando protegê-los, em caso de necessidade, após o falecimento do pai. Há muita celeuma em torno de um *Lowton* ser somente filho varão ou ser mulher. Há Obediências que adotam ambos os sexos; outras, apenas o masculino. Na filosofia dos propósitos sociais, justo seria que uma Loja maçônica zelasse por todos os filhos órfãos e necessitados de um membro.
Algumas Lojas comemoram a data do patrono, São João, no dia 24 de junho, com as festividades de adoção de *Lowtons* e, numa atitude louvável, organizam Clubes de *Lowtons*, reunindo os adotados, buscando orientálos num bom caminho, até atingirem a maioridade. A responsabilidade da Loja é zelar pelos seus *Lowtons* até a maioridade civil e, em alguns casos, quando o *Lowtons* ainda não concluiu a sua formação universitária, a Loja, em caso de necessidade, provê o necessário para o custeio do estudo.

LUA — As Sagradas Escrituras referem que Deus, ao criar o Universo, formou dois "luminares, o Sol e a Lua, um para iluminar o dia e o outro, a noite. Por desconhecer que a Lua era um satélite sem luz própria, recebendo-a do Sol, o equívoco vai por conta da filosofia antiga, sem que isso possa desmerecer a função da Lua, que, além de iluminar, embora palidamente, a noite, exerce influências fortes sobre as marés, sobre as plantações e sobre um inúmero seguimento astronômico.
A Lua representa o princípio feminino, aquoso, frio e úmido; simboliza a constância, a regularidade, a afeição, a obediência, a evolução e a luz emanada da moral.
Nos Templos maçônicos, a sua representação é feita colocando-se um similar artificial.
Esse símbolo, dentro do Templo, não constitui apenas um ornamento, mas simboliza todas as suas funções.
Existe uma ciência, embora empírica, de que o corte dos cabelos deve obedecer a uma das fases da Lua, de conformidade com cada indivíduo; também para o tratamento de emagrecimento a ingestão de certos alimentos deve obedecer a uma determinada fase da Lua.
Na realidade, o "tempo" deve ser calculado por Luas, assim como o ciclo completo; o mês varia entre 28 e 30 dias.
A razão pela qual os maçons reúnem semanalmente, diz respeito a esse ciclo lunar semanal, pois cada fase da Lua envolve aproximadamente sete dias.
Em cada fase, o maçom deve renovar as suas energias, passando a Lua, assim, a exercer sobre a sua vida uma força apreciável.
No entanto, pouco sabemos, maçonicamente, sobre a Lua e sua influência.

Os Rituais não se preocupam com ela, embora a Astronomia, como uma das sete ciências do Grau de Companheiro, devesse ser levada mais a sério.
Repetimos: se o símbolo lunar (Selene) é colocado dentro do Templo, não o foi em vão.

LÚCIFER — Do latim: *lucis* = luz; *ferre* = trazer, ou seja, "trazer luz" ou "porta luz".
Os romanos designavam Lúcifer como a estrela matutina. A sua origem, contida nas Sagradas Escrituras, diz que Lúcifer é o anjo que se rebelou, levando consigo uma terça parte dos Anjos que habitavam o Reino Celestial.
A rebeldia dizia respeito à pretensão de Lúcifer de possuir plena liberdade, sem obedecer à vontade do Criador.
Foi descrito como um anjo portador de grande luz.
Devemos esclarecer que os anjos rebelados, seres incriados, pertenciam ao primeiro escalão da Corte Celestial.
Teorias existem sobre Lúcifer e sua corte; essa terça parte de anjos rebelados seríamos nós, os habitantes da Terra e que seriam redimidos, quando comprovado nosso arrependimento, demonstrado ao retornarmos a obedecer à vontade de Deus.
Lúcifer também é dado como sinônimo de Satanás, Diabo, Belzebu.
Na Maçonaria é tido como "o opositor", mas não faz parte dos Rituais.

LUCÍLIO VANINI — Esse filósofo italiano, nascido em Taurisano, território de Otranto, em 1584, chamava-se, na realidade, Pompeio Ucílio, filho de um humilde colono, mas já com influência política, pois ocupava cargo de prefeito de Francisco de Castro, duque de Taurisano e vice-rei de Nápoles. Sua mãe era Meatriz Lopes de Nogueira, de origem espanhola.
Vanini era formado em medicina, teologia e astrologia judiciária, terminando os seus estudos na Universidade de Pádua.
A sua vocação, porém, o tornou sacerdote, dedicando-se à pregação, dada sua eloquência.
Sua carreira eclesiástica pouco durou, porque, entusiasmado com as ciências positivas de seu tempo, inspirando-se em Aristóteles e Averróis, tornou-se ateu.
Alguns biógrafos referem que reuniu doze companheiros para ir pregar o ateísmo pelo mundo, fato que, contudo, não encontra maior confirmação.
Submetido a processo, foi julgado inocente, pois se comprovou que sempre fora católico fervoroso.
Na Alemanha, em pleno período de reforma, permaneceu no convívio com os protestantes, convencendo-se da fragilidade da doutrina católica como era apresentada.
Da Alemanha foi para a Boêmia, atraído pelos Anabaptistas, onde estudou e aprofundou-se nos conceitos que lhe eram apresentados.
Passou, depois, pela Holanda e pela Suíça, onde tomou parte em uma acirrada discussão a respeito do problema matrimonial, contra um filósofo que defendia a teoria de que os casamentos incestuosos não eram condenáveis em si, mas apenas pelas regras sociais.
Entusiasmado pela discussão, tomando por base trechos bíblicos, evocando a Moisés e analisando os hábitos pagãos, Vanini enredou-se nas discussões,

que perduravam durante dias seguidos, e passou a afirmar que as leis civis e eclesiásticas eram produto da hipocrisia humana.

Essa sua assertiva revoltou a todos, que passaram a maltratá-lo, obrigando-o a se retirar para Lyon, onde abriu suas baterias e começou a atacar a todos com grande veemência; seu comportamento obrigou-o a fugir para a Inglaterra.

Ainda não satisfeito pelo uso livre de sua palavra, atacando a todos, passou a estudar o anglicanismo, o qual considerou e propalou cheio de defeitos, tecendo, publicamente, amargas críticas.

Preso, permaneceu isolado durante dois meses; sendo expulso, homiziou-se em Gênova.

Em Gênova, reuniu a mocidade, que passou a convencer sobre o seu pensamento, agora totalmente ímpio.

Com um grupo, correu de cidade em cidade, apostolando as suas doutrinas francamente ateias. Escreveu livros contraditórios, como *Amphiteatrum*, *De Admirendes Natura*, *Tratado de Anatomia* e *Diálogos*.

Suas obras lhe resultaram uma condenação em Sorbona, que motivou sua fuga para Toulouse, onde lecionou medicina e filosofia.

Totalmente desequilibrado e contraditório, ingressou em um convento, de onde foi expulso por pretender convencer os companheiros de suas ideias. Foi entregue à Justiça.

Quando o Juiz lhe perguntou se pedia perdão a Deus, ao Rei e à Justiça respondeu: "Que não acreditava em Deus, que não ofendera o Rei e que manda ao diabo a Justiça".

Foi condenado à morte na fogueira e morreu com apenas trinta e quatro anos de idade, tendo-lhe sido, antes, arrancada a língua.

Os arroubos de inteligência, na jovem personalidade de Vanini, precursor das ingentes lutas pela liberdade de expressão, valeram-lhe um registro permanente na História. Sacrificado pela intolerância, permaneceu, posto sua loucura e atrevimento, como marco de um início de uma nova era, no fechamento da Idade Média. O seu sacrifício e seviciamento, comprovam a intolerância dos homens, sempre dispostos a eliminar aqueles que se destacam pela altivez e coragem.

LUMINARES — Seguindo a tradição hebraica, os Luminares de uma Loja são o Sol e a Lua. As estrelas, apesar de possuírem luz própria, não são consideradas Luminares. O Sol e a Lua representam o dualismo, o ativo e o passivo, o macho e a fêmea, o dia e a noite, o princípio e o fim; têm a sua representação, também, nas duas Colunas do Átrio, sendo a Coluna "J" o Sol e a Coluna "B" a Lua.

LUVAS — O surgimento das Luvas, perde-se nos primórdios das civilizações, sabendo-se, contudo, que surgiram como meio de proteção das mãos, primeiramente contra a intempérie e, depois, contra o fogo, o trabalho grosseiro, a proteção bélica, o ornamento, a higiene etc.

Maçonicamente, faz parte do traje obrigatório, simbolizando que as mãos jamais devem conspurcar com atos maldosos, como o derramamento de sangue, e com as nódoas do pecado.

Contudo, há uma razão esotérica para ocultar as mãos, assim como para ocultar o corpo, com o uso do Balandrau e do Chapéu.

Para receber os fluidos emanados do Ara, o maçom deve ter apenas o plexo solar a descoberto.[7]

Fazem parte do traje a camisa e a gravata, ambas brancas, bem como as luvas, que devem ser brancas também.

O traje maçônico não é o Balandrau, mas a veste comum, calça, paletó, meias e sapatos, pretos.

O negro não é cor, mas "ausência" de cor; o branco não é cor, mas a "polarização" de todas as cores.

Sendo as Luvas e o plexo solar brancos, estão aptos para receber os fluidos positivos. O rosto, encoberto por chapéu, especialmente no Grau de Mestre, não receberá esses fluidos.

A rigor, porém, nos Graus 1 e 2 do Simbolismo, os maçons não usam chapéu, recebendo, assim, o rosto e cabeça, na sua íntegra, esses benéficos fluidos.

Trata-se de um assunto profundamente esotérico, envolvendo o conhecimento dos "Chacras", que nos mais altos Graus é totalmente revelado.

As Luvas, sendo brancas, não podem ser "manchadas", especialmente de sangue. Simbolicamente, os assassinos de Hiram Abiff mancharam com seu crime as próprias luvas.

Um tanto polêmico é se, no Grau de Mestre, as luvas devem ser negras; nos demais Graus Filosóficos, também é comum o uso de luvas brancas.

O ser humano é tão sensível que necessita, sempre, proteger-se para evitar problemas físicos e espirituais.

Hoje, com a ameaça da rarefação da proteção da camada de ozônio da atmosfera, em certas regiões, a radiação ultravioleta, causa sérios prejuízos ao organismo humano. Já está em estudo um traje adequado e protetor, de modo que há razão para que o maçom use o seu traje convencional dentro do Templo, onde todos os fenômenos da Natureza são reais.

Por ocasião do cerimonial da entrega das Luvas, o Neófito recebe um par, de dimensões menores, destinado a ser entregue à mulher que o Neófito mais estima: genitora, esposa, filha. É a demonstração de que a mulher deve "participar" da vida maçônica.

Por ocasião das festividades brancas, ou seja, das que permitem a presença da mulher, essa que possuir seu par de Luvas deverá trazê-lo consigo.

As Luvas representam a candura e a inocência, a pureza da alma e o bom comportamento, a vida sem manchas e a autoproteção.

LUX — Palavra de origem latina que significa "Luz". *Lux et Tenebris*, outra expressão latina que significa "Luz vinda das Trevas", simboliza que o maçom, vindo das trevas, recebe a Luz. Essa frase consta dos diplomas e documentos maçônicos.

LUZ — A Luz é o elemento dissipador das trevas; onde houver Luz, os caminhos serão claros, iluminados e sem obstáculos. É sinônimo de Verdade, Sabedoria, Liberdade, Conhecimento, Redenção.

Quando um candidato ao ingressar na Instituição maçônica passa pela Iniciação e, adentrando no Templo, "recebe a Luz", significa que os mistérios ser-lhe-ão revelados.

A morte significa o ingresso nas trevas, porém com a perspectiva de uma anciosa entrada na Luz.

---

7. N.R.: *situação que ocorre na Iniciação.*

No momento em que o Criador dispôs-se a criar o Universo, voltando-se para o planeta Terra, a sua primeira ação foi produzir a Luz: "Faça-se a Luz, e a Luz foi feita".
Portanto, Luz significa o que foi criado, os Filhos da Verdade: "Conhecereis a Verdade e a Verdade vos libertará", dissera o Divino Mestre.
Em todas as filosofias e religiões, a Luz significa a presença divina.
Evidentemente que a Luz é palpável, tem medida a sua velocidade, é pesada e analisada em seus mínimos detalhes. Porém, paralelamente, há uma Luz Interior, invisível, mas de potencialidade maior que a Luz visível.
Essa Luz Interior é a parcela espiritual que ilumina o homem.
Nos antigos Templos, a Luz era simbolizada pela chama; os Templos eram iluminados por tochas, velas ou lamparinas. Hoje, a Luz vem "aprisionada" dentro de uma lâmpada ou foco similar. Houve época de carbureto, para mais tarde ser substituído pelo querosene.
A Luz apropriada para iluminação dos Templos é a da vela produzida com cera natural de abelhas.
O corpo humano tem a faculdade de "emanar" Luz (já existem aparelhos para essa constatação). A mente humana é capaz de produzir Luz.
As Sagradas Escrituras, ou os Livros Sagrados, são denominados "luminares", pois a sabedoria que espargem, equivale à Luz. "Lâmpada para os meus pés", dizia o Salmista referindo-se ao Torá.
A Luz da potencialidade de Deus é tão intensa que a ciência, ainda não conseguiu obtê-la. Essa luz cegou Paulo de Tarso quando a caminho de Damasco incendiou a sarça diante de Moisés; ela é imensamente mais forte que o relâmpago, que o *laser*, enfim, que a Luz científica de nossos dias.
Todo o ser humano, na devida oportunidade, entrará em contato com essa Luz, e então compreenderá o porquê de na Maçonaria ser dada à Luz a primazia entre os múltiplos símbolos.

LUZES — Existe dentro de um Templo maçônico uma série de símbolos e elementos, denominados Luzes, a saber:
Grandes Luzes — O Delta Sagrado, o Delta Luminoso e a Estrela Flamígera.
Luzes Administrativas — Os Oficiais da Loja.
Luzes Astronômicas — Sol e Lua, as Constelações da Abóbada Celeste.
Luzes Litúrgicas — O Menorá, a Lâmpada Mística e as "Estrelas".
Luzes Místicas — Constituem os Candelabros colocados nos Tronos do Venerável Mestre e dos Vigilantes, bem como no Altar dos Juramentos; não confundir com o Ara, onde é colocado o Livro Sagrado. No Ara não é colocada nenhuma Luz, porque o próprio Livro Sagrado é a maior Luz do Templo.
Luzes Morais — Livro Sagrado, Compasso, Esquadro.

MAÇÃ — Simboliza a Família maçônica. Nos ágapes, como enfeite das mesas, são colocadas algumas maçãs. Analisando-se a sua forma, quando cortada ao meio de forma horizontal, o seu centro, onde estão suas sementes, forma uma estrela de cinco pontas. Esse fruto encerra a lenda do pecado, quando Eva teria oferecido a Adão uma Maçã, considerado o fruto proibido porque, uma vez ingerida, abriria as portas do conhecimento.

Maçonicamente, tem apenas o significado de símbolo da Família.

MACHADO — É o grande agente da civilização. Foi a primeira arma e o primeiro instrumento. Desde os tempos pré-históricos, tem sido objeto de culto; mais tarde ficou sendo a arma favorita dos deuses. É o símbolo do Grau 22, Cavaleiro do Real Machado. O Machado de dupla lâmina simboliza o dualismo. Em muitas manifestações religiosas, especialmente nas africanistas, o Duplo-Machado simboliza a destruição.

Na Maçonaria, esse símbolo não significa elemento destruidor; nenhum símbolo maçônico tem aspecto ofensivo, nem sequer a Espada.

Os povos da era da pedra confeccionavam suas armas, buscando nas lascas de pedras duras os elementos apropriados; assim, uma pedra em forma de lâmina de machado dupla era facilmente "amarrada" a um cabo; daí a imagem ter servido para *Ascia* dupla.

MACKEY, ALBERT GALLATIN (1807-1881) — Célebre historiador maçônico, norte-americano, iniciado na Loja St. Andrews, na Carolina do Sul. Suas obras constituem os clássicos da literatura maçônica, tendo sido traduzidas para muitas línguas. Infelizmente, inexistem em português. São conhecidas as: *Lexicon of Freemasonary*, a *Encyclopedia of Freemasonary*, *Symbolism of Freemasonary* e *Jurisprudence of Freemasonary*. Em espanhol, encontram-se na Editora Kier, em Buenos Aires, algumas obras desse renomado escritor.

MAÇO — Malho confeccionado em ferro, madeira ou borracha, usado por pedreiros, carpinteiros, mecânicos, enfim pelos mais diversos artesãos.

A "testa" do Maço é de proporções maiores que a dos malhetes, martelos, marretas, enfim, malhos menores e malhos maiores.

Ao pé do Altar do Primeiro Vigilante, ao lado da Pedra Bruta, dentro da Loja maçônica, é colocado o Malho. O Neófito dá três pancadas simbólicas sobre a pedra, simbolizando o início de seu trabalho, que é o de "desbastar a Pedra Bruta", que é ele próprio.

O Maço é o símbolo da força, da vontade, da iniciativa e da perseverança. Simboliza, outrossim, o membro viril, reprodutor.

O Maço restrito a proporções menores dá origem ao Malhete, símbolo manejado pelo Venerável Mestre e pelos Vigilantes. (Ver verbete específico.)

MAÇOM — Muitos escrevem o vocábulo com "n" terminal, o que constitui erro vernacular. Não se confunda maçom com "Maço", pois o nome deriva de *mason*, que significa, em inglês, "casa".

Maçom é o membro da Instituição maçônica. Filosoficamente, é um "estado de espírito".

Inicialmente, quando a Maçonaria se apresentava como Operativa, o vocábulo "maçom" designava simplesmente a função de "pedreiro", mais tarde acrescida de outro vocábulo, *free*, significando "pedreiro livre".

Comumente, o "pedreiro" era denominado *caementarius*, com a pronúncia "cementarius"; mais tarde, nova designação usual: *lathomus*, expressando o "assentador de pedras".

Os franceses usavam o vocábulo *mazzun* para designar o pedreiro, fugindo do vocábulo latino.

MAÇOM

Na Inglaterra, surgiu o mesmo vocábulo, ligeiramente alterado, como *mason*. A Maçonaria usou-o para distinguir um "pedreiro livre e iniciado" do "assentador de pedra", o operário comum.

Essa preocupação, é encontrada nos meados do século XI; já no século XVI, estava em uso, dentro da Maçonaria, o vocábulo *freemason*, com a tradução de "pedreiro livre".

Em 1725, o vocábulo *free-mason*, foi substituído pelo: *franc-mason* ou *franc-maçon*.

Obviamente, o nome "Maçonaria" deriva do vocábulo "maçom" e expressa a valorização grupal dos "pedreiros livres".

No século XIII, surgiram as associações e as confrarias de maçons. Porém, a denominação oficial de Maçonaria surge apenas em 1723, com as Grandes Constituições de Anderson. Maçonaria ou Franco-Maçonaria são sinônimos.

Em 1323, foi, construído em Londres o Westminster Hall, tendo sido nele gravada a frase *Citiens et masons de Londres*, em francês arcaico, de onde se conclui que um certo número de "maçons" franceses participou da construção. Pode-se traduzir a frase como "Os cidadãos e pedreiros de Londres".

Um pouco antes, em 1212, aplicava-se em Londres outro termo para os construtores: *Sculptores lapidum liberorum*, que, sem dúvida, designavam os "maçons".

Aqui o vocábulo *liberorum*, foi empregado para designar o material de construção: a pedra mais macia, talvez calcárea, com que são construídos os antigos edifícios.

Há, portanto, dúvida em torno da expressão "livre". Alguns autores ligam-na às "confrarias" que recebiam o privilégio de se manter livres, em redutos invioláveis, sem pagamento de impostos, dado o seu trabalho arquitetônico extraordinário.

Somente mais tarde, com a organização da Instituição, é que os construtores de Templos e Catedrais passaram a construir o Templo Espiritual.

Esse pedreiro especializado tomou na Inglaterra o nome de *Freemason*; na França, *Franc-maçon*; na Itália, *Libero Muratore*; e, em Portugal, *Pedreiro livre*.

Paulatinamente, esse Pedreiro Livre já não era o mero assentador de pedras, mas o arquiteto, o especializado, aquele que possuía o segredo da construção: o Iniciado.

Com o surgimento da Maçonaria Especulativa, esse "maçom" retornou às suas origens, passando a "desbastar a Pedra Bruta", sendo ele próprio essa pedra bruta, informe e grosseira.

Com a necessidade face à evolução da construção, a Associação ou a Confraria passaram a aceitar pedreiros avulsos, mão de obra sem especialização; esses foram designados como "Maçons Aceitos". Mais tarde, com o surgimento da Maçonaria Especulativa, ingressaram na Ordem os "filósofos", que também foram denominados "Aceitos", mas cujo ingresso não dispensava a Iniciação.

Com a organização da Ordem, seguindo o exemplo de outras ordens e de qualquer associação, os Maçons deveriam ser classificados, como Ativos, Inativos, Regulares, Irregulares, Itinerantes, Marítimos, enfim, situações que o próprio termo define e que dispensam maiores explicações.

MAÇONARIA

A definição do que seja um maçom abrange conceitos variados se levarmos em consideração as variadas espécies de maçons. No entanto, dentro da concepção atual, maçom, além de ser o filiado na Instituição maçônica, é o idealista que busca o próprio aperfeiçoamento, ou seja, burilar de tal forma a "pedra" que ele representa para torná-la apta a participar da construção do Templo; não de um edifício arquitetônico de alvenaria, mas do recinto dentro de si próprio, onde possa estar em comunhão com o Criador e com os seus irmãos.

MAÇONARIA — A definição mais simples do que possa ser a Maçonaria é a que o vulgo julga: "Uma Sociedade Secreta". Tudo o que se possa afirmar a respeito da Ordem maçônica complementa uma definição.

O Ritual iniciático a define: "Uma Instituição que tem por objetivo tornar feliz a Humanidade, pelo amor, pelo aperfeiçoamento dos costumes, pela tolerância, pela igualdade e pelo respeito à autoridade e à religião".

Indubitavelmente, essa definição não abrange todos os aspectos da Instituição; falta-lhe, por exemplo, um elemento dos mais valiosos: "Liberdade". O homem só é feliz quando se sente livre. A Maçonaria sempre existiu, ora como movimento para a defesa do ser humano, ora como uma agregação de profissionais para garantir o sigilo de seu trabalho, ora como uma expressão religiosa; enfim, ela não permaneceu estagnada. A cada ano a definição é alterada, porque a evolução geral do pensamento e da ciência assim obriga. Os conceitos alteram-se em cada fração de segundo; o comportamento do ser humano também altera-se com a mesma velocidade.

Sabemos, por intuição, que o homem sempre buscou segurança para sua própria pessoa e, como ato instintivo para a sobrevivência da espécie, a segurança para sua família.

Com o agrupamento das famílias, houve necessidade de buscar a proteção da sociedade que se formava; dessa, a passagem para a civilização. As constantes lutas fratricidas conduziram o homem na busca do comportamento, da moral, do convívio pacífico e da espiritualidade. Está em permanente evolução.

No momento em que o grupo entendeu unir-se para executar o trabalho, surgiram os líderes, os mais aptos, os que possuíam visão mais fecunda.

O segundo passo foi a organização, com o estabelecimento de regras, de direitos e de deveres.

Houve época em que esse Movimento se fundiu com a espiritualidade, sendo a religião a manifestação externa.

O poder dos Sacerdotes e dos Reis assimilou tudo o que a incipiente Maçonaria desenvolvera.

O terceiro passo foi o da total autonomia. Todo membro aceito devia passar por uma Iniciação, que constituía em submeter os candidatos a provas severas, com juramentos e castigos em caso de violação.

A construção dos abrigos, abandonando as cavernas, exigia mão de obra capaz, assim como a construção das moradias, mais tarde sofisticadas, dos palácios, onde habitariam os reis e dignidades. "Pala" significa "madeira", portanto as primeiras construções teriam sido de madeira, troncos secos e pedras soltas encontradas no leito dos rios.

O aperfeiçoamento da obra dá-nos a ideia de uma Maçonaria medieval dedicada à construção de majestosos Templos, Catedrais, Palácios e Monumentos, viadutos, aquedutos, estradas, tudo ciosamente guardado por uma técnica secreta.

O Grande Templo de Salomão foi um exemplo, não que tenha sido o primeiro, eis que Nabucodonosor já possuía palácios magníficos, mas porque os detalhes arquitetônicos haviam sido "ditados" por Jeová, envolvendo, assim, os segredos da construção material com os mistérios da construção espiritual.

O passo seguinte foi a organização social da Ordem e o culto ao espiritualismo esclarecido pela filosofia da época dos enciclopedistas, isso já na era moderna.

A Maçonaria sempre foi varonil e destemida; jamais se curvou a qualquer poder; sofreu, foi perseguida e dizimada. Hoje está viva, pujante e com perspectivas invejáveis de progresso e expansão.

Perfeitamente organizada administrativamente, ela está em toda parte, dividida em alguns escalões, conservando um único princípio tradicional.

Atualmente, cada país possui autonomia plena para seguir o Rito que melhor lhe aprouver.

Periodicamente, a Alta Cúpula de cada Obediência, reúne-se em congressos para estudar a parte que evoluiu e obter métodos visando acompanhar o que os novos conceitos da Ciência e da Filosofia ditam. A Maçonaria encontra-se dividida em duas partes: a Maçonaria Simbólica e a Maçonaria Filosófica.

Anteriormente, essa divisão dizia respeito à Maçonaria Operativa e à Maçonaria Especulativa. Hoje toda ela é um misto de filosofia e operatividade. Nos próximos verbetes serão examinados esses aspectos.

Maçonaria é uma associação de seres humanos, devidamente organizada, visando à realidade da Vida, na Terra e no Universo, em direção ao mundo espiritual, denominado Universo de dentro.

A finalidade é encontrar a felicidade, para que o homem cumpra o seu destino percorrendo o trajeto que todos desejam seja ameno no ignoto, ultrapassando o Portal que o vulgo denomina Morte.

MAÇONARIA DE ADOÇÃO — É constituída de Lojas femininas, porém, supervisionadas por uma Loja Simbólica masculina, tendo, frequentemente, como Venerável Mestre um maçom masculino. Surgiram no século XVIII, tendo sido a primeira fundada no ano de 1760, em Paris. Possui um Ritual particular, dedicando-se as irmãs à prática da caridade e ao "embelezamento" da Maçonaria.

Não se deve confundir com Maçonaria exclusivamente feminina, que adota os Ritos da Maçonaria masculina.

A Maçonaria de Adoção, no entanto, tem origens remotas, conhecendo-se seus primórdios no Egito e na Grécia. Em Mênfis, já existia um grupo de "donzelas" que passavam pela Iniciação. Os mistérios de Ceres em Eleusis eram dirigidos pelas sacerdotisas.

O desencanto com a espiritualidade dos homens levou as mulheres de elevada linhagem, a e dedicarem à Virtude, esquecida pelos que dirigiam os trabalhos místicos.

No entanto, a Maçonaria de Adoção sempre reuniu homens de sabedoria comprovada e o movimento espalhou-se pelo mundo civilizado da época.

O nome "Adoção" provém do fato de a Maçonaria ter "adotado" as mulheres como parte da Virtude esquecida nas Lojas: o restabelecimento da delicadeza, do afago, do amor ao próximo e da estabilidade da família, com resultados promissores, haja vista que até hoje essa Maçonaria de Adoção subsiste progressiva.

A Maçonaria de Adoção denomina-se, igualmente, Andrógina. O seu Rito, denominado Rito para as Damas, compõe-se dos seguintes Graus: segundo o Rito Francês e o Escocês: Aprendizes, Companheira, Mestra, Mestra Perfeita e Soberana Ilustre Escocesa; segundo o Rito de Mênfis: Aprendiza, Velada, Mestra, Mestra Perfeita e Sublime Eleita.

MAÇONARIA DOS ALTOS GRAUS — Ou Maçonaria Filosófica, compreende os Graus 4 a 33.

MAÇONARIA AZUL — Era assim denominada a que abrangia o primeiro grupo, considerado simbólico; essa denominação surgiu com o sistema de Zinnendorf, também denominado Graus de São João, que são o de Aprendiz, o de Companheiro e o de Mestre. Posteriormente, toda a Maçonaria Simbólica passou a ser denominada Maçonaria Azul.

MAÇONARIA EVANGÉLICA — Sociedade paramaçônica fundada na Alemanha em 1739, para a propagação dos Evangelhos.

MAÇONARIA OCULTA ou ESOTÉRICA — Consiste na prática maçônica com o uso dos Rituais convencionais, mas que cuida mais da parte espiritual que operativa. Confunde-se com a Maçonaria Especulativa, que provém do termo latino *speculu*, que significa "espelho".

MAÇONARIA E IGREJA — Usamos o vocábulo Igreja para definir a Igreja Católica Apostólica Romana. Somente essa secular Instituição tem "perseguido" e combatido a Maçonaria. São consideradas Encíclicas históricas as "constituições e bulas" emitidas pelos Papas.

A Constituição *In Eminenti*, do Papa Clemente XII, foi "dada" no dia 28 de abril de 1738.

A Constituição *Providas*, do Papa Bento XIV, dada a 18 de maio de 1751.

A Constituição *Quo Graviora*, do Papa Leão XII, foi dada a 13 de março de 1825.

A Carta *Quamquam Dolores*, foi escrita por Pio IX, a Dom Frei Vital, em 29 de maio de 1873.

A Encíclica sobre a Maçonaria no Brasil, de Pio IX, foi dada a 29 de abril de 1876.

A Alocução *Multiplices Inter Machinationes* foi de Pio IX, pronunciada a 25 de setembro de 1865.

Pio IX teria sido maçom. No entanto, em mais de vinte documentos, renovou condenações à Maçonaria. Relatamos os mais importantes: na Encíclica *Qui Pluibus*, de 1846; na Alocução *Quantisque Quibus*, de 1849; na Encíclica *Noscitis et Nobiscum*, de 1849; na Alocução *Singulari Quadam*, de 1854; na Alocução *Maxima Quidem Laetitia*, de 1862; na Encíclica *Quanto Conficiamur*, de 1863; na Constituição *Apostolicae Sedis*, de 1869; na Encíclica *Est Multa Luctuosa*, de 1783, e na Carta *Exortae in esta Dictione*, de 1876.

Praticamente todos os Papas, e mesmo o da atualidade, em seus pronunciamentos e escritos referiram-se à Maçonaria para condená-la, sob os mais infantis e absurdos motivos.

MAÇONARIA UNIDA NO BRASIL — Com sede no Rio de Janeiro, o Grande Oriente do Brasil, única potência maçônica da época, há mais de século e meio, no ano de 1863 foi abalada por uma dissensão interna, dividindo-se em dois grupos, um com sede no "Vale do Lavradio" e outro no "Oriente dos Beneditinos".
Em 28 de março de 1871, teve início um grande movimento "unionista", que mais tarde conseguiu a união definitiva.

MACROCOSMOS — Palavra de origem grega que significa o Cosmos potencial, ou seja, o Universo. Significa, também, a matéria, o visível, em contraposição com o "microcosmos". O Universo "de dentro" é o Macrocosmos Espiritual, Universo que se situa dentro do ser humano, na sua parte esotérica.

MAGIA — A Maçonaria é permeada de "magia". Esta deve ser hebraica, mítica, mística e mágica. A Magia é a ciência dos magos, porém o vocábulo é usado quando surgem "resultados" decorrentes dos atos Litúrgicos.
A formação da Egrégora, dentro do Templo, é um ato de Magia. Ela surge das forças secretas internas e espirituais. Moisés, durante a saga da fuga dos Israelitas do Egito, teve oportunidade de praticar inúmeros atos de Magia.
Os Sacerdotes persas iniciaram o culto do mistério e passaram a ser denominados Magos.
Os Magos surgem sempre que invocados e quando houver necessidade real de sua atuação.
Podemos exemplificar com a visita dos três Reis Magos, por ocasião do nascimento de Jesus, que providenciaram em levar o menino para o Egito a fim de que fosse salvo da ira de Herodes, que mandara passar a fio de espada todos os que tivessem sua idade, para assim suprimir o "Rei" que libertaria o povo de Israel do duplo domínio sacerdotal e romano.
A Maçonaria possui muitas cerimônias em que a Magia atua. Exemplo disso são a formação da Cadeia de União e o Pedido de Socorro do Terceiro Grau.
Hoje, a "Alta Magia" confunde-se com a Parapsicologia e faz parte de outras ciências, como a própria Psicologia.

MAGNETISMO — É a propriedade de "atração", como o ferro imantado atrai partículas de limalha de metais ferrosos. Trata-se de um campo de força provindo do centro da Terra. A força invisível, descrita pela ciência, atua sobre todos os corpos, especialmente os humanos.
Esotericamente, um simples olhar pode possuir "força magnética", e essa pode ser desenvolvida através de práticas adequadas.
Na formação de uma Cadeia de União, forma-se, em seu centro, um ponto magnético; essa força atrai todos os participantes da Cadeia de União, como se fossem limalhas de ferro.
Quando o Iniciado adentra na Câmara das Reflexões, é despido de tudo o que for metal. Essa disposição diz respeito aos cuidados exigidos para que um

Iniciado não seja impedido de receber essas forças magnéticas.

MAHATMA — Palavra Sânscrita composta de *Maha*, grande, e *Atma*, alma. No hinduísmo, é termo dado aos grandes iniciados. Maçonicamente, emprega-se para definir a "parte interior" do ser humano; a sua personalidade esotérica. Muitos vocábulos hindus são empregados, como *Prana*, que é o "ar" respirado dentro do Templo, após a formação da Egrégora.

MAIORIA — O governo maçônico apresenta características democráticas, posto seja de tendência aristocrática e hierárquica com governo central absoluto. Assim, todas as decisões dentro da Loja são tomadas por Maioria absoluta, ou seja, metade mais um. O Venerável Mestre tem o poder de desempate, por isso não vota. Um Grão-Mestre tem o poder do veto, da graça e das decisões absolutas.

MALHETE — Diminutivo de Malho; é um símbolo usado pelas três Luzes da Loja: Venerável Mestre e Vigilantes. Sua utilidade é dar início, suspender ou cessar os trabalhos, pois com batidas contínuas demonstra estar aplaudindo.

Símbolo da Força e da masculinidade, permanece constantemente, durante os trabalhos e as cerimônias, dentro do Templo, empunhado pelo Venerável Mestre ou pelos Vigilantes.

É o símbolo da autoridade. Assim como o Malho, destina-se de forma esotérica a "desbastar a Pedra Bruta", retirando-lhe as arestas. O impacto sobre o trono produz "sons" de baixa vibração que neutralizam as vibrações negativas.

Quando do início dos trabalhos, o som do primeiro golpe de Malhete produzido pelo Venerável Mestre, encontra continuidade nos sons produzidos pelos golpes dos Malhetes empunhados pelos Vigilantes. Essa continuidade simboliza e significa a produção de "ondas sonoras" que, iniciando no Oriente se espalham pelo Norte e pelo Sul do Universo, tanto o externo como aquele que existe dentro de cada maçom.

Simboliza a procriação, o membro viril. Na Maçonaria Feminina, as Lojas não são dirigidas por mulheres, mas sempre por homens, pois os Malhetes não podem ser empunhados pela mulher. Quando a Loja é exclusivamente feminina, não há Malhete a ser empunhado; os golpes são produzidos pelo punho da mão, batendo na madeira do tampo do Trono.

MALHO — É o instrumento do trabalho braçal e pesado, em que é empregada a Força. É um instrumento iniciático, usado exclusivamente por ocasião da sessão de Iniciação. O iniciando não mais usará o Malho nos seus sucessivos trabalhos. O Aprendiz jamais retorna a suas atividades iniciais. É censurável a expressão "Sou um eterno Aprendiz". É como na infância: as atitudes do menino cessam quando passa à adolescência e à maturidade.

O Malho não é instrumento de criação, mas de desbastação; ele retira, e não coloca. O Malhete, esse sim, procria, compõe e aperfeiçoa.

A força bruta é revelada através do Malho; a beleza da criação é delicada, sutil e inteligente.

O "autodesbastamento", com a retirada das primeiras e grosseiras arestas, é uma ação forte, decisiva e dolorosa. Inicialmente, o Aprendiz sofre perdas irreparáveis, mas pouco a pouco vê surgir a obra perfeita dentro de si mesmo, com a preparação de "sua Pedra Polida" que, bem equilibrada e com formas perfeitas, utiliza na construção do Grande Templo Interno.

MANÁ — A tradição e a lenda hebraica informam que durante o êxodo dos Israelitas, conduzido por Moisés, Jeová enviara do Alto o Maná, que consistia em um saboroso alimento. Essa dádiva renovava-se diariamente, até o final da jornada, quando atingida a Canaã, onde os Israelitas se fixaram, hoje Estado de Israel.
O Maná não podia ser conservado, porque no dia seguinte se deteriorava. Contudo, Moisés encontrou uma forma de preservar certa quantidade colocando-a dentro de um vaso hermeticamente fechado; esse vaso foi colocado dentro da Arca da Aliança.
Na Maçonaria Filosófica, especialmente no Grau 4, está presente, no Templo, um *facsimile* dessa Arca. Por esse motivo, o Maná constitui um elemento esotérico que tem grande significado nos Graus Inefáveis: é o "manjar" da mente, simboliza a aquisição do conhecimento.
Os povos têm insistido em encontrar uma explicação sobre a origem do Maná; alguns querem crer tratar-se de liquens transportados pelo vento; outros acreditavam ser um líquido solidificado e segregado por uma espécie de tamareira.
Preferimos crer que se tratava de um "ato de magia" de Moisés, idêntico ao aparecimento de codornizes, de cebolas e até de pragas, como vem descrito em Êxodo e em Números.

O Maná é o emblema da mente, que não tem forma definida, mas existe.

MANIQUEÍSMO — Corrente espiritualista surgida com Manes, que era um mágico persa convertido ao Cristianismo. Trata-se de uma mistura dos preceitos de Zoroastro com os do Cristianismo.
Os Maniqueístas eram chamados, também, de "Gnósticos". Os Templários foram acusados de adotar o Maniqueísmo. A heresia imputada aos Maniqueus diz respeito à crença de que Jesus era filho de um homem que se sacrificou para abrir um caminho para a salvação de seus semelhantes; sua morte na Cruz fora aparente. Além de ser filho do homem era filho do Sol, da Luz e de Deus. Esse dualismo foi imediatamente condenado pela Igreja.

MANTO — Vestimenta usada nas cerimônias religiosas e adotada pela Maçonaria, especialmente em certos Graus Filosóficos. O Manto, colocado sobre os trajes, simboliza a proteção divina. A pessoa assim trajada estará "a coberto" dos fluidos negativos e das vibrações inconvenientes.
Em todas as épocas o Manto era usado como distinção, tanto pelos reis como pelos sacerdotes.
No Grau 3, o de Mestre maçom, o manto é substituído pelo "Balandrau", que não passa de um "Manto" negro, para ocultar a individualidade.
Esotericamente, o maçom, no Templo, recebe um "Manto" espiritual, invisível, mas que é proteção; os videntes o descrevem como sendo branco, diáfano e luminoso.

MANTRA — Vocábulo que vem do Sânscrito, significa um "discurso" em que são empregadas palavras mágicas. O Mantra pode constituir-se de uma só palavra ou de uma frase. Serve para conduzir a mente à parte interior do ser; é um veículo que deve ser pronunciado, pois as vibrações do som é que "abrem" caminho para a mente. Na formação da Cadeia de União, a Palavra Semestral constitui o Mantra adequado para unir as mentes, eis que transmitida de ouvido a ouvido; ela conduz à meditação, à concentração e à elevação do pensamento.

MANUAIS — Um conjunto de preceitos a mão, ou seja, podem ser facilmente usados e consultados. A Maçonaria possui diversos Manuais, que são as regras escritas para ordenamento dos trabalhos.

MANUSCRITOS — Antes do surgimento da imprensa, todos os escritos eram feitos a mão. Posteriormente as páginas eram gravadas em placas de barro, de metal, de madeira ou qualquer elemento endurecido para serem reproduzidas. Com o surgimento dos "tipos móveis", apareceram os livros. Hoje em sua grande maioria, as impressões são eletrônicas e dispensam o uso de tipos.

Portanto, os escritos eram denominados "Manuscritos", sendo considerados os documentos antigos como Manuscritos, uma vez que poderiam ser impressos.

Conhecem-se como Manuscritos as Antigas Constituições, as Antigas Obrigações, os Antigos deveres ou *Old Charges*. São citados outros Manuscritos, como: o *Lelandlocke MS*, o *Catecismo de Steinmetzen*, de Krauze, a *Carta de Malcolm Canmore*, as *Constituições do Príncipe Edwin de 926*, a *Carta de Colônia de 24 de junho de 1535* e a *Carta de Larmenius*.

MÃO — As mãos fazem a diferença entre os homens e os animais, pois são os membros capazes de construir com perícia tudo o que possa ser necessário. Contendo elementos esotéricos, as Mãos simbolizam o poder, a perícia, a vontade e os sentidos.

Maçonicamente, é através das mãos que se fazem os reconhecimentos, as posturas em Loja, a abertura do Livro Sagrado, o trabalho construtivo, a união na Cadeia de União, a defesa através do manejo da Espada, o comando, a condução dos fluidos para os troncos de beneficência e das proposições. As mãos acariciam e ferem, num dualismo que deve ser equilibrado.

O Divino Mestre curava e expulsava demônios com um simples toque de suas mãos, ou até pela imposição das mesmas. As Mãos simbolizam os estandartes; no Egito a Mão simboliza a felicidade.

O candidato que deseja ser recebido maçom não pode apresentar-se sem mãos; o ser humano perfeito deve ter as mãos.

O cego lê a escrita Braille com o tato das mãos; a comunicação com o surdo é feita através do "visual" das mãos, que emitem sinais através da posição de seus dedos.

As impressões digitais identificam o indivíduo.

É conhecido o monólogo de Pedro Bloch, *As Mãos de Eurídice*, que expressa de forma hábil e bela o poder das mãos.

Duas mãos unidas, ambas direitas, simbolizam amizade e fraternidade.

MAR DE BRONZE — Segundo o livro do Êxodo 23 17-21, Moisés recebera de Jeová ordem para construir um grande recipiente de bronze para as abluções, ou seja, para que os fiéis, antes de adentrar no Tabernáculo, lavassem os pés e as mãos. Mais tarde, para a construção do Grande Templo de Salomão, Davi recebeu instruções de como deveria ser construído o Mar de Bronze. Este consistia em uma gigantesca bacia, sustentada por doze touros; esses touros não eram propriamente os animais por nós conhecidos, mas possuíam feições diversas e se assemelhavam mais aos Querubins descritos no Livro dos Reis.

Na grande bacia era colocada água purificada, que servia para as abluções e para a lavagem dos animais destinados ao sacrifício.

Constituía uma obra de grande talento, tanto que o rei Acaz mandou retirar dois touros para uso próprio em seu palácio, substituindo-os por pilares de pedra. Mais tarde, os babilônios levaram o Mar de Bronze, o qual fundiram para a fabricação de objetos profanos. Quando do retorno do povo escravizado da Babilônia, nada do que fora feito com esse bronze foi trazido para Israel.

MARCHA — Marcha é um termo maçônico que significa "caminhar". Existem várias Marchas, desde o Átrio, quando em fila, por ordem hierárquica, os maçons adentram no Templo. Existe a Marcha individual, que consiste nos passos que são dados e nos giros feitos dentro do Templo. Cada Grau possui a sua Marcha característica. Cada Marcha possui o seu símbolo. Existe a Marcha Retrógrada, feita durante uma determinada iniciação. Cada passo que o maçom dá não será em vão, eis que deve conduzir a uma meta. As Marchas podem constituir-se de um só passo, de vários, ou mesmo de um longo trajeto.

A subida para o Oriente, considerando que existem degraus a serem vencidos, altera a Marcha, que deve obedecer ao impulso e esforço para vencer o obstáculo; dentro da Liturgia maçônica, a Marcha tem relevante significado esotérico.

MARFIM — Trata-se da parte óssea dos dentes dos elefantes. Outras espécies possuem Marfim, mas o clássico, usado por todos os povos em todos os tempos, deriva do elefante, símbolo da inteligência animal. O Marfim sempre foi considerado material precioso pois pode ser manipulado e dele feitos ornamentos os mais delicados. É um material duradouro, indestrutível e muito branco, permanecendo inalterável. O trono do Rei Salomão era confeccionado em ouro e Marfim. Na Maçonaria usa-se um Anel de Marfim, para a cerimônia de Iniciação ao Grau 4; esse Anel simboliza a aliança entre o homem e seu Criador.

O Marfim simboliza o Poder e a Pureza. Na atualidade, dada a escassez de elefantes, o Marfim tem sido substituído por material plástico que apresenta a mesma aparência.

MARTINEZISMO — Rito cabalístico fundado por Martinez de Pasqually, no ano 1754, em Bordeaux, França, com a Loja "La Perfectio", reconhecida como Loja maçônica em 1765 pela Grande Loja da França.

MARTINISMO — Sociedade iniciática de fundo cristão ligada ao Iluminismo.

Foi fundada por Louis-Claude de Saint-Martin no ano de 1775. Sua duração foi efêmera. No ano de 1880 foi restabelecida por Henri Delage. Desenvolvia o Rito Mênfis-Misrain e acolhia os maçons, sendo confundida com Loja maçônica.

MATERIAIS — Os materiais empregados para a construção do Grande Templo de Salomão foram os mais nobres da época, como madeira, provinda dos cedros do Líbano e das acácias, ouro, mármore e bronze. Os materiais passaram a ser elementos secundários na atualidade, pois um Templo pode ser construído exclusivamente com concreto ou madeira pura, vidro e elementos plásticos. O que a Maçonaria Especulativa considera importante são os materiais espirituais para a construção do Excelso Templo da Virtude dentro de cada maçom.

MATERIALISMO — Corrente filosófica que considera que tudo provém da matéria, que não há vida futura e que uma vez que a morte atinge o ser humano o corpo se putrefaz, desaparecendo sem a possibilidade de existir uma nova vida. É a filosofia do fatalismo, que permite a violação da ética, inexistindo, assim, o pecado e a divindade.

MATERIALISMO HISTÓRICO — Denomina-se assim a doutrina de Karl Marx, que deu origem ao Marxismo. Assim se expressava Marx: "A estrutura econômica da sociedade é a base real sobre a qual se eleva a superestrutura jurídica e política, e à qual correspondem as formas determinadas de consciência social... O modo de produção da vida material condiciona o conjunto de todos os processos da vida social, política e espiritual".

MEDALHA — Medalha é uma peça de metal (ouro, prata ou bronze) cunhada, apresentando figuras e palavras, símbolos ou sinais, distribuída como honraria ou comemoração de feitos, aniversários de feitos históricos ou honra ao mérito.
Na Maçonaria, nenhuma medalha foi encontrada antes de 1733. A primeira medalha comemora o estabelecimento de uma Loja em Florença por Lord Charles Sackville.
O vocábulo Medalha provém do italiano *medaglia*. A Medalha artística surgiu no fim do século XIV. Os gregos e os romanos não faziam distinção entre moeda e medalha.
As escolas que surgiram para a confecção de medalhas ficavam na Itália, na região da Toscana.
As medalhas maçônicas são de época relativamente moderna; hoje são de uso corrente. Existem maçons que preenchem o peito com dezenas de medalhas, o que constitui uma atitude vaidosa, pois virtuoso não é exibir medalhas, mas manter-se modesto. É tolerada no peito a colocação de pequenas fitas, em forma de botão ou similar confeccionado com as fitas que suportam as medalhas. Com a concessão da Medalha, o maçom recebe um diploma correspondente.

MEIO-DIA — Medida do tempo, quando o Sol está a pino e não faz sombra sobre os objetos ou seres. Os trabalhos maçônicos têm início ao "Meio-dia" porque essa hora é "neutra". O maçom recebe os raios de forma perpendicular e os absorve integralmente, sem que seu corpo "faça sombra" no solo.
O Sol simboliza o conhecimento. Assim, ao Meio-dia, o maçom está "vazio", nada possui. Recebe na Loja

o conhecimento, que vai somando aos recebidos anteriormente e, assim, assimila paulatinamente o que deve receber, o que tem direito a receber, e guarda zelosamente.

MEMBRO DE UMA LOJA — Ser membro de uma Loja significa associar-se a ela e participar das suas atividades, usufruindo direitos e doando deveres. Certas correntes interpretam que após a Iniciação o maçom já deve ser considerado Membro da Loja em que foi iniciado; outras, que essa faculdade somente é adquirida após a Iniciação ao terceiro Grau, ou seja, ao Mestrado.

Comumente, diz-se "filiado" à Loja logo depois que o Iniciado assina o seu *Ne varietur* na tábua da Loja.

MEMBRO ATIVO — É o maçom que frequenta assiduamente a Loja e cumpre com as obrigações estatutárias.

MEMBRO CORRESPONDENTE — Significa o membro ou sócio que é desobrigado de frequência e demais deveres estatutários. Essa condição inexiste em Maçonaria, pois a presença na Loja forma a Egrégora. A participação direta do maçom é obrigatória para o efeito esotérico e espiritual.

MEMBRO EMÉRITO — É o maçom que, atingindo certa idade provecta, está dispensado de cumprir as obrigações rotineiras e goza de privilégios pelo desempenho que teve durante longos anos de sua vida maçônica; é um título honorífico.

MEMBRO HONORÁRIO — A honraria que uma Loja maçônica faz a um maçom que não pertence ao seu Quadro mas que colaborou brilhantemente para o crescimento da Loja ou em atividades genéricas na Ordem.

MERCÚRIO — Trata-se do único líquido de metal cuja propriedade é dissolver outros metais. O mercúrio purifica o ouro; em contato com a matéria-prima extraída das minas, dissolve o ouro e, aquecido, evapora-se deixando o metal precioso purificado de outros materiais.
É símbolo de purificação.

MESA DOS PÃES DA PROPOSIÇÃO — Os Pães da Proposição, ou seja, os Pães do "bom propósito", da "promessa", do "cumprimento dos deveres", eram oferecidos a Jeová, dentro do Templo. Cada Tribo de Israel oferecia um pão, sendo, assim, doze os Pães da Proposição. Eram feitos segundo a tradição judaica e orientação de Jeová. Moisés recebeu ordens divinas para construir dentro do Templo uma Mesa sobre a qual seriam depositados esses doze Pães da Proposição, como está descrito em Êxodo 25, 23-30.
Esses Pães teriam afinidade com os doze signos do Zodíaco. São mencionados em certo Grau da Maçonaria Filosófica.

MESES — Os meses, em número de doze, são referidos dentro dos Templos maçônicos nas doze colunas que ornam o Templo. Essas Colunas deveriam estar nos Átrios. Contudo a tradição colocou-as dentro dos Templos. No Grande Templo de Salomão não existiam colunas; no Átrio, porém, eram em número de quatorze.
A Palmeira é o símbolo dos Meses. Na parte frontal externa da Sinagoga que se encontra em Cafernaum, cujas ruínas subsistem, vemos o símbolo da

Palmeira. Contudo a Maçonaria não adota esse símbolo.

MESMERISMO — Frederico Antônio Mesmer, médico alemão, nascido em 1734, inspirou a fundação, em Paris, da Instituição denominada "Harmonia Universal", uma espécie de Maçonaria; isso faz crer que Mesmer tenha sido maçom. Dedicou-se a estudar o magnetismo animal, ou seja, buscou hipnotizar animais; essa prática, depois, passou a ser aplicada aos seres humanos.

O nome Mesmerismo equivale a Hipnotismo e a Magnetismo.

Essas ciências são estudadas na Maçonaria, especialmente no que respeita à autossugestão.

MESSIAS — O ungido, o esperado, o Redentor prometido. No Cristianismo equivale ao Filho de Deus, o Divino Mestre, Jesus, o Cristo.

MESTRE — Título dado, inicialmente, ao Companheiro destinado a dirigir um canteiro de obras, entre os Talhadores de Pedra, do início da incipiente Maçonaria. Por volta do ano de 1725, com o surgimento do Terceiro Grau, ampliou-se a Maçonaria Operativa na transição para a Maçonaria Especulativa.

A palavra provém do latim *magister* e significa aquele que ensina e dirige. Cada discípulo terá seu Mestre. Inexistirá discípulo se não houver um Mestre.

Na Maçonaria, sendo uma Escola, haverá aprendizado. A titularidade máxima no Simbolismo é Grão-Mestre, que significa "grande mestre", e nas Lojas a autoridade maior será o Venerável Mestre.

O "Divino Mestre", Jesus — os sábios da Antiguidade eram assim denominados porque ensinavam, ou seja, distribuíam o seu próprio saber. O vocábulo Mestre é raiz de outras palavras muito usuais, como "amestrador", aquele que ensina os animais, ou os que exercem alguma profissão; "mestrado", a complementação de um curso superior; "maestro" ou "maestrina", quem dirige uma orquestra ou um coral.

Na Maçonaria Simbólica, o Grau de Mestre constitui o teto máximo a ser atingido; com o Mestrado, o maçom adquire todas as prerrogativas maçônicas.

Numa Loja, o Mestre tem atribuições inerentes à sua evolução; nesse caso, tem a obrigação de orientar e ensinar os Aprendizes e Companheiros, sem que isso lhe seja pedido, pois não poderá manter-se Mestre sem ter sob sua espontânea responsabilidade pelo menos um Aprendiz.

MESTRE AD VITAM — Significa mestre *in eternum*, ou seja, jamais poderá alijar de si a condição de "ensinador", de "protetor" de membro com responsabilidade. *Ad vitam* significa "durante a vida" física; espiritualmente, o Mestre faz parte da Grande Fraternidade Universal, não importando em que estado de consciência se encontre e em que Oriente se fixe. No Oriente Eterno, o Mestre terá missões específicas a cumprir.

O Mestre cônscio de sua condição será "mestre de si próprio", isto é, exercerá o mestrado dentro de seu próprio Templo, atraindo discípulos.

Na Cadeia de União, os Mestres têm colocação "alternada", para que, a seu lado, tenham os discípulos. Os elos unidos receberão as vibrações e os fluidos "superiores"; receberão as lições esotéricas e certamente evoluirão.

Não basta a "palavra" do Mestre; é necessário o "toque", o "contato físico", para a total "fusão". O discípulo está no Mestre; o Mestre está no discípulo.

MESTRE ARQUITETO — O dignitário que provê para que o Templo esteja em condições para as cerimônias comuns e litúrgicas. É um cargo de grande relevância; esse Mestre assume um compromisso sério que deve cumprir à risca; representa a Hiram Abiff.

MESTRE DE BANQUETES — O banquete, o ágape e a Ceia Mística são cerimônias que reúnem os maçons em datas festivas e em ocasiões litúrgicas específicas. O Mestre de Banquetes não se limita a prover a disposição convencional de uma mesa para as refeições; há o alimento místico espiritual. Esse Dignatário deve possuir amplo conhecimento espiritual para orientar sobre o "manjar que, uma vez ingerido saciará, definitivamente a fome".

MESTRE DE CERIMÔNIAS — Oficial administrativo que é encarregado de executar a direção de todo o cerimonial dentro e fora do Templo. O Mestre de Cerimônias é o único maçom que pode "bater à porta do Templo". Assim, por ocasião da cerimônia da Iniciação, será ele quem baterá à porta para que o Iniciando adentre no Templo. Caso surja um visitante, após iniciados os trabalhos, advertido pelo Guarda Externo, o Venerável Mestre determinará que o Cobridor Interno abra a porta para que o Mestre de Cerimônias se informe a respeito do visitante. A porta de um Templo não pode permanecer aberta; ela se abre para de imediato fechar-se. Será o Mestre de Cerimônias quem introduzirá o visitante e a porta se abrirá, somente depois que o Mestre de Cerimônias nela bater de forma convencional.

O Mestre de Cerimônias, nessa ocasião, representa o Divino Mestre, pois somente Ele pode abrir a Porta da Casa do Pai.

MESTRE DE COMO — Como é uma localidade situada na Itália, fronteira com a Suíça, onde existe o conhecido Lago de Como. Na Antiguidade, as confrarias e as corporações de arquitetura fixavam-se em determinados locais da Europa. A Confraria de Como adquiriu, pela sua atividade, grande prestígio, passando o título de Mestre de Como a ser uma grande distinção.

MESTRE DA GRANDE OBRA — Por Grande Obra é conhecida a Maçonaria Universal, sem distinção de Obediência ou Rito. Houve no século XIX mais de 150 Ritos em uso, dos quais, na atualidade, permanece uma décima parte. Cada Rito apresenta uma nomenclatura peculiar em sua administração e, dentro das inúmeras variações, a palavra Mestre tem significados variados. Por exemplo: Mestre de Luz; Mestre da Chave da Maçonaria; Mestre da Mesa de Esmeralda; Mestre da Ordem da Santíssima Trindade; Mestre da Sabedoria; Mestre dos Mestres; Mestre dos Mistérios; Mestre dos Secretos Egípcios; Mestre do Oriente; Mestre de todos os Graus etc.

MESTRE INSTALADO — Depois de ter sido eleito um Venerável Mestre, deverá ser "instalado", ou seja, passar por um cerimonial para que num segundo ato seja empossado e ocupe seu lugar com o exercício de todas as suas prerrogativas. O cerimonial é moderno; foi introduzido na Maçonaria Inglesa no ano de 1810 e posteriormente adotado por toda a Maçonaria mundial, inclusive a brasileira.

O cerimonial é desenvolvido por um Ritual específico, e da cerimônia somente participam outros Mestres Instalados, seja da própria Loja ou de outras Lojas. Obviamente esses Mestres Instalados já passaram pela venerança.

Existe paralelamente um Ritual para a Instalação de um Grão-Mestre, e da cerimônia só podem participar os ex-Grão-Mestres.

O Ritual de Instalação é preservado à curiosidade profana e mantido ciosamente em sigilo por cada Loja.

O Grão-Mestre nomeia o Mestre Instalador, que o representa; mas um Grão-Mestre poderá exercer essa função pessoalmente. O Ritual tem semelhança com o Ritual do Rito de York. A finalidade dessa cerimônia diz respeito à "consagração" esotérica de um novo Venerável Mestre, colhendo os mais sérios compromissos do novel dirigente.

MESTRE ELEITO DOS NOVE — Corresponde ao membro do Grau 9 do Rito Escocês Antigo e Aceito; faz parte dos Graus Inefáveis.

MESTRE ELEITO DOS QUINZE — Corresponde ao décimo Grau do Rito Escocês Antigo e Aceito; faz parte dos Graus Inefáveis.

MESTRE EM ISRAEL — Grau do Rito Escocês Antigo e Aceito; também é denominado Intendente dos Edifícios e corresponde ao oitavo Grau dos Graus Inefáveis.

MESTRE ESCOCÊS — Décimo Grau do Rito Adoniramita e Grau 4 do Rito da Estrita Observância.

MESTRE SECRETO — Membro do Grau 4 do Rito Escocês Antigo e Aceito, primeiro dos Graus Inefáveis.

METAFÍSICA — Diz-se Metafísica para designar as "essências de todas as coisas". A palavra foi empregada pela primeira vez por Andrônico de Rodes para designar os livros de Aristóteles que vinham depois da física. *Metátá-fisiká* foi usada, posteriormente, pelos filósofos da Idade Média para expressar o conhecimento que está além da experiência física; um certo empirismo filosófico.

Diz-se hoje, em linguagem maçônica, em substituição desse vocábulo, uma "situação esotérica".

METÁFORA — Uma palavra substituta e semelhante para expressar um sinônimo. Muito usada em poesia; por exemplo, o "o caso" da vida para significar "velhice".

METAIS — Nome empregado na Maçonaria para o dinheiro. Por ocasião de uma Iniciação, o candidato, ao ser introduzido na Câmara das Reflexões, deixará no Átrio todos os seus "metais", ou seja, todos os objetos supérfluos que tiver, como relógio, anéis, fivela. No início das civilizações, como valores monetários, usavam-se exclusivamente moedas; somente com o advento da imprensa é que surgiu a "moeda papel". No Templo, quando o

Hospitaleiro recolhe em sua Bolsa os óbolos, estará recolhendo os "metais" e, junto com eles, os "fluidos" de quem os doa. Recomenda-se que, sempre que possível, o maçom, junto com seu óbolo "papel", inclua uma moeda, porque o metal conduz os fluidos com mais eficiência.

O despojamento dos metais no candidato significa que ele ingressa no "túmulo" despido de toda vaidade; nada possui e deverá renascer saindo do "Ovo Cósmico", como nasce uma criança do ventre materno.

Até o século XIX, conheciam-se apenas sete planetas e a cada um a Alquimia designava um metal como regente, a saber:

Ouro .... Sol
Prata .... Lua
Mercúrio .... Mercúrio
Estanho .... Júpiter
Ferro .... Marte
Cobre .... Vênus
Chumbo .... Saturno

Marte abrangia dois metais, um significando a capacidade criadora e o outro, a força.

METAPSÍQUICA — *Meta*, prefixo grego que significa "ao lado"; portanto, tudo o que for colocado como interpretação ao lado da psique constituirá metapsíquica.

META — Significa "objetivo", no sentido lato do vocábulo, que é grego. A Meta ou o objetivo, o ideal, a missão, o destino da Maçonaria é tornar feliz a Humanidade, aperfeiçoar o homem e cultivar a fraternidade; porém, não no sentido universal, mas restrito aos Iniciados. A vivência dos Iniciados em seu meio social constituirá o espargimento da Luz que beneficiará os que por ela são alcançados.

METEMPSICOSE — Teoria da reencarnação; transmigração da alma de um corpo morto para um que nasce. O vocábulo, que é de origem grega, sugere que essa reencarnação seja demorada, precisamente "tardia".

MÉTODO — Deriva do grego *méthodos* e significa "bom caminho". É a ação sistemática, ordenada, "metódica" que, exercitada conduz à perfeição dos atos e do comportamento.

MICROCOSMOS — Em grego significa "pequeno Universo".

Diz-se que o homem é o Microcosmos, porque reflete o próprio Universo, que é denominado de Macrocosmos. Maçonicamente, esses dois Universos são representados pelo Selo de Salomão, que é um diagrama formado por dois triângulos invertidos e sobrepostos. Dentro do homem, ou do ser humano, existem esses dois Universos: o Macrocosmos Espiritual é o Templo Espiritual que o maçom constrói em si mesmo; o Microcosmos Espiritual é a sua própria presença dentro desse Macrocosmos Espiritual.

MILAGRE — Do latim *miraculu*, que dá origem à palavra "miraculoso". É o resultado inexplicável de uma ação. Em religião, é obtido o Milagre através da oração. É a Fé que o produz. Jesus, o Cristo, embasou a sua Evangelização por meio de milagres; esses, contudo, já existiam, como descreve o Velho Testamento. Os Discípulos e Apóstolos, seguindo os preceitos Evangélicos, cometeram, por sua vez, uma série de Milagres.

Trata-se de uma manobra sobrenatural, ou seja, que não comporta explicação racional; são atos paranormais, extranaturais.

A Maçonaria, através dos maçons, produz esses fatores durante a formação da Cadeia de União; com o "grito de socorro", com a formação da Egrégora, surgem esses Milagres, inexplicáveis cientificamente, porém, de certo modo, "palpáveis" e aceitos pelos que se beneficiam deles.

MINERVA — Deusa da Sabedoria, também denominada Atena ou Palas, filha de Júpiter. A capital da Grécia recebeu o nome de Atenas em honra a Minerva. Atribui-se a Minerva a criação da Oliveira, que passou a ser o símbolo da Paz. Minerva é deusa das Artes e da Guerra.

No Altar do Venerável Mestre de uma Loja maçônica é colocada uma estátua de Minerva, como emblema da Sabedoria. Por esse motivo, o Venerável Mestre representa a Coluna da Sabedoria. A estátua de Minerva apresenta em sua mão direita um ramo de Oliveira, porque a Sabedoria é que traz Paz aos seres humanos. Sem esse ramo, Minerva representa a Guerra. Guerra significa luta e pode ser aceita como a Guerra contra o mal, contra o vício.

MIRRA — Resina que provém de um arbusto que viceja na Arábia, empregada como incenso e perfume. Um dos Reis Magos presenteou Jesus com um pote de Mirra, simbolizando o sofrimento. Na Cruz, foi dada a Jesus, Mirra, que é uma fusão amarga e entorpecente. Nas cerimônias maçônicas, é usada a Mirra em substituição ao Incenso.

MIRTO — Planta sagrada empregada nas cerimônias iniciáticas dos mistérios Eleusianos da Grécia.

Na Maçonaria emprega-se essa espécie, mas nos países em que viceja, inexistindo nos trópicos. Entre nós, usam-se os seus grânulos, que desprendem fumaça aromática.

O Louro, a Oliveira e a Acácia, dependendo em que Grau é feita a Iniciação. Comumente, o "ramo de Acácia" substitui qualquer outro vegetal. A Acácia substitui as flores no sentido de homenagem; é empregada nas cerimônias fúnebres significando saudades. No Grau Rosa-Cruz empregam-se rosas.

MISTE — Provém do grego, significando "fechar os olhos". No culto de Ceres os Iniciados nos pequenos mistérios mantinham os olhos fechados; nos grandes mistérios, o Iniciado podia manter os olhos abertos; a esses dizia-se "Epopta".

Na Maçonaria, os Iniciados, até determinada fase da Iniciação, são mantidos com os olhos vendados; são os "Mistes"; mais tarde, quando é retirada a venda, passam a "Epoptas"; contudo os termos não são muito usuais.

MISTÉRIO — Significa o inexplicável e o oculto. Provém do grego *mistéryon*, derivado de "muste". A criação do mundo é um Mistério; o além morte é um Mistério; a reencarnação é um Mistério. Enfim, tudo o que é empírico, inexplicável, insondável, constitui o Mistério. A própria Vida e a Morte, que possuem princípio e fim, são um Mistério. O Universo, por ser, na sua quase-totalidade, ainda desconhecido é Mistério.

Em qualquer expressão religiosa ou filosófica, o Mistério ocupa um lugar preponderante. O Mistério cerca o ser humano.

As inúmeras profecias concluem que chegará o tempo em que não mais haverá Mistério. São Paulo, o apóstolo dos gentios, traduziria o vocábulo Mistério como sendo um "Espelho em enigma". Enigma, por sua vez, é sinônimo de Mistério.

Portanto, os Rituais maçônicos são repletos de Mistérios. O Mistério é revelado, paulatinamente, através do conhecimento.

MÍSTICA — É a arte de penetrar no Mistério. O ato de penetrar no Universo de Dentro, no Microcosmos Espiritual, diz-se Mística. A Maçonaria é uma Instituição Mística.

MISTICISMO — O Misticismo compreende aspectos diversos; pode-se traduzir como o comportamento condutor a uma revelação dos Mistérios. Para ingressar nesse campo, existem vários caminhos, como o da Meditação, do Êxtase, do Sonambulismo etc. Da mais rudimentar expressão religiosa, como a dos povos africanos primitivos, dos indígenas e do baixo espiritismo, as ações religiosas constituem-se em ações Místicas.

O Misticismo Filosófico ou Mística Superior é a prática exercitada pelas pessoas ocultas.

O Misticismo maçônico é de certo modo um Misticismo Racional, que conduz o pensamento a páramos elevados, colhendo-se resultados visíveis e satisfatórios.

MÍSTICO — Todo ser humano é Místico. No momento em que o pensamento escapa aos grilhões do materialismo, vislumbra planos valiosos que satisfazem o ego e fortificam a espiritualidade.

O Místico deve agir prudentemente. Todo excesso conduz ao fanatismo, que torce a realidade e perturba a mente.

O maçom é Místico em decorrência de sua passagem pela Iniciação, que é um ato de Misticismo sadio e puro.

MITO — O vocábulo provém do grego *mythos* e significa lenda, o que é um misto de realidade e fantasia.

A interpretação de uma ideia pode ser apresentada de múltiplas formas, construindo-se uma metáfora, uma simbologia, uma alegoria, uma parábola. Essas "míticas" são usuais na poesia; um verso pode refletir, dentro de sua poesia, um pensamento filosófico profundo e real.

O Mito deu origem à Mitologia, que não passa de fábulas que contam os feitos heroicos dos deuses e semideuses da Antiguidade romana e grega.

Como a Maçonaria faz uso dessas lendas, diz-se que uma das características da Maçonaria é ser "Mítica".

MITO FILOSÓFICO — Trata-se da lenda sem base histórica, mas com conteúdo que leva o pensamento à meditação. Maçonicamente, temos a "Lenda de Hiram Abiff" como exemplo.

MITO HISTÓRICO — É a lenda com fundamento histórico. Sob esse ponto de vista, também a lenda de Hiram Abiff é considerada histórica, por esse personagem ter existido.

MITOLOGIA — É o tratado que apresenta a história dos deuses encarnados em seres humanos, com a manifestação pagã. Esses deuses respondiam aos oráculos. Alguns comunicavam-se

através das suas imagens representadas por estátuas; outros, através dos sacerdotes. A Mitologia é rica quanto à imaginação dos que a estabeleceram; foram os sábios da Antiguidade que assim provaram para manter disciplinados os povos. O culto aos deuses foi um exercício primitivo em direção ao culto à Divindade monoteísta.
Com a fixação do Cristianismo, a Mitologia foi posta de lado e hoje serve apenas como expressão simbólica.

MODERAÇÃO — É o equilíbrio do comportamento; um dos degraus que conduz o maçom, dentro do Templo, ao Oriente, representa essa virtude.

MODERNIDADE — Os italianos usam o termo *aggiornamento* significando o progresso evolutivo. Toda religião e filosofia dirige-se para uma Modernidade, com o significado de evolução.

MODERNISMO — É a Modernidade exagerada; é a ação condenável de receber tudo o que é "novo" como capaz de conduzir à maior eficiência dos atos.

MODERNO — Diz-se Moderno tudo o que é atual e, portanto, passageiro; o atual de hoje já não será o moderno amanhã. A atitude muito em uso de certos maçons em pretender "tudo modernizar", inclusive com a alteração dos Rituais e a colocação em plano de superação, o que é tradicional, constitui um dos grandes motivos do fracasso de uma Loja.

MODÉSTIA — Virtude maçônica; a humildade deve acompanhar o maçom, pois seu comportamento modesto é atrativo e será sempre bem recebido em todo o meio social onde se encontrar.

MOISÉS — Personagem bíblico que conquistou poderes cósmicos junto aos sacerdotes egípcios. O nome significa: "tirado das águas", ou "salvo das águas"; quando da matança dos primogênitos de origem hebraica pelo Faraó cruel, a mãe de Moisés o colocou dentro de um cesto, no rio Nilo; as águas conduziram o cesto até às margens do palácio e uma das filhas do Faraó o encontrou e passou a cuidar da criança que mais tarde veio a ser membro da família real e grande profeta e legislador.
Ordenado por Jeová para tirar o povo hebreu da escravidão egípcia, usando de seus poderes cósmicos, levou todos os hebreus através do deserto até a cidade prometida, a Canaã.
A longa jornada que teria durado quarenta anos, constitui a primeira e grande saga do povo hebreu. Moisés recebeu o Decálogo e todas as leis Divinas. Construiu a Arca da Aliança e transformou-se no líder máximo do povo hebreu, Lhe são atribuídos os cinco primeiros livros do Velho Testamento: Gênesis, Êxodo, Levítico, Números e Deuteronômio.
Na Maçonaria, é venerado como grande Legislador e Profeta, especialmente nos Graus Filosóficos.

MÔNADA — Vocábulo que vem do grego "Monas", e que significa "Unidade; confunde-se, em linguagem moderna com "Átomo"; diz respeito ao "centro" de tudo, tanto em Filosofia como em Física; esse "centro" é formado de um elemento simples e puro.

MONADISMO — Doutrina que expõe ser o Universo formado por unidades individuais (Mônadas); tem o seu expoente no filósofo Leibnitz.

MONOTEÍSMO — Constitui a expressão religiosa de adorar um único Deus. Esse Deus não significava, inicialmente, a Jeová, mas um deus único para cada povo. Temos exemplo com os indígenas que tinham o Sol como deus único. Posteriormente e gradativamente, as civilizações foram em direção a um Monoteísmo geral adotando um Deus Criador do Universo. Com o advento do Cristianismo. Deus passou a ser considerado Pai; apenas em certas culturas e civilizações esparsas, ainda, subsiste o Politeísmo, porém com tendência à unificação global de reconhecer a existência espiritual de um único Ser Divino, que embora, com diversas denominações, tem a ideia geral de um Criador.

MORAL — Do latim: "Mores", significando costumes, conduta, comportamento, com as características de que os atos não devem ferir a suscetibilidade de outrem.
A Moral apresenta-se sob vários aspectos: Religiosa ou Teológica, que diz respeito ao cumprimento dos preceitos Divinos, ou seja, a obediência à vontade de Deus.
Moral Social é o comportamento que beneficia a coletividade.
Moral Individual é o comportamento orientado pela razão; essas três espécies de Moral devem caminhar juntas.
A Moral maçônica apresenta-se um pouco diferente, embora compreenda as três modalidades referidas. A Moral maçônica não diz respeito ao Bom Costume, que o comportamento exigido da criatura humana. A Maçonaria vai além do comum; exige uma dedicação de comportamento entre os irmãos, que sobrepuje as obrigações comuns. Não basta um bom comportamento; esse deve ser acompanhado por um conjunto de virtudes, como a Tolerância, o Amor, a Dedicação, o Sacrifício e a disposição de servir e não o de ser servido. Somente com essa Moral será viável a construção da Fraternidade maçônica.

MÓRIA — Também designado como Moriá, é um dos montes situados em Israel, propriamente, na cidade de Jerusalém, onde existia o Grande Templo de Salomão.
Já nesse local, anteriormente, Abraão construíra um tosco altar de pedras onde, em obediência ao mando de Jeová, estava prestes a imolar, em sacrifício ao próprio filho Isac. O local, portanto, já fora palco de uma cena bíblica e era considerado sagrado. Nesse mesmo local, por ocasião do surgimento de uma epidemia, o rei Davi construiu um Altar onde fez sacrifícios a Jeová.
Hoje, sobre o platô do Monte Moriá, existem duas Mesquitas Muçulmanas. Ao pé do monte, mantém-se ainda o Muro das Lamentações. Esse muro foi construído com pedras de alicerce dos três Templos: o de Salomão, o de Zorobabel e o de Herodes.
O muro é o local mais sagrado dos atuais judeus.

MORTALIDADE — Significa o estado conhecido como "morte", que atinge os seres vivos. O seu símbolo é constituído de ossos humanos, ora o esqueleto completo, ora o crânio, ora duas tíbias cruzadas.

A Maçonaria adota as três formas para "materializar" a Morte.

MORTE — A Morte é a preparação para a "Putrefação". Putrefação significa a destruição pela fermentação da matéria que compõe os seres vivos. Uma maçã se putrefaz e, então, diz-se que está morta. Esse entendimento diz respeito ao corpo físico.

A Morte, contudo, do ser humano não corresponde a um estágio final, terminal e destrutivo, mas, sim, a um princípio que conduz a um segundo estado de consciência, obviamente espiritual. Hoje, a ciência aceita um ser humano como morto quando cessam as funções do cérebro.

A vida vegetativa em estado de coma não passa de um estado de morte na expectativa da putrefação. O ser humano pode viver durante um longo período com morte cerebral, sem qualquer perspectiva de retorno à atividade, uma vez que o cérebro cesse com suas funções. Será nesse estado que a ciência retirará os órgãos destinados a serem transplantados em outro ser humano, porém vivo.

A Maçonaria, na sua síntese tradicional, nos seus princípios filosóficos, preocupa-se enormemente em instruir os seus adeptos para que enfrentem a morte como fato normal.

Os seus símbolos são mortuários. Na Iniciação, o Inciando deve, em primeiro lugar, "morrer" para possibilitar a ressurreição de uma nova criatura.

O estudo dos povos, tanto da Antiguidade como os primitivos, sob os mais variados aspectos, demonstrará que o grande interesse da Humanidade se dirige para o fator morte.

Podemos então afirmar que a preocupação do ser humano foi, é e sempre será o enfrentamento da morte.

As religiões mantêm submissos os seus adeptos com a ameaça de que o castigo fatal de um comportamento mau será a morte.

A Maçonaria não vê a morte como consequência de uma vida anormal, mas como um prêmio que o ser humano recebe, com o conhecimento, ao adentrar, com sua bagagem espiritual, o Reino dos Céus, que é a passagem pelo Umbral, pelo Túnel, até alcançar com glória a Verdade, a Luz e, com essas, o Conhecimento, em resumo, a Felicidade permanente.

A Maçonaria não presta culto aos mortos porque não considera um dos seus membros que falece como um ser que desaparece. Crê numa vida futura, num além glorioso, o qual denomina Oriente Eterno.

MUDEZ — No Grau 4 da Maçonaria Filosófica, os lábios do Mestre Secreto são selados. O silêncio é virtuoso, porque o Mestre Secreto se comunica com os seus pares através da mente; é o aspecto esotérico do primeiro Grau Inefável.

MULHER — O dualismo tem sua máxima expressão na existência do masculino e do feminino. A Mulher é um ser humano idêntico ao Homem, porém com funções específicas diferentes. A união desses seres forma o ser espiritual por excelência.

MULHER NA MAÇONARIA — *Vide* verbete Maçonaria Feminina. A Maçonaria reserva um lugar de destaque à Mulher, especialmente com as obras caritativas, com a ornamentação das Lojas e com as festividades sociais, tanto que, durante a Iniciação, o Neófito recebe dois pares de luvas brancas, destinando um par à Mulher que mais estima.

Com a evolução e a modernidade atuais, a Mulher está conquistando, ao lado do homem, um lugar igual.
Não tardará que a Maçonaria Feminina tenha um desenvolvimento maior. No entanto, o que não convém, o que a tradição repele, é uma Maçonaria mista. A promiscuidade gera sempre resultados desagradáveis; a experiência do passado assegura-nos disso.

MUNDO — É a parte do planeta na qual vivemos. Obviamente a Terra faz parte do Cosmos e do Universo. Uma Loja maçônica representa o Mundo. Diz-se Maçonaria Universal, quando o correto seria Maçonaria Mundial. No entanto, o Oriente Eterno, que é um espaço onde são acolhidos os maçons que desencarnam, faz parte da Maçonaria Universal.

MÚSICA — Uma das sete artes liberais. O vocábulo provém do grego *Musa*, que significa inspiração, poesia, harmonia, encanto. Em todas as civilizações a Música era cultivada através do cântico e de instrumentos, inicialmente de percussão, depois de sopro e mais tarde através dos mais sofisticados instrumentos. Hoje, com a eletrônica, a maioria dos instrumentos é relegada ao desuso. A Música tem o dom de preparar o ambiente para a meditação, para o culto espiritual; não só acalma, ameniza, conforta, como pode curar certos distúrbios nervosos. Esotericamente, os sons penetram de tal forma no íntimo dos seres humanos, que lhes dão harmonia e paz. Platão decantava a "música das esferas", ou seja, o cântico dos seres angelicais. Tudo no Universo é som, que, por sua vez, é matéria e espírito. A Maçonaria possui dentro do quadro administrativo o Mestre de Harmonia, encarregado de produzir fundo musical durante o desenvolvimento da Liturgia.

NADIR — Termo astronômico usado em Maçonaria para designar o oposto do Zênite. Uma Loja tem as seguintes dimensões: "do Oriente ao Ocidente, do Norte ao Sul, do Zênite ao Nadir", demonstrando que é Cósmica e Universal.

NABUCODONOSOR — Rei da Babilônia que invadiu Jerusalém, destruiu o Grande Templo de Salomão e levou o povo israelita cativo para a Babilônia, escravizando-o. As Sagradas Escrituras narram minuciosamente a vida e os feitos desse rei, que morreu louco.

NABUZARDAN — Ilustre general dos exércitos de Nabucodonosor, responsável pelo sítio imposto a Jerusalém e sua posterior tomada, destruindo o Templo. Esse general vem referido no Ritual Escocês Antigo e Aceito, no Grau 20.

NASCIMENTO — A expressão "nascer de novo" a encontramos nos Evangelhos quando Jesus disse a Nicodemus que necessitava, para ingressar no Reino dos Céus, nascer de novo. Todo Iniciado, ao receber a Luz, "nasce de novo", isto é, retorna ao mundo como nova criatura.

NAPOLEÃO — Napoleão Bonaparte, imperador da França, grande general estrategista e profundo legislador, tendo formulado o Código Civil Napoleônico, ainda vigente. Foi iniciado maçom na ilha de Malta. Inspirou a formação da Maçonaria Napoleônica. A Torre dos Noaquitas, símbolo dessa Maçonaria, possuía oito pisos, sendo o primeiro conhecido pelo nome de Naaman. Cada piso possui um nome iniciado com uma das oito letras que formam o nome Napoleão.

NATAL — Todos os povos comemoram o dia 25 de dezembro como sendo o dia de Natal. Para os cristãos, é o dia natalício de Jesus. Foi estabelecido como data fixa no século V. Jesus teria nascido na passagem do dia 24 para o dia 25. O dia 25 de dezembro marca o Solstício do inverno para o hemisfério Norte e o do verão para o hemisfério Sul; era o dia consagrado ao Sol.

NATUREZA — Significa o que "nasce", o princípio, a formação, a mutação, restringindo-se ao planeta Terra. Na Maçonaria a Natureza tem destaque na figura geométrica do Triângulo equilátero e é simbolizada com o Delta Luminoso fixado no Oriente dentro do Dossel da Veneranda e acima do Trono do Venerável Mestre, representando os três lados do Triângulo: o Nascimento, a Vida e a Morte. A Loja também tem o formato de um cubo; esse quadrilátero representa os quatro elementos da Natureza: Ar, Água, Terra e Fogo. O estudo da Natureza denomina-se Cosmogonia.

NATUREZA MORAL — É a índole humana que muitos denominam instinto e outros, Karma. Contudo, por mais distorcida que possa se apresentar a Natureza Moral de um ser humano, ela pode ser direcionada para o bem.

NATUREZA SOCIAL — Há povos que formam governos pacíficos e justos e a esses é dito que possuem uma Natureza Social benéfica. Em contrapartida, existem povos belicosos que não se adaptam às necessidades sociais.

NAZARÉ — Cidade da Galileia, surgida com a tribo Zabulón, denominada na atualidade Nassa ou Nasziza, situada a cerca de doze quilômetros do monte Tabor. Nessa cidade nasceu Maria, que concebeu Jesus. Maçonicamente, os Cavaleiros Rosa-Cruz passam de forma simbólica por Nazaré. Quando o Rei de Tiro recebeu de Salomão, por seus préstimos, como pagamento vinte cidades da Galileia, foram por ele consideradas as mais pobres e miseráveis do reino. Por ironia, em Nazaré, uma dessas humildes e pobres cidades, foi concebido o Divino Mestre.

NEGAÇÃO — Atributo espiritual do ser humano que, negando-se a si mesmo, rende obediência ao Senhor, ingressando, assim, no Reino dos Céus. A Negação é o fundamento do Cristianismo. Na Maçonaria, o primeiro ato do profano que ingressa na Câmara das Reflexões é negar-se a si próprio, entregando a sua Vida a Deus.

NEGRO — Erroneamente se atribui ao vocábulo o efeito de cor; não existe, todavia, a cor negra, pois Negro é ausência de cor, como Branco é a polarização das cores. As câmaras do Terceiro Grau são revestidas de negro; paredes, móveis, tudo é Negro, simbolizando "ausência" e valorizando a presença do ser humano.

NEGROS — A raça denominada "negra" existe, mas limitada a alguns redutos da África; a cor da pele bronzeada, amorenada, não pode ser considerada negra.
Contudo, o Negro, como é popularmente denominado, não era admitido na Maçonaria, devido à discriminação que durou vários séculos.
Hoje, especialmente no Brasil, não existe essa discriminação.
Contudo, nos Estados Unidos da América, há a Maçonaria frequentada exclusivamente por homens de cor; trata-se de uma Maçonaria um tanto folclórica, mas não deixa de ser poderosa e influente.
Felizmente, em nosso País, não foi adotada essa manifestação maçônica, condenável, porque se trata de uma real discriminação de parte a parte.

NEHEMIAS — Personagem bíblico. Nome usado no Rito Escocês Antigo e Aceito, no Grau 32 e no Grau 15.

NECHAH — Palavra hebraica usada no Grau 9 do Rito Escocês Antigo e Aceito como constestação à palavra *Nekam*. Significa Vingança.

NEKAM — Palavra de passe do Rito Escocês Antigo e Aceito, Grau 9. Também palavra de passe para ingressar no Conselho de Kadosch, Grau 30. Em todos os Ritos que adotam o Grau 30, *Nekam* tem uso como palavra de passe. Seu significado é "vingança". Usa-se *Nekam-Adonai* como palavra sagrada no Grau Kadosch de todos os Ritos maçônicos.

NEKAMAH — Palavra sagrada do Grau 29 do Rito Escocês Antigo e Aceito.

NELSON HORÁCIO — Ilustre maçom que se tornou célebre na batalha de Trafalgar, quando derrotou a esquadra espanhola comandada por Gravina e a esquadra francesa comandada por Villeneuve.
Nelson Horácio encontrou a morte no navio capitânea durante a batalha de Trafalgar.

NEM NU NEM VESTIDO — Expressão ritualística maçônica para designar o candidato antes da Iniciação. Estar Nem Nu Nem Vestido significa uma postura neutra, humilde, um estado de consciência incompleto, um desejo de vestir-se adequadamente.

NEÓFITO — Palavra de origem grega que significa "recémplantado". Na Maçonaria designa o candidato recém-iniciado. "Neo" significa "novo"; portanto, diz respeito ao "novo maçom".

NEC PLUS ULTRA — Expressão latina que significa "Não mais além", sendo o "limite". Foi essa expressão adotada no Grau Kadosch, quando consistia no último dos Graus Filosóficos. Dizia-se que em Maçonaria nada havia além do Grau Kadosch; posteriormente surgiram os Graus Administrativos — 31, 32 e 33.

NEOPLATONISMO — O prefixo Neo significa novo; portanto Neoplatonismo significava a nova concepção depois de Platão. O expoente máximo dessa corrente filosófica foi Platino. A Maçonaria dos Altos Graus foi atingida por essa influência filosófica.

NE VARIETUR — Expressão latina que significa "Que não varia", ou seja, o inalterável. Denomina-se *Ne Varietur* na Maçonaria a assinatura no livro de presenças das Lojas. Contudo essa expressão, em uso, não reflete a realidade, pois a assinatura não é constante; cada assinatura difere da outra. A cada instante, o ser humano altera a sua estrutura psíquica. Analisando-se as assinaturas (Grafologia), nota-se que pequenos traços sofrem alterações. No entanto, numa assinatura existem pontos fixos e inalteráveis que servem como base para a identificação em uma perícia.
A assinatura é colhida porque simboliza a projeção do indivíduo no papel, obviamente de um "novo indivíduo", de um Neófito que pela primeira vez lança-se num documento.

NIHILISTAS — Movimento pré-revolucionário russo, constituído em sociedade secreta, seguindo os moldes maçônicos quanto à organização, pelos juramentos e fidelidade à causa. Contudo pode-se afirmar ter sido um movimento totalmente oposto à Maçonaria.

NIRVANA — A beatitude de Buda. Palavra sânscrita muito em voga para designar a harmonização com o Ser Supremo, o Paraíso dos Cristãos. Usa-se essa palavra na formação da Cadeia de União, quando o dirigente orienta para que seja aspirado o Prana.

NÍVEL — Trata-se de um instrumento indispensável para a construção, em uso até nossos dias, apesar dos novos aparelhos eletrônicos que surgiram em nossa época. A origem do Nível é atribuída a três personagens: a Dédalo, depois de sua saída do labirinto de

Creta, cerca de mil e trezentos anos antes de nossa era; a Rhicus, arquiteto do labirinto de Samos, no século VIII a.C.; a Teodoro, arquiteto do Templo de Juno, em Samos.

O Nível é um instrumento maçônico de um simbolismo básico e que orna a Loja no Trono do Primeiro Vigilante. Simboliza a igualdade; todos são "nivelados" num mesmo plano, na Arte Real.

NOAQUITA — O vocábulo provém do hebraico *Noah*, que significa Noé, um dos primeiros patriarcas hebreus que, em obediência à determinação de Jeová, construiu uma gigantesca Arca, onde toda sua família e as espécies de animais foram preservadas do Dilúvio; Noé obteve de Jeová uma Aliança, simbolizada no Arco-Íris. O feito envolvia o castigo sobre aqueles idólatras que se tinham desviado dos preceitos divinos.

O vigésimo primeiro Grau do Rito Escocês Antigo e Aceito denomina-se "Noaquita"; sua lenda é a da Arca de Noé, e o Templo está disposto de modo que possa ser iluminado pela Lua em seu plenilúnio.

NOBREZA — Em todos os povos um determinado grupo destaca-se, seja por tradição, por herança ou por capacidade de liderança, e passa a governar os seus semelhantes. Reis e imperadores ainda subsistem, sendo os seus auxiliares e comandados diretos investidos com título de nobreza. Na Maçonaria, essa Nobreza subsiste, mas no sentido moral. Diz-se que a Maçonaria desenvolve a Arte Real, no sentido da elevação do comportamento, do estudo superior e da nobreza dos sentimentos. No Brasil tivemos dois períodos em que a Nobreza foi formada: o primeiro, no Reino, quando D. João VI saiu de Portugal e estabeleceu-se no Brasil. O segundo, no Império, quando D. Pedro I entendeu formar uma Nobreza Brasileira.

A Maçonaria teve destaque nessa oportunidade, porque D. Pedro I, na condição de maçom, convidou para iniciar as suas nomeações o maçom Joaquim Gonçalves Ledo, oferecendo-lhe o título de Marquês da Praia Grande. Pela modéstia que caracterizava Ledo, declinou do honroso convite.

Os títulos hierárquicos maçônicos não podem confundir-se com títulos de Nobreza.

NOITE — Quando o Sol se põe no ocaso, para ingressar em outro hemisfério, em hora precisa e perfeitamente conhecida, devido à rotação da Terra, um dos hemisférios escurece. Não se trata de uma escuridão absoluta, pois surgem outros Luminares, como os Satélites e as Estrelas. Nessas horas, a Natureza descansa e o "nervo dorme", sendo o repouso necessário como imposição para a renovação de forças, a fim de que, no dia que se aproxima, possa o ser humano prosseguir na sua faina.

Na sabedoria da Natureza, à noite, desperta um outro mundo. Seres vivos de toda espécie "acordam" e desenvolvem o seu destino; são os animais noturnos, os insetos da noite, o labor contínuo que não cessa, certos vegetais que se desenvolvem, como os fungos, os liquens e muitos seres vivos do microcosmos.

As Noites são silenciosas e a mente humana torna-se mais receptiva, o que motiva serem as sessões maçônicas desenvolvidas à noite. Os Rituais respondem à pergunta "A que horas os maçons iniciam os seus trabalhos?": "do meio-dia à meia-noite". Na realidade o "trabalho maçônico" é permanente, mas durante doze horas resultam atos positivos. Na realidade prática, esses dois "pólos", do meio-dia e meia-noite, simbolizam os dois pontos neutros. Notamos que o Sol, quando está a pino, não produz sombra quando incide sobre algum objeto. À meia-noite, o Sol produz na escuridão, quando a pino no outro hemisfério, uma sombra total sobre os objetos.

As Lojas maçônicas possuem janelas internas para permitir que a Luz penetre; porém, não é a luz solar, mas sim a dos outros luminares, tanto que no Grau 21 do Rito Escocês Antigo e Aceito essa Luz é a do Plenilúnio.

Para "ingressar" dentro de si mesmo, o maçom que medita fecha os olhos, porque na escuridão o caminho é mais sutil e suave, rendendo a caminhada muito mais que se fosse à luz solar.

NOME — O ser humano, ao multiplicar-se, por imposição do Plano Divino, necessitou de um Nome para identificação. Desconhece-se qual foi o primeiro nome usado. Nenhum ser, porém, deixa de ter um nome, em qualquer dos reinos da Natureza. Qualquer elemento adquire um nome para sua identificação. Logo, Nome é a identificação de um ser.

Em certos ritos na Maçonaria, após a Iniciação, o Neófito, como "nova criatura que renasceu", recebe um Nome simbólico que usará para o resto de seus dias, adotando-o como *Ne Varietur* na Tábua da Loja.

O Nome, porém, não é mero meio de identificação. Ele tem significados e origens. São os Nomes de Família que formam a "árvore genealógica", tornando-se ilustres quando destaques no meio social.

As Sagradas Escrituras exemplificam a relevância do Nome e o hábito da mudança de Nome, como honraria ou missão. Assim temos o caso de Abraão, de Jacó, de Pedro, para citar apenas três casos.

Hoje temos em torno do Nome uma ciência que se desenvolve paralelamente, à Grafologia e à Numerologia. Existem nomes áureos e nomes azíagos. No trato psicológico, a mudança do nome influencia no caráter da pessoa. Saber usar o nome é uma arte que conduz à prosperidade e ao bem-estar. Ninguém escolhe o seu próprio Nome. É a influência dos pais que, ao registrarem ou ao batizarem um filho, lhe dão um Nome que mais tarde pode tornar-se um empecilho. A orientação para o uso de um nome azíago constitui uma "terapêutica do destino".

Cada Nome tem um significado. Os japoneses dão aos filhos nomes de flores, de amenidades, de poesia. Existem Nomes que arrastam para um destino infeliz, como Maria, que significa "Amarga".

Já existem dicionários apropriados para uma escolha acertada, mas como essa ciência ainda está envolta por empirismo, raros são os que aceitam os conselhos.

Quando Moisés pediu a Jeová que lhe dissesse como deveria ser chamado, o Senhor respondeu "Eu Sou"; esse é o nome de Deus.

Não se deve confundir "Nome" com "Sobrenome"; Nome é o patronímico, ou seja, o do tronco; Sobrenome é a identificação individual. Temos o "apelido", a "alcunha" e outras denominações curiosas.

NOME DE LOJA — A Loja maçônica recebe um Nome e um número. Esse Nome, na maioria das vezes, homenageia um vulto histórico ou maçônico; existem repetições, chegando certas Lojas a adotar um número para distinguir a hierarquia no tempo. Como exemplo damos o nome da Loja Liberdade n.º 100, do Oriente do Rio de Janeiro, em Jacarepaguá. São muito comuns os Nomes filosóficos ou de Signos, Planetas, enfim, simples ou compostos, como, por exemplo, Sol do Oriente.

NORTE — Dentro do Templo, diz-se Norte o local de menor luminosidade; designa-se como Coluna do Norte o local onde têm assento os Aprendizes. "Norte", empregado como "direção" para um ideal, significa a aspiração em alcançar um objetivo.

A bússola possui a sua agulha imantada que indica, sempre, o Norte. Isso demonstra a influência que o Norte exerce sobre as pessoas, especialmente as sensitivas.

Quando da construção de um Templo, busca-se, sempre que possível, orientá-la de conformidade com a indicação da bússola, fixando o Norte, pois os outros pontos cardeais decorrem dessa posição.

NOTIFICAÇÃO — Significa "intimação" e "aviso". A Administração de uma Loja deve "notificar" os membros faltosos antes de tomar qualquer decisão. A Notificação pode ser feita através de documento escrito, verbal, pode ser apresentada pessoalmente ou dentro da própria Loja, colocado o notificando "entre Colunas".

NOVE — Número Cardinal, considerado perfeito. É o número dos Iniciados, dos profetas, do mistério, da divindade. É o número representativo da imortalidade. Surge de dentro de um círculo, na forma de um círculo menor interno envolto por um círculo maior externo. Invertido forma o número seis.

Os números são nove; a soma desses algarismos, resultará uma combinação infinita de números, mas sempre a soma desses números resultará Nove. É a mística do número Nove. Em matemática e em numerologia, são feitos infinitos arranjos para demonstrar o valor desse número.

Quando surge, na análise de um nome, o número Nove, este simboliza alta elevação espiritual e acentuada "proteção", em todos os sentidos. Assim, ao dar nome a um filho, deve-se, antes, analisá-lo para que resulte um nome afortunado e espiritualizado.

Pitágoras aos atuais parapsicólogos, sem descanso, o estudo numerológico tem sido atraente e proporcionado aos que se interessam pelo conhecimento, com resultados positivos.

O Novenário, ou tríplice Ternário, surgiu dos três elementos da Natureza: a "Água", absorvendo terra e fogo; a "Terra", contendo partes ígneas e aquosas; o "Fogo", composto de partículas de água e alimentado por corpos terrestres; cada um desses três elementos soma Nove princípios, base da Vida.

NUDEZ — A Nudez representa a realidade e a verdade. "Desnudar" significa "desvendar". Comumente, Nudez significa a pessoa despir-se; porém, esse vocábulo pode significar pureza, sinceridade. A pessoa se desnuda quando abre seu coração e revela-se na total intimidade, sem reservas em seu pensamento.

Na formação da Cadeia de União, os maçons se "desnudam", ou seja, despem-se das individualidades.

Na Antiguidade, a Cadeia de União era formada estando os maçons despidos, usando um avental para cobrir o sexo. Por ocasião da entrada do candidato à Iniciação na Câmara das Reflexões, esse era preparado de tal forma que ingressava "nem nu nem vestido", para significar que tomava uma posição neutra.

Nas cerimônias fúnebres de sepultamento, vemos que certos povos e certas religiões colocam os cadáveres, ora nus, ora encobertos por manto de linho, ora aparamentados, no caso da Maçonaria, ora com vestes apropriadas para a cerimônia.

Os indígenas colocavam seus mortos em urnas de barro, totalmente despidos. Os egípcios embalsamavam os corpos e revestiam-nos com toda pompa, cobertos de Joias e pedrarias preciosas.

NUMEROLOGIA — É a ciência que define o valor dos números e tem em Pitágoras, filósofo grego, a sua máxima expressão.

Na Maçonaria, a Numerologia é estudada minuciosamente, contendo os Rituais o significado esotérico da mesma.

NÚMERO — O vocábulo "Número" procede do latim *numerus*, sendo a relação existente entre duas quantidades. Em grego é denominado *Tythmós*, de onde deriva a "Aritmética". A relação entre os números sugere um "ritmo" musical, porque a manipulação dos Números obedece a regras fixas e periódicas. Sendo o "ritmo" a expressão do movimento, conclui-se que o jogo dos Números produz movimento e, portanto, vida.

Os Números marcam o tempo, que é um fator vital para o ser humano. Foram os filósofos Pitágoras e Platão que nos legaram o valor dos Números, cujos cálculos, desde uma simples soma ou subtração aos mais complicados, hoje formulados eletronicamente, tendem a esclarecer os mistérios do Universo.

Os Números comprovam a existência de uma "ordem" no Universo; embora possam ser multiplicados ao infinito, estabelecem regras inalteráveis, equilibrando desde o pensamento até os atos mais simples da vida.

Os alfabetos obedecem a ordens numéricas e cada letra possui um peso numérico que deve ser filosoficamente interpretado.

As Palavras Sagradas e de Passe, na Maçonaria, são de origem hebraica. Posto tenha sido estabelecido em Lousanne (Suíça) no século XIX, em um congresso maçônico, que cada povo poderia usar as Palavras de Passe e Sagradas devidamente traduzidas em seu idioma, a tradição as tem mantido em hebraico. Sabe-se que no alfabeto hebraico cada letra (consoante) corresponde a um número; assim, toda Palavra Sagrada e de Passe corresponde a agrupamentos de números e a sua interpretação passa a ser esotérica; toda vez que o maçom "operar" com esses Números, estará manipulando com elementos misteriosos, ocultos e espirituais.

Apenas para exemplificar, com a finalidade de conduzir o pensamento ao esclarecimento, tomemos o Número 666, tido no Livro do Apocalipse como sendo o "Número da besta". Sem discutir a validade ou não dessa assertiva, isso nos demonstra que um Número pode ter significado esotérico e profundo.

NUVEM

No mundo moderno, todo ser humano está "marcado" por um Número. Entre nós, brasileiros, temos o CIC, que corresponde a um determinado Número de identificação; é o controle do Ministério da Fazenda, que expede o "Cartão de Identificação do Contribuinte".

Cada maçom possui o seu "Cadastro que lhe fornece um número". Assim, todos estamos "numerados", concretizando-se a profecia de que "no final dos tempos" levaremos na testa um número de identificação, sem o qual não receberemos alimentação, perecendo aqueles que não o possuírem.

Os habitantes dos presídios levam o "seu número" impresso no uniforme. Múltiplos exemplos poderemos citar do uso, num país organizado, da numeração como controle da população. O nome das pessoas é analisado através da Numerologia e os cálculos que são feitos, na análise, para um uso correto através da assinatura, podem resultar benefícios ou aziagos. O "concerto", através do estudo analítico, denomina-se "terapia do destino", quando a análise sugere o uso de nome adequado, sem maior alteração, obedecendo sempre ao que consta no registro de nascimento. A aposição do nome no papel, a projeção da pessoa no documento, por sua vez, deve obedecer a regras severas; esse estudo denomina-se "Grafologia" e tudo deve ser analisado com a finalidade de proporcionar à pessoa um destino favorável.

Como já referimos em outro verbete, os Números são nove. Todo o mais, através do algarismo Zero e dos sinais convencionais matemáticos, constitui as composições infinitas.

Na Maçonaria, os números tidos como "primários" são assim classificados:

Um   Unidade
Dois .... Binário
Três .... Ternário
Quatro ....   Quaternário
Cinco .... Quinário
Seis .... Senário
Sete .... Setenário
Oito .... Octonário
Nove .... Novenário

NUVEM — A Nuvem constitui um símbolo maçônico e representa o "Véu Místico", que significa a proteção sobre um mistério. Temos no Painel do Primeiro Grau a Escada de Jacó, que adentra em Nuvens.

OBEDIÊNCIA — É a submissão à vontade de outrem; trata-se de um vocábulo de origem latina. Obediência e Vontade são irmãs "xifópagas", isto é, sempre andam juntas.

A Doutrina Cristã tem seu fundamento na Obediência à Vontade de Deus, abdicando o cristão do que lhe é sugerido como sendo suas decisões fruto de um "livre arbítrio".

As discussões em torno disso são "homéricas" e perduram desde a Idade Média até hoje.

Todos nós estamos sujeitos, em qualquer campo, à Obediência; obedecem-se as leis dos homens, da Natureza e da Divindade; obedecem-se às exigências do estômago, do instinto, da volúpia.

A dependência psíquica e física de qualquer entorpecente, tóxico ou droga, redunda em Obediência cega e inapelável ao vício.

Temos, portanto, dois apectos a considerar: a Obediência ao que é sublime e a Obediência ao que é negativo.

Maçonicamente, temos a Obediência hierárquica, ou seja, aos dirigentes.

A sublimidade da Obediência consiste em obedecer espontaneamente, sem submissão constrangedora, mas por fraternidade e amor. Quem ama a Deus obedece a sua Vontade, sem que isso constitua diminuição alguma. Obedecer por imposição de um ditador constitui grave agressão à liberdade. Portanto, devem-se distinguir os atos de Obediência.

O primeiro dever do maçom é obedecer às ordens de seu Mestre; essa Obediência não é irracional, mas consoante a razão.

Denomina-se Obediência a uma organização maçônica. Existem as Obediências regulares e as irregulares, as legítimas e as espúrias.

A reunião de várias Lojas constiui uma Grande Loja ou um Grande Oriente. Essas instituições denominam-se Obediências porque, para se formarem, "obedeceram" aos preceitos necessários, como, por exemplo, o reconhecimento de potências estrangeiras e serem por elas reconhecidas. Contudo, a Obediência não é cega. O obedecer cegamente constitui fanatismo. A razão deve dirigir o obedecer. O maçom obedece sem discussão aos *Landmarks* da Instituição, que são os preceitos gerais da Ordem. Poderá analisá-los, apresentar teses, discutir sua essência, porém, não poderá alterá-los. Está o maçom ligado aos *Landmarks* como o religioso ao Decálogo.

OBRA-PRIMA — Diz-se assim a organização maçônica que, pela sua perfeita organização, vence os séculos.

OBREIRO — Justamente por aceitar que a Maçonaria é uma "Obra-Prima" o maçom é designado "Obreiro". Paralelamente, é sinônimo de trabalhador em obra, ou seja, em construção.

OBRIGAÇÃO — Constitui sinônimo de "dever". O maçom possui múltiplas

Obrigações, assumidas por ocasião de sua Iniciação; são Obrigações permanentes.

Essas Obrigações iniciais e permanentes aumentam de conformidade com a evolução dentro do Rito. A cada Grau alcançado, somam-se novas Obrigações permanentes. A Obrigação não abriga apenas aos que iniciam a jornada maçônica, mas a toda comunidade, desde o Neófito até a posição hierarquicamente mais elevada.

OBSCURANTISMO — Houve em nossa civilização uma frase Obscurantista, quando surgiram sistemas contrários ao desenvolvimento intelectual e espiritual das pessoas. É o retorno ao primitivismo e à ignorância.

Usa-se até hoje esse vocábulo, que simboliza a escuridão, a ignorância e o retrocesso.

OCIDENTE — É a parte do quadrilongo de uma Loja, defronte ao Oriente. Do Ocidente é que os maçons adentram no Templo. Nesse lado, situa-se uma das três Janelas misteriosas de um Templo por onde penetra a Luz da Virtude. O Sol encontra o seu ocaso no Ocidente. É o local do "consciente", onde os maçons atuam operativamente.

OCTÓGONO — Diz-se assim a figura geométrica do polígono de oito lados tendo os seus ângulos iguais; representa as oito beatitudes.

OCTONÁRIO — É o binário do quaternário. O número oito simboliza a ressurreição, o infinito, o equilíbrio, por serem os dois "zeros" que o formam, de modo superposto, iguais; simboliza a balança; no Cristianismo, simboliza a salvação. Nas lápides das catacumbas de Roma, é encontrado o Octógono simbolizando o Cristo. A marcha que o Hospitaleiro faz dentro do Templo forma um oito.

OCULTISMO — Durante o século XVIII o Ocultismo teve acentuados progressos, pois iniciava-se, ocultamente, como uma reação à doutrina da Igreja.

Nesse mundo de especulações, a Maçonaria foi atingida, pois a sua preocupação era encontrar nos Rituais "aquilo que estava oculto", usando, para tanto, os meios que a magia fornecia.

Embora empírica, a Ciência do Ocultismo dominou todos os setores do pensamento e da elite. Dos inúmeros Ritos maçônicos que eram praticados, parte deles surgiu como sendo de "Altos Graus"; obviamente, o ideal maçônico foi perturbado e esses Ritos caíram em desuso. A Maçonaria teve em Calhiostro o expoente máximo. A Igreja foi substituída pela nova fé, mas como o campo científico era suspeito, paulatinamente, já no século XIX, o Ocultismo foi esmaecendo até restringir-se a grupos isolados.

Hoje, com o surgimento de novas ciências, como a Psicologia e a Parapsicologia, o movimento ocultista passou para o plano esotérico e espiritual.

Com a evolução do comportamento e do pensamento humano, a razão está contribuindo para que nada permaneça oculto, da forma como desejavam os ocultistas do passado.

OCULTO — Diz-se assim tudo o que não deve ser revelado a quem não tem capacidade de discernimento. Hoje nada é Oculto; os véus já podem ser erguidos, porque o homem aprendeu a raciocinar prudentemente. Na Maçonaria nada há Oculto. O que se afirma é que algumas interpretações são "sigilosas", para evitar a profanação.

OFICIAIS DA LOJA — Denomina-se Oficial o membro da administração de uma Grande Loja maçônica. Os membros da administração de uma Grande Loja ou dos Grandes Orientes são denominados Grandes Oficiais. A composição de uma administração afirma o exercício da democracia, pois os Oficiais são eleitos através de escrutínio secreto, por maioria absoluta de votos, tendo todos os mestres direito de serem votados. Cada Oficial desempenha tarefas específicas e autônomas, sendo comandado pelo Venerável Mestre que, por sua vez, é produto de uma eleição democrática. Os Oficiais atuam nas Oficinas, nome dado às Lojas simbolizando o trabalho.

OFICINA — Esse nome deriva das Antigas Associações e Corporações dos artesãos. Quando a Maçonaria era Operativa, a Oficina era recinto de trabalho manual. Posteriormente, esse trabalho foi sublimado, sendo o material trabalhado o que compõe o próprio ser humano, sob todos os aspectos, inclusive com o "autoaperfeiçoamento".

As arestas que o maçom deve retirar de si mesmo são as imperfeições produzidas pelos vícios, pela desobediência e pela omissão. É um trabalho constante, de modo que a Oficina maçônica está sempre em funcionamento.

OITENTA E UM — Expressa o amor fraterno entre os membros da Loja que ostentam na Corda dos Oitenta e Um Nós, os seus laços de fraternidade. Número místico por excelência, designa com o Oito a perfeição na unidade, sendo a unidade o ser humano com a sua individualidade. A Corda dos Oitenta e Um Nós, como já referido em verbete anterior, é composta por todos os membros da Loja, que não poderiam ultrapassar, em número, o dos Laços do Amor.

Segundo a Lenda de Hiram, o Rei Salomão, após a morte de Hiram Abiff, formou um corpo composto de oitenta e um membros para prosseguir as obras do Grande Templo e concluí-las. Os oitenta e um membros foram divididos em três grupos de vinte e sete elementos. Na Maçonaria Filosófica, o número 81 tem acentuada aplicação. Representando o Infinito com a Unidade, expressa a posição máxima do maçom dentro do Templo.

Sendo múltiplo de nove, constitui o múltiplo da perfeição, ou seja, o absoluto, a quintessência da sabedoria.

OITO — Além do que foi dito sobre as derivações desse número, é considerado número cabalístico por excelência. Na realidade, em numerologia, é o último número da escala, pois, unindo-se à unidade, produz o nove, que na sua neutralidade é o representante da perfeição.

OLD CHARGES — Traduz-se por "velhos preceitos". Atribui-se ao pesquisador James O. Haliwell, que não era maçom, no ano de 1839, ter encontrado no Museu Britânico um velho pergaminho em forma de livro. Haliwell, notando tratar-se de um raro documento maçônico, deu-lhe publicidade, editando-o em 1840, com o título de Manuscrito Régio. Esse "manuscrito" é composto, em parte,

ÓLEO — OLIVEIRA

de papéis encadernados formando livros e, em parte, de rolos de pergaminho. A data em que foi escrito não vem perfeitamente definida, talvez em torno do ano de 1390, considerando assim o mais antigo documento existente. Trata-se de um poema composto por 794 versos que se inicia com a seguinte frase: "Aqui começam as Constituições da Arte da Geometria segundo Euclides".

Existe no México, um resumo, no livro *As Fontes do Direito Maçônico*, de José Gonzales Ginório.

ÓLEO — O "Óleo Santo" é usado pela Igreja em seu cerimonial. A Maçonaria não o usa, a não ser nas "Lâmpadas Votivas", sem a preocupação do tipo, se óleo mineral ou vegetal.

OLHO — Faz parte dos símbolos maçônicos e o vemos dentro da Loja, inserido no Triângulo ou Delta Luminoso colocado sobre o Trono do Venerável Mestre.

É o símbolo da presença permanente de Deus demonstrando a sua onisciência. Originou-se no Egito, onde era usado para representar Osíris. É encontrado na Índia representando Shiva.

Representa a Divina vigilância, que observa e registra os atos do ser humano. Observa o Sol na sua trajetória.

Encontramo-lo referido nas Escrituras, Salmo 36, 15: "Os Olhos do Senhor repousam sobre os justos, e os seus ouvidos estão abertos ao seu clamor".

Os hebreus usaram esse símbolo no plural, talvez para diferenciá-lo da concepção egípcia e da hindu.

Na Maçonaria usa-se apenas um Olho. Não há uma definição sobre se esse Olho é o direito ou o esquerdo. No Delta Luminoso é apresentado o Olho esquerdo.

Num sentido esotérico, tratar-se-ia do "Terceiro Olho", ou "terceira visão", que seria o Olho Espiritual e não um órgão "semelhante" ao do ser humano. Não se concebe que Deus possa apresentar-se com as mesmas características de um homem.

Cientificamente, o olho é um órgão que recebe o reflexo dos objetos e a retina interna absorve os elementos que captam a figura; a visão atua como uma máquina fotográfica e "absorve" as imagens, enquanto o Olho Divino "emite" forças para a proteção. A vigilância não seria exercitada para "vigiar" no sentido de punir, mas apenas como símbolo de uma Presença em nós.

A cor da pupila, por sua vez, é questionada, como sendo escura ou clara, azul ou negra, enfim, o formato harmonioso não do globo ocular, mas do Olho, obedece à raça oriental ou ocidental? Todos esses aspectos exteriores e físicos não têm importância alguma, porque a Maçonaria adota o "Olho" como Visão e como símbolo compreensível. Assim, no Japão esse Olho "maçônico" teria características diferentes das do "Olho" elaborado no Ocidente.

OLIVEIRA — É uma planta frondosa dos lugares quentes e da família das "oleáceas", que produz anualmente um fruto denominado "azeitona" ou "oliva", servindo como alimento, especialmente o óleo, que tem uso em todo o mundo. Essa árvore adaptou-se em todos os países de clima temperado. Na Europa, a espécie que melhor vingou foi a *Olea Europaea Sativa*. É

ONTOLOGIA — ORDEM

originária da Ásia Menor e simboliza a Sabedoria.

O ramo de Oliveira, com frutos ou não, simboliza a Paz. Na Maçonaria, no Grau 4, do grupo dos Graus Inefáveis, o recipiendário recebe durante a cerimônia iniciática uma coroa feita com um ramo de louro e um ramo de oliveira, simbolizando a conquista pacífica de uma vitória.

ONTOLOGIA — Ciência dos seres. Estuda o "ser" como um todo, como surgido de uma Vontade Superior, sem restringir-se às minúcias de cada espécie. Esotericamente, estuda o Ser Divino, especialmente o que "contacta" com o ser humano. Jeová, ao responder a Moisés como deveria ser nomeado, disse: "Diga EU SOU", me mandou. O verbo "ser" é verbo de ligação, que não se conjuga isoladamente e que é predicativo.

ONZE — O número 11 é a junção de duas unidades. Na Cabala representa o grande agente mágico, força oculta; Santo Agostinho com ele representava o pecado.

Como número iniciático, surge de quatro composições: 4 e 7, simbolizando a vontade enérgica; 3 e 8, simbolizando a radiação do poder e da inteligência; 2 e 9, simbolizando a exteriorização da Sabedoria; 1 e 10, simbolizando a síntese da década, que é o máximo poder da "coisa única".

Em Numerologia, na análise do nome, significa, para a pessoa equilibrada e ilustrada, um fator de progresso. Na Maçonaria o Onzenário surge da união das duas Estrelas, a de Davi e a de Salomão.

ORAÇÃO — Pode significar, derivando do latim *oratione*, discurso ou invocação dirigida à Divindade, na forma de "prece". Maçonicamente, durante as Iniciações são proferidas "Orações" no seu duplo significado: o discurso do Orador e a prece do Venerável Mestre. A Oração como prece, apesar de ser ato místico e religioso, em nada envolve aspectos doutrinários de proselitismo religioso. Trata-se, apenas, da invocação feita por quem preside a cerimônia, o sacerdote, à presença do Grande Arquiteto do Universo, que é Deus.

ORADOR — É o Oficial que faz parte das cinco dignidades de uma Loja maçônica e na posição hierárquica ocupa o quarto lugar.

Suas funções são as de Guarda da Lei: opina quando solicitado sobre determinados assuntos, faz as saudações aos visitantes e tem à sua disposição a palavra, para esclarecer, orientar e sustentar a autoridade do Venerável Mestre e dos Vigilantes.

Esse cargo surgiu na França, obviamente sob a influência dos grandes oradores da época.

Numa Loja, tem a função de "oficiante", ao abrir o Livro Sagrado e fechá-lo.

ORDEM — Termo usado na França quando do surgimento da Maçonaria como Instituição e seguindo o exemplo das demais Ordens de Cavalaria existentes entre a aristocracia. A Maçonaria recebeu o nome de "Ordem dos Maçons" e mais tarde, "Ordem maçônica", também denominada Arte Real.

O vocábulo deriva do latim, *Ordo ordinis*, que significa "disposição", "regra", "disciplina". O vocábulo, que é singular e feminino, forma inúmeros outros, como por exemplo: desordem, desordeiro, Ordeiro, ordenação, ordenança, ordinário etc.

A Ordem maçônica significa um sistema organizado, em todos os sentidos.

Ordem também significa postura; estar à Ordem representa o posicionamento do maçom quando em pé, em seu lugar, aguarda o desenvolver dos trabalhos. O sinal da Ordem, de conformidade com cada Grau, é a postura juramentada; Ordem do Dia é a programação a ser desenvolvida durante os trabalhos, previamente elaborada.

A Ordem dos trabalhos segue normas usuais e tradicionais, e será elaborada obedecendo aos critérios aprovados pelo Poder Central, a saber:

— Abertura Ritualística.
— Leitura e aprovação do Balaústre ou ata.
— Leitura do expediente.
— Giro do Mestre de Cerimônias com a Bolsa de Propostas e Informações.
— Escrutínio secreto para proposta de novos membros.
— Ordem do Dia, que compreende ou a cerimônia de Iniciação ou a apresentação de trabalhos ou a discussão de teses, ou a análise da proposição, sua discussão e votação.
— Entrada de visitantes de Lojas coirmãs.
— Hora de estudos.
— Giro do Hospitaleiro com a Bolsa de arrecadação de óbolos.
— Palavra a bem da Ordem em geral e do Quadro em particular.
— Formação da Cadeia de União.
— Encerramento dos trabalhos de forma ritualística.

ORDENS DE ARQUITETURA
— Diz respeito às Colunas e seus componentes. Dentro de uma Loja de Aprendizes são colocadas Colunas das Ordens Dórica, Jônica e Coríntia; na Loja dos Companheiros, são colocadas as Colunas da Ordem Toscana e Compósita.

De modo simples, as Colunas são assim diferenciadas entre si.

A Coluna Ática, também denominada Quadrada, apresenta o seu fuste no formato de um paralelepípedo alongado.

A Coluna Gótica, outro tipo da Ordem de Arquitetura, apresenta um feixe de pequenas colunas tendo o capitel adornado com folhas de Gardo.

A Coluna Rostrada apresenta ornamentos como a dos esporões de navios, denominados rostros.

A Coluna Abalaustrada apresenta maior altura no capitel do que na base.

A Coluna Ligada ou Meia Coluna é a que vem inserida nos muros, parcialmente com o corpo e o fuste.

A Coluna Salomônica apresenta seu fuste em espiral.

Todas as Colunas da Ordem de Arquitetura, que são em grande número especialmente as de estilo mourisco, podem ser "soltas", isto é, sem que tenham nada para sustentar, ou podem ser de "apoio", que sustentam vigas ou a própria construção.

As duas Colunas do Átrio, "B" e "J", são "soltas"; as outras doze são de apoio.

ORDENS DE CAVALARIA — A Ordem de Cavalaria inspirou-se nas Cruzadas, quando os cavaleiros nobres, ao retornarem aos seus países, para manterem os laços fraternos conquistados durante o período de sacrifício, perigo e necessidade, formaram Ordens para manter viva a chama da amizade e do companheirismo. Paralelamente a essas, surgiram as Ordens Religiosas, também sob a inspiração das Cruzadas. Os Cavaleiros Templários, por sua vez, inspiraram-se nas organizações das Ordens militares.

Desse período a Maçonaria retirou para os seus Rituais a inspiração e a nomenclatura das Ordens de Cavalaria.

ORDO AB CHAO — Divisa usada pelo Supremo Conselho Maçônico, que significa a "Ordem do Caos", para normalizar o comportamento social.

ORFEU — Personagem da mitologia grega, esposo de Eurídice; era um cantor da Trácia e participou da expedição dos Argonautas, tido como o "inventor dos mistérios". Personagem mítico e sobretudo místico, inspira o estudo da personalidade humana. É homenageado nos Graus Administrativos da Maçonaria Filosófica.

ORIENTAÇÃO DA LOJA MAÇÔNICA — Um edifício construído para servir como Templo maçônico deve obedecer, pelo menos na parte interior, à situação astronômica tradicional, de ter a porta de entrada do recinto usado como Templo no Ocidente e a cabeceira no Oriente.

A influência dos Astros é reconhecida na Maçonaria, pelo estudo da Astronomia; não se confunda com a Astrologia, que diz respeito à análise do Zodíaco nas suas casas, nos ascendentes e descendentes, usados como "oráculos" e desígnios.

ORIENTE — É do Oriente que nasce "toda Luz" nos vários aspectos, astronômicos, esotéricos ou espirituais. O Sol surge, do Oriente, para dissipar a noite, e se põe no Ocidente para, em sua aparente trajetória, iluminar o outro hemisfério; essa passagem de luminosidade marca a fração de tempo denominada dia. O Sol não surge exatamente na mesma hora; em conformidade com as estações do ano, esse surgimento difere em segundos e minutos.

Oriente é o local onde se situa o Venerável Mestre com o seu Trono, de onde comanda a Loja. Oriente significa "Orientação"; cada ser humano possui o seu Oriente. Para os Cristãos, o Salvador surgiu do Oriente e assim como o Sol "nasce" diariamente, a Salvação surge também "diariamente", dando permanente oportunidade ao ser humano de harmonizar-se com o seu Criador.

ORIENTE ETERNO — Depois que o maçom "desencarna", deixando o corpo entregue à putrefação, dirige-se para o Oriente Eterno, local místico que não é localizado. As Escrituras Sagradas admitem várias Eternidades. Portanto, supõe-se a existência de vários Orientes Eternos, de conformidade com os planos que cada maçom possa alcançar dentro das suas limitações conscientizadas na Terra.

ORLA DENTADA — Fisicamente, dentro do Templo, existem duas Orlas Dentadas; trata-se de uma grega com complemento no formato semelhante aos "dentes" de uma serra; uma é colocada ao redor do Pavimento de Mosaicos, que é um tapete com o formato de um quadrilongo, colocado sob o Ara, no centro da Câmara do Meio na parte Ocidental do piso e formado de quadriláteros brancos e negros.

A segunda Orla Dentada contorna, isoladamente, todo pavimento da Loja, também no Ocidente. Essa Orla Dentada pode ser em negro ou em branco, de conformidade com o entendimento artístico do arquiteto construtor.

A Orla Dentada simboliza a permanente união dos maçons; os "Dentes" simbolizam os Planetas que gravitam no Cosmos ao redor do Astro Rei, bem como os irmãos que com afeto estão ao redor de um Pai. Cada Dente tem o formato de um Triângulo; sob o ponto de vista geométrico e numerológico, representa a multiplicidade dos Ângulos, cujas linhas se dirigem a pontos convergentes em busca do caminho "de dentro". É a espiritualização dos maçons, partindo da individualidade e unindo-se indissoluvelmente em torno de um só ideal. A Orla Dentada é confundida com a Cadeia de União e, contudo, não deixa de a representar geometricamente. Essa Orla apresenta o vértice de seus Triângulos para fora e a base "fundida" no mesmo plano para dar estabilidade à ação de cada maçom. O trajeto a partir da base de um Triângulo, que percorre o maçom, dirigindo-se para o ápice numa linha ascendente, para depois retornar à base e sucessivamente repetir a jornada simboliza a preocupação de, por mais elevado que o maçom possa subir, manter sólidas as suas bases.

ORNAMENTOS DA LOJA — São obrigatórios, dentro de uma Loja, os seguintes ornamentos: o Pavimento de Mosaicos, a Estrela Flamejante, a Orla Dentada e a Corda dos 81 Nós.

ORTODOXIA — Deriva do grego: *Orthos*, reto; *Doxa*, opinião. Portanto, significa uma tradição correta, ou seja, a mantença de um sistema permanente, baseado na verdade. A Maçonaria tradicional despida de "inovações"; o que é Ortodoxo é imutável, preciso, racional e verdadeiro.

ORVALHO — No Salmo 133 vem referido o Orvalho que desce do Monte Hermon; Jerusalém possui um território extremamente seco, onde as chuvas são escassas. Frequentemente passam-se três anos sem chuvas, mas o Orvalho que diariamente vem do Monte Hermon significa a própria vida. Usa-se o termo Orvalho para simbolizar o refrigério, a bondade Divina que, através da Natureza, zela pelo bem-estar dos seres vivos. O Monte Hermon é o pico mais elevado do Antelíbano, e sua parte mais elevada é de 2.759 metros sobre o Mediterrâneo. De suas geleiras descem filetes de água que formam o rio Jordão, que, por sua vez, alimenta o Mar Morto.

ÓSCULO — Deriva do latim significando "Ós", boca; traduz-se por "beijo", do latim "basiare" ou "tocar com os lábios". Sendo os lábios uma parte muito sensível do corpo, cujo tato vem acentuado para a seleção dos alimentos, essa sensibilidade transforma-se em afeição. Na Antiguidade o beijo era trocado entre os familiares; mais tarde significava honraria. É uma das expressões mais ativas do sexo.

Em alguns Ritos maçônicos, subsiste o "Ósculo da fraternidade", que é depositado pelo Dirigente da cerimônia, na fronte do Neófito ou recipiendário. A intenção do Ósculo é "tocar" a mente para apor-lhe o "selo místico"; beijar, maçonicamente, é selar. O beijo fraterno entre irmãos, aqui no Brasil, proveio da Europa, onde os amigos se saúdam através do ósculo. Esse costume surgiu nos países árabes.

OSÍRIS — Personagem da divindade egípcia, expoente máximo da mitologia egípcia, representando o Sol. Marido de Ísis e pai de Horus, sua trajetória vem descrita no Livro dos Mortos. Cultiva-se a Lenda num dos elevados Graus Maçônicos Filosóficos.

OTO, O GRANDE — No ano 911, extinguindo-se o ramo oriental da dinastia Carolíngia, os alemães retornaram à sua antiga prática de eleger o rei, recaindo a primeira escolha em Conrado de Francônia.
A Conrado sucedeu Henrique I, o fundador da dinastia Saxônia.
A figura mais famosa dessa dinastia recaiu na pessoa do filho de Henrique, de nome Oto, o Grande, que se tornou rei em 936.
Oto apresentou-se com uma decisão soberba de transformar a coroa numa potência e iniciou coroando-se a si próprio em Anchen, hoje a cidade de Aix-la-Chapelle, para sugerir ser o sucessor de Carlos Magno.
Na Itália atribuiu-se o título de rei dos Lombardos.
Aproximando-se do poder do papado, atendeu um apelo do Papa João III para protegê-lo contra seus inimigos e, em janeiro de 926, como recompensa, foi coroado Imperador de Roma.
As conquistas de Oto foram após ingentes lutas, pois se viu na contingência de dominar toda a Europa.
O papado, porém, passou a hostilizar Oto, que depôs João XII e fez eleger substituto a Leão VIII (isso em 963).
Com a morte de João XII, em 963, os romanos continuaram a combater Oto, agora sob o comando do Papa Benedito V, que, após poucas semanas, cedeu o poder ao antipapa Leão XIII; a esse sucedeu, através de eleição legal, João XIII.
Oto, que deixara a Itália para enfrentar lutas oposicionistas na Polônia e na Hungria, retornou para socorrer João XIII; o Papa, como recompensa, fez coroar ao Filho de Oto, o Grande, este usando o nome Oto II, posteriormente casando-se com a neta de João I, Imperador de Constantinopla.
Ao morrer, Oto, o Grande, aos 61 anos de idade, deixou para o filho, Oto II, uma dinastia poderosa e pacífica.

OURO — Metal puro, incorruptível, permanente, simbolizando a riqueza e a eternidade. Usado na atualidade como equilíbrio sólido da economia mundial, é lastro para a emissão de papel moeda. Sua pureza levou os artífices a usarem-no em abundância. Os egípcios usavam-no para adornar os túmulos. Todos os povos, desde os Incas até os da Ásia, usavam Ouro com fartura para adorno pessoal e religioso.
A busca do Ouro é permanente; contudo transformou-se em cobiça, causando males sem conta. Na Maçonaria, um sem-número de símbolos e Joias deveriam ser confeccionados em Ouro; porém, seu elevado custo fez com que fosse substituído pelo bronze polido.
O Ouro é símbolo da nobreza; diz-se que os versos de Platão eram "versos de Ouro", significando pureza e valor.

OVO — Símbolo da vida. A fusão entre o princípio masculino e o feminino forma o Ovo, fruto de uma concepção.

OVO

Fisiologicamente, o Ovo pode surgir no interior de um organismo e no exterior, esse revestido de uma camada protetora. Todo ser nasce de um Ovo. O Ovo Cósmico é o princípio de todas as coisas. Dele deriva o Ovo Filosófico. Na Maçonaria, o Ovo significa o mesmo princípio filosófico da origem da vida, contudo não faz parte dos seus símbolos.

P

PÁ — Instrumento usado na construção e na agricultura que, ao cavar a terra, simboliza a Pesquisa, a curiosidade científica, a preocupação de análise, de perscrutar a alma e de adentrar no íntimo dos seres humanos.
Em si, apesar de ser um instrumento de construção, não é usado na Maçonaria convencional.

PACIÊNCIA — É uma das virtudes que a Maçonaria cultiva, porque é irmã gêmea da Tolerância. Paciência significa o equilíbrio e o controle do dualismo, o freio para o instinto, o fruto da meditação, o caminho da Sabedoria. O obreiro maçom, para desbastar a Pedra Bruta, burilá-la e poli-la deve revestir-se de Paciência. A Ordem Religiosa dos Beneditinos cultiva a Paciência como virtude principal, conhecedores de que ela é um "ponto de partida" para encontrar as demais virtudes e eduzi-las de si próprios.

PADRINHO — O maçom que propõe um candidato à Iniciação transforma-se em Padrinho desse candidato e, logo após este ter sido Iniciado, toma o nome de Mestre. Para a apresentação de um candidato através de uma proposta colocada na Bolsa das Proposições, o proponente deve possuir o Grau de Mestre Maçom.
Todo discípulo tem o seu Mestre; o Padrinho passa a ser o Mestre "particular" do Neófito e este deve seguir os seus ensinamentos até que, por sua vez, atinja o Mestrado e possa propor profanos e, assim, tomar o lugar do Mestre. Numa cadeia sucessiva, o Quadro de uma Loja amplia-se e constitui o núcleo da Ordem.

PAGAMENTO DE SALÁRIO — Sendo o maçom um trabalhador na arte da construção, merece o seu salário; o prêmio será alcançar o Grau seguinte, o do Companheiro e assim sucessivamente todos os Graus do Rito em que trabalha. O aumento de salário corresponde à elevação e à exaltação.

PAI — Do latim *pater*, *patris*, o genitor, ou seja, o que deu origem ao filho. Religiosamente, Deus é Pai. Na Maçonaria não é usada a designação de Pai. Simbolicamente, diz-se Pai o que teve a iniciativa de produzir algo. O Pai do projeto de um trabalho é considerado autor desse trabalho.

PAINEL — A origem da palavra é espanhola, significando "pano" no sentido de "quadro", ou seja, "quadro de pano". Nas Lojas maçônicas, especialmente nas Simbólicas, cada um dos três Graus possui um Painel próprio. Hoje, esses Painéis são confeccionados com material rígido em formato de quadro, medindo aproximadamente, 50 x 80 centímetros, sem medidas exatas e rigorosas.
No início das reuniões maçônicas, o Painel era desenhado com giz ou carvão, diretamente sobre o piso da Loja. Eram desenhados os principais símbolos do Grau. Encerrada a reunião, o Painel era apagado. Somente no fim

do século XVIII é que o Painel passou a ser bordado no formato de um tapete que era conservado e, na abertura dos trabalhos, "desenrolado". Foi o pintor John Harris, em 1820, que desenhou os atuais Painéis, mantendo os desenhos tradicionais. Alguns Ritos, como o Schroeder, conservam os Painéis na forma de tapetes. Na abertura dos trabalhos, o Painel é colocado à frente do Ara para simbolizar que permanecem vivos os símbolos que orientam os trabalhos.

PAIXÃO — É um sentimento da alma que tende ao exagero. Esse sentimento é de difícil controle, pois é necessário muito equilíbrio para mantê-lo. O "Sinal Gutural" do Grau do Aprendiz equilibra não só as paixões como as emoções. A Paixão surge de uma forte emoção instantânea dirigida para algum interesse, podendo ser amor, ódio, dedicação ou abnegação.
Diz-se Paixão o sofrimento acentuado. Toda Paixão, extremada ou não, contém em si o sofrimento.
A Paixão pode ser duradoura ou instantânea; como surge, desaparece.
A Maçonaria zela para que as Paixões não dominem, mas sejam controladas. A meditação é um dos meios desse controle.

PALAVRA — Provém do latim: *parabola*, ou "parola", expressão vocal formada de sons. Há a Palavra oral e a escrita; porém, no sentido lato, estende-se como "discurso", como reunião de vocábulos para expressar uma ideia, um pensamento, um conceito. É denominada "logos" e "verbo". O uso da Palavra deve ser equilibrado e consciente, porque, ao sair da garganta, se transforma em matéria e como tal ecoa no Cosmos por uma eternidade. A Maçonaria usa a Palavra obedecendo a uma ordem, para evitar tumulto e confusão. A Palavra não pode ser interrompida, porque, emitida dentro de um Templo, faz parte da liturgia.
A Palavra apresenta várias modalidades, como veremos adiante.

PALAVRA COBERTA — Significa a Palavra oculta em alguns Graus, além da Palavra de Passe e a Sagrada.

PALAVRA A BEM DA ORDEM E DO QUADRO EM PARTICULAR — Em todas as sessões é concedida aos presentes, pela ordem, a Palavra. O discurso deve restringir-se aos assuntos genéricos da Ordem em geral e do Quadro da Loja em particular. O Venerável Mestre estabelece o limite de tempo para o uso, não podendo a Palavra retornar, ou seja, quando estiver numa Coluna e passar à outra, a Palavra não retorna à primeira Coluna.

PALAVRA DE PASSE — Trata-se da Palavra que acompanha os atos de reconhecimento, como os Toques e as Posturas. Cada Grau possui a sua própria Palavra de Passe. Como o nome sugere, trata-se de uma senha fixa, que provém de séculos passados, quando inexistiam outros meios de identificação. O seu uso permanece como símbolo e ato litúrgico, pois essa Palavra, ao ser "sussurrada", emite sons que produzem vibrações próprias.

PALAVRA PERDIDA — A lenda de Hiram Abiff descreve a existência de uma palavra inefável e sagrada que conteria uma "chave" misteriosa para a revelação de elevados e ocultos segredos.

Hiram Abiff mandara gravá-la sobre um pequeno triângulo de ouro e a conduzia presa em uma corrente, em seu próprio pescoço.

Morto Hiram Abiff, por ocasião de seu sepultamento, dentro do Grande Templo, o rei Salomão depositou essa medalha triangular sobre o seu cadáver, e daquele momento em diante foi aquela Palavra considerada "perdida". Posteriormente, séculos e séculos depois, um mestre maçom, ao escavar nos escombros do Templo, teria encontrado a Joia e a mantido zelosamente guardada. Esse mestre, reunindo outros mestres, fundou uma Ordem específica.

Essa Lenda deu margem a que a Maçonaria incluísse em seus Rituais a preocupação de encontrar a Palavra Perdida, não mais materializada em um objeto de ouro, mas, através do trabalho constante, encontrar a chave que dá felicidade ao homem.

Todas as religiões têm essa preocupação de encontrar a sua Palavra Perdida, inclusive o Cristianismo, tão deturpado através das interpretações levianas dos que pretendem adornar-se da Palavra Divina.

A Palavra Perdida passou a simbolizar a Verdade.

PALAVRA SAGRADA — Cada Grau maçônico possui a sua Palavra Sagrada, que é sussurrada de ouvido a ouvido e na forma silabada.

Não se a confunda com a Palavra Secreta.

Esotericamente, o ato de "soprar" a Palavra Sagrada, junto ao ouvido, tem a finalidade de "adentrar" na parte interior do ser humano e servir como "chave" para abrir a porta do Templo Espiritual. Quem quiser "ingressar" no âmago de seu irmão "sopre-lhe" a Palavra Sagrada e ele abrirá os braços e o receberá.

O maçom deve usar a Palavra Sagrada exclusivamente dentro do Templo, que atua como o "Átrio" do Templo Espiritual.

PALAVRA SEMESTRAL — Essa Palavra foi instituída no dia 28 de outubro de 1773 pelo Duque de Orleans, Grão-Mestre do Grande Oriente da França, no dia de sua instalação.

Cada Obediência, em separado, posteriormente, instituiu a sua própria e particular Palavra Semestral. O Grão-Mestre, fechando-se em seu gabinete, após entregar-se a momentos de meditação, busca inspiração para obter uma Palavra que, durante seis meses, possa ter o dom de "unir" os maçons de sua Jurisdição.

Inicialmente, essa Palavra não é pronunciada, mas escrita e enviada com segurança, pelos meios de comunicação, diretamente aos Veneráveis Mestres das Lojas que compõem a Grande Loja ou o Grande Oriente. No dia da mudança do Solstício, o Venerável Mestre forma a Cadeia de União e transmite de ouvido a ouvido, sussurrando-a, essa Palavra.

Além de significar e constituir a união da Jurisdição, a Palavra Semestral transforma-se em Palavra de Passe, porque é considerado membro ativo da Loja somente aquele que tem a posse dessa Palavra.

Somente o Grão-Mestre tem a prerrogativa de "criar" a Palavra Semestral. Genericamente ela deve lembrar uma virtude, uma palavra de união, de harmonia e de amor fraternal.

PALMA — As Palmeiras produzem, através de sua folhagem, as Palmas, que servem de adorno e simbolizam a Vitória. Na Maçonaria Feminina a Palma simboliza a virgindade.

PALMAS — É o aplauso feito com as palmas das mãos. Nos Templos maçônicos, usam-se os aplausos com dupla finalidade e dentro da ritualística. Uma finalidade diz respeito ao ato de aplaudir. O Venerável Mestre e os Vigilantes, aplaudem batendo os malhetes nos seus tronos. Esse aplauso denomina-se Bateria e já foi objeto de análise no verbete respectivo.

PÃO — Alimento tradicional dos povos, produzido com farinha de trigo, água, fermento e sal, levado para cozimento ao forno. Embora possam ser produzidos "pães" com outros grãos e raízes, como milho, centeio, cevada, raiz de mandioca etc., nas cerimônias da Maçonaria Filosófica usa-se o pão comum de trigo.
No sentido espiritual, o Pão é o alimento sublimado, necessário quotidianamente. Jesus denominou-se o Pão da Vida, dizendo que todos os que o ingerissem, jamais tornariam a ter fome. É a saciedade permanente que produz a Palavra de Deus.

PARAMENTOS — No ano de 1782 foram estabelecidos, na Maçonaria Inglesa, os símbolos máximos que deveriam ser colocados sobre o Altar e que passaram a denominar-se Paramentos: o Livro Sagrado (Bíblia), o Esquadro e o Compasso. Foram denominadas de as três Grandes Luzes da Loja. O Livro Sagrado, também chamado de Livro da Lei, representa o Código Sagrado e Moral que deve ser seguido e respeitado. O Esquadro e o Compasso, unidos, simbolizam a medida justa que orienta todas as ações do maçom, representando a Justiça e a Retidão. O Livro Sagrado é dedicado a Deus; o Esquadro, ao Mestre e o Compasso, à Fraternidade. A Bíblia representa a Sabedoria de Salomão; o Esquadro, a amizade do rei Hirão de Tiro e o Compasso, a perícia de Hiram Abiff. Sobre o Altar não são admitidos outros símbolos. O Livro Sagrado, o Esquadro e o Compasso, em certo momento da Liturgia, "fundem-se" num só símbolo, significando a Retidão e a Justiça obtidas através da Palavra Sagrada.

PARSIS — Nome dado aos antigos Persas, adoradores do fogo. São referidos em alguns Graus Filosóficos maçônicos como participantes da destruição dos Templos de Jerusalém.

PASSAR — A passagem do Aprendiz para o Segundo Grau é referida como "ter passado ao Grau de Companheiro". Essa passagem diz respeito ao trajeto percorrido durante a instrução, pelo Pórtico, para alcançar a Câmara Intermediária do Templo. Significa uma "elevação".
No Rito Escocês Antigo e Aceito é dito que o Aprendiz é "elevado" ao Grau de Companheirismo e a cerimônia é denominada Elevação.

PASSAPORTE — Documento que uma Potência maçônica fornece aos seus filiados quando viajam para outros Orientes. As características desse documento são idênticas à dos Passaportes oficiais do País.

PASSOS — Os Passos na Maçonaria significam a "Marcha" para adentrar no Templo que obedece a características próprias. Uma vez dentro do Templo, de conformidade com o Grau que se desenvolve, os Passos constituem parte do sigilo ritualístico. Para o Aprendiz, os Passos que deve dar são três; para o Companheiro, cinco e para o Mestre, oito. Os Passos do Aprendiz são simplesmente três; o Companheiro executa esses três e acrescenta mais dois; o Mestre executa os três passos do Aprendiz, mais dois do Companheiro e acrescenta mais três. Ao iniciar sua "Marcha" o Aprendiz o faz em linha reta; o Companheiro, além da reta, executa um "ângulo" e o Mestre executa a reta, o ângulo e três curvas. Assim são usados, simbolicamente, a Régua, o Esquadro e o Compasso.

A circulação dentro do Templo é feita de modo normal. Existe a Marcha Retrógrada, no Grau de Mestre; consiste em "retroceder", passo a passo, porém numa linha reta, do início do Oriente até entre Colunas.

PAST-MASTER — Expressão inglesa que significa o "mestre que passou". Traduz-se por ex-Venerável. Usa-se também para o Grão-Mestrado e diz-se "Past-Grão-Mestre". Apesar de ser palavra inglesa está em uso em muitas Lojas. O ex-Venerável Mestre imediato é denominado também como "Venerável de Honra".

O emblema de um ex-Venerável Mestre é um Compasso com o raio de 60 graus colocado sobre um Sol, em forma de medalha e usado como colar. Nas Lojas, forma-se o Colégio dos ex-Veneráveis, que se reúne para orientar os novos Veneráveis. Quanto mais antiga a Loja, mais numeroso esse Colégio.

PATENTE — Do latim *patente*, significa "franqueado". É o documento que o Poder Central fornece para que uma Loja possa funcionar regularmente. Essa Carta ou Documento é composta artisticamente, com selo aposto, assinaturas e emblema maçônicos, devendo ser colocada em quadro e apresentada, obrigatoriamente, em todas as reuniões maçônicas. Um visitante tem o direito de exigir a apresentação da Carta Patente, que é a garantia da legalidade da Loja.

Quando uma Entidade maçônica premia algum maçom com a honrada de uma Comenda ou Medalha, junto com ela é fornecida a respectiva Patente, que também se denomina "Diploma". Para os Graus Filosóficos, é fornecida a Patente Constitutiva aos Corpos, com as mesmas características da Patente fornecida por uma Grande Loja ou Grande Oriente às suas Lojas.

PÁTRIA — A Maçonaria não possui fronteiras nem território, pois é de caráter Universal. Contudo, a Pátria é respeitada e honrada; o maçom é ensinado a amá-la, pois constitui o seu Oriente.

Dentro dos Templos maçônicos, à direita do Trono, é colocada a Bandeira Nacional, que recebe as saudações de estilo e tem comemorada a data de sua consagração e de todos os feitos históricos do País.

PATRIARCA — Do latim *patriarcha*, ou seja, o "primeiro" da Pátria. Título honorífico dado às pessoas de idade provecta. Abraão, Isac e Jacó receberam o título de Patriarca de Israel. Em vários Graus da Maçonaria Filosófica é usado esse título representativo. No Grau 32 do Rito Escocês Antigo e

Aceito, na "Cripta", são reproduzidas imagens de alguns Patriarcas.

PAVIMENTO DE MOSAICO — Dentro do Templo, sob a Ara (altar), é colocado um tapete ou pavimento, formado de ladrilhos quadriláteros, alternados em branco e negro. O significado simbólico compreende várias interpretações, sendo a mais comum a mistura das raças, das condições sociais. A alternância dos mosaicos representa o "Estandarte" dos Templários; a Cadeia de União, a União fraterna dos maçons.
O seu formato segue o da Câmara do Meio, ou seja, do Ocidente. Em algumas Lojas, o Pavimento de Mosaicos abrange toda superfície do piso. Na maioria, porém, tem o formato de um quadrilongo medindo 1,20 x 3,00 metros.
Essas medidas não são rigidamente estabelecidas e ficam na dependência do bom gosto do Arquiteto da Loja.

PAZ — É a manifestação da mais ampla cordialidade, que estabelece um ambiente sadio, fraterno e amigo. A Maçonaria é a grande incentivadora da Paz. Dentro de uma Loja maçônica deve "reinar" a Paz, como princípio eterno da presença do Grande Arquiteto do Universo. O seu símbolo é a Pomba, usada há milênios. Noé soltava um pombo para que em seu voo anunciasse a descoberta de terra. Por ocasião da última saída, esse pombo trouxe em seu bico um pequeno ramo de oliveira; esse ramo passou a simbolizar, também, a Paz. Num mundo conturbado de ódio e desamor, o maçom encontra no seio de seus irmãos a Paz restauradora do equilíbrio psicológico.

PÉ — Símbolo da agilidade, da velocidade, da posse e do poder. Maçonicamente, o Pé tem significado ritualístico, pois participa das posturas maçônicas. Estar "de pé e a coberto" significa colocar os pés em forma de esquadria, posição característica em todas as cerimônias, inclusive na Cadeia de União.
No Direito Civil, colocar o "pé na terra" significa tomar posse de uma propriedade; tomar "pé" em um assunto significa conhecer esse assunto. "Ao pé da letra" significa precisão. Na Antiguidade o vencedor colocava o pé na nuca do vencido, significando que o vencido deve ser submisso.
No Cristianismo, a "lavagem dos pés" é um ato altamente simbólico. Os muçulmanos, para adentrarem em suas Mesquitas, lavam os pés.
"Ir aos pés" significa defecar; "a água dos pés" significa a urina.
Penetrar, pedestre, permitir, péssimo são vocábulos de que a palavra "pé" participa, demonstrando assim, quão extensa é a sua aplicação e interpretação.
Como sustentáculo do corpo humano, os Pés assumem uma posição de relevância ímpar. O conjunto fisiológico, incluindo o "tendão de Aquiles", é o mais forte do corpo humano, sendo o meio de transporte natural mais usado pelo ser humano.
As alegorias e o simbolismo do Pé enriquecem as Escrituras Sagradas.
O símbolo de Mercúrio com seus Pés alados traduz a velocidade como vitória sobre o tempo e o espaço.

PEÇA DE ARQUITETURA — Trabalho escrito apresentado pelo maçom, dentro da Loja; discurso escrito proferido pelo Orador ou por qualquer dignatário da Maçonaria. Exige-se que seja por escrito, porque se trata de uma "peça" que o Secretário deve guardar nos arquivos da Loja.

PEDRA — A pedra é a expressão do Reino Mineral que se apresenta sob múltiplas formas: extremamente branda, como o "talco" e como o "amianto".
Na Maçonaria, a Pedra é dura como o granito, pois é Pedra de alicerce. Desde os tempos imemoriais, a Pedra tem sido o símbolo do homem rústico que necessita ser "burilado". Por mais preciosa que seja uma Pedra, mesmo um diamante, em seu estado natural não pode ser aproveitada. Jesus referiu-se à Pedra quando designou Simão Pedro como sendo a Pedra que estabeleceria o Cristianismo como organização, como Igreja, denominando a si mesmo como Pedra Angular, ou seja, a Pedra principal do alicerce de um Templo.
O Neófito, ou Aprendiz maçom, é Pedra Bruta cujas arestas devem ser removidas. Trata-se de uma autorremoção, pois quem maneja os instrumentos para o aperfeiçoamento, até a transformação da Pedra informe em um quadrado perfeito, é o próprio maçom, que se desbasta executando a grande obra, orientado pelo seu Mestre.
A Pedra pode servir tanto para a edificação como para o "tropeço"; quando no "caminho", perturba quem passa. No Grau de Aprendiz a Pedra será Bruta; no do Companheiro, será Burilada e no de Mestre, será Polida, refletindo a imagem aperfeiçoada daquele que a "espelha".
Pedra cúbica é a Pedra Bruta trabalhada, recebendo o formato geométrico perfeito de um "hexaedro", ou seja, de um polígono de seis lados, que é o cubo perfeito.
O Cubo, desdobrando-se, forma a Cruz, sobre a qual o Aprendiz se coloca espontaneamente, simbolizando a crucificação de todos os seus aspectos negativos.

PEDRA CÚBICA PIRAMIDAL — Sobre o Cubo vem colocada uma Pirâmide quadrangular, simbolizando uma "casa" com seu teto, ou seja, a "morada". Contendo a Pirâmide o ápice, simboliza o alcance do ponto mais alto do aprendizado, após o que só resta o Mestrado, em que não mais "recebe" os ensinamentos, mas os põe em prática e os "distribui".
Simboliza a Ciência, o conhecimento, o saber. É ornamento de uma Loja de Companheiros.

PEDRA CÚBICA PIRAMIDAL COM INSCRIÇÕES — Uma vez polida, a Pedra Cúbica é entregue ao Mestre, passando a ser um dos ornamentos da Câmara do Meio. Sobre as faces do Cubo são feitas inscrições, ou "grafitos", por meio da talhadeira pontiaguda. Uma das faces é dividida em cem casas, em que são gravadas letras em itálico (letra comum do alfabeto usual). Essas letras, obedecem a um plano e servem para identificar as Palavras de Passe. Na segunda face, a superfície é dividida em oitenta e uma casas e em cada uma delas são gravadas as Palavras Misteriosas e Sagradas de cada Grau.
Na face direita, ou terceira face, são gravados os números cabalísticos. A superfície é dividida em quatro partes iguais por duas linhas, uma perpendicular e outra horizontal e por duas

diagonais, de ângulo A ângulo, que, passando pelo centro, subdividem o quadrado em oito partes triangulares. É a chave do conhecimento dos Números.

Contém, ainda, quatro Círculos Concêntricos representando as quatro regiões conhecidas na Antiguidade, os quatro pontos cardeais.

Os quadrados representam, outrossim, as quatro estações do ano.

Na face esquerda, ou quarta face, vem gravado um Círculo dividido em trezentos e sessenta graus, percorrido pelo Sol nas vinte e quatro horas do dia. Dentro do Círculo são gravados três Triângulos formando vinte e sete casas que encerram todos os princípios conhecidos.

Encimando cada face está gravado o Delta, representando Deus.

A quinta face, que serve de base ao Cubo, não apresenta nenhuma gravação. É a parte que permanece oculta, na qual se vislumbra de forma misteriosa, sem estar escrito, o Nome Inefável.

Na sexta face, na Pirâmide, vê-se a Estrela Flamígera.

PEDRA FILOSOFAL — Não se tratava de uma Pedra propriamente dita, mas de uma substância semelhante à pedra que, por meio da ação dos Alquimistas, poderia transformar-se em ouro. A história da Alquimia, nos tempos áureos dos Mágicos, narra personagens curiosas, mas nunca foi conseguido o almejado e cobiçado ouro. Filosoficamente, esse ouro seria o resultado no homem do estudo e do conhecimento; em suma, o alcance da Sabedoria plena.

PEIXE — Não é símbolo maçônico. Sendo um dos símbolos do Zodíaco, nas Lojas maçônicas vem colocado no topo de uma das doze Colunas do Templo.

No Cristianismo é símbolo de Jesus, o Cristo. Esse símbolo foi usado desde o início do Cristianismo. Encontramo-lo nas lápides existentes nas Catacumbas de Roma. Foi adotado porque simboliza o Peixe que saiu das águas. Água simboliza multidão; portanto, o Peixe que saiu da multidão, para a salvação dos homens.

Em grego é *Ichthys*. Os Cristãos colocavam nas lápides, além da figura de um Peixe, também a inscrição em grego, cujas letras formavam a seguinte frase: *Issús Christós Théos Yman Sotiz*, significando "Jesus Cristo Deus Nosso Salvador".

Os Católicos romanos veneram a sexta-feira, em homenagem ao Cristo, recomendando a abolição da carne como alimento e o uso do Peixe. Simboliza a Hóstia.

A refeição das sextas-feiras recorda a presença de Jesus na Terra.

PELICANO — Ave aquática originária do Oriente que se alimenta de peixes, mariscos, moluscos das praias.

É símbolo maçônico do décimo oitavo Grau (Príncipe Rosa-Cruz) representado com as asas abertas, bico junto ao peito e uma ninhada de filhotes sob os seus pés, em um ninho. Antigamente, acreditava-se que essa ave, quando não encontrava alimento, retirava com o aguçado bico, de seu próprio peito, pedaços de carne para alimentar os filhotes. Essa lenda, posteriormente foi desmentida, pois o fato de o Pelicano comprimir o próprio peito tem origem na necessidade de expelir o alimento já fermentado do estômago, regorgitando-o na boca dos filhotes.

Foi tomado como símbolo do amor paterno, da abnegação e do zelo.

É citado nos Evangelhos como o ser deslocado do seu hábitat: "O Pelicano do deserto", o que seria absurdo, por ser o Pelicano uma ave aquática.

PENSAMENTO — Parte esotérica do ser humano; o Pensamento não é visível. Diz-se que se situa no cérebro, porém, cientificamente, nada foi comprovado. Pode-se pensar com o coração ou com todo o corpo; não há um lugar definido para ele. É a prova da existência de um mistério da Vida. O Pensamento não tem dimensões e desloca-se com velocidade que não pode ser medida. Numa fração de tempo, a mínima que se possa conceber, o Pensamento vai até o Sol, ao Cosmos e ao Infinito.

Descartes dizia: *cogito Ego sum* ("penso, logo sou"). É a comprovação da existência do ser, mas existência eterna.

PENTAGRAMA — Do grego *pentágramma*; traduz-se por sinal de "cinco pontas". É o polígono de cinco pontas, ou seja, aquela figura geométrica que possui cinco pontas, como é a Estrela. Representa o próprio homem de braços e pernas abertas, porém ausente a "sexta ponta", que é o membro viril, encontrado na Estrela de seis pontas, ou "Hexagrama", conhecida como Estrela de Davi, ou Selo de Davi.

É a Estrela dos Magos. A Maçonaria usa-a como símbolo do Segundo Grau, o do Companheiro. Quando de suas hastes se desprendem chamas, denomina-se Estrela Flamejante.

PENTALFA — Significa "cinco Alfas". Primeira letra do alfabeto grego composta por cinco triângulos superpostos, símbolo dos Cristãos Primitivos significando as cinco chagas de Jesus.

Essa figura geométrica foi construída por Pitágoras. Dentro de cada triângulo eram colocadas as letras que formavam a palavra grega *Hygia* ou a latina *Salus*, ambas significando "saúde". Não se deve confundir o Pentalfa com o Selo de Davi. Usava-se o Pentalfa na Maçonaria antiga; hoje está em desuso.

PENTATEUCO — É a denominação dos cinco primeiros livros da História Sagrada; constituem a *Torá* dos hebreus. São eles: Gênesis, Êxodo, Levítico, Número e Deuteronômio. São todos atribuídos a Moisés. Descrevem a criação do mundo até o fim da saga de seu autor. Desses livros a Maçonaria extrai algumas de suas lendas, e seus personagens são referidos em alguns dos Graus Filosóficos.

PERCEPÇÃO — É a união dos objetos exteriores com a sua identificação espiritual. O órgão visual percebe os objetos e transmite para o cérebro a sua forma. A mente elabora e compreende, tornando-os familiares a ponto de, com o hábito, a "operação" tornar-se rotina. A Percepção não é apenas obtida pelo sentido da visão, mas por todos os sentidos do corpo. Existem os "sentidos espirituais", que percebem as vibrações dos objetos exteriores.

Confunde-se Percepção com "Sensibilidade".

O ser humano que desenvolve a sua sensibilidade é capaz de perceber o que é oculto, misterioso e espiritual. Pode-se afirmar que o "sensitivo" possui a Percepção esotericamente desenvolvida. A Percepção não é exclusivamente um produto psicológico, mas físico e espiritual.

PERDÃO — Perdoar é esquecer uma agressão. Contudo, na Maçonaria, substitui-se essa Virtude pela da Tolerância, que é a compreensão elevada sobre o ato agressivo. Quem tolera não se acovarda, nem deixa de sensibilizar-se; porém, compreende que o agressor obedeceu a impulsos que não conseguiu controlar, como a paixão e a emoção. As "Posturas" maçônicas disciplinam esse controle e por esse motivo torna-se viável para o maçom a prática da Tolerância.

PERFEIÇÃO — O símbolo que representa a Perfeição é o Círculo construído com o Compasso. Diz-se que a Maçonaria é uma escola de Perfeição buscando o aperfeiçoamento do homem. O ser humano foi constituído Perfeito, porque obra da Divindade. Deus cria tudo Justo e Perfeito.
As forças negativas, que as religiões denominam Diabo, Satanás, Demônio, atuando sobre o ser humano, abalam essa Perfeição, surgindo daí os males.
Os dez primeiros Graus da Maçonaria Filosófica, denominados Graus Inefáveis, constituem a Loja de Perfeição. Jocosamente, quando alguma mulher pergunta por que a Maçonaria não aceita em seu seio a mulher, a resposta é que, sendo a Maçonaria uma Escola de Perfeição e, tendo a mulher já nascido perfeita, dela não necessita.

PERFUMADOR — É o recipiente em que são queimados os perfumes. Note-se que, misticamente, o Perfume deve ser "queimado" para que a sua fragrância possa "subir", junto com a quente espiral de fumo, produzida pela combustão do elemento.

PERFUME — Não se conhece a origem do uso do perfume. Perfume é toda substância aromática. De conformidade com os costumes e com a sensibilidade dos povos, um Perfume pode ser acre, doce, seco, forte ou ameno. Os melhores perfumes são extraídos das glândulas de animais selvagens, que emitem odores tão acres e fortes que em sua concentração se tornam repelentes, mas, quando destilados e manejados pela "arte dos perfumadores", se transformam em odor atraente.
Dentro do Grande Templo de Salomão, existia o Altar dos Perfumes, que não se confunde com o Altar da queima do Incenso.
As abluções para entrar em um Templo, na Antiguidade de todos os povos, constituíam-se da lavagem das mãos e dos pés em água perfumada. O próprio Mar de Bronze do Templo de Salomão continha água perfumada.
No Ritual maçônico, quando o Neófito imerge suas mãos no "Mar de Bronze", nele há água perfumada.

PERIGO — Em todas as provas determinadas pela liturgia da Iniciação, o candidato é advertido de que enfrentará "Perigos". Essa prática vem de todos os ritos iniciáticos, especialmente da Antiguidade. O Iniciado deveria ser, sobretudo, um herói, valente e corajoso tanto para enfrentar as provas físicas como as intelectuais e as psicológicas. O Perigo constrói uma série de reações; o organismo humano forma, de suas glândulas, substâncias químicas, como a adrenalina, que supre as forças necessárias para uma reação.

De outro lado, há o instinto que se manifesta como legítima defesa e dá à reação legitimidade. O Perigo provoca o "alerta" para que o atingido possa prevenir-se, reagir ou escapar de uma situação incômoda.

PERÍODO DE TRANSIÇÃO — Entre a Maçonaria Operativa e a Especulativa, houve um período de transição. Supõe-se que teve início no ano de 1600 e foi até 1717, com a criação da Grande Loja de Londres. Após esse ano, os maçons deixaram de lado a construção de Templos e edifícios; a preocupação era "construir" ou "reconstruir" o homem.

PERJÚRIO — É a quebra de um juramento. A Maçonaria, de modo prosaico, ameaça com os mais cruéis castigos aquele que desonrar o seu juramento. O "Perjúrio" pode ser banido da Ordem. Contudo, isso não acontece, porque os juramentos proferidos não envolvem matéria relevante. O Perjúrio passa a ser considerado um mau irmão; é muito admoestado, até retratar-se e encontrar o caminho normal.

PÉROLA — Trata-se de uma substância preciosa pela raridade. Produzida por um molusco (ostra), é cultivada e alcança no mercado bom preço, pois é usada como adorno.
Em grego denomina-se *margaritis*. No vernáculo antigo, denominava-se Margarida, a Pérola.
A cidade Celeste descrita no livro do Apocalipse tinha uma das doze portas de entrada formada de Pérolas.
Como a Cidade Celestial é referida na cerimônia de um dos mais altos Graus da Maçonaria Filosófica, a Pérola tornou-se familiar na linguagem maçônica.

PERPENDICULAR — A posição vertical ou perpendicular representa o ser humano rígido, de pé e ativo. É a reta que ascende para o Reino dos Céus; é a Escada de Jacó, que rompe, na sua verticalidade, as nuvens do firmamento. O Prumo, instrumento e Joia do Segundo Vigilante, é medida de retidão. O aparelho é formado com um "fio a prumo", que, preso numa extremidade superior, desce esticado, porque seu extremo inferior está preso a um peso. A distância das extremidades à parede mede com precisão a perpendicular, o que, assim, permite a elevação de um muro ou de uma parede, sem qualquer desvio.
O Prumo é o emblema da retidão, da verdade e do equilíbrio. Estar a Prumo significa estar de forma correta e precisa em qualquer posição na vida, quer familiar, profissional ou fraternal. O Prumo exprime a Justiça, a Fortaleza, a Prudência e a Temperança.

PERSEGUIÇÕES — A Maçonaria tem sido perseguida desde os primórdios de sua organização, por Reis, Imperadores, Papas, Governos, frações da Sociedade, sobretudo por "rivais" injustificados e pelos próprios filiados. As célebres Bulas Papais, desde 1738, pelo papa Clemente XII, até o atual Pontífice, a Maçonaria tem sido perseguida e espicaçada.
A Inquisição fez múltiplas vítimas ao perseguir e queimar maçons. Os Governos ditatoriais, os déspotas, não têm poupado perseguições cruéis, mesmo em nosso País.
Porém, a "Perseguição" maior, reside "dentro" do próprio maçom, com a sua conduta amorfa, desinteressada e com atos de desamor, como muitos exemplos que constantemente são presenciados.

PERSEVERANÇA — É a ação virtuosa do maçom em persistir em seu ideal, com resolução, conservar-se firme e constante, não esmorecer, perseguir o ideal até conquistá-lo.

PERSONALIDADE — A *persona*, ou seja, a pessoa, possui características individuais que a tornam um ser diferente de outro ser, sem que seja preciso um maior conhecimento, uma ilustração acurada, um curso universitário. A Personalidade nasce com o ser humano e caracteriza-o. A educação moderna deixa a criança desenvolver-se ao natural, sem coação. Como exemplo podemos citar a criança que tem desenvolvida a mão esquerda, com ela aprendendo a escrever, a desenhar e a manejar instrumentos. Insistindo-se, a criança pode deixar de utilizar a mão esquerda e atuar como as colegas destras; porém, isso mais tarde refletirá na Personalidade. São as tendências naturais que devem desenvolver-se normalmente. O maçom atuará entre seus irmãos demonstrando a sua Personalidade, que deve ser respeitada. No campo psicológico, a Personalidade revela as tendências sociais e familiares; no campo esotérico, cada um de nós possui uma Personalidade peculiar que, às vezes, conflita com a Personalidade psicológica. É necessário encontrar a causa desses conflitos para que a vida corra normal e feliz. A Maçonaria, através dos seus atos litúrgicos, vem auxiliar, por meio da meditação e da influência vibratória coletiva. Pode-se afirmar que a Maçonaria é um laboratório que amolda e aperfeiçoa a Personalidade dos seus filiados.

PERSUASÃO — O prefixo latino *per* significa na palavra, especialmente nos adjetivos e nos verbos, "um reforço"; significa "convencer" com argumentos. É o resultado do estudo racional, da experiência que torna aceitável o discurso. Maçonicamente, é usado o método da Persuasão, insistindo no esclarecimento e formando o conhecimento amplo, para que nada permaneça na ignorância.

PERTINÁCIA — Essa disposição envolve uma "teimosia", a luta até a conquista do desejo, o combate incessante até alcançar a meta.

PESQUISA — A Pesquisa envolve o trabalho pertinaz em direção à busca de elementos para esclarecer fatos do passado. A Arqueologia não passa de uma ciência pesquisadora. Muitos escritores maçons têm-se dedicado a pesquisar, nas bibliotecas e museus europeus, documentos que possam revelar fatos maçônicos desconhecidos, dos séculos passados. Em nosso País, os fatos maçônicos têm ligações exclusivas com os movimentos libertários, e nossos bons escritores já vasculharam museus e bibliotecas. Resta-nos encontrar os primeiros passos de como nos chegou a Arte Real, se através dos ingleses, com o mercantilismo, ou mais tarde, com a chegada de D. João VI, cuja Corte, certamente, possuía muitos maçons ingleses e franceses. Esse aspecto permanece obscuro. O sociólogo Gilberto Freire deixou-nos algo de curioso ao tentar erguer o véu que cobre esse aspecto, ainda oculto. Faz-se necessário que os nossos pesquisadores maçons atuem com pertinácia e ousadia.

PIKE, ALBERT (1809-1891) — Advogado e escritor norte-americano, grande pesquisador, ocupou lugar de destaque na Maçonaria Sulista, sendo eleito Soberano Grande Comendador do Rito Escocês Antigo e Aceito. Sua obra principal e que constitui um clássico é *Morals and Dogma*, traduzida em várias línguas e que faz parte de todas as boas bibliotecas do mundo.

Em 1974, Henry C. Clausen, 33.º Soberano Grande Comendador, do mesmo Supremo Conselho a que pertenceu Pike, publicou *Comentários sobre Moral e Dogma*, resumindo a obra de Pike, ilustrando-a com imagens coloridas. Essa obra foi traduzida para várias línguas, entre elas o português, e é de fácil aquisição.

A obra de Pike é revolucionária no sentido da exposição ampla, sem véus, da Arte Real.

PINEAL — Essa glândula, também denominada epífase, situa-se no centro do cérebro e é conhecida esotericamente como sendo a responsável pela "terceira visão".

Descartes a considerava como a sede da alma. Os hindus a denominam "chakra". Sua função fisiológica é equilibrar o organismo, e assemelha-se a um pequeno grão de feijão. A Pineal seria a responsável pelo sentido da visão mística e esotérica. Seria o "Olho" inserido no Delta Luminoso que orna o dossel do Venerável Mestre.

PIRÂMIDE — As Pirâmides surgiram no Egito, posto os Astecas mexicanos possuam uma de construção milenar. Existem dezenas de livros no comércio descrevendo as Pirâmides do Egito, de fácil aquisição e leitura.

A Pirâmide é o símbolo da imortalidade, pois em suas "câmaras" os reis permaneciam em meditação para adquirir energias e restabelecer a saúde.

Das mais importantes é a Pirâmide de Quéops, no Cairo. A tradição e a informação generalizada diz que essas construções seriam tumulares. Os corpos ali depositados não se putrefariam e aguardariam o momento propício para tornarem à vida.

Muitas teorias surgem a respeito da utilidade desses monumentos. No Egito existem cerca de setenta Pirâmides, espalhadas em todo o seu território. Elas poderiam ter sido construídas como gigantescos túmulos ou grandes silos para armazenar cereais. A história bíblica em torno de José, filho de Jacó, informa-nos que, numa época de seca, José teria recomendado ao Faraó que armazenasse os grãos para enfrentar a crise que surgiria.

Apesar de transcorridos milênios, a Pirâmide ainda constitui um mistério. Arqueólogos todo ano fazem descobertas curiosas, e chegará o dia em que saberemos muito mais do que nos está sendo informado.

A Pirâmide numa Loja de Mestre encima a Pedra Polida, já descrita no respectivo verbete.

PITÁGORAS — Personagem quase mitológica que teria nascido em torno do ano 580 antes da era cristã, em Samos, Grécia, e que posteriormente passou a viver em Crotona, sul da Itália. A ele são atribuídos os primeiros estudos da Matemática, da Geometria e da Astronomia. É o pai da teoria dos números. Era um moralista, legislador e filósofo. Pitágoras teria inventado a palavra "filósofo", significando "amigo da sabedoria". Escreveu os *Versos Dourados* e os

Discursos Sagrados, entre outras inúmeras obras. A tradição informa ter sido maçom. Na Cripta do Grau 32, é-lhe destinado um lugar de destaque.

PLACET — Vocábulo francês que significa "desligamento". É o documento que o maçom recebe de sua Loja quando se desliga do quadro. Junto a esse título vem o de *quite*. Portanto, *Quite-placet* significa que o maçom desliga-se tendo cumprido suas obrigações, estando apto a ingressar em outra Loja.

PLANETA — A origem da palavra é grega; significa "corpo celeste", que gravita ao redor do Sol. Maçonicamente, os Planetas são sete, embora, cientificamente, sejam em maior número. São corpos como a Terra que não possuem luz própria. São iluminados pelo Sol durante o dia e pela Lua, à noite, sendo essa um satélite que, por sua vez, recebe a Luz que reflete do Sol.
Por ordem alfabética os Planetas são: Júpiter, Marte, Mercúrio, Netuno, Saturno, Terra, Urano e Vênus.
Na abóbada, que é o símbolo do firmamento de uma Loja, são colocados esses Planetas simbolizando o Cosmos.

PLANTA — A Planta, é um ser vivo responsável pela vida dos seres, pois de dia absorve as impurezas e à noite emana componentes químicos purificadores da atmosfera. Desde a Antiguidade, algumas espécies foram consideradas sagradas. Muitas plantas estão ligadas a eventos históricos, como as Oliveiras do horto, onde Jesus chorou a Figueira estéril, exemplo de uma das parábolas do Divino Mestre o Sicômoro, onde Zebedeu subiu para visualizar o Nazareno.

Além da Oliveira, que simboliza a paz e a fartura, a Maçonaria acolhe a Palmeira, símbolo da vitória e da ressurreição, o Louro, símbolo do êxito e das realizações, a Romanzeira, símbolo da fertilidade e a Acácia, símbolo da fraternidade, e o Cipreste, símbolo da dor.
As espécies mais comuns em Maçonaria são a Oliveira, o Louro e a Acácia, que são usados durante atos litúrgicos.

PLATÃO — Nascido na ilha de Egina, na Grécia, com o nome de Aristocles, teve o nome mudado para Platão, tornando-se o mais célebre filósofo de todos os tempos. O nome Platão deriva da palavra grega *Platys*, que significa "ombros largos". De compleição atlética, impressionava pela sua cultura, discípulo que foi de Sócrates. Vendido como escravo por Dionísio, o Antigo, foi comprado por Aniceris, filósofo de Cirene que o libertou. Foram seus discípulos Aristóteles e mais uma plêiade de personagens em destaque na época. A filosofia de Platão foi absorvida pela Maçonaria. Nos Rituais dos Graus Simbólicos, essa filosofia foi perpetuada.

PLEXO — No corpo humano existem vários "plexos"; porém, o que se destaca como "chakra", é o "Plexo Solar", situado no abdômen superior. Como o traje maçônico é confeccionado em negro, o "peito" ou "Plexo Solar" é mantido em branco, acompanhando as Luvas e o Avental. Nos verbetes apropriados são esclarecidas essa partes.

PÓ — Segundo a tradição Bíblica, o homem foi formado do Pó que, misturado com a água, foi moldado à semelhança de Deus, tendo recebido a vida através do Sopro Divino.

Sendo o Pó um dos elementos que forma a terra, constitui em linguagem maçônica o primeiro elemento, sendo os demais a Água, o Ar e o Fogo.

POBREZA — Não se pode confundir a Pobreza com a miséria. O vocábulo "pobre" significa "falta", "ausência". Será pobre de espírito aquele que negar qualquer posse e desses, disse o Divino Mestre, herdará o Reino dos Céus. A Pobreza pode ser considerada em qualquer sentido: de riquezas, de saúde, de inteligência. Os Templários faziam voto de pobreza no sentido de não terem posses, não no sentido de penúria. A Pobreza, no sentido específico de humildade, é uma Virtude recomendada pela Maçonaria.

POEMA REGIUS — É o manuscrito mais antigo da Maçonaria Operativa, encontrado na Régia Biblioteca do Museu Britânico de Londres. Esse Poema foi encontrado por James Orchard Halliwell por volta de 1839 a 1840.

POLITEÍSMO — Do grego *Poly* e *Theos*, significa "muitos deuses". A Maçonaria, por sua origem hebraica, sempre foi monoteísta, isto é, cultua a um só Deus, que mais tarde passou a denominar Grande Arquiteto do Universo.

POMBO — Ou Pomba, símbolo da paz e da suavidade, pureza e candura; representa o Espírito Universal da Natureza. Na História Sagrada, destacam-se dois Pombos: o primeiro, que trouxe a Noé a notícia de que as águas do Dilúvio baixavam; o segundo, que apareceu publicamente por ocasião do batismo de Jesus. Essa segunda Pomba passou a simbolizar, no Cristianismo, a presença do Espírito Santo. Na Maçonaria é feita menção à Pomba no Grau Filosófico dos Cavaleiros do Sol. Costuma-se inserir nos Estandartes maçônicos a figura de uma Pomba como símbolo da união fraternal.

PONTÍFICE — Do latim *pontifice, pons, pontis* e *facere*, ou seja, "fazedor de pontes". Na Igreja é designado de Sumo Pontífice o Papa, sugerindo que ele seria a "ponte" entre os homens e Deus.
Em um dos altos Graus Filosóficos, um dos símbolos da cerimônia é uma Ponte, armada no recinto, fazendo alusão ao "Pontífice".

PONTO — Do latim *Punctum*, significando "picada", que seria a menor cirurgia praticada no corpo humano. Simboliza um espaço mínimo e simboliza o nascimento, o princípio de todas as coisas.
O Ponto Geométrico de uma Loja é encontrado traçando-se duas diagonais, que abrangem o Oriente e o Ocidente; na interseção encontrada será colocado o Ara Sagrado, sobre o qual serão colocados o Livro Sagrado, o Esquadro e o Compasso.
O Círculo, para ser traçado com o Compasso, deve apoiar-se em um ponto; esse Ponto representa o Sol e o Círculo, o Cosmos.
Os Pontos Cardeais situam-se nos quatro lados do paralelogramo formado pelo piso de uma Loja maçônica, que representa a microimagem do Universo. Os Pontos Cardeais — Norte, Sul, Leste e Oeste, na Loja tomam outra nomenclatura: Setentrião, Meio Dia, Oriente e Ocidente. Como intermediário, é fixado outro Ponto, denominado Zênite.

Em Astronomia, existem os Pontos Equinocionais, em que o Sol atravessa a linha imaginária do Equador em seu movimento anual. O Equinócio da primavera ocorre quando o Sol atravessa o Equador; o Equinócio do Outono também ocorre quando Sol atravessa o Equador, mas no sentido inverso.

Pontos Solsticiais são os pontos da eclíptica em que o Sol em sua revolução anual afasta-se do Equador. No hemisfério Boreal, denomina-se Solstício de verão; no hemisfério Austral, Solstício de inverno.[8]

PORTA — Um Templo maçônico possui apenas a Porta de entrada, colocada na parte ocidental da Loja. Essa Porta permanece constantemente vigiada de dentro da Loja pelo Cobridor Interno e do lado de fora pelo Cobridor Externo. Quando a Loja está em recesso, a Porta permanece fechada; somente é aberta para as reuniões nos horários estabelecidos. Abre-se para que os irmãos entrem ou saiam, portanto é aberta unicamente duas vezes. Durante o cerimonial de Iniciação, a Porta é aberta mais uma vez para a entrada do Iniciando. Somente o Mestre de Cerimônias pode "bater à Porta".

Diz-se que a Loja está "a coberto" quando a Porta estiver fechada, isso no sentido material. "Estar a coberto" significa, porém, que no Templo está presente o Grande Arquiteto do Universo com seu poder protetor que a todos "cobre".

O mês de Janeiro, derivado de Janus, o deus poderoso da Mitologia, significa "Porta"; janeiro é a Porta do ano.

No sentido espiritual, Jesus, o Cristo foi considerado (por assim Ele mesmo ter-se denominado) "Porta", significando que somente por Ele o ser humano alcança o Pai, ou seja, o Reino dos Céus.

PORTA-ESPADA — Entre os Oficiais da Loja, é eleito ou nomeado um com a atribuição de "portar a Espada", símbolo da Justiça.

PORTA-ESTANDARTE — Cada Loja maçônica possui o seu Estandarte, que é o símbolo característico que dá personalidade à Loja, pois nele estão inseridos o nome da Loja, a data de sua fundação e as alegorias apropriadas. O encarregado de zelar e de apresentar nas cerimônias apropriadas esse Estandarte denomina-se Porta-Estandarte cujo encargo recai em um oficial da Loja.

POTÊNCIA MAÇÔNICA — A Maçonaria Universal possui múltiplos Ritos e governos, abalando assim a unidade, porque surgem as rivalidades e as paixões. No Brasil já existem vários "agrupamentos", alguns reconhecidos pelas Potências internacionais, outros não. A esses últimos chama-se Maçonaria Irregular ou Espúria. No Brasil são reconhecidas como regulares apenas duas Potências: o Grande Oriente do Brasil, que é o mais antigo e as Grandes Lojas Simbólicas. Existe também, como regular, o Supremo Conselho do Grau 33 da Maçonaria da República Federativa do Brasil. cada

---

8. N.R.: *Como o Brasil está no hemisfério astral, estes dados devem ser invertidos.*
9. N.R.: *Existem entretanto outras potências consideradas regulares como o Grande Oriente Paulista.*

um desses "corpos",[9] regulares ou não, denomina-se "Potência maçônica". Cada Potência é Soberana, autônoma e independente.

PRAMANTA — Pramanta, vocábulo originário do sânscrito, com a grafia modernizada, pois se escrevia *Pramantha*. Há variações no vocábulo, podendo ser do gênero feminino ou do masculino: a Pramanta ou o Pramanta. Simboliza a criação do fogo, pois constitui-se de um aparelho que, por meio de fricção, produz o fogo, pelo incêndio dos elementos de combustão contidos em seu recipiente. A Pramanta é de uso muito esporádico.

A Pramanta deveria fornecer o fogo para o acendimento das Velas e Luzes durante a sessão ritualística do décimo oitavo Grau.

Consiste em um bastão cilíndrico de madeira dura, que é colocado dentro de um recipiente (tigela, graal, bacia ou morteiro), encaixando-se num orifício.

Friccionando-se o bastão, quer manuseando-o, quer provocando-lhe rotação rápida por meio de um cordel que se enrola e desenrola, como os meninos fazem com os seus "piões", o atrito provocará fagulhas que incendiarão o material combustível colocando dentro da tigela; esse material é lenhoso, ou musgo seco, ou qualquer outro material extraído da Natureza.

Encontramos muitas referências ao uso da Pramanta nos Livros Védicos. A tigela tem a denominação de ARANI e seria a representação simbólica da fêmea, enquanto a Pramanta seria o macho. A produção do fogo equivale ao ato sexual, um ato de geração.

A Pramanta é colocada no centro da Cruz, oculta sob uma rosa.

O ato sexual sempre foi discreto e oculto. A geração do fogo constitui também um ato oculto e discreto, fora do alcance da vista profana.

Nos dicionários maçônicos e na literatura ocidental, não se encontra referência alguma a respeito da Pramanta e poucas pessoas possuem o conhecimento adequado de sua origem e dos motivos por que a Maçonaria a adotou. Nos rituais antigos, não se conhece o vocábulo Pramanta. Ele foi introduzido há poucos anos e não sabemos as razões dessa escolha.

Mas sentimos, após presenciar o ato litúrgico de seu uso, que realmente se fazia necessário um instrumento tão sofisticado e antigo para valorizar a chama de fogo que acenderá as Luzes necessárias para a cerimônia iniciática.

Hoje, pouco valor se empresta a esses gestos requintados e esotéricos, eis que se torna muito mais prático riscar um fósforo para a obtenção de uma chama.

As cerimônias que se desenvolviam no Monte Olimpo, Grécia, por ocasião das Olimpíadas, eram comoventes, porque o fogo que acendia as tochas era obtido através de uma lente, incidindo Sol a luz de um material de fácil combustão; a chama, que era considerada vinda dos Céus, era conservada durante todo o cerimonial, que durava dias consecutivos.

No Brasil temos a Semana da Pátria com o seu Fogo Simbólico, que provém das Lâmpadas Votivas das Catedrais e percorre, através de atletas correndo a pé, em maratona, todo o Território Nacional.

A obtenção do fogo através da Pramanta resulta de um ato cerimonioso, profundamente esotérico, que assume aspectos divinos e que produz resultados benéficos.

PRANA — Em sânscrito significa "sopro Divino".
Dentro do Templo maçônico, face o surgimento da Egrégora, o ar que circula passa a ser Prana, que é aspirado durante a formação da Cadeia de União profunda e compassadamente, pois, penetrando nos pulmões, purifica-os.

PRANCHA — Pela sua configuração de superfície, o vocábulo é usado na linguagem maçônica para designar a correspondência recebida ou enviada ao Poder Central ou às coirmãs.

PRANCHA A TRAÇAR — Papel em branco destinado a receber uma mensagem, ou produzir uma comunicação.

PRANCHA DOS TRAÇADOS — Registro do que ocorre em uma reunião administrativa ou ocorrida dentro de uma Loja; sinônimo de Balaústre.

PRANCHETA — Hiram Abiff, o artífice do Grande Templo de Salomão, na condição de arquiteto, traçava os seus planos numa superfície de madeira ou de pedra negra, apropriada, em forma de desenhos. Essa Prancheta passou a constituir um dos símbolos da Loja maçônica. Essa Prancheta não tem uso prático, motivo por que já se encontra previamente "traçada", com os símbolos que constituem o alfabeto maçônico, formado de variações angulares.

PREBOSTE — Preboste significa "preposto" da Justiça. Designa um Juiz Militar. O juiz civil continua sendo denominado Juiz. O vocábulo é usado num dos Graus da Maçonaria Filosófica, o sétimo Grau.

PRECE — Ou oração. É o ato de contrição, de comunicação entre a criatura e seu Criador. Na Maçonaria, em todos os seus Graus, quer simbólicos, quer filosóficos, nas sessões litúrgicas sempre é feita uma Prece.

PRECONCEITO — A Maçonaria Brasileira não possui preconceito algum, seja quanto a cor, religião ou corrente política de seus filiados. A Constituição Brasileira preconiza que "todos são iguais perante a Lei"; esse lema é adotado sem reservas pela Maçonaria Nacional.

PRINCE HALL — Nome de um maçom negro iniciado em 1775 numa Loja Militar inglesa, durante a guerra pela Independência da América do Norte. A Grande Loja de Negros dos Estados Unidos adotou o nome PRINCE HALL. Nos Estados Unidos, a Maçonaria é preconceituosa, pois os maçons negros não se misturam aos maçons brancos.
A Maçonaria Negra é uma potência considerada irregular, que possui Templos grandiosos e cerimoniais bastante "folclóricos".

PRINCÍPIO — Do latim *principiu*, significa "início". Alfa e Ômega, ou seja, o "princípio e o fim"; a morte é considerada, maçonicamente, como "Princípio" e não como fim: Princípio de uma nova vida.

PREDIÇÃO — Antecipar ou prever os resultados de um ato e anunciar as suas consequências. Prediz-se o tempo, o movimento dos Astros, os fluxos das marés, a abundância das colheitas, o curso da enfermidade, a evolução dos acontecimentos, o êxito dos negócios, as consequências de nossos atos, a utilidade dos conhecimentos que adquirimos, o bem e o mal que nos conduzem a cada passo que damos e, finalmente, os prováveis efeitos de tudo o que fazemos e deixamos de fazer.

A Predição pode ser resultado do manejo de dados científicos, especialmente através de um computador; pode ser a coleta de opiniões através de uma pesquisa de grupo; uma análise de fatores econômicos para fixar um índice inflacionário, enfim, o cotejo de dados seguros através de estudos comparativos.

Porém, a Predição pode ser resultado de uma qualidade inata, uma espécie de dom, própria de pessoas sensíveis. Todos nós temos esse dom em maior ou menor grau e, às vezes, pode ser cultivado.

Sob esse aspecto, há religiões que se dedicam às previsões a que denominam "profecias".

O resultado de um autoconvencimento de que é possível predizer algum fato desperta o dom inato que permanecia adormecido.

Essas predições surgem espontaneamente, quando alguém de repente faz um prenúncio, ou é provocado por questionamentos, ou, ainda, usando objetos, como acontecia com os antigos Oráculos, que examinavam vísceras, movimento de nuvens, búzios, folhas de chá da Índia infusas, enfim, as artimanhas mais fantasiosas possíveis.

Não podemos esquecer dos sonhos, que são fonte inesgotável de predição, das cartas e dos cálculos astrológicos.

A antecipação de um acontecimento é assunto que atrai a todos, porque é uma necessidade humana decorrente de dois fatores: a esperança de um futuro melhor e a fé em consegui-lo.

Antigamente, consultar uma cartomante, um adivinho ou um oráculo era um tipo de comportamento criticado; hoje, as pessoas que se dizem dotadas para isso anunciam seus trabalhos pelos jornais, e todos, especialmente as mulheres, usam esses meios de "fuga" para consertar seus problemas.

É evidente que a grande dificuldade está na honestidade do profissional, porque a grande maioria não passa de engodo e exploração da crença alheia, mormente de um povo tão supersticioso como o nosso.

Os Princípios maçônicos, ou seja, os pontos basilares, são em todas as partes do mundo, idênticos; são poucos, porém relevantes, a saber: defesa da Liberdade humanas, culto à Divindade simbolizada no Grande Arquiteto do Universo e culto à Fraternidade.

PROBIDADE — Provém do latim *probitate* e significa "caráter íntegro", ou seja, comportamento "transparente", caracterizado pela honradez. É uma virtude que deve ser eduzida do maçom, pois é a base do relacionamento sincero, fraternal.

PROCLAMAÇÃO — Todos os atos importantes, desde o recebimento de um Iniciado à posse de eleitos e às disposições vindas do Poder Central através de decretos, devem ser Proclamados, isto é, anunciados em voz alta, de modo oficial, em Loja, tudo de conformidade com os Regulamentos e Protocolo. O ato da Proclamação contém uma parte esotérica, porque a palavra que é formada por sons é permanente e dinâmica. Proclama-se por três vezes para, simbolicamente, atingir todos os planos materiais e espirituais.

PROFANAR — Do latim *profanare*; é a agressão às coisas consideradas sagradas. Um Templo, antes de nele serem processados os atos litúrgicos, é consagrado através de cerimônia específica presidida por autoridade de destaque do Poder Central. O recinto, mesmo desocupado, mantém os símbolos e as vibrações. Dentro do Templo, encerrados os trabalhos, os maçons devem continuar em silêncio e respeito, até saírem pela ordem estabelecida, retirando-se em primeiro lugar o Venerável Mestre e após, obedecida a ordem hierárquica, os demais Oficiais, seguidos pelos Mestres, Companheiros e, por último, os Aprendizes. O Templo poderá ser usado para assuntos "para-maçônicos" ou profanos, porém, mantido o respeito. Nenhuma reunião poderá prescindir da presença do representante da Loja, que será o guardião da veneração.

PROFANO — Diz-se assim todo ser humano que não tiver sido iniciado na Arte Real. Não se trata de uma denominação ofensiva, mas apenas uma distinção entre iniciado e não iniciado.

PROFECIA — É a predição do futuro. Os antigos Oráculos eram presididos pelas Pitonizas, que prediziam o futuro, isto é, o que estaria por acontecer dentro de um prazo limitado. As Profecias bíblicas dizem respeito a um futuro aleatório, distante. O estudo dessas Profecias tem dado margem a interpretações conflitantes, pois, com o passar dos séculos, uma Profecia poderá ter sido concretizada. As maiores Profecias dizem respeito ao "final dos tempos", porém são recebidas com reserva, porque o ser humano, sendo espiritualmente eterno, protela esse final.
O mais célebre dos profetas que surgiram há dois séculos foi Nostradamus, até hoje muito discutido e analisado.
A ciência que trata das Profecias denomina-se "Futurologia", ciência atual que se dedica mais a desvendar o futuro político das Nações.
A Maçonaria crê em dois princípios basilares: a existência de Deus e a existência de uma "além-vida". Contudo, a Maçonaria não faz predições, e os seus Rituais não contêm qualquer Profecia.

PROGRAMA — A vida moderna exige que os atos individuais e públicos, grupais ou econômicos, sejam Programados. Hoje a ciência conta com o Computador, aparelho eletrônico eficiente para as Programações.
Qualquer entidade, religiosa, cultural, recreativa, científica, etc., deve Programar as suas atividades para evitar o caos.
A Maçonaria nada faz sem prévia Programação. Dentro dos trabalhos modestos de uma Loja maçônica, o Venerável Mestre somente terá êxito na sua gestão se Programar os seus trabalhos.
Essa Programação apresenta partes distintas: Programação de sua gestão, que poderá ser anual, consoante o período para que foi eleito, ou abrangendo dois ou mais anos; poderá ser "mensal" ou "semanal", considerando que cada sessão deve obedecer a uma Programação específica.

Diante dessa prática, o maçom, por sua vez, como reflexo eficaz, deverá Programar a sua vida familiar, profissional e espiritual.

Toda Programação obedece à experiência passada, à dos mais capazes e à previsão do que possa advir.

PROGRESSO — O vocábulo, que é de origem latina, significa "marcha para a frente". O Progresso pode ser sinônimo de Evolução, apesar de Evolução referir-se aos elementos espirituais. O Progresso visa mais a parte material. O binômio "Ordem e Progresso", inserido no Pavilhão Nacional, é de origem positivista, refletindo uma situação material. De nada adiantará progredir no campo material se paralelamente não houver evolução espiritual. Progredir significa "avançar", com denodo, pertinácia e vontade.

PROPICIATÓRIO — Como esclarece a própria palavra, Propiciatório é "o que propicia", ou seja, proporciona, oferece e ao mesmo tempo protege. Trata-se de um objeto religioso usado no Grande Templo de Salomão, mas originário da época de Moisés, que o colocou sobre a Arca da Aliança entre os Querubins.

Ordenado por Jeová, como história o Livro do Êxodo, Moisés o fez construir pelo artífice Bezalel. Constava de uma lâmina de ouro colocada sobre a tampa da Arca, tendo ao lado, em cada extremidade, a figura de um Querubim alado. Sobre essa lâmina eram colocados os Pães da Propiciação, um para cada tribo, em número de doze. A função do Propiciatório, supõe-se, era "abençoar" as oferendas, que, posteriormente ingeridas pelos Sacerdotes, os fortaleciam.

A Arca da Aliança vem descrita de forma exclusiva nas Sagradas Escrituras. Em nenhum outro livro existe qualquer menção àquele sagrado objeto que, tendo desaparecido por ocasião da destruição do Templo pelo babilônios, não pôde ser analisado e ter desvendado o mistério que encerra. A lenda diz que essa Arca foi escondida pelos Sacerdotes e que chegará o dia em que será encontrada, quando então, algumas profecias serão realizadas. Preconizam os hebreus que o encontro procederá a vinda do Messias. Os demais povos supõem que o aparecimento da Arca da Aliança significará o "fim deste Ciclo", o "fim de uma Eternidade", o "fim deste Mundo", para dar início à verdadeira era universal.

A Maçonaria, no Grau 4, do Mestre Secreto dos Graus Inefáveis, tem a Arca da Aliança como símbolo máximo. Uma pálida reprodução ornamenta a sessão e, diante dela, ocorrem cerimônias específicas. Contudo, o Propiciatório não é usado, a não ser esotericamente e de modo muito místico, que foge à compreensão da maioria desses Mestres Secretos.

PROPONENTE — Diz-se assim o maçom possuidor do Grau de Mestre que "propõe" à Loja o nome de um profano para, depois de indicado, ser iniciado. Cada Loja possui seu regulamento de como é feita a proposta, que segue uma tradição. Genericamente, o método é idêntico para todas as Obediências existentes no País.

PROPOSIÇÃO — Ou Proposta. Todo maçom, dentro da Loja, tem oportunidade de apresentar sua proposta por escrito e depositá-la na Bolsa das Proposições, quando esta lhe é apresentada pelo Mestre de Cerimônias em seu giro específico.

A proposta tem sentido amplo; uma vez recolhida, o Venerável Mestre procede à sua leitura, omitindo o nome do Proponente, e a submete ao voto dos presentes.

PROSELITISMO — Prosélito era o pagão que abraçava o judaísmo. Hoje, prosélito, em linguagem maçônica, seria o profano que acorre a Maçonaria. Em tese, a Maçonaria não efetua trabalho de proselitismo, ou seja, não "arregimenta" novos elementos para iniciá-los nos Augustos Mistérios.

A literatura maçônica não visa conquistar novos adeptos, mas tão somente ilustrar os próprios maçons e esclarecer os que não o são sobre o seu trabalho.

A Maçonaria pode considerar-se um ímã que atrai as limalhas de ferro e as agrupa.

O profano que é convidado por um maçom, de forma isolada, acede ao convite porque a sua atração é inata, sente o desejo de ingressar na Ordem; é uma aspiração mística.

A Maçonaria não necessita ampliar os seus Quadros. É o Grande Arquiteto do Universo que conduz os passos de quem deverá participar da Fraternidade Universal.

Nem todos os convidados aceitam o convite; nem todos os Iniciados permaneceram na Ordem. Somente os "predestinados".

A Maçonaria não possui órgãos de divulgação; seus jornais e revistas são destinados exclusivamente aos maçons.

Posto haja facilidade de aquisição de livros, jornais e revistas por profanos, a literatura maçônica não desperta maior interesse, porque apresentada com véus somente retirados por quem é maçom.

Uma curiosidade ocorre quando no comércio de livros usados são encontrados os livros maçônicos, numa demonstração de que quem os adquire não os conserva por desinteresse.

A Maçonaria não faz proselitismo porque não visa os aspectos religiosos, políticos ou de espécies à margem de seus ideais.

PROTÓTIPO — Todo símbolo maçônico, obviamente, é Protótipo de um original. Portanto, na linguagem maçônica, Protótipo é sinônimo de Símbolo.

PROVAS — A ciência somente admite a aceitação de um fato quando a sua veracidade é comprovada. O empírico é fato esotérico e espiritual. Na Filosofia, na Psicologia, na Parapsicologia, enfim, o que não é ciência exata, tem lugar a convicção através da Fé.

A Maçonaria maneja sentimentos, virtudes e atos espirituais, posto use a materialidade como meio. Nas cerimônias iniciáticas, o candidato é submetido a duras provas. As principais denominam-se prova do ar, da terra, da água e do fogo, significando os elementos materiais do Universo. Contudo, a parte principal é a esotérica, ou seja, a oculta, a secreta, a espiritual.

Na Maçonaria o maçom não necessita provar nada, porque a sua vida é espontânea, aberta, e o amor fraterno liga-o aos seus coirmãos.

Aquele que exige prova de alguma coisa estará externando a sua desconfiança para com o irmão.

A Filosofia maçônica impõe uma "filosofia de vida" diferente da comum. A única prova, no sentido prático e também esotérico, admissível é a célebre frase de Descartes *Cogito Ergo Sum* (penso, logo existo).

PROVIDÊNCIA — Considera-se o vocábulo em dois sentidos: o suprimento de bens, quando alguém providencia para a sua aquisição, e o que é Providencial, ou seja, o que nos vem através de uma Força Superior, que no caso será Deus.

Numa linguagem comum, Providência significa o que nos vem de favor, através daquele que é Onisciente e que não deixa a sua criatura desamparada. Essa Providência cuida para que os pássaros tenham alimento e os lírios do campo tenham vistosa "vestimenta"; como não há de cuidar dos elementos mais valiosos da Natureza, que somos nós?

PRUDÊNCIA — É uma virtude de comportamento. O prudente prevê o que lhe poderá acontecer se não estiver alerta. Essa virtude pode ser considerada como uma ação de "legítima defesa", porque a Prudência é atributo de defesa.

PRUMO — Instrumento para a construção em alvenaria, é usado na Maçonaria como símbolo para a construção do Templo Espiritual dentro de cada maçom. O Prumo significa a retidão, o acerto, a justiça, a correção, enfim, a vida dentro das normas da moral.

Em verbete já apresentado, é feita a descrição mais minuciosa a respeito desse instrumento, que caracteriza a função do Primeiro Vigilante.

PSICANÁLISE — É a ciência que estuda o subconsciente, usando métodos apropriados. Apesar de constituir uma ciência moderna, de um século atrás, como essa, o estudo da mente, ou da alma, como querem alguns, sempre existiu.

Quem se submete a uma análise estará abrindo a sua mente e revelando, em voz alta, a quem o "escuta", todas as suas intimidades, até as mais escabrosas ou ingênuas. O tratamento consiste, portanto, numa "autoação" provocada pelo dirigente, que deve ser médico.

Maçonicamente, e isso é tradicional, é oferecida ao maçom uma garantia plena: a de que tudo o que ele "possa revelar", de si ou de outrem, não se tornará público, pois ao final dos trabalhos, todos os presentes "juram" nada revelar do que se passou na reunião.

Quando o assunto necessita de maior cuidado, o maçom é convidado a se colocar "entre Colunas", momento em que poderá "abrir o seu coração" sem que sofra qualquer admoestação ou crítica.

São métodos de psicanálise que a Maçonaria usa há séculos. Na formação da Cadeia de União, também o maçom tem oportunidade de "pôr para fora" tudo o que está-lhe pressionando, retirando-se, depois, completamente "aliviado".

O Confessionário da Igreja Católica não passa de um "divã do psicanalista".

Essa ciência, contudo, tem contribuído para a cura das mentes enfermas.

O criador do termo e da ciência foi o médico alemão Sigmund Freud.

PSICOLOGIA — Palavra de origem grega: *Psique*, alma, e *Lógos*, estudo.

Poder-se-ia traduzir por "Colóquio com a alma". Trata-se de uma ciência que estuda os fenômenos da alma. Essa alma pode ser confundida com a mente.
Ser psicólogo é compreender o comportamento do ser humano, suas reações, seus males e aflições.
A Psicologia ensina a "observar" cuidadosamente o comportamento, seja o próprio, seja o dos outros. Para chegar a essa compreensão, a Psicologia apresenta fórmulas científicas e técnicas experimentais. Como exemplo: solicitando ao consulente, criança ou adulto, que desenhe uma árvore, desse desenho o psicólogo poderá tirar conclusões científicas de seu comportamento. Uma análise profunda de uma simples assinatura pode revelar o aspecto psicológico do analisado.

PUNHAL — Trata-se de uma miniatura de Espada e, maçonicamente, simboliza o castigo. A Maçonaria possui três inimigos que procura permanentemente castigar, aos quais não há perspectiva de perdão: são os três Companheiros Assassinos de Hiram Abiff.
Não cabe perdão porque se trata de uma lenda; são inimigos lendários. No Grau 9 da Maçonaria Filosófica, o do Mestre Eleito, é usado no cerimonial o Punhal.

PUNHOS — Peças da vestimenta dos Veneráveis Mestres. São colocados acima das Luvas e apresentam-se ricamente ornamentados.
As Luvas protegem as mãos, mas os Punhos protegem o conjunto de ossos e nervos reponsável pelos movimentos das mãos.
Os Punhos representam ornamento e proteção. Sua origem vem da Ordem dos Cavaleiros, para ampliar a proteção dos golpes das Espadas, Floretes ou armas similares. São de uso relativamente moderno e fazem parte integral do traje do Venerável Mestre, para destacá-lo dos demais Oficiais.[10]

PUNIÇÃO — A pena para uma transgressão ou um crime, na Maçonaria, é simbólica. A penalidade máxima seria o desligamento da Ordem, mas assim mesmo com a possibilidade do perdão do Grão-Mestre, que tem o direito da graça.
A rigor inexiste uma punição maçônica, porque as faltas cometidas pelos maçons, no âmbito da Ordem maçônica, uma vez justificadas, havendo o arrependimento, serão "toleradas", porque a Tolerância é o princípio basilar do amor fraterno.

PURO — Diz-se daquele que não tem manchas ou defeitos.
Maçonicamente, quando o candidato é aprovado através do Escrutínio Secreto, é proclamado "Limpo e Puro", apto à Iniciação.
O que torna o candidato Puro é a mística e o esoterismo das esferas brancas, através do cerimonial do Escrutínio.

PUREZA — É o adjetivo de quem é Puro. Todo maçom que participa de uma sessão dentro do Templo "purifica-se" quando é aberto o Livro Sagrado e surge a Egrégora. As vibrações, os fluidos, o som das palavras sagradas, a Bateria e a liturgia, no seu todo, são atos de Pureza e de Purificação.

---

10. N.R.: *conforme o rito, os Vigilantes também usam Punhos.*

Nas religiões, a Purificação é exercida através da queima de incenso. No judaísmo, era através do sacrifício das primícias. No Catolicismo é através do batismo, da confissão e da comunhão.

PÚRPURA — O molusco gastrópode fornece uma substância avermelhada com a propriedade de tingir, especialmente os materiais para a confecção de mantos, trajes, capas, etc. Descoberta há muitos séculos, por ser um misto de vermelho e azul, foi considerada a cor de outras espécies animais, como a "cochinilha", ou de elementos minerais. A química fornece a mesma cor manuseando vários elementos sintéticos.

A Púrpura é usada na Maçonaria denominada "Maçonaria Vermelha", que compreende os Altos Graus, especialmente os Filosóficos.

PUTREFAÇÃO — A putrefação é a fermentação dos elementos da Natureza. Putrefazem-se os vegetais que se desligam da terra, os frutos e os animais. A Putrefação é a dissolução dos elementos. Maçonicamente, representa a morte e é dimensionada na lenda de Hiram Abiff quando, descoberto seu cadáver, os Mestres tentam retirá-lo da cova mas não conseguem, porque a "carne se putrefez". Constitui o símbolo da fragilidade humana. Não há redenção sem a Putrefação. Essa consiste no retorno à terra, portanto, à Natureza, de um dos seus elementos, podendo ser incluído o próprio homem. A Putrefação desprende gases; sendo esses voláteis, "sobem" ao firmamento e integram-se na Harmonia Universal.

QUADRADO — Figura geométrica que se denomina paralelogramo por possuir todos os lados iguais e, consequentemente, ângulos iguais. Simboliza a Terra. Na Maçonaria representa, quando transformado em Cubo, a Pedra angular de toda construção. Um Quadrado inserido num Círculo simboliza a Eternidade. O Quadrado dentro de um Triângulo simboliza a depuração da natureza inferior. O Avental do maçom tem a forma de um Quadrado, simbolizando que todas as ações praticadas devem obedecer, em igualdade de valor, à retidão.

QUADRAGÉSIMA SÉTIMA PROPOSIÇÃO — A fórmula geométrica de Pitágoras ("em um Triângulo retângulo o quadrado da hipotenusa é igual à soma dos Quadrados dos outros dois lados"), ao explicar o teorema de Euclides, foi mencionada nas primeiras Constituições de Anderson (James). O Teorema foi adotado como emblema para os ex-Veneráveis Mestres.

QUADRATURA — Configuração de dois astros quando a diferença de suas longitudes celestes é de 90º. O curso da Lua é dividido em quatro partes: Nova, Minguante, Cheia e Crescente.[11]

QUADRILONGO — Figura geométrica formada por dois Quadrados ou "Quadrado duplo". É o formato do Templo na parte interior, ou seja, o formato de uma Loja maçônica.

QUADRÍVIO — Do latim *quadrivium*, significa uma encruzilhada de quatro caminhos. Refere-se, também, ao conjunto de quatro disciplinas matemáticas, a saber: Aritméticas Geometria, Música e Astronomia. São as artes referidas no Grau de Companheiro Maçom.

QUADRO — Derivado do formato da Loja, constitui a relação dos nomes dos maçons que compõem uma Loja.

QUALIDADE DE UM CANDIDATO — A condição exigida para que um Candidato possa ser recebido como maçom restringe-se a algumas palavras: "Ser livre e de bons costumes". Nem a Liberdade nem a moral convencionais definem a exigência. "Ser livre" significa liberto de tudo: preconceitos, compromissos, vícios, imperfeições, etc. Ser "de bons costumes" não significa, apenas, um comportamento moral no seio de uma sociedade, mas possuir "hábitos" salutares e puros.

QUATERNÁRIO — O número Quatro representa a Terra. Pitágoras e seus discípulos o consideravam sagrado, porque representava os quatro elementos da Natureza: Ar, Terra, Água e Fogo.

---

11. N.R.: o termo quadratura é muito utilizado na Astrologia e no simbolismo geométrico como a "Quadratura do Círculo".

Tetra, em grego, simbolizava a potência matemática e a virtude geradora. Símbolo do princípio Eterno e Criador, o Quaternário é o símbolo do que é físico, palpável, visualizado. Em Numerologia, na análise do Nome, o número Quatro significa a "materialidade", ou seja, a ausência da espiritualidade.

QUATRO — Simboliza a Cruz. Como todos os demais Números, o Quatro presta-se ao jogo filosófico das combinações, como, por exemplo, a soma da Trindade com a Unidade. Contudo, na Maçonaria, representa o primeiro dos Graus Inefáveis, os ladrilhos que compõem o Tapete de Mosaicos e o número que compõe o nome de Deus, por suas quatro letras, bem como em hebraico *IHVH*.

QUATRO LOJAS ANTIGAS — Pelos registros existentes, as primeiras Quatro Lojas maçônicas localizavam-se em Londres.
A primeira reunia-se na Cervejaria do Ganso e da Grelha, no pátio da Igreja de São Paulo, em torno do ano de 1760, com o nome de Loja da Antiguidade.
A segunda reunia-se na Cervejaria da Coroa.
A terceira reunia-se na Taverna da Macieira, com o nome de *Lodge Fortitud and Old Cumberland*.
A quarta reunia-se na Taverna da Taça e das Uvas, com o nome de *Lodge Royal*.

QUATRO COROADOS — São conhecidos pelo prenome: Severo, Severiano, Corpoforo e Vitorino. O Imperador Deocleciano os serviciou até a morte. A Igreja, por desconhecer seus nomes, festejava-os apenas como os "Quatro Coroados", pois receberam, pela sua fé cristã, a Coroa Celestial. No *Poema Regius* é feita referência aos Quatro Coroados, que foram pela Maçonaria Inglesa adotados como seus Padroeiros.

QUATRO ELEMENTOS — Os quatro elementos corpóreos estabelecidos pelos gregos da Antiguidade eram Terra, Ar, Água e Fogo. Na Química moderna esses elementos passaram a ser Carbono, Nitrogênio, Hidrogênio e Oxigênio.

QUATUOR CORONATI LODGE — Sessenta anos após a publicação das Constituições de Anderson, a Inglaterra dispunha-se a aprofundar os estudos da Arte Real e assim, no ano de 1884, era fundada a loja *Quatuor Coronati*, que foi instalada dois anos após. O inspirador do movimento foi o historiador G. W. Speth, que soube interessar a mais de três mil maçons ingleses.
Essa Loja subsiste e presta relevantes serviços à Maçonaria, especialmente por suas publicações, quase uma centena de livros.
Infelizmente, essas obras não circulam no Brasil.

QUERUBINS — Procede do hebraico *K'rub*, no singular, e *K'rubim*, no plural. O Querubim seria um "deus" de segunda categoria. Narram as Sagradas Escrituras que, após o evento de Adão, caindo em "pecado", Jeová colocou um Querubim armado com uma Espada de fogo guardando o caminho que conduzia ao Éden, onde se situava a árvore da vida, preservada com rigor, após o furto de um de seus frutos pelas Serpentes. A Espada do Querubim vem reproduzida pela Espada Flamígera maçônica.

Sobre a Arca da Aliança, no Propiciatório, foram colocados dois Querubins, símbolo da vigilância e guarda.

O profeta Ezequiel faz a descrição minuciosa dos Querubins, como seres alados, de luminosidade intensa, com quatro rostos de animais, verdadeiros "monstros sagrados", plenos de poderes.

Na corte celestial, os Querubins ocupam a terceira posição. Como são considerados "seres imanifestados", compreender a sua existência torna-se dificílimo. Da Corte celestial, são os Anjos os seres mais próximos aos homens com os quais contatam.

Conhecem-se inúmeros casos, além dos descritos nas Sagradas Escrituras, do contato com esses misteriosos seres.

Como a Arca da Aliança é símbolo que está presente no cerimonial do Grau 4, Mestre Secreto, convém a todo maçom que leia a descrição feita por Ezequiel.
O *Bafomet* dos Templários não passava, segundo as descrições existentes, de uma cópia de Querubim.

QUESTÃO RELIGIOSA — Surgiu no Brasil a 3 de março de 1872 até 17 de setembro de 1875, envolvendo o padre maçom José Luís de Almeida Martins e a Igreja.

Durante uma sessão festiva branca, esse Padre proferiu veemente discurso, na presença do Ministro de Estado Visconde do Rio Branco, que ao mesmo tempo era o Grão-Mestre, criticando aqueles que combatiam a Maçonaria.

Esse discurso foi publicado na Imprensa, o que irritou o Bispo do Rio de Janeiro, D. Pedro de Lacerda, que intimou o sacerdote a abandonar a Maçonaria. Paralelamente às pressões exercidas contra o padre José Luís, Frei Vital recém-chegado de Roma e "intoxicado" pela campanha antimaçônica encetada pelo Vaticano, entendeu Frei Vital, cujo nome completo era D. Frei Vital Maria Gonçalves de Oliveira, que deveria tomar medidas contra os maçons brasileiros. Na condição de Bispo de Olinda, entendeu banir a Maçonaria do Recife, mas somente conseguiu tumultuar a população que, ao final, invadiu a Igreja, o Colégio dos Jesuítas, e o jornal que empastelou.

D. Vital interditara a Irmandade, onde existiam vários clérigos maçons, e, para cessar a "revolta", o Governo ordenou o levantamento daquela interdição.

Negou-se o Bispo, que recebeu apoio direto do Papa Pio IX, que a 24 de maio de 1873 excomungou a Maçonaria Brasileira, através do breve *Quamquam dolore*.

Pela revolta surgida, D. Vital acabou sendo processado e condenado a trabalhos forçados. Posteriormente, D. Pedro II comutou a pena, transformando-a em prisão simples. Em 17 de setembro de 1875, D. Pedro II anistiou os dois Bispos, terminando assim a Questão Religiosa.

QUINÁRIO — Simboliza o número da vida e da matéria, eis que contém os cinco princípios do homem: cabeça, tronco, membros superiores, membros inferiores e órgão reprodutor. Diz-se Quinário a todo conjunto de cinco elementos.

QUINTESSÊNCIA — QUORUM

QUINTESSÊNCIA — Significa o resumo mais perfeito de pensamento e de tudo o que é composto pelo Quinário. Expressa a parte secreta de um assunto. Emprega-se para designar a sublimidade de um elemento, material ou espiritual.

QUINZE — Expressa o nome de Deus, em hebraico: IOD, que representa o número 10, e HE, que expressa o número 5.

QUITE PLACET — É o documento que um maçom recebe por ocasião do seu desligamento do Quadro da Loja, significando que se encontra quite com as suas obrigações financeiras e que pode retirar-se. Munido do *Quite placet*, o maçom, dentro dos prazos estabelecidos nos Regulamentos, poderá filiar-se em qualquer lugar onde existir uma Loja maçônica Regular.

QUORUM — Significa o número suficiente de pessoas filiadas a uma Loja para permitir a realização de uma sessão ou assembleia.

RABI — Origina-se do hebraico e aramaico *Rabbi*, modernizado hoje como Rabino com o significado de "meu senhor". Título dado a Jesus pelos que a ele contatavam.

RACIONAL — Do latim *Rationale*. É o exercício da Razão. Diz-se Racional o ser "pensante", ou seja, o ser humano. Entre os judeus antigos, era parte da vestimenta sacerdotal, equivalente ao "peitoral".

RACIONALISMO — Corrente filosófica da qual foram expõe Descartes, Leibnitz e Emanuel Kant. É a filosofia que pretende explicar o conhecimento através da experiência e da razão, opondo-se ao Empirismo e à crença pela Fé. A Maçonaria pode ser classificada como filosofia racionalista.

RAGON, JOÃO MARIA (1781- 1862) — Nascido na localidade Bray-Sur-Seine, na França, foi ilustre maçom e emérito escritor, deixando-nos uma série de obras muito divulgadas até a atualidade. Encontramo-las, em parte, traduzidas em nosso vernáculo.

RAMALHETE — Buquê de flores. É usado em festividades e em atos fúnebres. No Museu Imperial do Cairo, existe um Ramalhete de flores de proporções avantajadas retirado do túmulo de Tutankamon, faraó egípcio. Na Maçonaria representa o símbolo da cordialidade e da alegria. Em todo ágape, a mesa é ornamentada com arranjos florais ou Ramalhetes.

RAMAYANA — Livro Sagrado dos hindus que descreve a vida de Rama, herói druida que, percorrendo a Ásia, se fixou com os que o acompanhavam às margens do Ganges, onde surgiu mais tarde o povo hindu. Esse Livro Sagrado é colocado nos Altares maçônicos da Índia.

RAMO — Em todos os eventos festivos, como da chegada das tropas romanas de uma guerra, o povo acenava com Ramos verdes, em especial de pequenas palmeiras. Por ocasião da entrada triunfal de Jesus em Jerusalém, o povo colocava Ramos de palma no chão para que a comitiva do Nazareno neles pisasse. Na Maçonaria, seguindo a tradição inspirada na Lenda de Hiram Abiff, passou-se a usar Ramos de Acácia como expressão de alegria. Também nas pompas fúnebres, como sentimento de saudade, são colocados sobre o féretro Ramos de Acácia.

RAMSAY, MIGUEL ANDRÉ (1646-1743) — Natural da Escócia, teve vida provecta, atingindo quase cem anos de idade. Grande vulto da Maçonaria, teve atuação constante junto à Corte Inglesa. Em Paris foi íntimo de Racine e de Rousseau. Acompanhou, no fim de sua vida, o exílio dos Stuart. Atribui-se a Ramsay a criação dos Altos Graus da Maçonaria.

RAZÃO — A Razão é a "liberdade do pensamento" que elabora o conhecimento, após momentos de meditação.

Grandes filósofos dedicaram-se a cursionar pela "alma" e pela "mente", como Aristóteles, Platão, Plotino, Santo Agostinho, Descartes, Fenelon, Bussuet, Kant e mais uma plêiade de pensadores do passado. Os excessos em pretender tudo esclarecer através da Razão fez com que o pensamento da época conduzisse ao materialismo. A Maçonaria, que é filosoficamente eclética, usa a Razão com equilíbrio, aliando-a ao significado esotérico dos Símbolos.

RECEBER A LUZ — Luz aqui tem vários significados: o esclarecimento, a Divindade, a evolução, o ingresso no Universo Interior. O iniciado na Maçonaria, quando lhe é retirada a venda que lhe cobre os olhos, "recebe a Luz". Simboliza a revelação de todos os mistérios e o primeiro passo dado em direção ao misticismo.

RECEPÇÃO — Significa "receber" ou "recepcionar", isto é, "render homenagens". Genericamente, a Recepção é festiva e acompanhada de atos alegres. Na Maçonaria, Recepção significa o recebimento de um novo membro, após sua iniciação. É ato festivo e comumente, após a sessão litúrgica, os membros da Loja reúnem-se em banquete.

RECESSO — Significa a suspensão temporária dos trabalhos de uma Loja maçônica, ou o período mais prolongado, ocasionando por férias, luto, calamidade, etc.

RECIPIENDÁRIO — É assim denominado o candidato que é cerimoniosamente recebido, após sua Iniciação. Trata-se de uma denominação destinada momentaneamente, enquanto dura o cerimonial. No dia seguinte, o Recipiendário passa a ser denominado Neófito.

RECONHECIMENTO — Ato administrativo do Poder Central da Maçonaria de reconhecer uma Iniciação, uma Filiação, uma Regularização, uma Fundação de Loja.

RECONHECIMENTO CONJUGAL — A Maçonaria preocupa-se com a Família de seu filiado. Assim, como atividade social, possui o Reconhecimento Conjugal, que não deve confundir-se com o "casamento maçônico"; este não é praticado. Erroneamente, em certas cerimônias de Reconhecimento Conjugal, os nubentes, recém-casados no Civil e na cerimônia religiosa na fé que praticam, comparecem à Loja, ornamentada festivamente, em sessão "branca", isto é, presentes os convidados profanos, com os mesmos trajes da cerimônia religiosa, vestindo a noiva seu traje tradicional. Essa prática é que tem sugerido o "casamento maçônico". O Reconhecimento Conjugal é um ato social de apresentação aos irmãos da esposa de um membro do Quadro e a comunhão da alegria que o casamento significa. Da mesma forma, a Maçonaria não pratica o Batismo nem os Funerais.

RECONHECIMENTO LITÚRGICO — O Reconhecimento entre maçons é feito através de "toques" e "palavras", essas "sussurradas" ao ouvido. Obviamente, por tratar-se de uma parte sigilosa, o maçom recebe esses fatos na intimidade do Templo e não os divulga.

Os Reconhecimentos de Lojas e Potências são feitos por meio de documentos. Esses Reconhecimentos podem ser internos em um país ou internacionais. Os Corpos e Lojas Reconhecidos denominam-se Regulares.

RECREAÇÃO — Diz-se Recreação a suspensão dos trabalhos litúrgicos, quando então os maçons podem retirar-se para a Sala dos Passos Perdidos, onde passam momentos de confraternização. Algumas Lojas têm o hábito condenável de pôr os irmãos em Recreação, porém determinando que os mesmos permaneçam dentro do Templo. É incorreto, porque o recinto do Templo é sagrado e nele não podem os irmãos tratar de assuntos profanos, fumar e movimentar-se, distraindo-se com conversação jocosa e inconveniente.[12]

RECRUTAMENTO — Recrutar significa "angariar". Somente um Mestre poderá propor à Loja o nome de um profano que julgue digno de ingressar na Ordem. O Recrutamento não é um ato social. Comumente, são recrutados os amigos íntimos, nem sempre aptos para se tornarem coirmãos e comungarem na mística maçônica.

Espiritualmente, o Recrutamento é ato muito sério, porque será trazido à Ordem um elemento que deve passar pela Câmara das Reflexões, onde "morre", embora simbolicamente, e ressuscita. O maçom deve ter a certeza de que não é ele quem recruta, mas de que é o "instrumento" que o Grande Arquiteto do Universo "usa" para arregimentar mais um elemento "livre e de bons costumes", para fortalecer com mais um elo a Cadeia de União. Antes de ser proposto um candidato, o maçom deve recolher-se à profunda meditação; buscar inspirações na prece; decidir-se se envia sua proposta, dentro do Templo; ter certeza absoluta de que a inspiração veio de Cima.

Quando coloca sua destra na Bolsa de Proposições, deve "colocar-se a si próprio", junto com a proposta e espiritualmente, acompanhar todas as fases da mecânica que precede a Iniciação, especialmente no Escrutínio Secreto, para que as esferas alvas reflitam a sua intenção pura e fraterna. O maçom está propondo o ingresso de um "novo irmão" e não trará, certamente, quem possa perturbar a unidade da Sublime Família maçônica.

RECUSAR — A recusa da Loja em aceitar uma proposta para Iniciação não deveria existir. No entanto essas recusas são frequentes. Há Lojas que até possuem o "Livro Negro" no qual são anotados os nomes recusados.

Se a proposta de um profano foi "inspiração" vinda do grande Arquiteto do Universo; se esse candidato foi prejudicialmente sindicado, ou seja, se a comissão designada providenciou em vasculhar a vida do candidato; se a votação no Escrutínio Secreto foi consciente e o votante, após meditação adequada, teve a certeza de que o seu gesto de votante foi "inspiração Divina", então jamais poderá um proposto ser recusado.

Uma recusa deve provocar um acurado estudo e analisar quem "falhou" na proposta, na sindicância e na votação.

---

12. N.R.: *Muito poucas Lojas ainda praticam o costume de usar a recreação para realizar o ágape fraternal antes da finalização dos trabalhos do dia. Tal prática é interessante pois todos em Loja participam do aágape, o que não ocorre se este fica para o final dos trabalhos.*

REENCARNAÇÃO — O retorno de um morto à vida, passado um período longo, para que não se a confunda com ressurreição, é fenômeno aceito exclusivamente por questão de Fé.
O retorno simplesmente da Alma, sem o corpo, envolve conhecimentos profundamente esotéricos.
Atuando nisso, a razão exige provas. Os aspectos lendários das notícias de que uma alma retornou em um outro corpo fazem com que se fortaleça a descrença.
Teoricamente, a alma retorna em um ser humano que nasce ou retorna em um adulto, numa espécie de permuta de almas ou num convívio comum entre duas almas.
A reencarnação, ou metempsicose, ou palingenesia, ou transmigração da alma, constituem conhecimentos altamente místicos e que a Humanidade muito lentamente está esclarecendo.
Maçonicamente, um dos pontos básicos é a crença numa Vida Futura, ou seja, na "subida" da alma a páramos superiores.
A Maçonaria aceita a existência de um Oriente Eterno, onde as almas dos que morrem localizam-se.
A Maçonaria aceita a Fraternidade Branca Universal, ou seja, a presença e atuação dos maçons mortos junto aos maçons vivos.
A Maçonaria aceita a existência dos "Filhos da Viúva", tanto que os invoca por ocasião do uso do "sinal de Socorro" comunicado aos maçons que atingem o mestrado.
A Reencarnação, por ser a Maçonaria filosoficamente eclética, não é repelida, mas prudentemente analisada até que a evolução do conhecimento apresente o esclarecimento racional sobre esse assunto ainda tão polêmico.

REFLEXÃO — Vem do vocábulo e raiz "reflexo", lembrando "espelho". A Reflexão pode ser sinônimo de meditação; é ato íntimo da mente, mas que não chega, obrigatoriamente, a uma conclusão, enquanto a Reflexão é ato conclusivo. Nenhum ato pode o maçom praticar sem ter, antes, "refletido" sobre ele. Reflexão é análise, profunda e ativa.
No Grau de Mestre, coloca-se na Câmara do Meio a "Prancheta da Loja", para que nela sejam "traçados" os objetivos a alcançar.
Na Iniciação, a Maçonaria usa a Câmara das Reflexões, onde o candidato é colocado para que busque em si, no seu passado íntimo, todos os reflexos de suas ações, para que, sendo más, possa arrepender-se delas e, sendo boas, possa orgulhar-se. Se o mundo refletisse antes de tomar qualquer decisão, este mundo não seria um acúmulo constante de perturbações e violências.

REFLEXOS — Dentro do Templo, os Símbolos refletem no maçom a Luz que recebem. Cada maçom reflete a si próprio em seu companheiro de Loja, inserindo-se na vida íntima do irmão para buscar a harmonização comum. Cada um é responsável pelos seus reflexos, que poderão ofuscar em vez de iluminar.

REGENERAÇÃO — Regenerar significa "restaurar", tornar ao estado anterior, ressurgir, tornar à vida, renascer. A finalidade precípua da Maçonaria é o ato regenerativo.
A reconstrução do ser humano, da Natureza e do Cosmos são os ideais maçônicos.

REGIUS — É o *Poema Regius* descoberto por Hallivel, que tomou o nome de *Poema Regius* por ter sido encontrado numa dependência do Museu Real (*vide* verbete próprio).

REGRAS — Regras são normas estabelecidas para que uma organização possa subsistir dentro da ordem e da lei. A Maçonaria possui Regras que podem ser divididas em três grupos: as tradicionais, vindas dos tempos remotos, especialmente contidas nas Grandes Constituições de Anderson; as Regras determinadas pelo Poder Central, contidas numa Constituição e num Regulamento Geral; as Regras estabelecidas pela própria Loja ou Corpo, contidas num Estatuto ou Regimento Interno.

RÉGUA — É um instrumento de "medida". A primeira notícia que se tem desse Instrumento, vem dos gregos. *Rhycos*, e daí o nome de Régua, arquiteto e construtor do Labirinto de Samos, teria sido o seu inventor. No antigo Egito, também era usada nas mãos do deus Ftá, uma Régua que servia para medir as águas do Nilo em época de enchente. O Livro do Apocalipse menciona a "Vara de Medida", que seria uma Régua. Na Maçonaria, é o Instrumento do Aprendiz; é constituído de uma haste de madeira ou metal, dividida em vinte e quatro partes; cada parte corresponderia a uma polegada e mediria as vinte e quatro horas do dia. Essa Régua era usada para medir o "tempo", obviamente de forma simbólica. Simboliza, outrossim, que o Aprendiz deve seguir através de um caminho "retilínio", com uma conduta reta, sempre à frente. É o emblema da Disciplina, da moral, da exatidão e da Justiça. A Régua faz parte da trilogia dos utensílios sagrados, junto com o Esquadro e o Compasso. Na "Marcha" do Aprendiz, a Régua simboliza os seus passos adentrando o Templo, que devem ser retos e decisivos em direção ao Oriente.

REGULAMENTOS GERAIS DE PAYNE — George Payne, Grão-Mestre por duas vezes, no ano de 1720, compilou os Regulamentos Gerais, que foram em 1723 aprovados pela Grande Loja de Londres; foram por Anderson anexados ao Livro das Constituições. Esses Regulamentos, com ligeiras alterações, têm servido até os nossos dias como base de toda a Legislação maçônica.

REGULAR — É sinônimo de Legitimidade maçônica. Diz-se Regular o maçom que está em dia com os seus compromissos perante a sua Loja. Regular é uma Loja que está filiada a um Poder Central e que cumpre com todas as suas obrigações administrativas. Regular é a Potência maçônica que cumpre as Regras Internacionais das demais Instituições e que possui o reconhecimento de todas as Potências Regulares Internacionais.

Regular é sinônimo de Obediência, de cumprimento dos preceitos que aceitou a Loja ao receber sua Carta Constitutiva, do cumprimento do maçom de seus deveres. A Regularidade maçônica faz com que todos os filiados de uma Potência Regular estejam amparados espiritualmente e reconhecidos por toda Fraternidade Branca Universal.

Uma Loja que surge espontaneamente, formada por um grupo de maçons separados de suas Lojas de origem, e que obviamente não é Regular, pode adquirir a sua Regularidade através de um processo administrativo junto à Potência que jurisciona o território onde está instalada. Por sua vez, o maçom irregular pode adquirir sua

Regularidade uma vez que preencha as suas exigências administrativas regulamentares.

REINSTALAÇÃO — Para que uma Loja Irregular possa Regularizar-se, o Poder Central, depois de deferir o pedido de Regularização, nomeia uma comissão para REINSTALAR essa Loja. É através do cerimonial apropriado que a Loja irá tornar-se Regular.
Os membros da Comissão de Reinstalação denominam-se Reinstaladores. Reinstalação significa que, oficialmente, a Loja tornará a ser constituída legitimamente.

REJEIÇÃO — O indeferimento do pedido feito por uma Loja Irregular, pelo Poder Central, constitui uma "Rejeição". O candidato à Iniciação, ao ter no escrutínio votos através de esferas negras, será considerado Rejeitado. De conformidade com os Regulamentos, a proposta poderá, passado um certo lapso de tempo e renovadas as sindicâncias, ser novamente votada. Nesse caso, a Rejeição é tornada expressamente sem efeito com o registro no livro de atas e a comunicação ao Poder Central.

RELIGIÃO — Vem do latim *religione*. A Religião visa o retorno a Deus daquele que o "abandonou", num regresso aos preceitos contidos no Livro Sagrado de sua Fé.
Deve-se distinguir Religião de Seita, Doutrina ou qualquer princípio similar. A Maçonaria é uma Religião no sentido estrito do vocábulo, isto é, na "Harmonização" da criatura ao Criador. É a Religação Maior e Universal, o contato com a Parte Divina; é a comunhão com o Grande Arquiteto do Universo; é o culto diante do Altar dentro de uma Loja ou no Templo Interior de cada maçom.
O "tornar a ligar" é ato que ocorre dentro da Cadeia de União, ligando os elos que se encontravam dispersos. A Cadeia de União é um ato religioso.
Denominam-se "religiões" as filosofias, e milhares delas conduzem o ser humano às Igrejas movido pelo temor de um castigo divino ou pela esperança de um prêmio após a morte.
As religiões oficiais, as religiões tradicionais, as religiões exóticas, antigas ou modernas, não são preocupação para a Maçonaria, pois, são ignoradas totalmente, eis que o trabalho maçônico se dirige para o aperfeiçoamento da criatura humana.
A Maçonaria aceita em seus Quadros candidatos que professam qualquer religião, seita ou doutrina, mas veda qualquer manifestação de proselitismo em suas reuniões.
Como teses, são aceitos estudos sobre essas manifestações filosóficas, mas sempre dentro de regras estabelecidas para as discussões, a fim de não melindrar os maçons que porventura sejam filiados a uma dessas correntes. A proibição de discutir problemas ligados às religiões é atitude sábia, porque é sabido que assuntos religiosos, políticos e raciais são fontes de discórdia.

RENASCIMENTO — Nascer de novo é o significado do termo.
Maçonicamente, para um renascimento é necessário uma morte. O candidato à Iniciação morre previamente, na Câmara das Reflexões, para durante o cerimonial apropriado "tornar à vida".
Jesus foi o primeiro "filósofo" que disse a Nicodemos que para ele poder entrar no Reino dos Céus cumpria-lhe

que nascesse de novo. Nicodemos não entendeu a mensagem e retorquiu: "Como posso eu retornar ao ventre de minha mãe?". Jesus referia-se ao "renascimento espiritual". Nicodemos devia renascer dentro de si próprio e descobrir o mundo do Universo Interior.

O Renascimento maçônico é semelhante ao preconizado por Jesus. O candidato, para absorver a filosofia maçônica e tornar-se um elemento capaz de confraternizar com os maçons, deve tornar-se "criança", alimentar-se como criança, com alimento leve e apropriado, frequentar o "jardim de infância", o "aprendizado" e obter, cumprido o período regulamentar, a habilitação suficiente para iniciar a "construção" de Templos, sobretudo o seu próprio Templo.

REPRESENTANTES — Cada Potência, cada Loja nomeia um dos seus membros para que, junto a uma Loja coirmã, ou um Potência cofraterna, represente o Quadro da Loja ou a Administração superior. A representação é recíproca. As outras Lojas, por sua vez, retribuindo o gesto amigo e fraterno, nomeiam os seus Representantes. A representação constitui o "garante de amizade", materializado através de um documento apropriado.

RESIDÊNCIA — Segundo a tradição maçônica, o filiado deve procurar, para ingressar, uma Loja que esteja mais próxima de sua residência. Os Regulamentos não admitem que um maçom possa filiar-se a mais de uma Loja. Contudo, há uma exceção, quando uma Loja dá a um maçom de uma coirmã o título de Membro Honorário; sendo contemplado, poderá frequentar com assiduidade todas as Lojas.

Todo maçom pode visitar uma Loja maçônica Regular, quantas vezes quiser; será considerado, sempre, mero visitante, sem receber qualquer prerrogativa, como a de votar e ser votado e assistir às sessões administrativas do Quadro.

RESERVA MENTAL — Os juramentos feitos o devem ser com a máxima "transparência". Na Idade Média é que surgiu a "Reserva Mental", quando os "hereges" eram obrigados a abjurar a sua crença; faziam-no usando a "Reserva Mental", isto é, o ato de abjurar era ato mecânico do sentido da fala; em sua mente, era desmentida de imediato a manifestação oral.

Quando um candidato presta os seus juramentos, o Venerável Mestre o adverte de que esse juramento é feito sem "Reserva Mental".

RETIDÃO — O maçom tem por obrigação demonstrar que é possuidor da virtude da Retidão. Esse vocábulo significa que as ações do maçom devem ser retilíneas, sem "contornos", "desvios" e "subterfúgios". O comportamento social e ético, esotérico e espiritual, deve, para o maçom, ser "transparente".

RETÓRICA — Constitui uma das sete ciências ou artes liberais. É a eloquência do discurso; são as palavras usadas com acerto, sem prolixidade; é a expressão do pensamento franco, sincero e elegante. Dentro do Templo, quem fizer uso da palavra deve demonstrar conhecimentos de Retórica, pois é dever o cultivo dessa arte, para que os presentes possam ilustrar-se cada vez mais.

RETROGRADAÇÃO — Do latim *retro*, atrás, e *gressus*, passos. É a Marcha Retrógrada do Mestre na cerimônia de exaltação. Essa marcha, que é feita estando o mestre de costas, sugere o "retorno" às práticas dos Graus anteriores, para reencontrar as raízes de seu conhecimento. Relembra que cada passo que avança é sustentado pelo passo precedente. Relembra o novo nascimento e sobretudo que, para obter êxito em sua jornada de mestre, deve retroceder ao seu Eu interior e palmilhar o piso do Templo que tem dentro de si, atuante e vivo.

REVESTIR INSÍGNIAS — Revestir significa "tornar a vestir". Quando o maçom ingressa no Templo, esotericamente entra "nu", ou seja, despido de toda sugestão do mundo profano. Ele é ainda aquele recém-nascido, a nova criatura despida de todas as ilusões humanas. Revestir as Insígnias significa "vestir-se adequadamente", pois a sua real vestimenta é o Avental, são as Joias do Grau e do Cargo, é o traje apropriado para participar das cerimônias litúrgicas.

RIACHO — Na lenda de Hiram Abiff, um dos seus assassinos foi encontrado em uma caverna, onde "corria um Riacho".
Riacho simboliza o curso da vida, que é contínuo. Esse curso deve refrigerar, deve conduzir detritos, rolar pedras, evitar o limo; enfim, simboliza a atividade do homem que não pode deixar-se, preguiçosamente, conduzir pelo tempo, sem nada produzir.
O Riacho simboliza a purificação. Foi nele que o matador de Jubelos lavou suas mãos e punhal ensanguentado; foi no Riacho que saciou a sede provocada pela febre nervosa de seu gesto tresloucado.
Na Câmara das Reflexões corre um Riacho, simbolizando a Vida que flui, o movimento permanente, a substância que representa um dos elementos líquidos da Natureza.

RIG-VEDA — Os Vedas são os livros sagrados hindus; O Rig-Veda é um desses quatro livros, talvez o mais volumoso, pois possui dez mil versos. Sobre o Altar dos Templos maçônicos da Índia, coloca-se como Livro Sagrado um dos Vedas. A filosofia oriental é inspirada por esses livros, que, através da descrição de uma saga, revela a profunda filosofia dos hindu. É uma leitura sobremodo interessante, porém, divorciada do pensamento filosófico ocidental.

RIMMONIM — Nome hebraico para Romã, fruto que em fileiras ornamentava as duas Colunas do Pórtico do Grande Templo de Salomão.
Fruto do qual os hebreus produziam um vinho com características afrodisíacas (ver verbete próprio).

RITOS MAÇÔNICOS — No Brasil, as Lojas trabalham nos seguintes ritos:
— Escocês Antigo e Aceito
— Moderno ou Francês
— Adoniramita
— York
— Schroeder
— Brasileiro
— Adoção
É evidente que cada um desses Ritos possui uma longa e interessante história, porque Rito em Maçonaria é o conjunto de regras e preceitos com os quais se praticam as cerimônias, comunicam-se os sinais, toques, palavras e todas as instruções "secretas" necessárias ao bom desempenho dos "trabalhos". É a literatura maçônica. Passaremos a descrever de forma

RITOS MAÇÔNICOS

sucinta todos os Ritos conhecidos, fazendo-o em ordem alfabética sem dizer de sua importância maior ou menor:

1. ADOÇÃO: Originou-se na França em 1730 e foi reconhecido pelo Grande Oriente da França em 1714 (ou 1814), sendo um Rito que admite as mulheres. A Maçonaria conhecida como andrógina surgiu em várias épocas e lugares, como a do Rito de Adoção de Cagliostro e a do Rito Egípcio. É muito usado no Brasil.

2. ADONIRAMITA: Foi criado em 1787 pelo Barão de Tschoudy, autor da "Estrela Flamígera". Tem inspiração nos símbolos encontrados no Templo de Salomão. O nome deriva de "Adonirão", que foi arquiteto de Hirão, construtor do Templo de Salomão. Compõe-se de dez graus. Tem largo uso no Brasil.

3. ALEXANDRINO: É um Rito que reúne os antigos mistérios do Egito, adaptando-os à Maçonaria.

4. AMERICANO: É o mesmo que Rito Inglês ou de York e do Arco Real, porém dividido em grandes classes, espalhadas por todo o território Norte-Americano. Maçonaria manual ou instrumental. Maçonaria Filosófica ou Templária. É um Rito muito prático, belo e de grande uso.

5. AMIZADE DE BERLIM: Rito da Grande Loja Real York da Amizade de Berlim. Era um aperfeiçoamento e simplificação do antigo rito adotado pela Grande Loja Real, compondo-se de dez graus. O Rito básico foi criado por Fessler.

6. ANDRÓGINO: Não se confunda com a Maçonaria de Adoção composta de mulheres. Trata-se, de certa forma, de uma "pseudomaçonaria", composta de homens e mulheres, mas que adota os princípios universais maçônicos.

7. ANEL LUMINOSO: Rito da Academia dos Sublimes Mestres do Anel Luminoso ou dos Negociantes. Fundado na França em 1780 pelo Irmão Grant, Barão de Baerflindy, membro da Loja do Contrato Social e Grande Oficial, Mestre de Campo do exército escocês, teve a finalidade de reviver a escola Pitagórica. O Rito dividia-se em três classes, subdividindo-se cada uma delas em vários graus, com uma só palavra sagrada e vários toques e sinais.

8. ANÔNIMOS: Rito dos Anônimos ou dos Setenta e Dois. Os Anônimos saíram de uma Loja maçônica Cabalística em número de setenta e dois e distribuíram-se da seguinte forma: 24 Aprendizes, 24 Companheiros e 24 Mestres; dedicavam-se ao estudo das ciências ocultas e à prática da beneficência. Sua sede era na Alemanha, mas o Grão-Mestre denominado Tajo residia na Espanha.

9. ANTIGO: Diz respeito ao Rito desejado mais antigo, como o Simbólico, mas assim denominado por uma questão saudosista e de prestígio, a fim de emprestar à Loja que o adota foros de primazia.

10. ANTIGOS MAÇONS LIVRES E ACEITOS DA INGLATERRA: Esse Rito, surgido na Inglaterra, disseminou-se por toda a Grã-Bretanha, América, Alemanha e Suíça. Surgiu em 1717 durante uma festa de São João e inaugurou a época moderna da Maçonaria. Compõe-se de sete graus, divididos em duas classes: Maçonaria de São João — Aprendiz, Companheiro e Mestre e Maçonaria do Arco Real: Mestre de Marca, Mestre Antigo e Muito Excelente Maçom e Real Arco.

11. ANTIGO REFORMADO: É uma variação do Rito Moderno ou Francês, adaptado à índole dos povos da Bélgica e da Holanda.

RITOS MAÇÔNICOS

12. ANTIGO REFORMADO: Rito da Nobre Ordem dos Cavaleiros de Santa Cruz, fundada no Rio de Janeiro, Brasil, no dia 2 de julho de 1822, com características maçônicas, mas com finalidade política em prol da independência do País. Possuía vários Graus, sendo os mais elevados o de Archote-rei, ocupado pelo Príncipe D. Pedro, e o de Lugar-tenente, ocupado pelo seu criador, José Bonifácio de Andrade e Silva. A Ordem reuniu-se numa sala do Quartel General do Comando das Armas, à rua da Guarda-Velha (hoje sede do Liceu de Artes e Ofícios). Ao Apostolado pertenciam as principais figuras políticas da Independência, muitas já pertencentes à Maçonaria e em especial à Loja Comércio e Artes do Rio de Janeiro. Teve duração efêmera.

13. ASTROLÓGICO: Esse Rito apresenta-se com três nomes: Astrológico, Zoroástrico e dos Eones. Trata-se de algo científico e inspirado em Zoroastro e sua doutrina. É conhecido como o Rito das Emanações ou Inteligências Eternas. É de raro uso.

14. AZUL: O Rito Azul ou Simbólico compõe-se exclusivamente dos três primeiros graus universais e fundamentais da ordem: Aprendiz, Companheiro e Mestre. Em todos os Ritos em que existirem esses três graus fundamentais tem aplicação o nome Rito Azul ou Simbólico.

15. BENEDITO CHASTANIER: Também conhecido com o nome de Rito dos Iluminados Teósofos, fundado em Londres no ano de 1767. A preocupação de Chastanier era a propagação sigilosa da teosofia cristã. Inspirado no sistema de Swedenborg e Pernety, criou o Rito composto de seis graus: Aprendiz, Companheiro, Mestre-teósofo, Escocês sublime da Jerusalém Celeste, Irmão Azul e Irmão Vermelho.

16. BOUILLON: Rito do Grande Oriente de Bouillon. Foi fundado pelo Duque de Bouillon, na cidade de mesmo nome, na Holanda. Foi de curta duração, tendo desaparecido em 1774. Irradiara-se França adentro e em seu seio militaram altas personalidades. Os trabalhos seguiam inspiração escocesa.

17. BRASILEIRO: O Rito Brasileiro foi criado por Lauro Sodré em parceria com Eugênio Pinto e Ticiano Corregio Daemon; o projeto foi apresentado no Conselho Geral da Ordem do Grande Oriente do Brasil, reunido a 21 de dezembro de 1914, sendo aprovado, mas posto em prática através do Decreto nº 536, de 17 de outubro de 1916.
Divide-se em três partes: Simbólica, Grandes Capítulos e Supremo Conclave. Os graus elevados dividem-se em cinco ordens: Cavaleiro do Rito, Paladino do Dever, Apóstolo do Templo, Defensor do Bem Público e Servidor da Ordem e da Pátria.
Sua inspiração provém do Rito de York Americano.
Posteriormente foi alterado para trinta e três graus, para aproximá-lo do escocismo. Foi adotado por algumas Lojas, mas ainda está em estudo pois não agradou.

18. CABALÍSTICO: Abrange uma série de outros Ritos cujos fundamentais residem na Alquimia, hoje podendo ser chamada de "Transpsicologia", na magia, na Cabala, enfim, nas ciências de mistério... como existem nos Ritos de Schroeder, Schrepfer, Martinez Pascalis, Irmãos Negros, Iluminados do Zodíaco e outros.

19. CAGLIOSTRO: Ou Rito Egípcio de Adoção de Cagliostro, criado por José Bálsamo, o Conde de Cagliostro.

RITOS MAÇÔNICOS

Iniciando-se maçom em Londres e tendo forte inclinação para a mística e a magia, criou o Rito Egípcio e abriu em Curlândia a sua primeira Loja de Adoção, em 1779.

Dado seu êxito inicial, acorreram ilustres damas à sua Loja. Mas, repentinamente, teve de se mudar, indo para Estrasburgo e dali para Varsóvia, onde, em 1780, reabriu sua Loja entregando-se a aventuras.

Fugindo novamente, instalou em 1782, em Lyon, sua terceira tentativa, dando à Loja o nome de "Sabedoria Triunfante". Durante quatro anos teve êxito estrondoso, chegando a fundar uma Grande Loja. Mas também não foi feliz e teve de fugir de Paris. Em 1789, caiu nas mãos da Inquisição e morreu na prisão de Sant'Angelo, em Roma.

20. CAPÍTULOS IRLANDESES: O Rito dos Capítulos Irlandeses foi instalado na França, Paris, em 1730, pelo Grande Capítulo de Dublin.

Dividia-se em Colégios. Desapareceram com o surgimento dos Capítulos Escoceses.

21. CAVALEIRESCO: Tem origem nos feitos medievais da cavalaria inglesa, da alemã e, posteriormente, da norte-americana. Não se trata de um rito "oficial" mas admitido e praticado pelas Grandes Lojas e mormente no Rito Americano. Compreende várias Instituições, como Cavaleiro de Alcântara, Calatrava, Cristo, Malta, Santo Estêvão, São Lázaro, São Miguel, Espírito Santo, Santo Sepulcro, do Templo, do Zodíaco, da Cruz Vermelha, Estrela, Mãe de Cristo, Ordem Teutônica, Redenção, Virgem, Água Negra, Noaquita, etc.

22. CAVALEIROS DA ORDEM: Este Rito surgiu na última década do século XVIII, desconhecendo-se o nome do seu fundador e maiores informações, sabendo-se, todavia: Príncipe da Ordem, Ilustre Grão-Mestre da Ordem e Sublime Grão-Mestre da Ordem Geral dos Templários. Seu fundamento era a mística dos Templários.

23. CAVALEIROS DO ORIENTE: Rito do Soberano Conselho dos Cavaleiros do Oriente. Foi um ramo separatista do Soberano Conselho dos Imperadores do Oriente e Ocidente, presidido pelo Alfaiate Pirlet.

Sua doutrina remontava às origens primitivas maçônicas e egípcias e ao retorno do povo israelita do cativeiro, juntados a alguns preceitos do Cristianismo. Possuía quinze graus.

24. CAVALEIROS E DAMAS ESCOCESAS: Rito do Capítulo Metropolitano dos Cavaleiros e Damas Escocesas da França, do Hospício de Paris, Colina no Monte Tabor. Com esse nome pomposo, constituiu-se um Rito Andrógino ou de Adoção, em 1810.

Foi o Venerável da Loja Monte Tabor de Paris, Irmão Mangourit, seu criador, que o dispôs em sete graus, divididos em dois grupos de pequenos e grandes ministérios.

25. CLERICAL: É um Rito filosófico-clerical e ultrajesuítico fundamentado na Cabala judaica e na Alquimia, abrangendo a Teosofia Bíblica. Foi seu fundador o israelita Martinez Pascalis, português de nascimento, chefe da seita dos Martinistas, fundada em 1754, e criador da escola de cabalistas denominados de Cohens (sacerdotes). É também denominado Rito dos Eleitos Cohens ou Sacerdotes ou Cabalístico ou Martinez Pascalis.

Foi introduzido na Maçonaria após muita relutância em algumas cidades francesas e alemãs.

26. CLERMONT: Rito do Capítulo de Clermont. O Rito é o mesmo formado em Lyon, em 1743, baseado em

RITOS MAÇÔNICOS

Ramsay e surgiu como movimento de reação contra a distribuição indiscriminada de altos graus ocorrida em 1754, na França, que serviu para desmoralizar a Maçonaria e dar margem a negociatas escandalosas com a venda de graus a profanos. O Capítulo de Clermont começou com três graus simbólicos, acrescidos de três graus superiores, mas foise ampliando de tal forma que tiveram de ser agrupados sob o título de graus escoceses.
Serviu de base ao Rito Escocês Antigo e Aceito. Teve pouca duração e do que restou surgiu o Conselho dos Imperadores do Oriente e Ocidente, tendo o Barão de Hund, posteriormente, ocupado as principais partes para criar o sistema jesuítico da Estrita Observância, alcançando grande êxito.

27. CRISTÃO: Diz respeito à Maçonaria denominada de Cristã e traz o nome também do Rito da Ordem de São Joaquim. Criou-se em Leutmeris (Boêmia) em 1756, admitindo-se apenas em seu quadro os nobres de pura raça e cristãos, sendo que a cerimônia de iniciação era realizada dentro do Templo Católico com grande aparato.

28. DINAMARQUÊS: O Rito da Estrita Observância sob a influência dos Jesuítas penetrou em quase todas as Lojas maçônicas e o fez também na Grande Loja Dinamarquesa que fora instalada em 1708. Mas, pouco depois, houve a reação e foi instituído o Rito Dinamarquês que tinha cinco graus. Em 1855, a Grande Loja da Dinamarca passou a adotar o Rito Sueco.

29. ECLÉTICO: Em 1783, um grupo de maçons alemães decidiu expulsar das Lojas a confusão criada com o surgimento do Rito da Estrita Observância, dando plena liberdade a todas as Lojas de escolherem o que melhor lhes aprouvesse. Surgiu o Rito Eclético, que conservava os três primeiros graus simbólicos. Sua adoção foi muito útil, porque assim houve a oportunidade de depurar as Lojas do trabalho jesuítico.

30. ELEITOS DA VERDADE: Saiu o Rito da Loja da Perfeita União de Rennes em 1778, tomando conta de toda a França, dispondo-se com os seus quatorze graus depurar do Rito da Estrita Observância a influência dos Jesuítas. O seu criador foi o Irmão Mangourt. Um Capítulo Superior jurisdicionava inúmeras Lojas dispersas pela França.

31. ENOCH: Rito do Irmão Enoch. Tratava-se de uma mescla de ideologias místicas, doutrinas filosóficas e política monárquica. Compunha-se de quatro graus, consagrados a objetos: Manobra, Obreiro, Mestre e Arquiteto. Cultivava a amizade, a beneficência, as virtudes, a perfeição e a submissão a Deus.

32. ESCOCÊS: A Grande Loja da Escócia sempre propalara que nenhum rito que levava o nome de Escocês tivera sua origem naquele país. Em 1836, para dirimir qualquer dúvida, a Grande Loja da Escócia proclamou que praticava apenas os três graus simbólicos: Aprendiz, Companheiro e Mestre, denominando-os Maçonaria de São João.

33. ESCOCÊS ANTIGO E ACEITO: Esse Rito encontra a sua origem no Rito de Perfeição que abrange vinte e cinco graus, e criado em Paris em 1756 no Capítulo dos Imperadores do Oriente e do Ocidente. Estendeu-se à América, onde sofreu alteração pelas mãos de Estevão Morin, aumentando os graus para tinta e três. Fundou em Charleston (Carolina do Norte — EUA), em 31 de maio de 1801, o primeiro Conselho da Nova Maçonaria. No ano seguinte, surgiu, como correspondente

RITOS MAÇÔNICOS

na Ilha de São Domingos o Supremo Conselho de São Domingos criado pelo Conde Grasse Tilly, que recebera autorização de Charleston. Regressando o Conde Grasse Tilly à França, propagou o novo Rito introduzindo-o em Paris na Loja Escocesa de Santo Alexandre, centro geral de suas operações maçônicas. Foram elevados ao Grau 33 inúmeros Irmãos, formando assim o Supremo Conselho Provincial, e em 1804 organizou o Consistório, formando uma Grande Loja, que recebeu o nome de Grande Loja Geral Escocesa da França do Rito Antigo e Aceito.

Foi aclamado Grão-Mestre o príncipe Luiz Napoleão. Desse trabalho começaram a surgir os demais m Supremos Conselhos em cada país que os quisesse aceitar. Hoje, o Rito está universalmente consagrado.

34. ESCOCÊS FILOSÓFICO: Trata-se de uma imitação do Rito Hermético de Montpellier e surgiu em 1776 pelas mãos de Boileau, médico sediado em Paris e partidário de Pernety. Inspirou-se no Rito Rosa-Cruz de Ouro Alemão.

35. ESCOCÊS FILOSÓFICO DA LOJA MÃE ESCOCESA DA FRANÇA: Rito cujo longo título foi resumido para Rito Nacional, surgiu de dentro da Loja São Lázaro como reação às imposições do Rito da Estrita Observância. Sua tendência era a da Rosa-Cruz de Ouro Alemão.

36. ESCOCISMO REFORMADO: Ou Rito do Escocismo Reformado de São Martim. Disseminado na Alemanha e na Prússia, não passava de uma variante simplificada do Rito Martinismo com sete graus: Aprendiz, Companheiro, Mestre, Mestre Perfeito, Mestre Perfeito Eleito, Escocês e Sábio.

37. ESCOCÊS PRIMITIVO: Abrange três Ritos: o Rito Escocês Primitivo de vinte e cinco graus criado em Paris, em 1758, no seio do Soberano Conselho dos Imperadores do Oriente e do Ocidente; o Rito Escocês Primitivo de dez graus, fundado em Narbona em 1769 e o Rito Escocês Primitivo de Namur de tinta e três graus. Teve breve duração, tendo desaparecido sem deixar rastro.

38. ESTRELA DO ORIENTE: O Rito dessa Ordem é Andrógino e surgiu em 1778 em Nova York, dividindo-se em cinco pontos inspirados nas Sagradas Escrituras. É um rito curioso e muito adotado, sendo nomes de graus: Filhas de Jefé, Rute, Ester, Marta, Eleita.

Os graus eram conferidos exclusivamente às esposas viúvas, irmãs ou filhas de maçons.

39. ESTRELA FLAMÍGERA: O Rito da Ordem da Estrela Flamígera foi fundado em Paris, em 1766, pelo Barão Tschoudy, autor de diversos outros Ritos que compõem o Conselho dos Imperadores do Oriente e da reforma dos dez graus, denominada Maçonaria Adoniramita. Obedece ao sistema jesuítico-templário e tem inspiração nas Cruzadas.

40. ESTRITA OBSERVÂNCIA: Rito criado em 1764 pelo Barão de Hund, na França, baseado em alguns graus superiores do Rito de Ramsay.

Hund foi um personagem curioso pela sua dedicação à Maçonaria, pelo êxito invulgar que alcançou, por sua fortuna particular e por sua personalidade, pois se dizia portador de segredos advindos de graus superiores.

Facilmente manejado pelos que o cercavam, o Príncipe pretendente ao trono da Inglaterra, Eduardo Stuart, foi envolvido em política.

O Rito teve grande êxito, porque, mantido inicialmente em sigilo, combatia os excessos de distribuição dos

RITOS MAÇÔNICOS

altos graus a pessoas incapacitadas de tê-los, moralizando a Maçonaria. Hund levou o seu Rito para a Alemanha e apresentou-o publicamente, tendo imediatamente arregimentado os maçons desiludidos pelas explorações de que haviam sido vítimas. Foi um movimento extraordinário e de elevada reação, beneficiando em muito a Maçonaria, expurgando-a dos aventureiros que se diziam vindos de Londres, únicos autorizados para conferir altos graus.

Posteriormente, o jesuitismo penetrou na Ordem causando alterações e dissensões, e as cisões deram origem a uma série de outros novos Ritos.

41. Exegético: O Rito Exegético foi instituído na cidade de Estocolmo, Suécia, inspirado na doutrina de Swedenborg e no Magnetismo. Reunião de pessoas de posição elevada e intelectuais.

Não agradou e foi prontamente dissolvido.

42. Felicidade: Rito da Ordem da Felicidade, surgiu em Paris no ano de 1742, criado por Chamboner e companheiros de oficialato da marinha. Compunha-se de quatro graus: Grumete, Patrão, Chefe de Esquadra e Contra-almirante.

Todo o vocabulário e os emblemas eram inspirados nos símbolos da marinha. Era uma Maçonaria recreativa de Adoção.

43. Fessler: Ou Rito da Grande Loja Real York de Berlim, foi um dos mais científicos e caprichados ritos que surgiram no século XVIII, fundado pelo ex-padre Inácio Aurélio Fessler, ilustre historiador e literato, portador de uma invejável bagagem cultural. Deveu-se a ele o desenvolvimento da Maçonaria na Alemanha após o rompimento entre as duas Grandes Lojas existentes: a Grande Loja Nacional da Alemanha e a Loja Real York, isso em 1778. A capacidade intelectual de Fessler fez com que extraísse dos Ritos existentes, e do que era conhecido em Maçonaria, os mais puros e originais ensinamentos, enriquecendo, assim, a Instituição com elementos preciosos. Seu trabalho constituiu uma apreciável contribuição para toda a Maçonaria Universal. Posteriormente, seu Rito foi reconhecido em toda a Alemanha, tendo o rei Frederico Guilherme doado-lhe sanção oficial.

44. Fiéis Escoceses: Ou Rito da Velha Nora. O Príncipe Eduardo Stuart, pretendente ao trono da Inglaterra, serviu-se da Maçonaria para a obtenção das suas aspirações. Os maçons de Toulouse, partidários do Príncipe, fundaram em 1749 esse Rito composto de nove graus, divididos em três Capítulos. Os três Capítulos reunidos denominavam-se Consistórios e eram dirigidos e administrados por um Conselho Supremo. Apesar da resistência do Grande Oriente da França, perdurou até o ano de 1812, sempre em grande atividade na França.

45. Filadelfos De Narbona: Foi criado em Narbona em 1780, compondo-se de dez graus divididos em três classes. Tinha inspiração escocesa e pregava a Maçonaria pura.

46. Gaúcho: Houve uma tentativa de formar um Rito Gaúcho no Estado do Rio Grande do Sul, Brasil, como adaptação do Rito Escocês Antigo e Aceito à linguagem "crioula", estabelecendo-se para os três graus simbólicos os nomes "peão", "capataz" e "patrão", mas não chegou a ser divulgado. Seu criador usa o nome simbólico de "José de Arimateia" e é colaborador da Revista maçônica *União*, editada em Porto Alegre.

RITOS MAÇÔNICOS

47. GRANDE GLOBO FRANCÊS: Ou Rito do Soberano Conselho da Sublime Mãe Loja dos Excelentes do Grande Globo Francês, foi constituído em 1752 para os elevados graus, com a finalidade de manter a pureza das doutrinas maçônicas, oferecendo combate às inovações. Em 1772 fundiu-se com a Grande Loja da França.

48. GERAL DA FRANÇA: Rito do Grande Capítulo Geral da França. Trata-se de um Rito surgido das cinzas dos ritos de Clermont, do Conselho dos Imperadores do Oriente e Ocidente e dos Cavaleiros do Oriente, em 1782. Em 1785, uniu-se ao capítulo Rosa-Cruz do sr. Gerbier ambicionando a supremacia do Escocismo francês. Em 1786, fundiu-se com o Grande Oriente e mudou o nome para Capítulo Metropolitano da França.

49. GRÃO DE MOSTARDA: O Rito da Congregação dos Irmãos Moravios, ou Ordem do Grão de Mostarda, é um Rito que diz respeito à Maçonaria Evangélica, inovação introduzida na Maçonaria alemã, estabelecendo-se na Silésia, em 1739, e seu objetivo era a propagação dos Evangelhos através da Maçonaria.

50. GRATA REPOA: Ou Rito de Iniciação dos Sacerdotes, criou-se na Alemanha em 1767, em Berlim e Silésia, onde um grupo de maçons separados da Estrita Observância uniu-se ao Irmão Carlos Koppen.
Seus fundamentos foram buscados na história antiga da Maçonaria Egípcia; compõe-se de sete graus: Pastoforus, Neocoris, Melanoforis, Cristoforis, Balahata, Astrônomo da Porta de Deus e Safenát Pancát.

51. HAITIANO: Constitui uma fusão dos Ritos dos Antigos Maçons Livres Ingleses, do Real Arco e dos Cavaleiros Americanos e, evidentemente, constituiu-se no Haiti.

52. HEREDOM: Surgiu do que restava do Capítulo de Clermont dissolvido em 1758, em Paris, inspirado nos Templários. Tratava-se de um Rito jesuítico-templário que buscava a perfeição, ou seja, o segredo da "Rosa Mística". Também denomina-se Rito de Perfeição.
Compunha-se de vinte e cinco graus combinados com os números correspondentes a tantos meses necessários para a passagem de um grau para outro, formando um conjunto numérico igual a 21, o número perfeito (lembra a Corda dos Oitenta e Um Nós).

53. HERMÉTICO: Foi fundado por Pernety em 1770 na França (Avinhon) e transportado a Montpellier em 1778.
Ensinava a arte de transmutar metais comuns em ouro, o elixir da longa vida, a pedra filosofal e outras magias da época.

54. ILUMINADOS DE AVINHON: Foi José Pernety, célebre alquimista, que o criou, em 1776, de conformidade com a doutrina de Swedenborg; possuía nove graus. Durou pouco tempo, tendo sido absorvido por outros movimentos que seguiam o Martinismo.

55. ILUMINADOS DA BAVIERA: Foi Adam Weisshaup que em 1771 fundou esse rito, cujos membros eram conhecidos como os Aperfeiçoados; ganhou grande fama e glória pela organização perfeita e pelo que se propunham a ensinar, a fim de aperfeiçoar o gênero humano.

56. ILUMINADOS DO ZODÍACO: O Iluminismo, que fez várias tentativas de penetração na América do Sul, principalmente no Brasil, dera origem a vários Ritos e esse não passou de mais um movimento depurador inspirado na Cabala e nos doze signos zodiacais.

57. INGLÊS: Ou Rito dos Antigos Maçons Livres e Aceitos da Inglaterra. É o Rito adotado pela Grande Loja

RITOS MAÇÔNICOS

Inglesa fundada em 1813 e composta de maçons saídos da Grande Loja de York, fundada em 926, e dos Maçons Livres e Aceitos. Trata-se de um rito muito difundido e adotado até nossos dias, compondo-se de quatro graus: Aprendiz, Companheiro, Mestre e Maçom do Santo Real Arco.

58. IRLANDÊS: Foi criado com a finalidade política como sustentáculo para Eduardo Stuart subir ao trono, em 1747, sendo uma compilação dos graus supermaçônicos praticados pelos escoceses, irlandeses e disseminados pela França.

59. IRMÃOS AFRICANOS: Ou Rito da Ordem dos Arquitetos da África ou Irmãos Africanos. Foi por iniciativa de Frederico II que em 1767 surgiu esse Rito, na Prússia, que tinha por objetivo o estudo das ciências e das investigações históricas sobre a Maçonaria. O Rito anualmente conteria um prêmio à obra considerada melhor sobre a história da Ordem maçônica, entregando-se uma medalha de ouro. Possuía onze graus, divididos em três grupos. Foi um Rito que permaneceu na Prússia e durou enquanto vivo Frederico II.

60. IRMÃOS ASIÁTICOS: Rito dos Cavaleiros e Irmãos Iniciados da Ásia, ou Irmãos Asiáticos, ou Cavaleiros e Irmãos de São João Evangelista da Ásia. É um ramo das Sociedades dos Alquimistas Alemães Rosa-Cruz originado de uma cisão ocorrida em 1780, liderada pelo Barão Haas Henri Eker de Alkefen.
Estudava as ciências naturais manuseando a alquimia e mistérios mágicos, excluindo a transmutação dos metais. Compunha-se de cinco graus. Dissolveu-se em 1790, após a morte de Alkefen.

61. IRMÃOS DE SÃO JOÃO: Com a informação de que desde o Cristianismo a Maçonaria usava o nome de São João, até o ano de 1440, quando passou a denominar-se Fraternidade dos Franco-Maçons, foi criado esse Rito como restauração da Ordem. Devia ter um chefe único e universal. Compunha-se de cinco graus: Aprendiz, Companheiro, Mestre, Mestre Eleito e Sublime Mestre Eleito.

62. IRMÃOS NEGROS: O Rito da Ordem dos Irmãos Negros compreendia os membros de uma ordem secreta existente na Europa Central que, em 1766, fundiu-se com a Academia Pernetista dos Verdadeiros Maçons. Posteriormente, estendeu-se pela Alemanha e pela Prússia, adotando os princípios do grau de Kadosch.
Aos poucos, perderam a tradição maçônica e converteram-se em grupos políticos.

63. INVESTIGADORES DA VERDADE: Ou Rito dos Filaletes, criado em Paris no ano de 1773, na Loja Amigos Reunidos, pelos Irmãos Savalette de Langes, o Visconde de Tavannes, o Presidente Herocourt, o Príncipe de Hasse, Saint James e Court de Gibelim. Tratava-se de um movimento reformador para perseguir a perfeição do homem e sua aproximação de Deus, inspirado na doutrina do Martinismo, em grande voga na época.
Compunha-se de doze classes ou câmaras de instrução, divididas em duas séries de seis graus cada uma, denominadas Pequena e Alta Maçonaria. Foi um trabalho que grangeou aos Filaletes grande e justificada reputação.

64. JESUÍTICO: Os Jesuítas infiltraram-se de tal forma na Maçonaria que chegaram a instituir Lojas e criar Ritos.

RITOS MAÇÔNICOS

A rigor, não existe um Rito Jesuítico, mas sim sob a sua influência, como foi o Rito dos Eleitos Cohenn. Os Jesuítas tomaram os Ritos dos Templários e adaptaram-nos às novas situações.

Além dos inúmeros Ritos surgidos sob a inspiração e direção jesuítica, surgiram os "graus soltos", como Aprendiz de Santo André, Aprendiz Filósofo, Cavaleiro da Palestina ou da Aurora e Beneficência, Cavaleiros da Cruz de Roma e Constantina, Cavaleiro Eleito Supremo, Escudeiro Ilustre e Iniciados nos Sacros Mistérios.

65. KILWINNING: Em 1744, porque não foi reconhecida como a Loja mais antiga, pretendendo ter sua origem em 1128, a Loja de Kilwinning separou-se da Grande Loja da Escócia e constituiu-se como Loja Mãe de Kilwinning. Unindo os antigos graus dos Templários e da Escócia com os criados na França por Ramsay ficou formado o Rito de Kilwinning, penetrando assim na França em 1786, na Grande Loja Real, onde se instalou o Grande Capítulo de Heredom da Kilwinning.

66. ALTA OBSERVÂNCIA: Rito dos Clérigos da Alta Observância. Surgiu de dentro da Ordem Estrita Observância quando um grupo de obreiros dela se separou. Surgiu em Viena pelo ano 1776. Dois de seus principais orientadores foram o Barão de Reven e o pregador protestante Stark. Diziam-se possuidores dos únicos segredos dos Templários. O Rito possuía dez graus, sendo que o décimo grau, por sua vez, dividia-se em cinco pontos, constituindo uma nova série hierárquica. Após alguns anos de labor fecundo, subdividiu-se em dois ramos: Alta Observância, que passara a dedicar os seus estudos com vistas à Alquimia, à Magia e à Cabala, e Exata Observância, com base no jesuitismo católico.

67. MÃE ESCOCESA: Rito da Loja Mãe Escocesa de Marselha ou Rito Escocês Filosófico da Loja Mãe Escocesa. Ignoram-se o nome e maiores detalhes do seu criador, mas acredita-se tenha surgido entre os anos de 1750 a 1755. Fora fundada uma Loja que seguiu esse Rito, denominada Loja São João de Escócia, cujos trabalhos irradiaram-se por toda a França.

Era um Rito primoroso. Em 1812, ainda surgiu notícia de sua existência.

68. MAGOS: Originário do Rosa-Cruz, estabeleceu-se na Itália, em Florença, sendo um Rito hermético. Seus membros guardavam sigilo entre si, comparecendo às reuniões encapuzados.

69. MANIQUEUS: O Rito dos Irmãos Maniqueus surgiu no século XVIII na Itália, inspirado na doutrina de Manes. Compreende muitos graus, desconhecendo-se maiores particularidades.

70. MARTINISMO: Ou Rito de São Martim. Mescla dos Ritos místico-teosóficos dos sistemas de Swedenborg e Marquês Pascalis, surgiu em Paris no final do século XVIII, pelas mãos de Luís Cláudio, Marquês de São Martim, que fora discípulo predileto de Pascalis e oficial no Regimento de Foix. Diz respeito a uma filosofia espiritual confiando tudo a Deus. Passou por várias reformas e foi introduzido na Alemanha e na Rússia. Em 1778, fundiu-se com o ramo francês da Estrita Observância.

71. MENSCHEITBUND: Rito originário da Alemanha, sem uma data precisa de sua criação, mas certamente surgido em pleno século XVIII. Foi constituído pelo dr. Krausse. Inicialmente não dizia respeito à Maçonaria, mas a uma instituição que a pudesse substituir. O nome desse Rito contém três expressões

RITOS MAÇÔNICOS

cuja tradição livre é "aliança da espécie humana".

72. MELESINO: Na Rússia, para contrastar com o Rito da Estrita Observância, o General Melesino criou em 1765 uma Maçonaria *sui generis*.
O Rito compunha-se exclusivamente dos três graus simbólicos e de quatro graus superiores: A Abóbada Sombria, o Cavaleiro e Mestre Escocês, o Filósofo e o Grande Sacerdote do Templo.

73. MENFIS: Extraindo a origem da Maçonaria dos primórdios da civilização, na Índia e nas margens do Nilo, os irmãos Marconis e Moutet, em 1839, em Marselha, França, criaram o Rito de Menfis ou Rito Oriental. Os Irmãos Marconis e Moutet afirmavam que os verdadeiros criadores do Rito haviam sido os Cavaleiros da Palestina e os Rosa-Cruz do Oriente.
É um Rito complexo, com noventa e dois graus divididos em três séries: Simbólica, Filosófica e Mística.

74. MESMER: Rito da Harmonia Universal ou Mesmerismo. O Movimento teve início quando o então célebre médico alemão Frederico Antônio Mesmer anunciou, em 1772, a descoberta de um elixir cujo nome seria "Magnetismo animal" e curaria toda moléstia. Face às maravilhosas curas realizadas, os maçons atraíram Mesmer e o fizeram centro de seus trabalhos, fundando em 1872, em Paris, o Rito da Harmonia Universal, dividido em três graus: Associado Iniciado, Associado Discípulo e Associado Agente.

75. MODERNO FRANCÊS: Surgiu em Paris em 1761, constituído em 24 de dezembro de 1772 e proclamado a 9 de março de 1773 pelo Grande Oriente da França. Foi instalado em três câmaras pelo Grão-Mestre da Maçonaria Francesa, Felipe de Orleans, Duque de Chartres. Em 1774, o Grande Oriente constituiu uma comissão para estudar um novo Rito que estivesse depurado de todas as inovações e influências surgidas constantemente, que faziam da Maçonaria um foco de aventureiros, desvirtuando os seus princípios e a sua finalidade, e que tivesse os graus necessários reduzidos ao mínimo, para uma aplicação eficiente.
A comissão não chegou a um resultado definitivo e recomendou que fossem excluídos todos os graus filosóficos, permanecendo apenas os três graus simbólicos.
O Grande Oriente aceitou a sugestão e, em 1777, restringiu os graus para os três simbólicos: Aprendiz, Companheiro e Mestre.
Em 1782, atendendo à necessidade que a prática exigia, resolveu o Grande Oriente criar uma Câmara dos Ritos e novamente constituiu uma comissão para o estudo de um novo Rito.
A comissão, em 1786, apresentou um projeto com sete graus que foi aprovado imediatamente, denominando-se Rito Moderno ou Francês.
São os seguintes os graus Simbólicos: Aprendiz, Companheiro e Mestre; Graus Capitulares: Eleito, Escocês, Cavaleiro do Oriente e Rosa-Cruz.
O Grande Oriente a princípio sofreu muita resistência, sendo o novo Rito adotado apenas por um pequeno número de Lojas; mas aos poucos foi impondo-se e, na atualidade, e praticado pela grande maioria das Lojas da França, introduzindo-se na América e especialmente no Brasil.

RITOS MAÇÔNICOS

76. METROPOLITANO DA FRANÇA: Rito do Capítulo Metropolitano da França, foi resultado da fusão do Grande Capítulo Geral da França com o Grande Capítulo de Rosa-Cruz da França, organizado pelo dr. Gerbier, que redistribuiu os graus existentes em ambos os Capítulos precedentes, constituindo novo Rito composto de nove graus, distribuídos em nove séries.

77. MISRAIM: Ignora-se a origem exata do Rito de Misraim, atribuindo-o alguns historiadores aos italianos; mas o Irmão Bedarride foi o introdutor na França no século XIX e, na qualidade de Chefe do Rito, afirma que sua origem é tão antiga quanto Adão e que fora instituído pelo próprio Deus. (Como dissemos nesta obra que a Maçonaria surgiu de dentro do próprio homem com a sua predisposição de amor fraterno e culto a Deus, têm razão alguns autores em atribuir a Adão, o símbolo do primeiro homem, o título de primeiro maçom.) O Rito de Misraim é também chamado de Rito Judaico e de Rito Egípcio. Compõe-se de noventa graus oriundos do Escocismo, do Martinismo, do Hermetismo e de outros Ritos reformadores encontrados na França e na Alemanha, antes do ano de 1730.
O Talmud tem grande participação nos trabalhos. O número dezessete é levado em grande consideração, pois foi no décimo sétimo dia do primeiro mês no décimo sétimo ano que Adão instituiu o Rito de Misraim. Continua em uso até nossos dias.

78. NACIONAL MEXICANO: Afora os Estados Unidos, onde a Maçonaria encontrou maior tempo de trabalho, foi sem dúvida no México que ela prosperou de forma inesperada. As Lojas adotavam os Ritos Escocês e o de York e ressentiram-se face aos abusos advindos de sua adoção; por isso resolveram constituir o seu próprio Rito.
Criaram o Rito Nacional Mexicano baseando-se nos três graus simbólicos acrescidos de outros seis. Foram os Irmãos José Maria Mateos, Caetano Rinaldi e Luiz Luelmo que apresentaram o projeto composto de nove graus, dos quais o último equivalia ao Grau 33 do Rito Escocês Antigo e Aceito. O projeto foi aprovado e editado por uma assembleia geral dos componentes das Lojas Mexicanas, a 22 de agosto de 1825, e foi instalada a primeira Grande Loja do Rito. Os graus são os seguintes: Aprendiz, Admitido, Companheiro, Mestre Maçom, Mestre Aprovado, Cavaleiro do Segredo, Cavaleiro da Águia Mexicana, Perfeito Artífice, Grande Juiz e Grande Inspetor Geral da Ordem. O Rito encontra-se em plena vigência.

79. NOAQUITAS: Os Ritos dos Cavaleiros Prussianos. Surgiu na Prússia pelo ano de 1756 inspirado na Cavalaria Teutônica, sendo os seus primeiros membros descendentes de Noé e seu fundador o arquiteto Faleg, o mesmo que projetara a Torre de Babel. Surgiu como rival do Rito de Adoniramita, pretendendo ser-lhe mais antigo. Da Prússia estendeu-se por toda a Europa.
Glorificavam a Deus e praticavam a humildade. Sua extinção deixou apenas leves referências, desconhecendo-se maiores detalhes. Mas, em 1816, ressurgiu na França um movimento idêntico, denominando-se Noaquitas Franceses, participando deles alguns oficiais do exército de Napoleão.
Compunha-se de três Graus: Cavaleiro, Comendador e Grande Eleito. O último Grau dividia-se em três "pontos".

RITOS MAÇÔNICOS

O arquiteto Faleg simbolizava Napoleão e a Torre compunha-se de oito partes, recebendo cada uma um nome cujas primeiras letras formavam a palavra Napoleão: Noé, Adão, Phaleg, Oobal, Lamech, Eva Oriente e Nanmah. Sua finalidade era evidenciar as glórias de Napoleão.

80. OLD-ABERDEEN: Rito do Capítulo de Old-Aberdeen. Este Rito surgiu na Alemanha de forma hermética e misteriosa, alegando os seus cultos propagadores que as raízes da verdadeira Maçonaria estariam na Escócia, na cidade de Aberdeen, em cavernas onde se encontravam os tesouros dos Templários.

Suscitou muita discussão porque os mistérios que deveriam ser revelados sempre permaneceram ocultos e pareceu tratar-se de alguma esperteza de um grupo de oportunistas e exploradores da boa-fé pública.

81. ORDEM DE CRISTO: O Rito da Ordem de Cristo foi introduzido em Paris no ano de 1806. Trata-se de Maçonaria Templária de altos graus e seu criador foi um português de nome Nunes.

82. ÓRFICO: O Rito Órfico tinha em mente reavivar o culto a Orfeu e surgiu poucos séculos após o Cristianismo.

Era um sistema maçônico mas de cunho religioso, pregando o poder da abertura dos Céus através de cerimônias religiosas. Desapareceu já há alguns séculos.

83. OTOMANO: Ou Rito do Celeste Império, praticado na Turquia e composto de três Graus simbólicos.

Trata-se de Maçonaria pura com elevados trabalhos que visa ao aperfeiçoamento moral e intelectual do homem e venera a Ali, seu mártir, que fora condenado à morte por ter sido responsabilizado pela introdução do Rito na Turquia, pelo poder despótico.

84. PALADIUM: Ou Rito da Ordem do Paladium ou Soberano Conselho da Sabedoria. Rito de inspiração pitagórica, foi fundado em Paris em 1737. Compõe-se de dois graus: Adelta e Companheiro de Ulisses. Cultivavam a admiração aos humanistas e principalmente a Fenelon.

85. PERSA FILOSÓFICO: Este Rito foi criado tendo como fundamento a divulgação do regime filosófico-maçônico, buscando na primitiva Pérsia a filosofia esquecida, adaptando-a à filosofia moderna. Não teve maior êxito e sua duração foi efêmera.

86. PERSEVERANÇA: Surgiu publicamente em Paris em 1777, ignorando-se todavia a data de sua fundação.

O Rito da Ordem de Perseverança compunha-se de cavaleiros e damas selecionados, sendo, portanto, Maçonaria de Adoção. Os cavaleiros recebiam o nome de Dignos Irmãos e as damas de Irmãs.

Prestado algum benefício à humanidade, podiam ser dispensados da Ordem.

87. PITAGÓRICO: O Rito Pitagórico surgiu na Alemanha e tinha a finalidade de propagar os ensinamentos de Pitágoras, possuindo três graus, a saber: Ouvinte, Iniciado na Ciência e Mestre Pitagórico.

88. PLATÔNICO: Ou Rito da Academia Platônica. Teve como criador Masilio Ficint, que, incentivado por Lourenço de Médici, fundou em 1842 uma sociedade com o título de Academia Platônica, com a finalidade de estudar as questões teológicas mais transcendentais, isso em Varsóvia. Como as suas reuniões revestiam-se do mais absoluto sigilo e era adotado um ritual, não resta dúvida de que se tratava de um movimento maçônico.

89. RAMSAY: Surgiu na França em 1728, pelas mãos do escocês Barão

de Ramsay, que deu origem ao nome do Rito Escocês. Espelhando-se nos graus simbólicos, instituiu os de nome, Escocês, Novício e Cavaleiro do Templo.

90. REFORMADO DE DRESDEN: Trata-se de um ramo do Rito da Estrita Observância, surgido na Alemanha em 1755 numa Loja de Dresden. Inspirou-se nos Templários e em Ramsay e originou diversos diretórios denominados Escoceses. O Ritual dividia-se em duas partes: Ordem Exterior e Ordem Interior.

A primeira abrange os três graus simbólicos; a segunda forma o sistema religioso com base na cavalaria. O objetivo da Ordem era secreto e os dirigentes, invisíveis, disseminando-se pela Alemanha, França, Itália e Áustria.

91. RETIFICADO ESCOCÊS: Foi o Duque Fernando de Brunwich que, na Alemanha, conseguiu, em 1782, reunir em assembleia os maçons europeus, na cidade de Wilhemsbad, com a finalidade de as Lojas abandonarem os múltiplos e confusos Ritos e retornarem à pureza e simplicidade da verdadeira Maçonaria.

Conseguiu presidir trinta e oito sessões sem obter um resultado positivo e final. Porém obteve bons frutos, com a aprovação geral de que se deveria abandonar o sistema Templário. Houve uma reforma geral dos sistemas dos altos Graus repelindo o Rito da Estrita Observância. O novo Rito tomou o nome de Rito Retificado Escocês, reduzindo-se os graus a cinco: Aprendiz, Companheiro, Mestre, Mestre Escocês e Cavaleiro Santo ou da Beneficência.

92. ROSA-CRUZ: O Rito dos Irmãos Rosa-Cruz talvez fosse na época o mais importante movimento maçônico. Os humanistas fizeram parte do movimento, que cultivava em absoluto sigilo os segredos herméticos. Desconhece-se a sua origem, mas uma grande parcela dos Ritos existentes nos séculos XVIII e XIX retirou dos Rosa-Cruz muitos elementos, e quase todos os Graus dos Ritos em uso atualmente, contêm o nome "Rosa-Cruz". Atribuem-se aos Rosa-Cruz o início da Maçonaria Operativa, mormente das antigas corporações de maçons construtores. Surgiu publicamente na Alemanha, no século XVII, sob o nome Irmãos Rosa-Cruz, sem forma maçônica, mas em 1796 já se apresentava como sendo um rito maçônico.

Cultivavam o desenvolvimento das forças mentais e, na época, estando em moda o estudo da Alquimia, falava-se em elixir da longa vida e sobre a transmutação do metal comum em ouro, sonhos quiméricos mas que evidenciavam a preocupação científica alcançada hoje em dia com a evolução da ciência.

A lenda informa que Cristian Rosenkreutz, alemão de nascimento, cultivador da Ordem, encerrou-se com tesouros e segredos em uma caverna no ano 1484, morrendo.

Em 1604, foi descoberto o túmulo, sendo aproveitados os tesouros e segredos, surgindo daí a Ordem de Rosa-Cruz, isso segundo o relato de Valentim Andréa. Em 1662, foi a Ordem levada para a Holanda e de lá espargiu-se para a Europa. Na atualidade persiste a Ordem, mas sem a característica maçônica, restringindo-se ao estudo do mentalismo. Todos os grandes pensadores, desde Bacon a Descartes, fizeram parte da Ordem de Rosa-Cruz.

93. ROSA-CRUZ DE OURO: Rito dos Irmãos Rosa-Cruz de Ouro ou Rosa-Cruz Alemã. Tratava-se de um ramo

RITOS MAÇÔNICOS

Rosa-Cruz que se fixara na Alemanha no ano de 1777 e que reivindicava a primazia de ser portador dos verdadeiros segredos maçônicos. Os Jesuítas tomaram conta da Ordem e converteram-na em arma de opressão contra a liberdade de pensamento. O Rito compunha-se de nove graus e foi dissolvido em 1798.

94. Rosa-Cruz Jacobita: Rito do Capítulo Primordial de Rosa-Cruz de Arrás, fundado em 1747, em Arrás, na França, por Carlos Eduardo Stuart, em reconhecimento do tratamento fidalgo que os maçons de Arrás haviam-lhe dispensado. Foi em centro administrativo dos altos graus que dividiu-se em quatro grupos: Graus Fundamentais, Graus Primitivos, Reformistas e Jacobistas.

95. Rosa Magnética: Sem outras informações, sabe-se apenas da sua existência no fim do século XVIII, com a finalidade de propagar o "magnetismo".

96. Sábios: Rito da Academia dos Sábios. Sob esse título houve vários movimentos maçônicos, sendo o original estabelecido em Londres por Elias Ashmole, que se inspirou na obra de Bacon *A Nova Atlântida*.

97. Santo Sepulcro: Rito da Ordem dos Cavaleiros Humanitários da Cidade Santa de Jerusalém, na Palestina, também chamados de Cavaleiros de Cristo ou do Templo de Salomão ou Cavaleiros do Santo Sepulcro.

Trata-se de um Rito Jesuítico, criado na França em 1782, inspirado também na doutrina do Martinismo.

De Lyon passou para a Alemanha, onde granjeou grande aceitação, formando uma associação com o nome de Lojas Unidas da Alemanha, fundindo-se mais tarde com as Lojas do Rito da Estrita Observância, reconhecendo como Chefe o Duque de Chartres.

Supõe-se que, no princípio, era o próprio Sistema dos Templários reunidos, no Convento de Lyon com o objetivo de desviar a atenção policial. Posteriormente, ao ser abolida a Estrita Observância no Convento de Wilhemsbad, foi adotada a mesma alteração dos maçons franceses, substituindo-a por um novo Rito, denominado Cavaleiros Hospitaleiros.

98. Schrepfer: Novamente a Alquimia, a Magia e a Cabala inspiraram um novo Rito. Foi criado em Leipzig por J. G. Schrepfer em 1768, tratando-se de um misto de práticas misteriosas, em que entram o elixir da longa vida e a comunicação com os anjos celestiais e com as figuras infernais.

Foi Schrepfer que criou também a "Rosa-Cruz de Ouro", de efêmera duração, tendose suicidado aos trinta e cinco anos de idade.

99. Schroeder: Cognominado "Cagliostro alemão", Schroeder fundou em 1766 o Rito que tomou o seu nome, uma mistura de Magia, Teosofia e Alquimia.

Trata-se de Maçonaria simbólica com quatro graus superiores. É ainda adotado em muitas Lojas e no Brasil também encontra adeptos. A Magia e a Alquimia, com a evolução da parapsicologia e da transpsicologia, assumiram novas características, agora científicas, motivando a razão de ser do Rito.

100. Secretos: Ou Rito da Academia dos Antigos. Surgiu na Itália, sendo seu criador o físico Giovanni Battista Porta, no final do século XVI. Os estudos eram realizados em Roma e entregavam-se à prática das ciências ocultas. Em 1780, o Coronel Foux de

RITOS MAÇÔNICOS

Salaverte inaugurou em Varsóvia um Rito extraído da antiga Academia de Porta, mas teve curta duração devido às guerras polacas.

101. SOCRÁTICO: Ou Rito dos Panteístas, fundado segundo os princípios e doutrina do Panteísticon, que João de Toland ensinara na Inglaterra pelo ano de 1720. Foi instalado na Alemanha.

102. SOFISIANOS: Rito da Ordem Sagrada dos Sofísios ou Sofisianos. Originou-se na França quando alguns veneráveis que fizeram parte de uma expedição ao Egito de lá retornaram cheios de entusiasmo, em 1801. Introduzindo-se na Loja dos Irmãos Artistas de Paris, trabalharam com afinco, criando três graus subdivididos em outros vários, sempre inspirados na mitologia egípcia.

103. SUECO: A Suécia é um dos países onde a Maçonaria teve época áurea tanto pelo alto nível de conhecimento intelectual de seu povo como pela liberdade de pensamento que sempre reinou no longínquo País. A Maçonaria oficialmente foi introduzida em 1735. O Rito Sueco é praticado na Grande Loja de Estocolmo. Seus Ritos iniciais eram formados pelos usados na época na França e Inglaterra com as influências dos Templários e Rosa-Cruz.

A presença do místico Swendenborg é notada no Rito Sueco. Em 1772, a Maçonaria Sueca envolveu-se em política apoiando o Rei Gustavo III. Paulatinamente, foram expurgadas as influências jesuíticas e alquimistas.

Atribui-se a Gustavo III a criação do Rito Sueco, em 1777, constituindo-se o Grande Capítulo Iluminado de Estocolmo. Em 1780, o Rei foi aclamado Grão-Mestre da Grande Loja Nacional. Em 1811, o Rei Carlos XIII fundou uma nova Ordem para premiar seus súditos com a ordem de Cavaleiro de Inspiração Templária.

O Rito Sueco possui nove graus divididos em três grandes seções, tendo sido acrescentados, mais tarde, três graus.

104. SUÍÇO RETIFICADO: Ou Rito dos Cavaleiros da Cidade Sabta, criado no Capítulo de Wilhemsbad e iniciado na Polônia em 1784. Sofreu várias modificações até ser oficialmente adotado pelo Grande Oriente da Polônia.

105. SWEDENBORG: Surgiu em 1721, na Suécia, alastrando-se pela Inglaterra e pela França. Manoel Swedenborg foi um eminente sábio e pregava a inexistência da morte e a sobrevivência, desencarnando o homem para transformar-se em anjo.

Seus dogmas foram entrosados com a Maçonaria, alcançando grande popularidade. Foi em Avinhon, na França, que surgiu o movimento denominado Iluminismo. Swedenborg escreveu o célebre livro *Jerusalém Reformada*, no qual apresentava o Cristianismo em sua pureza. Extraiu do Livro de Gênesis a nomenclatura dos graus, em número de oito.

O Rito foi reformado em Paris, em 1783, pelo Marquês de Thomé, depurando-o de tudo o que não fosse Maçonaria, reduzindo-o a seis graus: Aprendiz Teósofo, Companheiro Teósofo, Mestre Teósofo, Teósofo Iluminado, Irmão Azul e Irmão Vermelho.

106. TEMPLO: Rito da Ordem do Templo. Surgiu em Paris, em 1806, composto de seis graus, mudando em 1808 a nomenclatura desses seis graus. Ocupava-se em rememorar a Santiago de Molay e fundamentava-se na Ordem dos Templários.

107. TIEN—FOE—WHE: Foi criado na China. Uma associação de "Céu e Terra". Inicialmente foi fundada com

RITOS MAÇÔNICOS

finalidade filantrópica, mas posteriormente seus membros passaram a unir-se fraternalmente e, inspirados na Maçonaria, constituíram graus e cerimônias. Tem rara aplicação nos países orientais e ignoram-se o nome do seu fundador e a data. A Maçonaria na China, no Japão e nos países orientais vem apresentando grandes progressos, posto existam poucas informações oficiais.

108. Tschoudy: Ou Rito do Escocismo Reformado de Tschoudy, que era um Barão residente na França, que o criou em 1776, constando de dez graus divididos em dois Templos: o de Salomão e o de Zorobabel. Rito de efêmera duração e mínima propagação.

109. União Alemã: Ou Rito dos Vinte e Dois. Entre os anos de 1700 a 1800, surgiram tantos Ritos que fam criadas imagens falsas sobre a Maçonaria, enchendo as Lojas de superstições. O dr. Frederico C. Bahedt reuniu vnte e dois Irmãos e, em 1787, criou um Rito composto de seis graus, fundando, na Saxônia, na cidade de Halle, uma sociedade com o título de União Alemã dos Vinte e Dois. Pregava o uso da fé racionada e o estudo consciente das doutrinas. Teve pouca duração. Os seus graus eram: Adolescente, Homem, Ancião, Mesopolita, Diocesano e Superior.

110. União Da Virtude: Ou Rito da Tungend Bund Alemã. Surgiu no ano de 1790 mascarando uma atividade política. Teve duração efêmera após a conquista do que o grupo objetivava.

111. Verdadeiros Maçons: Rito da Academia dos Verdadeiros Maçons. Surgiu em Montpellier em 1778, sendo considerado como Maçonaria Hermética. Reuniu vários grupos, como os de Zinnendorf, Sociedade das Águias, Sociedade do Apocalipse, Iluminados do Zodíaco, Irmãos Negros e Sacerdotes ou Eleitos Cohens. Possuía seis graus alegóricos.

112. Véu De Ouro: Rito do Capítulo dos Cavaleiros do Véu de Ouro (Toisón d'Dor). Foi decorrência de uma cisão na Academia os Verdadeiros Maçons. Ignora-se o nome de seu criador, mas possuía cinco graus: Verdadeiro Maçom, Verdadeiro Maçom no Caminho Reto, Cavaleiro da Chave de Ouro, Cavaleiro de Íris e Cavaleiro dos Argonautas. Em 1787 seus componentes dirigiram-se para São Paulo de Martinica, readotando o nome de Academia dos Verdadeiros Maçons e, posteriormente, o nome de Maçonaria Russo-Sueca, espalhando-se pela Rússia e pela Suécia, para desaparecer sem deixar rastro.

113. Xerofalangistas: Um Rito reacionário surgido na Itália em 1747 como protesto contra a bula do Papa Clemente XII. Era composto de Maçons que acompanhavam o protesto alimentando-se apenas com pão e frutas.

114. Yátrico: O Rito Yátrico foi um ramo da Maçonaria denominada Oculta e foi instituído no século XVIII. Possuía um só grau, denominado Oráculo de Cós. Foi instituído em homenagem a Hipócrates, nascido na Ilha de Cós.

115. York: Este Rito possui três nomes: York, Real Arco e Inglês. Também é de origem escocesa, surgido em 1717, e foram os Jesuítas que o introduziram em Londres, denominando-o "Rito dos Antigos Maçons". O Rito compõe-se de quatro graus: Past Master, Mark Master, Super Excellent Mason e Santo do Real Arco. Nos Estados Unidos foi ampliado para nove graus. É muito disseminado, tendo absorvido os três graus simbólicos.

Muitas Lojas no Brasil o adotam, especialmente as de língua inglesa.

116. ZINNENDORF: Criado por João Guilherme Ellenberger, na Suécia, em 1766. Era uma combinação dos Sistemas Templário e Rosa-Cruz, surgindo de um cisma dentro da Ordem da Estrita Observância. Foi adotado na Suécia e em parte da Alemanha, compondo-se de sete graus.

117. ZODÍACO MAÇÔNICO: Conhecido também sob a denominação de Rito Astrológico, era composto de doze graus, que abrangiam os doze signos do Zodíaco. Era a aplicação do conhecimento de Astrologia na Maçonaria, mas teve pouca importância e sua duração foi efêmera, desaparecendo poucos anos após a sua criação.

RITUAL — São as regras e as normas estabelecidas para a liturgia das cerimônias maçônicas. Sempre existiram os Rituais, inicialmente através da tradição e oralmente e, posteriormente, por escrito. A notícia oficial maçônica é de que os Rituais iniciais foram escritos por Elias Ashmole em torno do ano de 1646 e que nos chegaram intatos até o presente. Acredita-se que na época dos construtores, como a época do Grande Templo de Salomão, os Rituais obedeciam aos preceitos religiosos dos hebreus. Posteriormente se descobriu que entre os egípcios existiam Rituais específicos, guardados sigilosamente, pois continham o segredo da construção das Pirâmides. Esses Rituais não chegaram até nós; crê-se que o Livro dos Mortos contenha grande parte dessa ritualística perdida. Cada povo possuía os seus Rituais, embuidos de magia e mistério, considerados sagrados.

RITUALÍSTICO — Diz respeito à observância do uso de um Ritual. Na Maçonaria, a sessão ritualística é sinônimo de sessão litúrgica, pois nela usa-se o Ritual adequado à cerimônia em desenvolvimento.

ROBERTO BRUCE — Bruce era o nome de uma família escocesa que deu dois reis à Escócia.
Um deles, Roberto I, que acompanhou William I, conquistador da Inglaterra, nascido em 1274 e coroado rei em 1306.
Roberto I, valente guerreiro, libertou sua pátria, a Escócia, do poder da Inglaterra na célebre batalha de Bannock-Burn, isso no ano de 1314.
Morreu em Cardross no ano de 1329. Da família Bruce surgiram nada menos que oito Robertos, tendo esse último, rei da Escócia, sido morto em 1318. A linha da família Bruce findou com David II.
Foi uma família aguerrida, que constantemente, durante um século, lutou contra a Inglaterra em busca de independência.

ROCHA — Símbolo por excelência do Reino Mineral. Simboliza a estabilidade, a firmeza, a imutabilidade. Os alicerces colocados sobre a Rocha são inabaláveis e resistentes. Jesus cognominou Simão Pedro de Rocha, destinado a ser a Pedra angular da Igreja terrena, enquanto Jesus era a Pedra Angular da Cidade Celestial.

ROMÃ — Fruto composto de sementes revestidas de uma camada gelatinosa, de cor avermelhada e de sabor agridoce. Originária do Oriente, prolifera-se em toda a Península Arábica. Em Israel sempre foi cultivada a Romãzeira, utilizada para produzir vinho com propriedades afrodisíacas. Nos Cânticos dos Cânticos a mulher esperava o amado com vinho de romã. Sobre as Colunas do Átrio do Templo de Salomão, notavam-se fileiras de Lírios e Romãs; os lírios simbolizando a virgindade e a pureza, a beleza feminina; as romãs, a virilidade masculina. Salomão, que chegou a possuir novecentas concubinas, tomava o vinho de romãs para fortificar-se.

O símbolo maçônico da Romã não significa a "união dos irmãos", porque as suas sementes são unidas e em número apreciável, mas era o atributo da virilidade que Salomão desejou perpetuar nas Colunas, que são símbolos fálicos. Essa virilidade a Maçonaria não toma como efeito sexual, mas como impulsionadora para o trabalho, para a energia.

ROMÃZEIRA — É uma árvore frutífera cujo nome botânico é *Punica Granatum*, ou seja, "grãos vermelhos". A casca da Romã, como erroneamente alguns autores consignam, não é tóxica, mas medicinal, sendo um eficiente vermífugo.

ROSA — Sempre foi considerada a rainha das flores, decantada pelos poetas, em todos os tempos, como símbolo da beleza, da graça, da perfeição, da fartura, da ternura, do amor e da própria mulher, especialmente quando em botão, desabrochando para a vida. No Grau 18 do Rito Escocês Antigo e Aceito, o símbolo máximo do Grau é uma Cruz deitada, horizontalmente, tendo em seu centro uma Rosa vermelha.

A Rosa simboliza a ressurreição, ou seja, Jesus, o filho de Deus, já revestido com as características do Cristo, ressurecto.

Esse símbolo, esotericamente, significa a Pramanta (ver verbete próprio).

ROSA-CRUZ – FRATERNIDADE — Essa Fraternidade tem origem muito remota e, de certo modo, perdida no tempo. Teria sido formada com o intuito de regenerar a humanidade, mantendo-se sigilo profundo até o século XVII.

Posteriormente, um grande expoente, Cristiano Rosenkreutz, teria revelado ao mundo os princípios da Fraternidade, que até hoje subsiste como sociedade esotérica.

No ano de 1654, Johann Valentin Andrea e lançou um livro intitulado: *Reforma Geral do Mundo Inteiro, acompanhada da Fama Fraternitatis da Honra da Ordem dos Rosacruzes*. Essa Fraternidade foi confundida muitas vezes com a Maçonaria e, de certo modo, a Maçonaria moderna assimilou muitos princípios esotéricos do grande movimento. Por mera coincidência, a Maçonaria possui o Grau 18, intitulado "Príncipe Rosa-Cruz", mas que nada tem a ver com a antiga Fraternidade.

ROSETAS — Nos Aventais do Grau de Mestre Maçom, são colocadas, confeccionadas com fita, em forma de círculo, com um botão que as adorna, três "rosetas", simbolizando a Tríade. Denominam-se Rosetas, pela semelhança com uma flor, mas sem qualquer liame com a Rosa propriamente dita. Essas "Rosetas" são na cor azul nas Lojas Simbólicas e na cor vermelha no Grande Oriente.

A não ser como "adorno", a Roseta em Maçonaria não tem significado simbólico.

ROSCH CHODESH — Diz-se assim o primeiro dia de um mês judaico.

SABÁ — Rainha de Sabá. Essa poderosa rainha da raça negra dominava a atual Etiópia. Na época da construção do Grande Templo, visitou Salomão, levando-lhe presentes de uma riqueza ímpar. Foi recebida e hospedada por Salomão, que a culminou de todos os favores possíveis, como vem descrito no Livro I Reis e no Livro das Crônicas. Supõe-se tenha sido mais uma das concubinas do poderoso Rei. Na Maçonaria é referida, ligeiramente, quando se faz referência à opulência do Rei Salomão, mas não faz parte de nenhum Ritual da atualidade.[13]

SABBAT — Sábado, em hebraico.

SABBAT SHALOM — Significa, em hebraico, "Um Sábado cheio de Paz".

SABEDORIA — A Sabedoria, a Força e a Beleza são as três Colunas Mestras da Maçonaria. É a Trilogia sempre em evidência, pois são os principais atributos da Humanidade. O Livro Sagrado é também denominado Livro da Sabedoria.
Na antiga Grécia, a Sabedoria era simbolizada pela deusa Atena e, em Roma, por Minerva. A Sabedoria traz consigo a Prudência, a Tolerância, a Paz e o Perdão.
Quando Jeová perguntou a Salomão o que desejava para reinar, respondeu que lhe fosse dada Sabedoria, o que, na realidade, aconteceu, tanto que hoje, para expressar de forma concreta essa virtude, basta mencionar-se o nome do Rei Salomão, símbolo maçônico da Sabedoria.

SACERDOTE — Do latim: *sacerdotes*, vocábulo composto de *sacer* e *dare*, significa "o que pode dar", no sentido de "sacrifício"; portanto, Sacerdo-te seria o personagem habilitado a dar sacrifícios em nome do pedinte.
A Humanidade, em todos os povos, cultos ou incultos, sempre contou com a presença do Sacerdote, representante da Divindade, personagem dos mais respeitados, pelo poder místico que possui.
Os Sacerdotes e os Reis dominavam a terra; na rivalidade, verdadeiras guerras foram iniciadas. Até pouco tempo, a autoridade dos Papas rivalizava com a dos Reis.
Justamente como ponto de equilíbrio teria surgido a Maçonaria da Antiguidade. Um agrupamento de homens sábios servindo de intermediários e diluidores das acirradas competições.
Maçonicamente, o Sacerdote é o Oficial que abre o Livro Sagrado, pois essa tarefa, pelo seu misticismo, transforma-se em ato oficiante, de oferenda, sacrifício, obediência e respeito.

SACO DE ANIAGEM — Esse Saco, confeccionado com fibras de juta, simboliza a humanidade e a tristeza. Era usado nas cerimônias do Grau Príncipe Rosa-Cruz, porém em desuso.

---

13. N.R.: *É citada no Ritual de Instalação.*

SACO DE BENEFICÊNCIA — Em tempos passados, as Bolsas ou recipientes destinados à coleta eram confeccionados em "aniagem", ou seja, com fibras de juta, para demonstrar que se destinava a coletar óbolos para os humildes e necessitados. Posteriormente, passou a denominar-se Bolsa e a ser confeccionado em panos nobres, como o veludo. O "giro" da Bolsa Beneficente obedece a um ato litúrgico dos mais importantes, porque o maçom, quando deposita o seu óbolo, está "depositando a si próprio", ou seja, os seus benéficos fluidos fluem das pontas dos seus dedos, "imantando" o óbolo. O Hospitaleiro, que é o Oficial que procede o giro e a coleta, sigilosamente, distribuirá o fruto a quem dele necessitar, excluídos os próprios maçons. Se um maçom vier a tornar-se um necessitado, receberá o auxílio de sua Loja, não na forma de esmola, mas de eficiente e amoroso auxílio.

Durante o giro da Bolsa Beneficente, os maçons mantêm-se em silêncio e em meditação, pois o ato de doar é místico; trata-se do sacrifício da oferenda, que é feito como culto a Deus.

SACO DE PROPOSTAS E INFORMAÇÕES — Como o Saco de Beneficência, também mudou para Bolsa e destina-se a coletar as propostas ou informações que os maçons presentes desejam formular e apresentar à Loja. Quem circula com a Bolsa é o Mestre de Cerimônias, obedecendo a ordem hierárquica, isto é, dirige-se em primeiro lugar ao Venerável Mestre, depois aos Vigilantes, às Luzes, aos Mestres, aos Companheiros e, por último, aos Aprendizes. Da mesma forma procede o irmão Hospitaleiro com a Bolsa de Beneficência. Quando o maçom coloca a sua mão, e isso obrigatoriamente, mesmo que não tenha propostas ou informações a dar, além de emitir os seus bons fluidos, ao retirar a destra, retirará os fluidos a si destinados e colocados na Bolsa pelos que lhe precederam. Esse mistério é uma das dádivas que a Maçonaria propicia aos seus filiados. Coletadas as propostas e as informações, a Bolsa é apresentada ao Venerável Mestre, que as seleciona e, apresenta à Loja as que decidirá a respeito.

SACRIFICADOR — O Experto, no momento em que apresenta ao Iniciando a Taça Sagrada, exerce a função de Sacrificador. Nesse momento, passa às funções de Sacerdote, que era o personagem dentro do Templo que apresentava ao Senhor os sacrifícios. O Experto, em certo momento, recebe o nome de Irmão Terrível.

SACRIFÍCIO — O vocábulo origina-se do latim *sacrum* e *facere* e significa "tornar sagrado". O vulgo usa o vocábulo como ato doloroso de desprendimento, que não condiz com a etimologia da palavra.

Quando o maçom coloca o seu óbolo dentro da Bolsa Beneficente, estará cometendo um Sacrifício, ou seja, tornando sagrado o seu óbolo, ou tornando-se sagrado ele próprio, "dando-se" esotericamente a quem necessita de auxílio.

Nos Altares hebreus, o Sacrifício constava da queima das oferendas, porque o odor desprendido e a fumaça eram agradáveis ao Senhor. Essa prática, que envolvia o fogo, denomina-se "Holocausto".

Toda vez que um maçom procura "vencer" as suas fraquezas, estará Sacrificando ao Senhor. Essa atitude passa a ser um ato sagrado e, portanto, "sacerdotal".

SACRILÉGIO — Trata-se da profanação do que é sagrado.
Não se restringe o Sacrilégio às coisas materiais, como a profanação de um recinto sagrado. Toda vez que um ser humano viola o seu corpo, por exemplo, prejudicando-o com o uso de drogas, e até de um simples cigarro, estará cometendo um Sacrilégio. Toda vez que a mente for violada, haverá um ato sacrílego, como, por exemplo, ocupar a mente com vaidades ou pensamentos negativos.

SADUCEUS — Os Saduceus mencionados na História Sagrada eram uma "casta política", que exerceu influência acentuada no povo hebreu, até o ano 70, quando da destruição do Templo pelos romanos.

SAGITÁRIO — É um dos signos do Zodíaco, o nono na escala; é o signo regido por Júpiter. Sua interpretação na Maçonaria diz respeito à lenda de Hiram Abiff, após a sua morte, e simboliza os obreiros abandonados e desolados que se dispersam para procurar o mestre desaparecido.

SAGRAÇÃO — Quando um Templo maçônico encontra-se concluído, através de uma cerimônia litúrgica é Consagrado e nele podem instalar as Lojas. Por ocasião da Iniciação, o Neófito é considerado "um Templo vivo", e a sua Sagração corre paralelamente à sua proclamação. Considera-se o Iniciado como tendo em si o Templo Espiritual, pronto a receber o Espírito Divino.

SAGRADO — O Sagrado constitui um paralelo com o Oculto; envolve o mistério, o santificado, a presença Divina.

SAL — O Sal (cloreto de sódio) faz parte dos três princípios herméticos, com o Enxofre e o Mercúrio.
O Sal é o elemento que dá sabor aos alimentos. Filosoficamente, o homem é o Sal da Terra, ou seja, o elemento que dá "sabor" à Criação.
Foi muito usado nas Parábolas de Jesus. Esse elemento é encontrado em toda a Natureza, mesmo onde não existam salinas; animais, vegetais e minerais contêm sal.
Na Maçonaria, faz parte do cerimonial do Grau 4, Mestre Secreto, pois, encerrada a cerimônia iniciática, os presentes comem pão espargido com sal e bebem vinho, simbolizando o alimento completo, material e espiritual.
Nas Sagradas Escrituras, os primitivos cristãos eram denominados por Jesus: "Vós sois o Sal da Terra", significando que o cristão fora transformado em elemento com "sabor".
O Sal acentua o sabor e torna-se o elemento que desperta o sentido do gosto.
Os Pães Ázimos, usados pelos Sacerdotes Israelitas, não continham fermento nem Sal, simbolizando a total ausência do Espírito.

SALA DOS PASSOS PERDIDOS — Denomina-se assim o recinto que antecede o Átrio e o Templo; é a sala de espera, onde os maçons e os candidatos à Iniciação aguardam o momento propício para a chamada ao "trabalho". A movimentação existente, onde os presentes circulam, não tem rumo. Os passos dados são perdidos porque falta um Guia.

Representa, no ser humano, o Consciente, o comum do dia a dia e a influência do mundo profano. É onde o burburinho da vida se aquieta, onde surge a necessidade de uma meditação para adentrar no mundo esotérico.

O Átrio é denominado Subconsciente e o Templo, Hiperconsciente, ou seja, a parte sutil, espiritual e esotérica.

O ser humano, divorciado da influência Divina, executa a sua jornada quotidiana sem ver a Luz, e encontra-se órfão e perdido.

SALÁRIO — "Todo operário é digno de seu Salário" é a palavra de ordem cristã e, maçonicamente, é a recompensa pelo esforço e pela boa vontade. O maçom recebe periodicamente o seu Salário com o significado de premiação. Esse prêmio corresponde ao recebimento de maiores conhecimentos. Passa, assim, o Salário a ser parcela intelectual e espiritual. O maçom, dentro de seu Rito, recebe Salário contínuo até chegar ao ápice. O Salário do pecador é a morte; o salário do fiel é a Vida Eterna.

SALMOS — As Sagradas Escrituras contêm cento e cinquenta Salmos coletados em um livro denominado *O Livro de Salmos*. O vocábulo Salmo vem do grego *psalmos*, significando um poema cantado e acompanhado por instrumentos musicais.

Em hebraico esse livro denomina-se *Sepher Tehilim*, significando "Livro de louvores".

Setenta e três Salmos são atribuídos ao Rei Davi, doze a Ásafe, dois ao Rei Salomão, um a Moisés, um a Etã, doze aos filhos de Coré.

O Livro dos Salmos descreve, como louvor, a criação e os demais acontecimentos históricos, iniciando com a criação e terminando com o cativeiro. Alguns tratam da glória de Jerusalém e seu Grande Templo, tanto do passado como do futuro; outros são proféticos. Os Salmos são cantados. O sacerdote dá a cada Salmo uma entonação diferente. O cântico demonstra o valor dos sons, que são vibrações que penetram naqueles que ouvem os cânticos.

Alguns Salmos, como o 133, são usados nas cerimônias maçônicas por ocasião da abertura do Livro Sagrado. O Oficiante ajoelha-se, toma entre as mãos o Livro e faz a sua leitura, emprestando à sua voz todo o sentimento, respeito e veneração.

SALOMÃO — Salomão, cujo diminutivo é "Solon", reinou sobre Israel durante os anos 970 a 930. Era o segundo filho de Davi com Betsabé. Foi o construtor do Grande Templo, num período de paz, dando ao povo trabalho, justiça e fartura, distribuindo, sobretudo, sabedoria. Foi autor dos livros *Provérbios*, *Cânticos dos Cânticos*, *Eclesiastes* e de dois Salmos.

Salomão faz parte da lenda maçônica como personagem principal.

Desconhece-se o nome real de Salomão. A tradição judaica nos ensina que toda pessoa colocada em dignidade recebia "um novo nome". A origem do nome de Salomão não é certa. Em hebraico: *Schlomoh* significa "homem da paz". Para a construção do Grande Templo, o Senhor determinara um período de paz e é provável que o nome Salomão tivesse ligação com esse desígnio. No Cristianismo, Jesus foi denominado "Príncipe da Paz", o que esclarece que o Messias viera para construir um novo Templo, mas espiritual.

SANCTUM SANCTORUM — Quando Moisés, no deserto, após a fuga do Egito, construiu o Tabernáculo, colocou nele três compartimentos. O mais interno e preservado denominou "O Santo dos Santos", onde era guardada a Arca da Aliança, objeto considerado o mais sagrado daquele tempo. Ao *Sanctum Sanctorum*, palavra latinizada, somente tinha acesso o Sumo Sacerdote. Nos Grandes Templos construídos depois em local definitivo, pois o Tabernáculo era desarticulado e armado em outro lugar, consoante o progresso da marcha, o Santo dos Santos era separado por um véu, pois o povo não podia sequer contemplar o que lá dentro existia. No terceiro Templo, o de Herodes, quando Jesus expirou na Cruz, o véu do Templo rompeu-se. Esse véu era confeccionado com couro de boi e para rompê-lo seria necessário empregar algumas juntas de bois.
O rompimento desse véu simbolizou a retirada da intermediação entre o Senhor e o ser humano.
Na Maçonaria, no Grau 4, do Mestre Secreto, coloca-se no Oriente uma Arca da Aliança, e esse local passa a ser denominado *Sanctum Sanctorum*.

SANTO IMPÉRIO — A história da civilização informa-nos da existência de muitas tentativas para estabelecer um Santo Império.
A denominação traduz o significado, um tanto utópico, de um Estado ideal, onde governantes e governados possam encontrar uma vivência fraterna, a ponto de constituir um Estado de Santidade.

As tentativas passadas conduziram ao fracasso, porque um grupo sempre pretendeu dominar outro.
O Santo Império não pôde ser estabelecido por meio das armas, como pretendiam os Cruzados.
O Cristianismo sonhou com um Estado cuja constituição pudesse ser o Evangelho do amor fraterno.
A própria Igreja Católica, em seu Estado, o Vaticano, diminuto, com uma população simbólica, não conseguiu contentar a todos, e sempre surge um "déspota", mesmo que esparja amor, bondade e sensibilidade.
As comunidades cristãs primitivas fracassaram pela incompreensão de que o Reino não estaria neste Mundo, mas sim em um estado de consciência superior.
A luta entre os apóstolos Paulo e Pedro nos é narrada no livro dos Atos dos Apóstolos, desejando cada um a primazia do comando e a imposição das ideias.
Platão, com a sua República, conseguiu apenas alinhavar o que poderia ser, na época, um governo justo.
Do antigo para o moderno, o Comunismo, com a sua utopia de que todos são iguais e merecem igual tratamento e oportunidade, tem-nos dado o exemplo da intolerância, do crime, da maldade e da exploração do homem pelo próprio homem.
A Democracia, governo que seria ideal, enfrenta os problemas de uma contínua corrupção, mordomia e aproveitamento de poucos em detrimento de muitos.
Enfim, as Filosofias surgidas desde o Budismo, o Islamismo, a organização dos Incas, dos Maias, o utopismo dos monges do Tibete, os hebreus, egípcios, enfim, todos, sem exceção,

SÃO JOÃO

comprovam grande dificuldade em comandar homens livres!

A Maçonaria pretendeu, no passado, na época do Operativismo instituir esse sonhado Estado, e tem lutado através dos séculos para encontrar a "sua" solução.

Os dignatários de um Supremo Conselho vêm qualificados como Dignatários do Santo Império.

Esse "Santo Império" traduz uma Nova Ordem que surgirá e será instaurada no Mundo, quando a Grande Obra for cumprida.

Quem sabe, como aludimos, a Jerusalém Celeste, em Grau anterior, correspondia aos mil anos de paz, que precedem a vinda do Messias, tão harmonicamente descrita em forma literária nas Sagradas Escrituras!

"Vi descer do Céu um Anjo. Empunhava a chave do abismo e uma grande corrente. Prendeu o Dragão, a serpente antiga, que é o Demônio, Satanás e algemou-a por espaço de mil anos; precipitou-o ao abismo, fechou-o e pôs selo sobre ele até que se completassem os mil anos." (Apocalipse 20,1-3)

A mente humana é satânica e ela é que deve ser presa pelo período de mil anos; então, poderá surgir um Império Santo de Paz e Harmonia, onde o leão poderá conviver com o cordeiro.

Uma vez transformado o Homem, a Maçonaria, após um trabalho ingente, poderá convencer a Humanidade coletiva de que não passa de um organismo análogo ao ser humano individual, composto de um corpo material, de uma alma sentimental, de um cérebro pensante, possuidora, assim, de três partes: econômica, político-social e sentimental.

Quando a Maçonaria puder encontrar o modo de conduzir a todos a uma síntese harmônica correspondente à necessidade essencial de união das plúrimas formas do pensamento e das ações; quando essa harmoniosa síntese dos três mundos, o da matéria, o do sentimento e o do pensamento, for possível, terá então realizado o plano de Hiram, repartindo bens e funções de conformidade com as necessidades e a capacidade de cada um. Quando, finalmente, sobre o plano Universal puder atuar a Verdade e a Vida sadia, conceito patriarcal da Família, célula da coletividade humana, então poder-se-á iniciar a construção da República Humana, o Santo Império Universal da Justiça e da Luz, do Reino de Deus sobre a Terra, o Reino anunciado pelos grandes iniciados da Índia, da Pérsia, do Egito e da Palestina.

Para o Mundo surgirão a Harmonia e a Bondade.

A Ciência e a Fé constituirão uma só Luz.

O Fenômeno transformar-se-á em Conhecimento.

A Fraternidade será um elo que unirá toda a Humanidade. As células sociais agrupar-se-ão normalmente, seguindo o seu sagrado destino.

O Homem poderá, então, voltar o seu interesse ao Cosmos e buscar outras Civilizações para completar a Grande Obra e o seu incomensurável destino.

Utopia hoje, realidade do porvir, porque esta é a Lei e a Lei deverá ser cumprida.

Ao trabalho, pois.

SÃO JOÃO — João significa "porta", "entrada", "início". Diz-se o primeiro mês do ano, Janeiro, como derivação de Janus, ou João.

Na Maçonaria, cultuam-se, como personagens bíblicos e padroeiros, João Batista e João Evangelista. Comemora-se o dia de João Batista em 24 de junho, ligado ao solstício do inverno, quando uma Loja maçônica comemora a data com o recebimento dos *Lowtons*, ou seja, os filhos dos maçons, os quais assume o compromisso de proteger em caso de necessidade, quando da falta do pai.

As Lojas maçônicas denominam-se também Lojas de São João.

São João Batista foi o precursor do Messias. Batizou Jesus e admoestou Herodes, que o mandou executar cortando-lhe a cabeça. São João Evangelista foi o discípulo mais Jovem de Jesus.

SANTO — Significa o ser puro e escolhido. Denomina-se Santo tudo o que for sagrado.

Em hebraico diz-se *Kadosh* ou *Kadosch*; é o nome dado, no Rito Escocês Antigo e Aceito, ao Grau 30.

A Maçonaria não venera os Santos da Igreja Católica, mas toma os seus exemplos como filosofia de vida. Na Maçonaria Filosófica, há o Grau de Santo André.

Santificado significa "Sancionado", aquele que é escolhido e aceito.

SANTUÁRIO — Designa um local onde são guardadas ou onde se localizam as coisas sagradas. O principal Santuário do ser humano localiza-se dentro dele próprio: é o seu Templo Interior.

SAUDAÇÃO — Saúdam-se as pessoas conhecidas e que possuem ligações de respeito e afetivas. O tirar o chapéu, o sinal com a mão destra, o aceno, a continência, o aperto das mãos, o abraço, o ósculo, são gestos de Saudação.

Os maçons saúdam-se entre si. Essa saudação, no entanto, é feita dentro do Templo. Cada Grau tem um gesto peculiar de saudação. A saudação pode ser feita sem estar o maçom "de pé e à ordem". Saúda-se o Oriente, visando o Delta Luminoso, representação da presença Divina, o Delta Sagrado, representação da presença Espiritual e o Venerável Mestre, como autoridade máxima da Loja. Quando o maçom entra no Templo, faz a saudação tríplice, isto é, saúda o Venerável Mestre e os Vigilantes.

SAÚDE — A Saúde é o estado normal e hígido do ser humano. O ser humano tem a obrigação de manter um comportamento com o seu próprio corpo, preservando-o de todas as agressões. A Maçonaria, com o seu tríplice voto "Saúde, Força e União", relembra os compromissos que o maçom assume perante os seus coirmãos. Na correspondência maçônica, a saudação inicial é feita com as letras iniciais: "S∴ F∴ U∴" ou "S∴ S∴ S∴".

Os votos para uma boa saúde, o maçom os faz, como resultado de seu interesse amistoso e fraterno, a todo que considera irmão.

SAYER, ANTONY — Primeiro Grão-Mestre da Maçonaria Especulativa; nascido em 1672 e falecido em 1742. Foi um dos fundadores da Grande Loja de Londres, ato iniciado na Cervejaria do Ganso e da Grelha, obviamente em recinto reservado. Sayer era membro da Loja pertencente às Quatro Antigas Lojas, que funcionavam na Taberna da Macieira.

Comentários venenosos diziam que os maçons especulativos eram beberrões, porque se reuniam em cervejarias e tabernas. Como exemplo, citaremos os clubes de serviço Rotary e Lyons, que se reúnem, na atualidade, em restaurantes, mas, evidentemente, em salas reservadas. Naqueles tempos das cervejarias, também as reuniões eram reservadas, até sigilosas, em recintos onde os profanos não podiam penetrar.

SECRETÁRIO — Ou "guardador de segredos". O Secretário de uma Loja maçônica guarda os segredos do Grupo, registrando-se em ata; o Secretário é uma das dignidades da Loja, é o quinto na ordem de destaque; a sua insígnia apresenta duas penas cruzadas.

SECULAR — Diz-se assim, o profano, ou seja aquele que não é iniciado maçom. Secular supõe estar no mundo, vivendo passageiramente durante cem anos, sem espiritualidade.

SEDER — Cerimônia da Páscoa celebrada fora do Templo, nos lares, em hebraico.

SEFARDI — São os judeus de origem espanhola.

SEFER-TORÁ — Rolo de pergaminho, escrito a mão, que contém o texto do Pentateuco.

SEFIROT — Plural de SEFIRA, palavra hebraica que significa "número", de onde deriva *Saphar*, significando numerar. Na Cabala tem o significado de Esplendor. Os Sefirot são os números de 1 a 10 da Cabala. Esses dez números são os atributos de Deus. Os dez Sefirot são representados pela Árvore da Vida. Cada número tem um nome, a saber: *Kether*, Coroa; *Hokhmah*, Sabedoria; *Binah*, Inteligência; *Gueburah*, Rigor; *Chessed*, Bondade; *Thiferet*, Beleza; *Hod*, Vitória; *Netzah*, Glória; *Iesod*, Fundamento, e *Malkuth*, Reino.

A Numerologia está estreitamente ligada à Maçonaria. Portanto, a Cabala, com sua Árvore da Vida, tem relacionamento íntimo com a Arte Real.

A Cabala, livro que é atribuído a Enoch, é de difícil interpretação, pois é necessário ser hebreu para absorver o seu esoterismo.

SEGREDO — A arte da construção alicerçava-se no Segredo. A orientação dos Mestres de obra, dos Aprendizes, dos Companheiros, dos Arquitetos, era dada através de cálculos sigilosos. O Segredo da construção, especialmente na época relativamente moderna, quando foram construídas as Catedrais, era patrimônio das Confrarias e das Guildas. Somente após o surgimento da Universidade, quando a engenharia, a arquitetura, as ciências e artes afins passaram ao domínio público, foi que esse Segredo vazou; já não era transmitido de pai para filho. A fonte de todo o conhecimento moderno derivou da construção do Grande Templo de Salomão, porque Jeová ditou ao rei Davi, todas as minúcias, medidas, materiais e modo de trabalhar.

Concluído o complexo que constitui o Templo, os operários e artífices, que não eram hebreus, foram devolvidos às respectivas nações, porém com a recomendação de manterem o Segredo da construção.

As obras célebres existentes no mundo têm a presença desses "pioneiros", desses excelentes construtores, os Pedreiros Livres, os Franco-maçons, aqueles que deram início à Maçonaria de seis mil anos atrás, como vem constatado nas Sagradas Escrituras.

A Maçonaria, na Idade Média, face à perseguição que sofreu por parte do Clero, retornou à mantença do Segredo; essa atitude era necessária pois significava a preservação da própria vida.

Ultrapassada a Idade Média, esse Segredo passou a ser um Sigilo, ou seja, a inconveniência da divulgação da parte esotérica da Maçonaria Operativa e, mais tarde, da Especulativa. Com a evolução das ideias, da inteligência, do conhecimento e, sobretudo, da Ciência, não havia mais razão para serem mantidos em sigilo os conhecimentos maçônicos.

Hoje esses sigilos têm a mais ampla divulgação. Apenas alguns escritores maçônicos os preservam, guardando a parte essencial em prudente reserva, para evitar profanações e vulgarizações.

SEGURANÇA — É a precaução dos maçons ao entregarem-se ao trabalho especulativo, em recinto fechado, longe da curiosidade profana. Os Templos possuem uma porta de entrada que é fechada, seguindo uma ritualística, para que os trabalhos possam desenvolver-se em Segurança. As Lojas possuem dois Oficiais: Guarda do Templo, na parte interna, e Cobridor Externo, encarregados de zelar pela segurança da Loja.

SELAIM — Antigas moedas judaicas, usadas para o cálculo necessário à redenção do filho primogênito.

SELO — Usava-se há menos de cem anos um timbre de metal gravado com insígnias, para apor-se no lacre, destinado a manter uma correspondência inviolável e um documento, oficializado.

Na Iniciação usa-se um Selo, na forma de carimbo, anunciando o Chanceler que irá "marcar a fogo" a pele do Iniciando para que, indelevelmente, possa ser conhecido como maçom.

SELO DE SALOMÃO — O Selo de Salomão é constituído de uma Estrela de seis pontas: o "senário", que simboliza o homem, com seus braços e pernas abertos, sendo a sexta "ponta" o membro viril.

O Selo é o "Hexagrama" formado por dois triângulos invertidos. Esse Selo denomina-se, também, Estrela de Salomão.

Os cristãos veem no Selo a dupla personalidade de Jesus, a divina e a humana. A Estrela Flamígera de cinco pontas corresponde ao microcosmos humano; a Estrela de seis pontas representa o macrocosmos, ou seja, o mundo.

Esse símbolo, para a Maçonaria, vale como uma expressão da construção do Templo; é o Hexagrama sagrado, porque simboliza, outrossim, a edificação do Templo Interior.

SEMANA — O próprio nome designa o seu simbolismo. Semana origina-se do número sete, com que são formadas as Semanas. Para o maçom, uma Semana simboliza uma das fases da Lua. Os maçons reúnem-se uma vez por Semana, com a finalidade de "recarregar" a bateria, cuja energia é gasta durante a labuta diária da Semana.

SEMINUDEZ — A "seminudez" do candidato à Iniciação simboliza a postura humilde, a incompleta formação de sua personalidade, a modéstia e a ingenuidade. "Nem nu nem vestido" representa a dúvida, a incerteza, o incompleto desenvolvimento.

Durante a cerimônia Iniciática, o candidato mantém-se nesse estado para, ao final, receber o Avental, que simboliza a complementação da vestimenta que faltava.

SENSAÇÃO — Todos os sentidos recebem, quando incitados, alguma sensação. Porém é o sentido do tato que registra a maior intensidade, porque a superfície onde se localiza o tato é a maior do corpo humano, eis que abrange todo o revestimento da criatura, a pele que a envolve.

As vibrações são produzidas por excitações nervosas, portanto materiais. Uma vibração atinge um determinado ponto sensitivo e a mente humana capta-a instantaneamente.

SENTENÇA — Uma Sentença é prolatada e equivale a uma "decisão". Significa, também, uma frase lapidar exprimindo, em resumo, um longo pensamento. Genericamente, uma Sentença expressa conceitos esotéricos e filosóficos.

SENTIDOS — O ser humano possui dois grupos de Sentidos; os cinco, de todos conhecidos, a saber: a Audição, o Olfato, o Paladar, o Tato e a Visão. Não há qualquer dificuldade sobre o significado de cada Sentido. O segundo grupo diz respeito aos Sentidos Espirituais, ou seja, a "terceira visão": o "Olfato", que identifica os "odores" contidos no Cosmos; o Gosto que distingue o néctar do alimento espiritual, o qual quem ingere não sentirá mais fome e o sedento não mais sentirá sede; a Audição, que consegue distinguir a "música das esferas" e os sons dos cânticos da Corte Celestial; e o Tato, que absorve as vibrações emanadas do Alto, dos Páramos Celestiais e sobretudo da Voz da Consciência.

A vida flui através desses dez Sentidos.

O estudo dos Sentidos é trabalho de Companheirismo, ou seja, do segundo Grau.

SERAFIM — Na Corte Celestial, está na terceira posição. Anjos luminosos, possuem seis asas e servem ao Senhor. Seraph tem a mesma raiz que Serpens, ou seja, a serpente é considerada como sendo um Serafim, que simboliza a inteligência.

Vemos no símbolo do médico uma serpente enrolada no pé de um cálice. Os Anjos, como toda a Corte Celestial, são elementos incriados; não há notícia de que eles tenham sido criados por Deus.

Trata-se de um insondável mistério. O homem seria um Anjo decaído em busca de redenção.

Nos Graus Filosóficos é feita referência aos Serafins.

SERENÍSSIMO — Do latim *serenus*, significa a postura e o comportamento das dignidades reais. A República de Veneza recebeu o título de *Sereníssima República di Venezia*. Na Maçonaria, surgiu esse título para distinguir os maçons originários da nobreza francesa.

Hoje, os Grão-Mestres das Grandes Lojas são denominados "Sereníssimos". Trata-se de um título de distinção que ao mesmo tempo revela o respeito que os maçons têm para com a autoridade suprema da Obediência a que pertencem.

SERPENTE — É um réptil que sempre simbolizou a inteligência; é-lhe atribuída uma função mística porque anualmente se renova, mudando a sua pele, que abandona como se fora um invólucro provisório. É a Natureza renovando-se; simboliza a Terra, porque a Serpente se locomove "rastejando". Sendo um ovíparo, o seu ovo é similar ao ovo cósmico. Uma Serpente, segurando a própria cauda, simboliza o "Círculo Vital". Foi usada como símbolo da Sabedoria e da Prudência.

SERPENTE DE BRONZE — É o nome de um Grau da Maçonaria Filosófica, o do Cavaleiro da Serpente de Bronze. O Grau teve origem na saga de Moisés, ao atravessar o deserto conduzindo o povo hebreu que fugira da escravidão dos egípcios. Certa feita, surgiram no deserto milhares de Serpentes venenosas, cuja picada causava dores insuportáveis, até a morte.
Moisés determinou que se construísse uma longa haste e, enroscada nela, uma Serpente fundida em bronze; quem contemplasse aquela figura ficaria imune à picada.
Ainda no Éden, Adão e Eva comeram o fruto da árvore do conhecimento, simbolizado por uma maçã que lhes fora oferecida por uma Serpente.
Em todas as filosofias, na mitologia, na crença popular, a Serpente desempenha um papel importante na superstição, na crença, no misticismo e no plano Divino.

SESSÕES — As reuniões maçônicas são chamadas de "Sessões"; do latim *sessio — sessionis*, significando "espaço de tempo". Diz-se Sessão para um trabalho que dura certo espaço de tempo. Na Maçonaria são relizadas "Sessões Econômicas", "Sessões Magnas", "Sessões Especiais", "Sessões Fúnebres", "Sessões Cívicas", "Sessões Recreativas". Cada uma dessas Sessões obedece a Rituais específicos e apropriados.

SETE — O número Sete é a soma do Ternário com o Quaternário, ou seja, do que é espiritual com o que é material. É considerado um número perfeito; contudo, em numerologia, dada essa perfeição, não tem lugar para certas análises. Esse número tem emprego esotérico e é considerado sagrado. Nas Sagradas Escrituras, é nomeado com frequência, especialmente nos trechos proféticos e no Livro do Apocalipse.

SETENÁRIO — Diz-se Setenário o centro do Hexagrama. A numerologia da Antiguidade prestava-se a muitos "arranjos". Pouco a pouco, os números passaram a ter valores iguais no conceito filosófico, diversificando-se, quando colocados para cálculos.
As Sete Maravilhas do Mundo, as Sete Virtudes, os Sete Planetas, as Sete Notas Musicais, as Sete Cores do Arco-Íris, e assim por diante, foram sendo substituídos por fatores reais e científicos. Apenas para exemplificar, os Sete Planetas hoje já são em número superior; as Sete Notas Musicais, com os aparelhos eletrônicos, deram origem a outros sons mais enriquecidos; as Sete Maravilhas do Mundo foram completamente superadas pela arquitetura atual.
Já é chegado o momento de o maçom revisar os conceitos numerológicos, totalmente superados.

SETENTRIÃO — É o Norte da Loja maçônica e destinado ao assento dos Aprendizes. No Setentrião o Sol incide levemente, formando uma penumbra; simboliza que o Aprendiz ainda não divisa clara e totalmente a luz solar.

No útero materno, não existe a Luz, portanto, o recém-nascido deve habituar-se à sua intensidade.

SHAATNEZ — Os hebreus não podiam usar vestimenta ou manto tecidos com a mistura de fios de lã e linho; a proibição denomina-se *Shaatnez*. Sempre o vestuário teve grande influência mística sobre o ser humano. Na Maçonaria, oficialmente, o vestuário é composto de traje em negro, camisa branca e gravata negra.

SHAMASH — É o nome dado ao zelador e assitente da Sinagoga.

SHASTRA — Livro Sagrado dos hindus. Trata-se de um comentário sobre os Vedas e pode ser colocado no Altar de uma Loja maçônica na Índia.

SHEKINAH — Significa a presença Divina, em hebraico.

SHEMA ISRAEL — É a declaração básica da Fé Judaica: "Ouvi, ó Israel, o Senhor nosso Deus, o Senhor é um só".

SHIVA — Palavra hebraica que significa o luto num período de sete dias.

SHOFAR — Vocábulo hebraico, significando a trompa feita com o chifre de um carneiro, tocada no *Rosh Hashana*.

SIÃO — Jerusalém está construída sobre quatro colinas, sendo uma delas a de Sião. Nessa colina foi construída a Cidade de Davi. Literalmente, tanto em prosa como em verso, Sião passou a ser sinônimo de Jerusalém Celeste, como vem referido nas Sagradas Escrituras.

SIGILO — Os segredos maçônicos constituem mais um sigilo que um segredo. Sigiloso passa a ser sinônimo de "discreto", "reservado", "vedado" à "curiosidade profana".

SILÊNCIO — O Aprendiz maçom cultiva a virtude do Silêncio, porque não tem, ainda, a capacidade do comentário. Deve apenas ouvir, meditar e tirar as próprias conclusões, até poder "digerir" o alimento que lhe é dado.

Esse Silêncio significa que o conhecimento que o Mestre transmitir deve ser digerido, meditado, e quando o Venerável Mestre o inquirir ou determinar a apresentação de um trabalho escrito, este deverá ser lido "entre Colunas".

No Grau 4, Mestre Secreto da Maçonaria Filosófica, o Silêncio é a "palavra de ordem".

O gesto para expressar o Silêncio é a colocação dos dedos indicador e anular sobre os lábios.

Esse Silêncio significa que o conhecimento que o Mestre Secreto adquiriu é esotérico e deve permanecer "oculto".

O Silêncio está estreitamente ligado ao mistério, à prudência e à segurança.

No mundo profano, é frequente não ouvirmos, quando surge algum crime praticado dentro de um presídio, os reclusos falarem sobre os eventos; diz-se, então, que estão usando a "Lei do Silêncio".

SIMBÓLICA — É a expressão empregada para ocultar o verdadeiro sentido de uma ação. Maçonicamente, a Instituição divide os Ritos em Simbólicos e Filosóficos; são simbólicos os três primeiros graus e filosóficos do quarto grau ao 33.º.

SIMBOLISMO — O Simbolismo é a ciência interpretativa dos Símbolos. O Símbolo é apresentado para expressar um objeto, um instrumento, uma Joia, bem como para atingir resultados mais filosóficos, mais esotéricos, mais místicos e mais espirituais. Por exemplo: o Sol é o Símbolo da Luz, o Cordeiro é o Símbolo da simplicidade e da candura, a Pomba é o Símbolo da Paz.

A filosofia maçônica apresenta-se através de Símbolos; esses Símbolos, embora estáticos e comuns, expressam conceitos os mais profundos. Surge a viabilidade do "dialogar" com os Símbolos.

A contemplação, dentro de uma Loja maçônica, de um Símbolo, desperta na mente outras situações, imagens e conceitos. O Símbolo, apesar de apresentar-se como um objeto estático, tem sua interpretação alterada constantemente, porque a mente humana é que busca no Símbolo a resposta que almeja, de que necessita, que busca.

Paralelamente ao Símbolo objeto temos a linguagem Simbólica, isto é, o uso de palavras e conceitos que para o profano resultariam comuns para o maçom expressa um conceito místico e revelador.

Por exemplo, a exclamação *Huzzé* produz um efeito mágico no maçom, liberando-o das tensões e traumas. Os sons também exercem influência mágica e mística. O simples "bater palmas", denominado como "Bateria", faz com que as vibrações negativas sejam dissipadas, quando exercitadas dentro do Templo.

SINAI — Montanha situada na Arábia que se estende até o Mar Vermelho. "Sinai" deriva de "Sin", deusa da Lua, significando "fendido" ou "rachado". A região apresenta-se parte árida, parte com bela vegetação. A montanha é composta de vários montes, e em um deles Moisés recebeu a Lei do Senhor.

SINAL — Maçonicamente, o Sinal é representado por um gesto ou por uma postura. Em cada Grau de um Rito são feitos Sinais diferentes denominados "reconhecimento".

Um maçom reconhece o outro quando um deles faz um Sinal convencional e em resposta recebe outro correspondente. O Sinal pode ser "gutural", de "socorro", de "saudação", "penal" etc. A postura é um conjunto de Sinais. Geralmente, o Sinal é feito estando a pessoa de pé. Pode ser feito com as mãos, os braços, os pés ou as pernas; esses Sinais obedecem a formas geométricas, como a Esquadria. Na Maçonaria Filosófica, há um Sinal curioso, quando um maçom aponta, abrindo a boca, o palato.

Os cristãos fazem o Sinal da Cruz como saudação ou respeito.

Existe uma linguagem dos Sinais, usada pelos surdos-mudos, formando com os dedos da mão as letras do alfabeto.

Quando em Templo, os maçons, ainda de pé, aguardam para ocupar os seus lugares, permanecem "à ordem", ou seja, ficam de pé, mantendo uma postura convencional para cada Grau, constituindo um sigilo.

SINCRETISMO — Também usado como Ecletismo. É o sistema filosófico que abrange várias concepções, combinadas entre si.

SINDICÂNCIA — É o conjunto de informações que o Sindicante obtém do candidato à Iniciação e leva ao Venerável Mestre, por escrito, em formulário próprio e que deposita na Bolsa de Propostas e Informações.

SINÉDRIO — Do grego *Synédrion*, significa "conselho" ou "colégio". Era o mais alto conselho de magistrados que havia em Jerusalém.

SINETE — Com a dificuldade em assinar, as autoridades dos povos antigos, especialmente as reais, usavam apor nos documentos um Sinete privativo, substituindo a assinatura.

SISTEMA — É um princípio uniforme de conceitos sobre várias teorias a respeito de uma ciência, doutrina, religião ou conhecimento geral. Maçonicamente, equivale ao vocábulo Rito. Inicialmente, a Maçonaria Operativa possuía apenas regras; com o advento da Maçonaria Especulativa, foi necessário organizar um Sistema filosófico para ordenar os vários conceitos que surgiam em decorrência de múltiplas opiniões. Inicialmente, a Maçonaria Especulativa dedicou-se ao estudo da ciência e da verdade. Pode-se afirmar hoje, que cada Obediência segue um Sistema próprio.

SITIM — De origem hebraica, significa Acácia. Encontramos nas traduções do Livro Sagrado a palavra *Sitim* também como *Setim*. A Acácia é uma madeira extraída de uma espécie de árvore que era originária do Oriente, hoje divulgada em todos os cinco continentes. Para a Maçonaria, a Acácia é a madeira que não apodrece e simboliza a "natureza incorruptível da Alma".

SNOGA — Sinônimo hebraico de Sinagoga.

SOBERANIA — Do latim, significando aquele que detém o poder supremo. Politicamente, a Soberania é a expressão máxima de liberdade e autonomia de uma nação.

SOBERANO — Diz-se daquele que sobrepuja os demais, que está em posição de mando absoluto. Na Maçonaria significa um título honorífico usado para os que presidem certos Altos Corpos e Altos Graus.
O presidente de um Supremo Conselho recebe o título de Soberano Grande Comendador.
Uma Loja maçônica possui Soberania; suas decisões são Soberanas, isto é, são indiscutíveis.

SOCIEDADE — Agrupamento de pessoas em torno de um mesmo objetivo e regulamentado por estatutos.
A Maçonaria, sob o ponto de vista social, é uma Sociedade. As Sociedades podem ser, de conformidade com os objetivos estatutários, de beneficência, religiosas, científicas, místicas, maçônicas, secretas, etc.
As Sociedades Secretas existiram e ainda existem, nos países cujo governo é ditatorial, seja sob o ponto de vista político, seja sob o sectário.
Durante as perseguições religiosas, a Maçonaria considerou-se uma Sociedade secreta, sob o aspecto de preservar os seus filiados.
Por ocasião da expansão das ideologias políticas, como foi o nazismo, o

comunismo, o islamismo, a Maçonaria preservou-se mantendo em segredo os locais de reunião e o nome dos filiados.

Na Idade Média surgiram muitas Sociedades secretas, mas sob o ponto de vista doutrinário, tendo liberdade de reunião.

SOCIOLOGIA — É a ciência que estuda o comportamento da natureza humana em sociedade. A Sociologia envolve estudos políticos e étnicos.

SOCORRO — O Socorro é prestado a alguém que se encontra em perigo; no entanto, abrange também aqueles que estão necessitados. Numa calamidade pública, passado o perigo, como no caso de um terremoto, a população atingida, mas já fora do perigo, continua recebendo o Socorro de entidades locais, vizinhas, estrangeiras, enfim, a demonstração da existência da solidariedade humana.

Maçonicamente, a Instituição tem obrigação de Socorrer os seus filiados. Perigo pode se traduzir como necessidade imperiosa. A formação de uma Cadeia de União para atender de forma esotérica o irmão necessitado será uma atitude de Socorro que a Loja pratica em favor do maçom "em perigo". Existe no Grau de Mestre o Sinal de Socorro, que nos dias atuais já não visa alcançar de modo simbólico outro maçom para que corra em socorro do necessitado. Esse sinal é místico e mágico, pois invoca a Fraternidade Universal que, logo que "acionada", vem atender o pedido. É a "força mental"; são as vibrações existentes no Cosmos que se reúnem e se dirigem para o ponto solicitado. É a força interior que eduzida vem socorrer quem a solicitou.

O Socorro abrange duas situações; aquela que é solicitada e aquela que atende. O socorrido recebe o auxílio e se recupera; o socorrente cumpre uma obrigação e, dando, recebe por sua vez um retorno auspicioso.

SOD — Em hebraico significa "Segredo".

SOFISMA — É o falso raciocínio que conduz a uma solução, por sua vez, também falsa. Como exemplo, vem a história daquele jesuíta que, caminhando dentro dos jardins do claustro, é inquirido por um guarda se não vira alguém passar correndo. O jesuíta, enfiando as mãos dentro das largas mangas, cruzando os braços, diz: "por aqui não passou". Obviamente, ninguém passaria pelas suas mangas. Quando, durante a cerimônia de Iniciação, é solicitado ao Neófito o juramento convencional, o Venerável Mestre adverte que "jure sem reserva ou sofisma".

O maçom tem o dever de ser "transparente"; o seu sim deve ser "sim" e o seu não deve ser "não". Não há lugar para o maçom servir-se do Sofisma.

SOL — É o Astro Rei, pois domina sobre a Terra trazendo o dia, a Luz, o calor e a vida. "O grande luminar" como vem denominado no Livro do Gênesis, primeiro ato do Criador em formar a Luz para dissipar as trevas e para constituir o dia e a noite.

O Sol é o símbolo visível da Divindade. É símbolo da espiritualidade, do conhecimento e da verdade. Na ceia de Leonardo da Vinci, o pintor da Idade Média e os discípulos representaram, pelas posturas notadas no quadro, os doze signos; Jesus representa o Sol. Em toda a Antiguidade, a primeira manifestação mística foi o ato de adoração ao Sol. Em inglês, o domingo é denominado de "*Sunday*", o dia do Sol. Para a Maçonaria, o Sol representa a intelectualidade, o misticismo, o Espírito de Luz.

Dentro dos Templos, no Oriente, o Sol é um dos símbolos colocados para advertir que os maçons estão sob os seus raios luminosos.

Nas Sagradas Escrituras é descrito que o Criador fez os dois luminares: o Sol, para iluminar a Terra durante a metade do tempo, o que denominou dia; e a Lua para iluminar a outra metade, denominada noite. Sabemos que a Lua é um satélite da Terra, e reflete a luz do Sol.

O maçom é também, um "satélite", porque recebendo a Luz vindo do Sol, adquire luminosidade suficiente para iluminar aqueles seus circunstantes.

SOLIDARIEDADE — Do latim, *solidariu*, ou seja, união.

A Solidariedade é a correspondência daqueles que estão unidos por um ideal. A Solidariedade é ação recíproca; o maçom cultiva a solidariedade não apenas no aspecto de sociabilidade, mas também na forma do misticismo, na permuta dos pensamentos, na Cadeia de União, nos bons e maus momentos.

SÓLON — Filósofo célebre e grande legislador de Atenas, um dos sete sábios da Grécia, viveu pelos anos de 640 a 559 a.C.

Em suas obras, destaca-se o carinho para com os construtores dionisianos, concedendo-lhes privilégios especiais. Numa Pompílio retirou das obras de Sólon as disposições para o Colégio dos Arquitetos Romanos, onde a Maçonaria encontra as suas bases simbólico-Arquitetônicas.

SOLSTÍCIOS — O vocábulo Solstício vem do latim: *Solstitiu*, palavra composta de "Sol" e "stare", significando encontrar-se o Sol parado. O Sol "para aparentemente" em duas ocasiões a cada ano, a cada sua transladação em torno da Terra; isso acontece nos pontos solsticiais de Câncer e de Capricórnio.

Forma as elípticas, ou seja, as posições mais afastadas do Equador, que é a linha imaginária que divide o Globo em dois hemisférios iguais: o hemisfério austral, que é o verão, e o hemisfério boreal, que é o inverno.

Maçonicamente, comemoram-se esses Solstícios: o de verão, no dia 21 de dezembro, dedicada a São João Evangelista, e o de inverno no dia 24 de junho dedicado a São João Batista.

SONO — É o estado físico em que o ser humano repousa, desligando o consciente do conhecimento. Aparentemente, os cinco sentidos "dormem"; no entanto, dois sentidos jamais adormecem: o da audição e o do tato. Mesmo dormindo o ser humano recebe as vibrações que o atingem; mesmo adormecido o ser humano ouve e recolhe os sons, depositando-os ou registrando-os na mente.

Nas reuniões, frequentemente, veem-se pessoas que adormecem ligeiramente; essas pessoas não estão desligadas, pois recebem todas as vibrações e palavras místicas que são pronunciadas; recebem os odores do incenso e veem, com sua "terceira visão", cenas que depois podem referir, podendo até conter algumas predições. Outras pessoas não se encontram preparadas para "ouvir" diretamente certos mistérios e então "são desligadas" e caem em profundo sono; nem a todos convém um manjar mais substancioso. Não se critique, portanto, "aquele" irmão que dorme nas sessões. Ele estará comungando de idêntica forma, porque, adormecido ou não, é um elo da Cadeia de União. Nas Sagradas Escrituras vêm referido que: "Os jovens terão visões e os velhos sonhos"; o sonho surge quando a pessoa penetra em seu subconsciente e nele toma parte de um mundo diferente do convencional; é o primeiro passo para encetar a jornada permanente do homem espiritual.

SPODEK — Chapéu de copa alta usado por certos Rabinos; nas Lojas maçônicas em que predominam judeus o Venerável Mestre cobre-se com o *Spodek*.

STEINMETZEN — Eram os trabalhadores de pedra na Idade Média, que participavam das associações profissionais como precursores da Ordem maçônica em formação como instituição.

STUART — Carlos I, rei da Inglaterra, derrotado por Cromwell, foi decapitado cessando, assim, o reinado da Família real dos Stuart até a morte de Cromwell; subiu ao trono, então, Carlos II Stuart, iniciando-se na Inglaterra sucessivas destituições; depois de Carlos II, tiveram Jaime II, Guilherme de Orange, Guilherme III, retornando Jaime II até 1701; sucedeu-lhe o filho Jaime Eduardo Stuart, com o nome de Jaime III. Em 1714 os ingleses chamaram para o trono a Casa de Hanover. Sob o reinado de Jorge I, em 1717, formou-se na Inglaterra a Maçonaria Especulativa. Tudo leva a crer que a Maçonaria foi utilizada na luta pela reconquista do trono da Casa dos Stuart.

O sacrifício de Carlos I teria dado origem à Lenda da morte de Hiram Abiff, que representaria simbolicamente o Rei morto. De qualquer modo, a história da Inglaterra no período em que se formava a Maçonaria Especulativa está intimamente ligada aos aspectos místicos que foram estabelecidos.

SUBCONSCIENTE — Forma-se no Subconsciente a personalidade fundamental do indivíduo porque está ligado ao Hiperconsciente, que representa o Espírito.

Impossível é o contato direto entre Consciente e Hiperconsciente. Essas nomenclaturas podem variar; o importante é a trilogia mística que compõe o ser humano.

O meio para o Subconsciente ser atingido é a Meditação, o hipnotismo ou as drogas estupefacientes; esses meios conduzem a vontade a um estado de aparente adormecimento, anulando a consciência.

Usa-se, em criminologia, para extrair do delinquente a verdade, injetar por via venosa o Tienembutal; o efeito desse medicamento, nos sete ou dez minutos iniciais, faz com que se "liberem" todos os freios e a pessoa responda às perguntas que lhe são feitas; antes de cessar o efeito do medicamento, também de sete a dez minutos, surge um novo período de "liberação"; o hipnotismo atua da mesma forma, porque, anulado o consciente, aflora o Subconsciente. Para que se possa contatar com o Hiperconsciente, existem fórmulas esotéricas e profundamente místicas que, por meio da meditação adequada, anula os efeitos do Subconsciente, permite a abertura de "janelas" para que o místico ou o psicólogo extraia, eduzindo da pessoa, o que deseja prescrutar.

SUBJETIVO — O sentimento íntimo da mente aflora com facilidade por meio de conceitos filosóficos; é a informação subjetiva, isto é, extraída do Subconsciente.

SUBLIMAÇÃO — É o ato de tornar "santificado" um sentimento, uma emoção, retirando-lhe o prazer carnal, a volúpia, a líbido.

SUBLIME — Significa tudo aquilo que está acima e além do comum; é a colocação no Altar de uma vontade purificada.

SUBMISSÃO — É o posicionamento passivo da pessoa a uma vontade superior. A Submissão maçônica, contudo, é ato espontâneo e não humilha; não retira a vontade nem destrói a personalidade; o maçom deve ser "livre e de bons costumes". A Submissão maçônica diz respeito ao reconhecimento consciente da autoridade dos seus superiores; o maçom submete-se por disciplina e amor.
Da mesma forma, como o cristão submete-se aos padres e bispos, sem perder a sua condição de ser livre.

SUFRÁGIO — É o voto dado à uma proposição; o maçom sufragia o candidato à Iniciação. O Sufrágio maçônico é feito por meio da colocação na Bolsa das Propostas e Informações, das esferas que aprovam; essa prática vem da idade cavaleiresca, quando os Cavaleiros eram aceitos para fazer parte de uma agremiação; como exemplo temos o sufrágio dos Cavaleiros da Távola Redonda.

SUL — Um dos pontos Cardeais da Terra; maçonicamente também é denominado de Meio-Dia. À direita da entrada do Templo, encontra-se a Coluna do Sul, com a letra "B", onde tem assento os Companheiros. Os raios solares do Sul incidem sobre os corpos e esses não fazem sombra; é a posição "neutra" do Companheiro, que se situa entre o Aprendiz e o Mestre.

SUPERSTIÇÃO — É o sentimento distorcido da verdade, geralmente impelido pela ignorância e pelo temor. A Superstição é combatida pela Maçonaria, porque se distancia do conhecimento. É o raciocínio cômodo de quem não prescruta a verdade. A Maçonaria combate três poderosos inimigos do ser humano: a ignorância, a superstição e o erro.

SUPREMO CONSELHO — Diz-se assim, o último Escalão da Maçonaria; é um corpo isolado, soberano e independente que comanda a Maçonaria Filosófica.

SUPREMO CONSELHO PARA A REPÚBLICA FEDERATIVA DO BRASIL — Com o nome de "Supremo Conselho do Brasil" surgiu em 12 de março de 1829, e teve como seu primeiro Soberano Grande Comendador Francisco Gê de Acayaba Montezuma, Visconde de Jequitinhonha.
O nome original de Montezuma era Francisco Gomes Brandão Montezuma, porém segundo uma prática da moda, trocou o seu nome, acrescentando "GÊ" de uma tribo de caboclos e "ACAYABA" uma das árvores mais belas brasileiras.
Montezuma foi Soberano Grande Comendador até 5 de outubro de 1835.

SUPREMO CONSELHO PARA A REPÚBLICA FEDERATIVA...

Sucederam-lhe 21 Grandes Comendadores até o dia 20 de maio de 1922, quando foi eleito Mário Marinho de Carvalho Behring, nascido em Ponte Nova, Minas Gerais, em 27 de janeiro de 1876.

Com Behring, o Supremo Conselho ingressou em uma segunda fase de grande progresso e destaque, pois em 1927 foram, sob os seus auspícius, fundadas as Grandes Lojas.

Behring teve atuação destacada em atividade pública; engenheiro pela Bahia, jornalista e historiador, ingressou na Biblioteca Nacional do Rio de Janeiro como amanuense em 1902 e nomeado diretor em 5 de janeiro de 1924, pediu exoneração do cargo no dia 17 de novembro de 1932.

Falecido no Rio de Janeiro em 14 de junho de 1933, seus restos mortais repousam no Cemitério de São Francisco Xavier na Cidade do Rio de Janeiro.

A obra de Behring na Biblioteca Nacional vem registrada nos Relatórios anuais que se encontram arquivados naquela repartição.

A sua preocupação constante na conservação do prédio, das obras raras, da tipografia e da encardenação, com o curso de Biblioteconomia, no serviço de estatística, na aquisição de obras novas ou raras por compra e doação, é refletida em todos os seus relatórios dirigidos ao Ministro da Justiça e dos Negócios Interiores, na época o dr. Affonso Penna Júnior.

Como curiosidade, pois os relatórios não são de fácil aquisição e consulta, transcreveremos os funerais do eminente maçom Ruy Barbosa. (Relatório apresentado em 15 de fevereiro de 1924). A grafia é a atual.

"Tendo o Governo resolvido realizar exéquias oficiais do grande brasileiro, foi a Biblioteca Nacional designada para receber seu corpo que durante 24 horas esteve em exposição, no vestíbulo preparado para esse fim.

Os funcionários da Biblioteca, divididos em turmas, revezaram-se na guarda do corpo do eminente estadista.

No saimento, o Diretor da Primeira Secção da Biblioteca Nacional, falando em nome da Academia Brasileira de Letras, explicou os motivos da escolha da Biblioteca para receber em sua sede os despojos de Ruy Barbosa.

E creio nenhuma outra forma encontraria melhor de perpetuar nesta casa a memória de tão honroso fato, do que neste relatório transcrevendo aquele discurso do dr. Constâncio Alves.

— 'Mestre e amigo, estas palavras com que te despediste de Machado de Assis, por delegação da Academia Brasileira, são as que te dirijo agora, em nome dela. Nem outra diria melhor o sentimento que ora nos domina, misto de admiração e de dor.

Uma sagra a preeminência do teu espírito e a autoridade do teu saber; as outras recordam a doçura, a benignidade e a nobreza do teu coração.

Sobre o teu esquife se junta esta como ramo de saudades que chora os mortos; aquela como a coroa de louros que glorifica os imortais.

Quando, no teu adeus ao maravilhoso artista, lembrando um de seus versos, "um gemido de sua lira", dizia-lhes que vinhas trazer "o coração dos companheiros", a mágoa dos que carpiam o que emudecera recrescia pela eloquência do que falava.

Parecia que essas palavras nunca mais vibrariam com a intensidade daquele momento em que caíam dos teus lábios.

E no entanto são, hoje, mais comovedoras na minha voz do que foram na tua.

Os que, naquele dia, lamentavam o desaparecimento de um homem a quem denominaste o mágico do conto e o joalheiro do verso, podiam encontrar algum lenitivo para o irreparável, considerando que tu ficavas.

Agora, que vais partir, quem diria dessa perda cuja intensidade nem mesmo o teu verbo poderia exprimir? Mas o indizível encontra a sua expressão no recolhimento da amargura de todos, no silêncio do pesar da Pátria, na angústia sem voz, da cidade que passa, em romaria, pelo teu cadáver, na mulher e na surpresa dos que, pensando que não devias morrer, agora têm a certeza de que já não vives. Na universalidade dessa tristeza inenarrável que transborda do País, alonga-se como uma vaga e vai desfazer-se em lágrimas em plagas da América e da Europa, levando a tua melancolia a Nações onde não eras um estrangeiro, mas um concidadão de altos espíritos liberais; nessa unanimidade do luto não pretende a Academia Brasileira que o seu luto avulte.

Ela reconheceu pelo seu ilustre Presidente que não em sua casa mas aqui é que havias de esperar o momento da viagem derradeira; da Cidade dos Livros é que devias sair para a Cidade dos Mortos. Que outro Edifício, senão este, seria o Templo adequado às tuas exéquias.

Aqui vive o Brasil nos documentos da tua história; aqui fulge no pensamento dos teus escritores; aqui palpita no sentimento dos teus poetas.

As gerações que a morte vai dispersando aqui se reconstituem na sua continuidade histórica; e parece que todas as almas que animam este Palácio juntam-se às nossas, nesta hora funesta, e amplificam a multidão que te cerca, e prolongam pelo passado a dentro o cortejo dos teus funerais.

Muitas dessas sombras foram espectadoras de tuas vitórias, companheiros de tuas batalhas, teus irmãos na fraternidade dos ideais e testemunhas do teu espantoso labor. A tua grande vida aqui se revela na majestade das tuas obras. Não és, não serás um habitante ignorado desta Cidade dos Livros, onde se ergue o teu busto, doado por teus comprovincianos para ser o augusto monumento da Cidade, quando celebramos o teu jubileu que teve o fulgor de uma grande data nacional.

Este era o ambiente predestinado àquela glorificação que a solenidade de hoje completa, e que também devia realizar-se aqui.

O teu busto estabelece a unificação das duas cerimônias que afirmam por modos diversos o mesmo sentimento; ontem, tumultuando numa admiração torrencial, hoje, fluindo no murmúrio das águas que choram. Este bronze que foi fundido para falar da tua imortalidade não o desmente neste aparato da morte.

Ele paira, como vemos, acima deste luto, no espaço que o Sol doura e não que os círios iluminam; e afirma a sobrevivência do teu espírito na perenidade da tua obra prodigiosa e vasta, que só podia nascer na vastidão do teu crânio, astro que nos deslumbrava com o seu resplendor solar e hoje nos consterna com as trevas da sua noite e nos faz pensar num desses grandes mundos extintos que, nos espaços siderais, rola, em silêncio eterno, a sua

eterna tristeza. Mas a luz que maravilhou nessa estrela apagada cintilará perpetuamente em páginas assombrosas; as do jornalismo feito para guiar as consciências e inflamar as almas; as do orador, cuja eloquência sem par levantada ou aplacava procelas; as do jurisconsulto oracular; as do político em que a paixão sempre juvenil da liberdade e do direito não perturbava a previsão dos acontecimentos, o descortino das realidades; as do artista, em cuja pena a nossa língua atingiu a suprema perfeição Como foste grande na multiplicidade dos teus talentos! Como davas a impressão de que, dentro de ti, muitos homens trabalhavam para a glória do teu nome!
Elegendo patrono da tua cadeira, na Academia, Evaristo da Veiga, quiseste significar que a todas as benemerências, preferias a do cidadão, e que ser cidadão fora o teu ideal. E cidadão foste, com a magnitude de uma vocação nunca vista; com o conselho sempre pronto para as urgências da hora; com a solução instantânea para os problemas do momento; com a pena desembainhada para as lutas necessárias; com a palavra sempre dedicada à causa da Pátria e com a intrepidez sempre disposta a afrontar todas as tempestades da vida civil. O nobre metal do teu estilo que podias prodigalizar em teus trabalhos de arte pura, em obras-primas de escultor, empregaste-o quase todo em armas para as exigências da tua prodigiosa atividade militante. Agora que acabaste a luta, só porque se te acabou a vida, podes esperar tranquilo a justiça da Pátria, a quem amavas. O teu nome não é dos que se apagam ou dos que se riscam. Para que desaparecesse, seria preciso suprimir quase cinquenta anos de Vida Nacional. É com esta certeza que nos despedimos de ti. Mestre e amigo, a quem vim trazer o coração dos companheiros, escuta o pranto da nossa saudade no adeus extremo que murmuro aqui, onde, um dia, entraste no clamor do nosso entusiasmo e de onde vai partir no silêncio da nossa desolação."

Nesse mesmo relatório constatamos que a Biblioteca Nacional abrigava desde o ano de 1922 a Câmara dos Deputados.

A Behring foi imputada a injustiça de que para instalar a Câmara desmantelou a secção de obras raras, jogando-as em um porão, onde correram risco de perecimento. Como se constata do Relatório referido, fora o diretor que o precedeu Manuel Cícero Peregrino quem instalou a Câmara dos Deputados nas dependências da Biblioteca Nacional.

A propósito registra Behring no relatório à pág. 477:

"As antigas coleções de livros, entre estas verdadeiras preciosidades bibliográficas de difícil senão impossível substituição, permanecem nas mesmas e lastimáveis condições acusadas em relatórios anteriores, à mingua dos assíduos cuidados que a sua conservação impõe e a escassez do pessoal impossibilita. São necessárias providências urgentes para que não se tenha mais tarde de lastimar uma perda irreparável."

(Relatório do ano 1923)

Outra injustiça feita contra Behring diz respeito à exoneração do diretor que o precedeu, dr. Manuel Cícero Peregrino da Silva, exoneração que teria sido de sua inspiração para lhe obter o lugar. Vamos encontrar no Relatório

SUPREMO CONSELHO PARA A REPÚBLICA FEDERATIVA...

do ano de 1924, apresentado em 15 de fevereiro de 1925, a seguinte nota: "Foi exonerado: dr. Manuel Cícero Peregrino da Silva, do cargo de Diretor Geral, por ter sido nomeado para outra função pública."
Portanto, a saída do dr. Peregrino decorreu de sua nomeação para outra função pública de maior relevância.
Nos anos seguintes, já Ministro da Justiça o dr. Augusto Vianna do Castello, a preocupação de Behring diante da escassez de recursos era manifestada com veemência em todos os relatórios. No Relatório do ano de 1926, preocupava-se com a saída da Câmara dos Deputados para o seu prédio próprio e sugeria a essa Câmara verba para a restauração das dependências por ela ocupadas.
Ao final do relatório consignava:
"As maiores falhas de serviço de que se ressente esta Repartição dependem justamente do catálogo e das oficinas, estas demorando anos e anos para encadernação das obras adquiridas em brochuras e aquele não as pondo à disposição do público."
(pág. 25)
Behring apresentava sugestões revolucionárias inspirado no trabalho dos norte-americanos. Em seu Relatório do ano de 1927, à página 7, transcreve o seguinte trecho, que demonstra a sua preocupação de inovar os serviços da Biblioteca para beneficiar o público:
"Se desejais que o público leia, diz Mac Lenegan, de Milwankee, Wis., é mister fazer com que o contato entre as pessoas e os livros seja fácil e agradável. Conforme a concepção moderna, a biblioteca pública é um lugar onde se encontram livros à disposição de todo o povo. Por isso deve ser democrática em sua atmosfera, de sorte que ninguém — homem, mulher ou criança — sinta vexame por sua posição social.
Uma boa biblioteca é, indubitavelmente, um dos objetos que com mais razão devem encher de orgulho patriótico um centro de povoação. Esparge sobre a comunidade como uma auréola de intelectualidade."
Expõe Behring a sua desilusão nessas candentes frases. (págs. 10/11)
"As salas de leitura da Biblioteca Nacional exigem uma fiscalização rigorosa e nem sempre possível pela exiguidade do pessoal e defeitos de construção do Edifício. Ora, é esse um dos problemas que já foram resolvidos pela bibliotecas norte-americanas; é opinião corrente nos Estados Unidos e também na Inglaterra que é absolutamente desnecessária a fiscalização, porque os melhores guardas das bibliotecas são os próprios leitores. Isso, porém, a meu ver, depende essencialmente da educação do povo e do sentimento de respeito à propriedade, ao bem comum que constituem as coleções das bibliotecas públicas. A existência nas coleções de centenas de obras mutiladas, por outro lado, não aconselha o uso, por enquanto, dessa franquia dos armazéns ao público.
É mister, ainda, uma longa e cuidadosa propaganda das bibliotecas para que esse amor e esse respeito ao livro despertem, garantindo os tesouros que guarda esses estabelecimentos."
A constante preocupação de Behring de levar a cultura ao povo fez com que sugerisse a criação de uma seção infantil, o que viria a concretizar-se mais tarde, como trabalho pioneiro:
"E não seria de menor utilidade a criação de uma seção infantil, destinada à

SUPREMO CONSELHO PARA A REPÚBLICA FEDERATIVA...

população escolar, com salas a ela especialmente reservadas e obras cuja leitura lhes fosse recomendável e pessoal adestrado para tão delicado serviço."
(pág. 12 do Relatório de 1927)
O curso de Biblioteconomia, muito antigo, da Biblioteca Nacional, com períodos de suspensão por falta de verba e professores, era a preocupação constante de Behring. Esse curso precedeu os cursos universitários e foi um dos primeiros a serem instalados no País.
No Relatório do ano de 1929, Behring aborda com grande conhecimento jurídico a questão do registro de autores, comentando o artigo 673 do Código Civil, em longo trabalho, destacando a legislação comparada de outros países, dos eméritos juristas Clóvis Bevilacqua, Filadelfo Azevedo, João Luiz Alves e outros civilistas, bem como citando Jurisprudência, e sugere a alteração da legislação sobre os direitos autorais. Serve-se do trabalho de um funcionário, Solidônio Leite, transcrevendo o excelente trabalho.
Foi na gestão de Behring que a Biblioteca Nacional acolheu a colaboração da Viscondessa de Cavalcanti e instituiu a seção para cegos, escrita em Braille.
Foi a grande conquista para os cegos e o pioneirismo de Behring que contemplaram com obras valiosas e numerosas as riquezas da Biblioteca Nacional sob o ponto de vista cultural e sobretudo humano.
Consta do relatório, pág. 27:
"O interesse da Viscondessa de Cavalcanti pelos infortunados cegos foi além: aproveitando o regresso da Europa do dr. Afrânio Peixoto, encarregou a este conhecido e apreciado literato de entregar à Biblioteca Nacional curiosos aparelhos destinados à instrução dos cegos.
Os aparelhos doados encontram-se expostos na Secretaria, em um mostruário, vendo-se ao centro uma fotografia onde se lê: "Viscondessa de Cavalcanti — propugnadora da Coleção Braille, na Biblioteca Nacional, inaugurada em janeiro de 1930, na administração do dr. Mário Behring."
No último Relatório que nos foi possível conseguir, Behring, em longas considerações, insiste na necessidade de maior atenção de parte do Estado para com a Biblioteca Nacional; contrafeito, exige, critica e suplica e assim, por 22 longos anos, deu em si num trabalho silencioso, pertinaz e sem esmorecer para que o acervo cultural, "o seu tesouro", como dizia, pudesse sobreviver.
O trabalho de Behring, que se tornou um técnico excepcional, dificilmente seria superado. Nessa longa atividade, demonstrou ser, antes de tudo, excelente administrador, inovador e organizador.
Se poucos eram os seus amigos no setor profano, tinha ele no setor cultural mais de um milhão de verdadeiros e diletos amigos: os Livros!
Essa capacidade administrativa a pôs em função, em 1927, quando deu ao Supremo Conselho do Brasil uma nova estrutura.
O objetivo do presente trabalho não é, evidentemente, historiar a vida de Behring e nem do Supremo Conselho, apenas, ressaltar que Behring foi um marco de muita importância na história maçônica do Brasil.
Na data de 12 de novembro de 1974, assumiu posto de Soberano Grande Comendador do Supremo Conselho para a República Federativa do Brasil,

SUPREMO CONSELHO PARA A REPÚBLICA FEDERATIVA...

o insigne maçom Alberto Mansur, que fixa o terceiro e importante marco para a Maçonaria Brasileira.

Foi Mansur quem, de forma inteligente, pacienciosa e constante, dedicando seu tempo integral, conseguiu transformar o Supremo em uma Empresa, tal a organização que lhe imprimiu, conquistando mais de trinta mil membros e construindo uma magnífica sede no Rio de Janeiro.

Não só o Supremo Conselho passou a constituir o corpo maçônico de maior relevância no País, como também expandiu-se para fora, presente sempre nas Conferências Internacionais, levando Mansur a sua experiência, o seu trabalho, a sua simpatia e trazendo os frutos de sua abnegação adaptando-os à administração brasileira.

Cercados por valorosos e hábeis maçons, o trabalho da equipe constitui orgulho nacional, pois em cada rincão brasileiro as Lojas de Perfeição medram; nas cidades de maior expressão populacional, os Capítulos e Conselhos evoluem e nas Capitais os Consistórios arregimentam o que há de mais expressivo no mundo maçônico.

As Inspetorias Litúrgicas desempenham seu relevante papel, e assim o Supremo Conselho, que já completou 166 anos de existência, evolui e se faz presente em toda oportunidade, contribuindo para o conhecimento intelectual dos maçons.

O Porta-voz do Supremo Conselho é a Astréa, órgão oficial fundado por Behring que leva aos recantos da Pátria o noticiário farto e a orientação precisa de todos. A Revista Astréa tem sempre presente a inspiração de Behring que, tendo a consciência da necessidade de um órgão de divulgação que ligasse a Administração com todos, dentro e fora do País, soube eternizar-se na preocupação sempre demonstrada quando diretor da Biblioteca Nacional de "ir ao povo", buscá-lo para dar-lhe o alimento da intelectualidade.

O trabalho bom sempre será duradouro.

Se Behring buscava em Montezuma a sua inspiração, Mansur buscou em Behring as forças para prosseguir seu trabalho maravilhoso, seu esforço de unir e semear compreensão fraterna.

TAANIT — Do hebraico, significa Barrete.

TABERNÁCULO — Numa das colinas do Sinai, o Senhor determinou a Moisés que construísse uma tenda onde seria-lhe prestado culto. Era um Templo provisório e portátil, pois o povo hebreu encontrava-se no deserto, marchando para Canaã, livrando-se da escravidão do Egito.
Nesse Tabernáculo encontravam-se todas as características usadas para o primeiro e grande Templo de Salomão. O Tabernáculo era considerado um lugar santificado, e os objetos que estavam no seu interior, como a Arca da Aliança, os Pães Ázimos, o Altar, enfim, todos os utensílios, como o lampadário de sete velas, ou seja, o Menorá, foram preservados até que pudessem ser trasladados definitivamente para o Grande Templo.
Diz a lenda que no momento em que for encontrada a Arca da Aliança, este será o aviso da vinda do Messias; o Messias para os hebreus é o Salvador esperado desde a Diáspora, pois o povo hebreu não aceitou o Messias Cristão.

TÁBUAS DA LEI — Sinônimo do Decálogo. Moisés, subindo ao Monte Sinai, recebeu diretamente de Jeová os preceitos morais para o povo Israelita, condensando-os em algumas Tábuas. A tradição informa que essas Tábuas eram confeccionadas em pedra; no entanto, a própria etimologia da palavra induz a crer que essas Tábuas eram confeccionadas em madeira.
A Maçonaria considera os Dez Mandamentos como código moral e para ela, a Tábua, originou a Prancheta, onde são desenhados os planos de toda construção.

TÁBUA GRAVADA — Sinônimo de Livro de Atas ou Balaustre.

TAÇA SAGRADA — Recipiente contendo líquido usado para um cerimonial; esse líquido, quase na totalidade dos casos, é suco de frutos fermentado; pode ser de uvas, formando o vinho; pode ser de romãs, dando origem a uma bebida afrodisíaca; pode ser de "Soma", um néctar usado para provocar alucinações, e assim por diante. Maçonicamente, durante a Iniciação, é oferecido ao Neófito, que mantém os olhos vendados, beber da Taça Sagrada. Inicialmente, a bebida é doce e o Neófito a absorve com deleite; porém, de forma habilidosa, é acrescentado à bebida um suco tremendamente amargo.
A transformação do líquido sugere que a Vida tem passagens doces e amargas e que o ser humano deve, sempre, estar alerta, pois o que se apresenta fácil, de gosto suave, alegre, pode de um momento para outro transformar-se em pesadelo, dor, sacrifício. A Prudência é que orienta as ações do ser humano.

TACHRICHIM — Em hebraico, "mortalha".

TALHADOR DE PEDRA — Em Roma, os Talhadores de Pedra eram denominados de *Caementarius*. Uma pedra para ser usada convenientemente como alicerce para uma construção deve ser adaptada para que encaixe com perfeição entre as demais.

A pedra primitiva, ou Pedra Bruta, não pode ser usada para Pedra Angular ou para a construção de um muro ou parede. As suas "arestas" devem ser retiradas para que surja um bloco dimensionado de acordo com a necessidade.

Filosoficamente, a Pedra Bruta é o ser humano; pedra cheia de arestas que a torna imprópria para a construção do Templo Interior; arestas que ferem os que a manipulam. O trabalho constante faz com que a retirada de todas as arestas da construção propiciem um edifício perfeito.

Todo Aprendiz maçônico é um Talhador de Pedra.

TALMUDE — É o livro hebreu que encerra a doutrina ensinada por Moisés; inicialmente era uma Lei Oral, pois Moisés a recebeu de Jeová no monte Sinai; mais tarde é que Moisés determinou que fosse escrita, ditando-a aos Escribas. O Talmude consiste no Pentateuco, ou seja, os cinco primeiros livros da História Sagrada. O Talmude divide-se em duas partes gerais: o *Mischna*, que é o texto geral; e o *Gemara*, que é o comentário desse texto.

A Mischna divide-se em seis partes que se denominam *Sederim*, compreendendo, as sementes da Terra, as festividades, os direitos e deveres das mulheres, as infrações, os sacrifícios e as purificações. Cada uma dessas seis partes divide-se em *Massicoth*, ou seja, em vários tratados específicos em número de setenta e três.

A interpretação do Talmude, por sua vez, divide-se em parte jurídica denominada *Halachach*, e parte mística, denominada *Haggadah*.

TANACH — Em hebraico, significa as Sagradas Escrituras, compreendendo, exclusivamente, o Velho Testamento.

TAPETE DA LOJA — Não se confunda Tapete com o Mosaico da Loja; o Tapete é sinônimo de Painel. Esse Painel, no início da Maçonaria Especulativa, era "desenrolado" à frente do Altar, entre esse e o Oriente. Inicialmente, os símbolos que constam hoje no Painel eram desenhados com carvão no piso da Loja; o desenho substituiu o uso de um Tapete; hoje, os Painéis vêm dentro de quadros, recobertos com vidro. Certos Ritos, como o Schroeder, ainda usam o Painel na forma de Tapete, que é desenrolado por ocasião da abertura dos trabalhos e enrolado quando do encerramento. Inicialmente, as Lojas não continham qualquer símbolo; esses eram os que o Arquiteto da Loja desenhava no piso.

O fato de um representante da Loja "criar" os símbolos, tornando-os visíveis, simbolizava que na Loja os maçons reiniciaram o trabalho da construção de si próprios.

Hoje, os Painéis, um para cada Grau, são colocados de forma litúrgica num momento exato quando da abertura solene da Loja, simbolizando que daquele momento em diante os maçons presentes recebem os instrumentos de trabalho para a edificação do templo humano, esotérico e espiritual.

TAU — Letra grega que representa o "T" e é considerada um símbolo sagrado. Moisés o usou várias vezes como Cruz; no deserto, inseriu num Tau de madeira uma serpente para que, os atingidos pelas suas mordidas, olhando para o Tau, neutralizassem o veneno do réptil. Simboliza a Cruz Cristã, significando a inserção da linha horizontal com a vertical, construtora de dois ângulos retos; a parte material e a parte espiritual.

Muitos pintores da Renascença pintaram a Cruz do Crucifixado no formato de um Tau.

O Tau faz parte da ornamentação de uma Loja maçônica, pois simboliza a morte e a ressurreição.

TELEPATIA — Originária do grego, a palavra diz respeito à ação do pensamento que, a distância, outra pessoa capta. A Telepatia pode ser "cultivada", isto é, por meio de exercícios pode o ser humano alcançar essa habilidade.

Captar o pensamento alheio é receber as vibrações emanadas de um ser pensante.

TEMPERANÇA — Significa o equilíbrio das ações; ser temperante é contentar-se com o suficiente; envolve o ato de alimentar-se, de beber, de alegrar-se, do lazer, do sexo; enfim, não basta que o maçom seja Temperante numa só espécie, há de ser Temperante em tudo, evitando o fanatismo, a gula, a licenciosidade e no que respeita a todo excesso.

TEMPLÁRIOS — Coube a Hugo de Payens e Geoffroy de Saint Omer, em 1118, a iniciativa de fundar uma ordem que consagrasse homens selecionados, a serviço de Deus, obedecendo às regras de Santo Agostinho.

Ser nobre naquela época significava possuir, além do sangue azul de berço, recursos financeiros de tal monta que permitissem tomar parte em empreendimentos de vulto.

Payens e Geoffroy, após sua primeira peregrinação à Jerusalém, decidiram retornar à Terra Santa onde se apresentaram ao rei de Jerusalém, Balduíno II, um dos Condes de Flandres.

Balduíno II, recebeu com muito boa vontade os visitantes, pois percebera que estava sendo esboçado um movimento sério que trataria de organizar a peregrinação europeia à Terra Santa; a nova organização foi acolhida no palácio real, de onde surgiu o nome de "Templários" e de "Ordem do Templo".

Anos mais tarde, o próprio Papa, reconhecendo o valor da nova Ordem, convocou um Concílio, e no ano de 1130 os Templários eram oficialmente reconhecidos. À chefia da nova Ordem denominou-se Grão-Mestre; teve desempenho fantástico e em pouco tempo era a mais poderosa das Ordens, em todos os sentidos: econômico, religioso, intelectual e militar. Menos de dois séculos mais tarde, sendo Grão-Mestre Jacques de Molay, a Ordem tornou-se tão poderosa que despertou a cobiça do rei da França, Felipe, o Belo; aliando-se ao papa Clemente V, a Ordem foi dissolvida, os Templários foram dizimados, seus bens confiscados e Jacques de Molay foi queimado na fogueira na ilha Vert Galant, em Paris.

A Maçonaria, colhendo os frutos sazonados do acervo intelectual e místico, enriqueceu a sua Filosofia com a experiência dos Templários, adotando símbolos e táticas. Os Templários desapareceram, mas a Maçonaria prosseguiu, porque o seu ideal não é o poder temporal nem as riquezas, mas o aperfeiçoamento do ser humano para que dentro do âmbito do amor fraterno o homem possa ser feliz.

TEMPLO — Local destinado ao culto de uma divindade. O termo Templo passou a designar o acolhimento de um culto extensivo às ciências; assim, temos Templos erguidos à Sabedoria, ao Esporte, à Medicina, ao Direito, etc.

Os Templários acolhiam no Templo os peregrinos que visitavam a Terra Santa, porque esse acolhimento era um ato de solidariedade e religiosidade.

As Lojas maçônicas reúnem-se em Templos; são recintos "consagrados" para as atividades operativas e especulativas; uma vez consagrado um Templo, passa a ser recinto santo, exigindo-se respeito e veneração.

Todos os movimentos religiosos do passado recente ou remoto desenvolveram-se dentro de Templos.

Quando uma nação invadia outra, em ato de guerra, a sua primeira preocupação era a de destruir o Templo, porque era o local de maior respeito; sua destruição equivalia à destruição do próprio povo. Os inúmeros Templos do passado estão todos destruídos; em alguns lugares, veem-se tão somente ruínas.

A preocupação da Maçonaria é erigir um Templo que jamais possa ser destruído, não com a magnitude do Grande Templo de Salomão ou da riqueza do Templo de Herodes, mas o Templo que simboliza o ser humano; o Templo do Universo de dentro que se situa no íntimo do homem no local mais secreto e místico.

Cada homem pode transformar-se em Templo de Deus e receber a Sua presença.

TEMPLOS MAÇÔNICOS — Os Templos maçônicos seguem a arquitetura convencional inspirada pelo conteúdo das Sagradas Escrituras; passam os séculos e a Maçonaria continua construindo os seus Templos obedecendo à posição solar e somando os símbolos que herdou do passado, dividindo o recinto interno em partes distintas, usando das tradições para que não se perca a função de tudo o que num Templo é colocado, visando "polir a Pedra Bruta", que é o próprio maçom, para reconstruí-lo consoante os ideais da Ordem.

Na atualidade, os Templos têm externa e arquitetonicamente semelhança entre si e características peculiares que chamam a atenção dos maçons que por ele passam, porque as construções por si só evidenciam a presença redentora.

TEMPLO DE SALOMÃO — Embora hoje, no local onde existia, existam tão somente ruínas, e como prova, um muro denominado Muro das Lamentações, o Templo de Salomão foi perpetuado nos Livros Sagrados Bíblicos. Todos os detalhes da construção e da demolição são conhecidos. O maçom inspira-se no documento histórico para compreender a razão de cada objeto, utensílio, adorno, transferindo a filosofia desses elementos para o terreno espiritual a fim de erigir dentro de si próprio um Templo igual, inclusive com a presença do Grande Arquiteto do Universo, a quem cultua.

TEÓGNIS — Teógnis ou Teognide ou Theognis foi o poeta da "elegia grega", com os seus poemas que cantam o luto e a tristeza; nasceu em Megara, Nises no último decênio do século VI a.C., por ocasião dos persas.

Nobre, despojado face o surgimento de um período democrático, preocupado em igualar o equilíbrio econômico entre o povo, perdeu seus bens e sentiu-se perseguido.

Exilado, pobre, conheceu o amargor da miséria, perambulou por Esparta até fixar-se na Sicília, onde foi bem considerado; podendo retornar à sua terra, foi bem tratado, mas não conseguiu reaver seus bens.

Escreveu uma elegia para os Siracusanos fugidos de um cerco em circunstâncias trágicas, enviando mensagens a Cirno, bem como sentenças de fundo moral dirigidas a amigos; são mais de 1.200 versos de cunho político e moral, sendo uma parte inspirada pela *Musa puerilis*.

O núcleo do poema é formado de Conselhos a Cirno, uma espécie de breviário espiritual para as antigas aristocracias dóricas no momento em que fraquejavam diante da democracia, no decênio que precedeu as guerras persas.

A obra, também, é polêmica e reflete a luta de um passado que não desejava morrer e se sustentava na sua tradição, mas acabou entregando-se ao destino inexorável da história.

É a mesma tragédia que traspassa a alma de Píndaro; constitui, no fundo, um compêndio educativo.

Cirno, a quem vêm dedicados os conselhos, era filho de Polipaos, um jovem a quem o poeta manifestava grande dedicação.

Também foi o primeiro poeta grego que usou expressões violentas, ásperas, cheias de ódio contra a plebe.

O seu conceito da vida reflete grande pessimismo, desolamento e amargor. Dizia: "melhor teria sido que a criatura humana não nascesse, porém, uma vez que nasceu, melhor será transpor o mais depressa possível os umbrais de Hades".

Também o problema do mal o atormentava; não sabe conciliar a existência do mal com a onipotência divina. A Júpiter, melhor dos homens e dos deuses, envia uma pergunta muito humana: "Por que não são punidos os maus? Por que sofrem os bons? E por que os filhos inocentes pagam pelas culpas dos pais? Como isso pode ser justo?".

"Além está o pensamento de vida e de juventude que foge; apressar-se para gozar, porque seremos terra preta amanhã".

E refere nosso Ritual: "Como podes tu, filho de Saturno, igualar o prevaricador e o justo?".

Os males e as tristezas do exílio, as alegrias fugazes da vida, o vinho, o amor e a música, o ódio para com os adversários, dos quais, sedento de vingança, desejaria sorver-lhes o sangue negro, fulguram nos seus versos, cortantes como uma lâmina ou, opostamente, canoros como a água límpida de uma fonte.

Sempre, no entanto, retorna à realidade; a realidade de uma vida real, sofrida e plangente.

Teógnis é citado por Platão e Plutarco. Muitas foram as suas obras, hoje contidas nas antologias dos poetas gregos, que servem mais para estudos que para leitura comum; na biblioteca do Vaticano encontram-se colecionadas as obras principais; os seus poemas vêm sendo estudados e interpretados pelos literatos alemães e italianos. O manuscrito principal é o *Nutinenses* do século X, conservado em Paris; Revista de Filologia Clássica, de 1891, no Vaticano; *Edito Princeps*, Veneza, ano 1495; Edições de Bakker. F. G. Welker, Ziegler; "Antologia Lírica" de E. Dihel, em Lipsia 1923; Nova Antologia dos fragmentos da lírica grega, Turim, 1933, etc.

TEOLOGIA — Procede do grego *Theós*, Deus, e *Logos*, discurso, portanto: "tratado de Deus", ou seja, o estudo sobre Deus em todos os seus aspectos. A Maçonaria tem grande interesse nesse estudo, pois o seu Grande Arquiteto do Universo é Deus. A única Instituição Universal que classifica a Divindade como "arquiteto" é a Maçonaria, porque o seu objetivo é a "construção de Templos", considerando o ser humano como Templo.

TEOREMA — Significa teoria já com demonstração especulada. O vocábulo é de uso corrente na matemática e na física. O problema apresentado à Maçonaria é o Teorema de Pitágoras, aplicado no Grau filosófico inefável, quando é feito o traçado dentro da Loja, seguindo os passos de quem faz o giro interno pelo Ocidente.

TEOSOFIA — *Sophia* significa em grego Sabedoria. Traduz-se como sendo a "Sabedoria Divina". A ciência teosófica não é religião sectária, mas um estudo do misticismo e da espiritualidade.

A Maçonaria, sendo um conjunto eclético das ciências especulativas, tem na Teosofia base sólida para as suas especulações.[14]

TERNÁRIO — Toda especulação, toda ciência, especialmente a Geometria, enfim, todos os elementos materiais e espirituais que a Maçonaria dispõe são formados por três unidades; são as Trilogias simbólicas que auxiliam a mente a elaborar o raciocínio para encontrar, em tudo, uma Verdade.

TERRA — Sendo um dos quatro elementos da Natureza, o maçom a concebe como sendo um mineral e ao mesmo tempo designando o Globo Terrestre. Do pó da Terra foi feito o homem; ao pó ele retornará, durante o processo da putrefação.

TERRÍVEL — É aquele que causa terror. Terrível pode ser a manifestação da Natureza, com os seus terremotos e ciclones. Terrível o comportamento humano quando dá vazão aos seus instintos baixos. Na Maçonaria, para expressar essa parte violenta da Natureza, dá-se o nome de Irmão Terrível ao oficial que submete o candidato às provas iniciáticas.

TESOUREIRO — Denomina-se assim o oficial da Loja encarregado do levantamento e da guarda dos valores; a função de tesoureiro está prevista nos Regulamentos e Estatutos. Na escolha para o cargo, dá-se a preferência aos portadores do diploma de contador, economista ou afins.

O Tesoureiro é o sexto cargo, em importância, dentre os Oficiais de uma Loja.

---

14. N.R.: *Existem Lojas maçônicas fundadas por teósofos com objetivo de difundir os princípios da Teosofia entre os maçons.*

O Tesoureiro, contudo, não arrecadará os valores coletados na Bolsa de Beneficência, que serão da competência exclusiva do Hospitaleiro. Esses valores não podem constar nos livros da tesouraria.

No caso da Loja desejar formar uma estatística, o encarregado será o Chanceler. Os valores decorrentes dos Óbolos são distribuídos em forma de caridade, sigilosamente, pelo Hospitaleiro; nem sequer o montante desses valores será comunicado à Loja, mas particularmente ao Venerável Mestre, que poderá solicitar aos presentes que "reforcem o tronco de beneficência", justificando o pedido.

TESTAMENTO — Sob o ponto de vista religioso, ou seja, na ligação entre Deus e o homem, Testamento significa "pacto"; as Sagradas Escrituras dividem-se em dois momentos; é um "pacto" geral, porém dividido em duas épocas: a primeira, parte da criação do Universo até o nascimento de Jesus; a segunda, parte desse nascimento até o final dos tempos.

Testar significa destinar; sob o aspecto civil, é o direito que possui alguém para destinar os seus próprios bens.

A Lei Civil, por meio de um Código específico, permite que o testador disponha, se casado, da metade dos bens do casal, sendo a esposa, meeira e não herdeira; a outra metade, ele poderá deixar em testamento para os herdeiros necessários, ou seja, os filhos; porém, dessa metade disponível, o testador poderá dispor de 50% para doar a quem desejar.

No caso de o testador ser solteiro ou viúvo, a parte disponível será a metade, cabendo a outra metade aos seus herdeiros necessários.

Na Maçonaria, uma das "provas" a que é submetido o candidato é o de lhe ser solicitado que disponha os seus bens, fornecendo, assim, um formulário adequado. Essa prova é para observar se o candidato tem desprendimento quanto aos seus bens.

TETRACTYS — Provém do grego e significa o mesmo que a Tríade, porém formado com quatro elementos. A mais célebre *Tetractys* é a denominada *Tetractys Suprema*, ou Tétrada Pitagórica. A criação mais conhecida é o *Tetragramaton*.

TETRAGRAMATON — É um dos inúmeros nomes sagrados que expressa a Divindade máxima e superior, como IOD, HE, VAV, HE, que se resume como IHVH, que é o nome de Deus na Cabala Mística.

Esse nome hebraico é de difícil pronúncia para nós latinos; esse nome, pela sua sacralidade, não deve ser pronunciado e, quando escrito, de ser feito com toda veneração.

Maçonicamente, usa-se o *Tetragramaton* resumido na primeira letra, o IOD, que é inserido no Triângulo Sagrado de cristal colocado na parte frontal do Dossel da Venerança. O Triângulo de Cristal simboliza o éter; a letra flutua no éter, porque se transforma num elemento de alta magia e profundo misticismo.

THOT — Deus egípcio representado por um Íbis que é um pássaro aquático do rio Nilo e que descansa sobre uma só perna simbolizando seu corpo, pela forma de coração que adquire, o próprio Egito.

TIFÃO — Irmão de Osíris e seu maior inimigo dentro da mitologia egípcia, e que o matou cortando o corpo em 14 pedaços; a lenda é referida na Maçonaria em um dos Altos Graus Filosóficos.

TIMBRE — Objeto que tem dois significados; o de carimbo, ou selo, que é aposto na documentação maçônica; e o de sineta, colocada nos três Tronos, do Venerável Mestre e dos Vigilantes; esses Timbres emitem sons diferentes (dó para o Primeiro Vigilante; lá para o Segundo Vigilante; e sol para a Venerança) quando sobre eles os Malhetes tocam.

TÍTULOS — Cada Loja possui um Título privativo que é o nome pela qual passa a ser conhecida. Em cada Grau os Oficiais da Loja recebem um Título diverso. São Títulos honoríficos de elevada expressão dignatária, retirados da reminiscência do passado, como Soberano, Príncipe, Poderoso, Sábio, Venerável, Sereníssimo, Comendador e assim por diante. Esses Títulos são usados dentro dos Templos e, profanamente, em correspondências, diplomas, referências, noticiários, etc.

TOCHAS — A Tocha foi usada nos tempos primitivos da civilização para iluminar; logo que surgiu o fogo, esse era preciosamente conservado para que não se extinguisse; descoberto o Betume, ou Alcatrão, embebiam-se "tufos" de capim seco com a substância negra que acesos, mantinham por tempo regular uma chama viva, embora produzindo espessa fumaça negra. Em algumas cerimônias maçônicas, ainda são usadas tochas, especialmente para iluminar a Câmara das Reflexões.

As Tochas, dentro dos Templos, foram substituídas pelas Estrelas; são hastes encimadas pelas velas, ou lâmpadas, alimentadas por pilhas ou baterias elétricas.

TOLERÂNCIA — Do latim *Tolerare*, significa: "Suportar". Traduz, outrossim, os atos comuns de "consentir", "condescender", "admitir" e "aceitar". O Tolerar envolve "sacrifício" e "perda aparente"; é a condição de alguém demonstrar afeto e amor para com o semelhante, ainda mais se esse semelhante for um maçom.

A Tolerância é o atributo virtuoso máximo que a Maçonaria cultiva e que lhe dá o retorno máximo. Diz o sábio: "O mal que te faço não te faz mal; o mal que me fazes, esse é o que te faz mal".

A Tolerância não tem gradações; é total; não se pode Tolerar com limites; é incondicional.

É extremamente difícil, e aí está o seu valor, Tolerar alguém. Se Deus não Tolerasse a desobediência dos homens à sua Vontade, de há muito que o homem seria suprimido.

O maçom que não sabe Tolerar, que não compreendeu o que é a Tolerância, mereceria retornar "ao ventre materno", ou seja, repetir a Iniciação.

Um casal em comemoração às suas bodas, sejam de marfim, prata, ouro ou qualquer época como a tradição social sugere, o primeiro passo que dá é o de retornar à Igreja (especialmente no Templo onde convolou núpcias) e repetir a cerimônia, renovando os seus juramentos de amparo e fidelidade mútuos.

O maçom deveria (e como!) renovar o cerimonial da Iniciação, porque muitos passam por ela, mas inconscientemente.

TOQUE — É o sinal de "reconhecimento" feito com as mãos; cada Grau de um Rito possui um Toque peculiar que é mantido sob muita reserva para se evitar abusos no mundo profano; o Toque deve ser sempre discreto para que passe desapercebido aos que porventura o possam, acidentalmente, assistir.
O Toque é ato mágico.
Jesus curava com um simples Toque de suas mãos; bastava o aflito Tocar as vestes do Senhor para que recebesse a graça almejada.
O Toque, além de expressar um sinal, transmite vibrações energéticas que identificam dois seres humanos.
O sussurro, usado para a transmissão da Palavra Sagrada, ou Semestral, por constituir matéria, é considerado "toque", pois atua sobre a parte sensitiva do tato.

TORÁ — Nome hebraico para os preconceitos de conduta que os israelitas deveriam observar; a Torá era dividida em duas partes: a parte escrita, que compreendia os cinco primeiros livros das Sagradas Escrituras escritos por Moisés; a parte oral, denominada Talmud, que inclui a Mishna e a Gemara. Moisés recebeu diretamente do Senhor a Lei, quando esteve por um longo período isolado no monte do Sinai; essa Lei Moisés resumiu em dez pontos, denominados Decálogo; ignora-se quanto tempo Moisés esteve isolado no monte Sinai, em que circunstâncias, como se alimentou; no entanto, quando desceu ao vale onde se encontravam acampados os Israelitas, os encontrou adorando um bezerro fundido em ouro; o abandono do povo do culto a Jeová, a confecção da estátua, enfim, a transformação religiosa, teria demandado um longo período; Moisés, irado, depois de admoestar o povo e seus dirigentes, quebrou as "Tábuas do Decálogo" e retornou ao Sinai, onde permaneceu novo e longo período, com a finalidade de "ouvir" de Jeová a complementação dos preceitos destinados a disciplinar o comportamento dos hebreus. Tudo o que Moisés ouviu, escreveu de forma lenta, formando os 5 primeiros livros, denominados "Pentateuco"; do grego, "penta", cinco.
A Torá é apresentada em Rolos; os demais livros bíblicos já são apresentados impressos. Visitando-se uma Sinagoga, sobre o Altar notam-se os Rolos tradicionais que em cerimônia especial os Rabinos leem, "desenrolando" da direita para a esquerda.

TOURO — Segundo signo do Zodíaco, representa força, merecimento e simboliza o trabalho. Maçonicamente, simboliza que o candidato à Iniciação mereceu ser admitido na Instituição. É lembrado arquitetonicamente por mencionar o Livro Sagrado que o Mar de Bronze era sustentado por doze Touros. Uma das faces de um Querubim representa o Touro; o Bafomet dos Templários possuía elementos retirados do Touro.

TRABALHO — Do latim, *tripaliare*, com o significado de torturar; o trabalho seria "uma tortura", um "sacrifício", pois, segundo as Sagradas Escrituras, a "lenda" da expulsão de Adão e Eva do Paraíso pela desobediência ao comerem o fruto da Árvore do Conhecimento, o Senhor os "castigou" com o Trabalhar para sobreviver. Esse castigo, paulatinamente, foi transformado em ato dignificante. São Paulo escreveu que "todo trabalhador é digno de seu salário".

O Trabalho passou a ser uma ação nobre, pois sempre constitui um esforço, uma ação extenuante, nem sempre bem recompensado.

Maçonicamente, o início da Ordem visava exclusivamente o Trabalho manual, o esforço físico, braçal, que exige o "suor do rosto"; era a Maçonaria Operativa; posteriormente, no século XVIII, com o surgimento da Maçonaria Especulativa, todo "esforço mental" passou a ser considerado um Trabalho.

O Trabalho em Loja é toda ação, seja ela litúrgica, mística, esotérica ou intelectual. Tanto é Trabalho o desenvolver do Ritual como a confecção de uma Ata, ou a apresentação de uma "peça de arquitetura".

Na Maçonaria Simbólica, o Aprendiz recebe como tarefa o desbastamento da Pedra Bruta; é o Trabalho braçal dirigido; é a experiência adquirida pelo esforço e pela boa vontade; o Companheiro, já integrado nos mistéres de suas tarefas, as desempenha com afeição e alegria, em união com os seus companheiros; é o Trabalho integrado; o Mestre, conhecedor profundo de todos os misteres, além de executar a tarefa de complementar o trabalho executado pelos Aprendizes e Companheiros, os orienta para que a obra resulte perfeita.

Na Maçonaria Filosófica, o Trabalho ocupa um outro segmento; é o espaço místico e interior que o Trabalhador usa para atingir outros planos.

TRAÇAR — O significado etimológico seria "produzir traços", ou seja, "escrever"; Traçar uma Prancha significa escrever um documento, um ofício, uma mensagem.

TRADIÇÃO — Em direito civil, significa a transmissão de uma propriedade de um proprietário para outro; consuma-se a Tradição quando o novo proprietário "coloca o pé na terra".

Dessa origem, tudo o que é transmitido passa a ser Tradição; é a transmissão do conhecimento; é a conservação dos costumes, dos hábitos, de tudo o que no passado era observado. A Tradição, genérica e maçonicamente, significa o que vem do passado como lição de vida, como fruto de experiência.

A Tradição não é estática; uma prática de ontem pode se tornar uma tradição amanhã. A Maçonaria procura não alterar a Tradição básica, o esqueleto da estrutura filosófica.

Obviamente, com o passar do tempo, os conceitos se alteram acompanhando a evolução natural, ditada pela ciência que está em constante processo e mutação.

A Maçonaria pode-se envolver em conceitos modernos, porém mantendo a estrutura primitiva.

TRAIÇÃO — A lenda de Hiram Abiff demonstra que três Companheiros, traindo os seus compromissos de fidelidade, trucidaram seu Mestre. Esse ato de Traição é constantemente relembrado. O maçom, toda vez que descumpre seus "votos", estará traindo a causa, os seus irmãos e a si próprio.

TRAJE — Denomina-se assim a vestimenta do maçom em Loja. Nas sessões comuns, o Traje maçônico compõe-se de camisa e gravata brancas, paletó e calça pretos, meias e sapatos pretos e luvas brancas. Nas sessões cerimoniosas, como as festivas e as Iniciáticas, o Traje passa a ser o de gala, isto é, o "smoking", ou a vestimenta real. Hoje, o uso do Traje de gala vem sendo abandonado pelos maçons.

TRANSCENDÊNCIA — Diz-se que Deus "transcende" a todas as coisas, isto é, Ele está "acima" de tudo. Diz-se que situam num plano mais elevado do que o comum. A Maçonaria, quando assume a posição de misticismo, torna-se Transcendente, ou seja, ingressa em sua parte esotérica. A Transcendência não exige explicações, nem definições, porque ela supera tudo.

TRANSE — É a passagem do consciente para o estado de subconsciência provocado pela meditação, pela autossugestão ou pelo hipnotismo. Esse "fenômeno" da mente frequentemente se manifesta na formação de uma Cadeia de União. Entrar em Transe pode se tornar um ato visível ou desapercebido; qualquer ser humano tem a faculdade de entrar em Transe e até inconscientemente. Um Transe provocado leva a um sono leve.
Nesse estado, a pessoa comunica os seus pensamentos mais íntimos e que podem ser conduzidos a revelar os fatos do passado, inclusive quando ainda no útero materno; experiências elaboradas em psicanálise conduziram a mente em Transe a vidas anteriores.

TRANSEPTO — Do latim, *Transeptum*, significa além da clausura.
Maçonicamente, o corredor (galeria subterrânea) que conduz à Câmara das Reflexões denomina-se Transepto.

TRANSGRESSÃO — É o ato de desobedecer; quem transgride, ou seja, quem "passa além", quem "ultrapassa" os preceitos maçônicos, torna-se um desobediente e merecedor de advertência. Essa advertência, quando a Transgressão é praticada durante os trabalhos em Loja, é feita nas respectivas Colunas pelos Vigilantes; no Oriente, pelo Venerável Mestre.
Uma Transgressão é sempre uma "falta leve" por esse motivo a apenação, consistirá em simples advertência. Transformando-se a Transgressão em falta grave, então serão aplicadas as leis existentes para tais casos, precedida sempre por um processo durante o qual o Transgressor terá direito a ampla defesa. Nesses julgamentos, a diretriz a ser observada será o uso da Tolerância; esgotados todos os recursos que o "amor fraternal" fornece, serão aplicadas medidas extremas.

TRANSMIGRAÇÃO — No verbete sobre Metempsicose já foi referido que a Transmigração significa a passagem de uma Alma de um corpo que falece para outro corpo que está nascendo. A Transmigração é a prova da existência de uma Alma.
Evangelicamente, temos numa das ações do Divino Mestre a permissão da passagem de Almas endemoniadas para o corpo de uma manada de porcos; supõe-se que uma Alma possa habitar o corpo de um animal, daí as mitologias admitirem divindades com corpos de animais.
A Maçonaria aceita a existência da Alma e da vida futura, mas não se preocupa com a doutrina da Transmigração.

TRANSMUTAÇÃO — Os Alquimistas estavam na busca da mudança dos elementos para a transformação em ouro. Na Maçonaria, temos uma

Transmutação na Taça Sagrada, quando a bebida doce se transmuta em amarga. É uma Transmutação química.

TRATADO — As Potências da Maçonaria Regular mantêm entre si, no aspecto nacional e internacional, Tratados; esses são normas que se estabelecem em acordos de mútuo reconhecimento ou de decisões conjuntas.

TRÊS — É o terceiro número da ordem numérica; é a união do Universal, ou Unidade, com a dualidade. É a Trilogia que significa a perfeição. O Ternário é o número místico usado pela Maçonaria para expressar a Divindade e esclarecer a origem dos seus símbolos. O Ternário é representado com o Delta Sagrado que se apresenta na forma de um Triângulo.
O princípio da Maçonaria é a Unidade; a parte problemática é a Dualidade; a solução redunda na Perfeição, com a Trindade.
A Dualidade insere-se em toda escala numérica que vai do um ao nove; com a Unidade, a Dualidade forma o número Três; esse somado a uma nova dualidade forma o número Sete; e esse com a quarta Dualidade, forma o número excelso e perfeito, Nove.

TRÊS LUZES — As Luzes de uma Loja são as consideradas maiores, também consideradas como Paramentos da Loja, e constituem o Livro Sagrado, o Compasso e o Esquadro, colocados sobre o Ara ou Altar.
As Três Luzes menores são os três candelabros, em forma de coluna, colocados em torno do Altar, e que são acesas no início dos trabalhos, simbolizando a Sabedoria, a Força e a Beleza.

TRÊS PONTOS — Na correspondência maçônica, usam-se palavras abreviadas apondo-se a seguir o Triponto; maçons há que em sua assinatura colocam os três pontos, em forma de triângulo. A origem é polêmica; informações nos vêm de que na data de 12 de agosto de 1774 a Grande Loja da França colocou o Triponto em uma circular; no entanto, esse Triponto é encontrado nos grafitos das paredes onde Jacques de Molay e seus companheiros foram presos; o Triponto significaria a presença da Trindade.

TREVAS — A Iniciação retira o profano das Trevas em que se encontra, porque o iniciado encontra a Verdadeira Luz.

TRÍADE — Conjunto formado por três elementos. Na Maçonaria temos várias Tríades, como as três Luzes administrativas da Loja, que são o Venerável Mestre e seus Vigilantes; as três Luzes colocadas no Altar, que são as Joias Livro Sagrado, Compasso e Esquadro; as três situações geográficas que são o Oriente, o Ocidente e o Setentrião; as três Colunas, Sabedoria, Força e Beleza; os três Graus Simbólicos, Aprendiz, Companheiro e Mestre; a Trindade espiritual, Pai, Filho e Espírito Santo; as três posições do Sol, e assim por diante.

TRIÂNGULO — Palavra que deriva do latim, *Triangulum*, é uma figura geométrica formada por três linhas, chamada uma delas de hipotenusa e as demais de catetos, as quais se unem mutuamente.
No que diz respeito a extensão e tamanho de seus lados possui três variantes: Triângulo Equilátero, quando tem os seus três lados iguais; Triângulo Isósceles, quando possui somente

TRIÂNGULO

dois lados iguais; Triângulo Escaleno, quando os seus três lados são desiguais.

Tomando-se em consideração a estrutura do Triângulo e a forma dos seus lados, dividem-se em Retilíneo, Curvilíneo e Mistilíneo.

Em atenção à forma dos ângulos, recebe as denominações de Triângulo Retângulo ou octogeno, quando um dos seus ângulos tiver forma reta.

Triângulo Obliquângulo, quando nenhum dos seus ângulos são retos.

Triângulo Acutângulo ou oxígono, quando seus três ângulos forem agudos.

Triângulo Obtusângulo ou Ambligônio, quando possuir um ângulo obtuso.

Triângulo Plano é aquele que tiver seus três lados sobre um mesmo plano.

Triângulo Esférico, quando for traçado sobre a superfície de uma esfera e especialmente o que se compõe de três arcos de Círculo máximo.

Na triangulação, chama-se Triângulo Quadrantal o esférico que possui por lados um ou mais quadrantes.

Na Astronomia surge o Triângulo Boreal, constelação que se encontra abaixo e um pouco ao Sul de Perseu.

Triângulo Austral é a constelação celeste que se encontra nas proximidades do Polo Sul.

Triângulo de "Orchel", na ordem gramatical, que é o artifício empregado por Orchel para explicar a correlação das vogais "A", "I" e "U" e as demais, "O" e "E", colocadas num Triângulo em cujos vértices se colocam as três primeiras e as duas últimas se intercalam ao correr dos lados do referido Triângulo.

O Triângulo é uma figura matemática composta de 3 lados e 3 ângulos, e pelo que diz respeito ao equilátero se o considera sinônimo da perfeição geométrica, porque tanto as suas linhas como os seus lados e os seus ângulos são exatamente iguais e, portanto, não há símbolo tão interessante em sua interpretação, nem que contenha mais variações em suas aplicações, ou mais maçonicamente que dito símbolo.

O Triângulo foi adotado por quase todas as associações místicas da divindade, dando-lhe diversas interpretações, em forma de doutrinas, mitos ou lendas. Não se trata, portanto, de um símbolo exclusivamente maçônico.

A Maçonaria esotérica com seu Tetragramaton, onde se encontra o nome sagrado de Deus, é o que representa os cinco Triângulos ao redor do Pentagrama, o qual, rodeado de um Círculo que simboliza o Universo, constitui o símbolo excelso: o Homem.

Os antigos egípcios representavam as trevas com um Triângulo negro que, na Iniciação, é onde o recipiendário formulava as respostas às três perguntas contidas num papiro triangular.

Assim como na Geometria, o Triângulo Equilátero é a mais perfeita das figuras, na Maçonaria, o Triângulo é o mais perfeito dos seus emblemas, pois na representação do Delta Sagrado, há a presença do Grande Arquiteto do Universo.

Sob o ponto de vista esotérico, o simbolismo do Triângulo é muito profundo e amplo; não se poderá dizer apenas com poucas palavras.

A interpretação esotérica egípcia antiga considerava como símbolo da Natureza, do gérmen, da gênesis, da criação e, num sentido geral, de todos os fatores que produzem e mantêm a vida.

Osíris, ou seja, o princípio masculino cuja perpendicular do Triângulo corre

TRIÂNGULO

em sentido convergente a de Ísis, ou princípio feminino, que juntos e unidos pela Hipotenusa representam Horus, que é o produto dos princípios masculino e feminino.

O símbolo assim explicado adotou Pitágoras, que através dessa demonstração conheceu a propriedade peculiar que possuía, que é a de que a soma do quadrado dos dois lados menores é igual ao quadrado do lado maior, explicando em forma simbólica que a alegoria do produto de Osíris e Ísis é Horus.

Essa representação foi adotada no Terceiro Grau da Maçonaria como o problema quadragésimo oitavo de Euclides.

O Triângulo é a primeira das superfícies geométricas, portanto a base fundamental da medida, ou seja, a unidade trigonométrica que se aplica a toda medida, ou a unidade trigonométrica que se aplica a toda medida dos corpos e do espaço, fazendo com que a propriedade do Triângulo seja aplicada a todas as ciências consideradas como sendo de origem sagrada dentro dos preceitos religiosos.

Para o iniciado constitui base do conhecimento a "Prancha" Triangular, que contém as três perguntas encerra uma profunda filosofia maçônica.

Seus três lados devem ser iguais como os do Triângulo Equilátero, porque cada linha representa um elemento vital, ou seja, a matéria, o meio e o gérmen que unidos produzem a gênese ou a "germinação", princípios indispensáveis para que haja vida.

As perguntas contidas na "Prancha" Triangular são as seguintes:

1) Quais os deveres que o homem tem para com o Criador?;
2) Que deveres tem o homem para com os seus semelhantes?;
3) Que deveres tem o homem para consigo mesmo?

Essas perguntas são tão iguais entre si como o são os três lados do Triângulo Equilátero.

O "Criador", o "Semelhante" e o "Eu" fundem-se em uma Unidade Universal.

O Triângulo representa a Natureza, mas uma natureza que reflete as suas próprias leis e as leis do Universo, este, aqui, no sentido mais amplo de Um em diversos, abrangendo todos os possíveis e prováveis Universos existentes no Cosmos.

Como há diversas "Eternidades", segundo os preceitos hebraicos, também há diversos Universos.

O Todo é mais uma denominação de o Grande Arquiteto do Universo.

Dizia o Nazareno: "Eu e o Pai somos Um, como vós, também como Ele, sois Um".

A fusão dos três lados do Triângulo Equilátero faz surgir uma superfície. Será nessa superfície que iremos encontrar, em uma só área, o "Criador", o "Semelhante" e nosso "Eu".

Interpretar o Criador como sendo a própria Natureza ou o Universo e o que contém toda criatura humana e mesmo todo ser vivente será a harmonização dos seres.

Se o meu Eu é universal e contém o Criador e o meu próximo, Eu estarei completo e em plena harmonia com as leis do Universo.

Essa é a lição da Iniciação que abre os demais caminhos do conhecimento.

A presença do Triângulo Luminoso com a luz acesa simbolizando ter sido ativado preside a formação da Cadeia de União. Assim, como o Livro Sagrado deve estar aberto, o "Delta Luminoso" também deve ser notado irradiando Uma Presença.

TRIÂNGULO

Os componentes físicos do Triângulo podem ser estudados, pois deles emanam conhecimentos também de certa profundidade: em linhas gerais, o "Delta Luminoso" compõe-se do Triângulo, de sua Superfície e do Olho Interno.

Dessas três figuras, a mais importante será mais difícil e mais ousado destacar. O valor está em seu conjunto, em seu todo conhecido, visível, invisível e desconhecido.

Na Maçonaria, sempre há um aspecto que não se revela, seja por falta de conhecimento, seja por falta de oportunidade.

A parte pouco referida pelos escritores maçônicos é a que diz respeito à Superfície.

A Superfície constitui a própria Loja em seu aspecto físico, ausente o elemento humano. Todos nós sempre nos encontramos em "Superfície", seja em que assunto for, maçônico ou profano.

A Superfície é o mundo, mas não o Universo.

A Superfície é o lugar-comum, a inteligência estacionária, o viver vegetativo, sem preocupações com os males ou aflições do próximo, sem o interesse no desconhecido; a apatia, o descaso, o egoísmo, enfim, no sentido figurativo e pejorativo, o mundo material.

Mesmo se tratando do Universo ou de Deus, não se poderá abstrair o mundo.

A oposição sempre foi necessária e está presente em qualquer movimento de redenção.

Sem a oposição e a luta nada foi conquistado, assim, também o é na Maçonaria.

A Superfície do Triângulo é constituída de um determinado espaço que não está ocupado, mas que serve para situar o Olho Divino e limitar as três linhas que formam a mais perfeita figura geométrica.

A Superfície não vislumbra a profundidade e nem as alturas, pois ela não possui verticalidade.

É a planície, será nela que iremos buscar a nossa meta, enquanto o Espírito não nos proporcionar asas para o voo iniciático.

O maçom encontrará na horizontalidade o que poderá alcançar e lhe poderá ser fatal ultrapassar os limites da prudência.

Somente quando obtiver aumento de seu "salário" poderá se aventurar às alturas ou às profundidades.

O maçom que se considerar feliz na Superfície do conhecimento maçônico, sem aspirar grandiosidades, terá alcançado a lição da Sabedoria.

Seu mestre terá nele um excelente discípulo.

O salto frequentemente conduz a uma queda violenta. É preciso saber saltar!

Toda figura geométrica possui Superfície no mesmo nivelamento que a do Triângulo, se o Triângulo é a figura geométrica mais perfeita, antes de nele estacionarmos, deveremos ter estagiado nas outras.

O Ponto, a Reta, o Ângulo, o Polígono e o Círculo são as figuras geométricas que possuem Superfícies planas e únicas.

Não referiremos as demais figuras geométricas, como os poliedros, que possuem várias Superfícies.

O maçom deverá estagiar em todas as figuras geométricas no seu devido tempo, mas, antes de estacionar no Triângulo, deverá ter compreendido as lições que as demais figuras oferecem.

TRINDADE — Deus é trino; a Trindade exsurge em todos os aspectos do Universo. Pai, Filho e Espírito Santo; começo, meio e fim; energia, resistência e movimento; corpo, alma e espírito, e assim por diante.

TRINTA E TRÊS — Esse número expressa ter o maçom alcançado o ápice da Pirâmide; o exemplo de Jesus e Krishna de terem vencido uma das etapas de suas existências, com a passagem para um mundo espiritual, nos serve de exemplo da sublimidade desse número.

TROLHA — Não deve ser confundida a Trolha com a colher do pedreiro; Trolha é um instrumento de construção; consiste numa diminuta tábua, tendo no verso uma alça; ela tem duas utilidades, a de carregar certa quantidade de massa, que a colher retira para lançar numa superfície, e a de "alisar" a massa que se apresenta irregular.
Passar a Trolha significa "aplainar" diferenças, exercitar a Tolerância, perdoar as ofensas.

TROLHAMENTO — Denomina-se Trolhamento o exame que é feito no visitante para saber se é realmente um maçom. No aspecto esotérico, "passar a Trolha" sobre alguém significa retirar-lhe as asperezas para que, quando der ingresso no Templo, não seja diferente dos demais, pois se apresentará como Pedra Polida e não como Pedra Bruta.

TRONCO DE SOLIDARIEDADE — Toda coleta de óbolos destinada aos necessitados não passa de um ato de solidariedade humana.

TRONO — Assento elevado em dignidade destinado às autoridades da Loja, que formam uma trindade: o Venerável Mestre e os dois Vigilantes. Deus, dizem as Sagradas Escrituras, está "sentado" em um Trono, simbolizando a autoridade por excelência; sentar significa majestade, pois o respeito exige que os que se aproximam de uma autoridade devem ficar em pé.

TUBALCAIN — Personagem bíblico filho de Lamec e bisneto de Noé; teria sido o primeiro artesão a lidar com objetos de ferro e bronze. O nome de origem hebraica é um composto de "Tubal" e "Qavin". "Qavin" significa ferreiro.
É um personagem que a Maçonaria Operativa usou para uma das suas lendas e especialmente na Lenda de Hiram Abiff.

TURÍBULO — É o incensário, ou seja, um instrumento em que são colocadas brasas e, sobre essas, grãos de incenso; é formado por duas peças de metal, ligadas por correntes; com um movimento adequado, a fumaça despreendida é "espargida" sobre a pessoa a ser incensada. A finalidade do incensamento é dupla: aspergir em direção à Divindade como homenagem; afastamento das vibrações e fluidos negativos.
Nas cerimônias maçônicas, especialmente na Iniciação, é usado o Turíbulo.

TZEDEK — Em hebraico, significa Justiça.

TZELEM — Significa em hebraico imagem, crucifixo.

TZEM — Hebraico, significa "Jejum".

UM — Representa a Unidade. É o "todo". A numerologia compõe-se de nove unidades, ou ainda, de nove Universos; são nove Eternidades; nove hierarquias celestiais. O "Um", por ser o princípio, a ele seguem-se as demais coisas; a soma desses isolados "Um" forma um mundo místico de elementos esotéricos. O homem, em sua aparência extrema, representa uma unidade, contudo ele é um "dualismo", porque dentro de si possui um segundo Universo, o do interior, o espiritual. Só, o homem não subsiste; com uma companheira, será dois, portanto quatro no sentido espiritual; agregando-se ao casal um terceiro, estará formado o Grupo de seis unidades.

A Maçonaria exige, para subsistir, sete unidades para formar uma Loja.

UNIÃO — Significa a junção de unidades que tendem ao infinito; o homem não pode ficar só; ele é sociável e associativo; busca o grupo para se agrega; a União não é apenas de indivíduos, mas de seres completos, de homens universais. O esforço vitorioso em qualquer empreendimento está na dependência de uma vontade. A Maçonaria cultiva a unificação dessas vontades, porque elas levam à harmonização para com o Criador.

UNIDADE — Pitágoras, o sábio e filósofo autor dos Versos Dourados, foi quem nos legou a capacidade de compreender a Unidade, que nada mais é do que a fusão dos números dispersos. Na Cabala, a numerologia, sob o entendimento único dos hebreus, é a vivificação dos números para a redução ao seu princípio, para se poder compreender a Deus, que é a Unidade máxima.

Quem puder manejar os números, através dos cálculos, iniciando com a simples soma, chega a um momento semelhante ao episódio da Torre de Babel e passa por momentos de enormes dificuldades pela dispersão. É a Diáspora do povo judeu. A mente humana soube evoluir de tal forma que criou o maior impasse conhecido em todas as épocas: a explosão de conceitos fora de uma realidade, longe da Unidade.

Chega um momento profético em que tudo se reduzirá à Unidade e então o ser humano, retornará "ao pó" e "à unidade"; terá alcançado a almejada Unidade onde se situa o Grande Arquiteto do Universo, que é Deus.

A Maçonaria busca essa Unidade, porque somente assim ressurgirá o almejado Universo e com ele a compreensão de tudo o que está disperso. Unir é a máxima maçônica; e só assim o ser humano compreenderá que o amálgama, o mercúrio a ser usado, será o "amor fraterno".

UNIFORMIDADE — A forma única conduz à perfeição e à disciplina; a Maçonaria busca em cada Rito desenvolver o Ritual correspondente de forma Uniforme. Um maçom brasileiro que passe a frequentar uma sessão maçônica em outro país encontrará a mesma Liturgia.

UNIVERSAL — UNIVERSALIDADE DA MAÇONARIA

Com a evolução constante de todas as coisas, em todos os terrenos, em todas as concepções e filosofias, a Liturgia tem sofrido alterações. Diz-se, então, que cada Loja maçônica possui a sua própria "personalidade".

Não se pode, hoje em dia, exigir uma Uniformidade rígida para as sessões maçônicas.

Não se confunda, porém, "desleixo" ou "relaxamento" com "personalidade"; se durante os trabalhos maçônicos, por exemplo, não houver uma Uniformidade nas "posturas", e os gestos e os posicionamentos divergirem em uma Loja de outra, a mínima exigência que é feita é a da obtenção de uma justificação para essa alterações.

Certas Grandes Lojas possuem um Corpo de Instrutores que visitam as Lojas para orientálas a observarem rigidamente os Rituais.

As Lojas que são soberanas, ao apresentarem "inovações", deverão fundamentar as novas iniciativas; essas poderão ser aceitas e até estendidas às demais Lojas.

Quem teve a oportunidade de viajar pelo País, visitando as milhares de Lojas maçônicas existentes, há de ter observado tanto na ornamentação dos Templos como no comportamento místico e na interpretação da filosofia profunda alteração.

Ninguém está errado. Tolera-se, até, aquilo que aparentemente se apresenta "diferente", se essas alterações são fruto de uma tradição. A célebre frase: "sempre foi feito assim" deve encontrar a boa vontade dos Superiores Hierárquicos.

A "personalidade" de uma Loja não pode ser destruída sob pena de causar "traumas", "descontentamentos", "irritações", "desânimos" e um corolário de lamúrias. Melhor tentar compreender o "porquê" das alterações que tecer críticas destrutivas.

Contudo, manter a Uniformidade dos trabalhos é recomendável, porque essa Uniformidade nos vem, também, da tradição.

UNIVERSAL — Denomina-se Universal a Maçonaria Simbólica, que possui mais a denominação de Maçonaria Azul ou Maçonaria de São João; a Maçonaria Simbólica é aquela em cujos Rituais há apenas três Graus: Aprendiz, Companheiro e Mestre.

UNIVERSALIDADE DA MAÇONARIA — Essa Universalidade nos conduz a conhecermos que a Maçonaria, compreendidos todos os aspectos, é espalhada por todas as Nações da Terra.

Isso é perfeitamente compreensível, pois é o significado do termo lato do vocábulo.

Contudo, a Maçonaria preconiza a existência de um "Oriente Eterno", ou seja, de uma Maçonaria "extraterrena" e "pós-vida".

Isso constitui um dos princípios "imutáveis" da Maçonaria e um dos *Landmarks* a que os maçons juram respeitar.

Nesse Oriente Eterno, os maçons têm atuação específica; além desse agrupamento celestial, a Maçonaria aceita a existência da "Fraternidade Branca Universal", que é o "corpo místico" por excelência da fraternidade a quem o maçom "chama" quando em perigo, por meio do "sinal de socorro". São os conhecidos "Filhos da Viúva" que, invocados, vêm auxiliar os que deles necessitam.

Na Cadeia de União, também, esses maçons que estão em "outro plano" são invocados.

É mais um mistério ciosamente mantido, porque ele está a serviço do maçom.

UNIVERSI TERRARUM ORBIS ARCHITECTONIS PER GLORIAM INGENTIS — Trata-se de um brocardo latino que se traduz por: "À Glória do Grande Arquiteto do Universo", ou seja, Deus. Essa frase encabeça todos os papéis e documentos maçônicos. São palavras pronunciadas ao início de todo discurso.

UNIVERSO — A tradução seria: "Um em diversos", significando a parte do Globo Terrestre com os demais Corpos que gravitam no Cosmos.[15]

URIEL — É o nome de um arcanjo mencionado nas Sagradas Escrituras, no Livro de Esdras. Por se tratar de um personagem da Corte Celestial envolto em Luz, o nome Uriel é tido como sinônimo de "Luz Divina".
Uriel serve de palavra de passe em dois Graus Filosóficos.

URIM — As Sagradas Escrituras referem Urim junto com Tumim, que seriam as pedras preciosas que ornamentam o peitoril de Aarão; são, portanto, artefatos simbólicos usados pelos sacerdotes do Templo. Essas palavras são usadas em algum Rito maçônico; entre nós, são desconhecidas.

URNA — Recipiente onde são colocados os "votos" de um escrutínio, ou onde são colocados haveres, ou mesmo as cinzas dos corpos cremados.
As duas Colunas existentes no átrio de uma Loja, denominadas de Coluna "J" e "B", ou Colunas da Força e da Beleza, originariamente, na época salomônica, na sua base colocados, em "urnas" especiais, os documentos, os rituais e os papéis sigilosos.

USOS E COSTUMES — A Maçonaria preserva com muito interesse os seus "Usos e Costumes", porque é a tradição a responsável pela continuidade filosófica e pela preservação dos conhecimentos adquiridos através dos milênios.
Os Usos e os Costumes não são partes estáticas e permanentes; eles se alteram porque são aperfeiçoados; nem todo uso antigo é conservado e citaremos o exemplo das luminárias do Templo. Inicialmente a iluminação era feita através de lâmpadas alimentadas com óleo; posteriormente, surgiram as velas; depois, a luz produzida com o gás de "carbureto", para em seguida, a luz elétrica.
As alterações dos usos são consequências do progresso.
No que respeita aos "costumes, esses, por sua vez, se alteram; temos múltiplos exemplos sobre a necessidade dessas alterações, pois os conceitos moralistas e filosóficos, de tempos em tempos, são alterados; no passado, o negro não podia fazer parte de um grupo maçônico, nem o soldado "pré"; hoje, essas discriminações foram banidas; em certos países, os judeus não são aceitos numa Loja maçônica. Na Idade Média, o "direito consuetudinário", vindo dos romanos, era observado com rigor.
Quando surgia um caso de difícil solução e que a lei não previa, aplicava-se o

---

15. N.R.: *Uni mais Verso* ou *Verso do Uno*, o Manifestado ou a Natureza, o conjunto de todas as coisas criadas, sendo o Templo maçônico sua representação alegórica.

USOS E COSTUMES

"direito dos usos e costumes", que tem o princípio no Direito Natural, base de todo direito.

Na Maçonaria, quando um problema surge e se apresenta de difícil solução busca-se a inspiração nos "Usos e Costumes"; são consultados os maçons mais velhos que possuem a experiência dos anos e que tiveram uma vida maçônica atuante no passado.

O Mestre na Maçonaria não é somente aquele maçom que possui o grau correspondente, mas o que possui a "sabedoria do conhecimento".

A Maçonaria tem subsistido graças à atuação dos que possuem idade provecta e vivência sábia.

VAIDADE — Adjetivo que significa o vazio; vaidade de vaidade, dizia Salomão para designar aqueles que viam no interesse quotidiano apenas o que era material. A Vaidade é uma atitude própria dos fúteis, daqueles que emprestam valor às coisas sem valor. Tudo o que o ser humano não puder levar consigo para a vida futura, é Vaidade; o real e o que possui valor são o conhecimento e os atos praticados em favor do próximo; o zelo para com a própria saúde e a preservação da Natureza; os louvores prestados a Deus e a pureza dos pensamentos.

VALE — O local em que se situa uma Loja de Grau Filosófico denomina-se Vale; assim como se denomina de Oriente o lugar onde se fixa uma Loja Simbólica.

VALOR — O ser humano, quando se dispõe a praticar um ato corajoso sem se preocupar com os riscos ou temores, diz ser uma pessoa valente. O Valor maçônico é a vitória sobre as provas iniciáticas.

VARA DE AARÃO — Narram as Sagradas Escrituras que certa vez, Jeová determinou a escolha de um membro das tribos para exercer o sacerdócio. Moisés reuniu os chefes das tribos solicitando que cada um apresentasse uma Vara de determinado arbusto, escrevendo-se nela o nome de cada Tribo. Na Vara correspondente a Tribo de Levi foi escrito o nome de Aarão. Todas as doze Varas foram colocadas no *Sanctum Sanctorum* do Tabernáculo. No dia seguinte, foram as Varas retiradas; onze delas estavam secas e murchas, porém a Vara de Aarão havia florido e apresentado frutos.
A Vara de Aarão representa a força e o poder vindos de Jeová, o Senhor. A Vara de Aarão foi colocada dentro da Arca da Aliança.

VEDAS — Livro sagrado Hindu que se divide em quatro partes, a saber: *Rig-Veda, Sama-Veda, Yadjur-Veda* e *Atharva-Veda.*
É o livro que a Maçonaria Hindu coloca no Altar.

VEGETAL — A Natureza apresenta três reinos: Vegetal, Mineral e Animal. O Vegetal tem vida efêmera e cíclica; é frágil, mas representa além do meio para purificar o ar parte do alimento. Simboliza o Aprendiz.

VEHEME — A Santa Veheme. Durante a Idade Média, que foi um período medíocre sob o ponto de visto histórico, apresentaram-se situações de violência que envolveram reis e religiosos.
A iniquidade e o despotismo são exemplos marcantes; os feitos que hoje envergonham vêm relatados minuciosamente pelos historiadores e ainda comovem pelo grande número de sacrificados, quer assassinados traiçoeiramente, quer queimados nas fogueiras após pomposos julgamentos.
A Maçonaria, naquela época, mantinha-se prudentemente oculta, sob

VEHEME

pena de seus membros serem queimados; desse retraimento decorre o escasso número de elementos informativos.

O imperador Carlos Magno, ou Carlos I, rei dos francos, filho de Pepino, o Breve, iniciou o seu reinado no ano de 768, morrendo no ano 814 reinando, portanto, durante o longo período de quarenta e seis anos. Até o ano de 771 reinou junto com o seu irmão, quando ficou rei único. Submeteu ao seu reinado os Aquitanos, os Lombardos, os Bávaros, os Saxônios e os Ávaros. Organizou uma expedição fracassada contra os árabes da Espanha.

No ano de 800, o Papa Leão II o coroou Imperador do Ocidente de onde deu início à dinastia Carlovíngia. Homem talentoso, legislou como os romanos, fundou academias e conduziu o seu reinado, depois império, com prosperidade. Para combater os desmandos próprios da Idade Média, como a bruxaria, a feitiçaria e outras organizações que pulavam à solta, Carlos Magno, já no ano 772, instituiu um Tribunal secreto com sede em Westfália, iniciando a repressão contra os crimes cometidos "contra Deus, a Lei e a Honra".

As decisões eram rápidas e os submetidos aos julgamentos eram ou absolvidos ou executados. Desconheciam-se as penas intermediárias; não havia prisioneiros nem prisões. Era a Santa Veheme.

A Santa Veheme permaneceu ativa até o ano de 1811, quando as tropas de Napoleão invadiram a Alemanha e assumiram o poder em toda Europa.

Por ter sido um tribunal secreto, as notícias históricas não merecem plena credibilidade; no entanto, depois de Carlos Magno, os reis Roberto II e Carlos IV deram à Santa Veheme proteção e autoridade.

Os julgadores, conhecidos pelo nome de "Vehemegerichte" ou "franco-juízes", faziam parte das Cortes Vehêmicas que se multiplicavam em todos os territórios.

A origem do vocábulo é germânica; "iehmen" significa "condenar", "banir".

Como todo tribunal de exceção, a Santa Veheme passou a exorbitar de seu poder; castigava, inicialmente, toda perturbação à paz pública e à religião; depois, qualquer opositor da Igreja era submetido a julgamento; a vingança tomou conta dos franco-juízes e os interesses escusos transformaram os juízes em verdugos.

A intimação para o visado comparecer perante o Tribunal era feita por meio de uma citação presa por um punhal e afixada à porta do réu.

Os indiciados não eram, tão somente, criminosos ou pessoas do povo; reis, clérigos e autoridades eram intimados a justificarem os seus atos e caso não atendessem à citação eram encontrados, misteriosamente, mortos, mas sempre com um punhal cravado no corpo fixando à sentença escrita.

Pela sua eficiência e crueldade, o Tribunal da Santa Veheme era temido. O nome de "Santa" foi dado posteriormente, quando o escopo principal era a pretensa defesa da Igreja.

A Santa Veheme, passou a constituir uma verdadeira instituição, admitindo filiados aos militares; esses filiados deviam pagar alto preço para serem admitidos; constituía a admissão uma garantia de proteção.

A Igreja, constatando os abusos e que os clérigos usavam o Tribunal para satisfazerem interesses privados, passou a combater o seu procedimento; aliando-se aos imperadores Maximiliano e Carlos V, a Santa Veheme foi abolida. Napoleão já a vinha perseguindo desde sua ascenção ao poder e, ao invadir a Alemanha, procurou desbaratá-la com certa dificuldade devido ao fato de os dirigentes permanecerem ocultos.

Vigiada e perseguida, a Santa Veheme cessou sua atividade; no entanto, notícias esparsas afirmam ter existido posteriormente durante muito tempo. O Grau 31 da Maçonaria Filosófica contém o nome de "Santa Veheme" não como o prosseguimento de um tribunal, mas para recordar os objetivos iniciais que eram válidos e para recordar o nome dos mártires vitimados pelo mesmo Tribunal.

Na iniciação ao Grau 31, os trabalhos se desenvolver na "Corte dos Verdadeiros Juízes" e, posteriormente, no "Templo da Justiça".

A Corte dos Verdadeiros Juízes tem inspiração "vehêmica" sublimada, porém, para fazer exclusivamente Justiça na proteção aos desamparados, injustiçados e vítimas dos prepotentes. Deve ficar esclarecido que a Santa Veheme não era instituição maçônica e nem tampouco, paramaçônica.

VELAS — A Vela produz luz, consumindo-se; nesse simbolismo está o maçom. Ignora-se quando a humanidade inventou a Vela, pois a sua presença nos Templos é descrita em todas as civilizações.

Construída com cera e pavio de algodão, existe desde o cultivo do mel e a formação dos apiários.

A Vela representa o princípio vital, pois o fogo e a luz são elementos indispensáveis à vida.

Acesas dentro do Templo, homenageiam o Grande Arquiteto do Universo. Não se apaga a Vela com o sopro; descritas nas Sagradas Escrituras, paralelamente são mencionados os "apagadores" e os "espivitadores" para cortar o pavio carbonizado, diminuindo assim a chama.

Por serem construídas com cera de abelha, quando queimadas produzem tênues fios de fumaça cujo odor é agradável ao Senhor.

Inicialmente, era um objeto para sacrifício; posteriormente, passou a ser usada para iluminação.

Acende-se a Vela com o "acendedor", vindo o fogo de uma lâmpada votiva cuja luz é alimentada por óleo sagrado.

Não é permitido o sopro para apagar a Vela, porque Deus quando moldou o homem deu-lhe a vida por meio do sopro. O sopro é vida e não destruição. Não se pode apagar a vida da Vela, senão tirando-lhe o oxigênio que a alimenta por meio do "apagador"; este é um recipiente sustido por uma haste; invertido o bocal, é colocado sobre a chama, que "se sufoca", apagando-se.

Dentro do Templo, os maçons possuem rituais específicos que orientam a colocação dos candelabros e o momento em que as Velas devem ser acendidas e apagadas.

As Velas colocadas nos candelabros designam-se como "fixas", as colocadas nas "Estrelas" são "móveis".

VENDA — Uma Venda é colocada sobre os olhos de quem será iniciado, simbolizando a escuridão, a ignorância e o recente nascimento. É sabido que ao nascer, a criança nada enxerga e que a sua visão surge paulatinamente.

A Venda apaga a luz; o iniciando encontra-se perdido na escuridão da ignorância, sem ver nada, sem semelhantes, sem próximo, sem apoio. Penetra no nada em busca da Luz. A retirada da Venda simboliza o parto, a saída do ovo cósmico, do útero materno, para a Vida exuberante.

VENERÁVEL — É o título dado ao dirigente de uma Loja maçônica; provém esse título do século XVII das Guildas inglesas com o nome de *Worshipluf*, que significa o dirigente máximo.
Numa Loja maçônica, o Venerável adquire a complementação de "Mestre", porque é aquele que mais sabe, que pode dirigir, orientar, decidir, com absoluta independência, preso, apenas, aos preceitos legais e aos Rituais.

VÊNUS — Na mitologia greco-romana, Vênus representava a deusa da beleza. É um símbolo usado pelos maçons, que o colocam junto à Coluna do Sul; a Coluna "B" é a Coluna da Beleza, a Coluna feminina no sentido da existência do dualismo sexual: homem-mulher.

VER A LUZ — Na Iniciação maçônica, o iniciando comparece à cerimônia com os olhos vendados; em determinado momento, após a passagem pelas "provas", após prestados os seus compromissos, a venda lhe é retirada. Os olhos abertos contemplam o Templo e todos os simbolismos nele existentes, inclusive os maçons.
Diz-se que o neófito Vê a Luz quando a Maçonaria o aceita em seu seio.

VERBO — Do latim *verbum*; do grego *Lógos*, significa "Palavra". A Palavra conduz em si uma sonoridade, e essa é produzida por vibrações.
Quando Deus disse, pela primeira vez, sobre o globo terrestre: "Faça-se a Luz", essa surgiu produzida paralelamente pela Vontade do Criador e pelas vibrações que emitiu.
A Palavra sonora (para diferenciá-la da palavra escrita) é ato que produz matéria permanente. As ondas sonoras ampliam-se e vão em direção do Cosmos.
Nada se perde na Natureza, muito menos a vibração divina. O homem recebeu esse atributo divino: o poder da Palavra, a manifestação da inteligência, o símbolo da força e vontade.
No Ritual maçônico, durante os trabalhos, pronuncia-se "uma palavra" que tem características mágicas: "Huzzé"; é a exclamação que todos fazem para neutralizar os sons negativos.
Do interior do ser humano parte essa expressão esotérica saudável que produz a união de todos os maçons.

VERDADE — A Verdade na mitologia era uma divindade filha de Saturno e mãe da Justiça.
Uma Verdade não se exaure, pois se define momento a momento com conceitos novos. Ela pode ser tanto a revelação trágica de um ato injusto como pode ser o glorioso caminho para a redenção.
O Mestre da Galileia a definiu com a maior simplicidade dizendo: "Eu Sou o Caminho, a Verdade e a Vida"; portanto, podemos afirmar que a Verdade pode ser, realmente, uma Divindade, um Ser Supremo, o Grande Arquiteto do Universo.
A Verdade pode ser encontrada no interior do ser humano, no Universo de dentro; pode ser encontrada no fim do túnel; no nascimento ou na morte; sempre haverá, em tudo, a Verdade, ou pelo menos "uma Verdade".

A busca da Verdade num conceito filosófico não cessa, porque a Verdade não se deixa encontrar.
Somente quem possui desenvolvida a terceira visão, ou seja, o sentido espiritual da visão, é que poderá "contemplar" a Verdade assim como se contempla o Sol.
A Verdade é Deus; a Verdade é o próprio homem.

VERDADEIRA LUZ — É o termo maçônico que significa o início de uma nova fase para aquele que nasce de novo. Somente o Eu interior do ser humano é capaz de conhecer a Verdadeira Luz.

VERDE — É uma das cores do Arco-Íris, e do espectro solar.
O Verde é considerado cor sagrada; os muçulmanos decoram suas Mesquitas e residências com verde em profusão; nos países muçulmanos, os tetos dos Templos e dos Palácios são em Verde.
Nos Altos Graus essa cor é usada pelo seu misticismo, pois simboliza a Natureza e a Esperança.

VERMELHO — Cor contida no Arco-Íris e no espectro solar que simboliza o fogo; traduz afeição, amor e a própria vida. Pela sua vivacidade destaca-se das demais cores. Representa, outrossim, o sacrifício e a purificação.
A Maçonaria Simbólica apresenta a ornamentação interna do Templo na cor azul celeste; a Maçonaria Filosófica ornamenta o Templo com a cor vermelha; diz-se Maçonaria Vermelha, porque a filosofia tem afinidade com essa cor.

O Vermelho é vibrante; simboliza o nascer e o ocaso do Sol. É a cor da luta, da guerra e do sangue.

VESTIR — Para adentrar o Templo, o maçom necessita "vestir-se", ou seja, cingir-se com o Avental, colocar colares, Joias e símbolos de seu Grau.

VIAGENS — O mundo seria uma nave e o homem o viajante; viajar significa percorrer determinada trajetória para adquirir o conhecimento.
Viajar pelo tempo é vencer as fases da vida e aspirar o caminho da sobrevida.
Pode-se viajar pelo Cosmos, sobre a superfície da Terra ou nas profundezas dos mares. Viajar é percorrer "uma via", ou seja, um caminho. Viaja-se pelo pensamento e pelo espírito.
A mente humana, numa fração mínima de tempo, percorre milhões de quilômetros; a mente nos conduz a qualquer parte, mesmo no Paraíso no presente, no passado e também no amanhã.
O ser humano está constantemente "viajando", mesmo que não movimente o corpo, movimenta a mente.
As Viagens correspondem, dentro dos Rituais, a provas de coragem, porque o Viajante sabe como parte e não pode prever como chegará.
Em todos os Graus dos Ritos maçônicos, as Viagens significam provas.

VIDA — É sinônimo de "movimento"; quem está vivo se move. A Vida é a participação como elemento precioso da Natureza. O ser vivo ocupa o espaço que lhe é destinado; não só o espaço, mas o tempo. Jesus dissera: "Eu sou o Caminho, a Verdade e a Vida", portanto o ser humano participa dessa trilogia perfeita que significa "movimento", tanto o caminhar como o conhecimento e sobretudo a vida são parte do movimento Universal dos seres.

VIDA ETERNA — A impressão vulgar que temos sobre a Eternidade está longe da realidade. Não existe apenas "uma Eternidade", mas múltiplas Eternidades; as Sagradas Escrituras, que é o livro básico para todo o conhecimento, orienta que o tempo existe de "Eternidade em Eternidade"; portanto, a Eternidade é um ciclo que se repete. Aí é que se encontra a sabedoria e que propicia a compreensão do que significa "tempo".

Deus não conta o "tempo", porque ele é o próprio Tempo.

Maçonicamente, a Vida Eterna é o destino do ser humano; na Terra nos encontramos como exercício; nos exercitamos para gozar no devido tempo de um prazer e de uma felicidade permanente, de Eternidade em Eternidade. Vencendo o tempo, conquistaremos a possibilidade de vislumbrar a Verdadeira Luz, que nos iluminará permanentemente sem nascimento e sem ocaso.

O maçom deve considerar-se "livre como o tempo".

VIGILANTES — A administração da Loja maçônica compreende dois Vigilantes; um comanda a Coluna do Norte; o outro, a Coluna do Sul. Os Vigilantes são a extensão deslocada do Venerável Mestre; no trono, no Oriente, estão colocadas três poltronas, porque o Venerável Mestre é "trino"; o Venerável Mestre jamais estará só; os Vigilantes são a sua complementação colocados um ao Setentrião e outro ao Sul.

A escolha dos Vigilantes exige de parte dos maçons votantes grande conhecimento, porque esses Oficiais devem ter desenvolvido o sentido da visão espiritual, ou seja, da Terceira Visão.

Em determinado momento, o Primeiro Vigilante desloca-se de seu trono e percorre as Colunas, tanto a sua como a do Sul. Ele faz o giro com a finalidade de "ver se todos os irmãos das Colunas são maçons".

Obviamente, se são maçons; numa Loja, todos se conhecem; passaram-se os tempos em que os maçons se mantinham em Loja encapuçados para ocultar a sua pessoa, a fim de se manterem no anonimato como medida de segurança contra as perseguições que frequentemente conduziam à morte.

O "ver" do Primeiro Vigilante é enxergar o maçom na parte interior para ver se naquele momento ele está despido de toda influência profana. O estado do maçom é espiritual.

Se o irmão já adentrado no Templo conserva em si uma malquerença contra um irmão, nesse momento não será o maçom apropriado para fazer parte da sessão.

Ao lado de cada irmão deve estar um "verdadeiro irmão", possuidor de toda intenção de amor fraternal, de tolerância e de boa vontade.

Assim procede o Segundo Vigilante, que acompanha de seu Trono a trajetória do Primeiro Vigilante, perscrutando a alma do irmão presente, pois um dia ele passará a exercer o cargo de Primeiro Vigilante.

Há muita diferença e distância entre um membro comum de uma Loja e um Oficial dessa mesma Loja.

Cada Vigilante deve obter o conhecimento completo do que significa ocupar a Vigilância.

VINGANÇA — O mote central da Lenda de Hiram Abiff é vingar a sua morte, castigando os assassinos. Contudo, a vingança é abominada.
O Rei Salomão reverberou a atitude dos mestres que tentaram fazer justiça com as próprias mãos. A lenda destaca o efeito de uma autovingança, pois cada um dos três assassinos vaticinou a forma como deveria morrer; esse vaticínio se cumpriu.
Os maçons, nos gestos simbólicos de reconhecimento e nas suas posturas específicas a cada Grau, conscientizam-se para evitar a todo custo comportamentos similares aos dos assassinos.
A concepção filosófica da lenda demonstra que não há lugar na Maçonaria para um ato sequer de Vingança. O perdão, a justificação, a desculpa e o arrependimento devem ser aceitos, e o mal tolerado para que ninguém tente castigar o mal pelo próprio mal.

VINHO — O Vinho é uma bebida fermentada extraída de frutos doces, sendo o mais comum o da uva. Desde Noé que chegou a embriagar-se, a humanidade faz uso dessa bebida.
O Vinho de uvas é usado nas cerimônias iniciáticas; a Maçonaria fez uso dele em diversos Graus.
O Cristianismo usa-o em "memória" de Jesus, que a si próprio definiu como sendo sua carne o pão e, o seu sangue, o vinho.
As grandes religiões da Antiguidade usaram o Vinho; os Cristãos, da Videira, os gregos, da Ambrosia, os persas, da Haoma, e os hindús, da Soma.
O Rei Salomão deliciava-se com o Vinho do suco das Romãs alegando ser um afrodisíaco.
Hoje em dia, faz-se Vinho da fermentação do suco de qualquer fruto que contenha um percentual adequado de açúcar, o elemento indispensável para a fermentação.

VIRGEM — É um dos signos do Zodíaco que se nota desenhado sobre uma das doze Colunas do Átrio.
Na Maçonaria, por ser quase integralmente masculina, a Virgindade não é atribuída ao sexo. Virgem será uma ideia nova, um trabalho original. Um recém-iniciado é considerado um elo Virgem na Cadeia de União pela pureza de seus pensamentos.
Uma Pedra Bruta destinada à construção é considerada uma Pedra Virgem que deve ser desbastada para que dê início como pedra angular à sucessiva colocação de outras e mais outras.
A Virgem simboliza a intelectualidade.
Os Cristãos aceitam a Virgindade de Maria como símbolo de pureza, apesar de ter dado à luz; foi considerada a primeira mulher a conceber o Filho de Deus; trata-se de um mistério de difícil compreensão se o aceitarmos como fato comum oriundo de um ser humano; é preciso entender o misticismo desse mistério e a importância esotérica.

VIRTUDE — Do latim *virtudem, virtus*, de vir, no sentido de uma caminhada de dentro para fora.
A Virtude não é construída, burilada ou encontrada; dentro do ser humano estão, como as células, todas as Virtudes conhecidas e as que ainda não afloraram.
A habilidade do mestre é eduzir de dentro do maçom o maior número de Virtudes possível.

VISÃO

A Virtude acompanha a educação, na compreensão exata do vocábulo: "educare", ou seja, "eduzir" de dentro para fora.

O Virtuoso sempre demonstra a sua extraordinária capacidade para algum ato; o músico, o cantor, o pintor, o poeta, o escritor, o cientista, o bailarino, enfim, a imensa gama de valores excepcionais existentes apresenta-se como destaque dentre os que vivem de modo comum.

Uma Virtude está intimamente ligada aos "gens" do corpo humano; se cada um de nós perscrutasse no passado próximo ou distante nas raízes da família todos os elementos que demonstraram ser portadores de uma Virtude, certamente, uma dessas Virtudes caberia em nós; é a explicação do por que, numa família, às vezes só aparece um membro que se torna um "virtuoso" para algum instrumento ou dom.

A memória, a inteligência e a hereditariedade são elementos que fazem parte da Virtude.

Não se pode dizer que a Maçonaria produz virtuosos; o certo será afirmar que a Maçonaria possui meios para obter do maçom todas as Virtudes necessárias para que esse maçom adquira o conhecimento, compreenda o que signifca a Liberdade e possa usufruir a Felicidade.

Dentre as incontáveis Virtudes conhecidas, quatro são denominadas Virtudes Cardeais, a saber: Sabedoria, Coragem, Justiça e Temperança.

Contudo essas quatro Virtudes não agrupam as demais. A cada dia que passa, face à evolução natural de tudo, novas Virtudes surgem.

O segredo consiste na habilidade de cada um consentir com a máxima boa vontade, por si mesmo ou auxiliado por um mestre, de libertar da "prisão" que existe dentro de cada ser humano as Virtudes adequadas para viver profiquamente, indo em busca do ignoto, atravessando o "túnel" até vislumbrar no fim a Luz e nela penetrar para uma integração absoluta.

VISÃO — O ser humano vê através do aparelho visual, que são os olhos; a visão absorve mais da metade da energia que o homem gasta para viver. Trata-se de um complexo de lentes e reflexos que, manejando as cores, as colocam sobre a retina, atuando como uma objetiva de máquina fotográfica. O homem é o único que percebe todas as cores do Arco-Íris e do Espectro Solar; os animais percebem apenas de uma a duas cores e, por exemplo, a abelha só percebe o vermelho; o cão vê tudo em branco e preto.

Porém, "ver" não significa apenas "enxergar". Pode-se ver com a mente. A terceira visão proporciona ver o que é espiritual, invisível ao homem materializado.

Os videntes podem contemplar mundos desconhecidos, almas que já não fazem parte da Terra, estrelas e sóis dispersos no Cosmos.

Por mais grandioso que seja um espetáculo, construído ou próprio da Natureza, jamais poderá ser comparado a uma visão espiritual, como a teve Jacó com a escadaria onde subiam e desciam Anjos.

O ouvido espiritual, percebe os sons celestiais; a visão espiritual percebe luzes mais intensas quando o Sol lhe significará mera sombra; sentir o aroma dos perfumes místicos celestiais e degustar as iguarias destinadas aos seres evoluídos, e recebendo em toda a superfície do corpo através do tato as vibrações emanadas da potência

Divina, farão com que o homem fuja ao seu estado de ser vivente, resquício de sua formação do pó da Terra e da unidade.

O ser humano é feito com elementos preciosos, todos os que acima foram enumerados; dependerá dele encontrar a Verdadeira Luz, o Real Conhecimento e postar-se face à face com o seu Criador.

VISITAÇÃO — Uma Loja maçônica possui o seu quadro de obreiros, que são a ela filiados e que formam com os seus elos a Cadeia de União.

Um maçom que pertença a uma outra Loja, porém, tem o direito de visitar qualquer Loja maçônica e em qualquer lugar ou circunstância. Isso é um direito fruto de uma legislação, os *Landmarks* que são os preceitos máximos da legislação maçônica.

A Visitação é um elemento necessário, seja para a confraternização entre Grupos, seja para ampliação de conhecimento.

Na Antiguidade, como também acontecia no Cristianismo primitivo, as "novas" eram transmitidas, justamente, através da Visitação; os Discípulos e mais tarde os Apóstolos percorriam todo o mundo então conhecido para o fortalecimento da Fé; sabiam como identificar uma Igreja, um irmão.

Hoje, temos a Imprensa, num sentido geral, que supre a necessidade de uma Visitação imperiosa.

Assim mesmo, sob o ponto de vista esotérico, o visitante não comparece isoladamente em sua visitação; junto a si está toda a sua Loja incorporada espiritualmente. Ele conduz a força vibratória dos irmãos que o fizeram embaixador.

No momento em que o visitante depõe seu óbolo na Bolsa de Beneficência, estará não somente colocando a si próprio para imantação de seu óbolo, mas também a imantação do seu grupo; isso representa uma força extraordinária acrescida à força natural emanada da Egrégora peculiar da Loja visitada. Quando o visitante exclamar em harmonia com toda a Loja que visita o místico "Huzzé", será todo o seu grupo a exclamar com ele o som mágico e misterioso que expulsa de dentro de cada maçom as angústias e afasta o negativismo porventura remanescente. Os compêndios e os livros perdem-se nas digressões sobre direitos ou não de visitação, sobre o comportamento social do visitante, sobre o discurso que esse fará, enfim, preceitos exclusivamente administrativos e bitolados. Poucos atingem a importância de uma visita; o que o visitante traz e o que o visitante leva.

O "Trolhamento" de um visitante desperta forças estáticas e dinâmicas; sua correta resposta será a chave que abrirá a porta de ingresso no Templo.

Uma vez dentro do Templo, o visitante deve ser considerado como uma presença misticamente valiosa, como uma dádiva e uma bênção.

A Maçonaria não pode isolar-se dentro dos Templos simplesmente em trabalho exclusivo com os membros do seu quadro. Se assim agir, fenecerá e se autodestruirá.

Precisa de "outras luzes", de "outras forças", de "outros alimentos".

VITRIOL — Sigla formada pelas iniciais da seguinte frase latina: *Visita Interiora Terrae, Rectificando que, Invenies Occultum Lapidem*, significando: "Visita o interior da Terra e, retificando, encontrarás a pedra oculta".

Era a divisa dos antigos Rosacruzes e constitui uma sentença hermética.

Essa palavra, Vitriol, a Maçonaria, na atualidade, a coloca dentro da Câmara das Reflexões.

A visita no interior da Terra significa a estada na caverna, ou seja, na Câmara das Reflexões; retificando, significa ajustar à mente a nova situação de quem está por deixar a vida para renascer; a Pedra Oculta significa o desvendamento dos segredos da Iniciação.

VIÚVA — Hiram Abiff, o artífice do Templo de Salomão, principal personagem da Lenda do Terceiro Grau e que representa cada maçom, era filho de uma viúva da tribo de Naftali, segundo narram as Sagradas Escrituras (Livro dos Reis).

Todos os maçons, simbólica e esotericamente entendido, refletem a pessoa de Hiram Abiff, passando, com a Iniciação, a pertencer à sua família; todos os maçons são considerados "filhos da Viúva".

No terceiro Grau de Mestre, é ensinada uma postura apropriada para pedir socorro, em caso de necessidade.

Os filhos da Viúva são todos aqueles que um dia foram iniciados na Arte Real, seja ontem, seja no século passado; ao serem invocados, vêm em socorro. Trata-se de um mistério pouco esclarecido, mas que, posto em prática, traz soluções mágicas.

VONTADE — A Vontade é um ato final, pois decorre ou de uma necessidade ou de um ideal.

Escreveram-se centenas de livros, desde a Idade Média, sobre um assunto eternamente polêmico; o determinismo e o livre arbítrio.

Esse último significa a Vontade liberta; o anterior, a obediência a uma Vontade Superior.

Não vemos a necessidade de existirem polêmicas se observarmos ecleticamente o problema.

Existe, sob o ponto de vista do relacionamento entre Criador e Criatura, uma Vontade Absoluta a que a criatura deve obediência.

Fora dessa dependência natural e inicial, a criatura humana tem a sua Vontade livre.

Existe muito risco quando alguém sujeita as suas ações materiais e corriqueiras à Vontade Superior, ou seja, se atua não por si, mas em nome do Criador.

Se a sua atuação for boa, isenta de maldade ou vício, então o Criador estará sendo louvado; se a sua ação for má, mesmo em nome do Criador, ou plena de vício, estará fazendo o Criador de "autor" de seu mau comportamento.

Maçonicamente, a Vontade dos superiores hierárquicos dentro do Templo deve ser feita; mas quando a ação emana de si próprio, vindo do seu mundo e universo de dentro, a Vontade será sua, lhe pertencerá, porque emanada do Criador que está dentro de seu Templo Interno.

VOTAÇÃO — Votar é dar "o voto", ou seja, colocar a sua pessoa sobre outra; é a expressão de uma vontade para concordar com uma escolha, com uma tese, com uma proposição. Uma maioria vota para a escolha da administração da Loja maçônica, ou sobre a aceitação de um profano para a Iniciação, ou sobre uma filiação, ou seja, a aceitação de um maçom que se transfere de uma outra Loja coirmã.

VOTAÇÃO

Uma Votação é feita por meio de cédulas ou por exclamação, ou seja, por escrito ou oral. Isso no que respeita à escolha de uma administração, de uma proposta ou para a aprovação de um trabalho.

Porém, quando a Votação diz respeito à admissão de um profano ou candidato à Iniciação, então a Votação é feita por meio de esferas negras e brancas; cada membro da Loja presente recebe duas esferas, a branca e a preta; anunciado o candidato, o Mestre de Cerimônias recolhe as esferas; o voto é colocado numa urna de modo que ninguém perceba com que esfera votou.

Logo a seguir, percorre a Loja, nova urna em que são colocadas, também de forma a mais discreta possível, as esferas que não foram usadas.

Aberta a primeira urna, contadas as esferas, se aparecer uma negra o candidato é rejeitado.

Esse meio de Votação vem da época cavalheiresca, especialmente dos Cavaleiros da Távola Redonda, uma lenda historiando os costumes daquela época.

A Votação é meio de escolha muito antigo; os romanos a praticavam, assinalando cascas de ostras; outros meios eram empregados, sempre com elementos adequados a uma contagem.

Eliminando Judas do convívio dos doze Discípulos de Jesus, após sua morte, foi escolhido o seu substituto, por meio de sorteio; nos Atos dos Apóstolos não vem referido com qual meio foi feita a votação.

A Votação sempre foi considerada o respeito da vontade da maioria, e assim continua caracterizando, hoje, o que se designa Democracia.

ZACARIAS — Vários personagens bíblicos hebreus tinham o nome de Zacarias; esse nome está ligado à Maçonaria por ter sido o nome do pai de João Batista. Seu significado é "lembrança do Senhor".

ZADOCK — Nome hebraico que significa "justo". Foi o primeiro Sumo Sacerdote "hierofante" do Templo de Salomão; seu nome vem relacionado em alguns Graus Filosóficos maçônicos.

ZARATUSTRA — Nome grego dado a Zoroastro, célebre legislador persa que viveu 6500 anos antes de Platão e foi fundador da religião que tinha o fogo como elemento sagrado.

ZELO — Virtude inata que deve apresentar um maçom, significando dedicação aos trabalhos; interesse fervoroso para alcançar o conhecimento.

ZELOTES — Partido político fundado por Judas da Galileia no ano 66 da era cristã; os Zelotes eram conhecidos pelo excessivo zelo demonstrado na obediência às leis mosaicas, principalmente quanto à observação do Sabbat, ou seja, para descansar de forma absoluta no sábado designado como dia do Senhor.

ZEND-AVESTA — Livro sagrado dos persas; são mais comentários de outros livros que propriamente um manual; a Maçonaria Persa o coloca nos seus Altares. O livro é usado pelos seguidores de Zoroastro.

ZÊNITE — Traduz-se por "caminho direito"; é o ponto do firmamento que está sobre nossas cabeças, oposto ao Nadir, situado sob os nossos pés; Zênite e Nadir são as direções ascendente e descendente, enquanto os pontos Cardeais são as direções longitudinais.

O termo é usado para descrever a altura e a profundidade da Loja.

ZERBAL — Nome de um dos guardas de Salomão; segunda palavra de passe no Rito Escocês Antigo e Aceito do 6.º Grau. Primeira palavra sagrada do Grau 10.º; nome do capitão da guarda do 14.º Grau.

ZERO — Elemento multiplicador dos números. Isoladamente nada significa e o seu valor é quando está oposto à direita de um número.

Na numerologia, na Cabala e na Maçonaria, não constitui número e nem é considerado um símbolo.

ZEUS OU JÚPITER — Era o Júpiter latino e o Zeus dos gregos, o senhor dos deuses da mitologia greco-romana, considerado como o símbolo da inteligência e do poder divino, sempre citado nas lendas e feitos guerreiros dos dois povos.

Reina no Olimpo e com um aceno de sua cabeça agita o universo.

Filho de Reia e de Saturno, quando ainda adolescente se associou à deusa Metis, ou seja, à Prudência. Saturno procriava e devorava os próprios filhos, tendo Júpiter escapado graças à

ZEUS OU JÚPITER

proteção de sua mãe que se refugiou em Creta.

Metis preparou uma beberagem que embriagou Saturno, que "vomitou" todos os filhos que engolira e que jaziam em seu seio.

Com o auxílio dos seus irmãos, Netuno e Plutão, Júpiter destronou Saturno e libertou alguns Titãs encarcerados por seu pai.

Isso lhe valeu receber dos cíclopes o Trovão, os Relâmpagos e os Raios. Plutão recebeu um capacete e Netuno um tridente.

Com essas armas Saturno foi vencido e expulso.

Depois da vitória, os três irmãos partilharam o mundo entre si. Júpiter ou Zeus teve os Céus, Netuno o Mar e Plutão os Infernos.

Os Titãs que haviam sido derrotados junto a Saturno iniciaram uma guerra de vindita.

Tinham as pernas e os pés em forma de serpente, dois braços e cinquenta cabeças.

Amontoaram o Ossa sobre o Pelion e o Olimpo sobre o Ossa, tentando com isso, escalar o Céu.

Lançavam contra os deuses rochedos que, caindo ao mar, formavam ilhas, e os que rolavam na Terra, montanhas.

Júpiter afligia-se com a agressão, porque um antigo oráculo dissera que os Gigantes Titãs eram invencíveis, a não ser que os deuses pedissem socorro a um mortal.

Aconselhado por Minerva, procurou Hércules, que o auxiliou a exterminar os Gigantes. Depois de derrotados, Júpiter os precipitou no fundo do Tártaro.

Segundo Hesíodo, Júpiter casou-se sete vezes, desposando sucessivamente, Metis, Temis, Eurinome, Mnemosine, Latone e Juno.

Uniu-se, também, a mulheres mortais das quais obteve filhos.

Entre as divindades, Zeus ocupava, sempre, o primeiro lugar, e o seu culto era o mais solene universalmente espalhado.

Os seus três mais famosos oráculos eram os de Dodona, Líbia e Trofônio. As vítimas que se lhe imolavam eram a cabra, a ovelha e o touro branco com os cornos dourados.

A quinta-feira (Jeudi, em francês; Giovedí em italiano) era consagrada a Júpiter.

Na fábula, o nome de Júpiter precede ao de muitos outros deuses e reis: Júpiter-Amon, na Líbia; Júpiter-Serapis, no Egito; Júpiter-Bel, na Assíria; Júpiter-Apis, rei dos Argos; Júpiter-Astério, rei de Creta.

Júpiter é representado sob a figura de um homem majestoso, com barba, abundante cabeleira e sentado sobre um trono.

Com a destra segura o raio que é representado por um tição flamejante de duas pontas ou por um arco com duas flechas; com a mão esquerda sustém uma Vitória; a seus pés, as asas desdobradas descansa a águia raptora de Ganimedes. A parte superior do corpo está nua e a inferior coberta.

A estátua de Júpiter, contudo, conforme a região onde era cultuada, alterava-se de acordo com a imaginação dos artistas.

Os cretenses apresentavam-no sem orelhas para mostrar a sua imparcialidade; os lacedemônios davam-lhe quatro orelhas para provar que ele ouvia todas as orações.

A estátua de Júpiter construída por Fídias era de ouro e marfim; aparecia sentado em um trono, tendo à cabeça uma coroa de oliveira, segurando com a mão esquerda uma Vitória, também de ouro e marfim, ornada de faixas e coroada.

Com a outra mão empunhava um cetro, sobre cuja extremidade repousava uma águia resplandescendo ao fulgor de toda espécie de metais.

O salão do deus era feito de ouro e pedrarias; o marfim e o ébano davam-lhe contraste. Aos quatro cantos havia Vitórias que pareciam se dar as mãos para dançar, e outras duas estavam aos pés de Júpiter.

Na parte mais elevada do trono, sobre a cabeça do deus, estavam, de um lado, as Graças, do outro, as Horas, ambas filhas de Júpiter.

ZIZA — Palavra hebraica que significa "brilho"; na Maçonaria Filosófica significa "Esplendor", sendo a palavra de passe dos primeiros Graus Inefáveis. Faz parte do emblema do Grau 4 do Rito Escocês Antigo e Aceito.

ZODIACAL — Diz-se assim o que é relativo ao Zodíaco; as Colunas Zodiacais são as doze Colunas que estavam no átrio do Templo de Salomão e que hoje são colocadas dentro do Templo e dedicadas a cada casa Zodiacal.

ZODÍACO — Palavra de origem grega que significa "círculo de animais", pois se constitui de uma faixa imaginária no firmamento, em que estão colocados doze grupos de astros que formam imagens de animais, como leão, touro, escorpião, etc. O Zodíaco divide o firmamento em doze partes a começar pelo Equinócio da Primavera sob o signo de Áries, a zero grau da eclíptica; essa faixa contém os signos ou doze constelações que o Sol aparentemente percorre no período de um ano.

Os signos são de modo genérico assim interpretados:

— Áries (a zero graus) que é uma figura de carneiro que simboliza "Aspiração".

— Taurus, Touro, simboliza a "Integração".

— Gêmini, Gêmeos, significa "Vivificação".

— Câncer, Caranguejo, designa "Expansão".

— Léo, Leão, traduz a "Intrepidez".

— Virgo, Virgem, simboliza a "Adaptação.

— Libra, Balança, simboliza o "Equilíbrio".

— Scorpio, Escorpião, designa a "Criatividade".

— Sagitarius, Arqueiro, simboliza a "Administração".

— Capricórnio, Cabra, significa o "Discernimento".

— Aquarius, Porta-água, simboliza a "Lealdade".

— Pisces, Peixes, traduz a "Compreensão".

Os nascidos sob esses signos terão como fator principal de suas personalidades os efeitos acima descritos.[16]

ZOHAR — Nome de um dos livros sagrados dos judeus modernos, significa Luz ou Esplendor; atribui-se a sua autoria ao rabino Simão-benjo-kai; é uma obra da época dos romanos e trata da interpretação da Cabala.

ZOROASTRO — Nome grego de Zaratustra; todos os sucessores de Zaratustra,

---

[16]. N.R.: *Este aspecto é apenas o solar. Na carta natal astrológica científica estão anotados os aspectos de todos os signos e planetas e suas relações simbólicas relativas às nossas vidas.*

em número de dezoito, passaram a ser denominados de Zoroastro.

ZOROBABEL — Príncipe hebreu nascido durante o cativeiro da Babilônia, filho de Salatiel. No ano 536 a.C. foi libertado com todo o povo judeu e, retornando a Jerusalém, construiu o Templo em substituição ao Grande Templo de Salomão; trouxe da Babilônia todos os utensílios que haviam sido levados como botim de guerra.

Acompanhou-o Josué, o sumo sacerdote.

Seu nome significa "Broto de Babel". Na época da libertação, reinava Ciro que, além de ordenar a libertação, deu todo amparo a Zorobabel para que pudesse não só construir o Templo, como também restabelecer o reino de Israel.

A saga é comovente e toda ela está inserida nas Sagradas Escrituras.

Esse personagem é referido no Grau do Real Arco do Rito Escocês Antigo e Aceito.

ZUZIM — É o nome das moedas babilônicas que, quando do retorno de Zorobabel, passaram a circular em Jerusalém.